山口仲美著作集5

Yamaguchi Nakami

オノマトペの歴史1

その種々相と史的推移
「おべんちゃら」などの語史

山口仲美

風間書房

著作集の刊行にあたって

膵臓がんの手術後、四年生き延びた時、私は、今までやってきた仕事のまとめをつけてから命を終わりたいと思うようになった。著作集を刊行してまとめをつけよう。そう決意した。二〇一七年秋のことである。出版社はどこにするか？　その時にまず思い浮かんだのが、風間書房の前社長であった風間務氏の言葉だった。「先生、本を出すなら、ウチからにしてくださいよ。」社長は、二〇〇三年秋に膵臓がんで亡くなったが、その三か月前に神楽坂の甘味処であんみつを食べながら、念を押すように私に言ったのである。それが、前社長と会った最後になった。前社長と同じ病気を経験しているし、縁があるのかもしれない。風間書房に声を掛けてみよう。

声を掛けてみると、現社長の風間敬子氏は、二つ返事で引き受けてくれた。のみならず、「父も喜んでくれると思います」と言ってくれた。敬子氏は、務氏のご長女である。

こうして著作集の刊行準備が急ピッチで進められた。全部で八巻。三年で刊行を完成させる。二〇一八年には、一巻から三巻までの刊行。『言葉から迫る平安文学1　源氏物語』『言葉から迫る平安文学2　仮名作品』『言葉から迫る平安文学3　説話・今昔物語集』の三巻である。言葉や文体、表現やコミュニケーションといった言語学的な立場から平安文学の諸問題を解明していった著書や論文を集めた巻々である。

二〇一九年には、四巻から六巻までの刊行。四巻は、『日本語の歴史・古典　通史・個別史・日本語の古典』として、まず日本語の歴史を通史的に述べた著書を収める。それから、感覚感情語彙、売薬名といった個別テーマで日本語の史的推移の解明を行なった論文を収める。さらに、古典作品を通史的に取り上げ、その作品の言語的な魅力を解き明かした著書も収録する。これが四巻。

五巻は、『オノマトペの歴史1　その種々相と史的推移・「おべんちゃら」などの語史』として、日本語の特色であるオノマトペ（＝擬音語・擬態語）の歴史を追究した論文を中心に収録する。オノマトペ研究の必要性、一般語との相違といった基本的な論文から、楽器の音を写す擬音語の推移、男女の泣く声や様子を表すオノマトペの推移などを解明した論文、および「おべんちゃら」「じゃじゃ馬」などのオノマトペ出身の言葉の語史を追究した論を収める。

六巻は、『オノマトペの歴史2　ちんちん千鳥のなく声は・犬は「びよ」と鳴いていた』と題して、鳥や犬などの動物の鳴き声を写すオノマトペの歴史を追究した著書を収録する。そのほか、「ちんちんかもかも」といったオノマトペに関係のある言葉をターゲットにしたエッセイ風の読み物も収める。

二〇二〇年は、七巻・八巻の刊行。七巻は、『現代語の諸相1　若者言葉・ネーミング・テレビの言葉ほか』というタイトルで、現代の若者の使う言葉やネーミングそしてテレビの言葉をターゲットにした著書論文を収録する。あだ名のように、昨今の学校教育の場では用例の収集すらままならないテーマの論文もあり、命名行為を分析する時に役立つに違いない。広告表現の変遷などの論も収める。

八巻は、『現代語の諸相2　言葉の探検・コミュニケーション実話』と題して、現代語の中から気になる言葉、たとえば「したり顔」「ホゾ」などを取り上げ、その言葉の持つ不思議な面を追究した著書、中国人との様々なコミュニケーション実話を書いた著書、医者と患者のコミュニケーション実話を書いた著書、を収録する。最も肩の凝らない巻である。

以上が著作集の概要。著作集にするにあたって、加筆修正を加えた箇所も多いが、あくまでその著書・論文の書かれた時点を重んじ、その後の研究の進展などにかかわる加筆修正は行なっていない。

三年間で予定通りに行くかどうかは定かではないが、頑張ってみたいと思う。各巻には、論証を旨とする堅い論文のほかに、読んでホッと楽しめるエッセイ風の部分を入れ込んである。そうした著作集を作ることは、私の念願でもあった。多くの人に親しんでいただける著作集であることを心から望んだためである。

二〇一八年一月一日

著者　山口仲美

まえがき

この巻は、オノマトペ（＝擬音語・擬態語）のさまざまな性質や史的推移を明らかにした論文やエッセイを収録したもの。

内容紹介に入る前に、本著作集の巻五と巻六のタイトルになっている「オノマトペ」という語について、一言《ひとこと》説明しておきたい。巻五と巻六で扱っている言葉は、「ガシャガシャ」「ドタン」「ホーホケキョ」などの外界の音や声を写し取った言葉と「ヌルヌル」「ベッタリ」「ヒンヤリ」などの物事の状態や様子をいかにもそれらしく写し取った言葉である。前者は「擬音語」、後者は「擬態語」と呼ばれる。

さて、問題は、「擬音語」「擬態語」をまとめて呼ぼうとするときに、起きてくる。一体、これらの特殊な語群を、そのほかの普通の語に対して何と呼んだらいいのか？　適切な言葉がないのだ。これまでに、その総称として「象徴詞」「音象徴語」などが使われてきたが、今一つしっくりしない。そのため、「擬音語・擬態語」と併記して総称にしたりしてきている。

最近になって、これらの語群の総称として「オノマトペ」というフランス語出身の外来語が用いられることが多くなった。ところが、「オノマトペ」という総称にも問題がある。第一に、「オノマトペ」という言葉は、フランス語では、「擬音語」に該当する言語を指すこと。フランス語には、「ヌルヌル」「ベトベト」などの擬態語が極めて少ない。そのために日本語に豊かに存在する「擬態語」をうまく含み込めていない名称で、誤解を生みやすい。第二に、擬音語・擬態語は日本語の特色となっている言葉なのに、なぜフランス語の名称を借りなくてはいけないのかということ。

「オノマトペ」という名称には、こういう問題点があるのだが、実は次のような長所もある。一つは、外来語なので新しさが感じられる名称であること。二つは、「オノマトペ」という言葉は、「象徴詞」「音象徴語」「擬音語・擬態語」と漢字ばかりで書かれたときよりも、軽やかな印象と語感を持っており、「パカパカ」「ピンピン」などの、楽しい言葉を表すのにぴったりな面があること。というわけで、「オノマトペ」という言葉には、問題はあるものの、現時点では最も魅力的な名称！　それで、この五巻と六巻のタイトルは「オノマトペの歴史」。むろん、原語のフランス語の意味とは違って、「擬態語」をも含みこんだ日本語的な意味の「オノマトペ」である。

また、本著作集に収録した論文・エッセイでは、総称として「オノマトペ」という呼び名のほかに、「象徴詞」「音象徴語」「擬音語・擬態語」という語も使っている。それぞれの執筆時期が違うために、その時期に最もふさわしいと考えた名称を使っているためである。「象徴詞」の語を使ったものは、初期のころの論文に多く、次いで「音象徴語」や「擬音語・擬態語」を使い、ごく最近では「オノマトペ」を使っている。

さて、いよいよ、巻五の内容紹介。「**Ⅰオノマトペの種々相**」「**Ⅱオノマトペの史的推移**」「**Ⅲ『おべんちゃら』などの語史**」の三部から成っている。エッセイ風で読みやすいのは、「Ⅲ」部。

「Ⅲ」部の「『おべんちゃら』などの語史」は、「いちゃもん」「おじや」「おべんちゃら」「パチンコ」など、オノマトペ出身と思われる語を取り上げ、その語史を追究したもの。一般向けの雑誌『清流』に毎月連載したものを基にしているので、楽しい読み物風に記述してある。たとえば、「どんぶり」。あの厚みのある大きくて深い器を、なぜ「どんぶり」というのか？　井戸の中に石を投げ入れた時に、「どんぶり」と音がするところから。「ホント？」と訝しく思われる方は、どうぞ本文にお進みください。

あるいは、「ひいらぎ」という植物。悪鬼除けのまじないとして古くから「ひいらぎ」の葉が使われている。この「ひいらぎ」という言葉は、実は擬態語出身の言葉！　葉っぱのとげとげを思い出してください。触るとひりひり痛い。それを古くは「ひひく」と言った。何となく見当がついてきたのでは？

こんなふうに、オノマトペにルーツを持つと思われる言葉を一つずつとりあげ、その語源、出現時期、意味の推移などを追究したものが、「Ⅲ」部の内容。あなたの気になる言葉がきっとあるに違いない。なお、本著作集に収録するにあたって、「です・ます」体の文章を「である」体の文章に変え、「注」を付け、図版を入れた。

また、「Ⅰ」部の最後に収めてある「**擬音語・擬態語　二〇のコラム**」も、すらすら読めると思う。『暮らしのことば　擬音・擬態語辞典』（講談社）に掲載した「山口仲美の擬音語・擬態語コラム①～⑳」を転載したものである。一つのテーマについて七二〇字で、ぎゅっと私の研究のエキスを詰めこんで、一般の読者にも分かってもらえるように書いたもの。論証の手続きをすっぱりと省略して分かったことだけを平易に書いてあるので、ここだけ読んでも、オノマトペのさまざまな側面が分かっていただけよう。

また、「Ⅱ」部の最後に配されている「**オノマトペ研究の私的回顧**」も、『日本語学』に依頼されて書いた巻頭エッセイ。オノマトペ研究の初期のころから現在に至るまでの自分の研究の歩みを気軽な話し言葉で綴ったもの。自分のことを語るのは、いささか気恥しい思いだったが、昔のことを知らない若い人たちには益するところがあるかもしれないと自分を鼓舞して書いたもの。以上が、エッセイ風の読み物。次に、論文部分の内容紹介。

「Ⅰ」部の「オノマトペの種々相」には、作品別・ジャンル別にとらえた時に顕著に現れるオノマトペの特色を追究した論文を収めた。冒頭の「**音象徴語研究の必要性**」の論は、導入部的な役割を担った論。幼稚だと言って嫌われることもあるオノマトペが、実は日本語の特色になっており、日本語を活性化させていること。さらに、調べる必要もないほど単純な言葉だという思い込みに対して、調査しなくては分からない課題がひしめき、研究の必要性があることを述べたもの。この分野の研究を志す人には、特に読んでいただきたい。

「**古典の擬音語・擬態語─掛詞式の用法を中心に─**」は、古典の擬音語・擬態語が、現代語とは違って、掛詞になって効果を発揮していることを指摘した論文。また、オノマトペは、それ以外の普通語とどういう関係にあるのか？その関係性を具体的に述べたのが、「**擬音語から普通語へ**」の論。

「**『今昔物語集』の象徴詞**」の論は、従来、オノマトペの頻出する作品として『今昔物語集』のみが脚光を浴びてきたが、実は『源氏物語』をはじめとする王朝文学作品にも多数見られることを指摘し、従来説の訂正を求め、さらに『今昔物語集』のオノマトペのみが目立った言語的な理由を明らかにしたもの。「**『源氏物語』の象徴詞**」は、分量において『今昔物語集』を凌駕していたにもかかわらず、オノマトペが目立たなかった理由を解明し、『源氏物語』のオノマトペの特殊な性格を明らかにした論文。

「**狂言の擬声語**」「**オノマトペと文学**」「**コミック世界の擬音語・擬態語**」は、それぞれのジャンルにおいて、オノマトペがどんな性質を持ち、どんな表現効果を発揮しているのかを解明した論。たとえば「コミック世界の擬音語・擬態語」の論は、小説をはじめとする文字メディアのオノマトペと比較しつつ、コミック特有のオノマトペの機能を解明したもの。ストーリーを展開させたり、臨場効果を倍増させたり、時間の流れを作り出したり、はたまた、スローモーションビデオ効果を引き出したり。日本のコミックが世界に抜きん出た理由は、オノマトペの活躍にあることを知っていただけると思う。

「Ⅱオノマトペの史的推移」は、オノマトペがどのような史的推移をたどっているのかを、語彙・語音構造・意味・語法などの面から追究した論を収めてある。比較的新しく執筆した論文が多い。

たとえば、「**男女の泣き方の推移―オノマトペからとらえる―**」。この著作集のために書き下ろした論文である。男が人前で声をあげて泣くのははしたないという現代の認識は、一体いつ生まれたのか？　調べてみると、現代とは逆に、男が大声をあげて「よよ」と泣くことが求められた時代もある。オノマトペから捉えた泣く姿の推移は、どんなものだったのか？　「**動物の声を写す擬音語の史的推移**」は、動物の声の写し方が、時代によって写実的になったり、聞きなし的になったりする面白い現象を明らかにした。

また、「**楽器の音を写す擬音語⑴―古代・中世―**」「**楽器の音を写す擬音語⑵―近世・近現代―**」は、今までほとんど研究されていない楽器の音を写す擬音語にスポットライトを当てた論。「テンツクテンツク」「チンテンチン」「ヒャアルラヒャアリツロ」などの楽器の音である。時代によってどんな楽器が好まれ、その音はどう写されてきたのか？　「**浄瑠璃詞章の象徴詞―その変容―**」は、浄瑠璃詞章が、時の経過によって劣化するオノマトペの効果をいかにして維持していたかを考察したもの。

「**中古象徴詞の語音構造⑴―清濁に問題のある語例を中心に―**」は、国語学会で研究発表し、会場の笑いを誘った思い出のある論文。その理由は、「オノマトペ研究の私的回顧」に記してあるので、お読みいただければ幸いである。

この論文は、意味に直結している擬音語・擬態語の読み方が全く恣意的になされている状況を憂え、語音構造と語誌を丹念に追究することによって、蓋然性の高い読み方ができることを実証したもの。たとえば、濁音表記のない平安時代では、沓《くつ》の音が「こほこほ」と記されている。「こほこほ」なのか「こぼこぼ」なのか「ごほごほ」なのか「ごぼごぼ」なのか不明。しかし、擬音語・擬態語の語音構造とその語誌から追究すると、「ごほごほ」と読むのが自然であるという具合に。「**中古象徴詞の語音構造(2)—撥音・長音・促音に関する問題をふくむ語例を中心に—**」の論は、撥音（ン）・長音（ー）・促音（ッ）についての読みに問題のある語例をとりあげ、語音構造のあり方と語誌を辿ることによって蓋然性の高い読みを提示したもの。

「**オノマトペの文法的機能の変遷**」は、オノマトペが普通の情態副詞から袂を分かって独自の語群として成長していく過程を明らかにした論。「**平安時代の象徴詞—性格とその変遷過程—**」も、奈良時代から平安時代にかけて、オノマトペの性質が変化していることを解き明かしたもの。さらに、その時代だけに見られるオノマトペを追究すると、その時代の生活が見えてくることを明らかにしたのが、「**奈良時代の擬音語・擬態語**」の論である。

さまざまな論文やエッセイの詰まった巻五。ぜひ、興味惹かれるものから、ぱらぱらと頁を繰っていただきたい。

二〇一九年五月二五日

山口仲美

目次

I

オノマトペの種々相

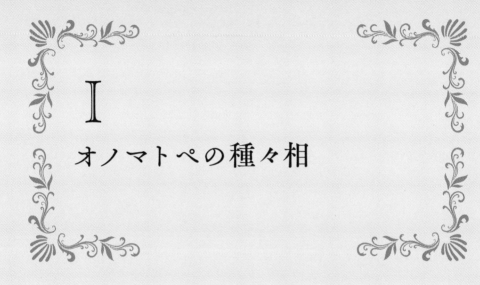

音象徴語研究の必要性

1　音象徴語の活躍

われわれの日常生活には、音象徴語（＝擬音語・擬態語の総称）が溢れている。若者たちは、「ルンルン」とか「ギンギン」とか「フグフグ」といった音象徴語を口にし、流行語になっている。(1)

若者のみならず、我々の日常会話を反省してみても、音象徴語ほど、自分の気持を生き生きと伝えてくれることばはない。音象徴語なしで、会話を進めようとすると、言いたいことが的確に表現できず、四苦八苦する。日本語において、音象徴語ぬきの会話は、殆ど不可能である。

会話ばかりではなく、音象徴語は、コミック・童話・文学作品の世界でも大活躍する。まず、コミックの世界をとりあげてみる。そこには音象徴語が氾濫し、独特の擬音効果をあげている。オートバイの爆音は「ヴァヴァヴァオオ！ドルルルル」「ズドドドドド、ブォーン、オン、バオン、キァアアン」「ブロロロオオオ」「ズキュズキュ」である。(2)大きく平べったいものが顔にぶちあたれば「べっちぃーん」、いびきは「ぐがー　んごー」、鼻をかむ音は「バビィィー」、手をあげて挨拶するさまは「しゅた」と、独創的な音象徴語が活躍している。(3)視覚だけのコミックの世界に、音象徴語は、迫力と臨場感をもり込んでいる。

また、童謡の世界でも、音象徴語は愛用され、効果をあげている。童謡の七五％は、音象徴語を使用していると報告されている。(4)ちょっと思い浮べてみただけでも、「ピッチピッチ　チャップチャップ　ランランラン」に見られる雨の音、「チイチイパッパ　チイパッパ」にみられるスズメの声と羽音、(5)「汽車　汽車　ポッポ　ポッポ　シュッポ　シュッポ　シュッポッポ」の汽車の走る音などがある。これらの音象徴語は、いずれも、その童謡に生気とユーモアを与えている。

また、文学作品に目を転じてみても、たとえば、次のように音象徴語だけで成り立つ詩もある。

第八月満月の夜の満潮時の歓喜の歌

十四人以上の人物が同時に唱ふべき詩

ぐりりににぐりりににぐりりにに
るるるるるるるるるるるるるるる
ぎやッぎやッぎやッぎやッぎやッ
ぎやるるろぎやるるろぎやるるろ
げぶららららげぶららららららら
りりりりりりりりりりりりりりり
ぎやッぎやッぎやッぎやッぎやッ
んんんげげげんんんげげげんんん
ごりらごりらごりらごりらごりら
ぐりけっぷぐりけっぷぐりけっぷ
わひわひわひわひどどわひわひ
げぶらららららげぶらららららら
ぐりっくぐりっくいいいいいいい
がりぎりがりぎりわひわひわひ

（『草野心平全集』第一巻、筑摩書房）

有名な草野心平の詩である。カエルの歓喜の声の合唱である。題名の横の注記通りに、一四人以上でこの詩を唱えたら、あたかもカエルの大合唱のまっただ中にいるような錯覚を覚えるかもしれない。草野心平の詩には、蛙の鳴き声や様子を写す音象徴語が多い。

ぴるるるるるッ

はっはっはっはっ

ふっふっふっふっ

と、後足だけで歩き出した数万の蛙の様子を、ユニークな音象徴語で写し出した詩もある。(6)

音象徴語は、自在に造語して行くことが可能であるため、作家は、そこに命をかける。北原白秋は、八年間も考えて造り出した音象徴語を、他人が無断で借用したというので激怒し、(7)三好達治は、日夜苦しみ考え出した音象徴語を出版社が誤植して刊行したのに対して、謝罪を要求している。(8)

さらに、学問的なレベルでも、音象徴語は、欠かすことが出来ない。たとえば、自然科学の分野では、「ベタベタする物質」とか「ベトベトの物質」とか表現する。音象徴語にかわり得る用語がないからである。(9)

2　豊かな語彙量

数量的にみても、日本の音象徴語は、かなり豊かである。たとえば、印欧語系の言語で最も音象徴語に富むと言われている英語に比較してみる。

乾亮一の概算によると、日本語の音象徴語一二〇〇語に対し、英語のそれは三五〇語位しか見られない。(10)また、小島義郎の『広辞苑』収録語彙をもとにした推測によると、日本で日常よく用いられる音象徴語は、一〇〇〇語を下るまいと言う。それに対して、英語で通常使用されるものは、たかだか二〇〇語程度である。[11]したがって、英語の音象徴語の量は、日本語の音象徴語の五分の一、ないし三分の一にしかならない。日本語において、いかに音象徴語がおびただしく存在しているかがわかる。

音象徴語のうちでも、とくに擬態語は、英語をはじめとする印欧語系の言語に少ない。長崎玄弥は、翻訳作業の実感を、次のように語っている。[12]

日ごろ和文英訳をしていると、日本語にこの感覚的な擬態語がいかに豊富かということがわかる。それを英訳すると、普通の言葉になって情緒は失われることが多い。

擬態語は、日本語にのみ存在することが多く、それに該当する西欧語が見当らない。やむを得ず、説明的な語句で対応させたりするのであるが、[13]その場合には、日本の擬態語のもっていた感性的な表現力が失われてしまう。擬態語は、翻訳家泣かせの語彙である。考えてみると、日本人は、まことに擬態語を愛用する国民である。静まりかえった無音の状態をも、「シーン」などと語音でいかにもそれらしく模写したりする。

西欧語、とくにイタリア語などでは、擬態語の不足を gesture（身振り）で補っていると言われる。[14]たとえば、日本人なら、擬態語「コクリコクリ」「クルクル」を使用するような場合、西欧人なら、首を上下に振ったり、指を廻したりして、その状態を身振りで表現してすませるという具合である。つまり、日本人は、身振りを用いず、そうした場合をも言語化する。その結果、日本語は、甚だ表情に富む感覚的なことばが増えて行く。

印欧語のみならず、中国語でも音象徴語、なかんづく擬態語の少ないことが報告されている。[15]

3　卑俗なことば

このように音象徴語は、日本語に多量にみられ、欠かすことの出来ない重要な語彙であるにもかかわらず、その研究は、必ずしも活発ではない。語学的な立場から、音象徴語研究の先鞭をつけた小林英夫は、次のように訴えかけている。(16)

わが日本語は、だれもが知るように、オノマトペ（＝音象徴語）の宝庫だ。それでいながら国語学者たちはあまりこの宝庫を探検したがらないのは、どうしたことだろう。オノマトペは、かえって心理学者に仕事場を供している。

このほかにも、音象徴語研究が等閑に付されていることを指摘する発言は、随所にみられる。(17)なぜ、国語学の方面で、音象徴語研究が本格的になされないのか。理由は、意外に底の浅い偏見と思い込みに由来するように思われる。

まず、第一に、音象徴語は、卑俗なことばであるので、研究対象にするのが躊躇されるという考え方である。作家の三島由紀夫が、文章の品格をおとすという理由で、音象徴語を極度に嫌ったことは、有名である。(18)こうした偏見が、研究者にもあったとしても不思議ではない。この種のためらいに対しては、隠語研究で顕著な業績をあげた楳垣実の発言が参考になる。楳垣は、日本語を一般語と特殊語（＝隠語）に分け、一般語研究の進んでいるのに対して、特殊語研究の立ち遅れを嘆き、さらにその研究の意義を切々と訴える。(19)

特殊語が究明されてこそ、日本語が全体として正しく研究される。（中略）言葉はその社会生活の必要から生れるもので、社会生活を考えないで言葉だけを切り離して考えることはできない筈である。「臭いものには蓋をして」上品な面だけを眺めて安心し、喜んでいることは、人々の勝手ではあろうが、科学的精神を尊ぶ者は、あくまでも社会の実態を確実に見究めたいと願うのである。われらの愛する日本語、その日本語を生んだ社会、その社会に営まれている生活、それを見究め見尽してこそ、本当の日本語が分り、日本社会が分り、日本人の生活が分るのではあるまいか。

隠語という、まさに偏見でしか捉えられないような言語の研究に、長年従事してきた楳垣のことばは、傾聴に価する。

俗語であるという理由だけで、音象徴語研究に従事しないとしたら、生き生きした日本語の真の姿を追究する機会を、みすみす逸してしまうことになろう。

4　意味の分かることば

音象徴語研究の盛んでない第二の理由は、音象徴語そのものの言語的性格に求められる。

音象徴語は、普通のことばと違って、語音がただちに意味を表す。だから、その意味は、直観的に把握できる。普通の語は、言うまでもなく、語音と意味との間に直接的な関係はない。「あめ（雨）」が、空から降ってくる水滴を意味するのは、社会的な約束によっている。「あめ」という語音が、あの自然現象を表すべき性質を内在しているわけではない。普通の語においては、このように語音と意味との関係は、恣意的であるから、意味が直観的に把握されるわけではない。以下、これら普通の語を「記号語」と呼ぶことにする。

音象徴語においては、語音が意味を象徴し、両者は相即関係をなしているので、その意味は、幼児にでも分かる。事実、音象徴語は誕生してわずか一年しかたたない幼児にでも、理解され発語されている。[20]

　このような音象徴語の性格は、次に述べるようなもっともらしい思い込みを容易に抱かせる。第一に、幼児にでも分かるような幼稚で初歩的な語彙を研究してみても、成果はたかが知れているという偏見である。第二に、音象徴語の意味は、説明ぬきで理解できるのであるから、記号語に対するような意味の穿鑿は不必要である。つまり、研究するまでもないことばであるという思い込みである。

　たしかに、音象徴語は、次に例示するごとく、説明をぬきにして、直接理解できる場合が多い。

ほーう、ほけきようと忘れかけた鶯が、いつ勢を盛り返してか、時ならぬ高音を不意に張った。（中略）ほーう、ほけきよーう。ほーー、ほけつーきようーと、つづけ様に囀《さへ》づる。「あれが本当の歌です」と女が余に教へた。

（夏目漱石『草枕』四、日本近代文学大系）

傍線部「ほーう、ほけきよう」「ほーう、ほけきよーう。ほーー、ほけつーきようー」が、鶯の鳴き声であることを理解しない人はあるまい。意味は、語音によって直接写し出されており、誰にでも自明である。

　水のなかを歩く方が却《かえ》って増しなので、ざぶざぶと水の中を歩いて行った。

（井伏鱒二『黒い雨』、新潮文庫）

「ざぶざぶ」は、水を大きく揺り動かす音などと解説したら、笑われてしまいそうなくらい意味は明らかである。

田部夫人は、その鋭い音をきくと一瞬ピクッと躰《からだ》を震わせたが、再び、ぐったりと眼をつむった。

（遠藤周作『海と毒薬』、新潮文庫）

「ピクッ」は、鋭い音に驚き、一瞬体をこわばらせるさまを写した音象徴語であるが、その意味は、感覚的に把握される。「ぐったり」の語の意味も、説明するまでもあるまい。

このように音象徴語は、自然界の声や物音や状態を、いかにもそれらしく言語音で模写したものであり、語音と意味との関係は、必然的である。だから、その意味を敢えて分析したり、研究したりする必要はないと我々は思い込んでいる。

ところが、音象徴語ほどやっかいな言葉はない。以下、音象徴語が、我々の予想を裏切って理解しにくい場合を例示してみる。

5　方言の音象徴語

まず、方言にみられる音象徴語をとりあげてみる。鳥取県では

年寄りがインゴリインゴリ歩く

という[21]。たとえば東京人には、この「インゴリインゴリ」の意味は、ピンと来ない。歩き方の形容であることぐらいは、文脈から見当をつけられるが、その意味内容は一向につかめない。老人が、身体を曲げながら歩く様子をあらわすと説明されて初めて、その意味内容を不完全ながら理解する。しかし、その土地特有の感性的な意味内容は、恐らく東京人には把握されていない。語音のもつ感じによって意義の形成される音象徴語は、その土地の人と共通の言語感覚になりきるまで、その意味の的確な理解は、困難だからである。このほか、同地方には、「イゴリイゴリ」「イゴイゴ」の音象徴語もあり、類似した意味に使われている。

引越しでガカモカしています。　（秋田県）

鼻をウソウソする。　（対島・宮崎県・鹿児島県）

といった表現に接しても、同様である。「ガカモカ」は、「がたがた」といった語とほぼ同じ様な意味であり、「ウソウソ」は、「ひくひく」に類似する意味であるといった説明を受けて、ようやく東京人はおおよその意味内容を理解する。しかし、その音象徴語のもつ感覚的な意味内容は、完全にはつかみきれない。

また、小松代融一は、岩手県の「チョンテロ（＝チョントシテイロ）」の言い方をとり上げ、標準語の「チャント」に近い語音であるが、その意味合いは大いに異なると言う。[22]「チョン」は、「体なり手足なりを動かすことをやめて、じっと静止の状態になっていること」と説明している。東京人は、なまじ語音の類似する「チャント」を使用するために、岩手県の「チョント」は、標準語の「じっと」に近い意味だと説明されても、半信半疑でいる。

こうして、音象徴語が、説明ぬきで直観的に理解されるのは、同一地域に住むきわめて限定された人間同士の間であることがわかる。その地方以外の言語使用者には、意味が説明されても、なおかつ把握しきれない面の残るやっかいな語彙である。

6　古語の音象徴語

次に、少し時代を遡って、古い日本語にみられる音象徴語に接してみる。すると、われわれ現代人は、普通の概念語よりは、ある意味で理解しにくい音象徴語に出合う。

たとえば、中世の抄物には、

東方ニ朝日カツル〳〵ト出タレハトコモ明ウ照ス　（『毛詩抄』巻五・六オ、抄物大系）

とある。「ツルツル」は、文脈から太陽の出る様子を形容する音象徴語であることがわかる。しかし、具体的にどのような状態を意味するのか、我々現代人にはしかと把握できない。現代では、「つるつる」の語は、「つるつるとうどんを食べる」のように用い、滑るようななめらかな感じを表す。とすると、太陽がずんずん滑らかに出るさまを意味するのであろうか。当時の人は、太陽が、そんなに早く、見ている間に昇るような感じを受けたのだろうか。現代人の用法と異なる「つるつる」の語は、当時の文献を調査することによって、意味用法を解明する必要にせまられる。

早苗ノ時分ニテモアルカ。アヲ〳〵トアル田ガアリテ。水ガメロ〳〵ト流ル、也。

（『中華若木詩抄』上巻・十一ォ、抄物大系）

の「メロメロ」も同様である。文脈から見ると、「メロメロ」は、水が滞りなく流れるさまを意味している。どちらかといえば、プラスの評価をした時に用いられているようである。しかし、現代では、「メロメロ」の語は、「めろめろに酔っぱらう」とか「厳格な祖父も、初孫にはめろめろだ」といった具合に使う。余り上品な表現ではなく、正常な状態を保てなくなって、だらしなくたわいなくなっている様子を意味する。したがって、中世の「メロメロ」の意味が、現代人には納得しにくい。一体、いつごろから「メロメロ」の意味が、現在のようなマイナスの評価を持つようになったのか。「メロメロ」の語の歴史を調査しなければならない。

さらに、時代を遡って、中古の歴史物語『大鏡』には、次のような音象徴語が見られる。

たたいまや過去聖霊は蓮台の上にてひよとほえ給らんとのたまひけれは

（『大鏡』太政大臣道長・昔物語、『大鏡の研究』）

犬の鳴き声が「ひよ」と写されている。現代人は、犬の声を「ワン」とか「キャン」とか聞くので、「ひよ」という犬の声に出合うと目を見張る。当時、本当に犬の声をこう聞いたのだろうか。誤写ではないだろうかと、つい

にはこの語の存在すら疑い始める。しかし、調査してみると、同じく中古の『悉曇要集記』（承保二年）の追記に

吠《ヘイヒヨ》犬之音也

とあることから、当時は、犬の鳴き声を「ヒヨ」と写したことがわかる。しかし、「ヒヨ」の形は、現代人の犬の声の聞き方と余りに異なるので、不安である。さらに調査をすすめると、時代を下った狂言台本に、次のような犬の声が見られる。

▲かきぬし　いぬなら。なかうぞよ
▲山ふし　はあ。又こりや。なかざなるまい。びよ〳〵

（「柿山伏」『狂言記』巻三・十六ウ、『狂言記の研究　上』）

また、狂言「犬山伏」では、犬は「べう〳〵」（『狂言記拾遺』巻四）とも鳴いている。音誠一の調査によると、狂歌・俳諧・連歌にも「べう〳〵」「びやう〳〵」が見られるという。[23] とすると、中古の犬の声「ひよ」は、「びよ」と濁音によむべき語であったと察せられる。「びよ」であれば、英語の bow-wow の前半部に似ていないこともなく、犬の声として納得しやすい。[24]

こうして、犬の声を「びよ」と聞く系譜は、現代の標準語には伝わらないが、ほぼ確実に存在していたことがわかる。

古い時代の音象徴語は、時として現代人の感覚と大きく異なるために、特に調査しない限り、その存在すら疑問視されてしまう。さらに、語の存在が確認されても、濁音・半濁音表記が未確立な時代にあっては、その語の読み方が解らない。このような問題については、既に拙稿「中古象徴詞の語音構造」[25] に述べたので、省略に従う。

古語の音象徴語は、現代人にとっては、調査研究しない限り、不明なことばかりである。

7　外国人からみた音象徴語

こうして、音象徴語は、敢えて説明しなくても、その意味が直観的に把握できるので、とりたてた研究は不要であると思っていたのは、大きな誤りであることがわかる。音象徴語が、説明ぬきで分かり合えるのは、同一時代の同一地域に住む、ごく狭い範囲の人間同士の間だけである。

現に、日本に来た外国人にとって、音象徴語ほど理解しにくいことばはない。彼らは、多種多様な日本の音象徴語に始終悩まされている。日本語教育のベテラン教師池田摩耶子は、その著『日本語再発見』(26)で、日本人にとって最も分かりやすい音象徴語が、外国人にとっては、いかに理解不可能な語であるかを体験的に述べている。また、同じく日本語教育にたずさわる佐藤洋子は、日本語を相当学んだ後でも、音象徴語を使った例文を西欧人に作らせると、たとえば、次のようなものを作ると報告している(27)。

○あの人はクタクタに歩いています。

○風が強いから海水はゴツゴツする。

西欧人には、音を出さない事物の状態を、語音の感じに置きかえた擬態語がどうしても理解できないという。水谷修も、次のような外国人の思いもよらぬ珍しい誤用例を紹介している(28)。

○鈴木さん、あなたは英語うまいですね。ペロペロですね。

○桜の花びらが一枚一枚枝から離れて、ビラビラ散っていくのは大変きれいですね。

外国人にとって、日本の音象徴語が、いかに修得の難しい語群であるかがわかる。

ところが、従来の国語辞典の類には、音象徴語は余り掲出されていない。[29] 音象徴語は、卑俗なことばであり、また、次々に生まれては消えてしまうことばも多く、辞典に掲載するのにふさわしくなかったのであろう。最近になって、国語辞典とは全く別個に、現代日本語の、ごく一般的な音象徴語だけの辞典が刊行され始めた。[30] 日本語教育の切実な要請にもとづくものと考えられる。ただし、外国人向けの音象徴語辞典は、意味の記述のみではなく、その用法をも説明したものであることが好ましい。たとえば、「しとしと」は、雨の降るさまに用いるとか、「ぐっすり」は、「眠る」以外の語の形容にはならないという具合である。音象徴語は、使用範囲がきわめて限定されていることばであるから、その用法を説くことが音象徴語教育には必須なのである。

こうして、音象徴語は、誰にでも分かり研究するまでもないといった思い込みは、狭い視野での偏見であることが歴然とする。

8　研究の必要性

いったい、どうしてこのように音象徴語が理解しにくい場合が起こるのだろうか。

語音が意義を象徴していることばなのであるから、普通の記号語よりも分かりやすくてもよいように思われるにもかかわらず、時として記号語以上に把握しにくい語彙になっている。

それは、次の二つの理由による。第一に、既に言われているように、音象徴語といえども、言語の一種であるから、記号語のもつ恣意性を、ある程度具えていることである。もし、音象徴語が、恣意性を全く持たないなら、各国・各時代・各地方に共通の音象徴語が存在するはずである。ところが、実際には、その国・その時代・その地方で認められ得る言語音を用い、語構成をとって音象徴語が形成されているから、決して同一語形になることはない。各国間で最も類似する度合が大きいと言われるニワトリの声を写す音象徴語ですら、随所で例示されているように多様である。日本語で「コケコッコー」と写すオンドリの声は、たとえば、英語では cock a doodle doo、フランス語では、coquerico もしくは cocorico、ドイツ語では、kikeriki、イタリア語では、chicchirichi。また、水谷修の紹介によれば(31)、タイ語では、「エッイッエッエッ」に近い音でニワトリの声を写し、ベトナム語では、「アアア・アアア」に近い音で写すと言う。実際のニワトリの声は、さほど大きく異なっているとは思われないが、それを写す音象徴語は、各国でさまざまである。音象徴語が、その社会の言語体系に規制されており、恣意性をもっているからである。したがって、その社会の言語体系を修得しなければ、音象徴語は理解できないのが道理である。

第二に、音象徴語の理解には、その社会の言語を使用しているうちに形成される独自の言語感覚を必要とすることである。その社会固有の言語感覚を所有するのは、至難である。湯沢幸吉郎は、次のように述べている(32)。

土地〳〵の特色の最も鮮明に現れるのは、擬声的副詞（＝音象徴語）である。しかして他地方に移住した者が、そこの言語を使いなれようとし、大体発音や語法の上で、その土地ッ児に成り得ても後々までも十分に練熟し得ないのは、そこの擬声副詞である。

ここに、音象徴語特有の理解のしにくさが存在している。

現代日本語における音象徴語の意味分析は、日本語教育にはもちろんのこと、意味論的観点からも欠かすことのできないものである。また、方言にみられる音象徴語も、調査研究しなければ、理解のおぼつかない語群である。まして、古い時代の音象徴語については、研究しない限り、よみ方から意味用法に至るまで不明である。

われわれは、それでも音象徴語研究など不要であると、言い続けることができるであろうか。

注

（1）藤田孝・秋保慎一編『和英擬音語・擬態語翻訳辞典』（金星堂、昭和59年10月）の「はしがき」参照。
（2）榊原昭二「擬音語・擬態語雑考―コミックを中心として―」（『文学』49巻9号、昭和56年9月）。
（3）「べっちぃーん」「ぐがー　んごー」は、中里あたる『放課後のB・G・M』（講談社）に、「バビィィー」は、浜岡賢次『元祖！浦安鉄筋家族』1巻（秋田書店）に、「しゅた」は、江口寿史『ストップ!!ひばり君！』（集英社）に見られる。
（4）小嶋孝三郎『現代文学とオノマトペ』（桜楓社、昭和47年10月）。
（5）拙稿「ちぃちぃぱっぱ考」（『日本語学』4巻8号、昭和60年8月。本著作集6『オノマトペの歴史2　ちんちん千鳥のなく声は・犬は「びよ」と鳴いていた』に、「お口をそろえてちぃぱっぱ―スズメ―」として収録）。
（6）草野心平「蛇祭り行進」（『草野心平全集』1巻、筑摩書房、昭和53年5月）。
（7）小嶋孝三郎『現代文学とオノマトペ』（桜楓社、昭和47年10月）参照。
（8）小嶋孝三郎『現代文学とオノマトペ』（桜楓社、昭和47年10月）参照。
（9）Logergist T「擬声語の物理」（『自然』38巻1号、昭和58年1月）参照。
（10）乾亮一「擬声語雑記」（『市河三喜博士還暦祝賀論文集』2、研究社、昭和22年）参照。
（11）小島義郎『英語辞書学入門』（三省堂、昭和59年11月）。
（12）長崎玄弥「英語の擬声語―擬声語と翻訳―」（『時事英語研究』36巻6号、昭和56年9月）。
（13）この問題については、たとえば、大野一男「日本語オノマトペの英語対応表現について」（『桜美林大学桜美林短期大学紀要』15、昭和50年4月）が、詳しく論じている。
（14）乾亮一「擬声語雑記」（『市河三喜博士還暦祝賀論文集』2、研究社、昭和22年）、W・A・グロータース著・柴田武訳『誤訳』（新版、三省堂、昭和54年10月）参照。
（15）野口宗親「中国語擬声語の形態」（『国語国文研究と教育』3、昭和50年1月）、瀬戸口律子「日中両国語における擬音語・擬態語について」（『大東文化大学紀要（人文科学）』20、昭和57年3月）。

(16)　小林英夫「擬音語と擬容語」（『言語生活』171、昭和40年12月）。

(17)　水野義明「日朝擬声語対照表」（『明治大学教養論集・日本文学』75、昭和47年12月）、三戸雄一・筧寿雄編集主幹『日英対照・擬声語（オノマトペ）辞典』の「序にかえて―オノマトペ研究における問題点」（学書房出版、昭和56年10月）、佐々木剛志「日本語の擬声語・擬態語」（『アカデミア・文学語学編』34、昭和58年3月）など参照。

(18)　三島由紀夫『文章読本』（中央公論社、昭和34年6月）。

(19)　楳垣実『隠語辞典』（東京堂出版、昭和31年8月）の「はじめに」参照。

(20)　前田富祺・前田紀代子『幼児の語彙発達の研究』（武蔵野書院、昭和48年12月）など参照。

(21)　室山敏昭「方言の擬声語・擬態語」（『鳥取大学教育学部研究報告・人文社会科学』22巻1号、昭和46年6月）。

(22)　小松代融一「擬容語の性格について―昔話の擬容語研究のための手掛りとして―」（『岩手医科大学教養部研究年報』7、昭和47年12月）。

(23)　音誠一「犬の鳴き声『わんわん』『びょうびょう』について」（『金沢大学語学・文学研究』7、昭和52年3月）。

(24)　浜田敦「犬の遠ぼえ」（『吉川幸次郎全集』第4巻月報、昭和44年9月。浜田敦『国語史の諸問題』和泉書院、昭和61年5月再録）で、『狂言記』の「べうべう」が、英語の bow-wow に近いと指摘されている。

(25)　拙稿「中古象徴詞の語音構造―清濁に問題のある語例を中心に―」（『国語学』93、昭和48年6月。本著作集5『オノマトペの歴史1　その種々相と史的推移・「おべんちゃら」などの語史』にも収録）。

(26)　池田摩耶子『日本語再発見 新版』（三省堂、昭和52年3月）。

(27)　佐藤洋子「日本語ドイツ語におけるオノマトペについて」（『講座 日本語教育』早稲田大学語学教育研究所、7、昭和46年7月）。

(28)　水谷修「コケコッコーの言語学」（『言語生活』278、昭和49年11月）。

(29) 堀内克明「英語の擬声語―音の王国・マンガの世界―」(『時事英語研究』36巻6号、昭和56年9月)によると、英語の音象徴語も、普通の辞書から締め出されていると言う。

(30) 天沼寧編『擬音語・擬態語辞典』(東京堂出版、昭和49年12月)、浅野鶴子編『擬音語・擬態語辞典』(角川書店、昭和53年4月)。また、現代日本語の音象徴語の他に、古典のそれをも含めたものに、白石大二編『擬声語擬態語慣用句辞典』(東京堂出版、昭和57年4月)がある。

(31) 水谷修「コケコッコーの言語学」(『言語生活』278、昭和49年11月)。

(32) 湯沢幸吉郎「擬声語の収集」(『国語教育』16巻10号、昭和6年10月)。

古典の擬音語・擬態語

——掛詞式の用法を中心に——

1　はじめに

すでに指摘されているように、日本語には、擬音語・擬態語が、おびただしく存在している。われわれ日本人は、それらを自在に駆使しながら日常会話を行なう。もちろん文章も書く。

ごく一般的な現代の擬音語・擬態語については、辞典も刊行されているので、この稿ではふれない。ここでは、古典に見られる擬音語・擬態語のうち、一風変わった掛詞式のものに注目し、その性格を解明してみたいと思う。なお、古典といっても、平安時代を中心として話をすすめる。

2　一般的用法

擬音語・擬態語は、ふつう次のように用いる。

応天門《おうてんもん》ノ上《うへ》ノ層《こし》ヲ見上《みあげ》タレバ、真《ま》サヲニ光《ひか》ル物《もの》有《あ》リ。暗《くら》ケレバ何物トモ不見《み》エヌ程《ほど》ニ、嚱《ねずなき》ヲ頻《しきり》ニシテナムカ、ト咲《わらひ》ケル。頭《かしらの》毛《け》太《ふと》リテ死《し》ヌル心地シケレドモ、

（『今昔物語集』巻二七第三三話）

深夜、応天門の傍をたった一人で男が通ると、真青に光る物がある。それは、人の気をそそるように鳴いたかと思うと、いきなり「カカ」と大声で笑う。恐怖の余り、その男は死ぬ思いをした。「カカ」は、夜空に響き渡る、何物かのけたたましい声を模写した擬音語である。自然界に生起する声を、出来るだけそれらしく写しとったものであり、この場面に生き生きとした迫真性を与えている。「カカ」の語の背後に何か別の意味が込められているわ

けではない。

おしあけ方の月影に、法師ばらの閼伽《あか》たてまつるとて、からからと鳴らしつつ、菊の花、濃き薄き紅葉など、折り散らしたるもはかなげなれど　（『源氏物語』賢木）

雲林院の法師たちの仏につかえる朝の儀式のさまである。「からから」は、銅か真鍮で出来た花皿を鳴らす音を写した擬音語である。最初の例とは違って、物理的な物音を模写したものであるが、背後に何ら別の意味が認められない点は同じである。

火の中にうちくべてやかせ給にめらめらとやけぬ。　（『竹取物語』）

燃えないはずの火鼠の皮衣も、火にくべてみると、あっけなく燃え上がった。「めらめら」は、勢いよく炎の燃え上がるようすを写す擬態語である。擬態語は、擬音語と異なり、音のしない、あるいは音とは無関係な状態や様子を語音で模写したものである。「めらめら」は、視覚でとらえられた感じを、それにふさわしい語音で写し出したものであり、他の意味をもたない。

擬音語・擬態語は、以上のように用いるのが、通常である。

ところが、擬音語・擬態語の中には、以下に紹介して行くような掛詞式のものが見られる。

3　葉ずれの音

ひとりして物をおもへば秋の田のいなばのそよといふ人のなき　（『古今和歌集』恋歌二）

「ただ一人で物思いにふけっているので、秋の田の稲葉が『そよ』と風に靡くように、『其よ（＝そうですよ）』と相づちを打ってくれる人もいない」といった意味の歌である。「そよ」は、単純な葉ずれの音を写した擬音語ではない。稲葉の風にそよぐ音「そよ」に、相づちを打ったり、何かを思い出したりする時に発する感動詞「其よ」が掛けられている。というより、この歌においては、相づち語「其よ」の方が前面にあり、葉ずれの音「そよ」は、むしろ背後にあって伴奏のような役割を果たしていると言うべきかもしれない。

　穂に出《い》でていふかひあらば花すゝきそよとも風にうちなびきなむ　（『落窪物語』巻二）

の歌も、「そよ」に二重の意味が込められている。この歌では、花薄が風にそよぐ音「そよ」の方が、感動詞「其よ」の意より表面に出ている。ともあれ、「そよ」という語に、二重の意味を負わせて、重層効果を期待する掛詞式の擬音語である。

葉ずれの音「そよ」に、感動詞「其よ」を掛ける用法は、和歌の世界の常套表現となっており、しばしば見られる。

また、同趣の擬音語「そよそよ」も、感動詞「其よ其よ（＝そうですよ、そうですよ）」の意が掛けられている。

　落葉こゑありといふことをよめる

かぜふけばならのうら葉のそよそよといひあはせつついづちちるらん　（『詞花和歌集』巻四、冬）

風に楢の葉がすれ合いながら落ちていく音「そよそよ」は、落葉の「そうよそうよ」と話し合う声でもある。

このような掛詞の用法は、物音をうつす語に余り起こらない。したがって、右にあげた「そよ」「そよそよ」は、かなり特殊な存在である。

掛詞のおこりやすい擬音語は、物理的な物音を写す語ではなく、以下に示すような動物の声を写す場合である。

4　けものの声

秋ののにつまなきしかのとしをへてなぞわがこひのかひよとぞなく
（『古今和歌集』巻一九・雑躰）

「秋の野に妻のない鹿が、長年経って『どうしたことだ、私の恋の甲斐はこんなものか』と鳴く」という意味であろう。鹿の鳴き声が「かひよ」と写されている。三音節からなり、普通の擬音語・擬態語とは、いささか異なる形態をとっている。実際の鹿の鳴き声を耳にし、その時の作者の心情が投影されて、「甲斐《かひ》よ（＝効果ですよ）」と聞きなされたものである。

写実的に模写された鹿の声は、古くは『播磨国風土記』に見られ、「比比《ひひ》」と記されている。近世の芭蕉も

びいと啼尻聲《なくしりごゑ》悲し夜の鹿
（元禄七年九月八日、杉風宛書簡）

と詠んでいる。鹿の声は、直写すれば、そのような擬音語で写されるものである。

『古今和歌集』の鹿の声「かひよ」は、そうした写実型の鹿の声に対して、作者の感情から聞きなされた掛詞式の擬音語である。中世の『田植草紙』にも、次のような鹿の声の聞きなしが見られる。

こひする鹿はふとふ（太う）なひ（鳴い）て候よ
こんよとなくはしかの子

子鹿の声であるが、「かひよ」に類似し、カ行音で始まる三音節語で聞きなしている。近世の近松門左衛門『五十年忌歌念仏』には

夫より便宜音信《おとづれ》の、声も聞かねば顔も見ず、我は秋鹿夫《しかつま》を恋ひ、かいろと啼《な》くと知らせたや。

とある。鹿の声は「かいろ」。「帰えれ」の意を掛けたものである。こうして、鹿の声を、カ行音系統の三音節でとらえる聞きなしの系譜の存在することがわかる。

また、『源氏物語』（若菜下）には、かわいい子猫の甘え声「ねうねう」が見られ、「寝む寝む（＝寝よう寝よう）」に掛けられていることは、既に広く知られている。[1] この猫の声「ねうねう」も、狂言『物真似』、芭蕉文集『貝おほひ』などに継承されて、聞きなしの伝統をつくっている。

また、けものではないが、乳児の泣き声を次のような掛詞として用いる例もある。

いかいかとき、わたれどもけふ《今日》をこそもちゐ《餅》くふ人わきてしりぬれ

（『宇津保物語』蔵開上）

「五十日《いか》の祝とかねて聞き、いがいがと泣く声を聞いていたが、今日こそ祝餅を召し上がる人をとくに知ったことである」と解釈できる歌である。「いかいか」の語には、「五十日五十日《いかいか》」の意と、乳児の泣き声「いがいが」とが掛けられている。「いがいが」は、当時の赤ん坊の泣き声を模写する擬音語で、現在の「おぎゃあおぎゃあ」に該当する。『宇津保物語』（国譲下）には、「とらの時ばかりにいがいがとなく」とある。『今昔物語集』『栄華物語』にも、乳児の泣き声「いがいが」が見られる。

なお『宇津保物語』では、さらに、すぐ後にこんな歌がある。

みどりこは松のもちゐ《餅》をくひそめてちよ〳〵とのみいまはいはなん

（蔵開上）

「緑児は、常緑の松の餅を食い初めて、『千代千代』とのみ今は言ってほしい」という意である。「千代千代」は、緑、松の縁語として出てきた語であるが、乳児の喃語を聞きなした掛詞式の擬音語とはみられまいか。

5　虫の声

虫の音というと、日本人はすぐに秋の夜長に鳴くコオロギや鈴虫・松虫の音色を思い浮かべる。ところが、平安時代では、美しい音色の虫の声を写す擬音語は、意外に書き記されていない。わずかにコオロギの声が聞こえるだけである。

秋風にほころびぬらしふぢばかまつゞりさせてふきりぎりすなく

（『古今和歌集』巻一九・雑躰）

「秋風に吹かれて藤袴がほころびたらしい。袴の綻びを『つづりさせ』というコオロギが鳴く」と解される。諸注釈そろって、「つづりさせ」を、コオロギの鳴き声とみているのだが、ここでは、鳴き声に由来する虫名と考える方が妥当であろう。というのは、「つづりさせてふきりぎりす鳴く」とあり、「つづりさせ」という名の「きりぎりす」が鳴くと解釈するのが自然だからである。中世の『日葡辞書』には、「Tcuzzurisaxe（ツヅリサセ）」が虫名として登録されている。平安時代から「つづりさせ」は、虫名として通用していた可能性がある。ともあれ、「つづりさせ」と鳴くからその名がついたわけで、当時、コオロギの鳴き声を「つづりさせ」と聞いていたことも確かである。

この「つづりさせ」の鳴き声は、その後も継承されており、近世では、次の様な形でも見られる。

壁のくづれをつゞりさせとなく蟋蟀の音にわび、

（『山の井』）

「壁のくづれをつづりさせ」全体が、コオロギの鳴き声を写したものであろう。「リ・リ・リ・リ・……」と等間隔に長く鳴き続けるコオロギ（現在、ツヅレサセコオロギと呼ばれている種類のコオロギ）の声は、「壁のくづれをつづりさせ」という長い聞きなしを可能にする。現在でも、コオロギの声は、「ハリサセツヅリサセハリナキャカリテサセ」とか「カタサセスソサセサムサガクルゾ」とか、長い聞きなしがされている。

平安時代に虫の声でよく見られるのは、セミである。夏木立に囲まれていた当時にあっては、大声で鳴き続けるセミの声は、いやでも人々の気をひいたに違いない。

女郎花なまめきたてるすがたをやうつくしよしと蟬の鳴くらん　（『散木奇歌集』）

「女郎花が優美に咲いている姿を見て、『美し佳し』と蟬が鳴くのだろうか」と源俊頼は歌っている。ツクツクボウシの鳴き声を「美し佳し」と聞きなしたところに、この歌の面白さがある。俊頼は、ツクツクボウシの声を「ウツクシ」と前半だけとった形でも写している。(2)

当時、ツクツクボウシの鳴き声は、ふつう「くつくつほうし」と写し、「ほうし」に「法師《ほふし》」の意を掛けて聞く。たとえば、『成尋阿闍梨母集』には、

……と思ふほどに蟬鳴く。おどろおどろしき声ひきかへ、道心起こしたる。くつくつ法師と鳴くも、むなしき殻こそは梢《こずゑ》にはとどめんずらめ　（七五番歌の左注）

とある。仰山な声にひきかえ、「くつくつ法師」などと殊勝である。現在は、セミの名を「つくつくぼうし」と言い、鳴き声もそのように聞くが、当時は、セミの名も鳴き声と同じく「くつくつほうし」である。(3) 十巻本『和名類聚抄』には、

蛁蟟《クツ〱ホウシ》　陶隠居本草注云――凋遼二音字亦作蛁蟧 久都々々保宇之 八月鳴者是　（前田本、巻八35ウ）

とある。「うつくしよし」の鳴き声も、「くつくつほうし」の声も、ともに異なる五音節を組み合わせた形態をとり、記号化すると、「ABCDED《うつくしよし》」「ABABCDE《くつくつほうし》」と書き表わされる型である。これは、ふつうの擬音語・擬態語

の形態とは違った特殊なものである。「うつくしよし」の聞きなしは、印象的であったのだろうか、後世にも継承されており、たとえば、近世の滑稽本『素人狂言紋切形』（式亭三馬）にも

お宿下りの女中客だの　ハ、ア蟬の声でうつくしよしトきてゐるはへ　（初編・上）

などと見られる。

ツクツクボウシの鳴き声は、平安時代以後も、さまざまな聞きなしがなされている。

また、当時「なは蟬」と呼ばれていた蟬の声も、次のように記されている。

木の下に立てるほどに、にはかにいちはやう鳴きたれば、驚きて、ふり仰ぎていふやう、「よいぞよいぞといふなは蟬来にけるは、虫だに時節《ときせち》を知りたるよ」と、ひとりごつに合はせて、しかしかと鳴きみちたるに、をかしうもあはれにもありけむここちぞ、あぢきなかりける。　（『蜻蛉日記』下巻、天禄三年六月）

「なは蟬」は、今のクマゼミではないかと言われているが、定かではない。「よいぞよいぞ」は、「良いぞ良いぞ」の意味をになって、一般に知られていた「なは蟬」の声である。「虫だって季節になればちゃんとやって来るのに」と言う老人の独白に合わせて、「然《し》か然《し》か（＝そうだそうだ）」と蟬が鳴く。夫が訪れて来ないことを歎く作者の心情から、思わず聞きなされた蟬の声である。

西欧人は、蟬の声に全く関心を示さないことは随所で指摘されているが、[4] 日本人は、昔から蟬の鳴き声に耳を傾け、それに自己の心情を投影してきたのである。

また、虫の声では、『枕草子』の蓑虫の鳴き声「ちちよちちよ」は有名である。「ちちよちちよ」については、①「乳《ちち》よ乳《ちち》よ」の意を考える説、②「父《ちち》よ父《ちち》よ」が掛けられているとみる説、③蓑虫の声を直写しただけで他の意味はないとする説がある。筆者は、③と考えるのが、『枕草子』の作者の意図に最も近いものと考えている。

というのは、『枕草子』には、カラスの鳴き声「かかと」、雛鳥の声「ひよひよと」が見られるが、いずれも写実的に模写しただけのものである。さらに、物が触れ合って出る音を写す「そよそよと」の語もあるが、掛詞式の用法ではない。つまり、『枕草子』の擬音語・擬態語は直写を目的とする語群であったと考えられるからである。

しかし、後世では、『枕草子』の作者清少納言の意図とは別に、「ちちよちちよ」を「父よ父よ」の掛詞ととらえることが多い。たとえば、近世の『鶉衣』には、次のような記述がみられる。

蓑虫の「父よ」と呼ぶは、守宮《ゐもり》の妻を思ふには似ず。されど父のみこひて、などかは母をしたはざるらん。

『枕草子』の「ちちよちちよ」の語は、記号化すると、「ＡＡＢＡＡＢ」となり、ふつうの擬音語・擬態語の形態からはずれ、聞きなしと考えられやすい型であったからである。

6　鳥の声

けものの声、虫の声の聞きなしを、はるかに上まわるのが、鳥の声である。鳥の声については、既に『日本語学』（明治書院）に連載したこともあるので、ここでは重複しない鳥の声をとりあげる。

平安時代、最も種々の語で聞きなされるのが、ホトトギスの声である。ホトトギスは、当時、最ももてはやされた鳥の一つである。そもそも「ホトトギス」という鳥名からして、鳴き声に由来している。当時の人も、それを知っていたと思われる。というのは、『俊頼髄脳』に、次のような記述が見られるからである。

まかりて見ける折に、ほととぎすと二声なきてまかりにけり。

鶯の中にまじって育ったホトトギスは、母鶯より体が大きくなっても餌を口に入れてもらっていた。それを見に行くと、「ホトトギス」と鳴いて飛び去ったという。鳴き声から命名された「ホトトギス」は、以下に見るような掛詞式擬音語で、その声が写し出されている。

気左能阿沙気　奈呼（＝けさのあさけなこ）登以非都留《といひつる》　保登々擬須《ほととぎす》　伊萬毛奈可奴加《いまもなかぬか》　比登能綺久陪久《ひとのきくべく》

（『類聚国史』延暦一五年四月五日）

「『今朝の朝方鳴く』と言ったホトトギスは、今も鳴かないのか。人が聞こうと待っているのに」といった意味である。「今朝の朝け鳴こ」全体が[5]、ホトトギスの声を写したものであろう。現在でも、ホトトギスの声は、「テッペンカケタカ」「トーキョートッキョキョカキョク（東京特許許可局）」とカ行音を多く含んだ、かなり長い音節で聞きなしている。

また、『日本紀略』弘仁四年四月の条には、次のような贈答歌があり、ホトトギスの鳴き声が詠み込まれている。[6]

右大臣藤原園人上レ歌曰。

祁布能日乃《けふのひの》。伊介能保度理尓《いけのほとりに》。保止度支酒《ほととぎす》。多比良波知与止（＝たひらはちよと）。那久波企々都夜《なくはききつや》。

天皇和曰。

保度止伎須《ほととぎす》。那久己恵企介波《なくこゑきけば》。宇多奴志度《うたぬしと》。々毛尓千世尓度（＝ともにちよにと）。我礼母企々多理《われもききたり》。

天皇に奉った園人の歌は、「今日の日の池の辺りでホトトギスが『たひらはちよ』と鳴いたのをお聞きになられましたか」の意である。「たひらはちよ」と写されたホトトギスの声は、「平《たひら》は千代《ちよ》（＝泰平な世が千年も続く）」の意味を掛けたものである。それに対する天皇の応答歌は、「ホトトギスの鳴く声を聞くと、歌主と『ともにちよに（＝共に千代に）』と言ったのを私も聞いた」の意である。「たひらはちよ」「ともにちよに」と、ホトトギスの声を、ことほぎの意味を込めて聞きなしている。

一方、『古今和歌集』の歌には、ホトトギスの声を「死出《しで》の田長《たをさ》」と聞きなしたものがあることについては、既に別稿で述べた。(7)

さらに、ホトトギスの声は、当時一般に「ことごとし」と聞きなされることもあったらしい。『江談抄』に、次のような記述が見られるからである。

　真実郭公鳥者。隠二居於卯花垣一云。コトゴトシト云也。

卯花の垣根に隠れて、ホトトギスは「コトゴトシ（＝大げさだ）」と鳴いているという。ただし、「コトゴトシ」の声は、次のごとく、モズの鳴き声とも考えられている。

　もずまる、その程はよにはあれども、秋つかたするやうに、木の末にゐて、声高にも鳴かで、音もせで、かきねをつたひて、時々、ことごとしくとつぶやくなり。　（『俊頼髄脳』）

ホトトギスは、かん高い声で一音節ずつ区切るようにして鳴くので、時々の心情に従ってさまざまの意味に聞きとることが可能であったのであろう。しかし、いずれも、かなりの音節数を費して声を写しており、その点が共通している。

ホトトギスの声は、平安時代以後も、種々の意味を付与されて聞きなされている。(8)

ホトトギスのほかには、平安時代では、雁、千鳥、鶯の声を写した擬音語がみられ、いずれも掛詞の用法をもっている。

雁の声は、別稿で詳述したように、(9)『後撰和歌集』で、「かり」「かりかり」と写され、「仮り」「仮り仮り」の意味が掛けられた。その声は、同時代の『宇津保物語』の和歌にも見られ、掛詞の用法をになって歌の世界にとり入れられていった。さらに、次の歌に見られる「よる」の語も、「寄る」の意にかけて聞きなされた雁の声と考えられるのではあるまいか。

みよし野のたのむの雁もひたぶるに君が方にぞよると鳴くなる

むこがね、返し、

わが方によると鳴くなるみよし野のたのむの雁をいつか忘れん

（『伊勢物語』一〇段）

娘の母親が、花婿候補の男に詠んでやった。「三芳野の田の面《おも》に下りている雁（＝娘）も、ただ一途にあなたの方に『寄る（＝心を寄せる）』といって鳴くように聞こえます」。それに対して、男は、「私の方に『寄る』と鳴く声が聞こえる三芳野の田の面の雁を、いつ忘れようか、決して忘れない」と返歌をした。両歌に見られる「よる」は、その時の心情を託して聞いた雁の声と考えられる。

千鳥の声も、別稿で述べたように、『古今和歌集』に「やちよ」と写され、「八千代」の意味を掛けたのをはじめ、以後、歌の世界で伝統的な聞きなしとなっている。

鶯の声も、『古今和歌集』で、「ひとくひとく」と写され、「人来人来」の意が掛けられた。その聞きなしは、『蜻蛉日記』にもとり入れられ、また、近世の上田秋成にも継承されていった。[10]

千鳥の「やちよ」、鶯の「ひとくひとく」の声は、いずれも異なる三音節を組み合わせて造られている。

7　語の形態

掛詞式の擬音語は、用法のみならず、形態も特殊である。ふつうの擬音語・擬態語は、次のような型をとっている。[11]

平安時代で例をあげれば、

①　Aと型　　　　　　（例、きと、さと）
②　AAと型　　　　　（例、かかと、よよと）
③　ABと型　　　　　（例、かさと、よろと）
④　ABABと型　　　（例、さらさらと、ふさふさと）
⑤　ABBに型　　　　（例、たわわに）
⑥　ABロと型　　　　（例、こそろと）
⑦　ABロABロに型　（例、とどろとどろに）
⑧　ABラABラと型　（例、うつらうつらと）
⑨　ABリと型　　　　（例、はくりと）
⑩　ABリABリと型　（例、そよりそよりと）

一般的な擬音語・擬態語は、このように、二音節以下の語基で構成された型をしている。ところが、掛詞の用法をもつ擬音語は、右のような一般的な型をとる場合もあるが、次のごとく特殊な形態をとる場合が少なくない。

蓑虫の声「ちちよちちよと」は、「AABAABと」の形態をしており、二音節から構成されているが、一般的な型ではない。だからこそ、清少納言の意図とはかかわりなく、掛詞式の擬音語とみなされたのである。鹿の声「かひよと」、千鳥の声「やちよと」は、「ABCと」という三音節から構成された特殊な型である。鶯の声「ひとくひとくと」、蟬の声「よいぞよいぞと」は、「ABCABCと」であり、三音節語基の反復型である。

ツクツクボウシの声は、「うつくしよしと（＝ABCDEDと）」「うつくしと（＝ABCDと）」「くつくつほうしと（＝ABABCDEと）」、コオロギの声は、「つづりさせ（＝ABCDE）」と、四音節・五音節で写されている。ホトトギスの鳴き声に至っては、「けさのあさけなこと（＝ABCDBAEFと）」「たひらはちよと（＝ABCDEFと）」「ともにちよにと（＝ABCDECと）」「ことごとし（＝ABCBD）」「しでのたをさ（＝ABCDEF）」と、四音節から六音節の組み合わせである。

鳥や虫の長鳴きは、リズムさえ合っていれば、何とでも聞きなせるのである。掛詞式の擬音語は、このように一般的な擬音語・擬態語の型から大きく逸脱した形態で存在する。

8　むすび

掛詞式の擬音語は、平安時代の擬音語・擬態語全体からみると、ほんの一部を占めるにすぎない。そして、この種の擬音語の出現する範囲も、和歌もしくは和歌の影響の強い作品が中心である。わずか三十一文字から成る和歌は、一字一句もゆるがせに出来ない。そうした世界では、おのが心情を託することの出来る擬音語は、重宝である。巧みに使えば、鳴き声に自己の心持ちを重ね合わせ、重層的な効果をあげることが期待できる。掛詞式擬音語は、こうして一つの表現技法として、和歌の世界にとり入れられ定着していったものであろう。

また、掛詞の用法は、動物の声を写す擬音語に集中してあらわれる。擬態語には、この用法は、全く見られない。擬態語は、音のしない状態や有様を模写したものであるから、聞きなしが起こり得ないのである。

擬音語でも、物音を写す語の場合には、掛詞の用法は起こりにくい。葉ずれの音「そよ」「そよそよ」の掛詞は、かなり例外的なものである。

掛詞のよく見られるのは、物音ではなく、動物の声を模写する語においてである。動物は、有情物であるから、人間の心情を投影させやすい。寂しげに鳴く鹿の声は、得られぬ恋の歎きとも受けとれるし、大声でリズムをつけて鳴き続ける蟬の声は、咲き乱れる女郎花の美しさをたたえる賞賛の声ともとれる。一音ずつ区切るようにしてかん高く鳴くホトトギスの声は、その時々の人間の心情に従って、いかようにも聞きなせる。特に、虫や鳥の声は、鳴き続ける時間が長く、独特のリズムを持ち、耳を傾けていると、何か訴えかけ話しかけられているような気がしてくる。そこに、聞きなしの起こりやすい原因があったと考えられる。

掛詞式の擬音語は、従来、本格的にとりあつかわれたことのない語群であるが、ふつうの擬音語・擬態語とは異なった面が多く、別個の追究を要する課題である。

注

（1）　拙稿「源氏物語の語彙」（『古代の語彙・講座日本語の語彙』第三巻　明治書院、昭和57年5月。本著作集5『オノマトペの歴史1　その種々相と史的推移・「おべんちゃら」などの語史』にも「『源氏物語』の象徴詞」として収録）で、これについては、やや詳しく論じた。

（2）　『夫木和歌抄』巻九の夏三に俊頼の歌として、次のものが収録されている。

屋のつまにつくつくほふしのなくをききて

我が宿のつまはねよくや思ふらんうつくしといふ虫のなくなる

（3）　ただし、注（2）に引用した詞書の部分に「つくつくほふし」とあり、当時、既にそのように呼ぶこともあったかと思われるが、ここは、「くつくつほふし」の誤写か誤植の可能性が高い。

（4）　たとえば、奥本大三郎『虫の宇宙誌』（集英社文庫）、奥本大三郎『虫の春秋』（読売新聞社、昭和61年4月）には、このことが詳しく報告されている。
（5）「今朝の朝け鳴こ」の末尾の「こ」については、相磯裕「〝呼〟考—気左能阿沙気奈呼登以非都留—」（『国語国文』49巻7号、昭和55年7月）で詳述されているので、参照されたい。
（6）　この鳴き声の存在は、すでに蔵中スミ「ほととぎす二題」（『島田勇雄先生古稀記念ことばの論文集』明治書院、昭和56年11月）で指摘されている。ただし、鳴き声の意味などについては、触れられていない。
（7）　拙稿「鳥声の系譜」（『日本の美学』4号、昭和60年3月）。
（8）　拙稿「鳥声の系譜」（『日本の美学』4号、昭和60年3月）。
（9）　拙稿「音とことば—哀切な鳥声(2)—」（『日本語学』4巻4号、昭和60年4月）。
（10）　拙稿「鳥声の系譜」（『日本の美学』4号、昭和60年3月）。
（11）　拙稿「中古象徴詞の語音構造—清濁に問題のある語例を中心に—」（『国語学』93、昭和48年6月。本著作集5『オノマトペの歴史1　その種々相と史的推移・「おべんちゃら」などの語史』にも「中古象徴詞の語音構造(1)—清濁に問題のある語例を中心に—」として収録）参照。

擬音語から普通語へ

1　はじめに

いうまでもないが、人や動物の声、物音を写しとった言葉を「擬音語」、物事の状態や様子をいかにもそれらしく写し取った言葉を「擬態語」と呼んでいる。そして、それ以外の言葉を「普通語」とか「普通の言葉」とか呼んで区別し、対比させることが多い。両者の性質が大きく異なる面があるからである。

「擬音語」「擬態語」のうち、「普通語」により近い性質を持つのは、「擬態語」である。「擬態語」は、「普通語」と派生関係にあるものが多い。「ゆらゆら」「のろのろ」「ねばねば」という「擬態語」は、それぞれ「ゆらぐ」「のろい」「ねばる」という「普通語」と派生関係にあるというぐあいに。さらに、「ほのぼの」「さめざめ」「はるばる」などの語から分かるように、「普通語」なのか「擬態語」なのか区別しにくい場合がある。両者が連続的である証拠である。(1)

一方、「擬音語」は、「普通語」と派生関係にある語が少ないうえに、「普通語」と紛れることがない。特に、人や動物の声を写す言葉においては、顕著である。たとえば、ウグイスの声「ホーホケキョウ」、馬のいななき「ヒヒン」、人間の泣き声「ウエーン」など、「普通語」とは決してまぎれない。

ところが、観点を変えると、意外なプロセスを経て、人や動物の声を写す「擬音語」は「普通語」に連続し重なり合ってしまう。一体どんなプロセスを辿って、両者は連なり、重なり合ってしまうのか。ここで明らかにしたい事柄である。

なお、以下、「擬音語」のうち、人や動物の声を写す言葉だけを指す時は、「写声語（＝声を写す語）」と呼ぶことにする。「擬音語」のうち、「がたがた」「どたん」などの物音を写す言葉を指す時は、「写音語（＝音を写す語）」と呼んで区別することにする。ここで、注目するのは、「擬音語」のうち、「写声語」の方である。

用例は、「写声語」と「普通語」の連続性が顕著に指摘できる古典にする。具体的には、平安時代のものを中心にするが、時には鎌倉時代まで下る例も取り上げる。

2　直写型

辛うじて這ひ乗りにけれど、肱《かひな》つきそこなひて、おいおいと泣《な》き給ふ。（『落窪物語』巻二、日本古典文学大系）

「おいおい」は、人の泣きわめく声を模写した写声語である。現代でも「おいおい泣く」「おんおん泣く」と言う。

実際の大人の泣き声をかなり忠実にうつしとった写声語であり、言語音がそのまま意味を表している。


此の兵部少輔に見なしては、えねんぜず、ほほと笑《わら》ふ中にも、蔵人の少将ははなばなと物笑《わらひ》する人にて、笑ひ給ふ事限りなし。（『落窪物語』巻二、日本古典文学大系）

『落窪物語』は、泣き声や笑い声のする賑やかな作品であるが、笑い声「ほほ」の語も見られる。現代では、「ほほ」の語は、女性の笑い声を表すが、平安時代では男性の笑い声である。当時のハ行音については問題があり、亀井孝、小松英雄によれば、写声語においては、両唇破裂音であった可能性があるという[2]。普通語においても、ハ行音は現在と違って、両唇摩擦音であるから、いずれにしても、現在の「ほほ」の響きより、やや豪快な印象を与えた語と察せられる。「ほほ」の語も、笑い声を直写した写声語である。

また、けものの声を写す語には、次のような例がある。

ただいまや過去聖霊は蓮台の上にてびよとほえ給らんとのたまひければ

（『大鏡』太政大臣道長、『大鏡の研究』。濁点は私に付した。）

「びよ」が、犬の鳴き声を写した写声語である。現代の犬の声「ワン」「キャン」と大きく隔たっているので、見当がつけにくい。そのため、現行の校訂本の多くは、「ひよ」と清音で読ませている。しかし、「びよ」と読むべきことは、既に述べたことがある。(3)当時は、犬の鳴き声を「びよ」と写すのが、最も実際に近いと感じられたのであろう。

語音と意味とが必然的に結合していると考えられる写声語において、このように現代とは全く異なる形で模写する事実があることは、興味深い。

次に、鳥の声に注目する。『枕草子』には、次のようなカラスの声、ヒヨコの声をうつした写声語が見られる。

○暁《あかつき》がたに、ただいささか忘られて、寝入りたるに、烏《からす》のいと近く、かかと鳴くに、うち見開《あ》けたれば、昼《ひる》になりたる、

（「枕草子」あさましきもの、日本古典文学全集）

○鶏の雛の、足高に、白うをかしげに、衣短げなるさまして、ひよひよとかしがましく鳴きて、人のしりに立ちてありくも、また親のもとに連れ立ちてありく、見るもうつくし。

（『枕草子』うつくしきもの、日本古典文学全集）

前者のカラスの声「かか」は、実際の発音の場にあっては、「かあかあ」と、長音を入れて発音する場合もあったと推測される。いずれにしても、現代のカラスの声を写す語にきわめて近い。

後者のヒヨコの声「ひよひよ」については、ハ行音の音価が問題になるが、いずれにしても、現在の「ぴよぴよ」にかなり近い。カラスの声もヒヨコの声も、平安時代既に現代に連なる語の形として存在している。

最後に、虫の声の例をあげてみる。虫の声と言っても、実際には、翅を擦り合わせたり、体に打ちつけたりして出す音であることは言うまでもない。しかし、物理的な物音とは違って、我々は、それを声と感じ、「虫が鳴く」と言う。同じ虫でも、無骨な蚊や虻や蜂となると、その音を、声ということにやや抵抗を覚えるが、ここでは音色の美醜にかかわりなく、声と認めることにする。

時半許《ナカラバカリ》有《アリ》テ大キサ三寸許《バカリ》ナル蜂ノ怖《オソロ》シ気《ゲ》ナル、空ヨリ出来《イデキタリ》テブブト云《イヒ》テ、傍ナル高キ木ノ枝ニ居《ヰ》ヌ。

（『今昔物語集』巻二九、三六話。日本古典文学大系）

「ブブ」は、大蜂の飛び来る羽音を写した語である。現在でも、蜂の飛んで来る音は、「ブー」「ブーン」と写す。

以上が、現実の人間の声や動物の声を直写した写声語の例である。これらの直写型の写声語においては、語音が、実際の声を出来るだけ再現するような方向で使用されている。そうして造られた写声語は、ある程度普遍性を獲得する。だから、平安時代から、人間の泣き声「おいおい」、笑い声「ほほ」、カラスの声「かか」、ヒヨコの声「ひよひよ」、蜂の音「ぶぶ」と、現代に連なる形で存在していることが多かったのである。

物音をうつす「写音語」、状態や様子をうつす「擬態語」は、殆どすべて、このような直写型の語である。すなわち、「写音語」では、語音が、実際の物音を彷彿とさせるような方向で使用されているし、「擬態語」でも、語音は、現実の状態・様子を出来るだけ巧みに再現するように用いられている。それが、「写声語」「写音語」「擬態語」の本来の姿である。そして、そこにこそ、これらの語の、「普通語」とは違った、独特の性質が認められるわけである。

また、形態からみても、これらの「写声語」「写音語」「擬態語」は、「普通語」とは違った独特の語音構造をしている。記号化して示せば、平安時代では、次の一〇通りのいずれかの形態をとる。（　）内はその型の語例。

①Ａと（きと）、②ＡＡと（よよと）、③ＡＢと（はくと）、④ＡＢＡＢと（そよそよと）、⑤ＡＢＢに（にここに）、⑥ＡＢロと（そよろと）、⑦ＡＢロＡＢロに（とどろとどろに）、⑧ＡＢラＡＢラと（ほがらほがらと）、⑨ＡＢリと（はくりと）、⑩ＡＢリＡＢリと（そよりそよりと）

このうち、直写型の写声語は、②ＡＡと、③ＡＢと、④ＡＢＡＢと、に集中している。既に例示した直写型の語で考えてみても、「ほほと」「かかと」「ぶぶと」は「ＡＡと」、「びよと」は「ＡＢと」、「おいおいと」「ひよひよと」は「ＡＢＡＢと」の形態である。

さて、「写声語」には、こうした直写型の語とは違った性質の語が存在する。以下、そのような写声語を紹介し、「普通語」に連続していく様相を明らかにしていきたい。

3　掛詞型

○行還りここもかしこも旅なれやくる秋ごとにかりかりとなく

（『後撰和歌集』巻七、秋下、三六二。新編国歌大観）

○秋ごとにくれど帰ればたのまぬを声にたてつつかりとのみなく

（『後撰和歌集』巻七、秋下、三六三。新編国歌大観）

「かりかり」「かり」は、雁の鳴き声を模写したものである。雁の古名「カリ」は、その鳴き声に由来する。ここまでは、写声語本来の姿である。実際の鳴き声を彷彿とさせるべく、語音を用いて模写したものと認められるからである。

しかし、右の歌にみる「かりかり」「かり」の語は、もう一つ別の概念的な意味を担っている。「仮り仮り」「仮り」の意味である。写声語には、このように、実際の声を模写すると同時に、他の概念的な意味をも掛けるという掛詞型の語がある。

いといたくながめて、端近く寄り臥したまへるに、来て、ねうねうといとらうたげになけば、かき撫でて、うたてもすすむかなとほほ笑まる。

（『源氏物語』若菜下。日本古典文学全集）

「ねうねう」は、子猫の甘えた鳴き声である。二音節目の「う」は、既に別稿で考察したごとく(4)、撥音「ん」を表していた可能性が高い。したがって、現在の猫の声「にゃんにゃん」に近い語である。「ねうねう」は、猫の声を模写している点で、写声語本来の姿を示す。しかし、「うたてもすすむかなとほほ笑まる」とあるように、「ねうねう」の語は、「寝《ね》む寝《ね》む（＝寝よう寝よう）」という概念的な意味も持っている。

なげきわびたえん命はくちをしくつゆいひおかんことのはもなし

と思ふほどに蟬鳴く。おどろおどろしき声、ひきかへ道心起こしたるくつくつ法師と鳴くも、むなしき殻こそは梢にはとどめんずらめ

（『成尋阿闍梨母集』、私家集大成2。かなには適宜漢字をあて、濁点を私に付した。）

「くつくつ法師」は、ツクツクボウシの鳴き声を写したものである。当時は、蟬の名も「クツクツホウシ」であるが、鳴き声も「くつくつほうし」である(5)。「くつくつ法師」は、確かに実際の鳴き声を模写してはいるが、同時に「ほうし」に「法師」の意味を持たせ、掛詞にしている。

いかいかとききわたれどもけふ《(今日)》をこそもちゐ《(餅)》くふ人わきてしりぬれ

（『宇津保物語』蔵開上、『宇津保物語本文と索引』）

「いかいか」の語には、「五十日《いか》五十日《いか》」の意味と、幼児の泣き声「いがいが」とが掛けられている。二音節目を

濁音にした「いがいが」の語は、当時の赤ん坊の泣き声を直写する写声語である。『宇津保物語』の「国譲下」には、「とらの時ばかりにいがいがとなく」とあり、産声をうつした「いがいが」の語が見られる。『今昔物語集』『栄花物語』にも、乳児の泣き声「いがいが」が見られる。「イガーイガー」と長音を入れてみると、現在の「オギャーオギャー」に似かよい、赤ん坊の泣き声としての類似性を見出すであろう。

さらに、掛詞型の写声語には、概念的な意味の方を優先させ、直写型の語の形態を変化させてしまう場合もある。たとえば、以下の例である。

秋ののにつまなきしかのとしをへてなぞわがこひのかひよとぞなく

（『古今和歌集』巻一九、雑躰。日本古典文学大系）

「かひよ」は、鹿の鳴き声ではあるが、実際の声を写実的に写しとったものではなく、「甲斐《かひ》よ（＝効果ですよ）」という概念的な意味を、前面に押し出した写声語と考えられる。

というのは、直写型の鹿の声は、古くは『播磨国風土記』に見られるが、「比比《ひひ》」と記されている。また、時代は下るが、芭蕉の句に、

びいと啼尻声《なくしりごゑ》悲し夜の鹿

（『芭蕉句集』発句篇。日本古典文学大系）

というのがある。この句は、鹿の声を、真に迫った「びい」と写したところに、価値が認められている。鹿の声は、直写するなら、「ひひ」「びい」などと、第一音節を「ひ」や「び」で始め、二音節でまとめたくなるようなものと考えられる。従って、『古今和歌集』の「かひよ」は、「ひよ」と模写される鹿の声に、機知を働かせて「か」を冠し、「甲斐《かひ》よ」という概念的な意味を表立たせた写声語であろう。現に、鹿の声を「ひよ」と写したことを暗示する例がある。

ぬれぎぬをほすさをしかの声きけばいつかひよとぞなきわたりける

（『古今和歌六帖』第二、九四二。新編国歌大観）

「いつか干《ひ》よ」の「ひよ」が、鹿の鳴き声を写した箇所と認められる。この「ひよ」も、直写だけの写声語ではなく、「干よ（＝乾けよ）」の意が掛けられている。直写と同時に、その語の形態を崩さずに概念的な意味を掛けたものである。

しほの山さしでのいそにすむ千鳥きみがみよをばやちよとぞなく

（『古今和歌集』巻七、賀歌、三四五。日本古典文学大系）

千鳥の声が、「やちよ」と写されている。「やちよ」は、「八千代《やちよ》（＝八千年）」の意味をになう。別稿で論じたごとく、[6]「八千代《やちよ》」の声は、「ちよ」「ちよちよ」などの直写型の語に、「や」を冠して造ったことほぎの声である。直写型の写声語に手を加え、概念的な意味を前面におし出した語である。

ひたすらに我がきかなくに雲分けてかりぞかりぞとつげわたるらん

（『古今和歌六帖』第六、四三七五。新編国歌大観）

雁の声は、「かりかり」と直写されるようなものであった。右の歌にみられる「かりぞかりぞ」は、自分の名である「雁《かり》」の意味を強調するために、直写型の写声語「かり」の末尾に「ぞ」を添えて造り出した語と考えられる。また、『枕草子』に見られる蓑虫の声「ちちよちちよ」も、こうした例の一つと考えるべきかもしれない。

蓑虫、いとあはれなり。鬼の生みければ、親に似て、これもおそろしき心ちぞあらむとて、親のあしき衣をひき着せて、「いま秋風吹かむをりにぞ来むずる。待てよ」と言ひて、逃げていにけるも知らず、風の音聞き知りて、八月ばかりになれば、「ちちよ、ちちよ」とはかなげに鳴く。いみじくあはれなり。

（『枕草子』虫は。日本古典文学全集）

蓑虫の声は、「ちち」と直写しても不自然ではないようなものである。そうした「ちち」の語の末尾に「よ」を添えて、「父よ」の意味内容を感じさせるものにしている。

以上のほかに、掛詞型の写声語の例としては、『蜻蛉日記』に見られる蟬の声「よいぞよいぞ（＝良いぞ良いぞの意味を掛ける）」「しかしか（＝然か然かの意味を掛ける）」、『宇津保物語』のヒナドリの声「ひよ（＝日よの意味を掛ける）」、『古今和歌集』『蜻蛉日記』のウグイスの声「ひとくひとく（＝人来人来の意味を掛ける）」、『古今和歌集』のキジの声「ほろろ（＝涙をこぼすさまを表す『ほろほろ』の意味を掛ける）」などが、平安時代の用例としてあげられる。

こうした掛詞型の語は、物音をうつす「写音語」、状態を模写する「擬態語」には、殆ど見られない。平安時代には、多数の「写音語」の例が得られるが、そのうち「そよ」の語だけが、例外的に掛詞型になる。[7]すなわち、風に草木のそよぐ音を模写すると同時に、「其よ」という感動詞の意味を掛けるのである。また、平安時代に数多く存在する擬態語において、掛詞型の語は、管見に入らない。

掛詞型の語は、写声語に特有のものと認められる。

また、掛詞型の写声語の形態は、次に示すように、直写型の形態に含まれる場合もあるが、少し異なる形態をとることもある。

(1)直写型と共通する形態

○ＡＢと―「かりと」「ひよと」

○ＡＢＡＢと―「かりかりと」「ねうねうと」「いがいがと」「しかしかと」

○ＡＢＢと―「ほろろと」

(2)掛詞型にみられる形態

○ABCと―「かひよと」「やちよと」

○ABCABCと―「かりぞかりぞと」「よいぞよいぞと」「ひとくひとくと」

○AABAABと―「ちちよちちよと」

○ABABCDEと―「くつくつほうしと」

最後の「くつくつほうし」の声だけが、異なる五種類の音節を使った形態をしているが、他のものは、三音節どまりの単純な構造をしている。

4　聞きなし型

さらに、「写声語」は、物音を写す「写音語」や状態を写す「擬態語」と決定的に異なる性格を持っている。それは、最初から、鳴き声を意味あることばにあてはめて聞きなす場合のあることである。たとえば、チュチュビチュチュビジクジクジビーなどと直写できるツバメの声を「土《つち》食って虫食って口渋いー」とうつす場合である。聞きなし型の語は、掛詞型の擬声語とも違い、初めから概念的な意味内容をもつことばで、動物の声を写してしまうものである。

秋風丹《アキカゼニ》　綻沼良芝《ホコロビヌラシ》　藤袴《フヂバカマ》　綴刺世（＝ツヅリサセ）　砥手《トテ》　蛬鳴《キリギリスナク》　（『新撰万葉集』巻上。新編国歌大観）

「綴刺世《ツヅリサセ》」は、コオロギ（平安時代、キリギリス）の鳴き声を写したものである。現在でも、コオロギの声を、このように聞き、そう鳴くコオロギを「ツヅレサセコオロギ」と呼んでいる。リ・リ・リ・リ……と等間隔に鳴く声を、意味あることばで写しとったものである。この聞きなしは、既に当時かなり一般化しており、虫の名前にまでなっていたと察せられる。(8)

女郎花なまめきたてるすがたをやうつくしよしと蟬の鳴くらん　（俊頼、『散木奇歌集』。私家集大成2）

「美《うつく》し佳《よ》し」が、ツクツクボウシの鳴き声を意味あることばで聞きなしたものである。「美し佳し」は、俊頼の全くの独創による聞きなしではなく、当時、既にそのままの言い方、もしくはそれに近い言い方で写すことがあったと推測される。というのは、次にみるように、ツクツクボウシの異名として「うつくし」の語が存在しているからである。

屋《や》のつまにつくつくほふしのなくをききて
我が宿のつまはねよくや思ふらんうつくしといふ虫のなくなる　（俊頼、『夫木和歌抄』巻九、夏三。新編国歌大観）

家の軒に、ツクツクボウシが鳴くのを聞いて詠んだ俊頼の歌である。「うつくし」は、妻を賞めたたえることばであるが、一方、「うつくしといふ虫」とあることから、ツクツクボウシの異名であったことがわかる。

気左能阿沙気　奈呼（＝けさのあさけなこ）　登以非都留《といひつる》　保登々擬須《ほととぎす》　伊万毛奈可奴加《いまもなかぬか》　比登能綺久倍久《ひとのきくべく》
（『類聚国史』巻三二、帝王一二。延暦一五年四月五日。新訂増補国史大系5。ふり仮名は私に付した。）

「気左能阿沙気奈呼《けさのあさけなこ》（＝今朝の朝方鳴く）」が、ホトトギスの声を意味あることばで写したものである。この聞きなしが、当時一般的であったかどうかは不明であるが、鋭く金属的なホトトギスの声を、こう写したとしても不自然ではない。ホトトギスの声は、カ行音・タ行音を基調にした形で聞きなすことが多い。(9)たとえば、現代では、ホトトギスの声を「テッペンカケタカ」「特許許可局（トッキョキョカキョク）」と、カ行音・タ行音を基調にしたことばで聞きなしている。「ケサノアサケナコ」も、鋭い印象をもつカ行音を含んでいる。

また、次のようなホトトギスの声もある。

右大臣藤原園人上レ歌曰。
祁布能日乃《ケフノヒノ》。伊介能保度理尓《イケノホトリニ》。保止度支酒《ホトトギス》。多比良波知与止（＝タヒラハチヨト）。那久波企々都夜《ナクハキキツヤ》。

天皇和曰。
保度止伎須《ホトトギス》。那久己恵企介波《ナクコヱキケバ》。宇多奴志度《ウタヌシト》。度毛尓千世尓度（＝トモニチヨニト）。我礼母企々多理《ワレモキキタリ》。

（『日本紀略』弘仁四年四月。新訂増補国史大系10）

最初の歌では、ホトトギスの声が、「平《たひら》は千代《ちよ》」ということばで写されている。それに答える後者の歌では、「共《とも》に千代に」と写されている。「タヒラハチヨ」「トモニチヨニ」とタ行音が含まれており、実際の声から全く離れたわけではないが、作者の心情の色濃く投影された聞きなしである。

以上にあげた聞きなし型の写声語を記号化してみると、次の通りである。

○ABCDEと―「つづりさせと」（こおろぎの声）
○ABCDEDと―「うつくしよしと」（つくつくぼうしの声）
○ABCDBAEFと―「けさのあさけなこと」（ほととぎすの声）
○ABCDEFと―「たひらはちよと」（ほととぎすの声）
○ABCDECと―「ともにちよにと」（ほととぎすの声）

当然のことながら、聞きなし型の写声語は、普通の言葉で鳴き声を写すため、いわゆる擬音語・擬態語のとる語型には全くなっていない。異なる五、六種の音節を使用しており、形態的には、普通語と全く同じ。そのため、次の**5**に記すような心情を察する普通の言葉とまぎれやすく、どちらなのか判断に苦しむ場合も少なくない。両者は連続しているのである。

5　心情推察のことば

みよし野《の》のたのむの雁《かり》もひたぶるに君が方《かた》にぞよると鳴くなる

むこがね、返し、

わが方によると鳴《な》くなるみよし野《の》のたのむの雁《かり》をいつか忘れん

（『伊勢物語』一〇段。日本古典文学大系）

「よる」は、雁の声を意味あることばで写した聞きなしにも見える。特に、雁の声が「かり」と二音節で写されていた例を考慮すると、そのように思える。しかし、鳴く雁の心情を推し量った「ひたぶるに君が方にぞ寄る」「わが方に寄る」という、普通のことばの一部とも考えられる。写声語と普通語との境界線上の言葉なのだ。

かすがなるとぶひの野辺にたつしかもいまいくよとかつまをこふらん

（為家、文応元年七社百首、『夫木和歌抄』巻一二、秋部三。新編国歌大観）

「春日の飛火の野辺に立つ鹿も『今《いま》、幾夜《いくよ》』と、妻を恋い慕っているのだろうか」と解される。「いくよ」は、鹿の鳴き声を聞きなした写声語にも思える。既に述べた鹿の声「かひよ」が連想されるからである。しかし、「いまいくよ」全体で、鳴く鹿の心情を推察した普通の言葉とも考えられる。つまり、判断しにくい境界線上の語なのである。

また、鹿の例としては、次のようなものがある。次第に普通語の意味合いが強くなっていく。

あきはぎのはなの露の有あけにあたらよとてやしかのなくらん

（為家、『夫木和歌抄』巻一二、秋部三。新編国歌大観）

「秋萩の花野に露の置く夜明けに『惜夜《あたらよ》（＝明けるのが惜しい夜）』とて、鹿が鳴くのであろうか」と解される歌である。「あたらよ」の語は、鹿の声を意味あることばで写した写声語ととれないこともない。しかし、どちらかというと、鳴く鹿の心情を思いやった普通の言葉とするのが穏当に思える。

さらに、次のような例もある。

朝まだき小野の露霜の寒ければ秋をつらしと鹿ぞ鳴くなる

（実朝、『金槐和歌集』。日本古典文学大系）

「朝早く野の露霜が寒いので、『秋をつらし（＝秋を冷淡だ）』とて、鹿が鳴くらしい」の意味である。ここまで来ると、「秋をつらし」は、鳴く鹿の心情を説明することばとしても、ほぼ間違いあるまい。普通語とほぼ確定できる段階になってきている。

次に、千鳥の例をとりあげてみる。

もがみがは《（最上川）》いは《（岩）》うつ浪にとびかひてはねしほれぬと千鳥なくなり

（師時、『夫木和歌抄』巻一六、冬部一。新編国歌大観）

「最上川の波間をかいくぐって飛び、羽根が濡れてしまったと千鳥は鳴くらしい」の意味である。「はねしほれぬ」は、千鳥の訴えかけるような鳴き声を、意味あることばで写した写声語ととれないことはない。チチチチチと短いピッチで長鳴きをする千鳥の声は、そうした聞きなしを可能にするからである。しかし、「はねしほれぬ」は、鳴く千鳥の心持ちを推測した普通語と解した方が、無難であろう。

次の二つの歌も、「はねしほれぬ」と同じ六音節からなる言葉を含む。

○わすれじよまたあぶくまの河風にしばしなれぬとちどりなくなり

○さえわたる雪げはふじのかは千鳥みなとちかしとうらみてぞなく
（雅経、『未木和歌抄』巻一七、冬部二。新編国歌大観）

傍線部「しばしなれぬ」「みなとちかし」も、聞きなしの写声語と考えるよりも、千鳥の心情を推測した普通語と捉えるのが適切であろう。

虫の音にしても、次例のように、聞きなしの写声語にも見えるが、心情推察の言葉と考えた方が自然な例がある。

○雨すぎてときぞともなくおく露もいまはゆふべとむしのなくらん
（信実、『夫木和歌抄』巻一四、秋部五。新編国歌大観）

○をざゝ原夜半に露ふく秋風をややさむしとや虫の鳴《な》《く》らむ
（実朝、『金槐和歌集』。日本古典文学大系）

このように、聞きなし型の写声語は、心情を推察する普通語に連なり重なり合って、いつしか心情を表す普通語になっている。

6　おわりに

写声語には、以上述べてきたように三通りのケースがある。

第一は、実際の声を語音で模写する直写型の語である。この場合、語音は、出来るだけ現実の声を再現するような方向で使用される。そして、語の形態も、普通語とは違い、擬音語らしい語型をしている。

第二は、実際の声を模写しつつ、同時に別の概念的な意味を掛ける掛詞型の語である。この場合には、直写型の語と同じく、擬音語らしい語型であることが多い。しかし、なかには、概念的な意味を感じさせるために、直写型の語の形態を若干変形し、普通語に似た構造にしてしまう場合もある。普通語と関わりを持ち始めている段階であるが、まだ、擬音語的な匂いが十分に残っている。

第三は、実際の声を、意味のあることばで写す聞きなし型の語である。この場合には、概念的な意味が前面に出ており、しかも、語の形態も、全く普通語と同じ。写声語が普通語に連なり重なってしまった場合である。

こんなふうにして、写声語は、概念的な意味を媒介にして、普通語に近づき連続し重なり合っていく。擬音語らしい写声語から、背後に概念的な意味を帯びた掛詞型の写声語になり、さらに背後の概念的な意味が前面に出て来た聞きなし型の写声語になり、ついに概念的な意味だけを持つふつうの言語表現に至る。こうした経緯が明らかになったと思う。

とくに、第三の聞きなし型の写声語の存在を意識することは、重要である。普通語と思われている語も、もしかしたら聞きなし型の写声語かもしれないという観点を持つと、解釈の行き詰まりを打開できることがある。

かつて後藤利雄が、

信濃なる須賀の荒野にほととぎす鳴く声聞けば時すぎにけり　（『万葉集』巻一四、三三五二。日本古典文学大系）

の歌の「時すぎにけり」が、普通語ではなく、ホトトギスの鳴き声を写したものであることに気付き、この歌の適切なる解釈に到達した。(10)「時すぎにけり」は、普通語と同じ形態であるために、ホトトギスの声を聞いて呼びさまされた作者の心情を表す言葉だと、長い間考えられて来たのである。ところが、実は、聞きなし型の写声語だったのである。

聞きなし型の写声語は、いままで、擬音語の仲間から外されてきた語群であるが、解釈の行きづまりをも打開する力を持つ、有力な武器となる言葉なのだ。

注

（1）拙稿「平安時代の象徴詞—性格とその変遷過程—」（『紀要　共立女子大学短期大学部文科』一四号、一九七一年一月。本著作集5『オノマトペの歴史1　その種々相と史的推移・「おべんちゃら」などの語史』にも同タイトルで収録）。

（2）亀井孝「春鶯囀」（『国語学』三九、一九五九年一二月）。小松英雄『日本語の世界・7』（中央公論社、一九八一年一月）。

（3）拙稿「音象徴語研究の一視点」（『国語語彙史の研究・七』国語語彙史研究会、一九八六年一二月。本著作集5『オノマトペの歴史1　その種々相と史的推移・「おべんちゃら」などの語史』に「音象徴語研究の必要性」として収録）。

（4）拙稿「続中古象徴詞の語音構造—撥音・長音・促音に関する問題をふくむ語例を中心に—」（『紀要　共立女子大学短期大学部文科』一六号、一九七三年一月。本著作集5『オノマトペの歴史1　その種々相と史的推移・「おべんちゃら」などの語史』に「中古象徴詞の語音構造(2)—撥音・長音・促音に関する問題を含む語例を中心に—」として収録）。

（5）拙稿「古典の擬音語・擬態語—掛詞式の用法を中心に—」（『日本語学』五巻七号、一九八六年七月。本著作集5『オノマトペの歴史1　その種々相と史的推移・「おべんちゃら」などの語史』にも同タイトルで収録）。

（6）拙稿「ちんちん千鳥のなく声は」（『日本語学』4巻6号、一九八五年六月。本著作集6『オノマトペの歴史2　ちんちん千鳥のなく声は・犬は「びよ」と鳴いていた』に「ちんちん千鳥のなく声は—チドリ—」として収録）。

（7）注（5）に同じ。

（8）注（5）に同じ。

（9）拙稿「鳥声の系譜」（『日本の美学』4、一九八五年三月）。

（10）後藤利雄『東歌難歌考』（桜楓社、一九七五年一一月）。

動物の鳴き声と平安文学

1　はじめに

暁がたにうち忘れて寝入りにけるに、烏《からす》のいと近くかかと鳴くに、うち見あげたれば、昼になりにける、いみじうあさまし。

（『枕草子』あさましきもの）

烏の鳴く声が、「かか」とうつされている。現在のわれわれの「かあかあ」に近い語音である。こうした動物の鳴き声を語音でうつした、いわゆる擬声語（擬音語と同じ。ここでは、声のみを問題にするので擬声語の名称をとくに用いた）に注目してみる。すると、現在のわれわれの聞きなしに近い語音でうつされる場合も多いが、まったく異なる場合がある。『大鏡』に見られる次の例である。

ただいまや、過去聖霊は蓮台の上にてひよと吠えたまふらむ

（『大鏡』道長下・雑々物語）

犬の吠え声をうつしたものである。われわれは、ふつう「ワン」とか「キャン」とか聞くのであるが、「ひよ」とうつされているのである。犬の吠え声が、「ひよ」と聞こえたのであろうか（1）。

2　平安時代の動物の鳴き声

平安時代、動物の鳴き声は、いったいどんなふうにうつされているか、興味にまかせて文献を三〇ほど見て行くと（2）、次の一六種の動物の鳴き声に出合う。哺乳類では、馬、鹿、狐、犬、猫といった五種の動物の鳴き声が見られる。鳥類では、音色の目立つ鶯、郭公《ほととぎす》、それから千鳥、烏、雉、雁そして雛鳥の声。昆虫類では、蟋蟀《こおろぎ》、蟬、蜂、

おまけに蓑虫の声も見られる。いま、それらを、文献別に掲出すると、表1の通りである。〔歌〕は、和歌にみられる語である。

表1

作品名	用例
古今和歌集	〔歌〕かひよと（鹿・一例）／〔歌〕しでのたをさ（郭公・一例）／〔歌〕つづりさせ（蟋蟀・一例）／〔歌〕ひとくひとくと（鶯・一例）／〔歌〕ほろろと（雉・一例）／〔歌〕やちよと（千鳥・一例）
後撰和歌集	〔歌〕かりかりと（雁・二例）／〔歌〕かりと（雁・一例）
宇津保物語	〔歌〕かり（雁・一例）／〔歌〕ひよと（雛鳥・一例）
源氏物語	ねうねうと（小猫・一例）
蜻蛉日記	しかしかと（蟬・一例）／ひとくひとくと（鶯・一例）／よいぞよいぞと（蟬・一例）
枕草子	かかと（烏・一例）／ちちよちちよと（蓑虫・一例）／ひよひよと（雛鳥・一例）
落窪物語	いうと（馬・一例）
大鏡	ひよと（犬・一例）／ほろほろと（雉・一例）
今昔物語集	カカト（狐・一例）／行ト（犬・一例）／コウコウト（狐・五例）／ブブト（大蜂・一例）

3　鳴き声のうつし方

これら動物の鳴き声をうつした擬声語を観察すると、そのなりたち方に、二通りの場合のあることに気づく。

一つは、実際の動物の鳴き声を聞こえるままに忠実にうつした場合である。他の一つは、実際の動物の鳴き声を、われわれのことばにあてはめて聞きなした場合である。

前者のなりたち方をした擬声語は、動物の鳴き声を表すだけで、他の意味を持たない。たとえば、冒頭にあげた烏の声「かか」である。烏の声をうつしただけで、なんら他の意味を持たない。犬の吠え声「ひよ」も同様である。その他、この種の語としては、『今昔物語集』に、「ブブ」（蜂の音）・「カカ」（狐のけたたましい笑い声）・「コウコウ」（狐の鳴き声、「ウ」の字は、現在の「ン」に近い音をあらわしている。[3] したがって、実際の発音は、現在の狐声「コンコン」に極めて近いわけである）・「行」（犬の鳴き声、ギャン、キャンに近い音をうつしたものらしい[4]）が見られ、『落窪物語』に「いう」（馬のいななき、実際の発音は「いん」、現在の「ひん」に近い形でうつされている[5]）、『枕草子』に「ひよひよ」（雛鳥の声）、『大鏡』に「ほろほろ」（雉の鳴き声）が見られる。

これらの擬声語は、動物の鳴き声を聞こえるままに忠実にうつそうとしたものであり、後者に比して素朴である。しかし、逆にそれだけ迫真的効果を持っている。語形も、擬声語形成のパターンに従っている。すなわち、「AAと」「ABと」「ABABと」といった擬声語として一般的な型をしている。[6]

一方、後者のなりたち方をした擬声語は、動物の鳴き声を表すとともに、別の意味を持っている。たとえば、次の場合である。

むめの花見にこそきつれ鶯のひとくひとくといとひしもをる　（『古今和歌集』一〇一一）

鶯の鳴き声をうつした「ひとくひとく」は、同時に「人来人来」という意味を持っている。[7] 鶯の声が、聞く者の心情を投影したかたちでうつされるのである。だから、この種の擬声語は、実際の鳴き声と対応させると、それに比較的近いものから、まったく離れているものまであるわけである。しかし、いずれの語も共通して、そのときの聞く者の心情の投影された、ある意味をになっている。

この種の例としては、『古今和歌集』に、さらに「かひよ」（鹿の声、甲斐よの意味をも表す）・「つづりさせ」（蟋蟀の声、綴りさせの意味を持つ）・「しでのたをさ」（郭公の鳴き声、死出の田長の意味をもつ）・「ほろろ」（雉の鳴き声、ほろと涙のこぼれるの意味をもつ。『大鏡』の「ほろほろ」が、雉の鳴き声だけをうつし、二重の意味をもたないのと対照的である。）・「やちよ」（千鳥の声、八千代の意味をもつ）が見られる。[8]

また、『後撰和歌集』にも、「かり」「かりかり」（雁の声、仮り仮りの意味をもつ）が見られる。『宇津保物語』の和歌にも「かり」（雁の声、仮りの意味をもつ）・「ひよ」（雛鳥の声、日よの意味をもつ）がある。[9]

こうして、和歌にみられる動物の鳴き声が、例外なく、後者の成りたち方をしていることは、注意すべき現象である。

さらに『蜻蛉日記』に「よいぞよいぞ」（蟬の声、良いぞ良いぞの意味を持つ）・「しかしか」（蟬の声、然か然かの意味を持つ）、それから鶯の声「ひとくひとく」の例も見られる。『源氏物語』に「ねうねう」（猫の声、実際の発音は「ねんねん」に近い。寝む寝むの意味を持つ）、『枕草子』に「ちちよちちよ」（蓑虫の声、父よ父よとか、乳よ乳よとか意味については諸説あり）がある。

これら後者の擬声語は、前者に比して技巧的である。けれども、それだけ逆に擬声語の生命である迫真的効果を失ってしまう。語形も、擬声語形成のパターンに従わない場合が多い。

4　鳴き声と平安文学

さて、こうして動物の鳴き声のなりたち方を二種類に分類してみると、それが文学の質の違いに対応して行くことに気づくであろう。まず、前者に属する語を持つ作品と、後者に属する語を持つ作品とは、『枕草子』を除くと、かなりきれいに分けられる。前者の語を持つのは、『今昔物語集』をはじめとして、『落窪物語』『大鏡』といった男性の書いた散文系の作品なのである。すなわち、『今昔物語集』『落窪物語』『大鏡』は、動物の鳴き声をうつすにしても、聞こえるままにうつしとる方法を選び、ストレートな迫真的効果をねらう。

一方、後者に属する語を持つ作品は、『古今和歌集』『後撰和歌集』および『蜻蛉日記』『源氏物語』といった韻文、もしくは韻文の影響の強い作品に限られている。すなわち、『古今和歌集』『後撰和歌集』や『蜻蛉日記』『源氏物語』は、そのときの心情を動物の鳴き声に託したかたちでうつしとり、その擬声語が重層的な効果を持つことを望んだ。技巧的なのである。

こうした擬声語における差異は、これらの作品の表す世界の違いに対応していることがわかるであろう。『枕草子』には、後者に属する動物の鳴き声もあるが、どちらかといえば前者に偏っているのは、『枕草子』の文学の質を暗示していて興味ふかい。

動物の鳴き声のうつし方、ここにも作品の志向する世界の違いが現れてくる。

注

（1）『悉曇要集記』（承保二年［一〇七五年］）の追記にも、犬の鳴き声を、「ヒヨ」とうつしたと思われる例がある。次の如く記述されている。（原本には、くり返し符号が使われているので、該当する文字を入れておいた。）

吘《クム》牛喉反ホユル聲《ムモ》也　咩《ヌイ》羊ヒツシ聲也　吠《ヘイヒヨ》犬之音也　嗎《ミ》馬之音也

「ムモ」が牛の声、「ヌイ」が羊の声、「ヒヨ」が犬の声をあらわしていると考えられるが、なお検討を要する。『大鏡』の「ひよと」は、成仏した犬が極楽で鳴く声であり、ふつうの犬の鳴き声とは別に考える必要があるのかもしれない。

（追記）筆者・山口は、この後、犬の声は「びよ」であることを明らかにしている。本著作集5『オノマトペの歴史1　その種々相と史的推移・「おべんちゃら」などの語史』に収録した「音象徴語研究の必要性」を参照されたい。

（2）調査した文献は、次の通りである。なお、索引のある文献については、索引を利用した。索引のない文献については、（　）内に、使用したテキスト名を記しておいた。

古今和歌集、後撰和歌集、拾遺和歌集（古典文庫本）、竹取物語、宇津保物語（古典文庫本）、落窪物語、源氏物語、狭衣物語（日本古典文学大系本）、夜の寝覚、浜松中納言物語、堤中納言物語、伊勢物語、大和物語、平中物語、篁物語、土左日記、蜻蛉日記、紫式部日記、更級日記、讃岐典侍日記、和泉式部日記、枕草子、大鏡、三宝絵詞（古典文庫本）、百座法談聞書抄、打聞集（複製本・古典保存会）、古本説話集（岩波文庫本）、今昔物語集（日本古典文学大系本）、色葉字類抄、類聚名義抄

（3）亀井孝「狐コンコンと題して話したことども（研究発表要旨）」（『国語と国文学』27巻2号、昭和25年2月）参照。

（4）日本古典文学大系『今昔物語集㈤』九八頁、頭注14、参照。

（5）橋本進吉「駒のいななき」（『国語音韻の研究』岩波書店、昭和25年8月所収）、亀井孝「お馬ひんひん」（『国語国文研究』15号、昭和35年2月）参照。

（6） 拙稿「中古象徴詞の語音構造―清濁に問題のある語例を中心に―」（『国語学』93集、昭和48年6月。本著作集5『オノマトペの歴史1　その種々相と史的推移・「おべんちゃら」などの語史』にも同タイトルで収録）参照。
（7） 「ひとくひとく」の「ひ」の音については、亀井孝「春鶯囀」（『国語学』39、昭和34年12月）参照。
（8） 郭公の声は、実にさまざまに聞きなされている。それについては、後藤利雄『東歌難歌考』（桜楓社、昭和50年11月）の「鳴く声聞けばトキスギニケリ」参照。
（9） 亀井孝「雁」（『文芸と思想』7、昭和28年7月）参照。

『源氏物語』の象徴詞

1　はじめに

この稿は、源氏物語という作品を形成している語彙の性質を明らかにすることを目的とする。ただし、一口に、語彙の性質と言っても、源氏物語には、延べ語数でいえば、約二〇万語、異なり語数でいえば、約一万余語も費やされており(1)、いかなる観点からとらえるかによって、その明らかになる側面も、自ずから異なってくる。

従来なされてきた源氏物語の語彙研究の観点には、次の四つの場合があげられる。これらは、必ずしも源氏物語に論の中心があるものばかりではないが、今は、源氏物語の側に立って、従来の考察の観点を述べてみる。一つは、計量的観点から、源氏物語の語彙の構成上の特色を明らかにする方向(2)、二つは、意味論的観点から、源氏物語に顕著な語詞をとりあげ、その意味を明らかにする方向(3)、三つは、漢文訓読語といった別個の言語体系をもつ語彙と比較することによって、源氏物語の和文語としての性質を明らかにする方向(4)、四つは、源氏物語の厖大な語彙の中から、歌語とか漢語とかいった特定の語詞群をとりあげ、そこから源氏物語の語彙の性質を追究して行く方向(5)である。

さて、この稿では、第四の立場に立ち、源氏物語の語彙の性質を究明して行くことにする。とりあげる語詞群は、象徴詞である。いままでに、象徴詞という一群の語詞から、源氏物語の語彙を考察した論考は、管見によれば、見当たらない。

2 象徴詞をめぐって

ここでいう象徴詞とは、いわゆる擬音語・擬態語のことで、実際の物音や声、あるいは状態を言語音で模写した一群の言葉をさす。現代語でいえば、「がたっと物音がした」といった場合の「がたっと」、「海月《くらげ》をつかむと、ふにゃりとした」といった場合の「ふにゃりと」などの語である。

われわれは、「がたっと」という語を聞けば、堅い物が打ちあたった時の音そのものをじかに耳にする思いがするし、「ふにゃりと」という語を聞くと、あのしまりのない柔らかさに直接ふれた思いがする。つまり、象徴詞は、語詞と意義との間に、心理的な必然関係をもつのを特色とする語詞群である。

このような象徴詞は、口語的性格が強く、多くは俗語である。それは、現代の漫画や劇画に象徴詞が氾濫していることを思い浮かべれば、すぐに納得できるであろう。こうした象徴詞が、あの典雅な王朝文学源氏物語に、一体現れるのであろうか。

わたくしは、この問題に関して、かつて「今昔物語集の象徴詞」（『王朝』第五冊、昭和47年5月）といった拙論[6]を公にしたことがある。そこでは、それまで象徴詞は、源氏物語をはじめとする平安女流文学には余り見られないと言われてきたのに対し、実際に調査をしてみると、決して少なくないことを明らかにした。延べ語数でいえば、女流文学の方が、象徴詞の宝庫といわれる今昔物語集よりも、むしろ頻出するのであった。しかしながら、今昔物語集の象徴詞が、女流文学のそれに比して、目立つ理由がいろいろあった。その理由を考察しながら、今昔物語集の象徴詞の性格を明らかにしてみたのであった。今昔物語集の象徴詞は、一言でいってしまえば、俗語的な性格を存分に備えた、いわゆる典型的な象徴詞なのである。その卑俗さの故に、著しく目立ち、注目されたのであった。拙論は、こうした今昔物語集の象徴詞の性格を明らかにするところで終わっていた。女流文学の象徴詞は、何ら積極的な意味付けを与えられなかった。

しかし、考えてみると、象徴詞が頻出するにもかかわらず、目立たないということは、不思議なことである。そこには、女流文学独自の象徴詞の性質があるに違いない。

そこで、本稿は、源氏物語の象徴詞に焦点を合わせて、その独特の性格を明らかにし、さらに、それが、平安文学作品の象徴詞の中で、いかなる位置を占めるのかを明確にしてみたいと思う。

3　平安文学作品にみられる象徴詞

さて、平安文学作品をできるだけ広く見渡すことができるように、まず、それらに見られる象徴詞の延べ語数を示すことから始める。表1の通りである(7)。

表1から、源氏物語には、二三〇例も象徴詞が見られ、平安文学作品の中で、最も用例数の多いことがわかる。次は、象徴詞に富むと言われてきた今昔物語集で、用例数は、一六六例である。源氏物語と今昔物語集とは、作品全体の分量もきわめて多く、象徴詞の用例数も、他作品より抜群に多い。

その他、落窪物語および女流文学作品の浜松中納言物語・狭衣物語・蜻蛉日記・枕草子などの象徴詞も、作品全体の分量を考えた時、決して少なくないことがわかる。

一方、歌集や歌物語といったジャンルでは、象徴詞の出現率の低いことがわかる。それは、和歌では、一般に象

表1 平安文学作品の象徴詞の用例数

ジャンル	作品名	用例数
歌物語	伊勢物語	2
	大和物語	10
	平中物語	1
	篁物語	0
作り物語	竹取物語	11
	宇津保物語	49
	落窪物語	51
	源氏物語	230
	浜松中納言物語	46
	狭衣物語	66
	堤中納言物語	8
日記	土左日記	2
	蜻蛉日記	33
	紫式部日記	11
	更級日記	7
	讃岐典侍日記	16
	和泉式部日記	2
随筆	枕草子	66
歴史物語	大鏡	26
歌集	古今和歌集	11
	後撰和歌集	5
	拾遺和歌集	1
説話	三宝絵詞	1
	今昔物語集	166
	百座法談聞書抄	0
	打聞集	2
	古本説話集	18

徴詞の用いられることが少ないといったことと呼応する現象である。すなわち、これらのジャンルでは、和歌を多量に含むため、自然象徴詞の出現率が減じるのである。伝統的な和歌の世界には、口頭語的な象徴詞は、肌合いが合わないのであろう、余り出現しない。稀に、和歌で象徴詞が用いられても、特定の語に限られており、多くは、掛詞として用いられるといった特殊な性格をもっている。(8)

なお、日記文学の中でも、和泉式部日記に象徴詞が少ないのは、和歌の占める割合が高いためであろう。(9)また、散文の部分の占める度合の高い作品になっても、①漢文訓読調の強い文体であったり、②要約的・観念的な文章であったりすると、やはり象徴詞の出現する度合は低い。文章語的な漢文訓読文に象徴詞の余り見られないことは、すでに指摘されている。また、要約的・観念的な文章であっても、リアルな状態描写のための象徴詞は必要でなくなり、出現する度合が減じてくると考えられる。今昔物語集は、漢文訓読調が強いにもかかわらず、象徴詞が多くみられるのは、描写的・具体的な文章であるためであろう。一方、同じ説話のジャンルでも、三宝絵詞・百座法談聞書抄・打聞集に象徴詞が少ないかまたは全く無いのは、漢文訓読調の強い文体である上に、要約的・観念的な文章であるためと考えられる。

象徴詞は、和文性が強く、描写性・具体性の強い文章に、より出現しやすいのである。

以下、象徴詞のよく出現する作品との比較を通して、源氏物語の象徴詞の性質を明らかにして行きたいと思う。

4　源氏物語の象徴詞

源氏物語には、どのような象徴詞がみられ、それは、他作品の象徴詞とどの程度共通性があるのだろうか。

表2　源氏物語の象徴詞一覧

あざあざと（1）	うらうらと（1）	おぼおぼと（1）	からからと（1）
きらきらと（4）	けざけざと（1）	ごほごほと（3）	さださだと（2）
さと（15）	さはさはと（1）	さらさらと（1）	しどろもどろに（1）
しづしづと（2）	しほしほと（2）	しめじめと（4）	すがすがと（3）
そよそよと（2）	たをたをと（3）	つと（37）	つぶつぶと（13）
つやつやと（8）	なよなよと（8）	ねうねうと（1）	はらはらと（4）
ひしひしと（2）	ふと（75）	ほろほろと（20）	むむと（1）
やはやはと（2）	ゆくゆくと（1）	ゆらゆらと（4）	ゆるゆると（1）
よよと（5）			

源氏物語から、すべての象徴詞を抽出すると、表2の通りである。象徴詞のよみかたに関しては、拙稿「中古象徴詞の語音構造―清濁に問題のある語例を中心に―」（『国語学』93、昭和48年6月）ならびに、「続中古象徴詞の語音構造―撥音・長音・促音に関する問題

をふくむ語例を中心に―」（『共立女子大学短期大学部紀要』16、昭和48年1月）を参照されたい[10]。ここでは、それらの拙稿の考察の結果に従って清濁を付して読むことにする。

表2から、源氏物語では、象徴詞が、異なり語数にすると、三三語見られることがわかる。表の（　）内の数字は、上記の象徴詞が何例用いられているかを示す。従って、（　）内の数字を合計すれば、源氏物語の象徴詞の、延べ語数が算出される。すでに述べたように、延べ語数は、二三〇例である。

さて、これらの源氏物語の象徴詞と、他の平安文学作品の象徴詞とは、それぞれ、どの程度、語詞の共通性がみられるかを調べてみる。表3の通りである。表のⒸ欄の斜線は、Ⓐ欄の異なり語数が少ないので、百分率を出しても余り意味のないことを示す。なお、歌集や歌物語のジャンルおよび説話のうち用例数の少ない作品は除いた。

表3　源氏物語の象徴詞と語詞の共通する度合

作品名	Ⓐ象徴詞異なり語数	Ⓑ源氏と共通する語数	Ⓒ源氏と共通する度合
竹取物語	4	1	／
宇津保物語	18	10	56 %
落窪物語	20	9	45 %
浜松中納言物語	16	13	81 %
狭衣物語	27	20	74 %
堤中納言物語	6	4	／
土左日記	2	1	／
蜻蛉日記	17	9	53 %
紫式部日記	9	6	67 %
更級日記	7	3	／
讃岐典侍日記	15	9	60 %
和泉式部日記	1	1	／
枕草子	25	12	48 %
大鏡	14	5	36 %
今昔物語集	56	8	14 %
古本説話集	12	3	25 %

表3のⒸ欄から、源氏物語の象徴詞と共通する語詞を使うことが多い作品は、浜松中納言物語や狭衣物語といった後期物語であることがわかる。さらに、紫式部日記や讃岐典侍

日記といった女流文学作品も、源氏物語と共通する語詞を使用することが少なくない。

女流文学作品では、枕草子が、源氏物語と共通する度合の低いことがわかる。そして、注目すべきは、今昔物語集の象徴詞である。今昔物語集の象徴詞は、源氏物語のそれと共通する度合が極めて低いのである。源氏物語の象徴詞と今昔物語集の象徴詞とは、ともに用例数は、群を抜いて多かったのであるが、用いられる語詞は、かなり異なるものであることがわかる。

5　擬音語と擬態語

さて、源氏物語の象徴詞は、どのような性質を持っているであろうか。

象徴詞を、擬音語か擬態語かに分類して、その性質を検討して行くことにする。

象徴詞は、実際の物音や声を模写した擬音語と、ある状態をいかにもそれらしく模写した擬態語とに分けることができる。「伊予簾はさらさらと鳴る」（源氏・浮舟）の「さらさらと」が、物音をうつす擬音語である。「児めきおほどかに、たをたをと見ゆれど」（源氏・浮舟）の「たをたをと」が、状態を模写した擬態語というわけである。

しかし、その区別は、必ずしも容易ではない。たとえば、「よよと」の語である。源氏物語では、次のように用いられている。

入道の宮の、「霧やへだつる」とのたまはせしほどいはむ方なく恋しく、をりをりの事思ひ出でたまふに、よよと泣かれたまふ。（源氏・須磨）

思慕する藤壺のことを、須磨流謫の地で思い出し、光源氏は、「よよと」泣くのである。「よよと泣く」といった場合に用いられた「よよと」の例が、源氏物語には、他に三例ある。「よよと」は、泣き声を写す擬音語なのであろうか。それとも涙を頻りに落として泣くさまを写す擬態語なのであろうか。

源氏物語には、「よよと」の語は、全体で五例見られるが、そのうち、確かに擬態語と認められる場合が一例ある。次例である。

御歯の生ひ出づるに食ひ当てむとて、筍をつと握り持ちて、雫《しづく》もよよと食ひ濡らしたまへば、（源氏・横笛）

歯の生えかかった一歳前後の薫が、竹の子にしゃぶりついて、「雫」つまり涎を頻りにたらすさまである。幼児のイメージが彷彿とする。この「よよと」は、涎が垂れ落ちるさまを意味する擬態語である。現代語でいえば、〝たらたらと〟〝はらはらと〟などに該当しよう。

そこで、先の泣く時の「よよと」の例に立ち戻って考えてみる。泣く時も、涙が頻りにこぼれる。とすると、「よよと」は、涎や涙といった水滴のしたたり落ちるさまを意味する擬態語ととるべきではないかと考えられてくる。「よよと泣く」は、「ほろほろと泣く」（源氏物語に七例見られる）といった表現と類似するが、さらに激しく涙のしたたり落ちるさまを意味すると考えるのである。

しかし、一方、源氏物語以外の作品にも広く目を配ってみると、古今和歌六帖に、

君によりよよよよよよとよよよよとねをのみぞなくよよよよよよと（古今六帖・四・恋）

といった歌がある。「よよ」には、夜々・世々などの意が掛っているが、「ねをのみぞなく」とあることから、泣き声を写したものであることも確実である。とすると、源氏物語でも、「よよと」は、泣く声をうつす擬音語としてもよいのではないかと考えられてくる。もっとも、他作品の意味を、ただちに源氏物語にあてはめるのは、意味の個別性の強い象徴詞においては、とくに注意を要する所ではある。

こうして、結局、泣く時に用いられる「よよと」が、擬音語とも擬態語とも考えられ、今のところ、明確にしがたいのである。

源氏物語には、もう一例「さくりもよよと」といった成句として現れる「よよと」がある。次の例である。この「よよと」も、擬音語なのか擬態語なのか、定かではない。

「かく待たれたてまつるほどまで、参り来ざりけること」とて、さくりもよよと泣きたまふ。（源氏・総角）

「さくりもよよと」は、源氏物語以外では、蜻蛉日記に三例、狭衣物語に二例みられる。ただし、蜻蛉日記では、「さくりもよよに」の形で現れる場合が二例ある。「さくり」は、泣く時の〝しゃくりあげ〟を意味する。とすると、〝しゃくりあげ〟も〝よよと（に）〟とは、一体、どのような意味なのか。「よよと」は、しゃくりあげる音を意味するのか、それともしゃくりあげを頻りにするさまを意味するのか。従来の注釈書・辞書は、「しゃくりあげて泣くさま」「しゃくりあげて激しく泣くこと」「しゃくりあげおいおいと声を立てて泣くさま」などと、成句としての大凡の意味を説くにとどまる。「よよと」の意味の詳しい検討が必要である。

源氏物語の象徴詞の中で、複音語か擬態語か判別しがたい語は、右の四例の「よよと」だけである。他の語は、一応分類が可能である。それによると、源氏物語の象徴詞の延べ語数二三〇例中、擬音語は僅か一五例、擬態語が二一一例といった結果になる。

6　源氏物語の擬音語の性質

まず、擬音語に注目してみる。

源氏物語の擬音語が、いかなる物音や声を模写しているかを整理してみると、表4の通りである。
表4から、①〜⑧までの擬音語は、室内や邸宅内でする小さな物音や声を写した語であることがわかる。小猫の可愛いい鳴き声「ねうねうと」、含み笑いの声「むむと」、第三者には聞こえないほど小さな胸の鼓動「つぶつぶと」、衣ずれの音「そよそよと」「はらはらと」といった具合に、小さな幽かな物音や声を写した擬音語が、一五例中一二例を占めている。次に、用例を二例だけ掲げておく。

表4　源氏物語の擬音語

	物音や声の性質	それをあらわす擬音語	用例数
声	①子猫のかわいい鳴き声	ねうねうと	1
	②含み笑いの声	むむと	1
物音	③胸の鳴る音	つぶつぶと	2
	④衣ずれの音	そよそよと	2
		はらはらと	1
	⑤伊予簾のたてる音	さらさらと	1
	⑥蔀戸や床のきしむ音	ひしひしと	2
	⑦花皿のふれあう音	からからと	1
	⑧栗などを食べる音	ほろほろと	1
	⑨屛風をたたみよせる音	ごほごほと	1
	⑩銹びついた錠をあける音	ごほごほと	1
	⑪唐臼を踏みならす音	ごほごほと	1

いといたくながめて、端近く寄り臥したまへるに、来て、ねうねうといとらうたげになけば、かき撫でて、うたてもすすむかなとほほ笑まる。
（源氏・若菜下）

柏木の、女三宮への思いはつのるばかりであった。せめてもの慰めとして、柏木は、女三宮の唐猫を借り受け、日夜、愛撫している。その猫が、物思いに沈む柏木の傍に寄って来て、とても可愛いらしい様子で鳴く。「ねうねうと」は、小猫の、はかなげな甘えた鳴き声である。柏木は、「寝む寝む」と聞きなし、思わず苦笑するのであった。

おしあけ方の月影に、法師ばらの閼伽《あか》たてまつると

て、からからと鳴らしつつ、菊の花、濃き薄き紅葉など、折り散らしたるもはかなげなれど、（源氏・賢木）

雲林院の法師たちの仏につかえる朝の儀式のさまである。明け方の月に照らされ、法師たちは、閼伽をさしあげるために、からからと音をたてては、菊の花や紅葉などを折り散らしている。「からからと」は、銅か真鍮で出来た花皿を鳴らす音を写したものと思われる。その場の風情は、「はかなげなれど」と記されているから、大きい音ではあるまい。澄んだ小さな音であろう。

源氏物語の擬音語の中で、例外的に大きなやかましい音は、⑪の唐臼を踏みならす音である。また、⑨や⑩の「ごほごほと」で模写された屛風をたたみよせる音とか銹びついた錠をあける音も、やや大きい音といえよう。ところで、これらの大きな物音は、いずれもマイナスの意味で使用されている。たとえば、⑪の唐臼の音は、次のように用いられている。

ごほごほと鳴神よりもおどろおどろしく、踏みとどろかす唐臼の音も枕上とおぼゆる、あな耳かしがましと、これにぞ思さるる。（源氏・夕顔）

「ごほごほと」の音は、「あな耳かしがまし」と否定的な評価を受けている。同様に、⑨の屛風をたたみよせる音、⑩銹びついた錠をあける音も、マイナスの意味で用いられている。これらの大きな物音を写す擬音語は、状況描写上、やむを得ず使用されたものなのである。

さらに、重要なことは、源氏物語では、幽かな物音を写した擬音語ですら、美的でないものは、退けられていることである。たとえば、④衣ずれの音ですら、慌てふためいた時は、次のごとく、「耳かしがましき心地す」とマイナスの評価をうけている。

人々おびえ騒ぎて、そよそよと身じろきさまよふけはひども、衣の音なひ、耳かしがましき心地す。

なお、右例の「そよそよと」の語を、「あれあれ」といった感動詞ととっている注釈書もあるが、源氏物語には、他にも衣ずれの音を表す「そよそよと」があり、ここも衣ずれの音ととってもよかろう。
（源氏・若菜上）

また、⑧の、女房二人で栗などを食む小さな音も、品のない物音として、否定的に扱われている。

こうして、源氏物語の擬音語は、小さな幽かな物音を意味するものが多く、稀にみられる大きな物音や小さいけれど美的でない物音は、マイナスの意味で使用されていることがわかる。つまり、源氏物語では、優美な物語世界をこわさないような擬音語だけが、選びとられ、用いられているのである。

7　平安文学作品の擬音語との比較

つぎに、源氏物語以外の平安文学作品の擬音語を検討してみる。すると、浜松中納言物語・狭衣物語・紫式部日記・更級日記などの女流文学作品の擬音語は、源氏物語の擬音語の性質に類似している。すなわち、源氏物語と同じく、擬音語がきわめて少なく、しかも用いられている擬音語は、小さな幽かな物音を写したものである。稀に雅やかでない物音が写されていても、源氏物語と同様に否定的な評価が与えられている。次例のごとくである。

几帳の綻びを手ごとに、はらはらと解き騒ぐ音どもして、一つ綻びより、五六人が顔どもならべて、「まづ我見ん」と争ふけはひども、忍ぶるものから、いとかしがまし。
（狭衣物語・巻一）

今姫君方の、品のない様子を、否定的な視点から描写しているのである。

こうして、源氏物語の影響の強い女流文学作品は、いずれも、源氏物語の擬音語と似た性質を示すのである[11]。

一方、女流文学作品の中でも、蜻蛉日記・枕草子では、擬音語の占める割合が高く、しかも大きな物音や声を写す擬音語が少なくない。また、讃岐典侍日記も、象徴詞全体の用例が一六例で、擬音語が三例であるが、いずれも大きくやかましい音や声を写したものであり、このグループに入れてよかろう。これらの作品では、大きな物音や美的でない物音であっても、別に、否定的な観点から写されているわけではない。次のごとく、肯定的に使用している。源氏物語で嫌われた「ごほごほと」の語は、これらの三作品にも見られるので、それを中心にして述べてみる。

蜻蛉日記では、

けさ京へいだしたてゝ、思ひながむるほどに、空くらがり松風おとたかくて、神ごほ〳〵となる。

（蜻蛉日記・中巻）

「ごほごほと」は、雷鳴を写した擬音語である。源氏物語でも、須磨の地で何日も続く暴風雨に見舞われ、雷鳴がとどろき、落雷しているが、雷の音をうつす擬音語は使用されていない。源氏物語は、大音をうつす擬音語によって、典雅な作品の世界がこわされることを恐れたのであろう。

蜻蛉日記では、「ごほごほと」の語が、この他に二例も見られ、家具を整理し掃除する音・舷《ふなばた》をたたく音を意味する。さらに、「ごほごほはたはたと」で、鬼やらいの準備で、戈《ほこ》をもって楯をたたいたり、ふり鼓を鳴らす音を写している。他にも、「ししと」泣く声、「よいぞよいぞと」「しかしかと」鳴き渡る蟬の声、「みしみしと」家具を取り払う音といった具合に、大きい音・雅《みやび》でない音も、作品の中に取り込まれ、使用されている。

枕草子では、

時奏する、いみじうをかし。いみじう寒き夜中ばかりなど、ごほごほとごほめき、沓すり来て、弦うち鳴らしてなむ、……いみじうをかし。（枕草子・時奏する）

「ごほごほと」は、沓をすり合わす音である。枕草子では、源氏物語と反対に、こうした音を、波線部の如く、「いみじうをかし」と感じていることが注意される。この他、枕草子には、「かかと」鳴き渡る烏の声、「ひよひよと」かしましく鳴く雛の声、「ちちよちちよと」鳴く簑《みの》虫の声、「ごそごそと」指貫の腰を結ぶ音、「きしきしと」石の入った墨をする音、「ふたふたと」扇をつかう音、「ほうと」轅をうちおろす音等々、大きい物音や声、美的でない物音や声が、かなり見られる。しかも、これらの中には、清少納言が愛情を込めて使っていると思われる擬音語もある。「ひよひよと」「ちちよちちよと」「ごほごほと」などである。物音や声は、清少納言にとっては、むしろ好ましく思えたのであろう。この点で、源氏物語と対比的である。源氏物語では、物音や声は、品のないものとして、極力避けようとしていた。

また、讃岐典侍日記では、「ごほごほと」は、御帳などを壊すやかましい音を写す擬音語である。この日記には、他に、「おいおいと」慟哭する女房の声、「がはがはと」地震かと思われるほど激しくひきゆるがす障子の音が見られる。

さて、男性作家の作品に目を転じてみる。すると、宇津保物語・古本説話集のごとく、蜻蛉日記・讃岐典侍日記などの擬音語と、質の類似する作品もある。しかし、女流文学には、決して見られないような卑俗な擬音語を使う作品もでてくる。落窪物語・大鏡・今昔物語集の擬音語である。これらの作品では、擬音語の占める割合が高いこともさることながら、大きい音や下品な音を積極的に使用しているのである。

落窪物語では、たとえば、

その比腹そこなひたる上に、衣いと薄し、板の冷えのぼりて、腹ごほごほと鳴れば、翁、「あなさがな。冷えこそ過にけれ」といふに、しひてごほめきて、びち〳〵と聞ゆるはいかになるにかあらんとうたがはし。（落窪物語・巻二）

「ごほごほと」は、下痢腹の音、「びちびちと」は、下痢便の音を模写したものである。はなはだ卑俗である。こうした擬音語を筆頭に、「おいおいと」泣く声、「いうと」いった駒のいななき、「はくりと」物をつきすえる音、「はたはたと」爪はじきする音などと、粗野な物音や声が写されている。

大鏡では、落窪物語ほどではないが、やはり品のない物音や声を写す擬音語が少なくない。たとえば、

……湯漬ばかりたまふ。……いみじう熱くてまゐらせ渡したるを、思ふにぬるくこそはあらめと、僧たち思ひて、ざぶざぶとまゐりたるに、（大鏡・道長下）

「ざぶざぶと」は、僧たちが、勢いよく湯漬をかきこむ音である。今昔物語集にもみられるが、いささか品に欠ける物音である。この他、大鏡には、「はたはたと」手を打ち鳴らす音や爪弾きする音、「ひよと」極楽で鳴く犬をまねる声、「ほとほとと」櫃の中で雉の動く音、「からからと」鳴る車輪の音といった具合に、俗語臭のする擬音語が見られる。

今昔物語集では、擬音語が五〇例も見られる。しかも、その多くが、辺り一帯に響き渡る大声や大音を模写したものである。おまけに、擬音語全体が、野卑な性質を帯びており、この種の擬音語をもつ作品群の代表である。一例だけ、用例を掲げておく。

「……故別当ノ肉《シシムラ》村ナレバ、吉キナメリ。此ノ汁飲レヨ」ト妻ニ云テ、愛シ食ケルニ、大キナル骨浄覚ガ喉ニ立テ、エブ〳〵ト吐迷《ハキマドヒ》ケル程ニ、骨不出《イデ》ザリケレバ、遂ニ死ケリ。（今昔物語集・巻20の24）

「エブ〳〵ト」は、嘔吐する音を模写した擬音語で、甚だ尾籠である。今昔物語集は、このような物音や声を積極的に使用し、その時の状況を、リアルに写し出している。

こうして、一口に擬音語といっても、平安文学作品のそれは、源氏物語的なものから、今昔物語集的なものまで、連続的に存在し、それぞれの特性をもって位置していることがわかってくる。

8　源氏物語の擬態語の性質

さて、源氏物語に多数現れる擬態語の性質を検討してみる。すると、源氏物語の象徴詞の性質が、一層鮮明になってくる。

いま、擬態語を、美的な語彙か否かといった観点からとらえてみる。その場合、語そのものが美的かどうかというのではなく、美的な形容として機能しているかどうかによって考えることにする。と言うのは、語自体の性質とその語の用いられ方とは、必ずしも一致していないからである。たとえば、「きらきらと」という擬態語をとりあげてみる。「きらきらと」といった語自体は、美的であるように思われる。しかし、次の如く、用いられている時、美的とは言えないであろう。

夕日ノ差タルニ、頭ハ鑭〻ト有リ、極ク見苦キ事无限シ。（今昔物語集・巻28の6）

「きらきらと」は、禿頭の形容であり、いみじく見苦しいこと限りがないといった説明が下にあることから、むしろ醜い状態の形容として機能していることがわかる。ここでは、後者の用いられ方に注目して、擬態語の性質を論ずるわけである。

さて、次の三つの場合が、論理的には考えられる。

(A)　美的な状態を形容する擬態語

(B)　非美的な状態を形容する擬態語

(C)　美的か否かといった観点からはとらえがたい擬態語

源氏物語の擬態語二一一例を逐一検討してみると、源氏物語には、(B)の非美的な状態を形容する擬態語の用例が見られないのである。(A)と(C)の用例のみである。以下、具体例をあげながら、説明してみる。

(A)の、美的な擬態語というのは、具体的には、次の三つの場合がある。

(イ)　美的な光景・雰囲気・事物の状態をあらわす場合。

日のわづかにさし出でたるに愁へ顔なる庭の露きらきらとして、空はいとすごく霧りわたれるに、（源氏・野分）

「きらきらと」は、野分のあした、露が、僅かにさしてきた日の光に輝いているさまに用いられている。美しい情景描写に使用された擬態語である。この他、海面のないださまを「うらうらと」、木の葉の落ちるさまを「ほろほろと」、光源氏の自在な筆づかいのあとを「しどろもどろに」[12]で表すといった具合である。

(ロ)　美しい人物の様子をあらわす場合。

さばかりあさましう引き結ひてうちやりたりつれど、いたうも乱れず、ときはてたればつやつやとけうらなり。（源氏・手習）

「つやつやと」は、浮舟の髪のつややかな美しさに用いた擬態語である。この他、雲居雁の豊かな胸元を「つぶつぶと」、大君の美しく頼りなさそうな姿を「なよなよと」、うるわしい髪の様子を「はらはらと」で表すといった具合である。

(ハ) しめやかな、あるいはゆったりとした動作・行動をあらわす場合。

廊めいたる方に集まりて、この御前は人げ遠くもてなして、しめじめと物語聞こえたまふ。(源氏・総角)

「しめじめと」は、薫の、大君に話しかけるしめやかな物腰を意味している。この他、涙をこぼすさまを「ほろほろと」、ゆったりと歩くさまを「ゆるゆると」、静かに落ちついて物を言うさまを「しづしづと」で表すといった具合である。

(C)の、美的・非美的の観点からは、とらえられない擬態語というのは、次のような場合である。

弁参りて、御消息ども聞こえ伝へて、恨みたまふをことわりなるよしをつぶつぶと聞こゆれば、答へもしたまはず、(源氏・総角)

「つぶつぶと」は、事情を細かに話すさまに用いられた擬態語である。美的か否かといった観点からは、とらえ難い。この他、しっかり聞くさまを「さださだと」、すぐに決心するさまを「すがすがと」、急に行動するさまを「ふと」、しっかり抱くさまを「つと」で表すといった具合である。

さて、源氏物語の擬態語の全用例を、以上の分類に従って示すと、表5のようにまとめられる。(　)内が、その意味に用いられた場合の用例数である。

表5から、(C)の美的・非美的のいずれでもない擬態語が、用例数にすると、(A)の美的な擬態語よりも多くなるけれども、それは、(C)に「ふと」「つと」といった一般の副詞に近い特定の語の用例数が多いことによる。[13] むしろ、擬態語らしい擬態語は、いずれも、(A)の美的な場合に属していることがわかる。

このように、(A)の、積極的に美的と思われる状態を意味する擬態語が、きわめて多く、逆に、(B)の非美的な状態

表 5　源氏物語の擬態語

分類	語例	例数
(A) 美的　(イ)美的な光景・雰囲気・状態	さと（12）　うらうらと（1）　きらきらと（3）　しめじめと（2）　しどろもどろに（1）　つやつやと（1）　ほろほろと（2）　なよなよと（2）	79例
(A) 美的　(ロ)美しい人物の様子	あざあざと（1）　おぼおぼと（1）　けざけざと（1）　たをたをと（3）　つぶつぶと（5）　つやつやと（7）　なよなよと（6）　はらはらと（3）　やはやはと（2）　ゆらゆらと（4）	
(A) 美的　(ハ)しめやかな動作行動	しづしづと（2）　しめじめと（2）　しほしほと（2）　つぶつぶと（1）　ほろほろと（14）　ゆるゆると（1）	
(B) 非美的		0例
(C) 美的・非美的の観点からはとらえられない	さと（3）　つと（37）　ふと（75）　よよと（1）　きらきらと（1）　さださだと（2）　さはさはと（1）　すがすがと（3）　つぶつぶと（5）　ほろほろと（3）　ゆくゆくと（1）	132例

を形容する擬態語が皆無であることは、源氏物語の擬態語の性質を、よく示すものである。

さらに、注意すべきは、(A)の美的な意味をもつ擬態語には、源氏物語初出の語や源氏物語だけに見られる語が多いことである。「あざあざと」「けざけざと」「しほしほと」「しめじめと」「たをたをと」「ゆらゆらと」の語は、源氏物語以前の作品、および同時代の作品には見られない。源氏物語初出の語である。「おぼおぼと」「しづしづと」「やはやはと」の語は、他の平安文学作品には見られず、源氏物語だけに見られるものである。これらの語は、さらに慎重な検討を要するのだが、源氏物語の作者が一工夫した語である可能性の考えられる擬態語である。すなわち、一般の語の語基をとって、新たに作った象徴詞である可能性がある。たとえば、「あざやぐ」「あざやかなり」の語の語基をとって、「あざあざと」という象徴詞をつくるといった具合にである。源氏物語の作者は、擬音語には消極的であったが、擬態語には積極的であったように推測される。

そうして工夫した擬態語が、(A)の美的な状態を意味する場合に集中していることは、源氏物語が、いかに優美であろうとしているかを如実に示すものであろう。

9　平安文学作品の擬態語との比較

ところで、他の平安文学作品の擬態語を、源氏物語の場合と全く同様にして検討してみる。

源氏物語に最も近く、美的な擬態語を多く用いる作品は、浜松中納言物語である。浜松中納言物語は、源氏物語の美的な面を忠実に継承し、源氏物語の擬態語から殆ど一歩も出ていない。

狭衣物語も、源氏物語の擬態語に類似し、美的な語詞が多い。しかし、一方、(B)の非美的な状態を形容すると思われる擬態語も、僅かではあるが見られる。次例である。

乳母達は、「たゞきら〳〵となしたてまつりても、時の間も御命を延べたてまつらん」と伏しまろび泣きこがれて、（狭衣物語・巻二）

病の篤い女二宮を出家させる場面である。「きらきらと」は、出家した人のくりくり坊主の頭を意味する。もう一例、右の箇所の直後にも、同じ意味の「きらきらと」が繰り返される。また、この物語では、出家した人の丸坊主のさまを「きろきろと」とも表現し、それが、子供心に恐ろしく思われると書かれている。当時の人にとって、髪の毛のない頭は、非美的であったのであろう。三例とも会話文中に見られ、俗語的な言い廻しであったことが推測される。

蜻蛉日記・枕草子・紫式部日記・更級日記・讃岐典侍日記といった女流文学作品、および宇津保物語では、源氏物語ほど美的であることに固執していないが、(B)の非美的な状態を形容する擬態語も一例も見られない。

ところが、竹取物語・落窪物語・大鏡・古本説話集といった作品になると、(B)の非美的な状態を形容すると認められる擬態語が見られるようになる。それぞれの作品から一例ずつ用例を示しておく。

○わが弓の力はたつあらば、ふといころしてくびの玉はとりてんを、（竹取物語）

○冠をはくとうち落しつ。髻はちりばかりにて、額ははげ入りて、つや〳〵と見ゆれば、物見る人にゆすりて笑はる。（落窪物語・巻二）

○いとあやしくてさぐらせ給に、毛はむく〳〵とおひたてる手の爪ながくて刀のはのやうなるに、鬼なりけりといとおそろしくおぼえけれど、（大鏡・太政大臣忠平）

○さて、おほくの年ごろ、この福だいをのみ着て、おこなひければ、果には破れ〳〵となしてありけり。（古本説話集・第六五）

さて、右に例示した作品以上に、(B)の非美的な状態を形容する擬態語の多く見られる作品がある。今昔物語集である。今昔物語集には、(B)に属する非美的な擬態語が三八例も現れる。たとえば、次のようなものである。

鴙《キジ》ヲ生乍《イケナガ》ラ持来テ揃《ムシ》ラスルニ、……。揃《ムシ》リ畢《ハ》テツレバ下《オロサ》セケルニ、刀ニ随テ血ツラ〳〵ト出来ケルヲ、刀ヲ打巾《ウチノゴ》ヒ打巾ヒ下シケレバ、（今昔物語集・巻19の2）

雉を生きたまま毛をむしり、むしり終わると、刀で下ろさせる。「ツラツラト」は、血のたれ落ちるさまである。雉は、ものすごい声を出して果てる。凄惨な状態を形容する擬態語である。美的とは、ほど遠く、これを見ていた人々の幾人かは、見かねてその場を立ち去っている。その他、さなだ虫におかされた病者の腫れた体つきを「ユブユブト」、口より炎の出ずるさまを「ヒラヒラト」、歯を食い合わすさまを「ヒシト」、手の骨をたやすく砕くさまを「砕々ト《クダクダ》」といった具合である。一方、(A)の美的な状態を形容する擬態語は、僅か九例見られるだけである。まさに、源氏物語の擬態語と、正反対の性質を示すのである。それは、両作品にみられる同一の擬態語を比較してみても、顕著である。いま、「さと」の語をとりあげ、例示してみることにする。最初に、源氏物語の例を、次に今昔物語集の例を掲げる。

○うらやみ顔に、松の木のおのれ起きかへりて、さとこぼるる雪も、名にたつ末のと見ゆるなどを、（源氏・末摘花）

○大きなる松に藤の咲きかかりて、月影になよびたる、風につきてさと匂ふがなつかしく、そこはかとなきかをりなり。（源氏・蓬生）

二例とも、末摘花邸の様子に用いられたものである。屋敷は荒れはてても、故常陸宮のつくらせた庭園だけあって、生い茂る木々に、どこか趣があった。最初の例は、真冬の雪の降り積る邸内である。橘の木が、雪に埋もれているのを払ってやると、それを羨み顔に、松の木がひとりで起き返る。その瞬間、雪がさっと辺りにこぼれ落ちる。「さと」は、松にかかった雪のこぼれ散るさまを形容し、美しい光景を作り出している。次の例は、鬱蒼と茂る木立の中から、松の木にまつわりついた藤の花が、なまめかしくも良い香りを放っている。「さと」は、その香が、風にあおられて、匂い来るさまを形容している。美の極地であろう。源氏物語には、このような美しい光景や雰囲気を作り出すのに用いられた「さと」が、他に一〇例も見られる。

一方、今昔物語集では、次の如く用いられている。

○其ノ妻、奇異《アサマシ》ク臭《クサ》キ尿《ユバリ》ヲ散《サ》ト馳懸《ハセカケ》タリケレバ、夫、臭サニ不堪《タヘ》ズシテ打免《ウチユルシ》タリケル際《アヒダ》ニ

（今昔物語集・巻27の39）

○而ル間、鯹《ナマグサ》□キ息ノ煖《アタタ》カナルヲ散《サ》ト吹キ係ケタルニ、忽ニ不被呑《ノマレ》ズト云フトモ、此ノ息ノ香《カ》ニ酔《エヒ》テ可死《シヌベ》シ。

（今昔物語集・巻14の43）

最初の「散《サ》ト」は、耐えられない程、臭い小便をひっかける動作を、次の「散《サ》ト」は、死ぬほど生臭い息を吹きかける行為を形容している。源氏物語との落差は、余りにも大きい。今昔物語集には、この他「散《サ》ト」の語が、八例見られるが、いずれも右例のごとく、非美的な状態を形容する語として働いている。

「さと」の語は、源氏物語や今昔物語集ばかりではなく、平安文学作品にかなり広く見られる語である。浜松中納言物語に一例、狭衣物語に五例、紫式部日記に一例、枕草子に三例、宇津保物語に二例、落窪物語に一例といった具合である。それらの「さと」の意味合いを検討してみると、今昔物語集ほど卑俗な意味をもつものはないけれど、また、源氏物語の「さと」の美しさに及ぶものもないのである。

10　おわりに

以上述べてきたところによって、源氏物語の象徴詞の性質がかなり明らかになってきたと思う。

源氏物語は、擬音語をできるだけ排除し、騒々しく卑俗な作品の世界になることを避けた。わずかに用いられる擬音語も、小さな幽かな物音や声であった。多く出現する擬態語は、積極的に美化の方向をめざしてつくられ選び

とられた語詞群であった。源氏物語の象徴詞は、総じて、しめやかな作品の世界をつくるのに寄与する美的な性質をもつ語彙なのである。これは、今昔物語集の象徴詞と対照的であった。

平安文学作品の象徴詞は、「雅」の源氏物語と「俗」の今昔物語集を両極として、その間に連続的に位置しているると考えることができるのであった。擬音語と擬態語を合わせ、象徴詞全体としてみた時に、それぞれの作品は、次のように位置付けられよう。

源氏物語にきわめて近い美的な性質をもつ象徴詞は、浜松中納言物語のそれである。紫式部日記・更級日記・狭衣物語も、美的な性質が強いと言える。次いで、讃岐典侍日記・枕草子・蜻蛉日記などの象徴詞が配列されよう。とくに、枕草子や蜻蛉日記は、女流文学としては、珍しく擬音語に富み、俗語臭のやや濃いものであった。

蜻蛉日記と並ぶようにして、男性作家の宇津保物語の象徴詞が位置している。次いで、古本説話集や竹取物語の象徴詞が配列され、次第に俗語的な色彩が強くなる。やがて、大鏡・落窪物語の象徴詞となり、今昔物語集に至る。

こうしてみると、平安文学作品の象徴詞の性質は、女流文学作品と男性作家の作品とでかなりきれいに分けられることに気付く。そして、美的な性質をもつ象徴詞は、いずれも源氏物語以後の女流文学作品であり、源氏物語の影響下に成ったと言える。蜻蛉日記のように、源氏物語以前の作品や、源氏物語と同時代の枕草子などの象徴詞は、さほど美化されておらず、俗語臭の漂うものであることは、注目に価しよう。

源氏物語の象徴詞の価値は、それまでの文学には、余り俗語的なために多用されなかったり、あるいは俗語臭を帯びたまま使用されたりした象徴詞を、美的なものとして質的転換を計り、雅《みやび》の文学の中に導入し、融和させたことにある。そういう意味で、源氏物語の象徴詞は、象徴詞としてみると、きわめて異質なものであり、珍重すべき点がある。

こうした特殊な源氏物語の象徴詞は、また源氏物語独自の用法をもつことにつながって行くのであるが、それについては、別稿で述べることにする。(14) ひとまず、源氏物語の象徴詞の性質を明らかにしたところで、稿を閉じたい。

注

(1) 宮島達夫『古典対照語い表』(昭和46年、笠間書院刊)参照。

(2) 大野晋「基本語彙に関する二三の研究」(『国語学』24、昭和31年3月)、楠瀬淳子「万葉集・源氏物語・徒然草に於ける語彙の研究」(『学習院大学国語国文学会誌』3、昭和34年1月)、寿岳章子「源氏物語基礎語彙の構成」(『計量国語学』41、昭和42年7月)、宮島達夫「総索引への注文」(『国語学』76、昭和44年3月)、宮島達夫「古典の品詞統計」(『計量国語学』53、昭和45年6月)、伊牟田経久「源氏物語名詞語彙の構造」(『佐伯梅友博士 古稀記念国語学論集』昭和44年、表現社刊)、進藤義治『源氏物語形容詞類語彙の研究』(昭和53年、笠間書院刊)、山口仲美「平安仮名文における形容詞・形容動詞」(『国語語彙史の研究㈠』昭和55年、和泉書院刊。本著作集2『言葉から迫る平安文学2　仮名作品』に「平安文学と形容詞・形容動詞」として収録)。

(3) この方面の著書・論文は、枚挙にいとまがない。今、単行本に限り掲出する。吉沢義則『増補 源語釈泉』(昭和48年、臨川書店刊)、北山谿太『源氏物語のことばと語法』(昭和31年、武蔵野書院刊)、木之下正雄『平安女流文学のことば』(昭和43年、至文堂刊)、犬塚旦『王朝美的語詞の研究』(昭和48年、笠間書院刊)、松尾聰『源氏物語を中心としたうつくし・おもしろし攷』(昭和51年、笠間書院刊)、山崎良幸『源氏物語の語義の研究』(昭和53年、風間書房刊)など。

(4) 築島裕『平安時代の漢文訓読語につきての研究』(昭和38年、東京大学出版会刊)、角井英子「源氏物語における訓点語彙考」(『女子大国文』37、昭和40年5月)参照。

(5) 歌語については、石田穣二『源氏物語論集』(昭和46年、桜楓社刊)参照。

漢語については、原田芳起「源氏物語漢語彙弁証」（関西大『国文学』27、昭和34年10月）、原田芳起「源氏物語における漢語彙の位相」（『樟蔭文学』11、昭和34年10月）、原田芳起「平安文学における漢語彙研究の課題」（『平安文学研究』24、昭和35年3月）、柏谷嘉弘「源氏物語に於ける漢語」（『国語と国文学』34の11、昭和32年11月）参照。

(6)　本著作集5『オノマトペの歴史1　その種々相と史的推移・「おべんちゃら」などの語史』にも、同タイトルで収録してある。

(7)　調査に用いた資料は、次の通りである。用例の引用も、同資料による。ただし、句読点・清濁等の表記法については、多少手を加えたところがある。

㈠刊行されている索引によった場合＝伊勢（池田・大津）、大和、平中、篁、竹取（中田）、落窪、源氏（池田）、浜松、堤、土左、蜻蛉、紫式部、更級、讃岐、和泉式部、枕（松村）、大鏡、古今、後撰。（　）内は、使用した索引の編者者名。索引が一種類しか刊行されていない場合は、無表記。

㈡索引によらずに直接本文で調査した場合＝宇津保・拾遺・三宝（以上は古典文庫）、狭衣・今昔（以上は古典大系）、百座・打聞・古本（以上は複製本）。

(8)　このことについては、拙稿「平安時代の動物の鳴き声」（『日本古典文学会会報』54、昭和52年9月。本著作集5『オノマトペの歴史1　その種々相と史的推移・「おべんちゃら」などの語史』に「動物の鳴き声と平安文学」として収録）で若干ふれておいた。

(9)　和泉式部日記が、他のいかなる日記よりも、和歌の占める割合の高いことは、日本古典文学全集『和泉式部日記』解説でも述べられている。

(10)　本著作集5『オノマトペの歴史1　その種々相と史的推移・「おべんちゃら」などの語史』にも、それぞれ「中古象徴詞の語音構造(1)―清濁に問題のある語例を中心に―」「中古象徴詞の語音構造(2)―撥音・長音・促音に関する問題をふくむ語例を中心に―」として収録してある。

（11）　紫式部日記には、「とどろ〳〵と蹈みなら」すといった、大きな音を模写した場合が、一例みられるが、それは、尊厳な宗教的雰囲気をかもし出す物音であり、やかましい大音とは異質である。

（12）　「しどろもどろに」は、宇津保物語や狭衣物語にも一例ずつ見られる。しかし、宇津保物語では、酒に酔ったさまを、狭衣物語では、思考の乱れてしまったさまを意味しており、源氏物語のような美的な意味を担っていない。こうしたことは、源氏物語の擬態語と他作品のそれとを比較すると、多くの語にわたって、多かれ少なかれ見られる現象である。

（13）　これらの語が、一般の副詞に近いことは、「ふとも入りたまはず」といった具合に、否定形の形で用いられることがあることからも、わかるであろう。

（14）　山口仲美「源氏物語の象徴詞―その独自の用法―」（『国語と国文学』60巻10号、昭和58年10月。本著作集1『言葉から迫る平安文学1　源氏物語』に「『源氏物語』の象徴詞の独自用法」として収録）。

『今昔物語集』の象徴詞

1　はじめに

今昔物語集にみられる擬音語・擬態語は、山田巌氏によって、注目されるところとなった。氏は、次のように言われている。

(今昔から) おそらく当時の俗語であったと思われるものを、動詞に例をとって示すならば、「いりめく」(巻二五・第四)、「かがめく」(二六ノ八)、「くつめかす」(三一ノ三〇)、「こそめく」(五ノ一九)、「さらめかす」(一九ノ二)、「のためく」(二九ノ三二)、「ふためく」(一九ノ六)、「ふめく」(二九ノ三七)、「わめく」(二五ノ一〇)のような用例が見られるが、これらのことばは、文献の上で初出のものではなかろうかと想像される。「めく」という接尾語が自由に活動していた時代の片鱗をうかがうことができ、同時にこの様な用例を豊富に記録してくれる今昔の資料的価値を示すものと言えよう。(1)

ここに、氏のあげられた九語のうち、「のためく」「わめく」は、本文に異同のある箇所であり、問題がある。しかし、残りの語に関しては、確かに、文献上初出としても良いようである。これら「いりめく」以下のことばは、動詞型擬音語・擬態語ともいわれる。擬音語・擬態語の語基「いり」「かか」「くつ」「こそ」などに、「めく」「めかす」を付し、一種の動詞としたものだからである。

氏の説は、その後、原田芳起氏や桜井光昭氏によって、次のような形で受けつがれた。原田氏は、今昔物語の言語が、擬声語ないし擬態語に富んでいることは、女流文学の言語に対比して、いちじるしい特徴をなす。(2)

とされた。また、桜井氏は、

今昔物語は、源氏物語をはじめとする平安女流文学作品や漢文訓読語に多くを期待できない、この種の語（＝擬音語・擬態語）を比較的ゆたかに示してくれる。(3)

と述べておられる。

しかし、本当に、今昔物語集は、女流文学作品と比較すると、著しく擬音語・擬態語に富んでいるだろうか。筆者は、かなり疑問に思うのである。そこで、まず、このような従来説を検討することから始め、次に、今昔物語集にみられる擬音語・擬態語の性格を明らかにして行きたいと思う。

なお、擬音語・擬態語の総称として、「象徴詞」ということばを用いることにする。

2 従来説の訂正

象徴詞は、「がらがらと鳴る」などのように、文法的には連用修飾語として機能する場合がある。その他、「靴がびしょびしょだ」などのように、述語として機能する場合もあれば、同じ語でも「びしょびしょの服」となれば、連体修飾語として機能していることになる。さらに「がらがら」（おもちゃの名）などのように、体言となり主格・目的格等として機能しているものまである。

しかし、どんな時代においても、国語象徴詞の最も活躍する領域は、連用修飾語、すなわち、副詞として機能する場合である。そのため、「象徴詞」という名称は、副詞として機能する場合だけをさして言う場合が多い。

さて、今昔物語集においても、象徴詞は、副詞として機能している場合が最も多いのであるが、この他、先にみた「いりめく」のような動詞型の象徴詞も多く見られる。そこで、本稿は、象徴詞として、副詞型の他に、動詞型のものも合わせ取り上げることにする。

今昔物語集に生彩を与える、かの副詞型象徴詞を、ひとまず列挙してみると、次の通りである。（　）内は、用例数。象徴詞のよみ方については、拙稿「中古象徴詞の語音構造―清濁に問題のある語例を中心に―」「続中古象徴詞の語音構造―撥音・長音・促音に関する問題をふくむ語例を中心に―」を参照されたい(4)。

イガイガト（1）／エブエブト（1）／カカト（1）／ガサト（2）／カラカラト（2）／キシキシト（1）／急《キ》ト・ギト（36）／鑭《キラ》ト（2）／鑭々《キラキラ》ト（3）／乱々《クタクタ》ト（1）／砕々《クダクダ》ト（1）／クルクルト（絡々《クルクル》ト）（2）／クレクレト（1）／行《(ギヤウか)》ト（1）／コウコウト（5）／コソコソト（1）／コホロト（1）／散《サ》ト（散サト）（10）／ザブザブト（1）／ザブリザブリト（1）／サメザメト（5）／サヤサヤト（1）／サラサラト（5）／ソヨリソヨリト（1）／タソタソト（1）／チウト（2）／段々《ツダツダ》ニ（断々《ツダツダ》ニ）（4）／ツフツフト（1）／ツブツブト（2）／ツフト（5）／ヅブリト（1）／ツラツラト（2）／ドウト（1）／ニコニコ（1）／ノドノドト（1）／ハクト（2）／ハタト（4）／ハタハタト（1）／ハタリハタリト（1）／ハラハラト（14）／ヒシト（4）／ヒシヒシト（2）／ヒタト（2）／汔々《ヒタヒタ》ト（1）／ヒラヒラト（3）／フタト（4）／フタフタト（5）／フット（4）／フツフツト（1）／フツリト（1）／ブブト（1）／フリフリト（1）／ホトト（1）／ホロホロト（3）／ユウユ《(ラか)》ウ《(ラか)》ト・ユブユブト（3）

今昔物語集には、五五種一六五例の副詞型象徴詞が見られるのである。

ところで、源氏物語・浜松中納言物語・狭衣物語・枕草子・蜻蛉日記・紫式部日記・更級日記などの女流文学作品(5)に、目を通してみると、やはり、かなり多くの象徴詞が見られる。具体的には表1の通りである。

表1

文献名	今昔物語集	女流文学作品[6]						
		源氏物語	浜松中納言物語	狭衣物語	枕草子	蜻蛉日記	紫式部日記	更級日記
副詞型象徴詞の種類数〔( )内が延べ語数〕	55(165)	33(228)	16(46)	27(66)	24(65)	15(32)	9(11)	7(7)

文献の長さを考慮にいれれば、これら女流文学作品にみられる象徴詞は、今昔に比して、決して量的に少なくないと言えよう。

また、動詞型象徴詞にしても、今昔は、女流文学作品に比して、格別多いとは言えない。具体的な数値は、表2のようである。

表2

文献名	今昔物語集	女流文学作品						
		源氏物語	浜松中納言物語	狭衣物語	枕草子	蜻蛉日記	紫式部日記	更級日記
動詞型象徴詞の種類数〔( )内が延べ語数〕	28(73)	15(189)	3(12)	5(15)	19(35)	5(8)	1(1)	1(1)

つまり、今昔には、二八種七三例の動詞型象徴詞がみられるが、一方、女流文学作品のうち、枕草子には、一九種三五例の動詞型象徴詞がある。枕草子は、今昔物語集の厖大さに比して、比較にならぬ程の短篇である。従って、文献の長さを考えれば、枕草子の方が、はるかに動詞型象徴詞に富んでいることになる。枕草子以外の、他の女流文学作品にも、枕草子程、種類数が豊富でないが、動詞型象徴詞がないわけではない。

以上のことから、動詞型にせよ、副詞型にせよ、今昔物語集が、女流文学作品に対して、著しく象徴詞に富んでいるとは言えないことが明らかになろう。すなわち、原田・桜井氏説は、この点に関して訂正されねばなるまい。このような従来の説は、調査不足から生じたものであろうけれども、一方、一見かような印象を与える何らかの理由があったにちがいない。従って、以下、このことについて考えてみようと思う。かかる原因を考えることは、今昔物語集の象徴詞の性格を考えることに、そのままつながることでもある。

3　表記と文体

さて、女流文学作品の象徴詞と、今昔物語集の象徴詞とは、量的に大差ないのに、なぜ後者が目立ち、前者が目立たないのであろうか。

ごく素朴な、外面的理由としては、表記と文体の問題が考えられる。

今昔物語集の表記形式は、周知の如く、片仮名宣命書といわれ、大体、自立語は漢字で大書、助詞・助動詞・活用語尾は、片仮名で小書、という原則で書かれている。しかし、和文特有語的性格・俗語的性格をもつ語は、自立語であっても、漢字による正書法が確立し難いため、片仮名で大書されるという。[7] ところで、象徴詞は、俗語的性格をもつ故に、その大部分が、片仮名で大書されている。大書の漢字の中にあって、稀に大書の仮名が混じるということは、次に例示するように、その仮名書が、かなり目立つことでもある。とりあげた象徴詞は、「ハラハラト」。

○國王ノ思ヒ給ヒケル様、「我レ、此ノ石卒堵婆ヲ思ヒノ如ク造リ畢ヌ。極テ喜ブ所也。而ルニ此ノ工《タクミ》、他ノ國ニモ行テ、此ノ卒堵婆ヲヤ起テムト為ラム。然レバ此ノ工ヲ速ニ致シテムト」思ヒ得給ヒテ、此ノ工ノ未ダ卒都婆ノ上ニ有ル時ニ、不下ズシテ、

麻柱ヲ一度ニハラ〳〵ト令壊メツ。工可下キ様モ无クテ、「奇異也」ト思テ、……（巻十第35話）

一方、源氏物語をはじめとする女流文学作品では、次例の如く、象徴詞も、他と全く同様に、平仮名書きであるため、少しも目立たないのである。とりあげた象徴詞は、同じく「はらはらと」である。どこにあるのか、よく見ないと分からない。

○おもひあがれるけしきに　き丶をき給へるむすめなれば　ゆかしくて　み丶とゞめ給へるに　このにしおもてにぞ人のけはひする　きぬのをとなひはら〳〵として　わかきこゑどもにくからず　さすがにしのびてわらひなどするけはひことさらびたり
（源氏物語・帚木・大成・六五頁5行・濁点のみ私に付した。）

かような表記上の相違は、外面的ながらも、今昔に象徴詞が多く、女流文学作品に余りみられないという印象を与える理由の一つであったことは確かであろう。

次に、文体の問題に関して述べる。

今昔の文体に関しては、諸説あるが、ごく大まかに言えば、文章語的色彩の強い漢文訓読体に近いものであったと言えよう。漢文訓読文には、後に述べるように、象徴詞は、きわめて少ない。

一方、源氏を始めとする女流文学作品は、同じく文章語には違いないが、日常会話語にかなり近い和文体である。ところで、象徴詞そのものは、漢文訓読文に殆ど存しないことからも明らかなように、口頭語的なものである。いいかえれば、象徴詞は、文章語的色彩が濃い文体になればなるほど、存在しにくいわけである。とすれば、漢文訓読調の強い文章中にもかかわらず存在する今昔の象徴詞は、その文体との違和感が強く、それだけ目立つであろうし、逆に、和文体の女流文学作品の文章中に存する象徴詞は、さほど抵抗なく、他の部分と融和し、目立たなかったと考えられるのである。つまり、象徴詞と、それの存する文体の性質上との相対的な関係によって、今昔物語集の象徴詞は、女流文学作品のそれよりも目立ち、頻出するかの如く錯覚されたのであろう。

しかしながら、以上述べたような外面的な理由だけでは十分ではない。というのは、今昔の象徴詞と女流文学作品のそれとの間には、内面的な、象徴詞そのものの性質上の違いもあったかもしれないからである。そして、むしろ、かような象徴詞の性質上の違いこそ、追究されねばならない問題であろう。従って、次に、今昔の象徴詞と、女流文学作品の象徴詞の内面的な性質を検討して行くことにする。ただし、以下、女流文学作品として、源氏物語・枕草子・蜻蛉日記の三文献をとり上げ、今昔との比較に用いる。その他の女流文学作品、浜松中納言物語・狭衣物語・紫式部日記・更級日記などは、後に述べるように、源氏の象徴詞と性格が共通するので、源氏物語で代表させることにしたのである。

まず、副詞型象徴詞について、4から9で論じ、次に動詞型象徴詞について、10で言及する。

4　音象徴性の度合い

おおよそ、象徴詞が、他の一般語彙と区別される所以は、語に音象徴性があるからである。すなわち、我々は、「ザーザーと雨が降る」と聞けば、雨の激しく降る音そのものを、じかに耳にする思いがするし、また、「なめくじにさわると、グニャッとした」と聞けば、あのなんともいえぬ気味の悪い感触を直接味わった思いがする。一方、我々は、「山」とか「歩く」ということばを聞いても、意味はわかるが、一向に、我々の聴覚や体感に迫る感じがして来ない。それは、これらの、「山」「歩く」という一般語彙には、音象徴性がなく、単に社会的な約束によってのみ、その意義を解するからである。言いかえれば、象徴詞は、語音と意義との間に、心理的な必然関係があり、音象徴性を持つのに対し、一般語彙は、音象徴性をもたない。しかし、一般語彙は、音と意義との間に、社会的な必然関係、すなわち、記号性をもっている。勿論、象徴詞と一般語彙とは、かかる音象徴性と記号性という対立する性質によって、截然と区分され得る様なものではなく、どちらの性質をより多く持つかという程度の差にすぎない。つまり、言語は、音象徴性と記号性とを両極とする連続体としてとらえることが出来るのであるが、概して、象徴詞は、音象徴性の強い極に、また、一般語彙は、記号性の強い極に、位置しているのである。従って、一般語彙の中にも、きわめて記号性の強いものから、音象徴性を幾分帯びたものまでが存するのと同様に、象徴詞の中でも、その音象徴性の度合が問題になる。つまり、一口に象徴詞と言っても、すべての語に、一律に音象徴性があるわけではなく、かなり音象徴性の高いものから、「ボンヤリ思い出す」などの如く、一般語彙と大差ない程、音象徴性の低いものまでがある。このような象徴詞の音象徴性の度合は、具体的には、次の四通りの方法で、大体の見当をつけることが出来るようである。

まず、第一の方法として、擬音語と擬態語の割合を計ることである。既に拙稿で述べたように、(8)擬音語と擬態語とを比較すると、擬音語は、きわめて音象徴性が高いのに対し、擬態語は、一般語彙の記号的性格を若干帯びるため、擬音語ほど、音象徴性は高くない。従って、擬音語が多い程、その文献にみられる象徴詞の音象徴性は高いと考えられるわけである。

今昔物語集・源氏物語・枕草子・蜻蛉日記の、擬音語と擬態語との象徴詞に於ける割合は、表3の通

表3

種類＼文献名	今昔物語集の用例数	源氏物語の用例数	枕草子の用例数	蜻蛉日記の用例数
①擬音語	27	8	12	9
②擬態語	21	21	10	5
③擬音語擬態語	7	4	2	1

りである。表の「③擬音語・擬態語」という欄は、擬音語と擬態語との、いずれとも区別しがたい語、および両者の用法を持っている語（例、源氏の「ほろほろと」は、涙のこぼれるさまの他に、栗を食べる時の音としても用いられる）を意味している。従って、③は、①と②との中間的な性質のものであり、両者に共通するので、音象徴性の度合を知るには、除いて考えてさしつかえない。表3から、

(1)今昔物語集においては、擬態語より擬音語の方が若干多い。

(2)それに対して、源氏物語では、逆に、擬音語の二・六倍もの擬態語が存している。

(3)枕草子・蜻蛉日記では、今昔物語集と同様、擬音語の方が若干多い。

などのことがわかる。従って、今昔物語集・枕草子・蜻蛉日記の象徴詞の方が、源氏物語のそれよりも、はるかに音象徴性の高いことが明らかとなる。

さらに、音象徴性の度合を知るための第二の方法は、象徴詞の使用回数を調べることである。すなわち、同一の象徴詞が、ある文献中に何度も出現するということは、その象徴詞が初めにもっていた新鮮な音象徴性を失い、観念的固定的になっているとほぼ言い得るからである。一つの象徴詞を、種々の音や種々の状態を表すのに間に合わせるために、一語の使用回数が増すのである。たとえば、源氏にみられる「ごほごほと」という象徴詞は、(1)唐臼の音、(2)屏風をたたみよせる音、(3)錠をあけようとする音、など種々の音を表すのに用いられている。実際の音は、若干異なっているはずであるのに、一語で間に合わされているのである。また、「よよと」という象徴詞は、泣き声や泣くさまを表すのであるが、「さくりもよよと」という一種の成句となり、泣く時のきまりきったいい方として出現する。これらにおける象徴詞は、実際の音を出来る限り、忠実に写そうとしたものでは決してなく、逆に、かなり観念的な把握のもとになる象徴詞でしかなく、音象徴性が低いと考えられるのである。

今昔物語集・源氏物語・枕草子・蜻蛉日記について、このことを調査整理すると、表4の通りである。

表4

文献名	今昔物語集	源氏物語	枕草子	蜻蛉日記
延べ語数（A）	165	228	65	32
異なり語数（＝種類数）（B）	55	33	24	15
一語あたりの平均使用回数（B/A）	3.0	6.9	2.7	2.1

表4から、次の事が明らかとなる。

(1)今昔物語集の象徴詞の一語あたりの平均使用回数は、三回である。

(2)一方、源氏物語の象徴詞は、一語あたりの平均使用回数が、六・九回、つまり約七回で、極めて多く、音象徴性が低い。（この様に、源氏の象徴詞の平均使用回数が非常に大きいのは、ある程度、作品の長さに左右されているであろうが、それのみでは解決できない。今昔が、源氏物語以上の厖大さをもっているにもかかわらず、象徴詞の平均使用回数は、さほど多くないからである。）

(3)枕草子・蜻蛉日記の象徴詞の平均使用回数は、二〜三回で、今昔とほぼ同様である。（蜻蛉日記の象徴詞の一語あたりの平均使用回数が、今昔物語集・枕草子より少ないが、蜻蛉日記においては、象徴詞の用例が、そもそも余り多くないことを考慮すれば、有意差とみない方がよかろう。）

音象徴性の度合を知る第三の方法は、その象徴詞が、当時一般に用いられているものかどうかを検討することである。当時広く用いられていれば、その象徴詞は、当初のみずみずしい音象徴性を失い、一般語彙化していると考えられるからである。

平安時代の一般的な語か否かの検討は、源氏物語を始めとする女流文学作品の他に、今昔物語集の属する説話文学系の文献（三宝絵詞・法華百座聞書抄・打聞集・古本説話集）(9)を取り上げて行なう。その他、別に、平安時代の現存資料を、概ね調査しているが、その結果に大差ないので、ここでは簡略に済ませることにする。

さて、調査結果は表5の通りである。

表5

	他文献にはみられない象徴詞の用例（　）内は百分率	他文献にもみられる象徴詞の用例〔（　）内は百分率〕					
		一文献と共通	二文献と共通	三文献と共通	四文献と共通	五文献と共通	六文献と共通
今昔物語集	34（62％）	12（22％）	3（5％）	2（4％）	0（0％）	3（5％）	1（2％）
源氏物語	5（15％）	7（21％）	9（27％）	4（12％）	2（6％）	4（12％）	2（6％）
枕草子	7（29％）	4（17％）	2（8％）	4（17％）	2（8％）	3（13％）	2（8％）
蜻蛉日記	4（27％）	2（13％）	2（13％）	1（7％）	2（13％）	2（13％）	2（13％）

表5から、

(1)今昔物語集の象徴詞は、その六二％が、他文献には見られぬ独自のものである。

(2)それに対して、源氏物語は、僅かに一五％のみが、他文献に見られぬものであり、残りの八五％は、いずれも他文献にみられるありふれた一般語彙化した象徴詞である。

(3)枕草子や蜻蛉日記についても、源氏物語程ではないが、やはり、その七〇％以上は、他文献に見られる音象徴性の低いものである。

などの事が明らかとなろう。

音象徴性の度合を知る第四の方法は、一般語彙との派生関係の有無である。

概して、象徴詞は、一般語彙に派生関係をもつ場合、音象徴性が低くなる。たとえば、「うらうらと」という擬態語は、「うららかなり」「うららなり」「うららかげさ」などの派生関係語をもつ。「きろきろと」（狭衣物語・堤中納言物語）という擬態語は、目のきょろきょろするさまや髪の毛のないさまの形容であるが、派生関係語をもたない。「うらうらと」と「きろきろと」を比すれば、前者が、後者より一般語彙に近いと感じるであろう。象徴詞の語基が、一般語彙と共通しているため、それだけ象徴詞の語基が、新鮮な音象徴性を失い、普遍化するからである。また、音象徴性の高い擬音語が、派生関係語を殆どもたないのに対し、擬態語が、一般語彙に多くの派生関係をもつという事象も、この事を裏付けるであろう。(10)

さて、右に述べたように、擬音語は、殆ど派生関係語をもたないから、ここでは除外し、多くの派生関係語を持ち得る擬態語を中心に、音象徴性の度合を比較してみよう。

派生関係語は、源氏物語・枕草子・蜻蛉日記に関しては、女流文学作品にみられる語彙内に於いて抽出し、今昔物語集に関しては、今昔物語集にみられる語彙内に於いて抽出した。

表6から、次の事項を指摘することが出来る。

(1)今昔物語集の擬態語は、その一九％しか一般語彙に派生関係語をもたない。派生関係語を抽出する範囲を、今昔の語彙内に限らず、源氏物語以下の女流文学作品全体の語彙まで広げても、結果に変わりはない。従って、今昔物語集の擬態語は、かなり音象徴性の高いものであるといえよう。

表6

文献名	今昔物語集	源氏物語	枕草子	蜻蛉日記
擬態語の用例数(A)	21	21	10	5
擬態語のうち派生関係を持つ用例数(B)	4	18	5	3
派生関係をもつ語の割合($\frac{B}{A}$×100)	19%	86%	50%	60%

(2)一方、源氏物語では、その八六％までが、一般語彙に派生関係語を持ち、音象徴性が低く、一般語彙に近くなっている。

(3)枕草子や蜻蛉日記では、擬態語の用例数が、少なすぎるが、その性質は、今昔物語集からは遠く、源氏物語に近いことは、うかがえよう。語彙的に見ても、蜻蛉日記・枕草子にみられる擬態語は、それぞれ、源氏物語と全部、或いは、大部分（八割）が重なっているのに対し、今昔物語集とは、殆ど重ならない。すなわち、枕草子・蜻蛉日記の擬態語は、源氏物語にかなり近く、音象徴性が低いのである。

以上、四つの方法で、今昔物語集・源氏物語・枕草子・蜻蛉日記の音象徴性の度合を考えてみた。これらの結果を総合すると、音象徴性の度合が、最も高いのは、今昔物語集で、次いで、枕草子・蜻蛉日記であることがわかろう。音象徴性の度合が、最も低く、一般語彙に近くなっているのは、源氏物語の象徴詞である。

また、浜松中納言物語・狭衣物語・紫式部日記・更級日記などの象徴詞も、同様にして調査整理すると、

(1)源氏物語の象徴詞と同じく、擬音語の占める割合が低く、逆に擬態語が多い。とりわけ、浜松中納言物語の如きは、擬態語が大部分を占め、音象徴性の度合が甚だ低い。
(2)また、その擬態語も、派生関係をみると、源氏物語ほど高率ではないが、それぞれ、六三%、六六%、七一%、六六%と、六割から七割は、一般語彙に派生関係をもっている。
(3)大部分の象徴詞が、当時広く用いられている一般語彙化した象徴詞である。

これらのことから、源氏物語と同様、かなり音象徴性の低いものであることがわかる。しかし、源氏物語ほど長編ではないためであろうか、象徴詞の一語当りの平均使用回数は、さほど多くなく、枕草子や蜻蛉日記と同程度である。

かくして、音象徴性の度合において、今昔の象徴詞と対立的な性格を有するのは、源氏およびその影響の強い作品群の象徴詞であることが明らかとなろう。これらの文献における象徴詞は、音象徴性が低いため、象徴詞のもつ最も本質的な表現効果が薄れ、我々の感覚に直接訴えてこないのである。

かような両者の性格上の相違から、今昔に比して、女流文学作品には象徴詞が少ないという印象が生じたのかもしれない。しかし、女流文学作品のうちには、枕草子や蜻蛉日記のように、今昔物語集ほどではないが、音象徴性の比較的高い文献が存していることからすれば、音象徴性が高いという特質は、女流文学作品と截然と区別される今昔独自の性質とは言えないであろう。

5　卑俗性

だが、今昔物語集の象徴詞は、枕草子や蜻蛉日記でさえも、否、いかなる女流文学作品といえども、決して持つことの出来ぬ他の性質を持っている。それは、卑俗性の問題である。

今昔物語集には、

大キナル骨　浄覚ガ喉ニ立テ、エブ〳〵ト吐迷ケル程ニ　（巻二〇第34話）

のように、尾籠な場面に、象徴詞を用いることがある。さらに、二、三の例を加えれば、次の通りである。

○女、艶ズ晃キ尿ヲ前ニ散ト馳懸ク　（巻二七第38話）

○顔ハ青鈍ナル練衣ニ水ヲ裹《ツツミ》タル様ニテ、一身ユブ〳〵ト腫タル者　（巻二四第7話）

○若シ乱リ穢キ物ノ大ナル事ヲ聞シ食タルニヤ。現ニ人ヨリモ大キニ侍レドモ、今ハ練絹ノ様ニ乱々《クタクタ》ト罷成ニタル物ヲ。　（巻一九第18話）

○鼻□テ粥ノ鋺ニフタト打入レツレバ、粥□テ内供ノ顔ニモ童ノ顔ニモ多ク懸ヌ　（巻二八第20話）

かような醜なる場面にも象徴詞を用い、迫真性をもたせるのである。

女流文学作品では、この様な尾籠な場面に、象徴詞が用いられることは、決してない。というより、このような場面そのものが、避けられる傾向があり、またあったとしても、それとわからぬような漠然とした、婉曲な言いまわしで済ませるのである。すなわち、今昔物語集の象徴詞に見られる卑俗性という特質は、表現主体の表現態度に左右されて現れたものであることを示していよう。

かかる卑俗性は、確かに、今昔物語集の象徴詞と女流文学作品のそれとの間に一線を画するものであるが、今昔物語集の象徴詞に至って、初めて現れた特質であろうか。

　女流文学作品に限らず、広く和文資料を見渡すに、平安前期の作り物語の系列に入れられる落窪物語の象徴詞に、既に、この特性がみられる。すなわち、落窪物語には、次の如き尾籠な場面に象徴詞が、使われている。

○その比《ころ》腹そこなひたる上に、衣いと薄し、板の冷えのぼりて、腹ごほ〳〵と鳴れば、翁、「あなさがな。冷えこそ過(ぎ)にけれ」といふに、しひてごほめきて、びち〳〵と聞ゆるはいかになるにかあらんとうたがはし。（巻二）

○板の上に夜中まで立(ち)ゐ、戸をあけ侍りし程に、風引(き)て、腹のごほ〳〵と申ししを、一二度は聞(き)過して、しふねくあけんとし侍りし程に、みだれがはしき事の出でまうで来にしかば、物も覚えで、まづまかり出(で)て、しつゝみたりし物を洗ひし程に、夜は明けにけり。（巻二）

　しかし、この様な卑俗な場面に用いられる象徴詞は、今昔ほど多くはない。つまり、今昔の象徴詞の方が、より一層卑俗さが強いのである。なお、落窪物語と同じく、前期物語の系列に入れられる竹取物語や宇津保物語には、象徴詞そのものが多くないこともあり、かような特質を指摘することが出来ない。

　総じてみれば、この卑俗性という特質は、女流文学作品の象徴詞には決して現れず、落窪物語・今昔物語集など、男性の手になる作品にのみ現れることを考えると、表現主体が男性であるということに関係があるものかもしれない。

　ところで、この落窪物語の象徴詞について、注意すべきは、この様な卑俗性のみならず、音象徴性の度合もかなり高く、今昔物語集の象徴詞と似かよった性質を持っていることである。

　落窪物語にみられる副詞型象徴詞は、合計一九種存するが、そのうち一四種までが擬音語であり、残りの五種のみが擬態語である。しかも、この五種の擬態語も音象徴性が高く、一種のみが、一般語彙と派生関係を持っているにすぎない。象徴詞の使用の仕方も、観念化・抽象化しておらず、自然音を出来る限り、忠実に写そうとしている。かように落窪物語の象徴詞は、平安時代の文献の中でも、今昔物語集のそれと、とりわけ親しい性格を持っているので、以下、女流文学作品の他に、特別に落窪物語をも加えて、考察を進めることにする。

6　擬音語の性質

大きな物音や声は、我々の神経を極度に刺激する。しかし、その物音や声の大きさは、外的情況に左右される。すなわち、その音や声が、静まり返った情況でなされれば、実際以上に大きく聞こえるであろうし、騒々しい情況にあっては、さほど大きく感じないであろう。つまり、物音や声の大きさは、その物音や声自体の絶対的な大きさと、その音のたてられた情況との相対的な関係によって、決まると言えよう。

自然界の物音や声をうつした擬音語についても、同様なことが言える。そこで、まず、擬音語の用いられている情況を検討してみよう。

その結果、今昔物語集ほど、擬音語にとって、好都合な情況にある文献はないことが明らかとなる。すなわち、今昔物語集では、擬音語が、

既ニ夜ニハ成ヌ、従者ハ无シ。……暗ノ比ニテ何ニモ物不見《ミ》エズ、……應天門ノ上ノ層ヲ見上タレバ、真サヲニ光ル物有リ。
暗ケレバ何物トモ不見エヌ程ニ、嚱《ネズナキ》ヲ頻ニシテナムカヽト咲《ワラヒ》ケル。頭毛太リテ死ヌル心地シケレドモ、
(巻二七第33話)

にみる如く、一人の登場人物以外に人の気配のしない静まり返った場面に用いられる場合が多い。人が一人で、恐

怖におびえている時、次例の如き小さな物音でも、極度に神経を緊張させる。

只獨リ臥タリケルニ、旅ニテ此ク人離レタル所ナレバ、不寝《ネ》ズシテ有ケルニ、夜打《ウチ》深《フ》更《ク》ル程ニ、火を髴《ホノカ》ニ燈シタリケルニ、見レバ、本ヨリ傍ニ大キナル鞍樻《ヒツ》ノ様ナル物ノ有ケルガ、人モ不寄《ヨラ》ヌニ、コホロト鳴テ蓋ノ開《アキ》ケレバ（巻二七第14話）

今昔物語集では、こういう深閑とした人気のない場面に、擬音語が用いられる場合が多い。

一方、源氏物語・枕草子・蜻蛉日記・落窪物語などの文献では、かような人の気配のしない静まり返った場面に擬音語が用いられることは殆どない。これらの文献では、主役以外に、付人達が、必ず近くにいるのである。

かような場面を構成する登場人物の人数の違いは、恐らく今昔物語集と、女流文学作品および落窪物語などの描き出す世界の違いといったものによるであろう。

こうして、今昔では、擬音語の表現効果が、最大限に発揮されるような静まり返った情況が、既に整っているわけである。それに加えて、今昔物語集の擬音語は、うつした物音や声自体が、既にかなり大きい場合が多い。たとえば、

○九月ノ下ツ暗ノ比ナレバ、ツ、暗ナルニ、季武、河ヲザブリ〱ト渡ルナリ。……河中ノ程ニテ、女ノ音ニテ、季武ニ現ニ「此レ抱ゝ《イダケイダケ》」ト云ナリ、亦児ノ音ニテ、イガ〱ト哭ナリ。其ノ間、生臰キ香、河ヨリ此方マデ薫ジタリ。（巻二七第43話）

○九月ノ中ノ十日許ノ程ナレバ、月極《イミジ》ク明キニ、夜打深《フ》更《ケ》テ、……女忽ニ狐ニ成テ、門ヨリ走リ出デ、、コウ〱ト鳴テ、大宮登ニ迯テ去ヌ。（巻二七第38話）

○夜ニ成テ、……二度許光テ後、天井ヲ搔開テ下来《オリキタ》ル者ノ有リ。目ヲ不見開《ミヒラカ》ネバ、慥《タシカ》ニ何者トハ不見《ミエ》ズ、大キヤカナル者、板敷ニドウト着ヌナリ。（巻二七第35話）

など、その他例が多い。これらの擬音語は、いずれも、人気のない夜のしじまをつんざく大音である。辺り一帯が

静かなだけに、ただでさえ大きいこれらの物音や声は、その大きさを倍加する。

源氏物語・枕草子・蜻蛉日記・落窪物語などにみられる擬音語にも、大きな物音や声をうつしたものが、全くないわけではない。しかし、これらの文献にみられる大きな物音や声をあらわす擬音語は、用例数が少ない。しかも、その限られた少数の擬音語は、いずれも、今昔物語集の如く、人気のない夜中にひびき渡る物音や声ではない。次例の如く、朝方の人の働き始める頃や昼間の音であり、今昔物語集ほど、きわだった表現効果をもってはいない。

○を《(お)》のかじゝのいとなみにおきいで、そゝめきさ《(わ)》はぐもほどなきを……ごほ〳〵となるかみよりもおどろ〳〵しくふみとゞろかすからうすのを《(お)》ともまくらがみとおぼゆる

(源氏物語・夕顔・大成一一六頁11行・濁点のみ私に付した)

○つごもりの日になりて、なま《(ママ)》といふ物心みるを、まだ昼よりごほ〳〵はた〳〵とするぞ、一人笑みせられてあるほどに

(蜻蛉日記・康保四年一月)

これらの比較的大きな音を模した擬音語を除くと、女流文学・落窪物語の残りの擬音語は、普通の大きさの音、もしくはしのびやかな音である。

以上のことから、今昔物語集の擬音語は、他文献に比して、

(1)人気のない寂然とした情況で用いられる場合が多い。

(2)しかも、うつした音や声そのものが大きいものが多い。

などのことが、明らかになったと思う。これら(1)(2)の事象は、互いに他をひきたて合い、今昔物語集の擬音語を、他の如何なる文献よりも、一層、印象の強いものに感じさせたのである。

7　擬態語の性質

前節では、象徴詞のうち、擬音語について論じた。この7では、擬態語に注目して論じて行く。

擬態語は、表現対象からうける印象を、いかにもそれらしく語音でうつしとったものである。その印象は、種々の角度からとらえられる。そのとらえ方の性質を、実際の用例から分類すると、次の様になる。

㈠分析的 ｛ (a)視覚的　(b)触覚的
㈡総合的 ｛ (c)外面的　(d)内面的

つまり、表現対象のとらえ方には、まず㈠分析的なものと、㈡総合的なものとの二種類があるようである。

㈠は、表現対象を、ある一つの部分的な感覚（たとえば、視覚・触覚など）で、とらえたものである。例をあげると、

太刀鑭トシテ見（エ）ヘケレバ、（今昔物語集・巻二三第15話）

にみられる「鑭《キラ》ト」の如き擬態語である。表現対象である太刀を、視覚的にとらえている。この他、嗅覚・味覚など、種々の感覚があるが、調査した擬態語には、先にあげた(a)(b)の場合しか見られない。

㈡は、表現対象を、これといった一つの感覚でとらえたものではなく、多くの感覚器官が同時に働き、総合的にとらえた場合である。これには、さらに、表現対象が、(c)外面的な場合と(d)内面的な場合との二種があるようである。それぞれの例をあげると、次の通りである。

(c)空の気色なおりたちて、うら〳〵とのどかなり（蜻蛉日記・天禄三年二月）

(d)しらざりしさまをも　さは〳〵とはえあきらめ給はで（源氏物語・総角・大成一六二〇頁6行・濁点のみ私に付した）

(c)の「うらうらと」は、空の気色という外的な表現対象に対してなされたものであり、(d)の「さはさはと」は、内的な心の状態に対してなされた擬態語である。

(一)の分析的なとらえ方によってなされた擬態語は、視覚や触覚など一つの感覚器官の働きによる表現であるため、具体的である。それに比し、(二)は、これと指摘できる一つの感覚器官による表現ではなく、総合的な印象による表現であるため、幾分抽象的である。表現効果の点からみれば、(一)の方が、(二)よりも、具体的であるだけに、鮮明度も大きいようである。

表7

表現対象のとらえ方＼作品名		今昔物語集		源氏物語		枕草子		蜻蛉日記		落窪物語	
(一)分析的	(a)視覚的	12	76 %	3	29 %	3	(40 %)	2	(40 %)	2	(60 %)
	(b)触覚的	4		3		1		0		1	
(二)総合的	(c)外面的	2	10 %	6	57 %	3	(40 %)	2	(40 %)	0	(0 %)
	(d)内面的	0		6		1		0		0	
その他	(a)(b)(c)(d)の二項以上にわたる用法をもつ擬態語	3	14 %	3	14 %	2	(20 %)	1	(20 %)	2	(40 %)

さて、このような点から、擬態語を整理分類すると、表7のようになる。表7の「その他」というのは、一つの擬態語でも、文脈によって、㈠の(a)であったり、㈡の(c)であったりなどと、異なる性質のとらえ方がなされる場合の擬態語を一括したものである。

表7から、次のことを指摘することが出来る。

(1)今昔物語集の擬態語の八割近くは、㈠分析的なとらえ方による擬態語である。

(2)源氏物語は、逆に、㈡総合的なとらえ方による擬態語の方が多い。

(3)枕草子・蜻蛉日記・落窪物語などは、擬態語の用例数が少なすぎ、問題にすべきではないであろうが、枕草子・蜻蛉日記が、源氏物語と今昔物語集の擬態語の中間的な性質をもっており、落窪物語が、今昔物語集に比較的近い性質をもっている傾向は、うかがうことが出来る。

擬音語に比して、擬態語の多く存した浜松中納言物語・狭衣物語・紫式部日記・更級日記などを、同様に調査整理すると、以下の如き結果を得る。すなわち、浜松中納言物語・狭衣物語・紫式部日記は、いずれも㈠と㈡との割合が、同じで、源氏物語と今昔物語集の中間的な位置にあり、更級日記は、㈡の方が圧倒的に多く、源氏物語に近い様相を呈する。

いずれにしても女流文学作品および落窪物語などの和文資料には、今昔物語集の擬態語に匹敵するほど、㈠の分析的なとらえ方による具体的な、鮮明な擬態語は存しない。ここにも、今昔物語集の象徴詞の性質が、かなり顕著に示されていよう。

8　語音結合の型の豊富さ

象徴詞の語音結合は、あるいくつかの類型をなして存在している。たとえば、「そよそよと」「からからと」「きしきしと」は「ＡＢＡＢと」型、「きらと」「はたと」「ひしと」は「ＡＢと」型、「むむと」「よよと」「ししと」は

表8

語音結合の類型 〔（　）内はその類型の例〕	今昔物語集	源氏物語	枕草子	蜻蛉日記	落窪物語
①Ａと（きと）	2	3	4	1	3
②ＡＡと（むむと）	2	2	1	2	2
③ＡＡに（よよに）				1	
④ＡＢと（そよと）	13		3		3
⑤ＡＢＡＢと（さや〳〵と）	30	27	15	10	10
⑥ＡＢＡＢに（つだ〳〵に）	1				
⑦ＡＢろと（そよろと）	1		1		
⑧ＡＢりと（つふりと）	2				1
⑨ＡＢＢに（にここに）	1				
⑩ＡＢＣＡＢＣと（よいぞ〳〵と）				1	
⑪ＡＢりＡＢりと（はたり〳〵と）	3				
⑫ＡＢＣＤＢＣに（しどろもどろに）		1			

「AAと」型などと、ある一定数の語音結合の型に分類出来るのである。

この語音結合の類型から、今昔物語集の象徴詞を見ると、やはり他文献の及ばない今昔物語集独自の面がある。それは、語音結合の類型の豊富さである。今、ひとまず、今昔物語集・源氏物語・枕草子・蜻蛉日記・落窪物語の象徴詞を、語音結合の類型別にまとめ、表8にしておく。

表8から、語音結合の型の種類数をみると、今昔物語集が九種類もあるのに対し、源氏物語・枕草子・蜻蛉日記・落窪物語などは、いずれも半数の四〜五種類しかないことが明らかであろう。とりわけ、源氏物語においては、象徴詞の語彙の種類に比して、語音結合の型が少ないことに注意される。

また、浜松中納言物語・狭衣物語・紫式部日記・更級日記などの象徴詞の語音結合の型について調査しても、源氏物語と同様な結果を得る。すなわち、語音結合の型の種類数は、それぞれ、二、五、三、二種にすぎない。特に、浜松中納言物語では、延べ語数・異なり語数のいずれにおいても、蜻蛉日記を上まわる程、象徴詞が存するにもかかわらず、語音結合の型に分類すると、「ABABと」型、「Aと」型の二種類しかないのは印象的である。

かような今昔物語集の語音結合の型の豊富さは、恐らく、今昔物語集の背後にある出典文献の多様さに左右されて現れた事象であろう(11)。

9　語音結合の型の性質

さて、表8に示した語音結合の型は、さらに、(A)「きと」「そよと」などの非反復型象徴詞と、(B)「さやさやと」「はたりはたりと」などの反復型の象徴詞との二種類に大きく分類し直すことが出来る。(A)非反復型の象徴詞は、語基を反復しないので、その表す音や状態は、いずれも瞬間的・一回的である。それに対して、(B)反復型象徴詞は、語基を反復させるために、その表す音や状態は、継続的・反復的である。それは、たとえば、「彼はニヤニヤ笑っている」などの如く、動作の継続をあらわす文中には、反復型の象徴詞「ニヤニヤ」は、使用出来るが、「ニヤッと」「ニヤリと」などの非反復型の象徴詞は使用出来ない。「ニヤッと」「ニヤリと」は、いずれも、「彼は笑う」あるいは「彼は笑った」という一回的な動作をあらわす文中に限って用いられるという事実からも明らかであろう。[12] 言いかえれば、前者(A)は、動的な象徴詞であるのに対して、後者(B)は、静的な象徴詞とでもいうべきものである。

かような観点から、表8を整理し直すと、表9のようになる。(A)には、表8の①④⑦⑧の語音結合の型が属し、(B)には、②③⑤⑥⑨⑩⑪⑫の語音結合の型が属しているわけである。

表9

型＼文献名	今昔物語集	源氏物語	枕草子	蜻蛉日記	落窪物語
(A)非反復型	18（33％）	3（9％）	8（32％）	1（7％）	7（37％）
(B)反復型	37（67％）	30（91％）	17（68％）	14（93％）	12（63％）

表9から、次のことが明らかとなろう。

(1)今昔物語集の象徴詞は、(B)の静的象徴詞が幾分多いが、一方、(A)の動的象徴詞も少なくない。

(2)枕草子・落窪物語も、今昔物語集と同様な傾向を示し、(A)の動的象徴詞が少なくない。

(3)それに対して、源氏物語・蜻蛉日記は、(B)の静的な象徴詞が九〇％以上を占め、(A)の動的な象徴詞は、きわめて少ない。

浜松中納言物語・狭衣物語・紫式部日記・更級日記などについて調査しても、源氏物語ほどではないが、やはり(B)の静的な象徴詞が圧倒的に多く、いずれも八〇%前後を占めている。

以上のことから、今昔物語集の象徴詞は、一瞬のうちに凝縮された音や状態をうつす象徴詞が、比較的多く、動的な色合いを帯びるのに対し、枕草子以外の女流文学作品では、反復継続の意味合いをもつ象徴詞が圧倒的に多く、静的な色合いが濃いという違いを指摘することが出来よう。

10 動詞型象徴詞について

以上、副詞型象徴詞について述べてきたが、そこから派生した動詞型象徴詞に関しても、同様なことがいえる。従って、もはや再び繰り返すことはしない。ただし、語音結合の問題に関しては、副詞型象徴詞のように、処理す

表10

動詞型象徴詞の語構成	今昔物語集	源氏物語	枕草子	蜻蛉日記	落窪物語
一音節語基＋めく（例、ぶめく）	3	1	4		
二音節語基＋めく・めかす（例、そよめく）	23	8	12	4	3
接頭語（うち）＋一音節語基＋めく（例、うちうめく）		1			
接頭語（うち）＋二音節語基＋めく・めかす（例、うちそよめく）	2	4	2	1	1
動詞連用形＋二音節語基＋めく・めかす（例、ふみごほめかす）		1	1		1
合計	28	15	19	5	5

ることは出来ないので、それを補うものとして、語構成の面から追究する。

動詞型象徴詞の語構成は、表10のようである。表の数字は、異なり語数である。

表10から、動詞型象徴詞の語基となるのは、一音節と二音節に限られていることがわかろう。しかも、一音節語基からなる動詞型象徴詞は、きわめて少なく、「うめく」「むめく」「をめく」など、現今では、殆ど語基が象徴詞であることを忘れさせる程、一語として熟しやすい性質のものに限られている。つまり、動詞型象徴詞として最も一般的な語構成は、「二音節語基＋めく／めかす」である。

ところで、接頭語「うち」や動詞の連用形が、動詞型象徴詞の上に冠せられるということは、象徴詞が純粋性を失い、一般語彙と同様な語構成の一定の秩序に、より多く従っていることを示すものであろう。それは、一般の動詞が、接頭語「うち」を付して、「うちうなづく」「うちおこなふ」「うちおぼしめす」「うちかたらふ」「うちかをる」……など数多くの動詞を容易に造語したり、実にたやすく他の動詞の連用形と合して、複合動詞となったりすることを考えれば、明らかである。

さて、表10から、次のことが指摘できる。

(1)今昔物語集の動詞型象徴詞は、接頭語「うち」を付される場合が、二八例中二例（七％）存するだけである。音象徴性の高いことが、この面からもうかがえよう。

(2)源氏物語の動詞型象徴詞は、接頭語や動詞連用形を付される場合が多く、一五例中六例（三三％）にまで上っている。すなわち、記号性を帯び、一般語彙に近い性格を有している。

(3)枕草子の動詞型象徴詞は、今昔物語集・源氏物語の中間的な性質をもっており、接頭語や動詞連用形をとるのは、一九例中三例（一六％）である。音象徴性の度合が、両者の間にあることを示すものであろう。これは、副詞型象徴詞で検討した音象徴性の度合と、ほぼ同様な結果である。

⑷蜻蛉日記・落窪物語に関しては、副詞型象徴詞の場合と異なり、動詞型象徴詞が非常に少ない。

浜松中納言物語・狭衣物語・紫式部日記・更級日記なども、調査すると、蜻蛉日記・落窪物語と同様に、動詞型象徴詞が、きわめて少ない。すなわち、枕草子の如く、副詞型・動詞型のいずれも発達した文献を除けば、和文資料では、一般に、副詞型象徴詞の方が発達しているのに対し、動詞型象徴詞は、未発達であると言えよう。

ところで、訓点資料には、象徴詞は、殆ど存在しないと言われているが、稀には現れる。たとえば、次例の如くである。

○龍卽（ち）池に還（り）て声震《ハタメ》キテ雷—動（す）。（石山寺本大唐西域記長寛元年点・巻一・五二三行）

○雪霏《ヒロメ》クコト五—朵。（同右・巻三・三〇行）

○蠢《（ムクメク）》タル彼ノ迷生方ニ耳目ヲ開ク、（興福寺本大慈恩寺三蔵法師伝承徳三年頃点・巻九・六七行）

龍光院蔵妙法蓮華経古点や法華経義疏長保四年点などにも、擬音語「ハタメク」が見られる。しかし、いずれも動詞型象徴詞のみであり、副詞型象徴詞はみられない。ただし、大唐西域記長寛元年点には、次の如く、畳語形式の象徴詞が、一例見られる。

気—序暑熱《アツシ》か（にし）て風—俗淳—和《ヤハヽヽ》（なり）。（巻四・一五四行）

本稿が調査した訓点資料は、いずれも内典であるが、外典まで広く調査すれば、更に副詞型象徴詞も、若干探し出すことが出来るであろう。というのは、観智院本類聚名義抄によれば、「嫋〻タハ、、」（仏中・二二）、「遅〻ウラ〱」（仏上・五七）など、合計八種の副詞型象徴詞が見られるからである。しかし、動詞型象徴詞は、更に多く、「徘ヒチメク コホメク」（法下・六）、「轟ト、メク」（僧中・八四）など、合計二三種見られる。従って、訓読文では、和文と対照的に、動詞型象徴詞の方が、副詞型象徴詞よりも発達し、象徴詞として多用されていたといえよう。すなわち、漢文訓読文と和文における象徴詞のあり方が違っていたらしいのである。この点に関しては、更に考えてみたいと思っている。

11　おわりに

今昔物語集にみられる象徴詞は、従来、深く検討することもなく、ただ豊富に存在するという印象のために、女流文学に比して珍重されすぎていたように思われる。が、以上の検討から、今昔物語集の象徴詞は、その量に於いて、独特なのではなく、その性質に於いて、著しい特色を持っていることが明らかになったと思う。

要約すれば、今昔物語集の象徴詞は、

(1)音象徴性がきわめて高い。

(2)卑俗性が色濃く存在している。

(3)静まり返った情況での物音や声をうつした擬音語が多い。しかも、その擬音語自体が、かなり大きな音・声である場合が多い。

(4)視覚・触覚などの器官で、分析的にとらえた鮮明な擬態語が多い。

(5)語音結合の型が、他文献にみられぬ程、豊富である。

(6)瞬間的な音や状態をうつす象徴詞が比較的多く、動的な色彩を帯びている。

などの諸特性をもっていた。これらの特性は、どれをとっても、その特性のない象徴詞よりも、われわれの注意をひく。すなわち、象徴詞の表現効果が大きいのである。だからこそ、これらの諸特性を合わせ持つ今昔物語集の象徴詞が、女流文学のそれに比して、著しく目立ち注目されたのだと思う。

ただし、右に列挙した今昔物語集の象徴詞の特性のいくつかは、他文献でも見られる場合がある。たとえば、蜻蛉日記の象徴詞は、⑴の特性を、枕草子の象徴詞は、⑴と⑹を、落窪物語のそれは、⑴⑵⑹を、持っているといった具合にである。しかし、いずれも一項ないし三項にとどまり、今昔物語集の象徴詞の諸特性を、すべて持っている文献は、見当らない。なかんずく、源氏物語・紫式部日記およびその影響の強い浜松中納言物語・狭衣物語・更級日記の象徴詞は、これら今昔物語集の象徴詞の性質と重なることはなく、すべての点で対立的であった。これらの文献では、象徴詞のもつ本来の表現効果である迫真性を、むしろ積極的に避けたのではあるまいか。音や声の顕著な世界、鮮明な印象を与えるあからさまな世界、それは、これら源氏物語などの文学が目標とするおぼろな情緒の世界とは、全く対立するものである。だからこそ、これらの文献では、その表現効果をおさえるような性質を持つ象徴詞のみが用いられたと考えられるのである。

以上、本稿は、表現論的な立場に立って、とくに、表現効果の点に重点をおいて、今昔物語集の象徴詞の性格を論じてきた。問題の出発点が、女流文学の象徴詞に比して、何故今昔物語集の象徴詞のみが注目されるのかということにあったから、自然、表現効果に重点をおくことになったのである。しかしながら、いままでかような観点から象徴詞を論ずることがなかったため、本稿は、殆ど新たに具体的な分析方法を考えながら、論を進めねばならなかった。方法上の弱点も多かろうと思う。お教えいただければ幸いである。

注

(1) 「今昔物語の文法」(『日本文法講座　4解釈文法』明治書院、昭和35年5月)。

(2) 「今昔物語の言語」(『平安時代文学語彙の研究』風間書房、昭和40年9月)。

(3) 「擬声語の用例」(『今昔物語集の語法の研究』明治書院、昭和41年3月)。

(4) 拙稿「中古象徴詞の語音構造―清濁に問題のある語例を中心に―」(『国語学』93集、昭和48年6月)、拙稿「続中古象徴詞の語音構造―撥音・長音・促音に関する問題をふくむ語例を中心に―」(『共立女子大学短期大学部文科紀要』16号、昭和48年1月)。これら二論文は、本著作集5『オノマトペの歴史1　その種々相と史的推移・「おべんちゃら」などの語史』に、それぞれ「中古象徴詞の語音構造(1)―清濁に問題のある語例を中心に―」「中古象徴詞の語音構造(2)―撥音・長音・促音に関する問題をふくむ語例を中心に―」として収録してある。なお、掲出した用例の中で、次の二語は問題が残されている。一つは、「キト」と仮名書きされた例である。「急《キ》ト」と漢字表記された三五例の他に、一例だけ仮名書きされている語である。この仮名書きの「キト」は、「急《キ》ト」とよむ擬態語とは別語であり、「ギト」とよむべき擬音語ではないかと思う。しかし、なお慎重な検討を要するので、ここでは「ギト」を一種として数えあげることを控えておいた。二つは、「ユウユウト」と表記された語である。「ユラユラト」の誤写と考えられるのであるが、なお確定できないので、ここでは表記通り掲出し、また一種として数えたてることも控えておいた。

(5) 調査に用いた資料は、次の通りである。源氏物語＝『源氏物語大成』、浜松中納言物語＝池田利夫編『浜松中納言物語総索引』及び日本古典文学大系本本文、狭衣物語＝日本古典文学大系本、枕草子＝松村博司監修『枕草子総索引』、蜻蛉日記＝佐伯梅友・伊牟田経久編『かげろふ日記総索引』、紫式部日記＝佐伯梅友監修『紫式部日記用語索引』及び岩波文庫本本文、更級日記＝東節夫・塚原鉄雄・前田欣吾共編『更級日記総索引』。なお、拙稿「源氏物語の語彙―象徴詞を中心に―」(『古代の語彙　講座日本語の語彙』三巻、明治書院、昭和57年9月。本著作集5『オノマトペの歴史1　その種々相と史的推移・「おべんちゃら」などの語史』に「『源氏物語』の象徴詞」として収録)で示した象徴詞の用例数と、一、二例異なっている場合があるのは、調査時点における象徴詞認定基準が若干異なっているためである。

（6）女流文学作品にみられる象徴詞の数量のうち、源氏物語と狭衣物語は「かやかやと」ということばが、それぞれ一例ずつ存するが、除外してある。「がやがやと」という象徴詞ともとれるし、「彼や彼やと」ともとれるからである。なお、今昔物語集にも、同語が一例みられるが、やはり、同理由から、数に入れなかった。

（7）山田俊雄「表記体・用字と文脈・用語との関連―今昔物語集宣命書きの中の特例に及ぶ覚え書―」（『成城文芸』第15号、昭和33年8月）、日本古典文学大系『今昔物語集』の解説、山口佳紀「今昔物語集の形成と文体―仮名書自立語の意味するもの―」（『国語と国文学』45巻8号、昭和43年8月）などを参照。

（8）拙稿「平安時代の象徴詞―性格とその変遷過程―」（共立女子大学短期大学部文科『紀要』14号、昭和46年1月。本著作集5『オノマトペの歴史1　その種々相と史的推移・「おべんちゃら」などの語史』にも同タイトルで収録）。

（9）検索に用いた本文は、次の通りである。三宝絵詞＝古典文庫本、法華百座聞書抄＝南雲堂桜楓社『百座法談聞書抄』（昭和38年9月刊）、打聞集＝複製本『打聞集』（山口光円氏所蔵・古典保存会）、古本説話集＝複製本『梅沢本古本説話集』（貴重古典籍刊行会）。

（10）注8に同じ。

（11）このことは、以下のことから、容易に推測することが出来る。
　(1)今昔の象徴詞は、同源の同文的共通話と比較すると、その八割以上が既に出典に存したものを、そのまま踏襲したものであることが確実であること。
　(2)わずかに、撰者が付加したとおぼしき象徴詞は、きわめて類型化したもの（急《キ》ト・散《サ》トなど）に限られていること。

（12）これに関連する調査報告が、中野洋「オノマトペのイメージ」（『言語生活』229号・昭和45年10月号）になされている。

狂言の擬声語

1　はじめに

中世に成立した舞台芸能、狂言には、声や物音を写すことば（＝擬音語）が頻用される。たとえば、「鐘の音」という狂言がある。主人に「付《つ》け金《がね》の値《ね》」（＝装飾のために刀の鞘に付ける金《こがね》の値段）を聞いてくるように言われた太郎冠者は、「つき鐘《がね》の音《ね》」と思い込んで、鎌倉の寺々の鐘の音を聴いてまわる。[1] 五大堂の鐘の音は「グヮン」、寿福寺のそれは「チーン」、極楽寺のは「コーンコーン」、建長寺の鐘は、「ジャンモンモンモンモン」。各寺の鐘の音が、擬音語で巧みに模写される。そこに、何とも言えぬおかしさが漂う。

同様に、状態を模写することば（＝擬態語）も、狂言では多用され、滑稽感を誘う。

擬音語や擬態語は、写実感と滑稽感をかもし出すことのできることばである。「笑い」を求める庶民芸能、狂言が、そうしたことばを活用しないはずがない。狂言台本を通読しても、溢れるばかりの擬音語・擬態語が存在する。

さて、ここで注目したいのは、声を模写することば（＝擬音語の一種。特に擬声語とよばれることもある。以下、擬声語と呼ぶ）である。狂言には、多くの動物が登場し、それぞれの声を披露するが、鳴き声の目立つのは鳥である。ウグイス・ウズラ・ウトウ・コノハズク・カラス・シジュウカラ・ジュウイチ・スズメ・チドリ・ツグミ・トビ・ニワトリ・ハト・フクロウなどが現われ、その鳴き声を聞かせる。

このうち「笑い」をひき出す中心的な材料となっているのは、ニワトリ・フクロウ・トビの声である。これらの鳥声は、狂言「雞聟」「梟（梟山伏とも）」「柿山伏」で活躍し、その狂言の見所を形成している。本稿では、これら三種の鳥声に焦点を合わせて、狂言における擬声語の特質を解明してみたい。

なお、以下、大蔵流の狂言台本を中心に話をすすめる。[2] とくに、現行の大蔵流「山本東本《あずま》」（小山弘志校注『日本古典文学大系　狂言集㊤㊦』）によって、曲の内容紹介を行なうことが多い。同本は、伝統を重んじた台本であり、また、山本東次郎氏に演出の教示を受けて校訂されており、舞台芸術の姿をよく伝える台本である。

ただし、鳥声そのものについては、大蔵流の台本のみならず、和泉流の狂言台本[3]、鷺流の狂言台本[4]、および狂言記[5]も、比較対照に用いることにする。

2　ニワトリの声

(1)　雞聟

まず、山本東本によって狂言「雞聟」の簡単な内容紹介とそこに用いられたニワトリの声を記してみる。

今日は、聟入り（＝結婚後、夫が初めて妻の生家に挨拶に行く儀式）の日である。舅とそれに仕える太郎冠者が、まず舞台に登場し、待機する。続いて花聟が「これは人のいとしがる花聟でござる」と、ユーモラスな名のりをあげて現われ、喜劇が展開しはじめる。花聟は、これから妻の実家に行くので、きらびやかに着飾り、やや緊張の面持ちである。実は、聟入りの作法をよく知らないのだ。花聟は、日頃目をかけてくれる先輩の所へ、指導を乞いに行く。ところが、先輩は、いたずら心から、舅の家ではニワトリの蹴合いの真似をするのが、当世風の聟入りだと教える。いささか間の抜けたお人良しの聟は、それを真に受け、舅の家の門前で、扇を開き、両袖を打ち合わせて飛び上がり、羽ばたきをして、

①コウコウコウコウコウ　コキャア　コウコウコウコウ

と、ニワトリの鳴き声をまねて、案内を乞う。通された舅の前でも、

②コウコウコウコウ　コキャア　コキャア　コキャア

と、ニワトリさながらに鳴き、羽ばたきし、飛び上がる。舅も、聟が誰かになぶられたと心得、従者たちに笑わないように命じ、自分も聟に合わせて、広い縁側から飛び降り、

③コウコウコウコウ　コキャア　コキャア　コキャア

と、ニワトリの真似で応ずる。そして、聟と舅は、

④コウコウコウコウ　コキャア　コキャア　コキャア　コキャア

と、けたたましく鳴いて、ニワトリの蹴合う真似をする。やがて、舅が聟にかなわぬと退場し、聟は、

⑤コウコウコウコウ　コキャアロウクウ

と、勝ちどきをあげて、舞台から去って行く。

これが、「雞聟」の大筋である。引用した大蔵流の鶏の声は、きわめて派手で騒々しい。①〜④の挨拶や蹴合いに用いられたニワトリの声は、「コウ」と「コキャア」を基調にした語で写されている。これは、ニワトリの持ち前の鳴き声を写したものである。すなわち、ニワトリは、通常、餌をあさったりつつき合いをしたり追いかけられたりしているが、そういう時に発する、いわゆる「地鳴き」の声を模写したものである。

⑤は、「コウ」「コキャア」のほかに、「ロウ」「クウ」の二種を加えた語で模写されている。これは、ニワトリの時をつくる声を写したものである。現在なら「コケコッコー」と写す、あの夜明けを告げる特別の声である。山本東本では、「コキャアロウクウ」と、聟一人で高らかに勝ちどきの声をあげている。

さて、この狂言の見所は、もちろんニワトリの蹴合いにある。二人の大の男が、ニワトリになりきって蹴合いの

真似をする。そこには、一種独特のおかしさが漂う。ニワトリらしさは、主に鳴き声としぐさで表現される。したがって、この狂言では、ニワトリの鳴き声が最も重要なセリフである。ニワトリの声をどう表わすかによって、狂言全体の雰囲気が相当異なってしまう。

いったい、他の狂言台本では、ニワトリの声を、どのように写しているだろうか。

(2) 地鳴きの声

最初に「地鳴き」を写す擬声語に注目してみる。すると、表1に示すように、流派によって異なる系統の語を使用している。

表1は、大蔵流、和泉流、鷺流の三流派の台本、ならびに江戸時代に読み本として流布した、狂言記を調査したものである。同じ狂言曲目でも、台本によって異なる趣をもつので、引用した山本東本のニワトリの声①〜④に、厳密に対応させることは困難である。ここでは、台本ごとに、ニワトリの声の出現する順序に従って、それを列挙するにとどめる。表記は、テキスト通りとする。なお、ニワトリの声そのものは見られないが、関係のあるト書は（　）内に記しておいた。また、山本東本の①〜④の例は、大蔵流の茂山千五郎本と並ぶ位置に記入されるべきものであるが、すでに引用したので、表から除く。⑤は、時をつくる声なので、別に(3)でとりあげる。

表1から、大蔵流の狂言台本では、大体、引用した山本東本に見るように「コウ」「コキャア」を基にして、ニワトリの通常の声を模写していることがわかる。ただし、時代を遡ると、「コキャア」によく似るが、もっと鋭い「コキャッ」という形を使用している。すなわち、江戸中期成立の虎寛本では、

カウ〳〵〳〵コキヤツカウ〳〵〳〵

と、記している。[6] 江戸初期の虎明本には、鶏の声が写されていないが、虎寛本が伝統を重んじた台本であることを

表1　ニワトリの声

流派／台本成立年代	大蔵流	和泉流	
江戸初期	○（にわ鳥のまね） ○（には鳥のまね） ○（には鳥のまね） ○（けようて） 以上「虎明本」	○クククク ○クククク ○（ケヤウ） 以上「天理本」	
江戸中期	○カウ〳〵〳〵コキヤツ　カウ〳〵〳〵 ○（又けあふまねをする） ○（又けあふて左右へ三度飛ちがふて） 以上「虎寛本」		
江戸末期以降	○コウコウコウコウ　コキヤア コウコウコウ ○コウコウコウコウ　コキヤア コウコウコウ ○コウコウコウコウコウ　コキヤア コウコウコウコウコウ　コキヤア 以上「茂山千五郎本」	○クヽヽクワァクヽヽヽ ○クヽヽヽ ○クヽククワァクヽヽヽ ○クヽヽクワァ ○クヽヽクワァ ○クヽヽクワァ ○クヽヽ 以上「小早川本」	○（鶏の鳴くまねをする） ○くう〳〵〳〵 ○くう〳〵〳〵 ○（それより両人二度入れ違うて蹴合ふ真似を二遍する） 以上「三百番集本」

鷺　流	○くわ〳〵 ○くわ〳〵 ○くわ〳〵 ○クワ〳〵。クワッ〳〵。 以上「忠政本」	○コウ〳〵〳〵、コカイコウ ○コウ〳〵〳〵コカイコウ 以上「森藤左衛門本」	
狂言記		○くわつ〳〵 ○こくわつこ〳〵〳〵 以上「狂言記外編」	

考慮すると、大蔵流誕生の初期から「コキャッ」の形であった可能性が高い。とすれば、大蔵流狂言は、虎寛本以前のある時点で、「雞聟」の鶏の声を「コキャッ」から「コキャア」に改変したと推測される(7)。このような変化の跡は見られるものの、大蔵流全体としてみると、一貫して「コウ」「コキャッ」「コキャア」という「コ」の音を中心にした語形で鶏声を写していると言えよう。

ところが、和泉流狂言台本では、大蔵流と相当異なった地鳴きの声である。江戸初期成立の和泉流天理本では、「クククク」と、ニワトリの声が写されている。江戸末期頃の姿を示す和泉流小早川本では、「ク〻〻〻《(ク)(ク)(ク)》」のほかに、「ク〻〻《(ク)(ク)》クワァ」「ク〻〻《(ク)(ク)》クワァク〻〻〻《(ク)(ク)(ク)》」の鳴き声も見られる。

ところで、「ク〻〻クワァ」の後半部分を構成する「クワァ」は、どのような発音を表わしているのだろうか。「クワ」の表記は、二音節「クワ」の音を表わすのか、それとも一音節の合拗音「クヮ」の音を表わしているのだろうか。いうまでもなく、合拗音「クヮ」の音は、現在では一般に用いないが、中世・近世では漢語で頻用された音である。筆者は、次にのべる三つの理由から、「クワ」の表記は、合拗音「クヮ」を表わす蓋然性が高いと考えている。

第一に、和語であっても擬音語・擬態語においては、当時「クヮ」の音を使用することである。たとえば『日葡辞書』には「Quatto（クヮット）」「Quararito（クヮラリト）」「Quariquarito（クヮリクヮリト）」の語が見られる。濁音化した「Guaraguarato（グヮラグヮラト）」「Guariguararito（グヮラリグヮラリト）」の語もある。

第二に、ニワトリの鋭い鳴き声を模写した語としては、「クワ」の音より「クヮ」の音の方がふさわしいことである。

第三に、語型を考慮すると、「クワァ」の表記は、「クヮー」と読んだ可能性が高いことである。末尾の「ァ」は小字で表記されているが、長音を表わすものであることは間違いあるまい。したがって「クワ」が二音節を表わすと仮定すると、「クワァ」と表記された語は、「ABー」型の語ということになる。ところが、中世・近世の擬音語擬態語において、「ABー」型の語例は見られない(8)。

それに対して、「クヮー」と読むと、「Aー」型の語となる。「Aー」型は、当時頻用された語型である。「ゴウ」「グウ」「サア」「ザア」「ズウ」「ドウ」など、いずれも当時存在した「Aー」型の語である。特殊な声を模写した場合以外は、ごく普通に見られる語型の擬声語と解釈した方が無難である。これらの理由から「クワァ」の表記は、「クヮー」の音を表わしていると推測される。したがって和泉流小早川本では、ニワトリは「ククククヮー」と鳴いていることになる。

和泉流といっても、やや系統の異なる三宅派の三百番集本では、ニワトリは「くう〳〵」と鳴いている。

こうして、和泉流では、「ク」の音を基調にした形で、ニワトリの地鳴きを写すことがわかる。「ク」の音で写されたニワトリの声は、大蔵流の「コー」「コキャー」ほど陽気で騒々しくはない。地味で暗いが、内にこめられた重みをもつ。つづく「クヮー」の声は、内に込めていたものを一気に吐き出す迫力をもつ。いずれの声で、ニワトリの地鳴きを真似るかによって、狂言「雞聟」全体の雰囲気が変わってしまう。

しぐさは、セリフに合わせて演ずるのであるから、派手な鳴き声であれば、動きも大きく誇張されたものとなる。渋い迫力でせまる声であれば、動きは小さいが緊張感を伴うしぐさとなる。羽田昶氏は、狂言「箕被」の終わり方について、大蔵流は陽気でなごやか、和泉流はしっとりとした余韻をただよわせると述べておられるが、[9] ニワトリの鳴き声のうつし方にも、それは当てはまる。鶏声をどういう語形で写すか、それは、各流派の芸風の象徴ですらある。

さて、鷺流は、周知のごとく、明治時代に滅亡し、現在では、わずかに地方に伝わるのみとなっているが、江戸初期成立の忠政本には、「庭鳥聟」が収められている。そこでは、表1に示したように、ニワトリの声は、「くわ〳〵」「クワ〳〵〳〵。クワツ〳〵〳〵」と写されている。これらの語にみられる「くわ（クワ）」の表記も、語型から判断すると、合拗音「クヮ」の音を表わしていたと推測される。したがって、鷺流のニワトリは、「クヮクヮクヮ」「クヮックヮックヮッ」と鳴いていることになる。「クヮ」という鋭く強い音を基調にしたニワトリの声は、かなりのすごみを感じさせる。

さらに、「クヮックヮックヮッ」の鳴き声は、促音「ッ」を含んでいるので、一層戦闘的な声となっている。大蔵虎明は、その著「わらんべ草」で、鷺流を時流に投じて卑俗であるといった非難をしているが、ニワトリの鳴き声にも、そうしたあくどさが感じられる。

ただし、鷺流でも江戸中期成立の森藤左衛門本になると、ニワトリの声は、「コウ〳〵〳〵、コカイコウ」「コウ〳〵コカイコウ」と記されており、大蔵流に近くなっている。

また、読み本として一般に刊行された『狂言記 外編』では、鶏声は、「くわつ〳〵〳〵」「こくわつこ〳〵〳〵〳〵」と記されている。「くわつ〳〵〳〵」の表記は、既に述べたように「クヮッ〳〵〳〵」の発音を表わすと考えられる。「こくわつこ」の表記も、語型や語感から「コクヮッコ」の発音を表わすと推測される。

というのは、この語は「こくわつ」と「こ」という二語基の合成語と考えられるが、中世・近世において、「コクワッ」などの「ＡＢＣッ」型の語例はみられないからである。「コクヮッ」という「ＡＢッ」型の語と解する方が自然である。また、現実の鋭いニワトリの声は、「コクヮッコ」ではなく、「コクヮッコ」によって模写した方が、より適切である。

こうして、『狂言記 外編』の鶏声は、「クヮッ〳〵〳〵」「コクヮッコ〳〵〳〵」の発音を表わすと考えられる。それらは、いささか野卑な面を持った鷺流の鶏声に近い。狂言記の本文が、歌舞伎的狂言の台本をもとにしたとする説があるが⑽、ニワトリの声にもそう思わせるものがある。

以上見てきたように、ニワトリの声は、流派によって異なる系統の語形で写されている。

ところで、実際のニワトリの地鳴きは、このように種々の擬声語で写すことを許すようなものなのであろうか。ニワトリの実際の声を観察してみると、地鳴きといっても決して一種ではなく、何種類かの鳴き声のあることがわかる。楽しげに餌をついばんでいる時、何かを見つけてそれを仲間に知らせる時、喧嘩をしている時、ちょっと驚いた時、犬に追いかけられてけたたましく鳴く時、その時々に応じて鳴き声が異なっている。クククとかクークーと聞こえる時もあるし、クヮックヮッとかクヮクヮとかコクヮッココクヮッコと鋭い声に聞こえる時もある。コーコーコーコキャッコキャッと大げさで騒々しい時もある。すなわち、狂言台本に見られる種々の擬声語は、いずれも、ニワトリの実際の地鳴きを写実的に模写したものと言える。

流派によってニワトリの声が相当違っているのは、それぞれ異なる場合の地鳴きをとりあげているからである。いずれの場合の鳴き声を採用するかは、各流派の好みである。だからこそ、そこに各流派の芸風が、象徴的にあらわれたのである。

(3)　時をつくる声

次に、時をつくる声に注目してみる。現在なら、鶏鳴は、ごく普通には「コケコッコー」と写される。また、やや短い時の声は、「コケッコー」の語で写す。

さて、大蔵流の山本東本では、勝ちどきの声は、⑤「コウコウコウコウ　コキャアロウクウ」と模写されていた。江戸中期の大蔵虎寛本から既に勝ちどきの声は、「カウ〳〵〳〵コキヤアロウクウ」と写されている。最初の「コーコーコーコー」の部分は、時の声をあげる前の、地鳴きに類する声を写したものである。多くの鳥は、歌い始める前に、地鳴きに類する声を発する。[11] そうした鳴き声まで、大蔵流台本では、リアルに模写しており、注目される。

時をつくる声そのものに該当するのは、「コキャアロウクウ」の部分である。[12] 和泉流・鷺流の台本では、時をつくる声だけが記されている。[13] それらを抜き出し、列挙すると、次の通りである。

㋑コキヤアロウクウ（大蔵流、虎寛本・山本東本）
㋺こつかやつこう（和泉流、三百番集本）
㋩コツクワクワウ（和泉流、小早川本）
㋥とつてこう（鷺流、忠政本）
㋭コツケコウ（鷺流、森藤左衛門本）

それぞれのニワトリの声は、次のような発音を表わしていると推測される。すなわち、㋑が「コキャーロークー」、㋺が「コッカヤッコー」、㋩が「コックヮクヮー」、㋥が「トッテコー」、㋭が「コッケコー」である。

このうち、問題となるのは、㋩「コツクワクワウ」の表記である。「コツクワ」と「クワウ」とが合成されて出来ている鶏鳴である。「コックヮクォー」と読んでみたが、「コックワクオー」と読めないこともない。しかし、「コックワ」という「AッBC」型の語例は、他に類例が見られない。「コックヮ」と読んで、当時一般的であった「AッB」型と解する方が無理がない。後部分の「クワウ」も当時に存在する語型から「クヮウ」で、オ列長音〔kwo:〕《クォー》を表わしていると考えた方が自然である。

時をつくる声を写す擬声語は、このように数種の語形がみられ、流派による差異が一応認められる。すなわち、異なる流派同士が同一の語形を用いることはなく、同じ流派では、違った語形でも相近い。

ところで、実際のニワトリの時をつくる声は、長いか短いかの違いがあるくらいで、概して似かよっている。にもかかわらず、それを写すのに、このように種々の語形が出てきてしまうのは、なぜなのか。

もともと鳥は、人間の発声器官と異なっており、特殊な声を出している。それを、我々の言語音で模写しようというのであるから、所詮無理がある。一つの鳥声を忠実に模写しようとしても、近似値にしかならず、幾通りかの模写の仕方が生じてしまうのは、やむを得ないことである。このことは、裏返してみれば、実際の鳥声を忠実に模写しようとしているからこそ、数種の語形が生じることを意味している。狂言にみられる種々の語形は、狂言が、いかに実際の鶏鳴を写実的に模写しようとしているかということの証しである。

そして、言語音でせまり得る限り、実際の声に近付こうとすると、ふつうに用いられている語音とは異なったものを用いることになる。たとえば、大蔵流の「コキャーロークー」である。我々現代人の感覚からすると、鶏鳴に

「ロー」などの語音を用いることなど思いもよらない。当時においても同様である。後述するように、当時、ニワトリの時をつくる声は、一般に「コケコー」もしくはそれに近い音で写していた。「コケコー」は、「コ」と「ケ」という二種の音で構成された鶏鳴である。現在の最も一般的な時をつくる声も「コケコッコー」「コケッコー」で、「コ」と「ケ」の二種の音から成り立っている。

ところが、大蔵流の「コキャーロークー」は、「キャ」「ロ」「ク」といった、鶏鳴を写すには余り用いない語音をまじえ、合計四種の音で模写している。そもそも、四種もの語音を用いて、一つの擬声語を造ることすらきわめて珍しいことである。「ドンクヮンチン」「チンカラリン」などのごとく、別種の語基の複合によって四種以上の語音を用いることはあるが、鶏鳴という一種のまとまったものを写すのに四種もの語音を用いるのは、稀である。一般に、二種の音から成る擬声語が最も多いことは、言うまでもあるまい。

狂言に見られる他の鶏鳴も、大蔵流の「コキャーロークー」ほどではないにしても、鶏鳴を写すにはふつう用いないような語音を積極的に利用して、㋺コッカヤッコー、㋩コックヮクォー、㋥トッテコーと模写している。いずれも、三種の語音の組み合わせである。㋭コッケコーだけが、最もふつうの写し方に近い。

こうして、狂言にみられる鶏鳴は、一般の写し方にとらわれることなく、実際の声に最も近いかたちを求めて、積極的に造り出されたものであることがわかる。ここに、狂言の擬声語の顕著な特色が指摘できる。

では、フクロウの声を写す語は、どうであろうか。

3　フクロウの声

(1)　梟山伏

フクロウは、狂言「梟山伏(14)」に登場し、とぼけた味のある鳴き声を聞かせる。

まず、「梟山伏」の概容とそこに見られるフクロウの声を、大蔵流虎寛本によって紹介する。大蔵流山本東本には、同曲が収録されていないのである。

ある所に、兄弟が住んでいた。ところが、弟が山から帰ってくると、どうも様子が変である。うつけたような顔で、ぼうっとしている。兄は心配し、霊験あらたかな山伏を呼んで、加持祈禱をしてもらうことにする。

舞台には、虚脱状態の弟、弟を気遣う兄、ものものしいが、いかがわしげな山伏が登場している。山伏が祈り始めるや、弟は、

ホ、ン

と、なにやらフクロウのような声を出す。聞いてみると、弟は、山でフクロウの巣おろしをしたと言う。言わぬことではない、フクロウの霊が、弟に憑いているのだ。山伏は、祈りに祈る。フクロウ憑きの弟は、また、

ホ、ン

と鳴いて、兄へ息を吹きかけた。すると、兄は、身をちぢめ、手足を搔いて、

ホ、ン

と鳴く。兄にまでフクロウが乗り移ったのだ。これは、いけない。「いろはにほへと、ボロオン〱。ちりぬるを

わか、ボロオン〳〵。よたれそつねな、ボロオン〳〵」と、おかしげな呪文を唱えて、山伏は必死に祈る。しかし、兄弟は、山伏に息を吹きかけ、

ホヽン〳〵

と鳴く。ついに山伏にまでフクロウが乗り移ってしまった。山伏は、身ぜせりをして、

ホヽン。ホヽン。

「梟山伏」は、これで終わってしまう。しかし、フクロウが、次々に乗り移って、うつろな目つきで「ホヽン」と鳴き、フクロウの真似をするところが、なんとも滑稽である。この狂言も、フクロウの鳴き声とそのしぐさが、笑いの中心である。

(2) 狂言にみるフクロウの声の性質

さて、他の狂言台本では、フクロウの鳴き声を、どのように写しているであろうか。表1と同様に、フクロウの声の記された台本を辿ってみると、表2のように整理される。

表2から、流派の違いを問わず、フクロウの声は、おおむね「ホヽン」「ホヽン〳〵」と記されていることがわかる。和泉流三百番集本でも、類似した「ほゝ」の声である。

しかし、表2のフクロウの声を眺めていると、次のような二つの疑問が湧き上がってくる。

第一に、大蔵虎明本に「ほおん」と表記されたフクロウの声がある。とすると、多くの狂言台本に共通した「ホヽン」のフクロウの声の第二音節の「ホ」は、「オ」と読むべき表記なのではあるまいか。

第二に、同じく大蔵虎明本に「ほゝん、のりすりおけ」のフクロウの声がある。「のりすりおけ」の語は、他の台本には見られないが、一体どうしたことなのか。

表2　フクロウの声

流派／台本成立年代	大蔵流	和泉流
江戸初期	◦ほおん ◦ほゝん、のりすりおけ 以上「虎明本」	
江戸中期	◦ホヽン ◦ホヽン ◦ホヽン ◦ホヽン〱 ◦ホヽン。ホヽン。 以上「虎寛本」	
江戸末期以降		◦ホヽン ◦ホヽン ◦ホヽン ◦ホヽン ◦ホヽン ◦ホヽン ◦ホヽン〱 以上「小早川本」 ◦ほゝ ◦ほゝ ◦ほゝ 以上「三百番集本」

鷺流	狂言記
	。ほゝん。 。ほゝん。 。ほゝん。 。ほゝん〳〵。 以上『狂言記拾遺』
。ほゝん。 。ほほん。 。ほゝん。 以上「江山本」	

これら二つの疑問を解決するためには、まず、実際のフクロウの鳴き声を知る必要があろう。

現実のフクロウは、どのように鳴くのだろうか。中西悟堂氏は、フクロウの声を、次のように説明しておられる。[15]

ホーホー　ゴロスケボーコーと夜鳴く。ホーホーはゆるく、ゴロスケボーコーは早口。

また、フクロウを長年観察してこられた福本和夫氏は、

ホッホウー　ゴロクト・ホッホ

と、その鳴き声を記しておられる。[16]まず、「ホッホウー」と鳴き、五秒ほど後に「ゴロクト・ホッホ」と続ける。それから、三〇秒ぐらい間があいて、再び「ホッホウー　ゴロクト・ホッホ」と鳴く。つまり、三〇秒間隔で「ホッホウー　ゴロクト・ホッホ」をくり返し鳴くという。

筆者には、フクロウの声は「ホホウ　ゴロスケホッホ」と聞こえる。言語音では近似的な模写しかできないうえに、フクロウ自身の鳴き方の個体差もあるので、この程度のズレは、やむを得ないであろう。

さて、こうした実際のフクロウの声とつき合わせてみると、狂言台本の「ホヽン」は、実際の鳴き声の前半部分だけをとって模写したものと考えられる。前半の「ホーホー」「ホッホウー」「ホホウ」の部分は、ゆっくりしたテンポで聞きとりやすく、その後三秒から五秒のとぎれがあるので独立させやすかったのであろう。

そして、「ホヽン」の表記は、実際の声との対応から考えると、第二音節の「ホ」は、第一音節と同じく「ホ」の音を表すと考えた方が自然である。語型から考えても、中世・近世においては、「ホホン」のような「AAン」型の語が存在し、第二音節が「ホ」である蓋然性が高い。たとえば、「ガガン」「チチン」「テテン」「トトン」「ヒョヒョン」「フフン」など、いずれも当時存在した擬音語・擬態語である。虎明本の「ほおん」は、他の台本には見られず、孤例であるから、「ほほん」の書き誤りであったと考えられる。詳しくは、別稿[17]を参照されたい。

ともあれ、多くの台本に共通した「ホヽン」「ホヽン〳〵」の第二音節は、第一音節と同じ「ホ」の音を表わしていると推測される。

次に、虎明本にみられた「ほゝん、のりすりおけ」の「のりすりおけ」は、実際の声と対応させると、どうであったか。「のりすりおけ」は、実際の声の後半の急テンポで鳴く「ゴロスケボーコー」「ゴロクトホッホ」「ゴロスケホッホ」などと聞こえる部分を、意味あることばに聞きなしたものであることがわかる。既に拙稿で述べたように[18]、フクロウは、中世以後、天気予報の鳥と考えられていた。明日の晴天を予知して、洗濯物につける「糊を摺って置きなさい（＝ノリスリオケ）」と鳴くからである。虎明本に見られた「ほゝん、のりすりおけ」の声は、フクロウの一続きの鳴き声全体を写したものであり、これが、実際の鳴き声に最も照応したものである。

にもかかわらず、「ほゝん、のりすりおけ」の声は、江戸初期の虎明本に見られるにとどまり、以後の狂言台本には継承されていかなかった。なぜなのか。

「のりすりおけ」は、人間のことばにあてはめられた聞きなしである。意味を持っており、純粋の模写語ではない。聞きなしは、意味を持つ分だけ、鳥の鳴き声らしさを失う。フクロウの声に写実感を与えたい時、「のりすりおけ」の声は、マイナスに働いてしまう。こうして、以後、後半の「のりすりおけ」の部分を落とし、前半の「ホホン」の部分だけで、フクロウの声を模写していったと考えられる。ここには、狂言の擬声語が、どのようなものである必要があったかが如実に示されている。

4　トビの声

⑴　柿山伏

最後に、トビの声に注目してみる。トビの鳴き声が滑稽の要素となっている狂言は、「柿山伏」である。現行の大蔵流山本東本によって「柿山伏」の概容と用いられているトビの声を、次に紹介する。

舞台には、腹のすいた山伏がいる。見事に成った柿の木を見つけ、腹の足しにしようと思い、木に登って柿を食べる。まだ熟していないのもあるが、なかなかうまい。一つ、二つ、三つとついつい手が出る。ところが、運悪く柿主に見つかってしまった。

柿主は、不心得な山伏をなぶってみたくなる。「そこにいるのはカラスらしい」と言って、山伏にカラスの鳴き声を出させる。「いやいやカラスではなくて、サルであった」と言って、今度はサルの真似をさせる。「いや違った。トビであった。」そこで、山伏は、トビらしく、

ヒイヨロヨロ　ヒイヨロ　ヒイヨロ　ヒイヨロ

と鳴いてみせる。はてさて意地の悪い柿主は、「トビなら飛ぶはずだ」と言い、扇で左手を打ち、拍子をとりながら囃して、山伏を浮かれさせる。

（柿主）ハァ飛ぼうぞよ。
（山伏）ヒイ。
（柿主）飛びそうな。
（山伏）ヒイ。
（柿主）飛ぼうぞよ。
（山伏）ヒイ。
（柿主）飛びそうな。
（山伏）ヒイ。

次第に拍子が早められ高められ、山伏は、ついに浮かれて、

ヒイヒイヒイヒイー　ヨロヨロヨロ

と鳴いて、高い柿の木から飛び立った。しかし、トビではない山伏は、柿の木から落ちて、したたか腰を痛める。柿主に看病を求めるが、もともと悪いのは、柿を盗む山伏。結局、柿主におきざりにされて悔しがるといった内容である。

この狂言も、次々に動物の鳴き声を、それらしく真似する所が一つの見せ場である。とくに最後のトビの真似は、この曲目のクライマックスである。台本によって、山伏に真似させる動物が異なることもあるが、最後のトビだけは変わらない。空高く飛び上がらせることのできる鳥でなければならないからである。また、当時の「劫を経た山

伏は鳶になり上がる」という俗説をふまえ、いかにも修業の足りない山伏に一矢報いる必要があるからである。

さて、トビの声は、山本東本では「ヒイヨロヨロ　ヒイヨロ　ヒイヨロ　ヒイヨロ」「ヒイ」「ヒイ」「ヒイ」「ヒイ」「ヒイヒイヒイヒイー、ヨロヨロヨロ」と写されている。

我々現代人は、トビの声というと、「ピーヒョロ、ピーヒョロ」の声を思い出す。現代では、トビの声を、ふつう「ピー」というパ行音で写し始め、後半を「ヒョロ」という拗音で写しとっており、狂言のトビの声と若干異なっている。

他の狂言台本でも、山本東本のように、トビの声を、ハ行音「ヒイ」と「ヨロ」で写しているのだろうか。

(2)　狂言にみるトビの声

表1・表2と同様にして、トビの声を狂言台本から抜粋してみると、表3の通りである。大蔵流虎明本、和泉流天理本、狂言記では、トビの声そのものは写されていないが、関係のある部分を書き抜いておいた。また、くり返し符号は、前後の文脈、セリフの調子などから判断して、くり返す部分を私案として（　）に入れて示しておいた。また、現行の山本東本は、すでに引用したので、表から除く。

表3から、おおむね山本東本と同様に「ヒイ」と「ヨロ」とを組み合わせて、トビの声を模写していることがわかる。ただし、現行の大蔵流茂山千五郎本だけは、「ピー、ヨロヨロヨロ」とパ行音を用いている。他の現行の狂言台本では、いずれも語頭はハ行音「ヒ」であることを考慮すると、時代に柔軟に対応して行く茂山派台本が、パ行音で写す現代のトビの声に合わせて、「ヒイ」を「ピー」に改変したものと推測される。

また、山口県に残る現行の鷺流台本「春日本」と「河野本」とは、特に他の台本と異なる語形でトビの声を写している。すなわち、春日本では「ひうろう〳〵《（ひうろう）》」「ヒイウロ〳〵《ヒイウロ》」、河野本では「ヒューいやろー〳〵《（ヒューいやろー）》」であ

表3　トビの声

台本成立年代＼流派	大蔵流	和泉流	鷺流
江戸初期	(とびならばとばふぞ、はねづくろひさせ）とばふぞよ、〳〵、〳〵、〳〵、〳〵、(ひやうしにかゝつて云、山ぶしとんでこしいたがる） 以上「虎明本」	(トビならばなかふと云） (山ぶしなく） 以上「天理本」	
江戸中期	○ひいよろ〳〵《(よろ)》〳〵《(よろ)》 ○ヒイ ○ヒイ ○ひいよろ〳〵《(よろ)》〳〵《(よろ)》 以上「虎寛本」		
江戸末期以降	○ピー、ヨロヨロヨロ。 ○ヒイ。 ○ヒイ。 ○ヒイ。 ○ヒイ、ヒイ、ヒイ、ヒイ。(とうとう浮かれて） ○ピー、ヨロヨロヨロ。 以上「茂山千五郎本」	○ヒイ引ヨロ〳〵《(ヨロ)》〳〵《(ヨロ)》〳〵《(ヨロ)》〳〵《(ヨロ)》〳〵《(ヨロ)》 ○ヒイ引ヨロ〳〵《(ヨロ)》〳〵《(ヨロ)》〳〵《(ヨロ)》〳〵《(ヨロ)》 以上「小早川本」 ○ひいよろひいよろ 以上「三百番集本」	○ひいよろ〳〵《(よろ)》〳〵《(よろ)》。 ○ひいよろ〳〵《(よろ)》〳〵《(よろ)》。 以上「賢通本」 ○ひうろう〳〵《(ひうろう)》。 ○ヒイウロ〳〵《(ヒイウロ)》。 以上「春日本」

狂言記	
鳶なら飛ぼぞよ〳〵。 ありや飛んだわ。 以上「狂言記」	
	◦ヒューいやろー〳〵《ヒューいやろー》、 ◦ヒュー引いやろー〳〵《ヒューいやろー》、 ◦ヒューいやろー〳〵《ヒューいやろー》、 以上「河野本」

る。同じ鷺流でも、江戸末期成立の賢通本では、「ひいよろ〳〵《よろ》〳〵《よろ》」と写していることから、現行の春日本・河野本のトビの声は、後に改変した語形と考えられる。

　ところで、実際のトビの声を思い浮かべながら表3のトビの声を観察すると、次のような二つの疑問点がでてくる。

　第一は、大蔵流台本、和泉流の小早川本、鷺流の賢通本と、多くの台本で、トビの声を写すのに、「ヨロ」をくり返し用いているが、実際のトビは、そのように鳴くであろうか。

　第二は、大蔵流では、山伏が高い木から飛びかねて「ヒイ」「ヒイ」「ヒイ」の語形を連呼するが、実際のトビは、このように「ヒイ」だけを続けて鳴くことがあるのだろうか。緊迫感を出すために「ヒイヨロヨロヨロ」の前半部分をとってくり返しただけで、単なるレトリックなのではないか。

　そこで、現実のトビの声に耳を傾けてみる。トビは、海岸や河口近くに行くとたやすく目にすることができる。トビの声は、割合澄んでいて、「ピーヒョロヒョロヒョロヒョロ」とか「ピーヒョローヒョロロロロロ」と聞こえる声で鳴く。後半の波状音がとくに美しく印象的である。従って、多くの狂言台本に共通した「ヨロ」のくり返しは、その波状音を忠実に模写したものであることがわかる。

さらに、実際のトビの声にじっと耳をすませると、「ピーヒョロヒョロヒョロ」と鳴いたあと、「ヒイ、ヒイ、ヒイ、ヒイ」と鳴き、やがて「ピイ」とも聞こえる張りのある声になり、そして「ピーヒョロヒョロ」と再び美しくかなでる。つまり、大蔵流の「ヒイ」「ヒイ」「ヒイ」は、トビの実際の声をふまえ、まことにリアルに模写したものであることが判明する。

5　他のジャンルの鳥声

このような狂言の擬声語が、いかに独特のものであるかは、他のジャンルに見られる鳥声と比較してみると明らかである。

狂言が成立し、伝統芸術になっていった中世・近世において、狂言にみられるような鳥声を写す擬声語は、他のジャンルには見出せない。狂言における鳥声は、その語形が独特であることもさることながら、写実的な模写だけをひたすら追い求めた点で、他ジャンルのそれと、大きく性質を異にする。

特に、韻文にみられる鳥声とは対照的である。以下に、韻文のニワトリ・フクロウ・トビの声を例示してみる。(19)

まず、ニワトリの声である。

治《おさ》まれる御代《みよ》は諌《いさ》めの 鼓《つづみ》にもこけかうとなく鳥ぞかしこき　（朱楽菅江『狂言鶯蛙集』）

「よく治まっている御代は、諌めをすすめる鼓を打つものがないので、鼓には苔が生え、コケコーと鳴くニワトりも、まことに賢いことだ」といった意味である。「こけかう」は、「苔深う」の意味を掛けたニワトリの時の声である。当時、一般に鶏鳴を「コケコー」もしくはそれに近い語音で聞いていたのであろう。その一般的なニワトリの声をもとに、機知を働かせて「苔深う」の意味を掛けたものである。

爰《ここ》〳〵とめん鶏《どり》よぶや下《した》すゞみ　（小林一茶『八番日記』文政3年）

樹の下で涼もうというのだろうか、「ここだよ、ここだよ」と雄鶏《おんどり》が、雌鳥《めんどり》を呼んでいるという意味であろう。「こここここ」は、ニワトリの地鳴きの声である。「此処此処《ここここ》」という場所の意味を掛けている。

狂歌や俳句では、このように、実際の声をふまえてはいるが、そこに別の意味を掛けるという掛詞式の鳥声である。

フクロウの声にしても、韻文では、次のように写されている。同じく、小林一茶の句に、

梟《ふくろふ》よのほゝん所かとしの暮　（小林一茶『七番日記』文化10年12月）

とある。昼寝していかにも「のほほん」としているフクロウに向って、「フクロウよ、のんびりしてホホンと鳴いている場合じゃないよ、この忙しい年の暮に」といった意味である。「のほほん」の語に、フクロウの鳴き声ホホンを響かせている。小林一茶は、俳句に鳥声を詠むことを好み、トビの声を取り込んだ句もある。

鳶《とび》ヒヨロヒヽヨロ神の御立（ち）げな　（小林一茶『七番日記』文化12年10月）

「トビがヒヨロヒヒヨロと鳴き、なにやら神の旅立ちを送るような雰囲気である」という意味である。トビの声を「ヒヨロヒヒヨロ」と写すことによって、神楽の笛の音をひびかせたものである。トビの声を、笛の音に見立てて聞いたものである。

さらに、掛詞式のものより実際の声から離れる聞きなしも見られる。たとえば、ニワトリの声で例をあげると、

次の通りである。

今朝《けさ》鳴いたとりの声《こゑ》はよいとりの声《こゑ》やれ
田壱反に九石はよいとりの声《こゑ》やれ
よいとりよね八石とうたふた
とりがうとふて夜深に殿を戻ひた
聴こうやめでたいとりの声をば

（『田植草紙』朝うた四番の式）

ニワトリの夜明けを告げる時の声が、「九石」「米八石」と写されている。「九石」「米八石」の声は、もちろん時をつくる声を、写実的に模写しようとしたものではない。ある程度、リズムを合わせ、意味あることばにあてはめて聞いたニワトリの声である。意味を専ら優先させた聞きなしである。何の意味も持たず、ひたすら模写することを目的とした狂言の鶏鳴とは、まさに反対の極にある。

このように韻文世界の鳥声は、機知を働かせて掛詞としたり、人間のことばにあてはめて聞きなされたものであったりする。これらは、いずれも意味とかかわり合いを持ち、模写だけを目ざした狂言の鳥声とは、自ずから性質を異にしている。

韻文ばかりではなく、散文の世界においても、中世・近世では掛詞や聞きなしの鳥声が目立つ。たとえば、中世のお伽草子『鴉鷺物語』には

こゝに梟がいはく、「（中略）ゑせげなれども涯分の能を具す。明日の雨をしりては糊をすりをけと鳴《なく》。老者に死を告《つぐ》るに。そのこゑ犬をよぶ。（以下略）」

（『鴉鷺物語』第五）

とある。フクロウの声が「糊をすりをけ」と写されている。大蔵流虎明本にみられたフクロウの声「ほゝん、のり

すりおけ」の後半部と同趣である。「糊すりおけ」の声は、中世・近世を通じて、最も一般的なフクロウの声の聞きなしであり、随所に見られる。また、近世では、フクロウの声を「糊とりおけ」「夜明けなば巣つくらう」「五郎七奉公」などと聞きなすこともあることは、既に述べたことがある。[20] フクロウの鳴き声の後半は「タタタタタッタ」といった、リズムを持ち、音の高低があるので、人間のことばにあてはめやすいのであろう。

トビの声にしても、次のごとく掛詞式である。

去所の屋ねの上に、鴟《とび》が魚の腸《わた》をくふて居《い》る所へ、鴉《からす》がとんで来て、買《かふ》たか〳〵といひければバ、鴟がいひしハ、ひいろた〳〵とこたへし。　（『囃物語』七）

トビの声に「拾《ひい》ろた〳〵」の語が掛けられている。

このように、散文の世界においても、中世・近世では、聞きなしや掛詞の鳥声が顕著である。

それに対して、模写だけの鳥声の例は、余り多くはない。ニワトリ・フクロウ・トビの声に限定すると、模写だけの例を見出すことができなかった。その他の鳥声に手を広げても、中世・近世の散文においては、掛詞や聞きなしの鳥声は多いのに対し、模写だけの例は少ない。その理由については、別に考察する必要があるが、ここでは、さしあたり模写だけの擬声語の例をあげてみる。ともにカラスの声である。

○爰にほっとためいきあると、中庭の連理木にて、よろこび烏カア〳〵〳〵。　（洒落本『傾城買二筋道』）

○夏の夜は、まだ宵ながら明ぬるを、知らせよふとて烏《からす》がかあ〳〵、鐘がごん〳〵、舂《つき》米屋ががつたり〳〵。　（洒落本『甲駅新話』）

これらの鳥声は、模写だけの擬声語であり、その点では、狂言のそれと性質を同じくする。しかし、これらの鳥声は、あくまで情景描写の一つとして用いられた擬声語である。狂言のごとく、鳥声自体をひたすらリアルに写し出すことを目的としているわけではない。そのため、狂言の擬声語ほど、きめ細かく写実的に模写したりはしない。

6　おわりに

狂言における鳥声は、言語音でせまり得る限り、実際の声に近付こうとして模写された語である。それは、狂言のニワトリ・フクロウ・トビのいずれの声も、まことに実際の声に照応していたことから実証される。さらに、次の二つの事柄にも、そのことは顕著にあらわれていた。

第一に、殆ど同一の鶏鳴に対して、流派ごとに少しずつ異なる模写の仕方をし、それぞれ実際の声の近似値たらんと工夫をこらしていたことである。そのため、時には一般に用いられていないような語音を用いて、新しい擬声語を造り出して行くことにもなった。「コキャーロークー」「コッカヤッコー」「コックヮクォー」「トッテコー」などの鶏鳴は、そうした擬声語である。

第二に、実際の鳥声の細部までとらえて、克明にそれを模写していることである。大蔵流狂言では、鶏鳴の前の地鳴き「コウコウコウコウ」の声、トビの歌い出す前の「ヒイ、ヒイ、ヒイ、ヒイ」の声まで、写しとっていた。

こうして造り出された狂言の鳥声は、時に改変されることがある。たとえば、大蔵流虎明本のフクロウの声「ホ、ン、ノリスリオケ」である。「ホ、ン、ノリスリオケ」の「ノリスリオケ」の部分は、以後の狂言台本には継承されていかなかった。「ノリスリオケ」は、意味をもち、写実感をそぐからである。狂言の擬声語が、改変を受けるのは、そういう時である。

このように、狂言における鳥声は、写実的な模写性において、他の追随を許さず、独特な存在価値を主張している。

のみならず、一曲の中心的なセリフである鳥声は、各流派の芸風すら象徴する。数種類の模写が可能である時、どれを選択採用するかということに、流派の好みが反映されるからである。大蔵流は、「コーコーコーコーコキャーコキャーコキャーコキャー」などの陽気で派手な鶏声を用い、和泉流は、「クククヮー」といった渋みと迫力のある声を、鷺流は、「クヮックヮックヮッ」といったすごみ一点ばりの鶏声を採用するという具合である。選びとられた鳥声は、しぐさを規定し、結局、その狂言全体の雰囲気を決定づけてしまう。一曲の中で、擬声語の占める役割は、きわめて大きいのである。

以上のような狂言の擬声語の特質は、従来、殆ど注目されたことがない。既に言われているように、狂言の擬音語・擬態語は、舞台装置の不足を補う意味が確かにある。しかし、そうした消極的な側面ばかりではなく、もっと積極的な存在理由がある。本稿が、狂言の擬声語のもつ独特の性格を、幾分なりとも解明したところがあれば、幸いである。

注

（1）この狂言の擬音語については、宇野義方「能狂言の擬音をめぐって—『鐘の音』を中心に—」（『近代語研究』1、昭和40年9月）の論がある。

（2）大蔵流台本として使用したテキストは、次の通りである。
虎明本＝池田廣司・北原保雄著『大蔵虎明本狂言集の研究（上）（中）（下）』（表現社、昭和47年・48年・58年）、『大蔵家伝之書古本能狂言』（影印本、臨川書店、昭和51年）、虎寛本＝笹野堅編『大蔵虎寛本能狂言（上）（中）（下）』（岩波文庫、昭和17年・18

年・20年）、山本東本＝小山弘志編『日本古典文学大系 狂言集（上）（下）』（岩波書店、昭和35年・36年）、茂山千五郎本＝北川忠彦・安田章校注『日本古典文学全集 狂言集』（小学館、昭和47年）。

（3）和泉流台本として使用したテキストは、次の通りである。
天理本＝北川忠彦解題『天理図書館善本叢書 狂言六義（上）（下）』（影印本、八木書店、昭和50年・51年）、小早川本＝吉田幸一編『和泉流狂言集 第一冊～第二〇冊』（古典文庫、昭和28年～37年）、三百番集本＝野々村戒三・安藤常次郎校訂『狂言三百番集（上）（下）』（冨山房、昭和13年・17年）。

（4）鷺流台本として使用したテキストは、次の通りである。
忠政本＝田口和夫「鷺流狂言『延宝・忠政本』翻刻・解説」（『静岡英和女学院短期大学紀要』11号、昭和54年）、森藤左衛門本＝斎藤香村校訂『狂言百番（上）』（能楽書院、昭和3年）、賢通本＝古川久校注『日本古典全書 狂言集（上）（中）（下）』（朝日新聞社、昭和28年・29年・31年）、江山本・春日本＝山口市教育委員会編『鷺流狂言 山口県指定無形民俗文化財』（山口市教育委員会、昭和56年）、河野晴臣本＝河野晴臣編『鷺流狂言手附本 附小舞間』（私家版、昭和46年）。

（5）使用テキストは、次の通りである。
狂言記＝北原保雄・大倉浩著『狂言記の研究（上）（下）』（影印本、勉誠社、昭和58年）、続狂言記＝北原保雄・小林賢次著『続狂言記の研究』（影印本、勉誠社、昭和60年）、狂言記拾遺・狂言記外編＝尾上八郎校注『校註 日本文学大系 狂言記』（東京国民図書株式会社、大正15年）。

（6）「カウ」の表記は、オ列長音「コー」の音を表わすものであろう。虎寛本には、鶏声が「二人大名」にも見られるが、そこでは「こう」と表記している。

（7）ニワトリの声は、虎寛本狂言「二人大名」にも見られる。そこでは、ニワトリの声は、次のように写されている。

こう〳〵。こきやあ、こう〳〵、〳〵〳〵〳〵（虎寛本）

同じ虎寛本でも、狂言曲目によって「こきやあ」の形で写されていることもある。恐らく虎寛本は、変化の過渡期にあり、

「コキャッ」も「コキャア」もどちらも用いていたと推測される。

（8）中世・近世の擬音語・擬態語に対する論は、既に多く出されているが、ここでは、次のような論文にみられる語型の整理分類に従って、語型の有無の論拠とした。ただし、これらの中には、表記に従って分類してある場合もあるので、実際の発音を考慮し、それらを統一して考察の材料とした。

柳田征司「抄物に見える擬声擬態の副詞」（『愛媛大学教育学部紀要』第二部、4巻1号、昭和47年3月）、佐々木峻「大蔵流狂言虎明本における擬声擬態の副詞」（『国文学攷』61号、昭和48年4月）、国金順子「抄物の象徴詞」（『学習院大学国語国文学会誌』19号、昭和50年12月）、佐伯芳子「大蔵流狂言資料における擬声語・擬態語」（『高知大国文』12号、昭和56年12月）、宮田裕行・岩崎節子「近世象徴詞考」（『東洋大学短期大学紀要』9号、昭和53年3月）。

（9）羽田昶「狂言、せりふとしぐさの構造―『箕被』の場合―」（『国文学』昭和53年6月）。

（10）小山弘志「固定前の狂言（下）―主として織豊期の狂言界―」（『国語と国文学』27巻11号、昭和25年11月）、池田廣司「板本狂言記の台本について」（『国語』昭和29年8月）参照。

（11）川村多実二『鳥の歌の科学』（中央公論社、昭和49年6月）。

（12）現行の大蔵流茂山千五郎本では、勝ちどきの声として、

コウコウコウコウコキャア、コウコウコウコウ、コウ。

と写されているが、地鳴きの部分ばかりで、時の声に当たる部分が含まれていない。

（13）なお、『狂言記 外編』では、蹴合いで終わるので、勝ちどきの声は見られない。

（14）大蔵流では、曲名を「梟」とする。ここでは、鳥名との混乱を避けるため、和泉流の曲名「梟山伏」の方を用いる。

（15）中西悟堂『定本 野鳥記』巻11（春秋社、昭和58年6月）。

（16）福本和夫『フクロウ―私の探梟記』（法政大学出版局、昭和57年12月）。

（17）これについては、拙稿「狂言の鳥声⑵―『ほおん』は梟声か―」（『日本語学』4巻11号、昭和60年11月。本著作集6『オ

ノマトペの歴史2　ちんちん千鳥のなく声は・犬は「びよ」と鳴いていた』にも「『ほおん』は、フクロウの鳴き声か?」として収録）で、詳しく論じたので参照されたい。

(18)　拙稿「ふくろうの声」（『日本語学』4巻9号、昭和60年9月。本著作集6『オノマトペの歴史2　ちんちん千鳥のなく声は・犬は「びよ」と鳴いていた』にも「糊すりおけとよぶ声に—フクロウ—」として収録）。

(19)　以下に引用した本文は、次の資料による。
狂言鶯蛙集＝『日本古典文学全集』、八番日記・七番日記＝『一茶全集』（信濃毎日新聞社）、田植草紙＝『日本古典文学大系』、鴉鷺物語＝『続群書類従』、囀物語＝『噺本大系』。

(20)　拙稿「ふくろうの声」（『日本語学』4巻9号、昭和60年9月。本著作集6『オノマトペの歴史2　ちんちん千鳥のなく声は・犬は「びよ」と鳴いていた』にも「糊すりおけとよぶ声に—フクロウ—」として収録）。

オノマトペと文学

1　はじめに

オノマトペは、文学作品にどのような効果をもたらすのか？　オノマトペの性質から、それを明らかにするのが、この稿の目的である。オノマトペというのは、本来は擬音語を意味するフランス語であるが、ここでは、日本語に豊富に存在する擬態語をも含めて考えることにする。ただし、音や声を写す擬音語と様子や状態を写す擬態語を区別したい時には、それぞれ「擬音語」「擬態語」の名称を用いることにする。

2　斬新さを付与する

オノマトペは、型があるために、型に当てはめていけば、いくらでも作り出せるという性格を持っている。独創性を重んじる文学作品が、この性質を見逃すはずがない。たとえば、宮沢賢治は、「クラムボンはかぷかぷわらったよ」（『やまなし』）と「かぷかぷ」という新しいオノマトペを作って、作品に新鮮さを与える。あるいは、現代作家の夢枕獏は、「ぞぶり、ぞぶり、と、血と肉の啖られる音が響く」（『陰陽師生成り姫』）のように、「ぞぶりぞぶり」という生々しいオノマトペを作って、作品に独自性を与えていく。

韻文の世界では、散文以上に独創的なオノマトペが作品の生死を決定する。だから、詩の世界には独創的なオノマトペが溢れている。たとえば、草野心平の詩。

ぐりりににぐりりににぐりりにに

るるるるるるるるるるるるるる
ぎゃッぎゃッぎゃッぎゃッぎゃッ
ぎゃるるろぎゃるるろぎゃるるろ
げぶららららげぶららららら

（「第八月満月の夜の満潮時の歓喜の歌」）

と、独創的なオノマトペを作って、蛙の合唱の詩を詠む。あるいは、

ぴるるるるるッ
はっはっはっはっ
ふっふっふっふっ

（「蛇祭り行進」）

と、後足だけで歩き出した数万の蛙の様子をユニークなオノマトペで写し出す。斬新さは、こんなふうに新たに作り出すことによってもたらされることが多いが、存在する語を巧みに利用することによって生み出されることもある。その典型的な例は、萩原朔太郎の詩に見られるオノマトペである。萩原朔太郎は、普通の言葉や既成のオノマトペに新たな意味合いを持たせることによって斬新きわまりないオノマトペに変化させる。

こんもりとした森の木立のなかで
いちめんに白い蝶類が飛んでゐる
むらがる むらがりて飛びめぐる
てふ　てふ　てふ　てふ　てふ　てふ　てふ
みどりの葉のあつぼつたい隙間から
ぴか　ぴか　ぴか　ぴかと光る　そのちひさな鋭どい翼

　いっぱいに群がつて　とびめぐる　てふ　てふ　てふ　てふ　てふ　てふ　てふ　てふ　てふ　てふ　てふ　てふ
　てふ
（萩原朔太郎「恐ろしく憂鬱なる」）

「てふ　てふ　てふ　てふ…」は、無数の蝶が厚ぼったい羽根を打ち震わせる空気の振動音を表すオノマトペ。生きものの匂いのする鱗粉まで飛んで来るような錯覚さえ起こさせる。すこぶる斬新なオノマトペだが、「てふ」は、もともとは歴史的仮名遣いで書いた「蝶」のこと。つまり、もとは物の名前を表す名詞にすぎないものを、オノマトペに転用したのである。すると、新鮮極まりないオノマトペに変身したのである。朔太郎は、既成の語から斬新なオノマトペを作り出す名人である。次は、「その手は菓子である」という詩から。ふっくらとした手の甲、細くしなやかな指、そうした女性の手について、朔太郎は歌っている。

　ああ　その手の上に接吻がしたい
　そっくりと口にあてて食べてしまひたい

　その手を「そっくりと口にあてて食べてしまひたい」という。母が、愛しさの余り我が子の手をすっぽりと口に入れてしまうように。「そっくり」は、ふつうは残らず全部という意味を表す。「そっくり持っていった」などと。でも、朔太郎の「そっくり」は、そうした意味を背後に残しつつ、「そっと」と「ゆっくりと」が合体したような意味のオノマトペとして働いている。だから、「そっくりと」は、「口を大きく開けてゆっくりそっと」手に口を近づけてまるごと口に入れてしまうイメージが出る。さらに「そっくりと」の語は、「食べて」にまでかかっていく勢いがあるから、食べた時の「歯ざわりの音」まで感じさせるオノマトペになっている。
　また、朔太郎は、余り知られていないオノマトペにヒントを得て、自分の感性をそこにプラスして新しいオノマトペを生み出す手法も用いる。たとえば、「鶏」という詩の中の鶏鳴は、「とをてくう、とをるもう、とをるもう」。

鶏の時を告げる声は、ふつうは「こけこっこー」。朔太郎は鶏鳴を普通とは違った、不思議なオノマトペを作って聞いている。「とをてくう」「とをるもう」。

一見、かなり変わったオノマトペと思えるが、実は、鶏の時を作る声を「とってこう」と聞く地方がある。「とをてくう」に通じている。また、すでに筆者が『ちんちん千鳥の鳴く声は―日本人が聴いた鳥の声―』（大修館書店、一九八九年。本著作集6『オノマトペの歴史2』にも収録）で明らかにしたように、江戸時代、日本人は、鶏の声を「とうてんこう」と聞いていた。これも「とをてくう」にどこか通っている。朔太郎はこうした鶏鳴にヒントを得て、独創的なオノマトペを作り出しているのである。

3　感覚刺激を付与する

オノマトペは、語音と意味が直結しているために、読者の感覚を直接刺激することができる。文学作品は、この性質を利用する。たとえば、幸田文のように積極的にオノマトペを利用し、読者の五感を刺激する文章を作り出す。

大名華族の某夫人はきらりきらりと美しく、資産家なにがしの令嬢はばあっと美しく、そして待合蝶月のおきよちゃんは手も頸もぬるりと綺麗だった。（随筆「れんず」）

きれいになりたい年頃の思いを綴った文章。「きらりきらりと美しく」「ばあっと美しく」までは、さらりと読み進むが、「手も頸もぬるりと綺麗だった」でひっかかる。「ぬるり」は、ふつう嫌な感触に使う語である。「つるつる」とか「すべすべ」なら分かる。でも、「つるつる」とか「すべすべ」としてみると、違和感がないだけするりと読み進んで、あとに何も残らない。「ぬるり」とやられると、自分の皮膚感覚が直接刺激を受けた気がする。皮膚刺激のある擬態語を使っているのだ。

関東平野のひるさがり、見わたすかぎりの田園と桑畑、天も地もどぎどぎと光って、眼の向けどころもない上天気。
（随筆「申し子」）

「どぎどぎ光る」。「ぎらぎら光る」「ぎとぎと光る」なら、分かる。そうではなくて「どぎどぎ」なのである。大体「どぎどぎ」なんて言葉は、余り使わないが、強い光線が眼や肌を直撃しまとわり付くうるささを感じさせる擬態語である。身体的刺激をあたえる言葉なのだ。

幸田文の小説『流れる』も、こうした感覚的なオノマトペで満ち溢れている。

薄気味わるくぞわりとして、おっかなおっかな聴けばまちがいだったが、染香の受けている傷手《いたで》がほんとうに惨めなものであることがわかる。
（小説『流れる』）

『流れる』は、花柳街で女中をしている梨花の視点から描かれた芸者屋の話。染香は、老齢の芸者。老いらくの恋に破れ、悔し涙にくれる染香。電話が鳴る。男からかと染香は傍らで息を詰めている。電話をとらねばならない梨花は、「薄気味わるくぞわりとして」なのである。「ぞくっとして」とか「ぞっとして」なら分かる。「ぞわりとして」なのだ。「ぞわり」とやられると、気味悪さが上から覆い被さった感じが付け加わり、読者への肌の刺激が増してくる。「いい齢《とし》をしてつまらない男にぴちゃぴちゃ」？「いちゃいちゃ」ではないのか。けれども、「いちゃいちゃ」と言わずに、「ぴちゃぴちゃする」ともある。「ぴちゃぴちゃ」とやられると、年増が男といちゃついている時のいやらしい音まで聞こえてくる気がする。

一ト口啜ったところへ、がらり、とととかけこんだものがある。
（小説『流れる』）

「一ト口啜ったところへ、玄関の戸を開け、すばやく駆け込んだものがある」ではないのだ。「がらり、ととと」

で、動作が表現されている。動作を音で表し、聴覚に訴えるやりかたである。
気楽だからこそかえって身にしみじみと、瀬にかかったざわざわどうどうというめまぐるしさがよくわかって同情している。（小説『流れる』）

心理的なせわしなさを「ざわざわどうどう」という音で表し、読者の耳を刺激する。「がくがくする思いがする」ともある。音のない気持も「がくがく」というオノマトペで表現される。「座敷で穿いた足袋が片っぽぴしゃんと潰れている」とも表現する。脱ぎっぱなしの足袋が音を感じさせる「ぴしゃん」で形容される。幸田文の文章は、耳への刺激も強いのだ。

「対手《あいて》がぴかっとして、しかし平然と、『そうなんです。そのこと聞いてますか』」ともある。対手が、図星を指されて「びくっと」と体を痙攣させる場面である。「ぴかっと」と言われると、対手が一瞬稲妻の如き電気的なものを発したイメージを帯び、強烈な視覚効果を与える。

こんなふうに巧みなオノマトペは、われわれの聴覚・視覚・触覚・味覚・嗅覚を刺激し、何十年経っても、鮮烈な身体的体験をのこすことができるのである。

4　リズム感を与える

オノマトペはまことに快いリズムを作り出すことができる。それは、オノマトペの次のような性質に由来する。まず、第一に、オノマトペで最もよく使用される型が「からから」「ことこと」「しゃっしゃっ」「ひらりひらり」のように語音を反復させる、リズミカルなものであること。第二に、「ぴっかぴか」「どんぶりこ」「ぴーひゃらら」

「ふうわりふわり」のように耳に快い五音や七音をつくりやすいこと。第三に、「ひらりん」「くるりん」「ぴんしゃん」などと滑らかで弾む語感を持つ撥音「ん」を末尾に加えたりすること。第四に、語音を変えれば、一定の型をくり返し使うことができること。たとえば、谷川俊太郎の詩や工藤直子の詩は、この第四の性質を最大限利用して、リズム感を出している。

さわってみようかなあ　つるつる
おしてみようかなあ　ゆらゆら
もすこしおそうかなあ　ぐらぐら

これは、谷川俊太郎の詩「どきん」の一節である。「つるつる」「ゆらゆら」「ぐらぐら」という［ＡＢＡＢ］型のオノマトペを一定の場所に連続的に利用してリズム感を出している。工藤直子の「すみれいろのこもりうた」は、［ＡＢリ］型を利用してこう歌っている。

そより　かぜがふいている
ひらり　はながゆれている
はらり　ゆめがひらいたね
ふわり　まるいねむりだよ

こうしたリズム感のよさは、とくに、音数律の厳しい短歌や俳句、詩などの韻文で効果を発揮している。ＣＭでも、「ぴっかぴかの一年生」（小学館）とか、「君にクラクラ」（カネボウ化粧品）などと愛用されるのも、流行歌でも「はらはらして　どきどきして　ふらふらして　ときどき寝て」（一青窈『イマドコ』）などと頻用されるのも、普通の語よりもずっとリズム感が出るからである。

散文でも、たとえば、宮沢賢治は、オノマトペのリズムを積極的に利用して文章を書いている。『風の又三郎』を思い出してほしい。「どっどど　どどうど　どどうど　どどう」という風の音が何回も繰り返され、作品にリズムを与えている。

賢治は、多くの作品で、オノマトペをリフレインさせ、文章にリズム感を与える。たとえば、『雪渡り』という童話。「キックキックキック」という雪靴を履いて野原を歩く音が、この童話のリズム感を生み出している。狐と四郎とかん子の踊りは、次のようにオノマトペだけで描写される。「キック、キック、トントン。キック、キック、トントン。キック、キック、キック、キック、トントントン」。この作品には、随所にリズミカルなオノマトペの使用が見られる。「北風ぴいぴい、かんこかんこ。西風どうどう、どっこどっこ」「堅雪かんこ、凍み雪しんこ、硬いお餅はかったらこ、白いお餅はべったらこ」などと。

だんだん盛り上がっていくのだが、その盛り上がりは、リズム感溢れるオノマトペによって形成されている。

キックキックトントンキックキックトントン
凍《し》み雪しんこ、堅雪かんこ、
　　野原のまんじゅうはぽっぽぽっぽ
酔ってひょろひょろ太右衛門《たえもん》が
　　去年、三十八たべた。
キックキックキックキックトントントン。

そして、四郎とかん子が狐たちの作った黍団子を食べてくれたので、狐の生徒たちは大喜びで踊る。

キックキックトントン、キックキックトントン。

「ひるはカンカン日のひかり
よるはツンツン月あかり、
たとえからだをさかれても
狐の生徒はうそ云うな。」
キックキックトントン、キックキックトントン。
というぐあいに。

オノマトペが、リズムを作っており、読者はそれを楽しめる。賢治の『オツベルと象』でも、稲扱きの音「のんのんのんのん」と、象の鳴き声「グララアガア、グララアガア」が、それぞれ三回、七回と繰り返されており、独特のリズムを作り出している。

5　重層効果を付与する

擬音語は、擬態語と違って、重層効果を与えることが出来る。物音や声を写す擬音語の方が、普通の一般語に近い擬態語よりも、自由度の高い写し取り方をすることが出来るからである。たとえば、次のような歌。

女郎花《をみなへし》　なまめきたてる　姿をや　うつくしよしと　蟬の鳴くらん　（『散木奇歌集』）

「蟬の鳴く木の傍らに、たおやかな女郎花が咲いている。それを見て、蟬は『美し佳し』と鳴いているのだろうか」といった歌。「うつくしよし」は、ツクツクボウシの声を写した擬音語。現在では「オーシンツクツク」などと聞く。この時代は、「クツクツホウシ」と聞くのが普通である。それを、「うつくしよし」と聞いて、「美しくてすばらしい」の意味を掛けたのである。どのように写しても許される擬音語ならではの用法である。

鹿の声も、掛詞で聞いて機知を働かせる。

ぬれぎぬを　ほすさを鹿の　声聞けば　いつか干《ひ》よとぞ　鳴きわたりける
（『古今和歌六帖』）

「濡れ衣を着せられ、それを乾かそうとしている鹿の鳴き声を聞くと、『早く干《ひ》よ（＝早く乾け）』と鳴き続けているよ」という意味。恋の季節には、雄鹿は、雌鹿を慕って哀切な鳴き声をあげる。ピーッ。ピャッ。まるで高い調子の笛の音。その声を「ひよ」と聞き、「干よ」の意味を掛けたのである。鹿の声は、さらに「かひよ」とも聞かれ、「甲斐よ」の意味が掛けられる時もある。

葉ずれの音「そよそよ」も、掛詞になる。

かぜふけば　楢《なら》のうら葉の　そよそよと　いひあはせつつ　いづち散るらん
（『詞花和歌集』巻四、冬）

「風が吹くから楢の葉が擦れ合って、そよそよ音をたて、『そうよ、そうよ』などと話し合いながら、一体どっちに散っていくのだろうか」という歌。草木のそよぐ音「そよそよ」に、感動詞「そよそよ（＝そうよ、そうよ）」を掛けている。

擬音語にこのように二重の意味を持たせる用法は、和歌の世界でよく行われている。文字数が三十一字と限定されているなかで、最大限の効果を上げるには、こうした掛詞式の擬音語が打ってつけだからである。

6　機知を与える

擬音語は、笑い話のオチとなって活躍することさえある。前節5と同じく、擬音語は掛詞に出来るという性質に負っている。

江戸時代、天明五年（一七八五年）の『富久喜多留《ふくきたる》』という笑話集にこんな話がある。東京都北区の王子の稲荷神社は、江戸時代とりわけ有名であった。ある時、ご婦人方が王子の稲荷参りに出かけた。穴の奥に本物の狐がいる。ご婦人方は、その狐の毛の色の品定めをしている。「黄色よ」「いいえ、薄鼠色よ」「いや違うわ、すす竹色よ」などと。すると、狐が「紺」と答えたという話。

言うまでもなく、狐の鳴き声「こん」をオチに使った笑い話。日本人は、ずっと昔から狐の声を「こん」と聞いてきた。奈良時代の『万葉集』に既に例が見られる。

こんな笑い話もある。やはり、江戸時代の『絵本知恵袋』に出てくる話。大道に鳩売りが出ていた。江戸時代では、鳩も大道で売られていたのである。飼育用の鳩だ。「クークー」鳴いている。杖をついたご隠居風の老人が現れ、鳩売りに尋ねた。「たくさんの鳩じゃのう。何羽いるのかね？」すると、鳩売りは答えた、「八十一羽」。

これも、「九九《くーくー》、八十一」をオチに使った一口話。

こんな笑話もある。鎌倉時代から江戸時代まで水などの立てる音は「ごぶごぶ」と写していた。今の「ごぼごぼ」とか「がぼがぼ」に近い。江戸時代の初めにできた笑話集『醒睡笑』にでている話。

酒が禁止されている八瀬《やせ》の寺で、酒好きの僧が酒を密かに持ち込もうと一計を案じた。指物師に経箱をつくらせ、上に「五部の大乗経」と書き付けて運び込ませた。最初のうちは、誰も疑わなかったが、あまりにも運搬回数が多いので、周りの人々は怪しみはじめた。ある時、運搬人が経箱から漏れ出てくる酒の匂いにたまらなくなり、途中でそっと口を開け、かなりの酒を飲んでしまった。経箱には空間ができて、揺すると音が出る。寺門でいつも通り検問された。「それは、何か？」。運搬人は例のごとく「経でございます。」「それならば、ちょっとこちらにもらいましょう」と言って、検問人は経箱を手にとり振ってみて言った、「確かにお経であろう。中で『五部五部《ごぶごぶ》』という音がする」。

検問する人も、経箱の中身をすでに知っていて、外に記してある「五部の大乗経」の「五部」に掛けて洒落を飛ばした笑い話。五部の大乗経というのは、天台宗で教理の根本とする五種の教典（＝華厳経・大集経・大般若経・法華経・涅槃経）のこと。揺すられて出る酒の音は、「五部五部」。笑い話では、こうしたウイットに富む擬音語が話のオチを作って活躍している。

オノマトペは、文学作品において実に重要な役割を演じている言語なのだ。

コミック世界の擬音語・擬態語

1　はじめに

コミックやアニメは、今や世界に羽ばたく日本文化の代表になっている。宮崎駿監督のアニメ「千と千尋の神隠し」のアカデミー賞受賞は、それを雄弁に物語っている。また、海外に輸出されている日本のコミックは外国の出版業界をにぎわわせている。自国で読んでいたコミックが、実は日本のコミックの翻訳物であったことを知ってショックを受ける外国人留学生が、筆者山口のゼミには毎年数多く存在する。

コミックの言葉の研究は、徐々に推し進められている。とりわけ豊富な擬音語・擬態語に特質があることは、すでに寿岳章子(1)・草森紳一(2)・鶴岡昭夫(3)・日向茂男(4)・糸井通浩(5)・越前谷明子(6)・四方田犬彦(7)などに指摘されている。これらの先学の論によって、コミックにおける擬音語・擬態語は画面に音響効果と感覚性を付与していること、作家によって擬音語・擬態語の好まれ方に違いがあること、少女漫画と少年漫画では擬音語・擬態語の比率が少々異なっていること、最近のコミックでは絵柄を押しのけて擬音語・擬態語が自己主張していること、などが、すでに明らかにされている。

しかしながら、なぜコミックに擬音語・擬態語がかくも頻用されるのか？　小説などの文字メディアに見られる擬音語・擬態語と同じ機能を果たしているだけなのか？　コミックは、どちらかといえば絵を中心とした映像メディアである。そこに見られる擬音語・擬態語は、文字メディアのそれとは違った、特有の機能があるのではないか？　それは、一体何か？　この問題は、最も基本的で重要であるにもかかわらず、いまだ十分に考察されていない。

そこで、この稿では、コミックにおける擬音語・擬態語の機能を文字メディアのそれと比較しながら、解明することを目的とした。ここで、「文字メディア」と言っているものは、小説・随筆・童話・詩・俳句・短歌などの、文字だけで読める文学作品を意味している。また、ここでは、「コミック」と「マンガ」とを区別して使っているわけではなく、「コミック」の語を、初期の頃のいわゆる「マンガ」をも含めた総称として用いている。なお、著作権の都合上、コミックの原画の引用は「図1」「図2」「図3」「図24」にとどめ、あとはコマの文字部分のみ模写して示すことにする。

2　ストーリーを展開させる

初期のコミックは、現在ほど擬音語・擬態語が多用されているわけではない。かなり少ない。たとえば、四コマからなる『サザエさん』。一コマ目は「ちょっとみちをおたづねします」と、通りがかりのおじいさんが、炭団《たどん》を作っているサザエさんに声をかけている。二コマ目はサザエさんが炭団で真っ黒になった手で方向を指差しながらおじいさんに道を教えている。三コマ目は、おじいさんが吹き出しそうにして笑いを抑えて去っていく。サザエさんの頭の上には腑に落ちないことを示す「?」が付いている。四コマ目は、サザエさんが鏡を見てびっくりした顔が描かれている。炭団をいじった手で口の周りを触ったせいで、立派な口髭が生えていたのだ。

三コマ目のおじいさんの口の傍には、現在なら、「クスクス」とか「ぷっ」という笑い声や吹き出す音を写す擬音語が書かれるはずである。けれども、『サザエさん』には何も書かれていない。

初期のコミックは、擬音語・擬態語の使用を抑え、話の展開上必要な場合にのみ使われている。たとえば、同じく『サザエさん』を例にしてみる。一コマ目は、サザエさんがミシンを踏んでいる絵。「ガラガラガラ」「ガラガラガラ」という擬音語が傍に書かれている。二コマ目は、「サザエさん！」というお母さんの呼び声とそれに呼応するサザエさんの「アラッ　もうおひるごはんかな」というセリフがある。三コマ目では、サザエさんが聞き耳を立てて奥の様子を伺っている。四コマ目は、「サザエさん　ふろばをそうじなさい　サザエさん！」というお母さんの声が奥からかかっている。サザエさんは聞こえないふりをするために、にわかに大きなミシン音を立てる。「ガーッ」「ガラガラガラガラ」。ここに使われたミシンの音は、話の展開上必須のものである。こんなふうに、初期のものでは、現在のコミックと違って話の展開上必要な擬音語・擬態語しか使われていない。さらに、使われている擬音語・擬態語もごくありふれた一般的なものである。

ところが、次第に擬音語・擬態語の使用率が上がってきている。(8) 擬音語で音のない場面に音を与え、擬態語で生々しい感覚性を場面に付与し、臨場効果をあげる手法が用いられ始めた。擬音語・擬態語の効果が意識され、積極的に使用されはじめたのである。

たとえば、おなじみの『北斗の拳』（武論尊原作・原哲夫画）を例に挙げる。「図1」は、主人公のケンシロウの闘いの時に出す技に付された擬音語・擬態語である。「シュウウウウ」「ゴゴゴゴ…」「ピタリ」。このあとも戦いはますます佳境に入り、「ドカアッ」「ビタリ」「グッ」「ググウ」「ガゴゴゴオッ」「ズゴゴ」「バリバリバリ」「ギギュウ」「グシャア」「ブチュッ」「ブチッブチブチ」「ズイ」「バッ」「ボゴオッ」「ドコッ」「ドココオ」「ドコドコッ」「ドコッ」と、それぞれのコマにあわせて擬音語・擬態語が描きこまれて激しい戦いの場面が展開していく。擬音語・擬態語が、画面に強烈な音響と生々しい感覚をあたえ、迫力を持って読者に迫る機能を果たしている。

また、鳥山明の『Dr.スランプ』も、アラレちゃんの活発極まりない行動を「ぶんっ」「ギュオオーッ」「ドカン」

図 1　『北斗の拳』第 7 巻　© 武論尊・原哲夫／NSP 1983

「ぐおおーっ」「ギューン」「グアッ」などの擬音語・擬態語で写し出している。水島新司の『ドカベン』は、野球がテーマであるが、「カキーン」「グワァラゴワガキィン」という猛烈なホームランの音、「ガッバァア」「ビシュ」という、迫力満点の投球音が画面一杯に記されている。『SLAM DANK』は、バスケットがテーマ。「シャカシャカシャカ」は、すばやい動きで巧みにディフェンスしている様子を、「ダン」「キュッ」は、すばやいボールのパスの音や様子を、「ダムダムダムダムダムダム」は、ドリブルの音を、「バン」「ポイ」「バシ」は、ボールを受けたり投げたりする音や様子を表している。もはや、擬音語・擬態語抜きには成り立たない世界になっている。

そればかりではない、『サザエさん』

と同じように、日常生活を素材にした『コボちゃん』でも、擬音語・擬態語を中心に成り立つものも出てきており、擬音語・擬態語が主役に躍り出そうな勢いを示している。たとえば、「図2」。擬音語・擬態語だけで出来ている四コママンガ。日常よくあるおかしさを「リーンリーンリーンリーン」「ピタッ」「プルル　プルル　プルル」「ピタッ」でまとめ上げている。絵に書かれた文字は、これらの擬音語・擬態語だけである。擬音語・擬態語が、ストーリーを展開させている。

図2　『コボちゃん』第24巻　© 植田まさし／蒼鷹社

図3
「赤兵衛」
(「ビッグコミック」2003年10月10日号)
© 黒鉄ヒロシ／小学館
「ビッグコミック」で連載中

さらに、黒鉄ヒロシの「赤兵衛」（図3、『ビッグコミック』二〇〇三年一〇月一〇号）は、二九コマからなるコミックであるが、ほとんど擬態語だけで進められている。失敗をしでかして逐電していた赤兵衛が、殿様のところに戻ってきて、何とか許されるまでの経緯を記したコミック。登場人物は赤兵衛、殿様、家臣の三人である。擬態語は、一九コマ目にある「ねちねちねち」の態度を示した殿様以外は、赤兵衛の様子に使用されている。それらを出現する順に追っていくと、赤兵衛の態度や心の変化が手に取るようにわかる。「おめおめ」「おめおめおめ…」「くよくよ」「めそめそ」「ぬけぬけ」「のらりくらり」「はらはら」「ふらふらふら」「へらへら」「にやにや」「いきいき」「どきどき」「わくわく」「うきうき」。実は、このコミックは、新しい試みであったらしく、欄外に「日本語には擬態語がいっぱい。気づかぬうちにぽろぽろつかっています」とわざわざ書いてある。擬態語だけでもコミックが成り立つことを示したかったのではあるまいか。

こうして擬音語・擬態語は、いまやコミック世界では音響効果や感覚性を付与するにとどまらず、ストーリーをも担う重要な地位を獲得している。擬音語・擬態語が、コミックには欠かすことの出来ないアイテムとなっている。

文字メディアではどうか？　擬音語・擬態語が場面描写に音を与え、リアルな感覚を与えることは、コミックと同じである。たとえば、「ぞぶりぞぶりと血と肉の啜られる音が響く」。夢枕獏の『生成り姫』の一文であるが、「ぞぶりぞぶり」という擬音語がこの場面の音響効果として働き、読者の耳を刺激する。しかし、文字メディアでは、擬音語・擬態語のみでストーリーが展開することはないし、不可能である。コミックで擬音語・擬態語だけでストーリーを展開させることが可能なのは、絵があるからなのである。

3　滑稽感・迫力のある語を造る

擬音語・擬態語は型があるために、その型にそれらしい発音を当てはめれば自在に造り出せるという特性を持っている。文字メディアでは、詩・俳句・随筆・童話・小説などさまざまなジャンルで作家たちが次々に新鮮な擬音語・擬態語を造り出しては効果をあげている。たとえば、詩人の萩原朔太郎は、「鶏」のなかで、鶏の声をこう表現している。

　さむしい田舎の自然からよびあげる母の声です
　とをてくう、とをるもう、とをるもう

現在の普通の鶏の声は「こけこっこう」。朔太郎はそんなありきたりの擬音語は使わない。「とをてくう」「とをるもう」という新鮮な擬音語を造りだして使っている。随筆家の幸田文も、たとえば、

　関東平野のひるさがり、見わたすかぎりの田園と桑畑、天も地もどぎどぎと光って、眼の向けどころもない上天気。（随筆『申し子』）

「ぎらぎら光る」「ぎとぎと光る」ではなく、「どぎどぎと光る」なのである。「どぎどぎ」なんていう擬態語は聞いたこともない。幸田文の創作である。童話作家の宮沢賢治もよく造る。

　クラムボンはかぷかぷわらったよ。（『やまなし』）

正体不明のクラムボンらしく、その笑い声も「かぷかぷ」と奇妙な擬音語で写されている。作家たちは、斬新な擬音語・擬態語を求めて骨身を削って造り出している。だから、誤植の憂き目にあったりすると、出版社に泣かん

ばかりに抗議する。[9]三好達治は、自作の詩「横笛」で、笛の音を写す擬音語を誤植された。「ふるるひょう　ひょうふっ」「ふひょう　ひょう　ふひょう　ひょう　ふひょう」が、本人の手書き原稿に書かれた笛の音であった。ところが、出版された詩集には「ふるるひょろ　ひょろふっ」「ふひょろ　ひょろ　ふひょろ　ひょろ　ふひょろ」となっていたのである。「う」の文字は手書きであると、「ろ」に見誤られやすい。また、笛の音はふつう「ぴーひょろ」などと「ろ」を使う。だから、「う」を「ろ」に誤った経緯はすぐに察することができるのだが、当の本人は怒って出版社に手紙で抗議文を出した。「眼から涙がながれました…『ひょうふひょう』が『ひょろふひょろ』になったのでは滑稽とも何とも名状のしようもないではありませんか」「こともあろうにこのやうな甚だしき誤植を被っては作者は天下に忍びがたき恥さらしの極刑を課された如き感にたへません」と。いささか滑稽感のある「ひょろふひょろ」に憤る三好達治の発言は、文字メディアにおける擬音語・擬態語のあり方を象徴している。文字メディアでは、造り出された擬音語・擬態語が滑稽感を持つことは、歓迎されないことが多いのである。[10]

コミックの世界ではどうか？　擬音語・擬態語は絵の一部として手書きで書かれることが多いので、三好達治のような誤植騒動はあまり起きない。だが、擬音語・擬態語を「造る」という点においては、文字メディアの世界に勝るとも劣らない。しかも、造り出された擬音語・擬態語は、文字メディアのそれと違って、笑いを誘うようなユーモラスのものであったり、迫力に満ちていたりするものが多い。

たとえば、虻の羽音は「ぶぶっち　ぶぶっち」「ぶぶぶびっ　ぶぶぶぶびっ」「ぶびばびびっ」（坂田靖子『水の森綺譚』）。普通の「ぶんぶん」とか「ぶぶぶぶ」では面白さが出ない。「ぶぶっち」の「っち」という接辞をつけ、「ば」「び」「ぶ」の音を組み合わせて、滑稽感のある擬音語を造っている。また、鍛えた指で鳴らす爪弾きの音は、「ビベンッ」（にざかな『B.B.Joker』）。爪弾きの音は、普通、「ペチンッ」とか「パチンッ」である。「ビベンッ」は、誇張されたおかしな擬音語である。また、下心のある笑い声は「けへけへ」（室山まゆみ『あさりちゃん』）。エ列音の「け」と「へ」を組み合わせた擬音語である。少し下品な感じを出すのに適したエ列音同士を組み合わせ、滑稽感を出している。

電話の音は「ぽるぽるぽる」（高尾滋『てるてる×少年』）。電話の音は、「プルルルル」などという擬音語で表すことが多いのだが、「ぽるぽるぽる」と「ぽ」の音を加えることによって、軽くユーモラスな擬音語にしている。ピアノの演奏を写す擬音語は、「ババーン　ボバアン　ボロロン　ビピン　ピンピン　ボロロン　ピン　ボロロン　ビビン　バローン　ボロロン　ピン　ピン　ビビン　バボーン　ボロロン　ビロロン　ピロン」（水島新司『ドカベン』）である。バ行音をふんだんに使い、美しさとは縁遠い力技の演奏にしている。とりわけ、「バローン」「バボーン」「ビロロン」などは、茶化した語感を持っており、滑稽感を誘う。

滑稽感よりも迫力を前面に出した擬音語を造って使用することもある。急ブレーキを踏みつつ走る車の音は「ギャッゴェーッ」「ギャンアァアァ」、猛スピードで走る車の音は「ゴォアア」「ゴヮアアア」、雨の中を猛スピードで走る車の音は「ザアゴオオ」「ザァゴ」（いずれも、しげの秀一『頭文字（イニシャル）D』）。コマからはみ出さんばかりにかかれた斬新な擬音語は画面に猛烈な迫力を与えている。

さらに、音のみではなく、様子をも写している語も、斬新である。たとえば、バスケットボールが顔面を強打した時の音と様子は、「ばんよよよん」（うすた京介『すごいよ！マサルさん』）。音を写す擬音語でもあり、様子を写す擬態語でもある。「よよよん」が、揺れの余韻を巧みにつかまえており、滑稽感がある。また、おにぎりを握る音や様子は「にっちゃか」「にっちゃか」（和田ラヂヲ『アブドーラ・ザ・和田ラヂヲ』）。粘りついて固まる感じが、語尾の「か」に込められ、汚らしくおかしさを誘う語になっている。また、予想外に早く、恐怖心さえ起こさせる丘サーフィンの音や様子は、「しゅべぇー」（浜岡賢次『浦安鉄筋家族』）。サーフィン気取りもあっという間に醒め、青ざめて「やべぇー」という叫び声もこめられていそうなコミカルな擬音語・擬態語である。タバコを吸う音や様子は「スパパー」（浜岡賢次『浦安鉄筋家族』）。

様子を写す擬態語でも、斬新な語はたえまなく造られている。たとえば、腕がにわかに伸びる様子は「にょばっ」（にざかな『B.B.Joker』）。「にゅっ」と「ばっ」という普通に用いられる擬態語を複合させて変形し、おかしな擬態語を造り出したものである。また、どうしようとうろたえる気持は「けほ〜っ」、ノーテンキに浮かれている様子は「うぷうぷ」（ともに、室山まゆみ『あさりちゃん』）。友達になりたくていきなり手を握る様子は「むぎーーん」、ものすごい勢いで走ってくる様子は「ずぴゅー」（ともに、浜岡賢次『浦安鉄筋家族』）。

こんなふうに、列挙すれば限りなくあげられるほど、コミックの世界では、滑稽感と迫力あふれる擬音語・擬態語を自在に造り出している。

4　普通の語からたやすく造る

さらに、普通の語からたやすく擬音語・擬態語を造り出してしまう手法も、コミックでは愛用されている。擬音語よりは、より普通の語に近い性質を持った擬態語がこの手法で次々に造り出されている。

たとえば、「てりっ」（尾田栄一郎『ONE PIECE』）。砂漠に日の照りつける様子を表す擬態語である。「照る」という動詞の連用形を転用して擬態語にしている。元の語が分かるだけに、読者は納得の笑みを浮かべてしまう。「じりじり」などという普通の擬態語で表すよりは新鮮で面白い。また、「カジ　カジ　カジ」（鳥山明『Dr. スランプ』）

は、物をかじる音や様子を表す擬音語・擬態語。言うまでもなく、「かじる」という動詞の語幹を転用したのである。「はむ　はむ」（羅川真里茂『赤ちゃんと僕』）は、子供がいちごを噛む様子を表す擬態語。普通は、「もぐもぐ」などとするところであるが、それではありきたりすぎる。物を噛む動作を表す「はむ」という動詞をそのまま重ねて擬態語に転用したものである。

布団の間に逃げ込む腕白小僧のしんちゃんをお母さんが手を突っ込んで探す様子は「さぐりさぐり」（臼井義人『クレヨンしんちゃん』）。むろん、「さぐる」という動詞の連用形を反復させて擬態語に転用したもの。思いっきり背伸びをする様子を表す擬態語は、「にょび〜」（日高万里『ひつじの涙』）。「のびる」という動詞から造ったもの。「のび〜」と素直に使うよりも、「にょび〜」の方が、一層おかしさが出る。物をこねている様子は、「コネコネ　コネコネ」（小林賢太郎『HanaUsagi』）。「こねる」という動詞を応用した擬態語である。ハゲタカが人間を蹴る様子は「けりけり」（坂田靖子『水の森綺譚』）。言うまでもなく、動詞「蹴る」の連用形を反復させたもの。

動詞ばかりではなく、その他のさまざまな語を転用して、擬態語にしてしまう。たとえば、「むきっ」（室山まゆみ『あさりちゃん』）。「むきになる」の「むき」を応用した擬態語。よく使う擬態語「むかっ」では出ない剽軽さを求めたものであろう。怒りで汗を噴出している様子は「だくっ！」（尾田栄一郎『ONE PIECE』）。「あせだく」の「だく」から造った擬態語と察せられる。魚がひれのようなものを左右に動かす様子は「ひれひれ」（坂田靖子『水の森綺譚』）。名詞の「ひれ」を重ねただけの擬態語。普通の「ひらひら」よりも眼を引くし、ユーモラスな感じも出る。夜の明けていく様子は、「しらじ〜ら〜」（りょー子きっすもと『モンモちゃん』）。「しらじらしい」という語を利用して造った擬態語。

文字メディアでは、こんなふうに普通の語を使って造り出す擬態語は、あまり歓迎されない。元の語をただちに察することによってもたらされる笑いは、文字メディアではさして必要がないからである。

5　心理に転用する

画面からはみ出さんばかりに描かれた「図4」の「どおかあああん」（しげの秀一『バリバリ伝説』）は、一体何を表している擬音語であろうか？　何か物がぶち当たったり、何かが爆発した音ではない。絵柄には、前面に男の子、背後に火山が描かれている。火山の上に「どおかあああん」という擬音語が記されている。しかし、「どおかあああん」は、実際の火山の爆発音ではない。女の子に「好きだ」と告白された時の、男の子の気持なのである。火山の爆発音が、男の子のびっくり仰天な気持ちに使われている。同じく「どどーん」（『らんま1/2』（高橋留美子）も、爆発音ではない。あまりにも衝撃的な事実を聞かされて、顔も青ざめるほどショックを受けた気持に転用した擬音語である。

「図5」の「どんどろどろどろ　どろどろどーん」（日高万里『ひつじの涙』）は、何を表しているのか？　お化けが出てきそうな雰囲気の擬音語であるが、実は女の子が些細なことで気分が暗くなっていく様子を表したもの。また、「図6」の「バチバチバチ」（矢沢あい『ご近所物語』）は、何か？　普通はものが折れたりする時の音やものが燃える時の音を表す擬音語である。ところが、この「バチバチバチ」は、男の子が女の子に敵意の火花を感じている気持を現している。

こんなふうに、コミックでは、登場人物の激しい気持を現すのに、擬音語が使われている。擬音語で誇張された心理は、滑稽感を伴っている。むろん、擬態語が登場人物の心理描写を担当することも多い。「しょんぼり」「にっこり」「いらいら」「むしゃくしゃ」「むかっ」「むすっ」「かーっ」「うはうは」「いじいじ」「いそいそ」「うきうき」などと。先に紹介したコミック「赤兵衛」が、すべて擬態語で心理を描写されていたのを思い出してみれば、さらに納得できよう。

　言うまでもないことだが、絵を主体とするコミックは、心理描写が苦手である。登場人物の気持をある程度は表情で描き表すことは出来る。だが、その表情が作者の意図どおりに読者に伝わるとは限らない。笑っていることは分かっても、それが心から笑っているのか、邪悪な心を隠した笑いなのか、してやったりと思う笑いなのか、へつ

図４

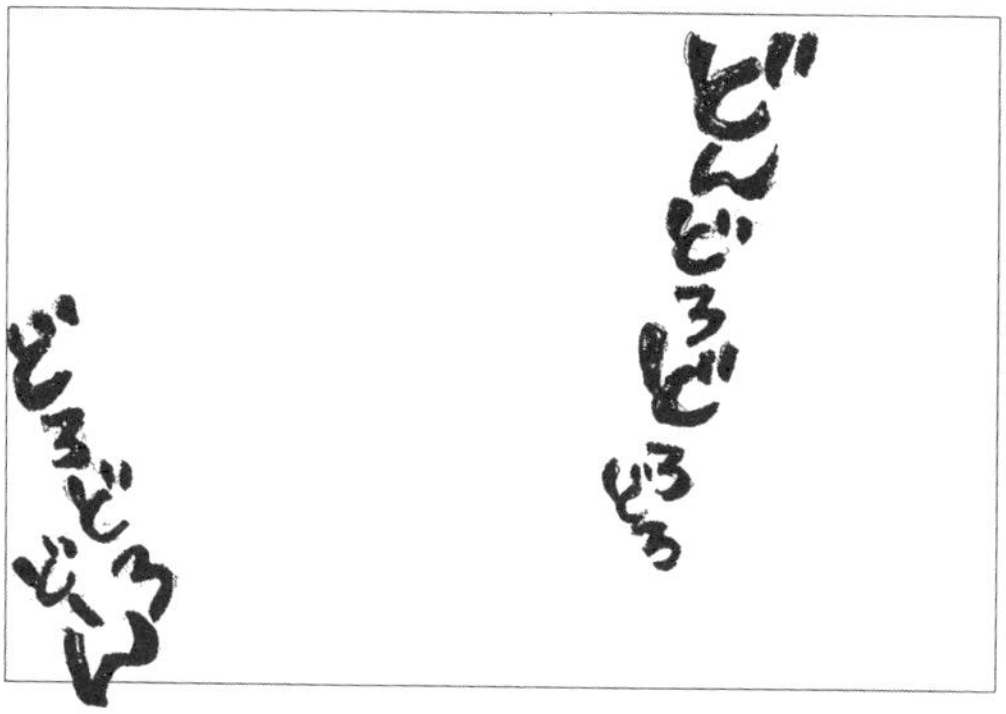

図５

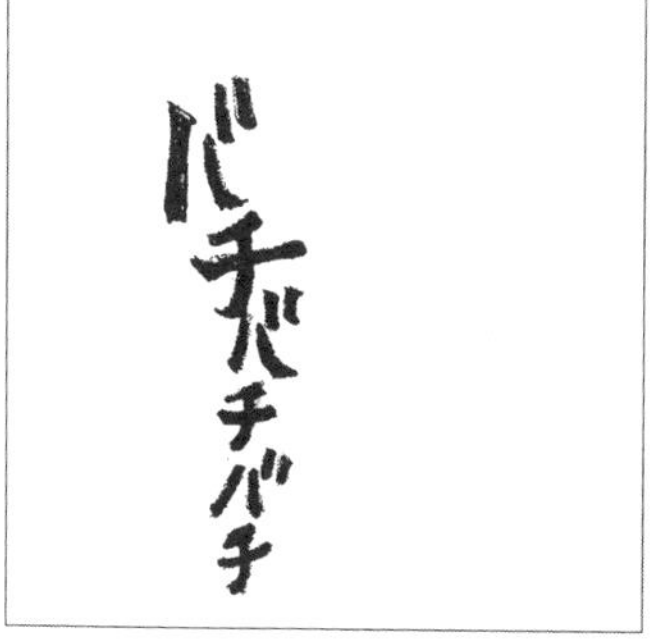

図６

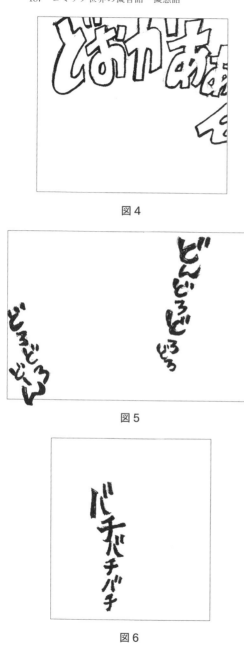

らい笑いなのか、までは、わからない。そこで、笑顔の横に「にっこり」「にたーっ」「にやっ」「にんまり」などの擬態語、あるいは「ニッシシ」「ヘラヘラ」などの擬音語をつければ、間違いなく伝わる。

文字メディアでは、心理を表すのに、擬音語・擬態語に頼る必要はない。登場人物の心理は、あらゆる種類の言語を駆使して入念に描写することが出来る。心理描写こそは、文字メディアの最も得意とするところである。小さなコマしか与えられていないコミックでは、擬音語で誇張した心理を描き、擬態語で細かい心のニュアンスを描く方法をとっているのである。

6　文字の工夫で臨場効果を倍増する

コミックの強みは、視覚に訴えられることである。擬音語・擬態語についても、この利点を最大限生かして効果をあげている。

日本語には、都合のよいことに文字が四種類もある。ひらがな・カタカナ・漢字・ローマ字の四種類。それぞれの文字は、それぞれ独特の視覚イメージを持っている。ひらがなは柔らかい、カタカナは堅く鋭い、漢字は重々しい、ローマ字は軽くおしゃれ。こうした文字のイメージをまずは使い、さらに文字に工夫をこらす。

たとえば、大きく口を開けて目尻を下げた登場人物の横に「にや〜っ」（図7、室山まゆみ『あさりちゃん』）と肉太のひらがなで擬態語を書き込む。長音符号もよだれが垂れんばかりに記す。すると、その時の登場人物の心の中まで見えてきそうな写実効果があげられる。あるいは、ひらがなで「ねばら〜」（図8、坂田靖子『ライラ・ペンションン／ノーベルマンション』）として、いかにも粘りつきそうな文字にする。また、「図9」（羅川真里茂『赤ちゃんと僕』）

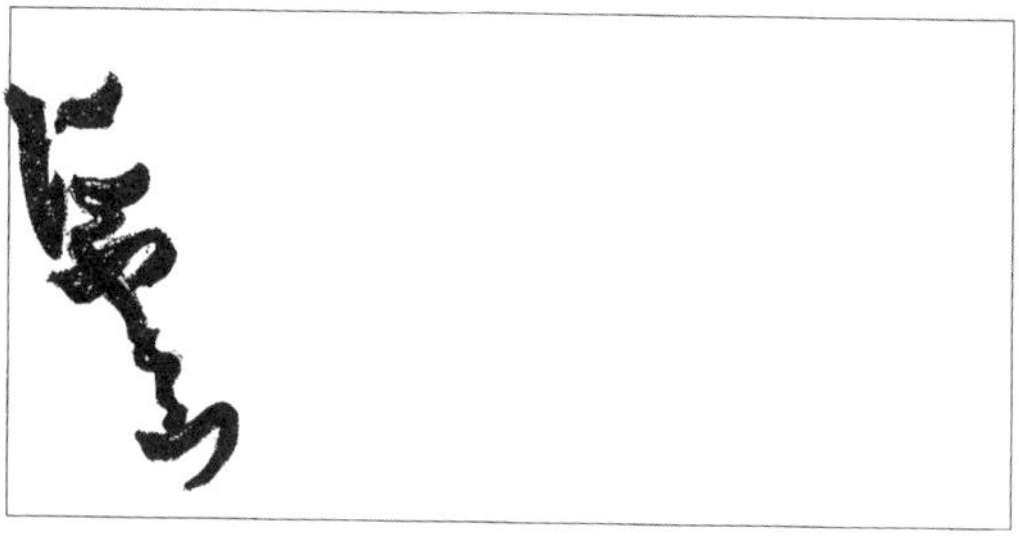

図 7

図 8

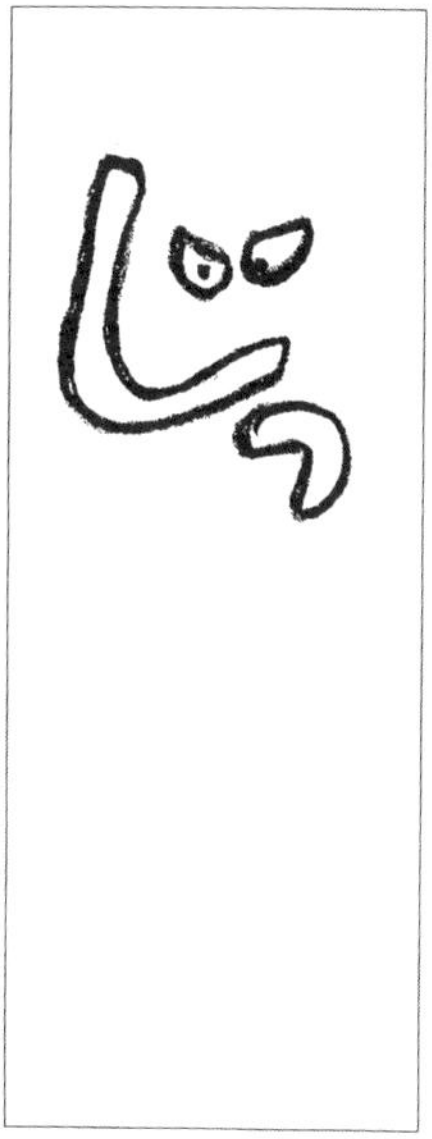

図 9

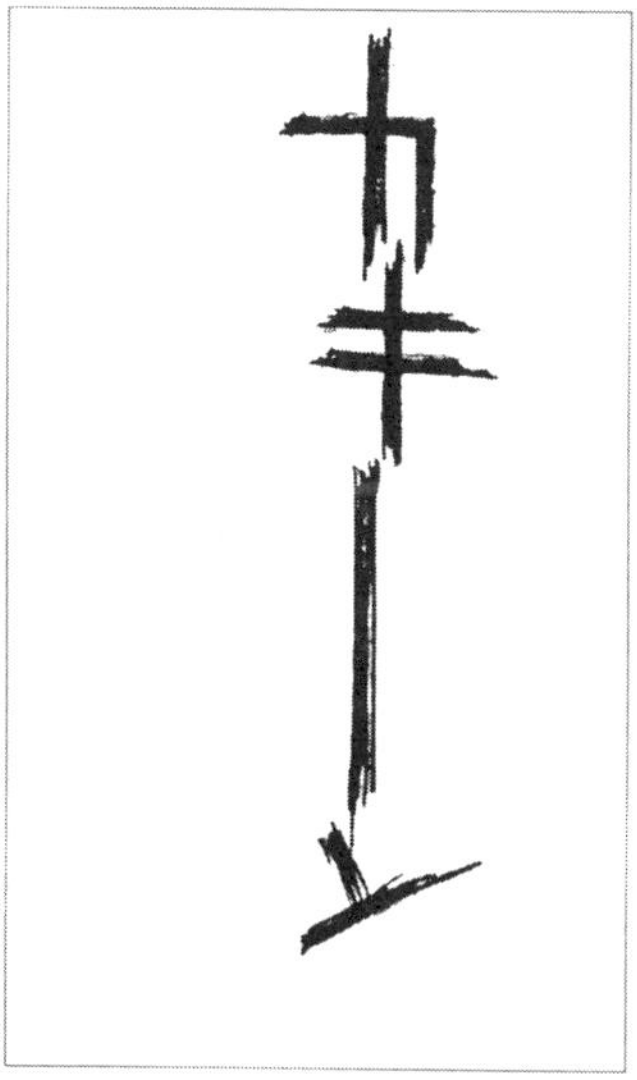

図 10

のように、「じっ」と見る様子には、濁点部分に目玉を描き込み、見ているイメージを強調する。

また、カタカナを使う場合にも、カタカナの堅いイメージを生かして、さらに工夫する。たとえば、ホームランの音は、「カキーン」（図10、水島新司『ドカベン』）。先の尖ったカタカナは、耳を劈くばかりの当たりのいいホームランであったことを知らせる。「図11」の「ドキーン」（佐々木倫子『動物のお医者さん』）も、カタカナ文字に棘をかいて、その驚き方が尋常ではなく、身の毛もよだつほどであったことを暗示して、効果を倍増する。

また、漢字を使う場合にも、重いイメージを利用して「呑ッ！」（図12、和月伸宏『るろうに剣心』）と記す。さらに、「呑」の漢字を斜めに大きく書いて、ぶち当たり方の激しさを強調する。また、漢字は表意文字であるから、単に「ドン」という音のみならず、「呑みこまれる」という意味面からの働きかけがある。『るろうに剣心』は、随所でこうした漢字の表意性を生かした擬音語・擬態語を使っている。勢いよく振り下ろす剣の音は、「破支ッ」という具合に。

図11

図12

また、ローマ字では、爆発音「BOM」（池田理代子『ベルサイユのばら』）・「BAKOOM！」「BOOOMB！」（鳥山明『DRAGON BALL』）・「BOOM」（図13、高橋留美子『らんま 1/2』）と記す。爆発と同時に立ち込める煙は、丸く軽いイメージを持つローマ字表記にぴったりだからである。キスの音も、ローマ字で「CHU♥」と書かれることがある。それは、カタカナでは表せない軽く明るく可愛いキスの場面である。「HAHAHA　HAHA」と笑い声がローマ字

図13

図14

図15

図 16

図 17

で表記されることがある。欧米人か、欧米人気取りの日本人の笑い声を表すときに用いている。ローマ字の持つイメージ性を利用したものである。

さらに、コミックでは、文字メディアでは決してできない奥の手を使って臨場効果をあげる。まず第一に、文字に大小をつけて遠近感を出したり、後引き線をつけてスピード感を出してしまうことである。「図14」の「ズザザザザザザ」（にざかな『B.B.Joker』）に見るように、文字に遠近感をつけて引きずりこまれていく様子をより一層リアルにする。ローラースケートで回転して降りてくる様子は、「図15」の「キュキュキュキュキュワー」（大暮維人『エア・ギア』）のように、文字の大小ばかりではなく、さらに文字に回転を加えてその様子にリアリティを与える。さらに、「図16」（藤子・不二雄『ドラえもん』）のように、後引き線をつけると、スピード感も出てくる。また、「図17」のように、「ばばっ」（鳥山明『DRAGON BALL』）の「ば」の濁点部分を星印にすることによって、驚かせる行為であることを強調する。「図18」のように、「ドキッ」（鳥山明『DRAGON BALL』）の「ド」の濁点をハートマークにする。

また、第二に、効果を倍増させるために、既成の文字ではない文字を使うこともある。尾田栄一郎『ONE PIECE』が、その方法をよく使う。「図19」「図20」は、いずれも同作品の例である。「図19」は、大きな怪物を振

図18

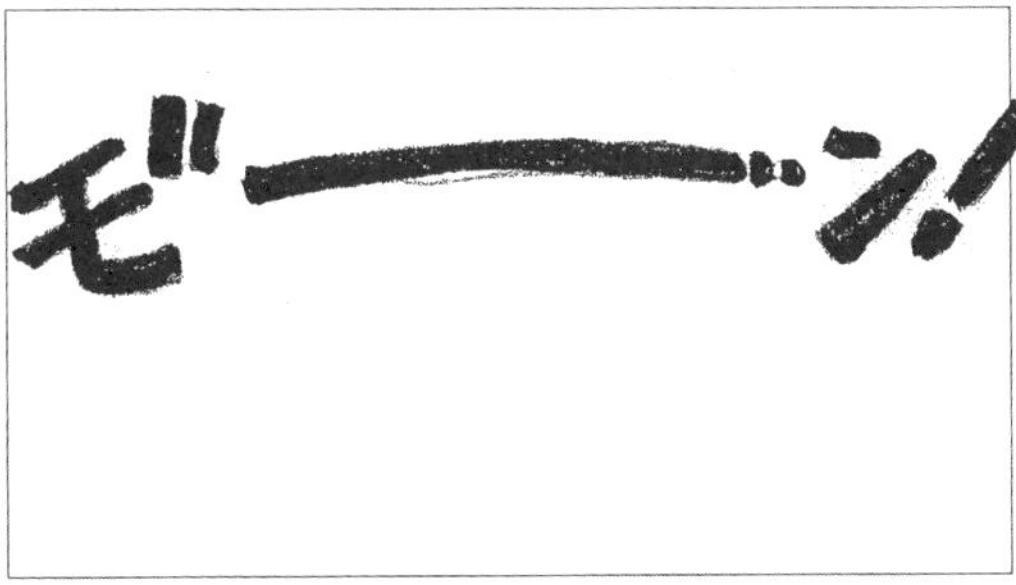

図19

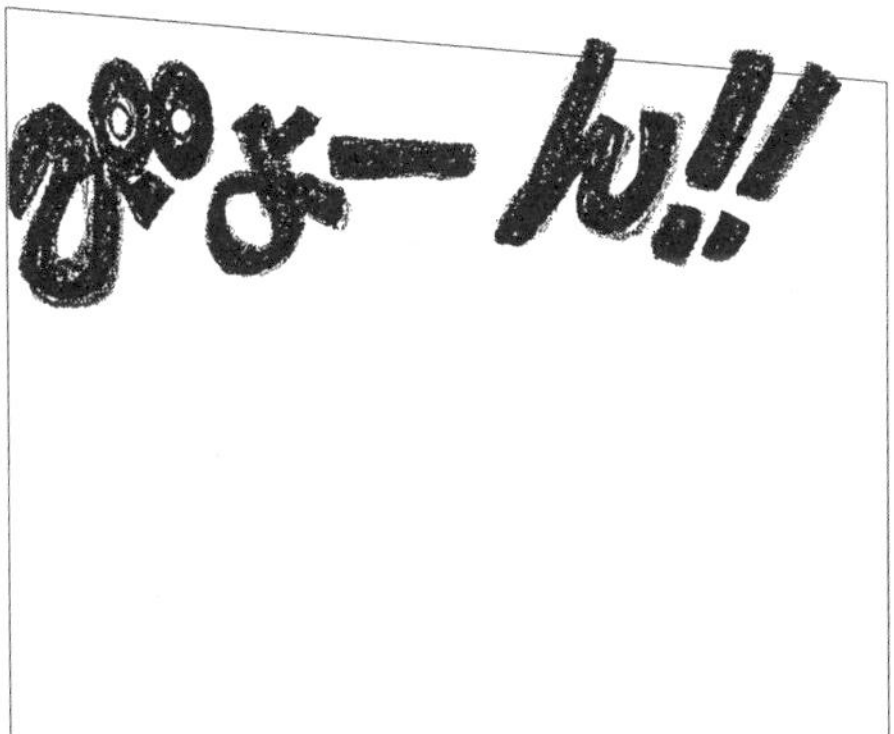

図20

図21

図22

り回す様子や音を写す語。「モ」の字に濁点が付されている。「モーン!」ではない。既成の文字ではないから、声に出して発音できないのである。しかし、「モーン」よりは遥かに迫力のある振り回し方であることは分かる。「図20」は、お化けウサギたちが一斉に襲って来るようすを現した擬態語。「ぴょーん‼」ではない。既成の文字ではないので読めない。けれども、いかに恐ろしい大幅跳びで襲ってくるかが強調されている。お化け猫の不気味な笑い声を、「ニャーッ」ではなく、「ニ」の字に濁点を付して、恐ろしさを強調している例もある。

「図21」（和月伸宏『るろうに剣心』）は、剣を縦横に使いこなす様子を「サ」ではなく、「サ」の文字にさらに縦棒を加えて示した例である。だから、読めはしないが、切れのよさは強調される。

　こうした読めない文字を、文字メディアでは使うことが許されていない。コミックでは、コミック特有の強調効果である。

　また、コミックでは、「図22」（大和和紀『はいからさんが通る』）のように、画面いっぱいに同一語を繰り返すことによって、刺激を増大させ、臨場効果をあげる手法もしばしば用いている。この「ズキズキズキ…」は、二日酔いの時の頭の痛さを表している。視覚的に迫り来る画面を見ているだけで、読者まで頭が痛くなってくる。文字メディアでは、出すことのできない臨場効果である。

7　時間の流れを造り出す

当然のことだが、一枚の絵は時間の流れをもつことが出来ない。そこに描かれた絵は、ある一瞬の静止画像である。この静止画像に時間の流れを与えるにはどうしたらよいのか？　すぐに考えられるのは、静止画像を何枚も連続させることによって、時間の流れを造りだす方法である。この方法を推し進めたのが、アニメーションである。

ところが、コミックは紙数に制限がある。出来るだけ少ない枚数で時間の流れを出すためには、一枚の絵そのものに、すでにある程度の時間の流れを与えなければならない。どうしたら、一枚の絵に時間の流れを与えることが出来るのか？　一つは、事物に動きを与えることである。動きは時間の流れの中でのみなされるものであるから、時間の流れが自然に表現されてくる。たとえば、すでに示した「図1」の『北斗の拳』の四コマ目・五コマ目にみるように、少しずつずらした手や腕を一枚の絵柄の中に描き込む手法である。それは、動いている手や腕を表すから、時間の流れが出てくる。

二つは、擬音語・擬態語を使って、一枚の絵に動きと時間を与える方法である。たとえば、登場人物が物を食べている場面に「パクパク」とか「グニュグニュ」と書きこめば、食べている動きを表すことが出来るとともに、大口を開いて物を口に運んでいる時間、あるいは、口を閉めて噛みしめつつ食べている時間が出てくる。

走るオートバイの絵に「ババババババ」（倉田真由美「だめんずうぉ〜か〜」）とか、「ばりばり　ばりばり　ばばばっ」（あべ善太　倉田よしみ『味いちもんめ』）という擬音語を添えると、音とともに猛烈な勢いで走っているという時間の経過が表せる。あるいは、「図23」（あべ善太　倉田よしみ『味いちもんめ』）のように、二コマを使って「ドドドドドドドドド」と書くと、バイクで走り続けている距離と時間の長さを表すことが出来る。もっと端的に「コチコチコチコチ　コチコチ　コチ」（あべ善太　倉田よしみ『味いちもんめ』）という時を刻む柱時計の音で時間の経過を表すこともある。

「ぎゅおおおお…ん」（天樹征丸・金成陽三郎『金田一少年の事件簿』）は、観覧車が回り始める音でもあるが、その時間の経過をも表している。あるいは、四コマを使って「コツ　コツ　コツ…」「コツ　コツ　コツ」「コツ　」「　コツン　」（高尾滋『てるてる×少年』）と間隔の空いた足音を記すことによって、時間の経過を示すこともある。夜中に走っている車の音は、夜空にこだましている「ギアアアアア」（しげの秀一『頭文字（イニシャル）D』）。それは、音響効果でもあるが、時間の経過をも感じさせる。

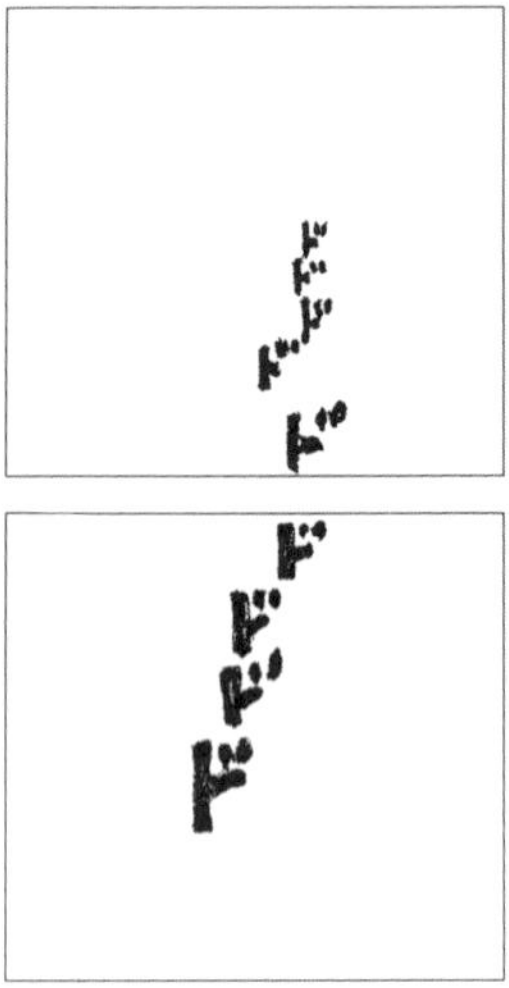

図23

擬音語・擬態語がコミックで愛用されるのは、絵だけでは成し遂げられない時間の流れを獲得する重要な方法でもあったのである。このことについては、すでに糸井通浩が、重要な指摘をしている。

　一体、「画」にとってオノマトペ（筆者注、擬音語・擬態語のこと）は何を表現してくれるものなのか。…基本的にはコマの連続が「こと」の変化を示すことで時間を克服しているのだが、映像に比すれば、はるかに観念的な時間認知である。それをいかに感覚的レベルで、時間を獲得するか、その克服の一つの方法がオノマトペの効用であったと考えられる。狼が獲物の肉を食べている画、そこに「ビチャビチャ」とオノマトペを描き込むことによって、時間が流れている感覚が表現される。「音」は「こと」が現象（変化）しなければ発生しないものだからである。（「文体としてみた『マンガのことば』」『日本語学』八巻九号、一九八九年九月）

コミックで、時間を感覚レベルで獲得する方法の一つが、擬音語・擬態語であったと指摘している。

小説などの文字メディアは、絵と違って、基本的につねに時間の流れを獲得している。というのは、文字メディアは時枝誠記の主張するように[11]、音楽のような時間の流れを媒体自身の中に含んでいる。それに対して一枚の絵は、時間の流れを意図的に造り出す必要に迫られる媒体なのである。擬音語・擬態語は、コミックにとって、時間の流れを造りだす重要な道具なのである。

8　スローモーションビデオ効果を出す

擬音語・擬態語がコミックで時間の流れを表すための有益な方法であることが認識されると、今度は、逆に擬音語・擬態語を全く使用しないことで、時間の流れをストップさせて効果をあげるという手法も出てくる。二階堂正宏は、この手法を巧みに使いこなす。たとえば、『極楽町一丁目　嫁姑地獄篇』に収められた短編コミック群は、この手法を用いて、独特の効果をあげている。どの短編も、看病で疲れたお嫁さんが、実にしばしば姑殺しを夢想して実行に及ぶというストーリー。ところが、病弱なはずの姑が嫁に襲われると、負けていない。格闘技の技を身

エピソード11
①
②
③
コホ
コホ
鳥さんに なってみたい
④
まア 鳥さんに ……
そして あの広い大空を おもいっきり 飛んでみたい わー
⑤
⑥
⑦
⑧
⑨
⑩

図 24　『極楽町一丁目 嫁姑地獄篇』
Ⓒ 二階堂正宏／朝日ソノラマ

につけているとしか思えないような身の軽さなのだ。だから、二人は、ふらふらになるまで闘う。しかし、少しも陰惨ではない。その秘訣は、ひとえに擬音語・擬態語の使い方にある。「図24」は、その一例である。普通ならこうした場面は、擬音語・擬態語満載で記すところ。たとえば、⑥の場面は、お嫁さんがお姑さんを包丁で切りつける音や様子を表す「グサッ」、⑦では、お姑さんがそれをよける様子を表す「くるっ」とか「ひらり」、⑧と⑨では、二人のもみ合いの音「ぐきぐき」とか「ひしひし」、⑩では、お嫁さんの投げつけられた様子を表す音「ビュン」などと。でも、ここでは全く記されていない。ここがポイントである。擬音語・擬態語をあえて記さないことによって、無音で抽象的な世界を描出する。スローモーションビデオの世界にするのである。そのために、本来なら、ものすごく凄惨な場面であるが、陰惨さが消えてしまう。こんなふうに、アクション場面には擬音語・擬態語満載であるということを逆手に取って創作する方法も出てきている。

井上雄彦『バガボンド』も、激しい斬り合いの場面が多いが、真剣勝負の場面になると、それまで使われてきた擬音語・擬態語「ドッ」「バッ」「ブン」「ドカ」が消えて無音の世界になる。ちょうどスローモーションビデオを

一時停止させたかのように。音も聞こえず、相手に激しく太刀の振り下ろされた場面が一時停止する。見ている者の脳裏には、その場面が、鮮烈に叩き込まれる。

CLAMPの『CLOVER』でも、二人の人間が高層ビルから手を取り合って飛び降りていく場面があるが、そこには擬音語・擬態語が一切記されていない。そのために、スローモーションビデオ画像のように見え、陰惨さが消える。ファンタジックにさえ見える。

スローモーションビデオ効果は、擬音語・擬態語の臨場効果を存分に知り尽くしたコミックが、その効果を逆手にとって生み出した、新たな武器である。

9　掛詞機能を発揮させる

以上、コミックの擬音語・擬態語独自の機能を中心に述べてきた。逆に、文字メディアの擬音語・擬態語にできて、コミックのそれにはできない機能はないのか？　まず、ウイットに富む掛詞機能は、どうであろうか。文字メディアでは、擬音語・擬態語を掛詞として利用している。たとえば、

秋風に　綻びぬらし　藤袴　つづりさせてふ　きりぎりす鳴く（『古今和歌集』）

「つづりさせ」は、現在のこおろぎの鳴き声を写した擬音語であるが、同時に綻びた袴を「綴り刺せ」という意味を担っている。つまり、掛詞として機能している擬音語である。

梅の花　見にこそ来つれ　鶯の　ひとくひとくと　いとひしもをる（『古今和歌集』）

同じく有名な『古今和歌集』の歌である。「ひとくひとく」は、平安時代の鶯の声を写した擬音語。「人が来る人

が来る」という意味を担った掛詞。

女郎花　なまめきたてる　姿をや　うつくしよしと　蟬のなくらん

（『散木奇歌集』）

「うつくしよし」は、現在のツクツクホウシの鳴き声を写した擬音語。だが、同時に女郎花の姿を褒め称える「美しくて良い」という意味を担って掛詞になっている。

韻文だけではなく、掛詞式の擬音語は、散文でもしばしば見られる。特に、江戸時代の笑話では、掛詞式の擬音語が、話のオチまで作る。たとえば、天明五年（一七八五）の『富久喜多留《ふくきたる》』には、こんな話がある。

女中つれだち、王子の稲荷へ参り、後ろの山へ登りて、狐の穴に祠が建ってあるを覗ひて、「ヲヤヲヤ、お吉さん。ちょっとお見。アレ、穴のおくに狐さまが居ますよ」「ドレ、ほんにねへ。毛の色が黄いろでござりますねヱ」「イヱイヱ、うす鼠いろさ」「ナアニ、すす竹で御座ります」トいろいろあらそふ。穴の中で狐が、こん。

東京都北区にある王子の稲荷神社は、江戸時代には現在よりもにぎわっていた。ご婦人方が王子の稲荷参りに出かけると、穴の奥に本物の狐がいる。ご婦人方は、その狐の毛の色の品定めをしている。「黄色よ」「いいえ、薄鼠色よ」「いや違うわ、すす竹色よ」。すると、狐が「こん（紺色）」と答えを言ったという話。狐の鳴き声、「こん」を使ってつけたオチ。こうした掛詞式の擬音語は、散文ではとりわけ笑話に多用されているが、これらについては、すでに拙稿[12]で詳しく述べているので、参照されたい。

さて、こうした掛詞的な擬音語が、コミックに存在するのか？　一見、機知を重んじる文字メディアに主用される言語遊戯のように思われる。ところが、コミックにも次のような掛詞式擬音語とみなしうる例が多数見られる。たとえば、先にあげた『るろうに剣心』の「呑ッ」「破文ッ」などは、掛詞式の擬音語と見ることができる。漢字の「呑む」「破って支《わか》つ」などの意味を込めて使っていると考えられるからである。また、中国の女たちが大挙して、悪さをした男を怒って追いかけてくる足音を「怒怒怒怒っ」と記した例もある。「怒り」の意味を込めて「怒怒怒っ」としたと考えられる。掛詞的な擬音語と見てもよかろう。あるいは、物が切れた音や様子を表す「サク」を「削る」という意味を持った「削」で表す。飛行機の音「グオングオン」に「愚音愚音」を当てたり、空中に浮き上がる様子「ふわっ」に「浮和ッ」を当てたり、にっこり笑う様子を「破顔《ニィ》ィィ」と記すのも、一種の掛詞式擬音語・擬態語である。

漢字ばかりではなく、カナの擬音語・擬態語でも指摘できる。たとえば、バスケットボールのドリブルの音「ダムダムダムダムダムダム」（井上雄彦『SLAM DUNK』）には、話の展開上「無駄」の意味が掛けられているのではないかと思われる。また、満杯のコタツに、強引に入り込む様子を「ムリムリムリ」（小林賢太郎『HanaUsagi』）としているが、「無理」という意味をかけた擬音語ととることができる。

さらに、話のオチに使ったことが明らかなコミック例もある。二階堂正宏『極楽町一丁目　嫁姑地獄篇』の一話である。病の床でお姑さんがお嫁さんに言う、「きょうは　天井が食べたいわ」。お嫁さんはすかさず天井近くの鴨居に跳び乗り、お姑さんの寝床めがけて「ドン」と跳び降りる。お姑さんは、ひらりと避け、お嫁さんに言う、「まさか　天井から　ドンで　天井って　いうんじゃ　ないでしょうね」。

コミックでも、言葉遊びを中心にするストーリーでは、掛詞式の擬音語も使われている。文字メディアも、コミックも、ウイットを中心とするものであれば、掛詞式の擬音語は用いられ、差がないのである。

10　リズム機能は、かなわない

では、リズム機能はどうか？　文字メディアは、先にも述べたように、時間の流れに沿って享受される媒体である。そもそも音楽のように時間の流れを媒体自身の中に含んでいる。だから、擬音語・擬態語をリフレインさせることによって、音楽と同じようにリズムを生みだすことが出来る。

たとえば、宮沢賢治は、擬音語・擬態語の生み出すリズムを積極的に利用して童話を書いている。『雪渡り』という作品では、雪沓での足踏みの音「キック、キック、トントン。キック、キック、トントン」、あるいはその変形を作品の随所に繰り返し用いて、独特のリズム感を造り出している。

　キックキックトントンキックキックトントン

　　凍み雪しんこ、堅雪かんこ、野原のまんじゅうはぽっぽっぽ

　　酔ってひょろひょろ太右衛門《たえもん》が　去年、三十八たべた。

　キックキックキックキックトントントン

という具合である。「凍み雪しんこ」にはじまって、「去年、三十八たべた」に終わるおかしな歌の前後に、「キックキックトントンキックキックトントン」などの足踏みを写した擬音語が配されて、作品にリズム感を与える。「キックキックトントンキックキックトントン」などとリフレインされた擬音語は、読後にも鮮やかなリズムとなって脳裡で反復されている。

同じく宮沢賢治の『シグナルとシグナレス』では、電車の音を写す「ガタンコガタンコ、シュウフッフッ」や

「ゴゴンゴーゴー」を繰り返すことによって、リズム感を生み出している。『オツベルと象』でも、前半は「のんのんのんのんのん」という稲扱き機械のまわる音を、後半は「グラアガア、グラアガア」という象の怒りの鳴き声を、繰り返し使って、心地よいリズムを造り出している。

詩人は、リズム感を出すために擬音語・擬態語を積極的に利用している。たとえば、谷川俊太郎はこう歌う。

かんからかんの　すっからかん　こーらのあきかん　けっとばせ　おひさま　かんかん　とんちんかん　かん
からかんの　すっからかん　かんかんならせ　どらむかん　じかん　くうかん　ちんぷんかん

（「あきかんのうた」『わらべうた』集英社、一九八一年）

工藤直子の詩も、リズム感を生み出すために擬音語・擬態語を使用して、こんな詩を読む。

そより　かぜがふいている
ひらり　はながゆれている
はらり　ゆめがひらいたね
ふわり　まるいねむりだよ

（「すみれいろのこもりうた」『のはらうたⅣ』童話屋、二〇〇〇年）

コミックでは、こうしたリズム感を獲得するために使われる擬音語・擬態語は見当たらない。たとえば、コミックでは、「図22」に見たような繰り返しは見られるのだが、それは文字メディアに見るようなリズム感を形成するものではない。臨場感をあげるための繰り返しである。この他、コミックでは、荒い息遣いの音「ゼーハーゼーハー…」や心臓の音「ドキドキドキドキ…」が画面いっぱいに繰り返されているときもある。いずれも、快いリズム感を形成するものではなく、読者に臨場効果を与えるための繰り返しである。

ある発音を一定の間隔で繰り返すことによって生じるリズム効果は、文字を連ね、それを声に出して読むこともある文字メディアにこそ、必要なものである。コミックを音読することがないのは、コミックにリズム効果が期待されていないことの証でもある。

11　おわりに

コミックにおける擬音語・擬態語は、文字メディアのそれとどこか違うという印象を長い間抱いてきた。しかし、どこが違うのか見当が付かなかった。同じ擬音語・擬態語なのだから、違うはずはないと思ってみたりもした。けれども、文字メディアは基本的には時間の流れの中に展開する文字媒体であり、コミックは基本的には絵という映像媒体であることに思いをいたしたときに、違いが鮮明な形をとって現れてきた。

文字メディアの擬音語・擬態語とコミックの擬音語・擬態語は、ともに、場面に音響効果と感覚性を付与する点では共通している。また、感覚性とは逆の知的遊戯である掛詞機能も、共通している。

しかしながら、コミックの擬音語・擬態語は、文字メディアの得意とするリズム機能を発揮することがない。コミックには絵があり、声に出して味わう媒体ではないからである。

一方、コミックの擬音語・擬態語は、文字メディアのそれにはない機能を備えていた。時間の流れを作り出し、ストーリーの展開を担う重要な機能である。さらに、コミック特有の造語法を駆使して実にたやすく擬音語・擬態語を造り出して、滑稽感を呼び起こしたり、迫力を与えたりする機能もあった。絵柄では十分ではない心理描写も、擬音語・擬態語がみごとに請け負い、登場人物の心理をいささか誇張して示し、笑いを誘っていた。臨場効果を高めるための文字の工夫は、文字メディアの擬音語・擬態語のなしえぬ技であった。そのうえ、コミックは、擬音語・擬態語の効果を知り尽くしたうえで故意にそれを使わないことによって、スローモーションビデオ効果を出す技まで駆使していた。

コミックの擬音語・擬態語の機能は、文字メディアのそれとは明らかに違っていたのである。

日本のコミック文化が世界にぬきんでて繁栄を誇っている要因の一つは、擬音語・擬態語という言語が日本語に豊かに存在したことにある。コミックは、豊富に存在する擬音語・擬態語に眼をつけ、文字メディアとは違った重要な役割を与えつつ、成長してきた。擬音語・擬態語は、今やコミックには欠くことのできない必須アイテムとしての地位を確立させている。日本が、コミックで世界に名を上げたのは、偶然のことではなかったのである。

注

（1）寿岳章子「まんがの文体」（『言語生活』167号、1965年8月）
（2）草森紳一「擬声語・擬態語の論理」（『COM』1968年3月、『マンガ批評大系』3巻・平凡社・1989年にも収録）
（3）鶴岡昭夫「漫画の語彙」（『現代の語彙』講座日本語の語彙7・明治書院・1983年）
（4）日向茂男「マンガの擬音語・擬態語（1）～（6）」（『日本語学』5巻7号・1986年7月～5巻12号・1986年12月）
（5）糸井通浩「文体としてみた『マンガのことば』」（『日本語学』8巻9号、1989年9月）
（6）越前谷明子「マンガの擬音語・擬態語―作家にみる―」（『日本語学』8巻9号、1989年9月）
（7）四方田犬彦「オノマトペの問題（1）（2）」（『漫画原論』ちくま学芸文庫・筑摩書房・1999年所収）
（8）四方田犬彦は、注（7）に示した論の中で、同じ格闘物なのに、『鉄人28号』と、それから25年後に出た『北斗の拳』では、擬音語・擬態語の使用率と種類に大きな差があることを明らかにしている。

（9）この事情については、小嶋孝三郎『現代文学とオノマトペ』（桜楓社・1972年10月）に詳しく報じられている。

（10）むろん、文字メディアでも、ユーモアを狙った文学では擬音語・擬態語に滑稽感を求める場合があるが、コミックのそれには及ばない。

（11）時枝誠記『文法・文章論』（岩波書店・1975年）

（12）この機能については、すでに、山口仲美「古典の擬音語・擬態語―掛詞式の用法を中心に―」（『日本語学』5巻7号、1986年7月。本著作集5『オノマトペの歴史1　その種々相と史的推移・「おべんちゃら」などの語史』にも同タイトルで収録）、山口仲美「掛詞《かけことば》で楽しむ擬音語・擬態語」（『犬はびよと鳴いていた―日本語は擬音語・擬態語が面白い―』光文社・2002年8月。本著作集6『オノマトペの歴史2　ちんちん千鳥のなく声は・犬は「びよ」と鳴いていた』にも同タイトルで収録）で詳しく述べている。

擬音語・擬態語　二〇のコラム

1　オランダ鶯は何と鳴く？——落とし話と擬音語——

室町時代から、鶯を家で飼うことが大流行《おおはや》り。江戸時代でも、この伝統は受け継がれ、金持ちは高価な鶯を買い求めた。以下は、そんな時に生じたちょっと間抜けな笑い話。江戸時代は、ご存じのように日本は鎖国をしていた。通商を許されていたのは、ヨーロッパではオランダだけ。だからオランダ語通訳者が大変もてた。

さて、あるところに裕福な旦那がいた。豪邸に客がやって来た。主人は得意そうに客に言う。「まあまあ、お上がりください。実はオランダの鶯を手に入れましてね。ちょっと見てください。」

主人は客を奥座敷に案内する。すると立派な鳥籠にオランダの鶯が二羽もいるではないか。客はその豪勢ぶりに驚いて言った。「いやはや、たいしたもんですなぁ。オランダの鶯が二羽もいる。」

主人は得意満面。すると一羽の鶯が鳴いた。「スッペラポー」。客は、その声を聞いて再び感心して言った。「さすがオランダの鶯は鳴き声も違う！」。するともう一羽の鶯も鳴いた。「ホーホケキョー」。客はそ

籠の中には鶯がいる。高値で仕入れた鶯は何と鳴いたのか？　（窪　俊満「鶯」部分、東京国立博物館蔵）

の声を聞いて恐る恐る聞いた。「もしや、これは日本の鶯では？」。主人は、答えた。「これは通訳ですよ。」

江戸の笑話集『そこぬけ釜』に出てくる話。オランダの鶯が「スッペラポー」と鳴き、それをもう一羽のオランダの鶯が「ホーホケキョー」と日本語に通訳して鳴いてみせたと主人はいう。だが、そもそもオランダに鶯はいない。また、「スッペラポー」は、オランダ語ではなく、現在の「すっからかん」に近い意味の江戸語「スッペラポン」のもじり。主人は、「鳴き損ない」の鶯をオランダ鶯と言いくるめられて、大枚をはたいて買ってしまったのだ。おめでたき主人を揶揄するかのごとく、鶯は「スッペラポー」と鳴いている。

2　音は社会を映し出す——擬音語が語るもの——

擬音語は、その時代にどんな物があったかを知らせてくれる大事な言葉。たとえば、現在の物音を写す擬音語と三〇年前のそれとを比較してみる。すると、三〇年前には頻出した擬音語なのに、現在では、ほとんど使用されないものが出てくる。「建てつけの悪いドアをあけ、ガタピシと鳴る階段をあがって」（朝日新聞・一九七二年九月一四日）。「ガタピシ」は、三〇年前には実に良く用いられた擬音語である。あの頃は、木造の安普請の建物が多く、玄関の戸も雨戸も階段も始終「ガタピシ」鳴っていた。また、三〇年前には、「ゴットンゴットン」と重そうに走る電車の音、「カッポカッポ」という馬の蹄の音、「カランコロン」という下駄の音、茶の間に響く「カッチカッチ」「チクタク」というぜんまい時計の音が、聞こえる。これらは、現在ではほとんど使用されない擬音語になった。そうした物音を立てる物が無くなったからである。

代わりに現在では、車の音や電子音を写す擬音語が氾濫している。「シフトダウンのときはコンピュー

玄関のチャイムが鳴った。「ピンポーン」（©うえやまとち『クッキングパパ』、講談社）

タが自動的にダブルクラッチを踏んで『クオォン！』と中吹かしまでしてくれて」(SPA!・二〇〇〇年一二月二七日号)。「ブロロロ」「ヴオンヴオン」「ババババ」と、車のエンジン音を写す擬音語があふれ返っている。さらに、玄関では電子チャイムの音「ピンポーン」が鳴り、台所では電子レンジが「チン」と音を立てる。携帯電話やリモコンを操作すれば必ず「ピッ」「ピピッ」と電子音を発する。人の心を癒すロボット犬まで誕生し、「ピロピロピー」と電子音を発して鳴いている。デジカメは、「チロリン」と電子音を発して盗撮防止の合図をする。こうした擬音語は、車社会・電子文明社会に色づけられた現代という時代を見事に映し出している。

3　もとは擬音語！——名前のルーツ——

擬音語は、とかく幼稚な言葉と思われがち。だが、実際は、言葉のルーツにかかわる重要な言語。まずは、「たたく」「ふく」「すう」という動詞。これらの語は、それぞれ「タッタッ」「フー」「スー」という擬音語をもとにして作られた語である。末尾の「く」は、動詞化するための接辞。

動物の名前も擬音語に由来するものが多い。カラス、ウグイス（昔はウグヒス）、ホトトギス、カリ。みな擬音語からできた鳥の名前。カラス・ウグヒス・ホトトギスは、鳴き声を写す擬音語「カラ」「ウグヒ」「ホトトギ」に、鳥であることを示す接辞「ス」が付いてできた名前。カリは、鳴き声を写す「カリカリ」が、そのまま名前に。ネコやヒヨコという名前も、擬音語から。ネコは、「ネーネー」鳴く可愛い「コ」、ヒヨコは「ヒヨヒヨ」鳴く可愛い「コ」である。「コ」は、可愛いものにつける接辞。

植物の名前も、擬音語に由来するものがある。ペンペン草とタンポポ。ペンペン草は、莢《さや》の形が三味線の撥《ばち》に似ていることから、三味線の音を連想して名づけられた。ペンペンは三味線の音色を写す擬音語で

タンポポ遊びの女の子。糸を通して手にもっているのは、タンポポの茎。茎の両端を裂いて水につけたもの。鼓の形に見える。（写真：高橋光行）

ある。タンポポも、鼓の音を写す擬音語に由来すると推測される。掛け声とともに打ち鳴らされる小鼓の音は、「タン」とか「タッ」と強く高らかに鳴り、「ポ」と低く暖かい音色を発する。小鼓の演奏を口で唱えて覚える時の楽譜も、高く強い音は「タ」、低く強い音は「ポ」で表す。タンポポという語が現れるのは、小鼓の活躍した室町時代から。また、タンポポ遊びで茎の両端を細く裂いて水につけると、反り返ってまさに小鼓の形。つまり、形が楽器を思い起こさせ、楽器の音色を表す擬音語が、植物の名前になったのである。

4 国によって異なるのは、なぜ？——世界の擬音語——

たとえば、鶏は、どこの国でも似通った声をあげている。にもかかわらず、それを写す擬音語は国によって違っている。

日本語では、いうまでもなく「コケコッコー」。英語では「cock-a《コックワ》-doo-dle-doo《ドゥードゥルドゥ》」、フランス語では「coquerico《コクリコ》」「cocorico《ココリコ》」、ドイツ語では「kikeriki《キーキリキー》」、イタリア語では「chicchirichì《クックルクー》」、ロシア語では「kykapeký《クカレクー》」。おとなりの韓国では「kokiyo《コッキョー》-koko《ココ》」。中国では「gēr《ゲル》 gēr《ゲル》 gēr《ゲル》（咯儿咯儿咯儿）」と、かなり変わっている。私は、中国でしばしば雄鶏の声を耳にしたが、常に「コケコッコー」と聞こえ、ついに「ゲルゲルゲル」とは聞こえなかった。東南アジアに行くと、タイでは「ek《エッ》 ï《イッ》 ek《エッ》 ek《エッ》」と、これまた相当の変り種。インドネシアの中部ジャワでは、「ku-ku-ru-yuk《クククルユッ》」、ジャワ島西部では「kong-ke-ro-ngo《コンケロンゴ》」となる。ベトナムでは、「アアア・アアア」とターザンの叫び声のように聞くと言う。

こんなふうに同じような声や音を聞いても、国によって異なる擬音語で写すのは、なぜか？　擬音語は

日本の鶏は「コケコッコー」と鳴く。だが、他の国では何と鳴く？　（葛飾北斎「群鶏」団扇絵、東京国立博物館蔵）

「物まね」ではないからである。「物まね」だったら、実際の声や音をそっくりまねればいいから、世界各国共通ということも起こる。

しかし、擬音語は「言葉」である。だから、それぞれの国の「言葉に使う発音」で写しとらねばならない。さらに、どの発音が実際の音や声に近いと感じるかは、その言語の使用者の感性に任されている。

日本人には不思議に思える「ゲルゲルゲル」も、「エッイッエッエッ」も、その言語を使っている人間にとっては、実際の鶏の声に最も近い言葉だと感じられるのである。いずれにしても「物まね」ではないから、どの国の擬音語でも、実際の声や音からはズレているが、やむをえない。

5　猿は「ココ」と鳴いていた
―擬音語と文化史―

猿の声は、ふつうは「キャッキャッ」。絵本『桃太郎』でも、猿は「キャッキャッ、おともいたしましょう」と言うし、『猿蟹合戦』でも、猿は「キャッキャッ」と鳴いて戦っている。だから、私たち現代人は、猿の声は、ずっと昔から「キャッキャッ」だと思っている。

ところが、ずっと歴史を遡ってみると、猿は「ココ」と鳴いていた！　奈良時代に『常陸国風土記』が書かれている。今の茨城県の地誌・物産・伝承などを記した書物。久慈郡の記述にこうある。

郡の役所から西北二〇里のところに河内の里がある。もとは、古古《ここ》の村と言った。猿の声を「ココ」というところからついた名前である。

猿の声は、「ココ」。猿は餌を食べている時、「コーコー」という声を発する。「ココ」は、そんな平和な満足した時の猿の声を写す擬音語なのだ。

しかし、室町時代から猿の声を写す言葉は「キャッキャッ」に変化している。当時栄えた狂言に登場す

猿は満足すると、何と鳴く？　（写真：PIXTA）

る猿たちは、すべて「キャキャ」「キャッキャッ」「キャアキャア」と、「キャ」の音で鳴いている。

一体、どうしたことなのか？　猿は、十数種類の鳴き声をもっている。相手をおどす時は「グガッ」、威張りたい時は「ガッガッガッ」、緊急事態発生の時は「ギャン」、恐いと思った時は「キャッキャッ」。何のことはない、「キャッキャッ」は、猿の恐がる声を写した擬音語なのだ。

実は、室町時代から、日本人は猿をペットとして飼い始めている。紐で繋いだり檻に入れたりして飼い、さらには、芸をしこんで商売をすることも始まった。そんな猿が最も多く出す声は、「キャッキャッ」と聞こえる声であったのである。

人間と猿の関係史が、猿の声を写す擬音語の変化に見事に映し出されている。

6　擬音語好きの一茶さん
―俳句と擬音語―

たった十七字からなる俳句。その中に擬音語・擬態語を詠み込んで句作をするのが大好きな俳人がいる。一茶である。

艸《くさ》そよそよ　簾《すだれ》そより　そよりかな

一句の中に、「そよそよ」「そよりそより」という二つの擬音語を使っている。一句の中に二語も擬音語・擬態語を詠み込む俳人は滅多にいない。そもそも、一句の中に擬音語・擬態語を一回だけ使うのですら、芭蕉や蕪村はきわめて慎重。擬音語・擬態語を使った句数の割合を比較してみると、一茶は、芭蕉の五倍、蕪村の八倍も多く使用している。さて、擬音語・擬態語好きの一茶は、一体どんなふうにそれらを使って作句していったのであろうか。

むまそうな　雪がふうはり　ふはりかな

「ふはりふはり」なら、何の変哲もない一般的な擬態語。でも、一茶は、上の語を「ふうはり」と長音

むまそうな　雪がふうはり　ふはりかな　（歌川広重「江戸名所 雪」団扇絵、東京国立博物館蔵）

を入れて強調し、下の語「ふはり」と対比させることによって、空から落ちてくる雪の速度と重量の違いを感じさせる句に仕上げている。

松虫や　素湯《さゆ》もちんちん　ちろりんと

鉄瓶で湯の沸く音は、普通は「ちんちん」。それを「ちんちんちろりん」と聞いて、松虫の鳴く音に通わせ、鉄瓶と松虫の二重奏に仕立てたユーモラスな句。一つの擬音語に二種の音や声を掛けている。

ここここと　雌鳥《めんどり》呼ぶや　下すずみ

樹の下で涼もうというのだろうか、「ここだよ、ここだよ」と雄鶏が雌鶏を呼んでいるという意味。雄鶏の鳴き声「ここここ」を、「ここ」と相手を呼び寄せる言葉に掛けて聞き、人間味あふれる句にしている。こうした擬音語の掛詞《かけことば》的用法は、芭蕉や蕪村が決して使おうとはしなかった手法。狂歌の世界に通じてしまい、俳句の王道を歩む芭蕉や蕪村の好む所ではなかったのである。

7　発音が意味を表す
――擬音語・擬態語の特色――

擬音語・擬態語の特色は、発音が意味に直結していることである。「ぱちぱち」という擬音語は、「ぱちぱち」という発音が、小さくて堅い物がはぜる音や拍手の音を表しており、意味に直結している。

ふつうの言葉、つまり擬音語・擬態語以外の言葉は、発音と意味とが約束によって結びついている。たとえば、「歩く」という言葉では、「あるく」という発音が、「足を使って前に移動する」という意味に直結しているわけではない。「あるく」という言葉は、そういう動作を表すと約束したからできた意味である。つまり、「約束」という媒介を経て発音と意味とが間接的に結びついているだけなのである。だから、「約束」を変えれば違う結びつきも可能である。

ところが、擬音語・擬態語は発音と意味が直結しているから、発音と意味の結びつきを変更することができない。発音が意味を左右しているからである。

こうした擬音語・擬態語の性質は、次のような面白い現象をひきおこす。それは、ある音が一定の意味

どんどん水に沈み込む、「ずぶずぶ」と。「ぶ」の音に注目。　(©あさりよしとお『宇宙家族カールビンソン SC 完全版』、講談社)

に結びつく傾向である。たとえば、「きらきら」「さらさら」「ひらひら」という清音で表された語は、「ぎらぎら」「ざらざら」「びらびら」という濁音で表された語よりも、明るく澄んで軽やかな印象を持っている。

また、ある音がある意味の語には共通に用いられるということも起こる。たとえば、「ぶ」の音。「がぶがぶ」「げぶげぶ」「ざぶざぶ」「じぶじぶ」「しゃぶしゃぶ」「ずぶずぶ」「だぶだぶ」「どぶどぶ」と、二つ目の音に「ぶ」が来ると、すべて水や水分に関係のある音や様子を表す語になっている。二音節目の「ぶ」には、そうした意味を与える力があるのだ。こんな発見を次々にしていけるのが、擬音語・擬態語の魅力である。

8　鳴き声が言葉に聞こえる──「聞きなし」と擬音語──

いま、あなたが子供たちのために菓子作りにいそしんでいたとしよう。庭にコジュケイがやって来て鳴く。「ピーチョホイ、ピーチョホイ」。すると、その声が「なんか呉れっ、なんか呉れっ」と言っているように思えたといった経験はありはしないか。鳥の鳴き声を写す言葉には、このように人間の言葉に置き換えて聞く「聞きなし」もある。実際の鳥の鳴き声をできるだけ忠実に模写しようとする「擬音語」とは、若干性質が異なっている。

「擬音語」は、実際の鳴き声とそれを表わす言葉との間に音感の似寄りが感じられる。ところが、「聞きなし」は、両者の間の音感の類似よりも、言葉の意味を最優先させる。たとえば、ホオジロの声は、「チッチピーツツ　チチツツピー」などという擬音語で写せるが、「一筆啓上《いっぴつけいじょう》つかまつり候《そうろう》」と聞きなす。ツバメの声を「土食うて虫食うて渋《しぶ》ーい」、メジロの声を「長兵衛、忠兵衛、長忠兵衛」、ヒバリの囀《さえず》りを「一升貸して二斗取る、利《りい》取る利《りい》取る、利《り》に利《りい》食う、利《り》に利《りい》食う、後《のち》に流すー」と聞くのも、有名な「聞

「一筆啓上つかまつり候」と鳴くのは、どの鳥？　（ホオジロ：「日本の鳥百科」サントリー、ヒバリ・メジロ：『フィールド図鑑 日本の野鳥』文一総合出版）

きなし」。

地方によって異なる「聞きなし」もある。センダイムシクイの鳴き声を、長野県では「焼酎一杯ぐいー」、東京の檜原村では「四《し》っ丁《ちょ》五丁、ぎいー」、仙台では「鶴千代ぎみー」と聞きなす。さらに、「爺や、爺や、起きい」と聞きなす人もいる。

「擬音語」と「聞きなし」は、むろん截然と区別されるわけではない。のみならず、両者はたやすく「掛詞《かけことば》」の形で融合してしまう。たとえば、鶯の声。われわれは、「ホーホケキョー」を鶯の声の擬音語だと思っている。しかし、「法法華経」と鳴いているのだと思えば、「聞きなし」である。両者は、このように融合していることも多いが、「聞きなし」という意味優先の聞き方を意識しておく必要はある。

9　時代の価値観を表す——擬態語が語るもの——

私の若い頃と比べると、最近は耳にする擬態語が随分変わったと感じる。そこで現在の新聞・雑誌に見られる擬態語と三〇年前のそれとを比較してみた。

すると、三〇年前には慎み深くゆっくりとした様子を表す擬態語が頻出。たとえば「日曜日は特にごきげん。……夜は洋酒をちびりちびり」（日本経済新聞・一九七三年一月一四日）。「ちびりちびり」は、少しずつ、舐めるように飲んで楽しむ様子。「ちょこちょこ」「ちょこなん」「ちょびっ」「ちらちらっ」なども。いずれも、小刻みにわずかずつ遠慮っぽくなされている様子を表す擬態語。恋愛も、慎み深い。「川野君好みの加賀美人。ポーとして住所・氏名を聞きもらしたが」（サンケイ新聞・一九七二年八月二日）。「ポー」と、異性に顔を赤らめていた時代なのである。

ところが、現在は、こうした擬態語がほとんど出現しない。代わりに、過激で豪快さや手早さを表す擬態語が頻出する。たとえば、「ニュースをダダダッと読む」（朝日新聞夕刊・二〇〇一年一月九日）。「ダダダッ」

なんてうまいんだ。「わしっわしっ」食った。三人分のチャーハンだった。　（©うえやまとち『クッキングパパ』、講談社）

は、ニュースを矢継ぎ早にこなしていく様子を表す擬態語。「アツアツのご飯の上に……超長身アナゴが並行に並んだのをわしわし食うというのは初めてだった」（週刊現代・二〇〇〇年一二月九日号）。「がしがしと食らいつく」こともある。恋のテレパシーも体内から過激にやってくる。「会ったとき、体と心でビビビッときたんです」（日刊スポーツ・二〇〇〇年一二月六日）。「ビビビッ」は、電気的に訪れる恋のインスピレーションの形容。怒りは「ぷっつん」、悲しさは「うるうる」と、おおっぴらに気持ちを表す。遠慮せずに、過激にすばやく豪快に行動することを良しとする現代を表しているのである。擬態語は、その時代の価値観を映し出す言葉なのだ。

10　一千年も生き延びる
―擬音語・擬態語の寿命―

擬音語・擬態語は、生まれてはすぐに消える語だと思われている。しかし、検討してみると、意外に長寿。普通の言葉の寿命と何ら変わりがない。

九〇〇年前の『今昔物語集』という説話集に見られる擬音語・擬態語を抜き出し、それらの語が現在どのくらい生き残っているのかを調査してみた。すると、なんと五三％の語が現代まで生き延びて活躍していたのである。

「季武《すえたけ》、河をざぶりざぶりと渡るなり」。これは、『今昔物語集』に見られる擬音語の例。「ざぶりざぶり」は、季武が幽霊の出るという河を豪快に渡っていく時の水の音。現在でも、こういう場合には「ざぶりざぶり」を用いる。「日のきらきらと指《さ》し入りたるに」は、『今昔物語集』の擬態語の例。「きらきら」は、日が差し込む様子や日に反射して物の光る様子に用いられており、現在と同じである。また、『今昔物語集』では、相手に気づかれないようにひそかに物の入ってくる音を「こそこそ」、湯漬けを口にかきこむ音を「ざぶざぶ」、物が散り落ちる様子を「はらはら」、鉢が回転しながら飛ぶ様子を「くるくる」、物の萎えるさまを「くたくた」と表現しており、現在と同様である。こうした例が、『今昔物語集』の擬音語・擬態語の五三％を占めたのである。

この他、わずかに変形された形で現在に継承されている語がある。たとえば、「あさましく臭《くさ》き尿《ゆばり》をさと馳せかけたりければ」に見る「さと」。現代では、「さっと」と促音「っ」の入った形で用いる。こうした語も現在に生き延びた語と考えると、五八％、つまり六割近くの語が一千年近い寿命を保っていることになる。

擬音語・擬態語は、決して流行語ではない。日本語の歴史を脈々と生き続ける日本人の心なのである。

女の幽霊におどされつつも、季武が河を渡る、「ざぶりざぶり」と。　『和朝　今昔物語　世俗部』（享保18年版本）実践女子大学図書館蔵（常磐松文庫）

11 伝統が残っている——方言と擬音語・擬態語——

方言には、共通語では忘れ去られた擬音語・擬態語が残っている。たとえば、「いがいが」。この語は、現在、徳島県美馬郡・新潟県佐渡郡・大阪府大阪市などでは、子供が泣いたり駄々をこねたりする声や様子を表している。赤ん坊そのものを「いがいが」と呼ぶ地方もある。

これらの「いがいが」「いが」は、いずれも平安時代の赤ん坊の泣き声「いがいが」に由来する。「児《ちご》の音《こゑ》にていがいがと泣くなり」（『今昔物語集』）のように、平安時代では赤ん坊の泣き声を「いがいが」という擬音語で表すのが普通であった。

また、奈良県吉野郡では、鹿の鳴き声を「かいよ」と聞くが、これも平安時代まで遡れる古い擬音語。『古今和歌集』には、「秋の野に　妻なき鹿の　年を経て　なぞ我が恋の　かひよとぞ鳴く」（巻一九）という歌がある。「かひよ」が、「甲斐よ」の意味を掛けた鹿の声である。このほか、蟋蟀《こおろぎ》の声「つうつう　つんづりさせ」（岐阜県の飛騨地方）、「つづれさせ　ちょっとさせ」（富山県砺波《となみ》市）、「針させ　つづりさせ」（群

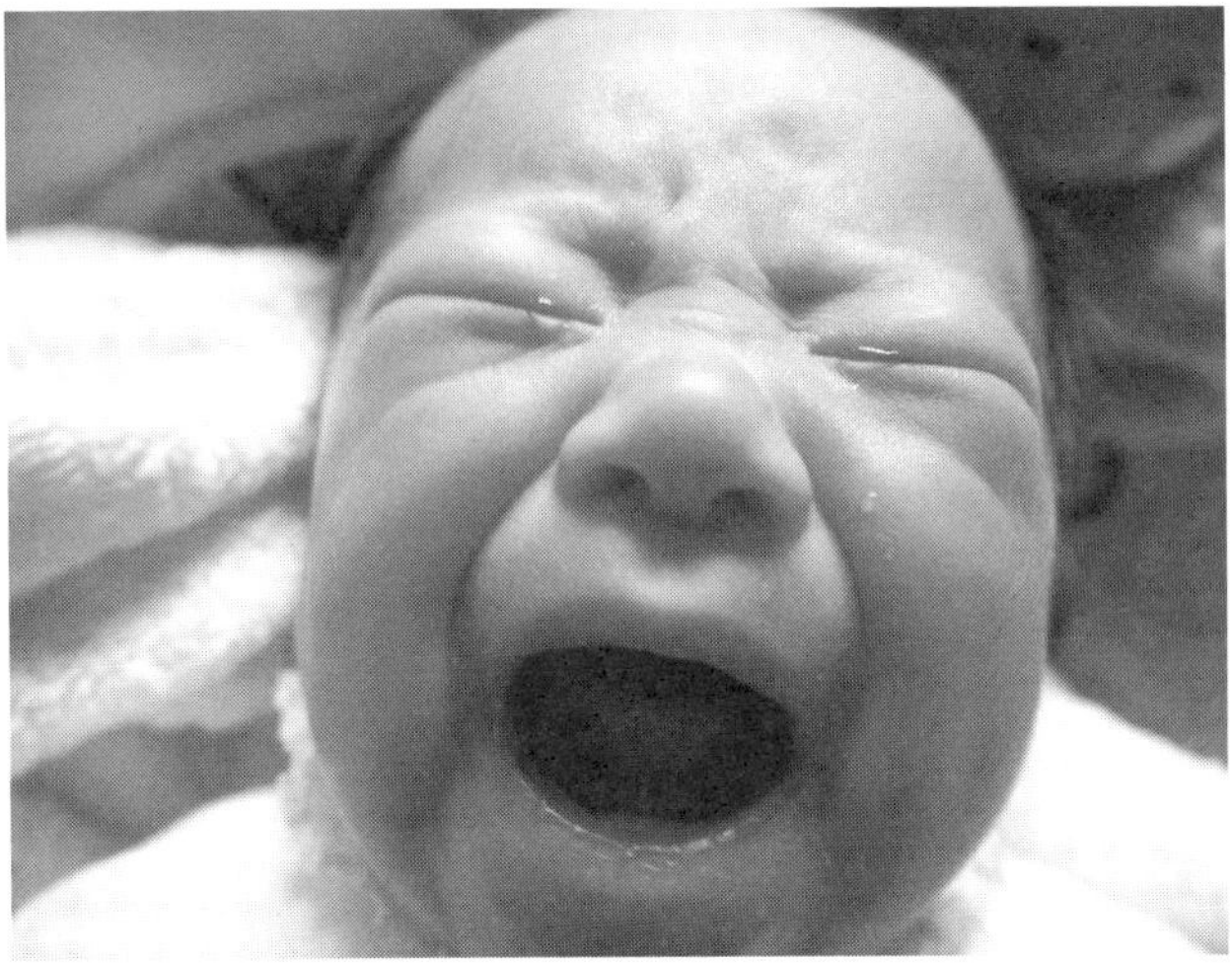

現代では赤ん坊の泣き声は「おぎゃおぎゃ」。だが、地方によっては昔の擬音語「いがいが」を使う。　（写真：西村安曇）

馬県）などに見る「つづり（れ）させ」にしても、平安時代から綿綿と継承されてきたもの。

擬態語にしても同様である。たとえば「ゆぶゆぶ」。この語は、新潟県佐渡では水分を含んで揺れ動く様子を表すのに用いているが、これまた平安時代まで遡ることができる。「一身ゆぶゆぶと腫れたる者」（『今昔物語集』）のように、水分を含んで「ぶよぶよ」になっている状態を意味している。「きろきろ」という擬態語も、新潟県佐渡では落ち着きなく目を「きょろきょろ」と動かす様子を表す擬態語。これまた平安時代に例がある。「目のきろきろとして」（『堤中納言物語』）のように。

方言には古い擬音語・擬態語が残存し、それに出会える楽しみは格別である。

12 掛詞の技法

――和歌と擬音語――

擬音語は、ふつう掛詞《かけことば》にすることはない。たとえば「閼伽《あか》（＝仏に供える水）たてまつるとて、からからと鳴らしつつ」（『源氏物語』）のように。「からから」は、金属製の杯の触れ合う音。他に何か別の意味が掛けられているわけではない。

ところが、和歌では擬音語を掛詞にして二重の意味を持たせる特殊な用法が見られる。たとえば、風にそよぐ稲葉《いなば》の音。

ひとりして　物をおもへば　秋の田の　稲葉のそよと　いふ人のなき
（『古今和歌集』）

「ただ一人で物思いにふけっているので、秋の田の稲葉が『そよ』と風に靡くように、『そうよ』と相づちを打ってくれる人もいない」といった意味。「そよ」は、葉擦れの音を表すと同時に女性のなよやかな相づち語「そうよ」の意味を掛けている。意味を二重に働かせたウィットに富む擬音語。

こうした掛詞式の擬音語は、とりわけ鳥や虫や鹿といった動物の鳴き声を写す擬音語によく現れる。た

鶯が鳴く、「人が来る人が来る」と。私は梅の花を見に来ただけなのに。
（歌川広重「梅に鶯」、村上浜吉氏蔵）

とえば、鶯の声。

むめの花　見にこそ来つれ　鶯の　ひとく
ひとくと　厭《いと》ひしもをる　（『古今和歌集』）

「私は、梅の花を見に来ただけなのに、鶯が『人が来る人が来る』と嫌がっているのは、どうしたことだ」といった歌。鶯の鳴き声「ひとくひとく」に、「人《ひと》来《く》人《ひと》来《く》」の意味を掛けている。

なぜ、和歌では、こうした掛詞式の擬音語が愛用されたのか？　和歌は、文字数が三十一字と限定されている。そこで最大限の効果を上げるには、こうした掛詞式の擬音語が打ってつけ。鳥や虫の鳴き声に己が心情を意味する言葉を重ねあわせ、重層的な効果をあげる掛詞式擬音語は、和歌の世界で洗練され、一つの技法になっていったのである。

13 擬態語で人物造型
―物語と擬態語―

擬音語・擬態語は、昔から場面を生き生きさせるために使うのが普通である。たとえば、「火の中にうちくべて焼かせ給ふに、めらめらと焼けぬ」のように。「めらめら」は、物の燃える様子を表す擬態語。場面に臨場感を与えるために使われている。

ところが、日本の誇るべき古典『源氏物語』では、全く違った使い方が見られる。登場人物を造型するために擬態語を使うのである。たとえば、女主人公・紫の上の最盛期の容姿は、「にほひ多くあざあざとおはせし盛りは、なかなかこの世の香りにもよそへられ（＝色香が溢れ華やかにお見えになった盛りの頃には、この世に咲く花の美しさにたとえられ）」と表現されている。「あざあざ」は、色彩が鮮明で目のさめるような派手やかさを意味する擬態語。『源氏物語』は、この語を紫の上という特定の人物の形容にだけ用いている。

また、「けざけざ」は、すっきりと際立つ美しさを表す擬態語であるが、これは、玉鬘という美人で賢い女性にだけ使っている。「おぼおぼ」は、ぼんやりしていることを表す擬態語。これは、正体のつかみ

「あざあざ」と美しかった紫の上。今は病に倒れ、夫の光源氏に今生の別れを告げている。（国宝「源氏物語絵巻」御法 絵 部分、（財）五島美術館蔵）

にくい浮舟という女性にだけ使用。「たをたを」「なよなよ」「やはやは」という擬態語も、いずれも特定の登場人物の人柄の形容にのみ用いている。つまり、『源氏物語』は、登場人物の人柄や容貌を描き分けるために擬態語を使うのである。

黒髪の形容にしても、光沢美を表す「つやつや」は、女主人公の髪だけに、こぼれかかる美しさを表す「はらはら」は、重要な脇役の女性の髪に、動きの美しさを表す「ゆらゆら」は、子供の髪に、という使い分けをしている。『源氏物語』以外の作品で、擬態語を使い分けることによって人物造型をしていく作品に私は接したことがない。『源氏物語』の非凡な言語操作の方法に舌を巻くばかりである。

14　口で唱える効果音——狂言と擬音語・擬態語——

室町時代から栄えた狂言ほど、擬音語・擬態語の活躍する舞台芸能は見当たらない。なぜ、狂言では、溢れるばかりの擬音語・擬態語が用いられるのか？　狂言は、滑稽感をかもし出して観客を笑わせくつろがせるために発達したセリフ劇。笑いをとるための王道は、物まね。とぼけた梟の鳴き声と仕草のまねを見所にする狂言『梟山伏』は、言葉の通じぬ外国人でさえ笑わせることができる。梟をはじめ、蚊・烏・鳶・鶏・千鳥・犬・猿・狐・牛の鳴き声を写す擬音語が、狂言では、笑いをとるための必須アイテムなのである。

さらに、狂言に擬音語・擬態語の多用される原因が、もう一つある。それは、擬音語・擬態語に状況説明の役割が負わされていることである。場面が良く変わるのに、狂言は大道具が全くない。家も、戸も。そんな舞台で、他人の家の玄関前にいることを観客に分かってもらうにはどうしたらいいのか？　演者が、戸を開ける仕草をして「サラ　サラ　サラ　サラ」と言うのである。これで、戸が開いた。では、戸を閉

「ヒッカリ　ヒッカリ」と口で唱えながら雷が落ちてきた。　（『絵入続狂言記』針立雷、筑波大学附属図書館蔵）

めるには？　戸を閉める仕草とともに「サラ　サラ　サラ　サラ　パッタリ」と言えば、戸が閉まったのである。

　また、雷が地上に落ちてくる場面では、演者が口で唱える。「ヒッカリ　ヒッカリ、グヮラリ　グヮラリ、グヮラ　グヮラ　グヮラ　グヮラ　ドー」と。照明があれば、稲光の効果を受け持ってくれる。効果音があれば、雷の大音響を響かせることができる。でも、狂言の基本は、セリフ劇。あくまで仕草と口で唱える擬音語・擬態語だけで状況説明を行わねばならない。

　酒樽から酒を注ぐときも「ドブ　ドブ　ドブ　ドブ」と演者がセリフとして言う。まさに、口で唱える効果音。狂言は、擬音語・擬態語がなければ成り立たない舞台芸能なのである。

15　オノマトペの創造
―詩と擬音語・擬態語―

オノマトペ（＝擬音語・擬態語）を多用する詩人は、北原白秋、宮沢賢治、草野心平、萩原朔太郎など。ここでは、オノマトペ使いの名手、萩原朔太郎に注目して、詩のオノマトペを作り出す方法を探ってみたい。

　こんもりとした森の木立のなかで
いちめんに白い蝶類が飛んでゐる
むらがる　むらがりて飛びめぐる
てふ　てふ　てふ　てふ　てふ　てふ　てふ
みどりの葉のあつぼつたい隙間から
ぴか　ぴか　ぴか　ぴかと光る　そのちひさな鋭どい翼
いつぱいに群がつて　とびめぐる　てふ　てふ　てふ　てふ　てふ　てふ　てふ　てふ　てふ　てふ
てふ　てふ

（「恐ろしく憂鬱なる」）

「てふ　てふ　てふ　てふ」は、無数の蝶が厚ぼったい羽根を打ち震わせる空気の振動音を表すオノマトペ。生きものの臭いのする鱗粉まで飛んで来るような錯覚さえ起こさせる。これほど見事なオノマトペ「てふ」は、考えてみると、もともとは歴史的仮名遣いで書いた蝶のこと。つまり、物の名前を表す名詞にすぎない。朔太郎は、いわゆる物の名前を聞き、オノマトペに転用したのである。

無数の蝶の羽根を打ち震わせる音が聞こえてくる。「てふ　てふ　てふ……」。　（写真：PIXTA）

また、朔太郎は、「鶏」という詩で不思議な鶏の声を使っている。「とをてくう、とをるもう、とをるもう」と。鶏の時を告げる声は、現在では普通「こけこっこー」。だから「とをてくう」「とをるもう」は、とてつもなく奇妙な鶏の声に見える。しかし、これも、類似した鶏の声が既にある。一つは、方言に残る鶏鳴「とってこう」。一つは、江戸時代の鶏鳴「とうてんこう」。ともに、朔太郎の「とをてくう」に通じている。独創的な詩のオノマトペは、既成の言葉の見事な応用の上に成り立っている。

16 チントンシャン——楽器の音色——

江戸時代の子供の絵本として『舌きれ雀』がある。話の大筋は、現代の絵本「舌きり雀」と同じ。でも、細部は大いに異なっている。たとえば、雀たちが優しいお爺さんを歓迎してもてなす場面。雀たちは、当時大流行していた三味線を弾く。「ちちんてちちんてちんちり　ってつんちょん　ちりちりちりちり　つんてん」と。他の絵本でも、三味線の音が実によく見られる。「ちちんつんつん　ちてちりつん」「とちつて　ちんてんちん」などと。三味線のことを、その音色から「ちんとんしゃん」と呼ぶ時すらある。

一体、これらの三味線の音色「ちん」「とん」などは、どこから来ているのか？　「口三味線」である。三味線の旋律や弾き方を暗記するために、口で唱える楽譜である。「唱歌《しょうが》」とも。口三味線は、擬音語を基礎としてできている。だから、三味線の音色を写した擬音語としても十分通用するのである。

琴の音色「ころりんしゃん」も、唱歌からきたもの。三本の糸を高い音から低い音へ順に弾く旋律を「ころりん」。「しゃん」は、その次の低い音を、オクターブをなす音と合わせて弾く奏法のこと。

雀たちはお爺さんをもてなして槍踊りを披露する。三味線の音色も高く。
「ちちんてちちんてちんちり……」（『したきれ雀』（財）東洋文庫蔵）

また、江戸時代には、小鼓の音「ぽんぽん」「ぽんぽんちちぽぽぷぽぽぽ」、太鼓の音「てんてん」「てれつくてれつくすってんすってん」、大太鼓の音「どんどん」「どんどどん」、笛の音「ひゃあるらら　ひゃありつろひゃありつりつろ」、が見られる。これらの語は、実際の楽器の音を写しただけの擬音語だと思いがちであるが、すべて「唱歌」を踏まえている。

日本人は、旋律や弾き方を覚えるにも、単なる機械的な音名唱法ではなく、擬音語を使った唱歌を利用する。日本人は、根っからの擬音語好き。楽譜にまで、擬音語を取り入れ愛用している。

17 幸田文さんの文章
―小説と擬音語・擬態語―

奇妙なことなのだが、幸田文さんの文章は読後何十年経っても、身体的記憶となって残っている。何故なのか？

私は、小説『流れる』をぱらぱらと拾い読みし始めた。『流れる』は、花柳街で女中をしている梨花の視点から描かれた芸者屋の話。「薄気味わるくぞわりとして、おっかなおっかな聴けばまちがいだったが」。いわくつきの電話かもしれぬと怯えつつ受話器をとる梨花の気持が、「薄気味わるくぞわりとして」である。「ぞくっと」「ぞっと」ではなく、「ぞわりとして」なのだ。「ぞわり」とやられると、気味悪さが上から覆い被さった感じが付け加わり、読者への肌の刺激が増している。はは ん、ここだ。気をつけてみると、こういう箇所が至るところに存在している。

「いい齢《とし》をしてつまらない男にぴちゃぴちゃする」。「ぴちゃぴちゃ」？「いちゃいちゃ」だろう。だが、「いちゃいちゃ」と言わずに「ぴちゃぴちゃ」とやられると、年増が男といちゃついている時のいやらしい音まで聞こえてくる。読者は、耳まで刺激されて圧倒される。「がらり、とととと」かけこんだものがある」。動作が「がらり、とととと」という音で表現され、読者の聴覚に直接訴えてくる。

「対手《あいて》がぴかっとして、しかし平然と、『そうなんです。そのこと聞いてますか』」。対手が、図星を指されて「びくっと」と体を痙攣させる場面。「ぴかっと」といわれると、対手が一瞬稲妻の如き電気的なものを発したイメージを帯び、視覚に訴えてくる。読者に強烈な視覚効果を与える。

一本の傘の中で男と女は語り合う。女は芸者。「ぴちゃぴちゃ」している？（喜多川歌麿「相合傘」、東京国立博物館蔵）

幸田文さんの文章は、こんなふうに読者の五感を刺激しつつ進む。だから、我々は、何十年経っても、鮮烈な身体的体験として彼女の文章を思い出すのだ。擬音語・擬態語の効用である。

18　天狗が鳴いた――意表をつく擬音語――

狂言の台本『天狗の嫁取り』を読んでいた時、思わず目を見開いてしまうようなことに出くわした。天狗が鳴き声をあげていたのだ。犬の鳴き声を江戸時代までの日本人が「びよ」と聞いて来たことを知った時の驚きと同じくらい意表をつかれた。それまで天狗は真っ赤な顔に高く突き出た鼻を持った妖怪としか意識していなかった。天狗が、鳥のように鳴き声をあげるとは思ってても見なかったのである。

狂言は、言うまでもなく室町時代から栄えた舞台芸能。『天狗の嫁取り』は、天狗同士の結婚披露のめでたい様子を描いた狂言。宴を仕切るのは、長老格の大天狗。セリフの後に、大天狗は「ひいよろよろ」と鳴き声をあげている。家来たちは、「ひょうよろよろ」「ひいひいひ」。また、『婿入り天狗』という狂言でも、天狗たちが「ひいひい」の声をあげている。

一体これらの鳴き声は、何なのか？　『天狗の嫁取り』の台本をよく見ると、「ひいよろよろ」の声の下に小書きで「鳶の鳴き声のまねなり」と書いてある。鳶の鳴き声と同じなのだ。『柿山伏』という狂言には、鳶が登場する。その鳴き声は、天狗と同じく「ひいよろよろ」「ひいひい」。現代では鳶の声を「ぴーひょろ」とパ行音で聞くが、昔は「ひいよろ」とハ行音で聞いていた。だが、なぜ天狗は鳶の鳴き声をあげるのか？

比良山にすむ天狗。背中には鳶を思わせる羽根がつき、口も鳶の嘴そっくり。（『天狗そろへ』、三重県松阪市射和町蔵。『近世子どもの絵本集　上方篇』岩波書店より）

調べてみると、天狗と鳶との深い関係が浮かび上がってきた。平安時代末期の説話集に『今昔物語集』がある。そこでは、年功を積んだ鳶は天狗になり、逆に天狗の妖術が敗れると、羽根の折れた鳶になって死んでいる。江戸時代の絵本『天狗そろへ』でも天狗の背中には鳶の羽根を思わせる大きな翼が付いている。天狗が鳶の化身である証拠。だから、天狗の鳴き声は、鳶の鳴き声なのである。

19 視覚効果を生かしきる——コミックと擬音語・擬態語——

コミックは、視覚に訴えることができるというメリットを持っている。擬音語・擬態語も、その利点を最大限生かしている。どんなふうに表現しているのか？

日本語には、ひらがな・カタカナ・漢字・ローマ字という四種の文字がある。これを使い分けて効果をあげる。ひらがなは「ぬめ～」「ぐにょ」と、柔らかい感じの音や様子に、カタカナは「キーン」「ビシッ」と、鋭く強い感じの音や様子に、漢字は「愚《ぐ》音《おん》愚《ぐ》音《おん》」などと重くかたい感じの音に、ローマ字は「RRRRR」などと軽くおしゃれな感じの音や様子に用いる。文字の印象を巧みに利用している。

さらに、文字の大きさを変えて遠近感を出す手法も使う。「ヒタヒタヒタヒタ…」の語を、大きな字から小さな字にしていくことによって、忍者が音を立てずに忍び寄って来る感じを出す。

書体に工夫を凝らして、効果を狙うこともある。たとえば、尻尾を踏まれた猫の悲鳴は「ふぎゃああ……」。文字全てに棘を描き、いかに痛かったかを感じさせる。肉太の白抜きの字で「にこ～」とやって、

駅の構内に列車が入ってくる。「ゴォォーーー」。文字の大きさで遠近感を出している。　（©蛭田達也『コータローまかりとおる！』、講談社）

幸せ感を溢れさせる。「ビュー」の文字には、後引き線をつけてスピード感を出す。

また、絵があるからこそ成り立つ表現形式もフルに活用する。たとえば好きな女の子から愛の告白を受けた時の男の子の気持ちであれば、男の子の驚き顔の後ろに火山の爆発を描き、「どおかあああん」の語を配する。すると、男の子の爆発せんばかりの喜びの気持ちが巧みに表現されてくる。文字だけの世界では、こうはいかない。「彼は彼女に告白された。どおかあああん」では、唐突過ぎて、実際何かが爆発したと思われてしまう。

こんなふうに、コミックは視覚的な効果をフルに生かして、擬音語・擬態語に命を与えている。

20　擬音語・擬態語の型
―語型とその変遷―

擬音語・擬態語には、型があり、それが時代とともに変化する。ある時代だけに栄えて衰退してしまう型もあれば、どの時代にも頻用され、日本の擬音語・擬態語の基本型になっているものもある。左図は、それをまとめたもの。［ABAB］は、「がたがた」「くるくる」などの語を、［ABリ］は、「ふつり」「ぺろり」などの語を一般化してとらえた型であることを表す。線の太さは、その型の隆盛度を表している。

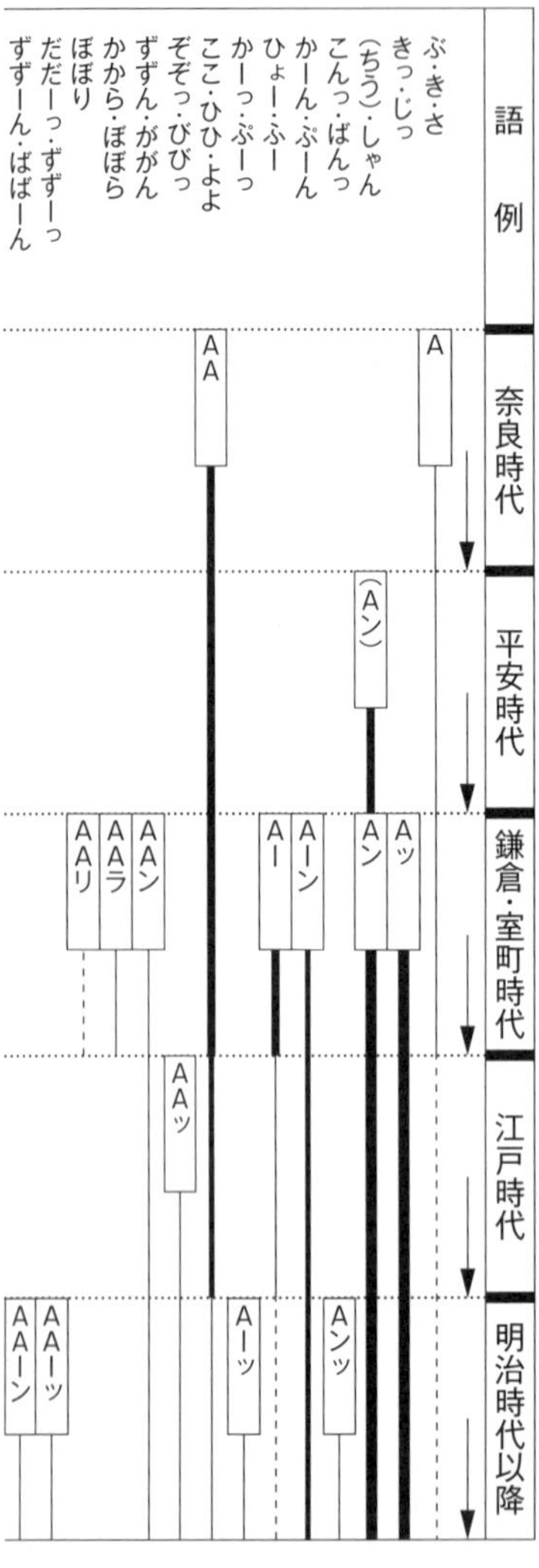

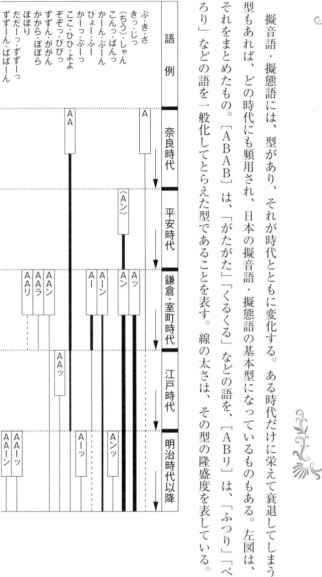

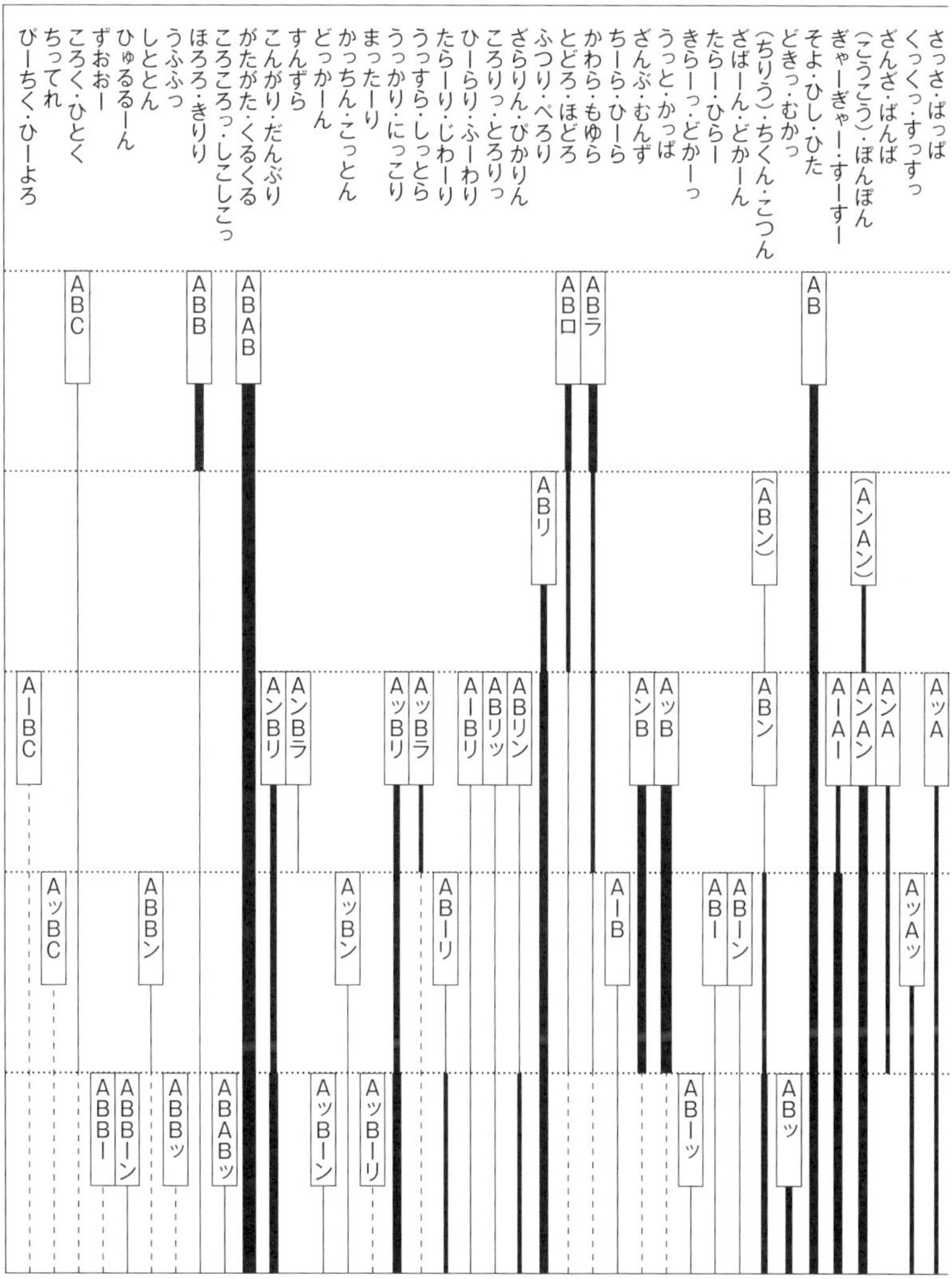

図は、山口仲美『犬は「びよ」と鳴いていた—日本語は擬態語・擬音語が面白い—』（光文社）からの転載。〈語例欄の（　）に囲まれた語の「う」の文字は、「ン」に近い音を表す〉

II

オノマトペの史的推移

動物の声を写す擬音語の史的推移

1　はじめに

擬音語の史的推移というと、語型の推移を思い浮かべるかもしれない。具体的には、森田雅子「語音結合の型より見た擬音語・擬容語―その歴史的推移について―」（『国語と国文学』三〇巻一号、一九五三年一月）に示されたような語型の推移である。擬音語・擬態語には、「ぎゃーぎゃー（AーAー）」、「どど（AA）」などの型があり、こういう型が時代によって推移していることを明らかにした論である。これが唯一の擬音語・擬態語群をターゲットにした大きな史的推移の跡をたどった論としてわれわれの記憶に残っている。

そのほか、擬音語・擬態語という語群をターゲットにした歴史的研究としては、作品・資料単位での追究がよくなされ、それぞれ成果を上げているが、[1] 奈良時代から現代までの擬音語・擬態語群の史的推移をたどった論はあまり見当たらない。[2] そもそも語の集合である語彙の史的推移は、どのようにしたら明らかになるのか、方法論が確立していない。そんななかで、どうしたら、擬音語・擬態語という語群の史的な推移をたどれるのか。

私は、長年携わって来た動物の声を写す擬音語群に関しては、史的推移が辿れそうな気がし始めた。というのは、鳥や虫や蛙や獣の声を写す言葉の歴史を個別に解明してきており、それらの個々の動物の声を写す擬音語の推移を総合してみると、大きな歴史のうねりが把握できるのではないかと思ったからである。

しかし、それらの個々の語史を総合する観点を、どこに置いたら、いいのか。ここでは「写実」と「聞きなし」という語の成り立ち方の違いを手掛かりにしてみたいと思う。個々の動物の声を写す言葉は、写実的な語か、聞きなし的な語かという観点から分類することが可能だからである。

2　「写実的な擬音語」と「聞きなし的な擬音語」

写実的な語というのは、動物の声を聞こえるままに、われわれの言語音に写しかえた場合である。たとえば、ニワトリの鳴き声を表す「コケコッコー」。ニワトリの鳴き声を写実的にわれわれの使っている言語音で写しているだけである。「コケコッコー」という言葉に何か別の意味があるわけではない。いわゆる「擬音語」とよばれる語群である。

聞きなし的な語というのは、動物の鳴き声を写す言葉を、別の意味ある言葉に掛けたり、当てはめたりする場合をさす。たとえば、腹をすかせたニワトリが鳴いた。「コメクレロー（米くれよ）」（童謡「梟と燕と鶏」）と聞こえる。「コメクレロー」の声は、意味ある言葉にあてはめてニワトリの声を「聞きなし」たものである。この聞きなし的な語の中には、掛詞的な語も含まれる。たとえば、滑稽な原稿を書きたいと思っていると、ニワトリが、「コッケイコー」と鳴いた。なんだ、「滑稽稿」と言ったではないかと、『西洋道中膝栗毛』（明治三年）にあるような掛詞として受け取る場合である。ニワトリの鳴き声に別の意味を掛けて聞いた場合であり、「コメクレロー」の聞き方と連続的である。別の意味が表面化している度合いに若干差異が認められるだけであり、聞きなし的な語に入れるのが自然である。

この聞きなし的な語は、従来、いわゆる「擬音語」からは除外されることが多い。しかし、聞きなし的な語は、①いわゆる「擬音語」と語形が同じであることも多い、②いわゆる「擬音語」とは派生関係である。これらの点から、「擬音語」の仲間に入れて考察してもよいものである。この稿では、両者を「擬音語」として取り扱うことにする。

写実的な擬音語か聞きなし的な擬音語かという語の成り立ち方の違いは、次のような語の性質や表現効果の違いに連なっていく。写実的な擬音語は、いわゆる「擬音語」であるから、感覚的な言葉である。「真闇《まつくら》な道の傍《はた》で、忽《たちま》ちこけこっこうと云う鶏の声がした。…こけこっこうと鶏がまた一声鳴いた。」（夏目漱石『夢十夜』）に見るように、「こけこっこう」は、直接ニワトリの声を耳にしたような気にさせる。われわれの感覚を直接刺激する言葉だからである。意味は反射的に分かる。こうした写実的な擬音語は、場面に生き生きした迫真性を与える。

それに対して、聞きなし的な擬音語「コメクレロー」や「コッケイコー」の場合は、一瞬「おやっ、何？」と思い、それから「ああ、ニワトリの声を面白く聞いた言葉ね」と納得する。一度、脳を通過して意識的に理解する言葉である。写実的な擬音語のように、直接感覚を刺激することはない。いわば、間接的。知的な操作を経て意識的に理解される言葉なのだ。言ってみれば、知的な面白さを持った言葉である。聞きなし的な擬音語は、機知で人をうならせる。

こうした違いを持つ「写実的」か「聞きなし的」かという観点から、動物の声を写す擬音語をとらえていったときに、どんな歴史的推移の跡が見られるのか。これを明らかにするのが、この稿の目的である。

3　具体的な用例は

それにしても、具体的な用例は、どこから抽出するのか。本稿では、次に示す①～③に登場する具体例を中心にした。①拙著『ちんちん千鳥のなく声は―日本人が聴いた鳥の声―』（大修館書店、一九八九年）、②拙著『犬は「びよ」と鳴いていた―日本語は擬音語・擬態語が面白い―』（光文社、二〇〇二年）、③拙著『新・にほんご紀行』（日経ＢＰ社、二〇〇八年）の「第二部オノマトペに遊ぶ」。

さらに次の④～⑥で、①～③には登場しなかった例の補充を行なった。④拙稿「音とことば―哀切な鳥声（1）―」（『日本語学』4巻3号、一九八五年三月）、⑤拙稿「古典の擬音語・擬態語―掛詞式の用法を中心に―」（『日本語学』5巻7号、一九八六年七月）、⑥拙稿「写声語の一性格」（『松村明教授古稀記念　国語研究論集』明治書院、一九八六年）。

拙著①②③は、一般書として書き下ろしたものであるが、もとは論文の形であったものが大半を占めており、信用できるデータを使っている。すなわち、動物の声の語史を解明するために用いた基礎資料は、日本古典文学大系（岩波書店）百巻に収録された古典作品である。その他、必要に応じて、日本古典文学大系には収録されていない作品・各時代の辞書類・方言集・動物関係の書物等を調査している。やや文学作品よりの調査から得られた用例であるが、大きな歴史的推移をたどることはできよう。

実は、①～⑥に取り上げた動物の声を写す擬音語を具体例にすると、私にとって分析しやすいというメリットがある。というのは、写実的な擬音語か聞きなし的な擬音語かは、擬音語ごとに固定しているわけではなく、ケースバイケース。たとえば、鎌倉・室町時代ではキツネの声を現代と同じく「コンコン」と写す。ところが、御伽草子の『木幡狐』の「コンコン」は、キツネの声だけを写した「写実的な擬音語」である。何か別の意味を担っているわけではない。一方、御伽草子の『のせ猿草紙』では、狐声「コンコン」に「来ん来ん（＝来よう来よう）」の意味を掛けて聞いており、「聞きなし的な擬音語」なのだ。

あるいは、江戸時代では、スズメの声を「チウ」系の語で聞くのだが、赤本『舌切雀』では、「写実的な擬音語」

であるのに対し、『続鳩翁道話』では、「忠」の意味を掛けて聞く。つまり、「聞きなし的な擬音語」なのだ。こんなふうに文脈によって判断しなければならない分析項目なので、一応文脈把握のすんでいる用例を用いると、分析が確実で早いという利点がある。こうして万全な用例ではないのだけれど、ひとまず私が過去に扱った①〜⑥に登場する具体例を分析の対象にすることにした。

なお、本稿で取り上げた動物の声は、カラス・ウグイス・ホトトギス・トビ・ヌエ・スズメ・フクロウ・キジ・チドリ・ウトウ・ガン・ニワトリ・ウズラ・ヒバリ・ハト・コノハズク・ワシ・センダイムシクイ・イヌ・ネコ・ネズミ・ウシ・ウマ・キツネ・モモンガ・サル・シカ・ヒツジ・セミ・コオロギ・ミノムシ・ハチ・カエルの声である。このほか、用例を収集してあっても、語史をたどるに至っていない動物の声は、ここでも省略してある。要するに、①〜⑥に現れた動物の声を写す擬音語を収集したものが、本稿で対象にした用例ということである。

早速、①〜⑥の著書・論文から動物の声を写す擬音語を抜き出してみる。合計四〇二種類の擬音語が得られる。内訳は、奈良時代に一三種類、平安時代に四七種類、鎌倉・室町時代に六八種類、江戸時代に一四六種類、近代（明治時代以降）に一二八種類である。これが、この稿でターゲットにした擬音語群である。奈良時代の用例は、現存する資料が少ないために少数であるが、おおよその傾向をつかむための参考資料にはなる。また、近代の用例が、江戸時代ほど多くないのは、①〜⑥の著書・論文がわれわれの予測可能な近代の用例を必要最小限の引用ですませたためである。では、以下順次時代ごとにいかなる擬音語が優勢なのかを明らかにしていこう。

4　聞きなし的な擬音語――奈良時代――

まず、奈良時代の用例を、「写実的な擬音語」と「聞きなし的な擬音語」に分類してみると、表1のような結果になる。用例の少なさを補う意味で、少々機能の異なる場合でも、すべて収集したのだが、わずか一三種類である。表でカタカナ書きの太字が動物の声を写した擬音語。その下の（　）内が動物の種類。その下の『　』が出典文献、その下が韻文の場合は「和歌」「歌謡」などとそのジャンルを示した。その箇所に何も書いてないのは、散文に見られる場合である。平安時代以降の表も同様な仕様である。

表1　奈良時代

写実的な擬音語	聞きなし的な擬音語
カカ（ワシの声）『万葉集』和歌。	**イ**（ウマの声）『万葉集』和歌・『播磨国風土記』、**イザワイザワ**（カラスの声）『日本書紀』、**カクシモガモ**（カジカガエルの声）『万葉集』和歌、**ココ**（サルの声）『常陸国風土記』、**コム**（キツネの声）『万葉集』和歌、**コロク**（カラスの声）『万葉集』和歌、**トキスギニケリ**（ホトトギスの声）『万葉集』和歌、**ヒヒ**（シカの声）『播磨国風土記』、**ブ**（ハチの羽音）『万葉集』和歌、**ホトトギス**（ホトトギスの声）『万葉集』和歌、**ホホキ**（ウグイスの声）『出雲国風土記』、**ム**（ウシの声）『万葉集』和歌。
1種類	12種類

表1から、奈良時代では、「写実的な擬音語」は、ただの一種。その他は、すべて「聞きなし的な擬音語」とみなせるような用例である。たった一種見られた「写実的な擬音語」は、次の歌に見られるワシの声。

筑波嶺に　**かか鳴く**鷲の　ねのみをか　鳴き渡りなむ　逢ふとは無しに　（『万葉集』三三九〇）

（＝筑波嶺でカカと鳴く鷲のように、私は泣き続けるばかりであろう、逢うということはなくて）

「かか鳴く」で一語の動詞となっているので、副詞として機能する一般的な擬音語ではないが、ここまで範囲を広げても、奈良時代では、動物の声だけを写実的に写したケースが少ない。

では、もう一方の「聞きなし的な擬音語」の例は、どのようなものか。奈良時代だけの特殊な例が含まれている。①動物の鳴き声を表す擬音語が、地名になっている場合、②動物の鳴き声を表す擬音語が、普通語（＝擬音語以外の語）になっている場合を含んでいるからである。①の例は、たとえば、

狩之時一鹿走㆓登於此丘㆒鳴。其声比々。故號㆓日岡㆒。（『播磨国風土記』賀古郡）

（＝狩りをなさった時に、一匹の鹿がこの丘に走り上って鳴いた。その声は「ひひ」。それで、この丘を日岡《ひをか》と名付けたのである。）

「日岡」という地名は、鹿の鳴き声「ひひ」に由来するという。鹿の鳴き声が、地名由来の説明に使われており、一種の掛詞的な擬音語と考えた方が自然である。少なくとも、場面に臨場効果をあたえる「写実的な擬音語」ではない。『常陸国風土記』では、同じように、サルの鳴き声「ココ」を、「古々邑《ここのむら》」の地名由来に使っており、『出雲国風土記』では、「ホホキ」というウグイスの鳴き声を「法吉郷《ほほきのさと》」という地名由来に使っている。

②の例とは、たとえば、次の歌に見られる。

たらちねの　母が飼ふ蚕の　繭隠り　いぶせくもあるか　妹に逢はずして　（『万葉集』二九九一）

（＝母が飼っている蚕が繭にこもるように、心が晴れないことだよ、あの娘に逢わずにいるから）

動物の鳴き声の含まれている箇所は「いぶせくもあるか」の部分。その箇所の原文は「馬声《い》蜂音《ぶ》石花《せ》蜘蟵《くも》荒鹿《あるか》」

と記されている。「馬声」と表記して「い」の音を表し、「蜂音」と表記して「ぶ」の音を表す。つまり、ウマの鳴き声「イ」とハチの羽音「ブ」という擬音語を、「いぶせし」という形容詞の「いぶ」を表すために使っている。こうした例も、場面に臨場感を与える「写実的な擬音語」というより、ウィットに富んだ「聞きなし的な擬音語」の用法に通じるものと考えた方が自然である。

同じく、ウシの声「ム」は、『万葉集』の歌の「猶《なほ》八《や》戊《まもら》牛鳴《む》（＝やはり見守ってゆくのか）」（二八三九）に用いられたもの。ウシの鳴き声が「ム」なので、「牛鳴」を「む」と読ませ、推量の助動詞「む」を表すために使ったものである。普通語の一部に寄与する擬音語であり、「聞きなし的な擬音語」の用法に通じるものとして扱った。

「聞きなし的な擬音語」には、こうした特殊な例を含んでいるけれども、その他の「聞きなし的な擬音語」は、かなり分かりやすい。カラスの声を「イザワイザワ（＝さあさあ）」と相手を促す言葉に聞きなしたり、ホトトギスの声を「トキスギニケリ（＝時期が過ぎてしまったなあ）」とか「ホトトギス（＝私はホトトギスですよ）」、カラスの声を「コロク（＝自分から来るよ）」[3]、狐の声を「コム（＝来るであろう）」、カジカガエルの声を「カクシモガモ（＝ずっとこうしていたい）」と、相手に教えたり、訴えたりする言葉に聞きなしている。いずれも、他者への働きかけのある開放的な聞き方であり、生活実感がにじみ出ている。

こうして、奈良時代の用例は多くはないが、「聞きなし的な擬音語」の多い時代といった傾向はつかめる。

5　聞きなしは和歌で愛用――平安時代――

では、次の平安時代はどうか？　表2をご覧いただきたい。表2から、写実的な擬音語は一三種類、それに対して聞きなし的な擬音語は、三四種類。(4) 聞きなし的な擬音語が、写実的な擬音語の約三倍。奈良時代と同じく、聞きなし的な擬音語が優位なのだ。

それにしても、なぜ、聞きなし的な擬音語が多いのか。表2の用例の下に記してある韻文に見られるか散文に見られるかを見ていくと、謎が解ける。聞きなし的擬音語は、圧倒的に和歌に用いられたものが多いからである。表2では分かりやすいように、用例の上に●を付したものが和歌に見られるものである。聞きなし的な擬音語三四種のうち、その七割強に当たる二四種が和歌に用いられたものであることが分かる。

一方、写実的な擬音語では、和歌などの韻文に用いられたものがわずか三種。残りの一〇種は「散文」に使われている。ということは、聞きなし的な擬音語は、和歌に関係して頻出するということである。奈良時代の表1を見ても、聞きなし的な擬音語一二種中、八種が和歌に用いられたものであるから、平安時代と同様な傾向と見てよい。

なぜ、和歌では、聞きなし的な擬音語が多用されるのか。和歌で使用できる音節数はわずか五・七・五・七・七の三一音節にかぎられている。限定された音節数の中で最大限の効果を引き出すために、和歌では掛詞・縁語・序詞など様々な技法を駆使する。聞きなし的な擬音語は、まさにこうした技法のうち掛詞に適合した。動物の鳴き声を写しつつ、己の心情も述べられるという甚だ効果的な掛詞として活躍できるのだ。たとえば、

蟬の羽の　薄き心と　言ふなれど　**うつくしや**とぞ　まづはなかるる　（「元良親王集」『新編国歌大観』巻三）

（＝蟬の羽のように情の薄い男だとあなたの親は言うようだけれど、僕は君が愛しいなあと思いだし、まずは涙がこぼれてしまう）」

の歌では、ツクツクボウシの鳴き声を「ウツクシヤ」と聞いて「愛しいなあ」という己の心情を重ね合わせている。聞きなし的な擬音語は、鳴き声と作者の心情という二つのものを同時に表すことのできる豊かな表現になる。だか

表2　平安時代

写実的な擬音語	聞きなし的な擬音語
イウ（ウマの声）『落窪物語』、**カカ**（カラスの声）『枕草子』、●**カケロ**（ニワトリの声）『神楽歌』歌謡、**コウコウ**（キツネの声）『今昔物語集』、**シウシウ**（スズメの声）『色葉字類抄』、●**ジジ**（スズメの声）『散木奇歌集』和歌、**ヌイ**（**メイ**の誤写か）（ヒツジの声）『悉曇要集記』、**ヒヨヒヨ**（ニワトリの雛の声）『枕草子』、**ビヨ**（イヌの声）『大鏡』・『悉曇要集記』、**ブブ**（ハチの羽音）『今昔物語集』、**ホロホロ**（キジの羽音）『大鏡』、●**ホロロ**（キジの羽音）『為忠家集』和歌、**ムモ**（ウシの声）『悉曇要集記』。	●**ウグヒス**（ウグイスの声）『承暦二年内裏歌合』和歌、●**ウクヒズ**（ウグイスの声）『古今和歌集』和歌、●**ウツクシヤ**（セミの声）『元良親王集』和歌、●**ウツクシヨシ**（セミの声）『散木奇歌集』和歌、●**カヒヨ**（シカの声）『古今和歌集』和歌・『和泉式部集』和歌、●**カリ**（カリの声）『後撰和歌集』和歌・『宇津保物語』和歌、●**カリカリ**（カリの声）『後撰和歌集』和歌、●**カリゾカリゾ**（カリの声）『古今和歌六帖』和歌、●**クツクツボウシ**（セミの声）『成尋阿闍梨母集』和歌・『小野宮右衛門督君達歌合』和歌、●**ケサノアサケナコ**[5]（ホトトギスの声）『類聚国史』和歌、●**コウコウ**（キツネの声）『散木奇歌集』和歌、**コトゴトシ**（ホトトギスの声）『江談抄』、**コトゴトシク**（モズの声）『俊頼髄脳』、●**シー**（ヌエの声）『袋草紙』和歌、●**シウシウ**（スズメの声）『風情集』和歌、**シウシウトウザウ**（スズメの声）『世俗諺文』、**シカシカ**（クマゼミの声）『蜻蛉日記』、●**シデノタヲサ**（ホトトギスの声）『古今和歌集』和歌、●**タヒラハチヨ**（ホトトギスの声）『日本紀略』和歌、**チチヨチチヨ**（ミノムシの声）『枕草子』、●**ツヅリサセ**（コオロギの声）『古今和歌集』和歌・『新撰万葉集』和歌、●**トモニチヨニ**（ホトトギスの声）『日本紀略』和歌、**ネウネウ**（ネコの声）『源氏物語』、**ヒー**（ヌエの声・推定による）『台記』、**ヒトク**（ウグイスの声）『大和物語』、●**ヒトクヒトク**（ウグイスの声）『古今和歌集』和歌・『蜻蛉日記』、●**ヒヨ**（ヒナドリの声）『宇津保物語』和歌、●**ヒヨ**（シカの声）『古今和歌六帖』和歌、**ホトトギス**（ホトトギスの声）『俊頼髄脳』、●**ホロホロ**（キジの声）『続詞花和歌集』和歌、●**ホロロ**（キジの声）『古今和歌集』和歌・『和泉式部続集』和歌・『清輔集』和歌、●**ヤチヨ**（チドリの声）『古今和歌集』和歌・『藤原隆信朝臣集』和歌・『後拾遺和歌集』和歌、**ヨイゾヨイゾ**（セミの声）『蜻蛉日記』、●**ヨル**（カリの声）『伊勢物語』和歌。
13種類	34種類

ら、奈良・平安時代の和歌によく使われたのだ。

しかし、和歌だからといって、時代を通じて、聞きなし的な擬音語が多用されるわけではない。現代の短歌を思いだしていただきたい。正岡子規の革新的な写生論の影響を受けて、短歌でも事物をありのままに直視して、文学的趣向を表現する手法が主流になった。つまり、掛詞などの技法は、無用の長物となってしまったのである。聞きなし的な擬音語は、掛詞の技法の中で活躍していたわけであるから、当然、聞きなし的な擬音語も使われなくなった。たとえば、現代短歌では、

墓原の　木立に暑き　蟬のこゑ　**じんじん**ときこえ　今日も久しき　（北原白秋）

と詠む。蟬の声が「ジンジン」と写されている。「ジンジン」には、平安時代のセミの声「ウツクシヤ」のように、何か別の意味が掛けられているわけではない。写実的な擬音語である。つまり、聞きなし的な擬音語を愛用するかどうかは、その時代のそのジャンルの価値の置き方に従っていることが分かる。

聞きなし的な擬音語を愛用する時代というのは、レトリックを好み、機知を働かせることに価値を見出している時代である。感覚的な真実よりも、知的な遊びを重んじる風潮のあった時代である。奈良・平安時代が、ともに、聞きなし的な擬音語を多用していることは、政権の所在地こそ違っているが、価値観を等しくする一続きの文化と捉えてもよいことを示唆している。

6　聞きなしに不安感が漂う

もう少し表2に見える平安時代の聞きなし的な擬音語にこだわってみよう。聞きなしであるから、どう聞くのか

に何らかの特色が現れるはずである。奈良時代では、すでに触れたように、他者への働きかけのある開放的な聞き方が見られた。ところが、平安時代の聞き方は、やや性質が異なる。どちらかというと、閉鎖的で不安感が漂っているのだ。

たとえば、ウグイスの声「ウクヒズ」。「憂く干ず（＝辛いことに乾かない）」の意味に掛けている。また、ウグイスの声「ヒトクヒトク」は、「人が来る人が来る」と聞いて嫌がっている聞きなしである。鹿の声「ヒヨ」は、「干よ（＝濡れ衣が晴れろ）」といった暗い情念に掛けられ、キジの声「ホロホロ」「ホロロ」やスズメの声「シウシウ」は、人が涙を流して泣く様子や声に掛けられている。また、雁の声「カリ」「カリカリ」「カリゾカリゾ」は、「仮り」の意味に掛け、この世がはかない「仮り」のものであるという意味に聞きなしている。

ヌエ（＝トラツグミ）の声の聞き方にも、不安な内面が現れている。当時、ヌエの声は、直接その鳴き声を書き記すことがはばかられるほど恐れられており、鳴き声そのものは記述されていない。しかし、ヌエの鳴き声をめぐる記述や史的推移の跡から、平安時代の聞き方は推測できる。(6) 平安時代の人々は、ヌエの声を「シー（死ー）」「ヒー（火ー）」と聞いていたのだ。だから、ヌエの声を聞くと、死を宣告されたように思い、直ぐに呪文を唱える。

よみつとり　わが垣もとに　鳴きつとり　人みな聞きつ　ゆくたまもあらじ　（『袋草子』巻四）

（＝私の家の垣根に鳴いている黄泉の鳥よ。お前の声は、私一人が聞いたのならいざ知らず、皆が聞いているのだよ。だから あの世に行く魂もあるまい）

などと。ヌエは、「黄泉つ鳥」とよばれ、死者の霊をよぶ不吉な鳥と信じられていた。また、藤原頼長の書いた日記『台記』にはヌエの声を耳にしてしまったので、占わせると、「火事と口論の前兆であるから、慎むように」と言われたことが記されている。ヌエの声が「ヒー（火ー）」とも聞かれていたからである。貴族たちは、ヌエの声を耳にすると、死や火事などの災難が降りかかると考え、必死で呪文を唱えたり、物忌みをして火災などの災難を逃れようとしている。

こんなふうに、平安時代の聞きなしは、当時の人々の自閉的で不安にとらわれやすい気持ちを写し出している。また、聞きなし的な擬音語には、ホトトギスの声を「タヒラハチヨ（＝平穏な世は永遠に）」「トモニチヨニ（＝お互いに永遠に）」と聞き、チドリの声を「ヤチヨ（＝八千年も永遠に）」と聞いている例がみられる。これらの聞き方は、この世の永続性を願う聞きなしで、一見、不安感とは無関係に見える。しかし、永続性の願いというものは、この世が定めないものと思っているからこそ生まれてくるものであり、不安感の裏返しにすぎない。これらの願いも、詮ずるところ人々の不安な精神状態を写しだしたものである。

以上のような、自閉的で不安な気持ちを写しだしている聞きなしは、二〇種に上っており、平安時代の特色と見ることができる。医学も発達しておらず、流行病でたやすく死にみまわれ、また夭折する人が後をたたない状況で貴族たちは絶えず生命の危険を感じ不安に駆られていたと察せられる。そんな彼らの気持ちが、和歌の聞きなしのあり方に写しだされているのではあるまいか。

7　写実的な擬音語の隆盛――鎌倉・室町時代――

では、次の鎌倉・室町時代ではどんな擬音語が多用されたのか。表3をご覧いただきたい。

鎌倉・室町時代になると、奈良・平安時代と形勢が逆転する。合計六八種の動物の声を写した言葉が見られるが、そのうち、聞きなしは二五種、それに対して、写実的な擬音語が四三種も見られる。写実的な擬音語が主流であり、

表3　鎌倉・室町時代

写実的な擬音語
●ウウ、ウウ、ベウベウベウベウ（イヌの声）狂言「二人大名」、**●キャアキャアキャア**（サルの声）狂言「靭猿」、**●キャキャキャキャキャ**（サルの声）狂言「靭猿」、**●キャッ**（サルの声）狂言「靭猿」、**●クククヮア　クククク**（ニワトリの声）狂言「鶏聟」、**●クヮイクヮイ**（キツネの声）狂言「釣狐」・狂言「寝代」・狂言「こんくゎい」、**●クヮイクヮイクヮイ**（キツネの声）狂言「こんくゎい」、**クヮウ**（キツネの声）『名語記』、**●クヮクヮクヮ　クヮックヮックヮッ**（ニワトリの声）狂言「鶏聟」、**ケイケイ**（キジの声）『日葡辞書』、**ケイケイ**（イヌの声）『古今著聞集』、**ケイケイホロロ**（キジの声と羽音）『名語記』、**ケンケン**（イヌの声）『日葡辞書』、**コウ**（キツネの声）『名語記』、**コウコウ**（キツネの声）『源平盛衰記』、**●コウコウコウコウ　コキャア　コウコウコウ**（ニワトリの声）狂言「鶏聟」、**●コキャアロウクウ**（ニワトリの声）狂言「鶏聟」、**●コッカヤッコー**（ニワトリの声）狂言「鶏聟」、**●コックヮクヮウ**（ニワトリの声）狂言「鶏聟」、**コンコン**（キツネの声）『宋版大般若経』・『木幡狐』、**シウシウ**（スズメの声）『名語記』、**シウシウ**（ネズミの声）『空華集』、**ジジ**（スズメの声）『ロドリゲス日本大文典』、**●チイチチイチ**（ネズミの声）狂言「福祭」、**●チリチリ**（チドリの声）狂言「千鳥」・「宇治のさらし」狂言小舞謡、**●トッテコウ**（ニワトリの声）狂言「鶏聟」、**ネウ**（ネコの声）『名語記』、**●ヒイ**（トビの声）狂言「柿山伏」、**ヒイ**（ヌエの声）『源平盛衰記』、**●ヒイー**（天狗の声＝トビの声）狂言「天狗の嫁取」、**●ヒイヒイ**（天狗の声＝トビの声）狂言「聟入天狗」、**●ヒイヒイヒ**（天狗の声＝トビの声）狂言「天狗の嫁取」、**●ヒイヨロ**（トビの声）狂言「柿山伏」、**●ヒイヨロヨロ**（天狗の声＝トビの声）狂言「天狗の嫁取」・狂言「柿山伏」、**●ヒイヨロヨロヒイ**（天狗の声＝トビの声）狂言「天狗の嫁取」、**●ヒイーヨロヨロヨロ**（トビの声）狂言「柿山伏」、**ヒヒ**（ヌエの声）『平家物語』・『源平盛衰記』、**●ヒョウヨロヨロ**（天狗の声＝トビの声）狂言「天狗の嫁取」、**●ビヨビヨ**（イヌの声）狂言「柿山伏」、**ヒヨロ**（トビの声）『雑談集』、**ホロロ**（キジの羽音）『名語記』・『日葡辞書』・『正治初度百首』和歌、**●モウ**（ウシの声）狂言「横座」、**ワウ**（キツネの声）『名語記』。
43種類

聞きなし的な擬音語
ウトウ（ウトウの声）謡曲「善知鳥」・お伽草子『鴉鷺合戦物語』、**ウトウヤスカタ**（ウトウの声）『夫木集』和歌、**コウコウ**（キツネの声）『沙石集』和歌・『曽我物語』、●**コカアコカア**（カラスの声）狂言「竹生島」、●**コンクヮイ**（キツネの声）狂言「釣狐」、**コンコン**（キツネの声）『のせ猿草紙』、**コンヨ**（コジカの声）『田植草紙』、●**チチチ**（スズメの声）狂言「竹生島」、**チヨ**（ウグイスの地鳴きの声）『玉葉和歌集』和歌、**チヨチヨチヨ**（ウグイスの地鳴きの声）『閑吟集』歌謡、●**ツクツクホフシ**（セミの声）狂言「蝉」、●**トウテンコウ**（ニワトリの声）狂言「佐渡狐」、**トキハカキハ**（ホトトギスの声）『続千載和歌集』和歌、**ネウネウ**（ネコの声）『連珠合璧集』、**ノリスリオケ**（フクロウの声）『鴉鷺合戦物語』、**ヒトク**（ウグイスの声）宴曲「春野遊」歌謡、**ホウホウ**（フクロウの声）『鴉鷺合戦物語』、**ホホウ　ノリスリオケ　ノリスリオケ**（フクロウの声）『多武峰延年詞章』歌謡、**ホトトギス**（ホトトギスの声）『閑吟集』歌謡・『源平盛衰記』、●**ホホン　ノリスリオケ**（フクロウの声）狂言「梟」、**ミウミウ**（ミンミンゼミの声）『名語記』、●**メー**（メウシの声）狂言「牛馬」・狂言「木六駄」、●**モー**（オウシの声）狂言「牛馬」・狂言「木六駄」、**ヤスカタ**（ウトウの声）謡曲「善知鳥」・『鴉鷺合戦物語』、**ヤチヨ**（チドリの声）『夫木和歌集』和歌。
25 種類

聞きなし的な擬音語の二倍近くも多用されている。機知よりも、直接、感覚に訴えかける写実的な擬音語を愛用したのである。

なぜ、鎌倉・室町時代では、写実的な擬音語を好んだのか。用例の下に記した出典文献を見ると、その理由が判明する。写実的な擬音語は、狂言に頻出しているのだ。表3では、用例の上に●を付したものが狂言に用いられた擬音語である。四三種類中、その六割に当たる二六種類が狂言に出現したものである。

しかも、それら狂言に用いられた写実的な擬音語は、大きな特色を持っている。実際の声に出来るだけ似せようとしているのである。表3の例を使えば、イヌの声は、「ウウ、ウウ、ベウベウベウベウ」と、リアリティ溢れるものである。サルの声は、「キャアキャアキャア」、「キャキャキャキャキャ」、「キャッ」とわずかの違いも聞き分けた擬音語である。ニワトリの声は、「クククヮア　クククク」、「クヮクヮクヮ　クヮックヮックヮッ」、「コウコウコウコウ　コキャア　コウコウコウ」、「コキャアロウクウ」、「コッカヤッコー」、「コックヮクヮウ」などと多様であり、現実の声にできるだけ近い形の擬音語を求めていることが分かる。

それは、これらの擬音語に、和語にはあまり使わない「ビョウ」「キャ」「クヮ」の音を頻用していることからも裏付けられる。これらの音は、当時、「屏風《ビヤウブ》」「平等《ビヤウドウ》」、「脚絆《キヤハン》」「客人《キヤクジン》」、「過分《クワブン》」「郭公《クワツコウ》」などの漢語にのみ用いられる特殊な音なのだ。擬音語はいうまでもなく和語。にもかかわらず、これらの写実的な擬音語では、「ビョウ」「キャ」「クヮ」といった特殊な音を用いている。いかに実際の鳴き声に近づけようとしていたかが分かる。

また、音は特殊ではないが、トビの声（天狗の声でもある）なども、「ヒイ」「ヒイー」「ヒイヒイ」「ヒイヒイヒ」「ヒイヨロ」「ヒイヨロヨロ」「ヒイヨロヨロヒイ」「ヒイーヨロヨロヨロ」「ヒョウヨロヨロ」と小さな変化を付けて、ともかく本物の声に似せようとしている。

なぜ、狂言では、そんな工夫が必要だったのか。狂言は、民衆の側からする権門への批判や風刺を、滑稽のうちに演じる舞台芸能である。滑稽感は、したたかな物まねから醸成されることが多い。本物に似ていればいるほど、拍手喝采を勝ち取ることができる。写実的な擬音語は、まさにこの部分に奉仕した。本物の動物が鳴いているように演じれば、観衆は爆笑する。だから、狂言では本物の動物の鳴き声を彷彿とさせるような写実的な擬音語を多用したのである。

なお、この時代には振るわなかった聞きなし的な擬音語では、狂言に見られるスズメの声「チチチチ（「父父」に掛ける)」、カラスの声「コカアコカア(「子かあ子かあ」に掛ける)」、キツネの声「コンクヮイ(「後悔」に掛ける)」、ウシの声「メー(「飲めー」「あめー」に掛ける)」などが面白いものであるが、総体として、奈良・平安時代のような目を引くものは少ない。それまでに知られた聞きなしの継承であるものが目立つ。キツネの声「コウコウ(来う来う)」「コンコン(来ん来ん)」、ウグイスの地鳴きの声「チヨチヨチヨ(千代千代千代)」、ネコの声「ネウネウ(寝う寝う)」、ウグイスの声「ヒトク(人来)」、チドリの声「ヤチヨ(八千代)」などと。

こうして、鎌倉・室町時代は、実際の鳴き声の模写を目指した写実的な擬音語に特色のある時代であることが明らかになってくる。

8　再び聞きなしの隆盛——江戸時代——

では、次の江戸時代はどうか。表4を見ていただきたい。表4から、写実的な擬音語が四八種。それに対して聞きなし的な擬音語が九八種。聞きなし的な擬音語が写実的なものの二倍強になる。奈良・平安時代と同様に、再び聞きなし的な擬音語の優位な時代が到来している。前の鎌倉・室町時代と江戸時代の間には、同じく武士が活躍する時代といっても、断層のあることが分かる。江戸時代になると、戦乱の世が治まり、天下統一がなされ、世間が落ち着き、余裕が生まれたことと関係がある現象と考えられる。

江戸時代にいかに聞きなし的な擬音語が流布していたかは、学術的な書物にまでそれがみられることからも裏付けられる。表4の出典欄を見ると、『倭漢三才図会』『本草綱目啓蒙』『大和本草批正』『書言字考節用集』『物類称呼』のような学術的な書物が挙がっている。そこに次のように見られるのだ。

表4　江戸時代

写実的な擬音語
アアアア（カラスの声）『松屋筆記』、**●イインイイン**（ウマの声）『鹿の巻筆』、**カアカア**（カラスの声）『新ぱん浮世絵尽』・『おらが春』、**ガアガア**（カラスの声）『用明天皇職人鑑』、**キッキリクヮイ**（ウズラの声）『倭漢三才図会』、**キヒクヮイ**（ウズラの声）『倭漢三才図会』、**グウグウ**（ハトの声）『倭漢三才図会』、**クヮイクヮイ**（キツネの声）『化物嫁入り』・『是は御存知の化物にて御座候』、**ケンケン**（キジの声）『桃太郎宝蔵入』、**コッカッコヲ**（ニワトリの声）『倭漢三才図会』、**●コンコンクヮイ**（キツネの声）『私可多咄』、**●コンコンクヮイクヮイ**（キツネの声）『無事志有意』、**ジジ**（スズメの声）『猫のさうし』、**●チイチイ**（スズメの声）『要文集』、**チイチイ**（ネズミの声）『ねずみ俄』・『ねずみ文七』、**チイチイ**（モモンガの声）『南閨雑話』、**チウ**（ネズミの声）『和漢鼠合戦』、**チウチウ**（ネズミの声）『猫鼠合戦』、**チウチウチウ**（スズメの声）『したきれ雀』・『舌切雀』、**●チウチウチウ**（ネズミの声）『東海道中膝栗毛』、**チチクヮイ**（ウズラの声）『倭漢三才図会』、**●チチックヮイ**（ウズラの声）『鹿の子餅』、**チャチャ**（スズメの声）『三七全伝第二編・占夢南柯後記』、**チョーキッコ**（ウズラの声）『倭漢三才図会』、**チヨチヨ**（チドリの声）『大和本草批正』・『万葉集品物解』、**チョックヮイ**（ウズラの声）『倭漢三才図会』、**チョッチョッチョッチョッ**（スズメの声）『舌切雀』、**チュチュ**（スズメの声）『雅語音声考』、**チリチリ**（チドリの声）『お染久松色読販』、**●チリチリ**（ヒバリの声）『冬の日』俳諧、**ツヱッツヱッ**（ウグイスの声）『倭漢三才図会』、**●ニャアニャア**（ネコの声）『燕石雑志』・『兎園小説』・『福山椒』、**●ニャアン**（ネコの声）『今歳咄二篇』、**●ニャウ**（ネコの声）『醒睡笑』、**ニャオニャオ**（ネコの声）『元禄太平記』、**ニャンニャン**（ネコの声）『大経師昔暦』、**●ビイ**（シカの声）『芭蕉句集』俳諧、**ヒイヨロヨロ**（トビの声）『倭漢三才図会』、**●ヒイリヨリヨ**（トビの声）『醒睡笑』、**●ヒインヒイン**（ウマの声）『東海道中膝栗毛』、**ヒュウヒイ**（ヌエの声）『倭漢三才図会』、**ブッパンブッパン**（コノハズクの声）『胆大小心録』、**ベウベウ**（イヌの声）『嬉遊笑覧』、**ホトトギス**（ホトトギスの声）『松屋筆記』、**ホロロ**（キジの羽音）『山家鳥虫歌』、**モウモウ**（ウシの声）『嬉遊笑覧』、**ワン**（イヌの声）『孕常盤』、**●ワンワン**（イヌの声）『桃太郎宝蔵入』・『花咲ぢぢ』・『おらが春』・『燕石雑志』。
48種類

聞きなし的な擬音語
●アホウ（カラスの声）『繁千話』、**●アホウアホウアホウ**（カラスの声）『華ゑくぼ』、**●イヒイヒ**（ウマの声）『醒睡笑』、**●イヒヒン**（ウマの声）『都鄙談語三篇』、**●ウウウウ**（ドバトの声）『醒睡笑』、**●イニャンイニャン**（ネコの声）『銀葉夷歌集』狂歌、**●イヒヒンヒン**（ウマの声）『御伽噺』、**●ウコンウコン**（キツネの声）『落首辞典』落首、**●ウタフ**（ウトウの声）『夕霧阿波鳴渡』・『川柳大辞典』川柳、**●ウツクシヨシ**（セミの声）『素人狂言紋切形』、**●ウンメ**（メウシの声）『醒睡笑』、**●ウンモ**（オウシの声）『醒睡笑』、**カイロ**（シカの声）『五十年忌歌念仏』、**●カウタカウタ**（カラスの声）『醒睡笑』、**●カウタカカウタカ**（カラスの声）『噺物語』、**●カカアカカア**（カラスの声）『徳和歌後万載集』狂歌、**カケロ**（ニワトリの声）『桂園一枝』和歌、**●カッケコウ**（ニワトリの声）『醒睡笑』、**●カベノクヅレヲツヅリサセ**（コオロギの声）『山の井』、**カリカリ**（カリの声）『桂園一枝』和歌、**●カリカリカリ**（カリの声）『蜀山百首』狂歌、**●クク**（ハトの声）『絵本知恵袋』、**●クヮククヮクヮイクヮイ**（ウズラの声）『虎渓の橋』俳諧、**ケイケイホロロ**（キジの声と羽音）『百日曽我』、**●ケフハトギソ**（ホトトギスの声）『牧童ガ伝』、**ケンケンホロロ**（キジの声と羽音）『壇浦兜軍記』、**●コカコカ**（カラスの声）『醒睡笑』、**●コケカウ**（ニワトリの声）『狂言鶯蛙集』狂歌、**コケフジ**（ウグイスの声）『倭漢三才図会』、**●ココココ**（ニワトリの声）『八番日記』俳諧、**コノツキトックオウ**（フクロウの声）『物類称呼』、**ゴロシチホウコウ**（フクロウの声）『物類称呼』、**●コン**（キツネの声）『花笑顔』・『富久喜多留』、**●コンコン**（キツネの声）『後撰夷曲集』狂歌・『徳和歌後万載集』狂歌、**スココンクヮイクヮイ**（キツネの声）『化け物嫁入り』、**チイチイ**（ネズミの声）『新吾左出放題盲牛』、**●チウ**（スズメの声）『俳諧三部抄』俳諧・『続鳩翁道話』和歌、**チウ**（き）（ネズミの声）『和漢鼠合戦』、**チウ**（さい）（ネズミの声）『和漢鼠合戦』、**●チチ**（ネズミの声）『後撰夷曲集』狂歌、**●チチクヮイ**（ウズラの声）『鷹筑波集』俳諧、**●チチチ**（ネズミの声）『銀葉夷歌集』狂歌、**●チチチチ**（シトトの声）『醒睡笑』、**●チチヨ**（ミノムシの声）『鶉衣』、**チャチャクチャ**（スズメの声）『三荘太夫五人娘』、**チャチャクチャクチャクチャ**（スズメの声）『三拾石艠始』、**●チョッチョ**（スズメの声）『蜀山百首』狂歌、**チンチン**（チドリの声）『松の葉』歌謡、**●ツキヒホシ**（ウグイスの
98種類

聞きなし的な擬音語
声）『雅筵酔狂集』狂歌、**ツキホシヒ**（ウグイスの声）『倭漢三才図会』、●**ツクシコヒシ**（セミの声）『鶉衣』、●**ツクシヨシ**（セミの声）『陰徳太平記』落首、**ツクヅクウシ**（セミの声）『桂園一枝』和歌、●**ツクヅクヲシ**（セミの声）『文政句帖』俳諧、**ツクツクホウシ**（セミの声）『はやり歌古今集』歌謡、●**テッペンカケタ**（ホトトギスのオスの声）『気のくすり』、●**テッペンカケタカ**（ホトトギスのオスの声）『時鳥』、●**テッペンカケネナシ**（ホトトギスの声）『徳和歌後万載集』狂歌、●**テッペンカケヤシタカ**（ホトトギスのメスの声）『時鳥』、●**テッペンカケンシタ**（ホトトギスのメスの声）『気のくすり』、●**テンテンテンカタイヘイ**（キジの声）『一茶全集』俳諧、●**テンビンニカケタカ**（ホトトギスの声）『徳和歌後万載集』狂歌、●**トウテンクヮウ**（ニワトリの声）『書言字考節用集』・『放屁論』、●**トッケイコウ**（ニワトリの声）『詞葉の花』、●**トッテカウ**（ニワトリの声）『醒睡笑』、●**ニャア**（ネコの声）『新版なぞづくし』・『浮世床』、●**ニャアウ**（ネコの声）『飛談語』、**ニョウ**（ネコの声）『松の葉』歌謡、●**ネウネウ**（ネコの声）『山の井』、●**ノリスリオケ**（フクロウの声）『松籟艸』・『徳元千句』・『挙白集』・『物類称呼』・『倭漢三才図会』・『本草綱目啓蒙』・『本草紀聞』、●**ノリツケホホン**（フクロウの声）『七番日記』俳諧、**ノリトリオケ**（フクロウの声）『倭漢三才図会』、●**ヒイヤロメ**（トビの声）『華ゑくぼ』、●**ヒイルヌスビト**（トビの声）『醒睡笑』、●**ヒイロタヒイロタ**（トビの声）『囃物語』、**ヒトクヒトク**（ウグイスの声）『胆大小心録』、●**ヒヒヒヒヒ**（ウマの声）『東海道中膝栗毛』、●**ヒヒヒンヒン**（ウマの声）『東海道中膝栗毛』、●**ヒヨロヒヒヨロ**（トビの声）『七番日記』俳諧、●**ヒン**（ウマの声）『東海道中膝栗毛』、●**ヒンヒン**（ウマの声）『立春噺大集』・『鶴の毛衣』、**ベウ**（イヌの声）『用命天皇職人鑑』、●**ベウベウ**（イヌの声）『鷹筑波集』俳諧、●**ホウホケキョウ**（ウグイスの声）『万載狂歌集』狂歌・『蜀山百首』狂歌・『浮世の有様』落首、●**ホケキョウ**（ウグイスの声）『倭漢三才図会』・『おらが春』俳諧、●**ホゾンカケタカ**（ホトトギスの声）『袂の白しぼり』・『犬筑波集』俳諧、**ホホウホホウ**（ウグイスの声）『風月花情　春告鳥』和歌・『春色梅児誉美』和歌、●**ホレケキョウ**（ウグイスの声）『毛吹草』俳諧、●**ホロロ**（キジの声）『蕪村集』俳諧、**ホロロケンケンホロロ**（キジの声と羽音）『義経千本桜』、●**モウ**（ウシの声）
98 種類

『糸の錦』狂歌・『長崎一見狂歌集』狂歌、**モウー**（ウシの声）『新吾左出放題盲牛』、●**モウモウ**『長崎一見狂歌集』狂歌・『桃太郎発端話説』、**ヨアケナバスツクロウ**（フクロウの声）『物類称呼』、**ヤスカタ**（ウトウの声）『夕霧阿波鳴渡』、●**ワン**（イヌの声）『新版なぞづくし』・『浮世床』、**ワンワンワン**（イヌの声）『続太平楽府』、**ワンワンワンワン**（イヌの声）『続太平楽府』。

たとえば、江戸初期の国語辞書である『書言字考節用集』。ニワトリの声が「東天光《トウテンクワウ》」と記され、「鶏の暁の声」と解説されている。「トウテンクヮウ」の声に「東の天は光」、つまり「朝が来た」の意味を掛けて聞いているわけだ。また、江戸初期の百科辞書『倭漢三才図会』には、フクロウの鳴き声が明日の晴雨を占う声であることが記されている。「ホウイホウイ」の後に、「ノリスリオケ（糊を摺っておきなさい）」と聞こえたら、晴れ。「ノリトリオケ（糊を取っておきなさい）」と聞こえたら雨だと記されている。

こんなふうに、鳴き声の聞きなしが辞書にまで記されているということは、聞きなしが広く一般に知れ渡っていた証拠である。

9　笑いを誘いだす聞きなし

それにしても、なぜ、江戸時代では聞きなし的な擬音語が愛用されたのか。表4の出典欄を分析すると、理由が分かってくる。表4で用例の上に●を付したものは、滑稽感を出すことを目指した作品中に見られる擬音語である。具体的には、笑い話を集めた噺本・笑いの追求を目的とする滑稽本・おかしみを求める俳諧（俳文を含む）・狂歌・川柳・落首に見られる擬音語を指している。

聞きなし的な擬音語は、こうした作品に頻出していたのだ。聞きなし的な擬音語欄で、●の付いている語は、六九種。聞きなし的な擬音語全体の七割を占めている。江戸時代では、聞きなし的な擬音語は、奈良・平安時代とは違って、滑稽を生み出すための装置として使われていることが分かる。

たとえば、平安時代にもみられたカリの鳴き声に注目してみる。江戸時代のカリの声も、平安時代と同じく「カリカリ」。ところが、平安時代では、「仮りそめ」という不安定で哀感を誘う聞き方であったのに対し、江戸時代ではこんな聞き方をしている。

大空に　**かりかりかり**の　声するは　誰が書き出しや　かけてきぬらん　（狂歌『蜀山百首』）
（＝大空に「借金借金借金」の声がするのは、一体誰の請求書が飛んできたのであろうか）

「かりかりかり」の鳴き声は、借金取りが請求書をもって、「借金早く返せ」とばかりに追いかけてくる「借金借金」の意味に聞きなされている。いかにも庶民的で、滑稽感のにじみ出た聞き方である。

あるいは、カラスの大声。平安時代では、「かか」と写実的な擬音語であったが、江戸時代では、「押柄に　人の妻戸を　あけがらす　**かかあかかあ**と　呼びわたるかな（＝人の家の妻戸は、遠慮っぽく叩いて開けてもらうものだ。カラスときたら、威張って妻戸を開けさせ、おまけにわしの女房なのに、「嬶々」なんぞと大声で呼んで渡る）」という狂歌になる。カラスの鳴き声は、「嬶嬶」というあけすけで笑える俗語を意味する言葉に掛けられている。

猫の声にしても、平安時代は「ねうねう（＝寝よう寝よう）」という痛切な恋心の投影された聞きなしであったが、江戸時代では「毛ははげて　所斑《ところまだら》の　猫まさへ　**いにゃんいにゃん**と　鳴くを恋ひつつ（＝年老いてはげっちょろになっている雄猫でさえ、「嫌ん嫌ん」と鳴く雌猫を恋い慕っているよ）」という狂歌になる。男が「いいじゃあないか」

と攻めると、「いやよいやよ」と言いながら、本心では承諾している女の甘えたセリフに聞きなしている。俗っぽいけれど、思わずニンマリしてしまう聞きなしである。

あるいは、江戸時代では、トビとカラスの鳴き声で笑い話をつくる。魚の腸を食べているトビにカラスが聞いた、その食べ物はちゃんと「**買うたか買うたか？**」。すると、トビが答えた「**拾うた拾うた**」と。カラスの声「カアカア」を「買うたか買うたか」に聞きなし、トビの声「ヒーヨロ」を「拾うた拾うた」に聞きなした笑い話。時には、小噺のオチにさえ、聞きなし的擬音語は参加する。次は、『富久喜多留《ふくきたる》』に見られる落とし話。ご婦人方が王子の稲荷参りに行き、穴の奥にいる狐の毛皮の品定めをしていた。黄色だ、いや薄鼠色だ、いやすす竹色だと。すると、穴の中で狐が「**コン**」。狐の鳴き声「コン」は、「紺色」の意味を持ち、話のオチになっている。こんなふうに、江戸時代では、聞きなし的な擬音語は、笑いを誘うために使われており、江戸時代の特色を形成している。

10　再び写実的な擬音語の繁栄――近代――

では、明治時代以降の近代ではどうか。表5をご覧いただきたい。近代の場合は、書名だけ記しても分かりにくいことがあるので、作者名も記しておく。

表5から、現代では写実的な擬音語が九九種類も見られるのに対し、聞きなし的な擬音語はわずか二九種類。写実的な擬音語が聞きなし的な擬音語の三倍以上に上る。写実が優位な時代である。

それは、江戸時代では聞きなし的な擬音語が、近代になると写実的な擬音語になっていることからも、実感することができる。たとえば、犬の声。「ワン」という擬音語は、江戸時代中期から現れたものであるが、江戸時代の人は表4にあるように、聞きなし的な擬音語にしている。「似あわん（＝似合わない）」の「わん」に掛けたり、「椀」と書いてお椀のくぐもった音に掛けたりしている。ところが、現代人は、表5に示したように、写実的な擬音語にしている。また、ウグイスの声。「ホーホケキョウ」も、江戸時代から登場した擬音語であるが、江戸時代の人は「法法華経」の意味を掛けて聞いている。でも、現代人は、表5の夏目漱石『草枕』に見るように、ウグイスの鳴き声を写す写実的な擬音語にしている。

一方、表5の聞きなし的な擬音語の用例を見ると、古くからの伝統を伝える方言の用例が大半を占めており、文学作品などにはあまり見られない。つまり、近代で新たに聞きなし的な擬音語をつくることは余りしていないということである。まさに、時代をあげて、写実的な擬音語を好んでいるのである。

なぜ、近代では写実的な擬音語が好まれるのか。表5の「写実的な擬音語」欄の用例の出典をみても、鎌倉・室町時代のような特定のジャンルに頻出している様相はつかみにくい。唱歌・童謡、詩、短歌、童話、新聞、小説、エッセイ、一般書、辞典、そして方言と、その出現状況は多岐にわたっている。

しかし、他の資料と性質の異なる方言を除いてみると、写実的な擬音語が隆盛を誇る要因となったジャンルが見えてくる。それは、唱歌・童謡、詩といった近代になって登場してくる韻文のジャンルである。写実的な擬音語の出典欄で唱歌・童謡が三〇回も挙げられ、図抜けている。詩も一二回も挙げられている。韻文でも、伝統的な和歌の系統を引く短歌はわずか三回で極めて少ない。つまり、近代の写実的な擬音語隆盛の原因は、近代になって登場した韻文（童謡・唱歌、詩）に求められる。表5で●を付した擬音語が、童謡・唱歌、詩に見られる例である。三八種類にのぼり、写実的な擬音語全体の四割弱を占めている。方言を除けば、五割近くに上る。

童謡・唱歌がいかに写実的な擬音語を愛用したかは、次のような調査にも表れる。『日本童謡童画史』（文教堂出

表5　近代（明治時代以降）

写実的な擬音語
アクゥアフゥ（カラスの声）群馬方言『日本俗信辞典』、**ウンメー**（コウシの声）愛媛方言『日本言語地図』、**ウンモー**（オヤウシの声）愛媛方言『日本言語地図』、**オーオー**（フクロウの声）兵庫方言『柴田武にほんごエッセイ(2)』、**オオシイツクツク**（ツクツクホウシの声）三ヶ島葭子『現代短歌分類辞典』短歌、**オシイツクツク**（ツクツクホウシの声）夏目漱石『吾輩は猫である』、**カァエー**（カラスの声）福井方言『日本俗信辞典』、**カーカポ**（カラスの声）愛媛方言『日本俗信辞典』、**カオカオカオ**（カラスの声）愛媛方言『日本俗信辞典』、**カグウカグウ**（カラスの声）愛媛方言『日本俗信辞典』、●**カケロカケロ**（ニワトリの声）唱歌「鶏」、**ガッガッガッ**（サルの声）伊沢紘生『野生に聴く』、**ガッファガッファ**（カラスの声）八重山方言『日本俗信辞典』、●**ガンガンガン**（ガンの声）童謡「かりがね」、**キーキー**（モモンガの声）今泉吉典「ももんが」『アニマルライフ』一三一号、**ギャアギャア**（サルの声）伊沢紘生『野生に聴く』、**キャッキャッ**（サルの声）伊沢紘生『野生に聴く』、●**ギャッギャッギャッギャッギャッ**（蛙の声）「第八月満月の夜の満潮時の歓喜の歌」『草野心平全集』詩、●**ギャルルルロギャルルルロギャルルルロ**（蛙の声）「第八月満月の夜の満潮時の歓喜の歌」『草野心平全集』詩、**ギャン**（サルの声）伊沢紘生『野生に聴く』、**クークー**（ハトの声）『毎日新聞』一九七二年六月二一日、**グガッ**（サルの声）伊沢紘生『野生に聴く』、●**グリリニグリリニグリリニ**（蛙の声）「第八月満月の夜の満潮時の歓喜の歌」『草野心平全集』詩、●**クヮクヮクヮクヮ**（カエルの声）童謡「蛙の合唱」、**クヮンクヮン**（キツネの機嫌の悪い時の声）鹿児島方言『日本方言大辞典』、**ケーンケーン**（キジの声）絵本『ももたろう』、●**ケケケケケケケ**（カエルの声）童謡「蛙の合唱」、**ケケッコッコ**（ニワトリの声）夏目漱石『草枕』、**ゲコゲコ**（カエルの声）住井すゑ『橋のない川』、●**ゲブララララララゲブラララララ**（蛙の声）「第八月満月の夜の満潮時の歓喜の歌」『草野心平全集』詩、**ゲラゲラ**（カエルの声）長塚節『土』、**ケンケン**（キジの声）絵本『ももたろう』、**コーコー**（メスのキジの声）安井玉峰「キジの儀式」『中学三年　国語』教科書（光村図書出版）、**コーコー**（サルの声）伊沢紘生『野生に聴く』、

写実的な擬音語

コガウコガウ（カラスの声）愛知方言『日本俗信辞典』、**コケコ**（ニワトリの声）中里恒子『鶏の声』、**コケコー**（ニワトリの声）中里恒子『鶏の声』、●**コケコッコ**（ニワトリの声）童謡「鳥の赤ちゃん」・中里恒子『鶏の声』、**コケコッコウ**（ニワトリの声）夏目漱石『夢十夜』・中里恒子『鶏の声』、**コケッ**（ニワトリの声）中里恒子『鶏の声』、**コケッコッコ**（ニワトリの声）夏目漱石『草枕』、●**コッココッコ**（ニワトリの声）童謡「鶏と真珠」、●**コン**（キツネの声）童謡「叱られて」、●**コンコン**（キツネの声）童謡「鳥のあかちゃん」・童謡「こんこんぎつね」・鹿児島方言『日本方言大辞典』、●**シイイ**（セミの声）室生犀星「蟬頃」『抒情小曲集』詩、**ジクジク**（スズメの声）川村多実二『鳥の歌の科学』、**ジュクジュク**（スズメの声）中西悟堂『定本野鳥記』、**ジュッジュッ**（スズメの声）中西悟堂『定本野鳥記』、●**シンシン**（セミの声）三好達治「赭土山」『艸千里』詩、●**チイチイパッパ**（スズメの声と羽音）童謡「雀の学校」、●**チチチチチチチチヨ**（チドリの声）唱歌「川瀬の千鳥」、**チャアチャア**（ウグイスの地鳴きの声）中部方言『鳥類ノ方言』、**チャッチャ**（ウグイスの地鳴きの声）大阪・埼玉・愛知・静岡などの方言『鳥類ノ方言』、**チューチュー**（モモンガの声）今泉吉典「ももんが」『アニマルライフ』一三一号、●**チュウチュウ**（ネズミの声）長塚節『土』・童歌「ずいずいずっころばし」・群馬のてまり歌・与田準一「ねずみのきょうかしょ」、●**チュウチュウパタパタ**（スズメの声と羽音）童謡「雀のお宿」、●**チュチュチュチュ　チュン**（スズメの声）童謡「すずめ」、●**チュンチュン**（スズメの声）童謡「すずめ」、●**チュンチュンバタバタ**（スズメの声）童謡「すずめの機織り」、●**チヨチヨチヨチヨ**（ヒバリの声）唱歌「雲雀」、**チョッチョ**（ウグイスの地鳴きの声）神奈川方言『鳥類ノ方言』、●**チンチン**（チドリの声）童謡「ちんちん千鳥」、**ツクツクオシイ**（ツクツクホウシの声）夏目漱石『吾輩は猫である』、**テッペンカケタカ**、**ホホホホホ**……（ホトトギスの声）中河与一『天の夕顔』、●**トヲアアル**（イヌの声）萩原朔太郎「遺伝」『青猫』詩、●**トヲテクウ**（ニワトリの声）萩原朔太郎「鶏」『青猫』詩、●**トヲルモウ**（ニワトリの声）萩原朔太郎「鶏」『青猫』詩、●**ニャー**（ネコの声）童謡「おもちゃのチャチャチャ」、**ニャーゴニャーゴ**（ネコの声）奥村晃作『父さんの歌』短歌、**ニャアニャア**（コネコの声）夏目漱石『吾輩は猫で

99種類

写実的な擬音語	
ある』、 **ニャゴオウニャゴオウ**（ネコの声）夏目漱石『吾輩は猫である』、 **ニャゴニャゴ**（ネコの声）夏目漱石『吾輩は猫である』、●**ニャン**（ネコの声）童謡「山寺の和尚さん」・夏目漱石『吾輩は猫である』、●**ニャンニャン**（ネコの声）童謡「めだかの兄妹」・童謡「犬のおまわりさん」、●**ノヲアアル**（イヌの声）萩原朔太郎「遺伝」『青猫』詩、 **ヒイ**（トビの声）広島方言（北条忠雄）『お国ことばのユーモア』、 **ピーチクパーチク**（ヒバリの声）熊本民謡「おてもやん」、 **ピーチュルピーチュル**（ヒバリの声）朝日新聞「天声人語」、●**ピイピイピイ**（ヒバリの声）唱歌「雲雀」『尋常小学唱歌（二）』、 **ピォピォピォ**（シロチドリの声）『野鳥の事典』、 **ピョイピョイピピピピ**（シロチドリの声）『野鳥の事典』、 **ピリッピリッピルッピルッ**（シロチドリの声）『野鳥の事典』、 **ヒロロ**（トビの声）秋田方言（北条忠雄）『お国ことばのユーモア』、●**ヒン**（ウマの声）童謡「木馬」、 **ヒンヒン**（ウマの声）『尋常小学読本』、●**ピンヨロー**（トビの声）唱歌「とんび」、 **ホーウホケキョウ**（ウグイスの声）夏目漱石『草枕』、 **ホーウホケキョーウー**（ウグイスの声）夏目漱石『草枕』、 **ホーーホケッーキョウー**（ウグイスの声）夏目漱石『草枕』、 **ホッホウーゴロクトホッホ**（フクロウの声）福本和夫『フクロウ—私の探梟記』、●**ポッポポッポ**（シラコバトの声）童謡「鳩ぽっぽ」、 **ムー**（ウシの声）秋田県・石川県・奄美・沖縄の方言『日本言語地図』、 **メー**（メウシの声）中勘助『銀の匙』、 **メー**（ウシの声）東北方言（徳川宗賢）『日本の方言地図』、 **モー**（ウシの声）徳川宗賢『日本の方言地図』、●**ヤワアア**（イヌの声）萩原朔太郎「遺伝」『青猫』詩、●**ルルルルルルルルルルルルル**（蛙の声）「第八月満月の夜の満潮時の歓喜の歌」『草野心平全集』詩、●**ワワン**（イヌの声）童謡「犬のおまわりさん」、●**ワンワン**（イヌの声）宮地伝三郎『十二支物語』・童謡「犬のおまわりさん」・奥村晃作『父さんの歌』短歌。	●**オウシイツクツク**（ツクツクホウシの声）童謡「蟬の子守歌」、 **オトトカワイヤ　ホーロンカケタカ**（ホトトギスの声）奈良県の伝説『日本昔話大成』、 **オトハラ　ツキッタ**（ホトトギスの声）長野方言　NHKラジオ「初夏：自然にふれ合う」一九八七年五月五日、 **カタサセ　スソサセ　サムサガクルゾ**（コオロギの声）方言、 **カタトッテ　スソトッテ　カタササセ**（コオロギの声）栃木方言（橘正一）「キリギリスとコホロギ」『国語と国文
99種類	

聞きなし的な擬音語
学』一二巻二号、●**カワイカワイ**（カラスの声）童謡「七つの子」・兵庫広島方言『日本俗信辞典』、**コーゾー ハナクソ** **クウカァ**（フクロウの声）九州方言（柳田国男）『野鳥雑記』、**コッケイカウ**（ニワトリの声）『西洋道中膝栗毛』、●**コメクレロウ**（ニワトリの声）童謡「梟と燕と鶏」、**ゴロシチホウコウ**（フクロウの声）岡山方言、**ゴロスケホウコウ**（フクロウの声）志賀直哉『焚火』、**サンペイピイックピイック**（ヒバリの声）長塚節『土』、**シー**（ヌエの声）愛知・滋賀方言『日本俗信辞典』、**ジイヤ ジイヤ オキイ**（センダイムシクイの声）『定本野鳥記』、**ツウツウツンヅリサセ**（コオロギの声）飛騨方言（橘正一）「キリギリスとコホロギ」『国語と国文学』一二巻二号、**ツクツクホウシ**（セミの声）四賀光子『現代短歌分類辞典』短歌、**トックオー**（フクロウの声）鹿児島方言（柳田国男）『野鳥雑記』、**トッテコウ**（ニワトリの声）方言『日本俗信辞典』、**ノリツケホーセン**（フクロウの声）山口方言『柴田武にほんごエッセイ（2）』、**ヒー**（ヌエの声）新潟方言（風間辰夫）『新潟・鳥のことわざと方言』、**フルツクフーフー**（フクロウの声）山口方言『柴田武にほんごエッセイ（2）』、**ホーチョータテタ**（ホトトギスの声）岩手方言　NHKラジオ「初夏：自然にふれ合う」一九八七年五月五日、**ホーホー** **ゴロスケホーコー**（フクロウの声）中西悟堂『定本野鳥記』、**ホーホードロツケホーソー**（フクロウの声）鳥取方言『柴田武にほんごエッセイ（2）』、**ホーホーノリツケホーソ**（フクロウの声）兵庫・鳥取方言『柴田武にほんごエッセイ（2）』、**ホッタンタケタカ** **イモクビクタカ**（ホトトギスの声）大分方言　NHKラジオ「初夏：自然にふれ合う」一九八七年五月五日、**ポットサケタカ** **アッタアッタタ**（ホトトギスの声）岩手方言　NHKラジオ「初夏：自然にふれ合う」一九八七年五月五日、●**ボロキテホウコウ**（フクロウの声）童謡「梟と燕と鶏」、**モウモウ**（ウシの声）『安愚楽鍋』。
29種類

版、一九六七年）と『日本童謡集』（岩波文庫、一九五七年）を調査すると、動物の声を写す擬音語が、三五種類得られる（重複例は除く）。このうち、聞きなし的な擬音語は、わずか二種類のみ。ハトの声「ホロホロ」（涙を流す様子に掛ける・童謡「烏のあかちゃん」）とカエルの声「ハダカダハダカダ」（裸の意味に掛ける・童謡「はだか」）だけである。聞きなし的擬音語の比率は、わずか六％。残りの九四％は、写実的な擬音語である。ハトの声「ポッポッポ」（童謡「鳩ぽっぽ」）とか、子ヤギの声「メエメエ」（童謡「めえめえ児山羊」）のように。つまり、童謡・唱歌では、圧倒的に写実的な擬音語を多用している。考えてみれば、童謡・唱歌は、子供たちが魅力を感じる歌詞でなければならない。子供たちが喜ぶ言葉は、直接、感覚に訴えてくる写実的な擬音語である。聞きなし的な擬音語があっても、子供には通じにくい。こうして、童謡・唱歌で写実的な擬音語が愛用された。

一方、近代詩においても、感覚性のある言葉こそ命。知的な営みを通して生まれる聞きなし的な擬音語は、感覚性をそいでしまう。直接的な身体刺激の加わる写実的な擬音語が好まれるのは、当然である。近代での写実的擬音語の頻用は、こうした感覚性を重んじる童謡・唱歌、詩の隆盛によってもたらされたものと解釈できる。

11　独創性をもとめて

では、同じく写実的な擬音語を愛用した鎌倉・室町時代とは、何か質的な違いはないのか。鎌倉・室町時代では、実際の声にできるだけ近く写し、物まねに近づけることによって、観客への受けを狙った。それに対して、西欧思想の影響を受けて個に目覚めた近代では、独創的な擬音語の追求に重点が置かれている。その最も顕著な例は詩である。

表5に出現している具体例で説明すれば、大正デモクラシーの詩人・萩原朔太郎は、犬の声を「トヲアアル」「ノヲアアル」「ヤワアア」と、今までにない斬新な擬音語で写す。あるいはニワトリの声は、「トヲテクウ」「トヲルモウ」と、新鮮な擬音語で写す。室生犀星や三好達治は、蟬の声「シイイ」「シンシン」と、それまでにない鮮烈な擬音語を作って、擬音語の効果を上げている。あるいは、草野心平のカエルの声も、「ギャルルルロギャルルルロギャルルルロ」「グリリニニグリリニニグリリニニ」「ゲブラララララゲブララララ」「ルルルルルルルルルルルルルルル」と、それまでにはなかった擬音語で読者を惹きつける。

これらの擬音語は、鎌倉・室町時代の本物の声に似せて物まね的な言葉を志向したものではない。その時の作者の気分に最もフィットした独創的な擬音語、他人のまねできない内的真実を追求した擬音語である。これが、近代の写実的な擬音語の特色といってよいであろう。

童謡・唱歌にしても、それまでにない写実的な擬音語を作って、リズム感や朗らかさを強調し、その歌に欠かすことのできない重要な言葉に仕立て上げている。たとえば、スズメの声「チイチイパッパ」。「チイチイ」は江戸時代に出現したスズメの声で新しみはないが、そこに「パッパ」という羽音をつけて一続きの語にし、「チイチイパッパ　チイパッパ」とまるでそれ全体がスズメのリズム感あふれる朗らかな声かと思わせるところに、斬新な工夫がある。「チュウチュウパタパタ」「チュンチュンバタバタ」も同じ趣向の擬音語である。そのなかで「チイチイパッパ」という擬音語が傑出していたために、多くの人に受けた。「チイチイパッパ」という擬音語がなかったら、童謡「雀の学校」は恐らくこれほどヒットしなかったであろう。

ハトの声「ポッポポッポ」にしても、実に新鮮。江戸時代では、ハトの声は「クク」と聞いている。ハトの種類が違うのだけれど[7]、「ポッポポッポ」という新しい写実的な擬音語を創り出した腕前はたいしたものである。後に

「ポッポッポ」の声で人口に膾炙したハトの声だが、何とも言えず暖かくのどかでリズム感がある。「ポッポッポ」という擬音語がなかったなら、童謡「鳩ぽっぽ」も、これほど大衆に歓迎されることはなかったであろう。(8)

こんなふうに、近代の写実的な擬音語は、それまでにない独創性を求めてつくられたところに特色がある。

12　まとめ

動物の声を写す擬音語の各時代の状況を、写実的か聞きなし的かによって見てきたが、まとめてみると、次のようなことが言える。

① 奈良時代は平安時代とおなじく聞きなし的な擬音語を多用する傾向が見えており、両時代をあわせて「古代」という枠組みでとらえることができる。

② ただし、聞きなしの質は、奈良時代と平安時代とでは若干異なる。奈良時代の方が開放的で生活感が感じられるのに対し、平安時代の聞きなしは閉鎖的な傾向が強まり、不安感が漂っていた。それぞれの時代の微妙な雰囲気の違いが写しだされているようで興味深い。

③ 動物の声を写す擬音語の推移が、一目でわかるような表にまとめなおしてみた。表6の通りである。表6から動物の声を写す擬音語の歴史は、写実的な擬音語と聞きなし的な擬音語のせめぎ合いの歴史であることが分かる。

古代（奈良・平安時代）は、ウィットに富む聞きなし的な擬音語が好まれたが、中世（鎌倉・室町時代）になると、写実的な擬音語が愛用された。だが、近世（江戸時代）になると、再び古代と同じく聞きなし的な擬音語

表6

時代	古代（奈良・平安時代）	中世（鎌倉・室町時代）	近世（江戸時代）	近代（明治時代以降）
写実的な擬音語	14 種類（23.3 %）	**43 種類（63.2 %）**	48 種類（32.9 %）	**99 種類（77.3 %）**
聞きなし的な擬音語	**46 種類（76.7 %）**	25 種類（36.8 %）	**98 種類（67.1 %）**	29 種類（22.7 %）
合計	60 種類（100 %）	68 種類（100 %）	146 種類（100 %）	128 種類（100 %）

がもてはやされた。ところが、明治時代以降の近代になると、今度は中世と同じく写実的な擬音語を愛用している。

　こうした史的推移は、時代の風潮をうつし出しているように思われる。聞きなし的な擬音語を愛用する古代（主に平安時代）と近世は、ともに外国との政治的関係が少なく、何事も国内の問題として処理できた安定した時代であり[9]、少々余裕のある時代である。そういう時代には、知的なものをもてはやす傾向が出やすいからである。

　一方、写実的な擬音語を好んだ中世と近代は、国内での戦乱か外国との戦争かには違いがあるが、ともに動乱の時代であり、緊張を強いられた時代である。そういう時代には、考える余裕から生まれる聞きなし的な擬音語よりも反射的に感覚に訴えかける写実的な擬音語の方が好まれやすいと考えられるからである。

④　ただし、同じ成り立ち方の擬音語を愛用していても、時代によって擬音語の色合いが異なっている。聞きなし的な擬音語を愛用した古代と近世との間には以下のような差異がみられた。古代では、和歌で聞きなし的な擬音語が重用され、特に平安時代に見るような不安感の漂う王朝貴族の心のありようが写し出されていた。それに対して、近世では、噺本・滑稽本・俳諧・狂歌・川柳・落首といった文学ジャンルで聞きなし的な擬音語が活用され、笑いを求める江戸

時代人の心が写し出されていた。

写実的な擬音語を好んだ中世・近代でも、いかなる方向の写実をもとめたかに差異が見られた。中世では舞台芸能である狂言で写実的な擬音語が愛用され、ひたすら実際の声に似せる方向で写実が追求されていた。近代では、西欧からの影響で出現した詩、西欧からの影響を受けて始めた学校教育の場で必要になった唱歌や童謡で、写実的な擬音語が活用された。その方向は、実際の声から離れても、その声を聞く己の内面の真実に近づける方向で写実が追求され、独創的な擬音語が生産されていた。

⑤ 時代の特色を示す擬音語が属しているジャンルは、すべてその時代に新しく生まれ、隆盛を誇ったジャンルである。すなわち、古代の和歌はその時代に発生し隆盛を誇った文学ジャンルであるし、中世の狂言も、その時代に新しく興り栄えた芸能である。近世の噺本・滑稽本・俳諧・狂歌・川柳・落首といったジャンルも、その時代に出現した新しい分野であり、近代の童謡・唱歌・詩も、明治時代以降の新しい韻文ジャンルである。つまり、動物の声を表す擬音語は、新しく生まれたジャンルで活躍の場を見出す言葉なのだ。そういう新興のジャンルで使いたくなるインパクトのある言葉であることが判明する。

以上、動物の声を写す擬音語を写実と聞きなしという観点から、推移の軌跡を追究してきた。残された課題も多い。たとえば、本稿は、動物の声を写す擬音語群の大きな歴史的推移をとらえたくて、とりあえず拙著や拙稿で取り扱った用例を使ったけれど、もっとシステマティックな用例抽出を行なう必要がある。

また、本稿とは違った観点を設定してみると、新たな展望が開けるのではないかと思える。本稿がそのための試行になれば幸いである。

注

（1）擬音語・擬態語研究は、近現代の作家・作品のそれが盛んになされており、なかでも、宮沢賢治とその作品に見られる擬音語・擬態語研究論文が最も多い。また、昨今ではマンガにおける擬音語・擬態語研究も活発である。

それに比べて、古典作品・資料における擬音語・擬態語研究は多くはない。最も研究成果が上がっているのは、中世の抄物における擬音語・擬態語研究である。壽岳章子をはじめ、出雲朝子・柳田征司・鈴木博は、精力的にこのジャンルの擬音語・擬態語研究を推し進めた。近年では劉玲「『三体詩幻雲抄』に見える擬音語・擬態語」（『日本語と日本文学』四一号、二〇〇五年八月）など、外国人による抄物の擬音語・擬態語研究も見られ、興味深い。

その他の古典作品では、『万葉集』『枕草子』『平家物語』『沙石集』、ジャンルでは狂言・浄瑠璃・歌舞伎などがとりあげられ、擬音語・擬態語研究がなされている。特に、最近では、中里理子が次々に古典の擬音語・擬態語関係の研究論文を発表しているのが注目される。

（2）中里理子「『泣く』『涙』を描写するオノマトペの変遷―中古から近代にかけて―」（『上越教育大学研究紀要』二四巻、二〇〇四年九月）、中里理子「笑いを描写するオノマトペの変遷―中古から近代にかけて―」（『上越教育大学研究紀要』二六巻、二〇〇七年二月）などが、「泣く」「笑う」関連の擬音語・擬態語の史的推移を扱ったものとして挙げられる。

（3）拙著『ちんちん千鳥のなく声は』（大修館書店）では、カラスの声「コロク」を亀井孝説に従って「児ろ来（やっこさんがやって来る）」の意味にとったが、その後の検討から、「自来《ころく》（自分からやってくる）」の意味にとる方が無理がないと判断したので修正した。根拠は、①該当箇所は「許呂久《ころく》」と記されているが、「許」は「コ」の音の乙類を表す文字であるのに対し、「児」の意味の「コ」は、甲類の文字であらわさなくてはならないので、「児」の意味にとるのは苦しい。②「児」は、東国では女性を表す言葉だが、この歌の「児」は文脈上男性を表さなくてはならない。こうして、二〇一二年以降の拙稿は、「自来」説をとっている。

（4）平安時代では、「とやがへり　わがてならしし　はしたかの　くるときこゆる　すずむしのこゑ」（『後拾遺和歌集』二六七）という歌がある。拙稿「写声語の一性格」（『松村明教授古稀記念　国語研究論集』所収）で、私は「とやがへり　わがてならしし　はしたかの　くる」の部分を疑念を挟みつつも、一応鈴虫（今の松虫）の声の聞きなしと考えた。しかし、疑念が強まっているので、平安時代の例からは除いた。

（5）「ケサノアサケナコ」という語句については、拙著『ちんちん千鳥のなく声は―日本人が聴いた鳥の声―』で、ホトトギスの声の聞きなしと判断したので、ここでも踏襲している。しかし、諸説があり、この語句の見える歌の意味も定かではなく、さらに検討を要する語句である。相磯裕「〝呼〟考―『氣左能阿沙氣奈呼登以非都留』―」（『国語国文』四九巻七号、一九八〇年七月）、近藤信義「万葉からの視線―桓武天皇歌のホトトギス―」（『音の万葉集』高岡市万葉歴史館編、笠間書院、二〇〇二年）など参照。

（6）拙著『ちんちん千鳥のなく声は―日本人が聴いた鳥の声―』の「虚空にしばしひひめいたり―ヌエ」の項を参照。本著作集6『オノマトペの歴史2　ちんちん千鳥のなく声は・犬は「びよ」と鳴いていた』にも同タイトルで収録。

（7）「ポッポポッポッ」と聞こえるハトの声は、拙稿「ハトの鳴き声」（『日本語音声』2号、一九八九年七月）で述べたように、現在よく見るドバトのそれではない。戦後激減し、今や天然記念物になってしまったシラコバトの鳴き声である。

（8）「ポッポポッポッポ」のハトの声は、東《ひがし》くめ作詞・滝廉太郎作曲の「鳩ぽっぽ」にある。その後、作詞・作曲者不明の「ポッポッポ」で始まる「鳩」が文部省唱歌となり、後に曲名も「鳩ぽっぽ」になった。両者は、歌い出しやメロディが異なっているが、ハトの声は東くめの創出と見るべきであろう。

（9）平安時代と江戸時代の文化の似寄りについては、肥後和男『日本文化史概説・付』（冬至書店、一九九三年）などが参考になる。

楽器の音を写す擬音語(1)
―古代・中世―

1　はじめに

村の鎮守《ちんじゅ》の神様の
今日はめでたい御祭日《おまつりび》。
どんどんひゃらら、どんひゃらら、
どんどんひゃらら、どんひゃらら、
朝から聞こえる笛太鼓《ふえたいこ》。

（「村祭」文部省唱歌）

子供の頃、よく歌った文部省唱歌。明治四五年（一九一二年）三月刊行の『尋常小学唱歌（三）』に掲載されているので、百年余り歌い続けられてきたことになる。この歌で、いつまでも記憶に残っているのは、「どんどんひゃらら、どんひゃらら、どんどんひゃらら、どんひゃらら」という太鼓と笛の音を写す擬音語。

こうした楽器の音を写す擬音語については、これまで全く研究がなされてこなかった。したがって、こうした擬音語が各時代に存在するのかしないのかさえ定かではない。しかし、それぞれの時代の文学作品を読んでいると、時代によって出現の状況にバラツキがあるような印象を受ける。たとえば、江戸時代の文学作品を読む。すると、

息杖《いきづへ》の竹笛をふけば、助郷《すけがう》の馬《むま》太鼓を打つ。膝栗毛後編の序《じょ》びらき、ヒヤリヒヤリ、てれつくてれつくすってんすってん。

（『東海道中膝栗毛』二篇上、日本古典文学大系）

などと、楽器の音を写す擬音語に出くわすことが多い。それに対して、平安時代の文学作品をいくら読んでも、楽器の音を写す擬音語にはめったに出会わない。「どうして？　どの時代にだって多くの楽器があるのに。この印

象って事実?」こうした疑問が湧きだし、ぜひとも事実を解き明かしたくなった。

そこで、この稿では、各時代の楽器の音を写す擬音語を抽出することからはじめ、読書の時の印象は、果たして事実なのか。もし、事実であるならば、なぜ、そのような現象が起きるのか。これらのことを、解明してみることを目的とする。それは、各時代の文化のあり方を示唆するに違いない。

なお、以下、用例の引用は、できるだけ原文を尊重したが、読みやすさを考慮して、次の三項については改変を加えてある。①漢字の字体については、旧字体を避けて常用漢字体に統一した。②古典作品の仮名遣いは、歴史的仮名遣いに統一した。③古典作品の促音・拗音は分かりにくいので、促音・拗音になるはずの箇所は、小書きにして分かりやすくした。また、濁音・半濁音についても、検討の結果、濁音や半濁音である可能性の高い場合は、そのようにしてある。

2　現代の楽器の音を写す擬音語

まず、われわれの生きている現代の状況を押さえておこう。擬音語・擬態語が頻出するジャンルに童謡・唱歌がある。そこで、『日本童謡集』(岩波文庫)に楽器の音を写す擬音語が見られるのかを調査してみた。すると、三一三曲のうち、楽器の音を写す擬音語が出てくるのは、次に示す二曲。

水馬《あめんぼ》赤いな、アイウエオ。浮藻《うきも》に小蝦《こえび》もおよいでる。(中略)
立ちましょ、喇叭《らっぱ》で、タチツテト。トテトテタッタと飛び立った。
(北原白秋作詞「五十音」)

「トテトテタッタ」は、ラッパの音を写す擬音語。

もう一曲は、「やっとこやっとこくりだした　おもちゃのマーチが　らったった」ではじまる「おもちゃのマーチ」。二番の歌詞に、

フランス人形も　とびだして　ふえふきゃたいこが　ぱんぱらぱん。　（海野厚作詞）

と、太鼓の音「ぱんぱらぱん」が出現する。なお、この曲で繰り返し出てくる「らったった」は、行進していく様子をうつす擬態語であり、楽器の音を写す擬音語ではない。

というわけで、擬音語・擬態語の宝庫である童謡にも、楽器の音を写す擬音語はわずか二曲に見られるだけ。楽器の音を写す擬音語の出現する曲数を全曲数で割って出現率を求めてみると、〇・六％。つまり、二〇〇曲に一曲くらいしか楽器の音を写す擬音語は出現しない。

では、冒頭に掲げた「村祭」のような唱歌には、楽器の音を写す擬音語が多く見られるのか。『日本の唱歌（上）明治篇』『日本の唱歌（中）大正・昭和篇』『日本の唱歌（下）学生歌・軍歌・宗教歌』（いずれも講談社文庫）を調べてみる。総曲数は四七九曲。そのうち、楽器の音を写す擬音語を含む曲は、五曲。次にそれらを、曲名・楽器音を写す擬音語・楽器の種類の順で記載し、列挙する。

① 「村祭」―どんどんひゃらら、どんひゃらら　（太鼓と笛の音）
② 「毬ちゃんの絵本」―テーントンシャン　（琴の音）
③ 「楽しき農夫」―たらりやたらりとう　（太鼓の音。水瀬の音に掛けている）
④ 「山の音楽家」―キュキュキュキュキュ　キュキュキュキュキュ　キュキュキュキュキュ　キュキュキュキュキュ　キュキュ　（バイオリンの音）、ピピピピピ　ピピピピピ　ピピピピピ　ピピピピピ　（フルートの音）、ポコポンポンポン　ポコポンポンポン　ポコポンポンポン　ポコポンポンポン　（太鼓の音）

⑤「牧場の朝」―ぴいぴい（笛の音）

五曲を全曲数で割って求めた出現率は、一・〇％。一〇〇曲中、一曲に楽器の音を写す擬音語が出現している。童謡よりは出現率が高い。

では、大人たちの歌う歌謡曲では、どうなのか。『歌謡曲のすべて　歌詞集』（二〇一六年度改訂版、全音楽譜出版社）を調査してみた。この本は、明治・大正・昭和・平成の代表的なヒットソングを集めてあるので、調査に最適である。全曲数は一三四五曲。そのうち、楽器の音を写す擬音語の見られる曲は、次の七曲。

①「僕は泣いちっち」―テンテケテン（太鼓の音）
②「大漁まつり」―ドドン（太鼓の音）
③「結婚しようよ」―ボロン（ギターの音）
④「港・ひとり唄」―ボロロンポロポロ（ギターの音）
⑤「みれん」―ツン（ギターの音）
⑥「三味線旅がらす」―チントンシャン（三味線の音）
⑦「おどるポンポコリン」―タッタタラリラ　ピーヒャラ　ピーヒャラ　パッパパラパ　ピーヒャラ　ピーヒャラ
パッパパラパ　ピーヒャラ　ピーヒャラ、タッタタラリラ　ピーヒャラ　ピーヒャラ　パッパパラパ　ピー
ヒャラ　ピーヒャラ、ピーヒャラピ（笛の音）

最後の「おどるポンポコリン」は、笛の音のみで成り立っており、踊りだしたくなるような歌詞になっている。以上の七曲に、楽器の音が出現しており、出現率は、〇・五％。童謡と同じくらいである。

こうした明治時代以降の状況は、江戸時代以前の状況と比べて楽器の音を写す擬音語の出現率は高いのか。それ

とも低いのか。江戸時代以前の状況をまず簡略な方法で調べ、おおよその見当をつけてみる。

3　江戸時代以前の楽器の音の出現率

江戸時代以前の歌謡を集めた『古代歌謡集』（日本古典文学大系）、『中世近世歌謡集』（日本古典文学大系）を調査してみる。すると、「表1」のような結果になった。「表1」の「時代」の欄にある「近・現代」のデータとしては、大人の歌う歌謡曲における出現率を示しておいた。それ以前の歌謡がすべて大人の歌う歌謡が中心の資料だからである。

「表1」から、江戸時代に楽器の音を写す擬音語の出現率が群を抜いて高いことが分かる。『松の葉』という江戸

表1

時代	歌謡集	擬音語で写された楽器名	擬音語の入った曲数	全曲数	出現率
奈良時代	古事記歌謡	和琴	1	112	0.9%
	日本書紀歌謡	和琴	1	128	0.8%
	続日本紀歌謡		0	8	0
	風土記歌謡		0	20	0
	仏足石歌		0	21	0

近・現代	近世	中世					古代				
明治〜平成	江戸	室町時代				鎌倉	平安時代				
歌謡曲	松の葉	狂言歌謡	隆達小歌集	田植草紙	閑吟集	宴曲集	雑歌	風俗歌	東遊歌	催馬楽	神楽歌
太鼓・三味線・笛・ギター	太鼓・笛・尺八・鈴・鉦・三味線	囃子（太鼓・鼓・鉦・笛）									
7	11	2	0	0	0	0	0	0	0	0	0
1345	171	175	150	13	311	50	77	53	13	60	111
0.5%	6.4%	1.1%	0	0	0	0	0	0	0	0	0

初期から元禄期にかけての流行歌謡を集めた歌謡集には、一一曲も楽器の音を写す擬音語が現れる。総曲数は、一七一曲だから、出現率は六・四％。一〇〇曲に六曲から七曲に、楽器の音を写す擬音語が出現するわけだ。明治時代以降の状況に比べると、約一三倍も楽器の音が出現していることになる。明治時代以降の近・現代は、江戸時代ほど、楽器の音を写す擬音語が出現しているわけではなかったことが分かる。

ちなみに、明治時代以降、西欧音楽から多大な影響を受けているにもかかわらず、西欧から入ってきた楽器の音は、ギターだけ。残りは太鼓・三味線・笛といった日本古来の楽器の音であることは、驚きである。唱歌には、バイオリン・フルートの音、童謡にはラッパの音が出現しているのだが、現代日本人の大人の心には、太鼓や笛や三味線といった日本古来の楽器の音の方が訴えかけが大きいらしい。郷愁をさそうのであろう。

さて、「表1」から、平安時代と鎌倉時代には、楽器の音を写す擬音語を含んだ曲はみられないことが分かる。奈良時代には古事記歌謡と日本書紀歌謡に一曲ずつ和琴の音が見られるのだが、後述するように、全く同じ歌謡なので、決して出現率が高いとは言えない。

室町時代の狂言歌謡から、楽器の音を写す擬音語が目立ち始めていることが分かる。一七五曲中二曲に囃子楽器の音が登場している。それでも、江戸時代に比べれば、約六分の一程度の出現率。こうしてみると、楽器の音を写す擬音語は、室町時代から目立ち始め、江戸時代にピークを迎え、近・現代には衰えるという曲線を描いていることが分かる。

従って、江戸時代に楽器の音を写す擬音語が頻出するという印象は、ひとまず当たっているといえる。だが、江戸時代の資料としては歌謡集『松の葉』のみの調査結果である。他の作品や資料を調査してみたら、どうなのか。果たして同じような結果が出るのか。他の時代でも同様な不安がある。そこで、以下、歌謡以外の資料の追加調査を行ない、各時代の傾向を本格的に追究していくことにする。

なお、ここで取り扱う楽器の音は、音楽的な場面で使われたものを中心とする。鈴や法螺貝のように動物除けに人が持ち歩いたり、あるいは鐘のように、時刻を知らせたりする場合の音は除いてある。逆に、瓢箪のように、楽器ではないが、音楽的な場面で太鼓にみたてて叩いているような場合は楽器の音として取り扱っている。

また、調査に使った本文は、以下、日本古典文学大系（岩波書店）であれば「大系」、その新編を使用している場合は「新大系」と記す。日本古典文学全集（小学館）を用いている場合は「全集」、その新編を使用している場合は「新編全集」と記す。そのほか、個別的な資料の場合は、使用した本文をそのつど記しておくことにする。

4　奈良時代の楽器の音

「表1」から、奈良時代には、楽器の音を写す擬音語が古事記歌謡と日本書紀歌謡に一曲ずつ出現していることが示されていた。これらの例は、既に触れたように、全く同じ歌謡を『古事記』（新編全集）と『日本書紀』（新編全集）が少し異なる文脈で使用しているだけなので、実質的には次の一曲となる。

枯野《からの》を　塩《しほ》に焼き　其《し》が余《あま》り　琴《こと》に作り　掻《か》き弾《ひ》くや　由良《ゆら》の門《と》の　門中《となか》の海石《いくり》に　振《ふ》れ立《た》つ　漬《なづ》の木の　さやさや

（『古事記』下巻、仁徳天皇）

『古事記』の説明によると、この歌が作られたのは、次のような事情による。河内の国（現在の大阪）にとても高い木があった。その木で船をつくったが、すばらしく早く進む。船の名は「枯野《からの》」。やがて船は役目を終えたので、薪にして塩を焼いた。その焼け残った木材で琴を作ったが、その音色は七里に響き渡った。それで、右に示したような歌謡が歌われたというのである。

歌謡の意味は「枯野と名付けられた船を薪にして塩を焼いた。その焼け残った木で琴を作った。その琴をかき鳴らすと、由良の海峡にある岩に揺れながら生えている海藻のようにさやさやと鳴る」。「さやさや」が、辺りに響き渡る琴の音である。

『日本書紀』での歌謡由来の説明は、『古事記』と若干異なり、応神天皇にまつわる説明になっているが、歌謡そのものは、全く同じ。

さて、琴の音が「さやさや」。琴の音は「さやさや」と聞こえるかなあと、現在のわれわれの感覚では、いささか納得しにくい。もしかしたら、当時の「さやさや」の意味が現在とは違っているのかもしれない。調べてみると、ほぼ同じ。「さやさや」という擬音語は、『古事記』に、次のような例が見られる。

冬木のすからが下木のさやさや　（『古事記』中巻、応神天皇）

まっすぐな冬木の幹の下に生えている低木が風に揺れてたてる音が、「さやさや」。現在の「さやさや」と同じような意味である。

とすると、他に「さやさや」としても不自然でない事情があるのではないか。ここに出てくる琴は、現在のわれわれが知る十三弦の箏の琴とは違っていて、和琴である。和琴は、六弦であり、琴爪を使わずに指で弾く。そのためにさわやかでかそけき音しか出ない。とすると、「さやさや」と写しても不自然ではないかもしれない。

さらに、琴の音は、後述するように、平安時代以降、松風の音に譬えて聞く習慣がある。松風の音は、「さやさや」に通じている。とすると、なおのこと、和琴の音を松風に通じる「さやさや」と写してもいいように思え、納得できる。

このほか、歌謡に限らず、『古事記』『日本書紀』『万葉集』『風土記』（すべて新編全集）の散文部分を調べてみたが、楽器の音を写す擬音語は見られなかった。ただし、『日本書紀』（新編全集）では、「枯野を塩に焼き…」の歌謡の直前の散文部分にある「鏗鏘而」の語句を「ゆらに」と読み、和琴の音を写す擬音語としている。けれども、「鏗鏘而」の語句は、その他の多くの注釈書のように、「さやかにして」と読む方が無難と考えられる。というのは、①「ゆら」という擬音語は、奈良時代では、身に付けた鈴の鳴る音を写すことが多い、②「鏗鏘而」を「ゆらに」と読んで擬音語扱いすると、同じ和琴の音を「さやさや」と「ゆら」という二つの異なる擬音語で形容したことになり、表現効果上の問題が生じる。これらの理由から、この稿では「鏗鏘而」を「さやかにして」と読み、擬音語扱いしていない。

こうして、奈良時代の現存する作品には、楽器の音としては和琴の音を写す擬音語「さやさや」がみられるだけということが確認された。和琴は、奈良時代では、神をひきよせる霊力を持っていると考えられた重要な楽器。祭祀権の象徴でもあった。(1)だから、大国主神《おおくにぬしのかみ》が、須佐之男命《すさのをのみこと》から須勢理毘売《すせりびめ》を連れて逃げ出す時に和琴を一緒に持ち出している。

では、次の平安時代では、楽器の音をうつす擬音語は見られるのか。

5　平安時代には楽器の音が出現しない

平安時代では、次のような作品を追加調査した。

①物語ジャンルの作品—『竹取物語』（新編全集）・『うつほ物語』（新編全集）・『落窪物語』（大系）・『源氏物語』（新

編全集）・『狭衣物語』（大系）・『浜松中納言物語』（大系）・『堤中納言物語』（大系）

②歌物語ジャンルの作品―『伊勢物語』（新編全集）・『大和物語』（新編全集）・『篁物語』（篁物語総索引）・『平中物語』（新編全集）

③日記ジャンルの作品―『土佐日記』（新編全集）・『蜻蛉日記』（新編全集）・『和泉式部日記』（新編全集）・『紫式部日記』（新編全集）・『更級日記』（新編全集）・『讃岐典侍日記』（新編全集）

④随筆ジャンルの作品―『枕草子』（新編全集）

⑤歴史物語ジャンルの作品―『大鏡』（新編全集）

⑥歌集ジャンルの作品―『古今和歌集』（新編全集）・『後撰和歌集』（新大系）・『拾遺和歌集』（新大系）

⑦説話ジャンルの作品―『三宝絵詞』（古典文庫）・『今昔物語集』（新大系）・『法華百座聞書抄』（法華百座聞書抄総索引）・『打聞集』（複製本　古典保存会）・『古本説話集』（古本説話集総索引）

これだけ多くの作品を調査したにもかかわらず、楽器の音を写す擬音語は全く見られなかった。文学作品のみならず、平安時代の辞書『類聚名義抄』（観智院本）・『色葉字類抄』（前田本・黒川本）も調べてみたが、楽器の音を写す擬音語はやはり出現しない。

楽器そのものは、平安時代の作品や資料の多くに登場する。たとえば、『源氏物語』では、次のようにして楽器が見られる。

右の大殿の三郎、尚侍の君の御腹の兄君、笙の笛、左大将の御太郎、横笛（ママ）と吹かせて、簀子にさぶらはせたまふ。内には、御褥《しとね》ども並べて、御琴《こと》どもまゐりわたす。秘したまふ御琴ども、うるはしき紺地の袋どもに入れたる取り出でて、明石の御方に琵琶、紫の上に和琴、女御の君に箏《さう》の御琴《こと》、宮には、かくことごとしき琴はまだえ弾きたまはずやとあやふくて、例の手馴らしたまへるをぞ調べて奉りたまふ。

（「若菜下」『源氏物語』新編全集）

これは、大邸宅に住む光源氏の妻たちや娘が楽器演奏を行なう場面。笙、横笛は光源氏にゆかりのある男の子たちに吹かせるが、琴はすべて女性たちが弾く。明石の上は琵琶、紫の上は和琴（六弦）、明石の女御は箏（一三弦）の琴、女三宮は、使い馴らしてある琴《きん》（七弦）の琴。こんなふうに、演奏場面で楽器はしばしば登場するのだが、その音を写す擬音語は全く出現しない。ということは、楽器の音を擬音語で写すメリットがないということである。では、楽器の音を使わずに、演奏場面をどう表現しているのか。

6　楽器の演奏は、比喩と形容句で

琵琶はすぐれて上手めき、神さびたる手づかひ、澄みはてておもしろく聞こゆ。和琴に大将も耳とどめたまへるに、なつかしく愛敬づきたる御爪音に、掻き返したる音のめづらしくいまめきて、

（「若菜下」『源氏物語』新編全集）

「明石の上の弾く琵琶は、際立って名手の芸を思わせ、神々しいまでの弾きようで、音色もどこまでも澄んで面白く聞こえる。紫の上の弾く和琴に、大将も耳を傾けていらっしゃると、優しく心をそそるような爪音で、掻き返しの音色もめったにきかれないほど新鮮な感じで」と表現されている。楽器の音は「澄みはてておもしろく」とか「なつかしく愛敬づきたる」とか「めづらしくいまめきて」という形容句で説明されている。

琴《きん》の琴の継承を語ることがテーマである『うつほ物語』でも、琴の演奏の場面は実にしばしば描かれている。し

かしながら、その音を写す擬音語は、決して現れない。一体どう表現されているのか。

いささかかき鳴らして、大曲《だいごく》一つを弾くに、大殿《おとど》の上の瓦《かはら》、砕《くだ》けて花のごとく散る。いま一つ仕うまつるに、六月中の十日のほどに、雪、衾《ふすま》のごとく凝《こ》りて降《ふ》る。

（「俊蔭」『うつほ物語①』新編全集）

「琴《きん》で大曲を弾くと、御殿の瓦がこなごなに砕けて花のように散ってくる。もう一曲弾くと、暑い盛りの頃なのに、雪が布団を敷いたように固まって降る」というぐあいに、比喩で表現されている。現代人が読むと、誇張され過ぎた比喩表現で、リアリティが感じられないが、古代人にとっては、さほど不自然ではない。というのは、琴の演奏は神の降臨をいざなう神秘性を持つという認識の仕方をしているからである(2)。

『うつほ物語』では、さらに、琴の音が響くときは、山が崩れて、地震のような現象が起こったり、大空から天人が現れたりしている。琴が霊力を持っていると考えているからこそ起こりうる現象なのだ。

『源氏物語』になると、『うつほ物語』ほど、誇張された比喩は見当たらない。琴の音であれば、松風に喩える程度である。

人離れたる方にうちとけてすこし弾くに、松風はしたなく響きあひたり。尼君もの悲しげにて寄り臥したまへるに、起きあがりて、「身をかへて　ひとりかへれる　山里に　聞きしに似たる　松風ぞ吹く」

（「松風」『源氏物語』新編全集）

「明石の君が、人気のない部屋で気ままに琴《きん》を弾くと、松風が聞きつけてきまり悪いくらい琴の音に調子を合わせている。明石の君の母親である尼君は、悲しげな様子で物に寄り臥していらっしゃったが、起き上がって『昔と違った尼姿になって一人帰って来た山里には、明石の浦で聞いたのと同じような松風が吹いている』とおっしゃる」という場面。尼君の歌にある「松風」は、娘・明石の君の弾く琴の音色でもある。琴の音色は、松風に喩えられている。

この喩えは、当時和歌の世界ではかなりよく知られていたらしく、『源氏物語』とほぼ同時期に成立したと思われる『拾遺和歌集』にも、こんな歌がある。

琴の音に　峰の松風　かよふらし　いづれのをより　しらべそめけむ

（『拾遺和歌集』雑上）

「琴の音に峰の松風の音が通い合っているらしい。一体この妙なる音色は、どの琴の緒《を》から奏でられ、どの山の尾《を》から響きはじめているのだろうか」といった意味の歌。松風は、琴の音色に通じているととらえられている。

こうしたとらえ方は、奈良時代の『古事記』『日本書紀』の歌謡で、琴の音を「さやさや」と葉擦れの音と同じ擬音語で写していたことに通底している。松風の喩えは、江戸時代まで脈々と続く伝統的な琴の音のとらえ方になっている(3)。

平安時代では、以上に見てきたように、楽器の演奏場面が詳しく描写されているにもかかわらず、その音を写す擬音語は出現していない。楽器の音は比喩表現や、「おもしろし」「なつかし」などの形容句で表現されている。なぜ、多数の平安文学作品を調査したにもかかわらず、楽器の音を写す擬音語は一例も現れないのか。楽器の音を写す擬音語は、平安文学作品にとってはメリットがないのみならず、デメリットにさえなってしまう危険性があったからだと考えられる。

たとえば、先に引用した『源氏物語』の女楽の場面で、明石の上の弾く琵琶に対して、室町時代に出現する琵琶の音「ちんちん」を入れてみる。原文はこうであった。

琵琶はすぐれて上手めき、神さびたる手づかひ、澄みはててておもしろく聞こゆ。

（「若菜下」『源氏物語』）

この原文に、琵琶の音を写す擬音語を入れてみる。次のようになる。

琵琶はすぐれて上手めき、神さびたる手づかひ、ちんちんと澄みはてておもしろく聞こゆ。（作例）

「ちんちん」が入ると、いささか滑稽感が生じる。のみならず、想像に任されていた琵琶の音が「ちんちん」に限定されてしまい、イメージが膨らまなくなる。概して、平安文学作品は、優美さを重んじ、余情の美を重んじる。そうした平安文学作品には、楽器の音を写す擬音語はなじまなかったと考えられる。そのため、どんなに多くの作品を調べてみても、楽器の音を写す擬音語が出現しなかったのであろう。

では、次の鎌倉時代ではどうか。

7　鎌倉時代にも楽器の音が出現しない

「表1」から、鎌倉時代の『宴曲集』には、楽器の音を写す擬音語がみられなかったことが明らかであった。新たに、軍記物語ジャンルの『平家物語』（全集）・『保元物語』（大系）・『平治物語』（大系）、説話ジャンルの『宇治拾遺物語』（大系）・『古今著聞集』（大系）、随筆ジャンルの『方丈記』（大系）・『徒然草』（大系）、歌集の『新古今和歌集』（全集）を追加調査してみたが、楽器の音を写す擬音語はやはり出現しない。

もちろん、楽器はしばしば登場する。たとえば、次のように。

敦忠笛を吹き、義方和琴を弾きけり。時々御酒まゐりて、弾正親王笙をふく。重明親王笛をふきたまひけり。又勅によりて、和琴をも弾じ給ひけり。右中弁希世朝臣、左中弁淑光朝臣たちて舞ひ侍りけり。

（「延長七年三月踏歌後宴の御遊の事」『古今著聞集』巻六）

年始の祝詞の後で行なう酒宴での様子を書いた部分である。誰が笛を吹いたのか、誰が和琴を弾いたのか、酒を飲んでから、誰が笙や笛を吹いたのか、詔勅によって誰が和琴を弾いたのか、といったことは記されているが、楽器の音の記述はない。

もう一例、『平家物語』から引用してみる。

亀山のあたりちかく、松の一むらあるかたに、かすかに琴ぞきこえける。峰の嵐か松風か、たづぬる人の琴の音か、おぼつかなくは思へども、駒をはやめてゆくほどに、片折戸したる内に琴をぞひきすまされたる。ひかへて是をききければ、すこしもまがふべうもなき、小督殿の爪音なり。楽はなんぞときければ、夫を想うて恋ふとよむ、想夫恋といふ楽なり。

（「小督」『平家物語』巻六）

傍線部「かすかに琴ぞきこえける」とあるので、琴の音が具体的に記されてもよさそうだと思うのだけれど、その音は峰の嵐か松風かという喩えに収斂されてしまう。また、傍線部「片折戸したる内に琴をぞひきすまされたる」とあるので、琴の音を写す擬音語が出現するかもしれないという期待を抱くのだけれど、やはり出てこない。こんなふうに琴の音を写す擬音語が出現してもよさそうな余裕を感じる文章であっても、やはり出現しない。なぜなのか。平安時代と同じく、楽器の音を記すことによるデメリットがあると認識しているのである。滑稽感を排除したい、具体性を排除したいという配慮が働いているということだ。

そのため、楽器の演奏場面は、平安時代と同じく誇張した比喩的な表現や形容句で済ませている。たとえば、

凡《およそ》この后《きさき》の琴の音を聞いては、武《たけ》きもののふの怒《いか》れるもやはらぎ、飛鳥《とぶとり》も落ち、草木もゆるぐ程《ほど》なり。況哉《いはんや》いまをかぎりの叡聞《えいぶん》にそなへんと、泣く泣くひき給ひけん、さこそはおもしろかりけめ。

（「咸陽宮」『平家物語』巻五）

「総じて后の弾く琴の音を聞いては、猛々しい武士が怒っていたのも和らぎ、飛んでいる鳥も地面に落ち、草木

も揺れるほどであった。平常でもそうなのだから、まして死を目前にした皇帝に聞いていただくのはこれが最後と、泣く泣くお弾きになった琴の音は、それこそ情趣があったであろう」と記されている。琴の音色は、猛々しい武士が怒っていたのもやわらげ、飛んでいる鳥も地面に落とし、草木も揺れるほどであったと誇張された喩えを使っている。最後に、「さこそはおもしろかりけめ」と形容句でほめたたえている。

こうして、鎌倉時代は、楽器の音を写す擬音語に対しては、平安時代の延長線上にあることが分かる。では、次の室町時代になると、どうか。

8　室町時代の狂言歌謡に囃子楽器の音

(1)　楽譜は、擬音語由来の言葉

室町時代になると、「表1」では、狂言歌謡一曲に楽器の音を写す擬音語が登場していた。狂言歌謡というのは、舞台芸能である狂言で使われる歌謡のこと。どんな楽器の音が出現するのか。まずは、一曲目は次の通りである。

一の瀬殿は正体《しょだひ》ない人で。え踊らぬ我に踊れと仰《お》しゃる。踊りて振りを見せまゐらせうまゐらせう。くゎんこくゎんこくゎんこや、てれつくにてれつくに、したんに、たたんに、たっぽぽ、たっぽぽ、たっぽたっぽたっぽぽ、えいはらにはらに、えいきりにきりに、からりちんに、ひゆやにゆやに、ちゃうららに、ひゆやに、ついやついや、ついやろに、ちゃうららに、ひっ。

（「狂言歌謡」小舞「一の瀬」『中世近世歌謡集』大系）

傍線の部分は、これまで「はやし楽器の譜」[4]とか「囃子（鐘《ママ》、太鼓、笛など）の譜」[5]ととらえられてきた部分である。つまり、「楽譜」だと考えてきた部分である。確かに「楽譜」ではあるのだが、楽器の音を写す擬音語でもある。

る。というのは、当時の楽譜は、その楽器の音を写す擬音語由来のものが多いからである。

たとえば、小鼓の楽譜を考えてみる。小鼓では、強く低い音を出す時の楽譜は「ポ」。そう聞こえる擬音語から来た楽譜である。弱く低い音を出す時の楽譜は「プ」。そう聞こえる擬音語から来た楽譜。同様に、強く高い音を出す時の楽譜は「タ」。弱く高い音を出す時の楽譜は「チ」。すべて、そう聞こえる擬音語からきた楽譜である。

また、太鼓の楽譜を考えてみる。能・狂言で使う太鼓なら、楽譜は「テン」「テ・レ」「ツ・ク」を基本にしている。それぞれ、そう聞こえる音を出す打ち方だからである。だから「テレックテレック」というのは、楽譜でもあるのだが、擬音語でもある。つまり、楽譜を記せば、それは擬音語にもなっているという関係なのである。

現代のわれわれは、楽譜と言えば、明治時代以降の西洋音楽の影響を受けた五線譜の「ド・レ・ミ・ファ・ソ・ラ・シ」である。「ド・レ・ミ・ファ・ソ・ラ・シ」は、一定の音階を表しているだけで、何かの楽器音を写し取ったものではない。擬音語的な性格はないのである。その証拠に、いかなる楽器の楽譜であろうとも、すべて「ド・レ・ミ・ファ・ソ・ラ・シ」で表すことができる。口で唱えてメロディを覚える時も、ピアノを弾く時も、笛を吹く時も、たとえば、「ミソラソミソドド　ララソミドレミ」（文部省唱歌「春の小川」）と、記憶する。楽器の音を写す擬音語とは無関係である。

でも、江戸時代までの日本の楽譜は、擬音語由来の楽譜。だから、楽器によって楽譜が異なる。奏法を覚えるときは、その楽器特有の楽譜を口で唱えて覚える。これを「唱歌《しょうが》」とよんでいる。童謡・唱歌という時の「しょうか」ではない。「しょうが」である。紛らわしいので、「しょうが」の場合は、以下カギかっこを付けて「唱歌」とする。「唱歌」は、擬音語由来の楽譜でできていることが多いので、「唱歌」すると、そのまま楽器音にもなっている。

(2) 小鼓・太鼓・笛の音は楽譜でもあり擬音語でもある

さて、狂言歌謡の一曲目の傍線部をこうした目でとらえると、小鼓の音、太鼓の音、笛の音が含まれていることが分かる。

まずは、「てれつくにてれつくに」の部分である。「て・れ・つ・く」は、楽譜をふまえた太鼓の音。「に」は、間に入った格助詞で、楽譜ではない。「どんどんにどんどんどん」のような時に使う添加の意味を持つ助詞である。調子を整えて記憶しやすくする役目がある。

つづいて、「たっぽぽ、たっぽぽ、たっぽたっぽたっぽぽ」の部分。これは、小鼓の楽譜でもあり、音でもある。促音「っ」は、休止符を意味する。

それから、「ひゆやにゆやに、ちゃうららに、ひゆやに、ついやついや、ついやろに、ちゃうららに、ひっ」の部分。笛の楽譜でもあり、音でもある。笛の楽譜は、太鼓や小鼓などの打楽器と違って、複雑である。どこが楽譜なのかを明らかにするのがかなり難しい。私は、次のような資料を使って、楽譜かどうかを検討した。古い時代の笛の楽譜を伝える資料は現存しないので、能・狂言での笛の吹き方を現在に伝える「唱歌」の資料を便宜的に使った。

『一噌流《いっそうりゅう》唱歌集（上）（下）』（わんや書店）、『一噌流笛 大倉流小鼓 高安流大鼓 観世流太鼓 四拍子手附大成 第一輯上』（檜大瓜堂書店）、『森田流笛 幸流小鼓 葛野流大鼓 金春流太鼓 四拍子手附大成 第一輯』（檜大瓜堂書店）、『笛并皷大小太鼓打合段《ふえならびにつづみだいしょうたいこうちあいだん》』（宮良殿内文庫）、『大癋《おおべし》・渡り拍子（森田流笛唱歌）』（檜書店）、『鞨鼓（森田流笛唱歌）』（檜書店）。

これらの資料で、笛の楽譜を調べてみると、「ひゆやにゆやに、ちゃうららに、ひゆやに、ついやついや、ついやろに、ちゃうららに、ひっ」に使われている「ひ」「ゆ」「や」「ちゃう」「ら」「つ」「い」「ろ」は、すべて笛の楽譜であった。つまり、波線部は、笛の楽譜でもあり、笛の音でもある。間に入っている「に」は、先ほどと同じ格助詞である。調子を整え、記憶しやすくするためのものである。

こうして、最初に示した狂言歌謡の傍線部のうち「てれつく　てれつく」「たっぽぽ、たっぽぽ、たっぽたっぽたっぽぽ」「ひゆや　ゆや、ちゃうらら、ひゆや、ついやついや、ついやろ、ちゃうらら、ひっ」は、楽譜でもあり、楽器の音でもあることが判明した。

(3)　鉦の音と大鼓《おおかわ》の音は、擬音語

また、狂言歌謡の傍線部にある「からりちん」は、部分的には楽譜をふまえているが、聞こえるままの音を入れ込んだ鉦の音と考えられる。鉦の楽譜は、「チン」と「チチン」が基本である。「からりちん」は、「ちん」の部分のみ楽譜を踏まえたものと考えられる。

また、同じく傍線部の「したんに、たたんに」は、楽譜とは関係のない、普通の大鼓の音を写す擬音語と考えられる。というのは、大鼓の楽譜は、「ツ」「チョン」を基本とするので、楽譜ではないことが明らかだからである。

一方、江戸時代に下るのだが、歌謡集『落葉集』に

藤内四郎殿はいの、大皷（＝大鼓）の役でしったんしったんしったんしったん
（『日本歌謡集成』巻六、東京堂出版）

という例がみられる。「したん」は、右例の鼓の音「しったん」と類似しており、大鼓の音を写す擬音語と見てもよいと判断される。

こうして、狂言歌謡の傍線部の意味が次第に明らかになって来たのだが、まだ、分からない部分がある。「くゎんこくゎんこくゎんこや」と「えいはらにはらに、えいきりにきりに」である。

9　「くゎんこくゎんこくゎんこや」とは

今まで、狂言歌謡の歌詞の研究はほとんどなされておらず、その意味内容は明らかにされていない。ちなみに、既に触れたように、この箇所は、大雑把にお囃子に使う楽器の楽譜と考えられてきた箇所である。どこがどの楽器の楽譜（音）なのかの検討は、全くなされてこなかった。「くゎんこくゎんこくゎんこや」「えいはらにはらに、えいきりにきりに」の検討も、無論されたことがない。

これらは、楽器の楽譜（音）ではない可能性が高い。というのは、これらの語句は、楽譜には全く出てこないものだからである。では、何か。

まず、「えいはらにはらに、えいきりにきりに」について。「えい」という言葉は、力を込める時に発する感動詞である。「えいえいえい、えいさらえいさら」（『落葉集』）のように。また、「はらにはらに」「きりにきりに」は、「はらはら」「きりきり」という擬態語に、調子を強めるために「に」を入れて、「はらにはらに」「きりにきりに」とした可能性のある言葉である。江戸時代の歌謡集『松の葉』には、砧の音を写す擬音語「はらはら」を、「えいはらはら」（巻一、不詳組）と、「えい」に続けた例が見られる。また、歌詞には、「ずいこん　ずいこん」（＝木を挽く音）のように、[6] 擬音語・擬態語を入れ込む場合も少なくない。したがって「はらにはらに」「きりにきりに」は、擬態語「はらはら」「きりきり」を強めた語句だと考えられる。勢いよく踊る様子などを意味する語句であろう。

次に、「くゎんこくゎんこくゎんこや」について。この言葉も、楽器の楽譜ではあるまい。というのは、①楽譜にこうした語句が見られないこと、②楽器の楽譜であれば、ほかの箇所と同じく、格助詞「に」を使用しそうなものなのに、ここでは、「くゎんこくゎんこくゎんこや」と詠嘆の意を持つ終助詞「や」を使っていることである。「くゎんこ」が、楽譜ではないとすると、何なのか。漢語に使う「くゎ」という特別な音を使っているところからすると、単なる囃子言葉ではあるまい。もし、そうであったら、普通に使う「か」の音で事足りる。わざわざ「くゎ」の音にしているのは、何らかの漢語の意味を持たせていると見なければなるまい。

「くゎんこ」とは、どんな意味の漢語なのか。「歓呼（＝喜んで大声を上げること）」「喚呼（＝呼ぶこと）」「煥乎（＝輝かしいさま）」が候補に挙がる。すべて、当時「くゎんこ」と発音されていた漢語である。このうち、文脈にふさわしいのは、「歓呼」であろう。喜びのためにみんなが大声をあげるという意味の漢語だからである。ここで、わざわざ「歓呼」という漢語を使ったのは、「くゎんこ」という言葉の響きに打楽器の音を感じさせるものがあったからであろう。

こうして、「くゎんこくゎんこくゎんこや」「えいはらにはらに　えいきりにきりに」は、従来、考えてきたような楽器の楽譜ではないと察せられる。漢語であったり、擬音語・擬態語の強調形と考えられるのだ。まとめると、この狂言歌謡の意味は、次のようなものであったと考えられる。

一の瀬殿は、酒で正気を失って、踊れない私に踊れとおっしゃる。踊ってそれらしく見せましょう、見せましょう。喜んで大声をはりあげるよ、大声をはりあげるよ。「てれつく」に「てれつく」に（太鼓の音）、「したん」に「たたん」に（大鼓の音）、「たっぽぽ、たっぽぽ、たっぽたっぽたっぽぽ」（小鼓の音）、えいはらはらえいきりきりと踊り、「からりちん」に（鉦の音）、「ひゆや」に「ゆや」に「ちゃうらら」に「ひゆや」に「ついやついや、ついやろ」に「ちゃうらら」に「ひっ」（笛の音）。

楽譜の合間に適宜「に」をはさんで、太鼓の音や小鼓の音、笛の音や鉦の音を響かせ、漢語や擬態語を入れ込んでにぎやかな楽しさを狙った狂言歌謡だったと考えられる。

10 「ちやうんうちやうんう」とは

二曲目の狂言歌謡は次の通りである。これまた、解釈が難しく、不明な点が多いけれど、簡潔に結果だけを示しておこう。

踊《をど》ろと儘《まま》よ。はねぎろと儘よ。一夜は抱いて寝よずものを、一夜は抱いて寝よずものを。ていつくてて、してて、ていつくてて、してて、つくど、つくど、ていつくどに　ぷぽっ、ぽっぽぽ、ちゃん、ちゃん、ちゃん、ちやちやしちやちや、ちやちや、ちやうんうちやうんう、りんりりんりろらうろらう、ひゆやらいるろうの、ひい。

（小舞「踊と儘」）

「ていつくてて、してて、ていつくてて、してて、つくど、つくど、ていつくど」は、楽譜をある程度ふまえつつ太鼓の音を模した擬音語。「ぷぽっ、ぽっぽぽ」は、楽譜をふまえた小鼓の音。「ちゃんちゃんちゃん」は、当り鉦の楽譜をふまえた擬音語。最後の「りんりりんりろらうろらう、ひゆやらいるろうの、ひい」も、楽譜にのっとった笛の音。すでに列挙した『一噌流唱歌集（上）（下）』（わんや書店）以下の「唱歌」で、「り」「ろ」「ら」「る」「う」「ひ」「ゆ」「や」「い」の楽譜を使っているからである。途中に入っている「の」は、楽譜ではなく、調子を整えるための「に」と同じ役割をしている助詞「の」である。

「ちやちやしちやちや　ちやちや　ちやうんうちやうんう」は、かなり悩まされた語句である。囃子言葉にしては、語感がしっくりしないのだ。しかし、「うんう」が、中国の故事をふまえた「雲雨《うんう》」と考えると、割合すっきり解釈できる。「雲雨」は、楚の襄王が、朝には雲となり、夕べには雨となるという巫山の神女を夢見て、それと契りを交わしたという故事から、男女の契りを意味する言葉になっている。「うんう」が、男女の契りなら、「ちや」は「千夜《ちや》」ではないか。ただし、「ちや」に「千夜」をあてるのは、訓と音の組み合わせで問題がないわけではない。だが、「ちやちやしちや」と続く文面に「七夜《しちや》」とあるので、それに合わせて「千夜《ちや》」としたと考えることができる。

こうして、例示した狂言歌謡は、次のような意味と察せられる。なお、冒頭部分にある「はねぎる」は、拒否するという意味。従来、「飛び跳ねる」の意味に解釈しているが、(7)誤りであろう。

踊ったってかまうもんか、拒否したってかまうもんか、一夜は抱いて寝るんだもの、一夜は抱いて寝るんだもの。「ていつくてて、してて、ていつくてて、してて、つくど、つくど、ていつくど」（太鼓の音）、「ぷぽっ、ぽっぽぽ」（小鼓の音）、「ちゃん、ちゃん、ちゃん」（鉦の音）、千夜千夜七夜千夜　千夜千夜　千夜のちぎり千夜のちぎり。「りんりりんりろらうろらう、ひゆやらいるろう」の、「ひい」（笛の音）。

男女の仲をあおるように、楽器の音を写す擬音語が効果的に入り込んで歌謡の調子を高めている。狂言歌謡には、このような賑やかで楽し気な囃子楽器の音が盛りこまれている。これらの楽器の音は、単なる写実的な楽器の音ではなく、楽譜を踏まえたものが多く、それが狂言歌謡の特色となっている。しかし、楽譜だけではなく、助詞「に」や「の」を加えたり、あるいは、普通の擬音語を加えたりして、調子のよさと面白さを付加していることも注目すべき点である。

11　狂言に集中的に出現する

さて、室町時代には、狂言歌謡以外の作品や資料に楽器の音を表す擬音語が出現しているのか。さらに、次のような資料を追加して調べてみる。

軍記物語ジャンルの『太平記』（大系）・『義経記』（全集）、法語ジャンルの『正法眼蔵随聞記』（全集）・『歎異抄』（全集）、作法書ジャンルの『連歌論集』（全集）・『能楽論集』（全集）、『連歌論』（全集）、室町末期の辞書『日葡辞書』（岩波書店）

これらを調べてみたが、楽器の音を写す擬音語は見られなかった。

一方、狂言の台本には、歌謡以外の部分にも楽器の音を表す擬音語が頻出している。また、講義録である「抄物」資料にも、短い楽器の音が見られるが、狂言台本にはかなわない。その他、謡曲や御伽草子などにも、少しだが楽器の音が見られる。以下用例を示しておこう。

用例の抽出に用いたのは、『狂言集（上）（下）』（大系）、『謡曲集（上）（下）』（大系）、『御伽草子』（大系）、古川久編『狂言辞典　語彙編』（東京堂）、『時代別国語大辞典　室町時代編』（三省堂）である。辞典類に出て来た用例は、元になった資料に遡って、用例を引用しておく。

まずは、狂言台本に見られる笛の音。狂言「笠の下」には、次のような笛の音が見られる。一夜の宿を借りることのできた坊さんは、宿主と酒を酌み交わし、すっかりいい気持ちになって地蔵舞を舞いながら、退場する場面に出てくる。

右の方へよろよろ、よろりよろりよろりと、よろめきわたる地蔵坊が、踊ったを見さいの（＝見なさいよ）。ほつひやりほつひやり。ほっぱいひやろのひっ。

（『狂言記の研究上　影印篇』勉誠社）

坊さんは、浮かれて地蔵舞を舞いながら、「ほつひやりほつひやり。ほっぱいひやろのひっ」と笛の旋律を口ずさみつつ、滑稽な仕草をしながら、橋がかりを通って退場していく。

従来、この傍線部に関しては、「笛の唱歌(8)」と説明されていたり、「笛の音の形容(9)」と説明されている。しかし、検討してみると、ただの「笛の音」を写す言葉でもなく、全体が「笛の唱歌」でもない。事実は、笛の「唱歌」をふまえてはいるものの、「ほっぱい」という言葉が入っていたり、助詞「の」が入っていたりする。以下、もう少し詳しく説明しよう。

笛の「唱歌」の楽譜かどうかの検討は、すでにあげた『一噌流唱歌集（上）（下）』をはじめとする資料を使った。すると、傍線部にみられる「ほ」「つ」「ひ」「や」「り」「ろ」が楽譜として使用されているので、「唱歌」であることは間違いない。

12　「ほっぱい」とは

問題は「ほっぱい」である。狂言「笠の下」の影印本（『狂言記の研究上　影印篇』勉誠社）では、「は」の箇所に濁点が付されていて「ば」を表しているように見える。しかし、当時は半濁音の表記が確立しておらず、半濁音も濁点で表すことがある。この影印本も、検討してみると、半濁音を濁点で表している。さらに、この箇所は、促音「っ」に続く「は」の文字なので、「ぱ」と発音するのが自然である。そこで、用例引用に当たっては「ぱ」に修正しておいた。

「ほっぱい」に含まれる「ぱ」は、笛の楽譜にはないので、ここは「唱歌」ではない。「ば」や「は」としても、同じく笛の楽譜にはない。では、何か。狂言の囃子言葉と考えられる。というのは、『日本国語大辞典』（小学館）に「ほっはい」という見出し語があり、「狂言のはやしことば」と記されている。「ほっはい」と清音「は」であるが、半濁音「ぱ」に修正すべきところであろう。促音「っ」につづく「は」は「ぱ」になりやすいこと、現在でも、役者が「ほっぱい、ひうろ、ひい」などと口で唱えて終わるからである。(10)「ほっぱい」は、囃子言葉である。

こうして、傍線部全体は、笛の「唱歌」をふまえてはいるが、囃子言葉や、助詞「の」の入り込んだものであることが明らかになる。

以下に引用する用例も、同様な検討を経ているが、煩雑さを避けて結果だけを示していく。次例は、狂言「烏帽子折り」に見られる笛の音。

まづ、こちへ。こぎいって、まづ烏帽子きせやれ。ひやろひやろ。とっぱい。ひやろの。ひ。

（『狂言記の研究上　影印篇』勉誠社）

烏帽子折りを探しに出かけた家来二人が、主人の居場所が分からなくなり、囃しながら主人を探す。主人は恥をかくが、囃し方が面白いので、主人も浮かれて「ひやろひやろ。とっぱい。ひやろの。ひ」と口ずさんで、舞台から去っていく。「とっぱい」は、「笛の音の形容(11)」とされたりしているが、「ほっぱい」の変形である可能性が高く、囃子言葉と見るべきであろう。

狂言「節分」には、「ひゃあるらら、ひゃありつろ、ひゃありつりつろと、吹いて来たらば、寝せうめ」（『狂言集（下）』日本古典全書）と、笛の音が見られる。これは、すべて「唱歌」を踏まえた笛の音。

13 「とらろ」を、尺八の音とみせかけたか

狂言には、このほか、尺八、三味線などで「唱歌」をふまえたと思われる楽器の音が見られる。まずは、尺八の音。

大尺八を取出し、トラロラロラリイリイ　トラロラロラアラロオ。（狂言「楽阿弥」『能狂言（中）』岩波書店）

伊勢神宮に参詣したら、松の木に尺八のかかっている場所があった。尺八好きの楽阿弥が亡くなった場所だという。尺八を吹いてみると、楽阿弥が現れ、尺八を吹いてみせる。その音が「トラロラロラリイリイ　トラロラアラロオ」。

この音は、「大尺八を取出し」とあるし、「尺八」吹き楽阿弥の話であるから、尺八の楽譜（音）と考えるのが普通である。

ところが、寛文四年（一六六四年）の『糸竹初心集』（『日本歌謡集成』巻六、東京堂出版）や元禄一二年版（一六九九年）『紙鳶《いかのぼり》』（『日本歌謡集成』巻六、東京堂出版）で尺八の楽譜を調べると、該当する楽譜は「リ」と「イ」のみである。『糸竹初心集』『紙鳶』に掲載されている楽譜は、尺八の一種ではあるが、一節切《ひとよぎり》尺八の楽譜。室町中期から江戸時代にかけて用いられたもので、ふつうの尺八より短く、節が一つだけある。では、ふつうの尺八の楽譜はどうか。伝統的な尺八の楽譜をふまえていると察せられる『正則尺八吹奏講義録』（東京尺八研究会出版部、大正十年（一九二一年））を調べてみると、該当する楽譜は、「ロ」と「リ」のみである。最も目立つ「ト」や「ラ」の楽譜がないのだ。

では、尺八以外の笛の楽譜なのか？　たとえば、今まで見てきたような笛（＝能管）の楽譜（音）ではないか。確かに『一噌流唱歌集』をはじめとする「唱歌」の楽譜を丹念に調べてみると、「ト」「ラ」「ロ」「リ」の楽譜は見られる。だが、楽譜の続き具合に異質なものを感じる。何か別の笛かもしれないと感じさせるのだ。もしかしたら、能管の元になった龍笛の楽譜ではないか。龍笛は、能管とは構造が違っているので、別の楽譜による「唱歌」があるはずだ。龍笛の「唱歌」の楽譜を知りたい。

そう思って探していると、芝祐靖『龍笛の唱歌と演奏　平調』（ＣＤ）を手に入れることができた。古くからの伝統を伝える龍笛の楽譜である。そのＣＤに収められている「唱歌」をききながら、龍笛の楽譜を書きとってみた。すると、「トラロラロラリイリイ　トラロラロラアラロオ」は、すべて龍笛の「唱歌」に使われている楽譜であった。「ト」「ラ」「ロ」「リイ」「ラア」「ロオ」の入った楽譜を歌っていたからである。特に「トラロ」「リイリイ」は、一種のまとまりをなした楽譜でもあった。

こうして、狂言「楽阿弥」にでてくる「トラロラロラリイリイ　トラロラロラアラロオ」は、尺八の楽譜ではなく、龍笛の楽譜であることが判明した。

だが、なぜ、わざわざ尺八の音として、龍笛の楽譜を使ったのか。楽器に詳しい狂言作者や狂言師が、尺八と龍笛を間違えるはずはない。笑いをとるための工夫だったと考えると納得がいく。観客が、どんな尺八の音を口にするのか期待して聞き耳を立てていると、龍笛の音を口にする。そこで、知識のある観客は大笑いをする。なんだ、尺八ではなく、龍笛の音を口にしたではないかと。狂言は、観客を笑わせるところに眼目のある舞台芸能であることを考慮すると、十分考えられる趣向である。

最後に、狂言に見られる三味線の音の例をあげておこう。

浄瑠璃節《じやうるりぶし》に売れ。売《う》って聞かせう、是《これ》を三味線にしてな。つれてんてんてんてんてん。昆布《こぶ》めせ昆布めせお昆布めせ、若狭《わかさ》の小浜《おばま》のめしの昆布、つれてんつれてんてんてん

（「昆布売り」『大蔵虎明本　狂言集の研究　本文篇上』表現社）

昆布売りが、「昆布を売るのに口三味線を伴奏にして浄瑠璃節で売れ」と相手に命じ、自ら手本を示している場面である。口三味線は、三味線の楽譜を口で唱える「唱歌」のこと。

さて、傍線部は、本当に三味線の楽譜なのか。前述の『糸竹初心集』や貞享二年（一六八五年）初刊と言われている『大幣《おおぬさ》』（『日本歌謡集成』巻六、東京堂出版）で、三味線の楽譜かどうかを確認してみた。「つ」「れ」「てん」は、間違いなく三味線の「唱歌」の楽譜であった。

14　室町時代の楽器の音

こんなふうに、狂言には、歌謡のみならず、「唱歌」をふまえた楽器の音が頻出している。それに対して、狂言以外の作品では、「唱歌」とは関係のない擬音語が大半を占めている。

たとえば、鼓の音。狂言では、「たっぽぽ」などと「唱歌」の楽譜をふまえた擬音語であったが、謡曲では、「ていとう」である。

岸打つ波も松風も、颯々《さつさつ》の鈴の声、ていとうの鼓の音

（「雨月」『謡曲集（下）』大系）

「ていとう」は、そう聞こえるところから来た鼓の音ではあろうが、一方、漢語「丁東《ていとう》（＝石や金属や玉の触れ合う音）」を意識してもいよう。というのは、例文からわかるように、鼓の音「ていとう」は、鈴の声「颯々」という

漢語に並べてあるからである。「ていとう」という鼓の音は、『御伽草子』（大系）の「濱出草紙」にも見られる。
また、「とうとう」という鼓の音もある。

　笛ひっとふきて、つづみをとうとうと打ち鳴らし、鬼こそかへり候へ。
（『心敬僧都庭訓』）

「とうとう」は、「唱歌」の楽譜とは無関係な鼓の音。しかし、当時、一般に知られていた鼓の音であったらしく、室町時代の国語辞書『広本節用集』『塵芥』『易林本節用集』にも、「百百《トウトウ》」「鼕鼕《トウトウ》」と掲載されている。「とうとう」の縮まった「とと」も、『五音三曲集』では鼓の音になっている。「とうとうたらり」（『梅花無尽蔵』一）のように、「たらり」を付けた鼓の音もある。いずれも、「唱歌」とは関係のない擬音語である。

太鼓の音でも、「どろどろ」（『ロドリゲス大文典』二）と聞こえるままに写した擬音語が見られる。琴の音も、抄物『長恨歌琵琶行抄』では「ちんちん」、抄物『碧巌口義』でも、「ちん」になっている。『糸竹初心集』で、琴の楽譜を調べてみても、「ちん」の楽譜は見られない。「ちん」「ちんちん」は、楽譜をふまえた音ではなく、聞こえるままにとらえた普通の擬音語と考えてよかろう。

また、狂言「鳥ぜんきゃう」（『天正狂言本』）には、琵琶の音を「ちんちん」と写した例が見られる。琴・琵琶の音は、ともに「ちんちん」という擬音語で写せるようなものである。

以上、室町時代の楽器の音を表す擬音語についての検討を重ねてきた。その結果、①楽器の音を写す擬音語は、狂言という舞台芸能に突出して多用されている。②しかも、その擬音語は、「唱歌」をふまえたものが多い。③さらに、狂言歌謡のように、笛、小鼓、大鼓、太鼓、鉦といった複数の楽器の音を入れ込んだ賑やかな擬音語が見られる。これらのことが明らかになった。

なぜ、狂言では、こうした「唱歌」をふまえた擬音語や複数の楽器音を入れ込んだ擬音語を多用したのか。それは、こうした擬音語が滑稽さを生み出し、笑いをとれるものだったからである。その証拠に、単なる「唱歌」の楽譜だけではなく、そこに助詞「に」や「の」を入れ込んで調子をととのえ、おかしさの出るものに改変していた。また、囃子言葉を入れ込んで、笑いを誘う調子に仕組んでいた。そして、時には、尺八の音と見せかけて、尺八ではない龍笛の「唱歌」を歌い上げ、笑いをとる工夫までしていた。

　では、次の江戸時代では、楽器の音を表す擬音語はどうなっていったのか。次の章に読み進んでいただきたい。

注

（1）中川正美『源氏物語の音楽』（和泉書院、一九九一年）
（2）中川正美『源氏物語の音楽』（和泉書院、一九九一年）
（3）松風に琴の音色を聞く系譜は、鎌倉時代の『海道記』から江戸時代の『松屋筆記』まで辿ることができる。
（4）志田延義校註「狂言歌謡」（『中世近世歌謡集』日本古典文学大系
（5）北原保雄・大倉浩著『狂言記新注』（武蔵野書院、一九九二年）
（6）「古挽歌《こびき》」にみられる。『邦楽百科辞典』（音楽之友社、一九八四年）の「はやしことば」の項参照。
（7）志田延義校註「狂言歌謡」（『中世近世歌謡集』日本古典文学大系
（8）古川久編『狂言辞典　語彙編』（東京堂、一九六三年）
（9）北原保雄・大倉浩著『狂言記の研究下　翻字篇索引篇』（勉誠社、一九八三年）の索引篇「ほっひゃり」の項。
（10）『邦楽百科辞典』（音楽之友社、一九八四年）「しゃぎり」の項。
（11）北原保雄・大倉浩著『狂言記の研究下　翻字篇索引篇』（勉誠社、一九八三年）の索引篇「とっぱい」の項。

楽器の音を写す擬音語(2)
——近世・近現代——

1　はじめに

すでに、私は「楽器の音を写す擬音語―古代・中世―」の論を『埼玉大学紀要（教養学部）』（五二巻二号、二〇一七年三月。本著作集にも収録）に書いている。その論では、奈良時代から室町時代までの楽器の音を表す擬音語の推移を明らかにしてきた。この稿は、そのつづきである。

ここで、もう一回、奈良時代から室町時代をふり返っておこう。

奈良時代から鎌倉時代まで、楽器そのものは出現するにもかかわらず、その音を写す擬音語はほとんど見られなかった。しかし、室町時代になると、狂言に突出して楽器の音を表す擬音語が出現してきた。しかも、その擬音語は、旋律や奏法を口で唱えて暗記するための楽譜をふまえた長いものが多かった。さらに、鼓、太鼓、笛、鉦といった複数の楽器の音を盛り込んだ賑やかなものが目立っていた。こうした擬音語が、狂言では、観衆の笑いをとるために必要だったからである。

では、江戸時代になると、楽器の音を写す擬音語はどうなるのか。そして、明治時代以降の近現代ではどうなったのか。これらの問題をあきらかにするのが、この稿の目的である。

2　江戸時代は、楽器の音があふれている

江戸時代では、楽器の音を写す擬音語が、他の時代に抜きん出て多用されているらしいことは、すでに見当がつ

いていた。拙稿「楽器の音を写す擬音語—古代・中世—」の「表1」でそのデータを示しておいたからである。そのデータによれば、調査した江戸時代の歌謡集『松の葉』は、総曲数一七一曲。そのうち、一一曲に楽器の音を写す擬音語が出現していた。出現率は、六・四％。この数値は、室町時代の「狂言歌謡」における出現率一一％、近現代の「歌謡曲」における出現率〇・五％をはるかに上回るものであった。

さて、この『松の葉』の調査結果は、江戸時代全般の状況を映し出しているものなのか。江戸時代の他の資料を追加して、確認することから始めよう。江戸時代の作品としては、次に列挙したようなものを追加資料として調査した。(1)

①浮世草子ジャンルの作品—『浮世草子集』（大系）・『西鶴集（上）（下）』（大系）
②読本ジャンルの作品—『上田秋成集』（大系）
③浄瑠璃・歌舞伎ジャンルの作品—『近松浄瑠璃集（上）（下）』（大系）・『浄瑠璃集（上）（下）』（大系）・『歌舞伎脚本集（上）（下）』（大系）・『歌舞伎十八番集』（大系）
④滑稽本ジャンルの作品—『風来山人集』（大系）・『東海道中膝栗毛』（大系）・『浮世風呂』（大系）
⑤噺本ジャンルの作品—『江戸笑話集』（大系）・『噺本大系』（東京堂出版）
⑥草双紙ジャンルの作品—『黄表紙・川柳・狂歌』（全集）のうちの「黄表紙」・『近世こどもの絵本集　上方篇』（岩波書店）・『近世こどもの絵本集　江戸篇』（岩波書店）・『江戸の絵本Ⅰ～Ⅳ』（国書刊行会）
⑦連歌・俳諧ジャンルの作品—『芭蕉句集』（大系）・『芭蕉文集』（大系）・『連歌俳諧集』（全集）
⑧川柳・狂歌関係の作品—『川柳狂歌集』（大系）・『黄表紙・川柳・狂歌』（全集）のうちの「川柳・狂歌」

これらの作品を調査してみると、まさに江戸時代は楽器の音を写す擬音語で満ち溢れていることが証明される。

すなわち、①と②のジャンルの作品だけには、楽器の音を表す擬音語は見られないが、③〜⑧までのジャンルの作品には、楽器の音を表す擬音語が多数出現する。浄瑠璃・歌舞伎という舞台芸能のみならず、広く散文・韻文の文学作品に至るまで、「3」以降で紹介していくようなさまざまな楽器音が見られるのだ。草双紙のように、子供の見る絵本にまで多くの楽器を写す擬音語が見られる。江戸時代は、楽器音を写す擬音語の隆盛時代である。歌謡集『松の葉』に見られた傾向は、江戸時代全般の傾向でもあったことが裏付けられる。

3　『松の葉』に頻出する太鼓の音

では、一体どんな楽器音が見られるのか。まずは『松の葉』に見られる楽器音に注目してみよう。『松の葉』で最もよく見られる楽器の音は、太鼓。

アヒノテ世の中は広いやうで狭《せば》いよの、アヒノテ似合ひのつまつま、いとど太鼓の音《ね》どんどんもよし、どんどんどん、アヒノテどんどんどん、アイノテつくつくてんつくつくどんがらが、太鼓の音もよし、やっとしょ、アヒノテ似あひのつまつま、いとど太鼓の音どんどんもよし、どんどんどん、アイノテどんどんどん、アイノテつくつくてんつくつくどんがらが、太鼓の音もよし、やっとしょ、物に狂ひし我がすがた。（「かづま」『松の葉』巻三）

『松の葉』に収録された歌謡「かづま」の一節。男の薄情を恨み、狂ってしまった女の姿を歌ったもの。右例は、その中で似合いの夫婦というのは呼応する太鼓の音のようなものだと歌っている箇所。大太鼓の音は「どんどんどん」「どんがらが」、締太鼓の音は「つくつくてんつくつく」。大太鼓の音は夫《おっと》に、締太鼓の音は妻に喩えられている。大太鼓の音が鳴り響くと、それに相槌を打つように締太鼓の音が鳴っている。夫婦相和すかのように。

こうした太鼓の音が、『松の葉』に見られる楽器音の中で最も多い。楽器音の出現する一一曲のうち、七曲に太鼓の音が出てくる。

では、江戸時代全般ではどうなのか。やはり太鼓の音が最も広くみられる。特に浄瑠璃・歌舞伎ジャンルでは、太鼓の音が頻出する。

4　歌舞伎では、大太鼓の音が演出用語

浅草上野の花盛《はなざかり》また堺町木挽《こびき》町の、てんつくてんつく木偶坊《でこのぼう》。

（「丹波与作待夜《たんばよさくまつよ》の小室節《こむろぶし》」『近松浄瑠璃集（上）』大系）

浄瑠璃に見られる太鼓の音。「てんつくてんつく」と、操り人形芝居での締太鼓の軽やかな音が響き渡る。

歌舞伎では、そもそも、大太鼓の音が演出用語にもなっているくらい重要な役割を担っている。調査した歌舞伎作品には、楽器音が二三例見られるが、そのうち二二例が大太鼓の音。すべて、演出用語になった例。「どろどろ」「薄どろどろ」「大どろどろ」と。だから、次のように、ト書きに出てくる。

此の間どろどろ。幕開く。

（「幼稚子敵討」『歌舞伎脚本集（上）』大系）

是にて又どろどろ止む。

（「名歌徳三升玉垣」『歌舞伎脚本集（下）』大系）

「どろどろ」は、大太鼓を長撥で打つ音。「どろどろ」と聞こえる。幽霊や変化や妖術使いが登場する時、あるいは登場人物が正気を失ったり夢から覚めたりする時などに鳴らす。大太鼓をかすめて打つ時は「薄どろどろ」、激しく打つ時は「大どろどろ」。

ト薄どろどろ寝鳥になり、釣鐘の龍頭にかけてある守り袋より、焼酎火燃ゆる。

（「名歌徳三舛玉垣」『歌舞伎脚本集（下）』大系）

これは、あの世に行った人間が亡霊となって現れた時のト書きに見える演出用語。大太鼓を薄くかすめて打って、「寝鳥」を続けなさいという指示である。「寝鳥」というのは、幽霊や妖怪や人魂などの出現の時に吹く凄みを帯びた高音の笛の音。「どろどろ」と大太鼓を薄く叩いた後に笛を「ひゅう」と吹くわけだ。「どろどろひゅう」と聞こえる。

幽霊や妖怪が現れるときには、これとは逆に笛をまず吹き、「どろどろ」と大太鼓をかすめて打つこともある。その時には「ひゅうどろどろ」と聞こえる。ここから、お化けの出るときの擬音語「ひゅうどろどろ」が出てくるのだが、それについては拙稿「お化けの出る音(2)」を参照されたい。なお、右の用例の最後に「焼酎火燃ゆる」という演出の指示がある。これは、焼酎に浸した布に火をつけて人魂に見せる演出。

ト大どろどろ大雷大雨降って来る。

（「名歌徳三舛玉垣」『歌舞伎脚本集（下）』大系）

「大どろどろ」は、激しく大太鼓を打ち鳴らすので、こんなふうに、雷の音にも用いることがある。

トどんどんに成り、向こうから阿修羅《あしゅら》の兵馬・提婆《だいば》の左仲太《さちうた》・婆羅門郷蔵《きやうざう》・達多《だつた》の軍藤《ぐんとう》、四天《よてん》の形《なり》にて出で来たり、

（「名歌徳三舛玉垣」『歌舞伎脚本集（下）』大系）

「どんどん」も、歌舞伎では群兵が押し寄せる場面とか捕り手が取り巻く場面などに用いる効果音楽。大太鼓を太撥や長撥で「どんどんどん」と打ち鳴らす演出を指示している。

こんなふうに、大太鼓の音は、歌舞伎では欠かせない演出用語になって活躍している。

5　滑稽本・草双紙・川柳にも太鼓の音

他のジャンルの作品でも、太鼓の音は頻出している。たとえば、滑稽本ジャンルの『浮世風呂』。次例は、金兵衛さんと六歳の息子と三歳の娘の会話。「金」が金兵衛さん、「兄」が六歳の長男、「妹」が三歳の長女のこと。

妹「たいこ張《あっ》て」　兄「あっちら向《むい》ちゃあドドドン」　金「こっちらもドドドン」　兄「さうぢゃあねへ。こっちら向《むい》ちゃアどどどん」　金「ホイさうか。アどんどんどんよ。」（『浮世風呂』前編巻之上）

子どもにとって、太鼓の音は親しみの持てる楽器音だったらしく、草双紙ジャンルでも、太鼓の音は、よく現れる。

「まず今日はこれきり。どんどんどんどん」（「桃太郎昔語」『近世子どもの絵本集　江戸篇』）

鬼退治をした桃太郎が、得意そうな顔でこう述べ立てている。歌舞伎で終演を告げる座頭の口上「まずは今日はこれきり」とその後に鳴る太鼓の音を、桃太郎が真似たわけである。こんな例もある。

「一番目始まり始まり。どろどろどんどん」（「寺子短歌」『近世子どもの絵本集　江戸篇』）

歌舞伎で一日の芝居の前半に上演される時代物が、「一番目」。「一番目始まり始まり」と言うと、太鼓が打ち鳴らされる。それを真似たセリフ。子供たちの世界にも、歌舞伎舞台の太鼓の音がこんなふうに入り込んでいる。

さらに、川柳・狂歌ジャンルでも、太鼓の音が登場している。

いつちょい町はどんどんかかかなり（「誹風柳多留」五篇『川柳狂歌集』大系）

「山王・神田の二大祭りの時、一番裕福な大伝馬町から出る山車の囃子は、どんどんかかかである」といった意味の句。「いっちょい町」とは「一番良い町」の意味から来た言葉で、大伝馬町のこと。ふつうの祭囃子には、笛や鉦なども用いるのだが、大伝馬町の囃子は大太鼓のみ。それが、行列の先頭にあって、「どんどんかかか」と響き渡ってなんともカッコいいと言っているのだ。

太鼓の音は、こんなふうに、多くのジャンルで見られ、江戸時代に隆盛を誇った楽器音である。

では、ほかに江戸時代を色濃く感じさせる楽器の音はないのか。三味線の音が、太鼓の音に並んで頻出する。

6　三味線音が鳴り響く

まず、歌謡集『松の葉』に、三味線音は次のように登場している。

なびけや小松一の枝、つりりんりつりりんり　（「早舟」『松の葉』巻二）

三味線の音は、「つりりんりつりりんり」。この三味線音は、旋律・奏法を暗記するために口で唱える「唱歌」の楽譜でもある。三味線の「唱歌」を書き記した、天保四年（一八三三年）刊の『大幣《おほぬさ》』[3]を調べてみると、「つ」「り」「りん」は、楽譜として掲載されている。「唱歌」の楽譜は、擬音語由来のものが多いので、結局擬音語でもある。

三味線音は、調査した江戸時代の作品でも頻繁に出現している。なかでも、『東海道中膝栗毛』では、楽器音が三七例見られるが、その七割強に当たる二七例が三味線の音である。

奥のつづみの間にておどりがはじまると見えて、三味線《さみせん》の音聞こえる。チテチレチテチレ　チチチチチ　トテチレトテチレ。　（『東海道中膝栗毛』五篇追加）

「チテチレチテチレ　チチチチチ　トテチレトテチレ」が三味線の音。これもまた「唱歌」の楽譜でもある。「チ」

「テ」「レ」「ト」は、すべて『大幣』に楽譜として記載されている。

芸子《げいこ》が三味線《さみせん》トヲチテントヲチテン　（『東海道中膝栗毛』八編中）

客が踊る準備をすると、芸子は三味線を抱えて「トヲチテントヲチテン」と弾きだしたところ。三味線の音に見られる「ト」「チ」「テン」は、「唱歌」の楽譜でもある。三味線の音の多くは、こんなふうに「唱歌」の楽譜を踏まえている。だから、調子が外れた時は、楽譜にはない音を入れ込んで三味線音を写す。たとえば、次のように。

ベンベラベンベラ　チャンテンチャンテンチャンテンチャンテン　ト無性に引きたつる歌の唱歌は何とも分からず　（『東海道中膝栗毛』五篇追加）

きちんと「唱歌」の楽譜を踏まえた弾き方でないので、「唱歌」がよく分からないというのである。確かに「チャン」「テン」は、「唱歌」の楽譜にあるのだが、「ベン」「ベラ」は、楽譜にはない音。いかにも雑でいい加減な感じの出ている音。そうした音を入れ込んで、めちゃめちゃな三味線の演奏であることを表している。

草双紙でも、最もよく見られる楽器音は、三味線の音。二九例の楽器音のうち、その四割に当たる一一例が三味線の音である。次例は、おなじみの「舌切れ雀」（現在の「舌切り雀」）に出てくる三味線音。雀の宿に訪ねてきた優しいお爺さんを歓待して、雀たちが三味線を弾き、歌い踊っている。

ちちんてちちんてちんちり、つてつんちょん、ちりちりちりちりちり、つんてん

（「舌切れ雀」『近世子どもの絵本集　江戸篇』）

いかにも楽しそうな三味線音。使われている音「ち」「ちん」「て」「ちり」「つ」「つん」「てん」は、すべて三味線の「唱歌」の楽譜である。

また、次のように、三味線が伴奏音楽であることを強く感じさせる例もある。

ここに哀れをとどめしは、安倍の童子が母上なり、とちつて　ちんてんちん。もとより其身は畜生の、一銭くださりませ、苦しみ、ちちつ　ちちつ

（「七小まち」『江戸の絵本IV』）

小町になぞらえられるほどの美女・鶯の局は、男遍歴を重ね、次第に落ちぶれ、ついに、清水境内で三味線を弾いて歌って物乞いをする身になった。彼女は歌う。「ここに哀れをとどめしは、安倍の童子が母上なり」と。そして三味線を弾く。「とちつて　ちんてんちん」と。再び「もとより其身は畜生の、一銭くださりませ、苦しみ」と歌ってから、「ちちつ　ちちつ」と三味線を弾く。三味線は、歌の詞章の途中に入る伴奏楽器であることがよく分かる。[4] これらの三味線音は、すべて『大幣』に掲載されている三味線の楽譜でもある。

歌の詞章におりまぜて「一銭くださりませ」という物乞いの言葉も入れて歌っているのは、面白い。三味線は、そうした臨機応変な語りの伴奏楽器としての役割を果たしているのだ。次の二例も、三味線が伴奏楽器であることを示す例である。

めでたやめでたや、春の初めの　春駒なんどは、とちつんてん　夢にみてさへよいとや申《まう》そ

（「出雲お国　芝居始」『江戸の絵本I』）

歌っていると、頃良いところで「とちつんてん」と三味線の伴奏が入る。歌い手は、歌にますます熱が入る。

よしや吉原のうわさの涙、押させ、つんてん、かうして行く船ながめに飽かぬ。

（「出雲お国　芝居始」『江戸の絵本I』）

「涙」という歌詞を出して、「つんてん」と伴奏を入れると、歌い手はますます感情移入して歌う。聞き手もそれを感じて、しんみり聞きほれる。三味線は、歌の情緒を巧みにひきだす伴奏楽器。だからこそ、使い勝手がよく、江戸庶民に広く愛された楽器だったのではないか。

7　口三味線も、さかん

江戸時代の三味線の流行は、「口三味線」の頻出からも裏付けられる。実物の三味線がなくても、「口三味線」で伴奏を入れて楽しんでいる。三味線の楽譜を歌って伴奏にするのだ。擬音語由来の楽譜であるから、「口三味線」には、三味線の音と同様な効果があるわけだ。

わし、やろわい。口三絃《くちさみせん》ぢゃ。チチツツン　チンシャン（『東海道中膝栗毛』六編上）

弥次さんが歌舞伎の五代目松本幸四郎の声音をまねし始めたのに対し、乗り合い船に乗っていた京都の人が「私が伴奏をやるよ、口三味線だけどね。チチツツン　チンシャン」と入れたところである。「口三絃」とあるから口で唱えた三味線の音であることは明らか。このあとも、弥次さんの声音に合わせて、京都の人は、「チチチチチン」と口三味線の伴奏を入れている。

馬に乗っていても、浄瑠璃をうなり、伴奏を口三味線で入れている。

おまへと夫婦《めをと》になるならば、肩を裾へはまだなこと、足を耳にかけてなりとも添ひませう。チンチンチンチンチンチリツンチンチリツン（『東海道中膝栗毛』五篇下）

一人で口だけ動かせば、浄瑠璃も三味線の伴奏もできるので、この上なく便利。湯舟に浸かっていても、次のように、口三味線をやっている。

三味線《さみせん》のわるまね。テコテントン、テコテテコ、テンテン、ツン、ポンポン。（『浮世風呂』前編、巻上）

これは、下手な三味線の音を湯舟に浸かって口でまねているところ。「テ」「テン」「トン」「ツン」は、楽譜にあるが、「コ」「ポン」という楽譜はない。楽譜にはない音を入れることによって、調子はずれであることを示す常套手段。

こんなふうに、三味線がなくても、「唱歌」の楽譜を知っているから、それを口で唱えて伴奏にしたり、あるいは「口三味線」自体を楽しんでいる。三味線がいかに江戸時代の人々の間でもてはやされていたかがよく分かる。まさに猫も杓子も三味線に興味を持ち、楽譜を諳んじていた時代なのだ。

太鼓と三味線、これが江戸時代を代表する楽器音である。そのほか、二種以上の楽器音として、代表的なのは太鼓と笛のコラボレーションである。

8　太鼓と笛の組み合わせ

室町時代の狂言歌謡では、鼓を含んだ多くの楽器の組み合わせが見られたが、江戸時代になると、二種類以上の楽器の組み合わせは極めて少なくなる。調査した江戸時代の作品で、二種類以上の楽器音が続けて一文中に盛り込まれている例は九例しか見られなかった。そのうち五例が、笛と太鼓の組み合わせである。

息杖《いきづゑ》の竹笛をふけば、助郷《すけがう》の馬《むま》太鼓を打つ。膝栗毛後編の序《じょ》びらき、ヒヤリヒヤリ、てれつくてれつくすってんすってん。（『東海道中膝栗毛』二篇上）

笛の音が「ヒヤリヒヤリ」、続いて太鼓の音が「てれつくてれつくすってんすってん」。笛と太鼓の音の組み合わせである。

江戸時代に出現した「ひゅうどろどろ」も、笛と太鼓の組み合わせである。

手を合はせしが、ひゅうどろどろと鳴るがいなや、卒塔婆《そとば》の後より青ざめたる顔にて、源七幽霊あらはれ、

（「軽口若夷」『噺本大系』八巻）

「ひゅうどろどろ」の「ひゅう」は笛の音、「どろどろ」は大太鼓の音。おなじく、お化けの出る音でも、子供も親しむ草双紙では、少々音が違っている。唐傘の化け物が「うれめしや」の手つきをしている絵の横に、こう書かれている。

から傘の化物、おうひうでれんか　ひうてんてん

（「化けものがたり」『近世子どもの絵本集　江戸篇』）

「おうひう」「ひう」が笛の音、「でれんか」「てんてん」が太鼓の音。「ひゅうどろどろ」と比較すると、明るく滑稽。子供向きの感じのする擬音語である。

こんなふうに、江戸時代では、二種類以上の楽器の組み合わせとしては、笛と太鼓が代表である。われわれ現代人の歌う「村祭」の「どんどんひゃらら、どんひゃらら」の組み合わせの原形が江戸時代に形成されたわけである。

9　さまざまな楽器の音

江戸時代には、以上のような太鼓、三味線、太鼓と笛という代表的な楽器音のほかに、さまざまな楽器音が見られる。笛の単独音、尺八の音、鼓の音、琴の音、鉦の音、銅拍子の音、拍子木の音、鈴の音、金鼓と太鼓の音、ラッパとチャルメラの音。いずれも用例数は多くはないが、興味深いものも多い。特徴的な例をいくつか挙げておくことにしよう。

まずは、笛の音。

しゃぎりの音の、アイノテおひゃりこひゃり、ひゃりこひゃりこひゃりひゃり、らんららりつるんろ　るるりやちやららるろ、鉦が、また、彼処を見てあれば、

（「富士詣」『松の葉』巻二）

富士詣をする遊山船が集まってきて、にぎやかに笛を吹く様子を歌った箇所。「おひゃりこひゃり、ひゃりこひゃりこひゃりひゃり、らんららりつるんろ　るるりやちやららるろ」が笛の音。どこかで聞いたことがあるような懐かしい気がしたのではないか。

記憶をたどってみると、昭和二八年（一九五三年）にNHKのラジオドラマ『新諸国物語』でテーマソングとして流されていた「笛吹童子」の歌詞に似ていたのだ。「笛吹童子」では、「ひゃらり　ひゃらりこ　ひゃりこ　ひゃられろ」という笛の音が活躍していた。「ひゃりこ」は、江戸時代の歌謡「富士詣」の笛の音と同じ。さらに、末尾の「こ」も類似性を感じさせる。「こ」という音は、笛の「唱歌」の楽譜にはない[5]。では、何か。「ぎっちらこ」「ぺったんこ」の「こ」なのだ。その状態を固定する意味合いを添える接辞。この「こ」を、両曲とも使っているので、類似性が強まり、懐かしい感じがしたに違いない。もちろん、ルーツは江戸時代の歌謡の方である。

次は、尺八の音。

取りて吹きて見たれば、節がちやうどした、れつろれつろつりよれつのれがつれつろ。

（「みす組」『松の葉』巻一）

「尺八を取って吹いてみると、節回しがちょうどよく、『れつろれつろつりよれつのれがつれつろ』と吹く」という意味の歌詞。室町時代の狂言歌謡に見られた尺八の音は「とらろらろらりいりい　とらろろらあらろお」。これは、実は龍笛の楽譜であった[6]。

では、江戸時代の『松の葉』に見られる「れつろれつろつりよれつのれがつれつろ」は、本当に尺八の楽譜をふ

まえたものなのか。『正則尺八吹奏講義録』（東京尺八研究会出版部、一九二一年）で調べてみた。すると、「れ」「つ」「ろ」「り」という主要な楽譜はすべて尺八の楽譜である。(7) だから、狂言歌謡のようなことは起こっていない。「よ」「の」「が」は、楽譜ではなく、助詞である。尺八の奏法・旋律を記憶する時に、「『れつろれつろつり』よ、『れつ』の『れ』が、『つれつろ』」という具合に、助詞を挟んで覚えやすい「唱歌」にしていたと察せられる。

それから、鼓の音。江戸時代では、鼓の音は太鼓の音に座を明け渡した感があるが、それでも、鼓の音はまだ見られる。小鼓の音としては、「ぽんぽん、ちちぽぽ、ぷぽぽぽ」(8)（『福神あそび』『近世こどもの絵本集　江戸篇』）、「いやっぽぽ　ぽんぽん」（『観世又次郎』『近世こどもの絵本集　江戸篇』）、「ひゃ、ぽんぽん」（『寺子短歌』『近世こどもの絵本集　江戸篇』）と。

大鼓の音としては、「ぽん」（『福神あそび』『近世こどもの絵本集　江戸篇』）、「ぽぽん、ぽんぽん」（『寺子短歌』『近世こどもの絵本集　江戸篇』）と、出てくる。

楽譜をふまえていれば、小鼓の音は「ち」「た」「ぷ」「ぽ」のいずれかで表し、大鼓の音は「つ」「ちょん」のいずれかで表すはずである。ところが、これらの鼓の音は、厳密に楽譜をふまえてはいない。小鼓の音に「ち」「ぷ」「ぽ」をつかっているものが一例あるが、あとは大鼓も小鼓もそろって「ぽ」「ぽん」の音で写されている。一般人にとっては、鼓の音は、小鼓だろうが大鼓だろうが、どちらも「ぽ」「ぽん」系の擬音語で写せるようなものだったのである。

琴の音も出現している。

孔明もコロリンチャンでほっと息　（『誹風柳多留』(9) 五七篇）

琴の音の代表は「コロリンシャン」。それをちょっと茶化した擬音語と思われる。

また、別の楽器の音なのに、同一の擬音語で表している例もある。銅拍子の音と鉦の音。草双紙には、銅拍子の音が、

ちゃんちき　ちゃんちき　ちゃんちき　ちゃんちき

（「浮世楽助一盃夢」『江戸の絵本Ⅰ』）

と写されている。「ちゃんちき」は、川柳では鉦の音に使われている。

ちゃんちきちゃんちきといふとぜゞくんな

（『誹風柳多留』一三篇）

「ちゃんちきちゃんちき」という鉦の音がすると、子供が「（お布施にするから）お金ちょうだい」と言って小遣いをせびっている場面が目に浮かぶような句。

最後に、二種類以上の楽器音が一語の擬音語で表されている例を取り上げておこう。

此の桶を手に持て、小褄を取り、しゃんでしゃんでと囃すと、

（「傾城壬生大念仏」『歌舞伎脚本集（上）』大系）

無言劇である壬生狂言独特の囃子音楽の音。金鼓や締太鼓が囃子に用いられるので、それらの楽器音がまじりあった音が「しゃんでしゃんで」なのであろう。

また、ラッパ、チャルメラという二種類の楽器音が一緒に鳴り響くときの擬音語は、次の通り。

あやしや数万の人声責め皷《つづみ》せめ太鼓。らっぱちゃるめら高音をそらし、ひゃうひゃうとこそ聞こえけれ。

（「国性爺合戦」『近松浄瑠璃集（下）』大系）

数万の鬨の声、攻撃の合図に使う鼓、太鼓の音。ひときわ目立つラッパとチャルメラの音が響き渡る、「ひゃうひゃう」と。ラッパとチャルメラの入り混じった楽器音である。

江戸時代には、こんなふうに、さまざまな楽器音を写す擬音語が出現している。江戸時代は、まさに楽器音を写す擬音語の宝庫。しかも、その擬音語の用法も、実に斬新なのだ。ただ単に、楽器の音を表す場合もあるが、それ

だけではない。以下に述べていくように、楽器の音が、掛詞として機能していたり、話のオチになったりしている。

10　楽器の音が掛詞になる

私は、拙稿「古典の擬音語・擬態語—掛詞式の用法を中心に—」(10)の中で、「掛詞の用法は、物音を写す擬音語にはあまり起こらない」「掛詞のおこりやすい擬音語は、物理的な物音を写す擬音語ではなく、(中略)動物の声を写す場合である」と述べた。確かに大勢は変わりないのだが、微調整をしなくてはならない事態が生じた。それは、楽器音のような物音を写す擬音語が掛詞になる場合があることである。

たとえば、楽器の音を写す擬音語が次例のように使われていることがある。

春立つと、去年《こぞ》の雪消《ゆきげ》をそのままに、霞むも山の奥丹波《おくたんば》　軒《のき》の氷柱《つらら》も解《と》け渡り、谷の水音しったんしったんほんほんほんと鳴る鼓、

(「大経師昔暦」『近松浄瑠璃集(上)』大系)

「立春になり、残雪と春霞とが重なる山家では、軒の氷柱もいっせいに解けて谷に流れ込み、しったんしったんほんほんほんと鳴るが、そのように鳴る鼓が(めでたく)」という意味。谷の水音「しったんしったんほんほんほん」は、いつの間にか、鼓の音になっている。つまり、「しったんしったんほんほんほん」は、水音と鼓の音という二つの意味を持った掛詞。擬音語同士の掛詞であるのは珍しいが、一続きの擬音語に二つの意味を持たせている点でまぎれもなく掛詞である。

次のような例もある。

手手てんてんてんてんてんてん　てててててて手手手手手手手手手手手手手手手　てててててててててててて

てて

（「大悲千禄本」『黄表紙・川柳・狂歌』全集）

これは、黄表紙「大悲千禄本」の話の終わりに使われた太鼓の音。芝居の幕切れの太鼓の音を真似て話を終わる趣向なので、「手手てんてんてんてん…」は、太鼓の音であることは間違いない。だが、それだけではない。「大悲千禄本」は、千手観音の「手」の話。だから、太鼓の音に「手」の意味を掛けて書き連ねてシャレたものなのだ。太鼓の音「て」に「手」という漢字を当ててあることからも掛詞の意図が見えている。

また、楽器の音の一部に別の言葉を掛けるというケースもある。

歌舞伎とかやよせ太鼓のてろつく天も、花に酔へる心地して、

（「俳諧塵塚」『連歌俳諧集』全集）

「歌舞伎とかであろうか、よせ太鼓がてろつくてんと鳴り響き、天も花に酔っている心地がして」という意味。「てろつくてん」は太鼓の音。「てれつくてん」が普通の太鼓の音であるが、「れ」を「ろ」にしただけで、春らしいだらりとした気分も出てくるし、滑稽感も出てくる。もちろん、太鼓の音「てろつくてん」の「てん」には、「天」の意味を掛けて、下の「花に酔へる心地して」の文脈につなげている。掛詞であることは、「てろつく天」とわざわざ漢字表記していることからも明らか。

こんな狂歌もある。

顔見世の朝の雑煮を
三番叟　鈴菜を入れて　顔見せの　雑煮の汁も　たらりららりら

（「徳和歌後萬載集」『川柳狂歌集』大系）

詞書に、「顔見世興行の朝の縁起物の雑煮を」とある。「朝一番の三番叟では鈴を振って舞うが、鈴菜を朝の雑煮に入れると、それに呼応して雑煮の汁がたらりららりらと笛の音を奏でるよ」といった意味の狂歌。雑煮の汁の垂

れる様子を表す「たらり」に三番叟で奏でられる笛の音「たらりららりら」を言い掛けたもの。

また、楽器の音に一音だけ加えることによって、掛詞に仕組んでいる場合もある。

光り輝くはくや芸子にいかな粋めも現ぬかして、ぐどんどろつくどろつくや

（「仮名手本忠臣蔵」『浄瑠璃集（上）』大系）

浄瑠璃『仮名手本忠臣蔵』の遊郭の場面である。「光り輝く遊女や芸妓に、遊里の事情に通じている粋人までも心を奪われ愚鈍になって、ぐどんどろつくどろつくと太鼓遊びに明け暮れ」という意味。「はく」は「白人《しろうと》」の音読みで、もともとは、歌舞などの芸のない私娼をさした。後に広く遊女をさすようになったので、「遊女」と訳しておいた。

「どんどろつくどろつく」が本来の太鼓の音。その音の冒頭に「ぐ」の音を付加して、臨時的に太鼓の音を「ぐどんどろつくどろつく」として、「愚鈍」の意味を掛けたもの。

楽器の音の末尾に一音を加えて、掛詞にしている例もある。

焙烙頭巾《はうろくづきん》の青道心、墨《すみ》の衣の玉襷《だすき》見物ぞめきに取り巻かれ、鉦《かね》の拍子《ひやうし》も出合《であ》ひごんごん、ほててんほててんご念仏にあだ口かみまぜて

（「心中天の網島」『近松浄瑠璃集（上）』）

「大黒頭巾をかぶった生臭坊主が、墨染の衣を着て襷をかけ、見物衆に取り巻かれ、鉦の拍子もでまかせに、ごんごん、ほててんほててんと打ち、ほててんご（＝悪ふざけ）の念仏に無駄口をまじえて」という意味。実際の鉦の音「ごんごん、ほててんほててん」の末尾に「ご」という音を加えることによって、「ほててんご」という普通語との掛詞にしている。

こんなふうに、楽器の音を掛詞として用いるケースがあることが明らかになって来た。調査する前は予想もして

いなかったので、楽器の音の表現力に驚かされた。

最後に、めっぽう口調のいいしりとり型の掛詞の例を挙げておこう。

釈迦も昔は、あらら仙人、鐘つくつくつくつってんてんか、いふもくだたそ、ほほほほ、くだたそ

（「ぎおん大まつり」『近世子どもの絵本集　江戸篇』）

「お釈迦さまも昔はあらら仙人について修行をし、鐘をつく、つくつくつくつってんてん、天下を、語るも落ちるが、ほほほほ、語るも落ちるが」と一応訳せる。具体的な意味はともかく、口調が良いことこの上ない。注目箇所は、「つくつくつくつってんてんか」。「つくつくつくつってんてん」が、太鼓の音を写す擬音語。「鐘つく」と言ったので、そこから「つくつくつってんてん」という太鼓の音がでてくる。さらに、太鼓の音「てんてん」から「天下」という普通語が出てくる。しりとり型の展開である。普通語から楽器の音へ、楽器の音から普通語へという文脈展開をしている。こうした展開の要になっているのが、太鼓の音「つくつくつってんてん」。こんなふうに、楽器音を写す擬音語は、掛詞になって活躍している。

11　楽器の音が、話のオチになる

楽器の音を写す擬音語は、さらに話のオチになって活躍する。それは、特に噺本ジャンルで顕著な特色となって浮上してくる。しかも、オチになる楽器音の多くは、江戸時代に隆盛を誇った三味線の音。「魚が三味線引く事」（『軽口露がはなし』）というタイトルの話がある。

歓談をしている時に、九州から船で京都に登って来た人が言う、「三味線は人間ばかりの楽しみではなかったの

だ。海底の魚もよく弾いている」と。「しかも、小唄に合わせて鱈《たら》と河豚《ふぐ》が毎日弾いている」。何と弾いているのか。

たんたらふくつるてん、たんたらふくつるてんと引く。　（『江戸笑話集』大系）

話はこれで終わっている。三味線音「たんたらふくつるてん」に「鱈」と「河豚」を入れ込んでオチにしたのだ。当時は「河豚」のことを「ふぐ」ではなく、「ふく」と呼んでいた。室町末期の『日葡辞書』にも、「Fucu（ふく）」と記されているから、明らかである。「たんたらふくつるてん」には、「たら」と「ふく」という魚名そのものを入れ込んであるので、「ふぐ」と呼ぶ現代人よりももっと面白く感じられたオチであろう。

また、「名鳥」（『飛談語』）という題名の話がある。主人を喜ばせようと、使用人は、三味線の音をまねるという珍しい鳥を高値で買ってきた。主人は上機嫌。訪れた客にその鳥の声を聴かせようとしたが、終日泣かない。客が帰った後、鳥を買って来た使用人は、主人からこっぴどく叱られ、鳥も突き返される。使用人は、切腹して主人に詫びようとする。すると、鳥は鳴いた。

てててんててててん、つつてちちん。　（『噺本大系』巻九）

この三味線の音で話はおしまい。話のオチに使われている「てててんててててん、つつてちちん」は、歌舞伎の切腹場面などで演奏される三味線の音。それを鳥がにわかにやって見せたのだ。

また、こんな話も。「三味線のものずき」（『正直咄大鑑』）と題された話。物好きが三味線の胴を桐の木で、棹を紫檀《したん》で作ってくれという注文を出した。すると、細工人は、「それはご法度で作れない」という。なぜなら、「胴を桐、棹を紫檀にすれば、キリシタンになってしまう」と。あまつさえ、その音色さえ「ご法度である」という。桑や花梨や鉄刀木《たがやさん》のような固い木であれば音色もいいが、桐では響きが悪うて、ばてれんばてれんとなりますと云ふた。

（『噺本大系』巻五）

三味線の材質の「桐」「紫檀」から「キリシタン」を出し、最後に三味線の音「ばてれんばてれん」で、話を落としている。話のオチに使われた三味線の音である。柔らかい木で作った三味線は確かに「ばてれんばてれん」という音がしそうなところが説得力に富む。

こんなふうに、楽器の音は、単に楽器の音を表すだけでなく、掛詞になったり、話のオチになったりして活躍しているのである。

それにしても、なぜ、江戸時代に楽器音を写す擬音語が活況を呈したのか。

12　楽器の大衆化

以下に述べていくような、三つの要因が考えられる。第一には、楽器の大衆化である。室町時代までは、楽器を手にすることができるのは、職業人か特権階級に限られていた。

まず、楽器を弾かなければ成り立たない職業人は、当然楽器を手にする。たとえば、琵琶法師とか、能楽師とか狂言師など。その他の人間は、楽器とは縁の薄い生活を営んでいる。

また、楽器は、貴重で高級な物であるから、経済的に余裕のある特権階級しか手にすることができない。楽器がどんなに貴重であったかは、名器と呼ばれる楽器には人間と同じように名前がついていることや代々子孫に継承されていること、からも分かる。

『枕草子』の「無名といふ琵琶」の章段には、琵琶の名前として「玄上《げんじやう》」「牧馬《ぼくば》」「無名《むみやう》」、横笛の名として「水《すい》竜《ろう》」「小《こ》水竜」「いなかへじ」、和琴の名前として「朽目《くちめ》」「塩釜《しほがま》」「二貫《ふたぬき》」などがあったことが記されている。

また、名器と呼ばれる楽器は、代々子孫に受け継がれている。『うつほ物語』では、「なん風」「はし風」という名の琴は、由緒正しい血統で継承されている。『源氏物語』でも、柏木の所持していた横笛は、実の息子である薫に継承されている。『平家物語』では、平忠盛が鳥羽院から賜った笛は、孫の美青年・敦盛に継承されている。というわけで、一般人が楽器を手にすることなど、夢のまた夢であった。

ところが、江戸時代になると、一般の庶民たちが楽器を手にすることができるようになった。楽器の大衆化である。町娘までが、三味線を習い、お琴を習う時代になった。『浮世風呂』では、普通の町娘がこんなことを言っている。

朝《あさ》むっくり起きると、手習《てなれへ》のお師《し》さんへ行ってお座《ざ》を出して来て、それから三味線《しやみせん》のお師《し》さんの所《とこ》へ朝稽古《あさげいこ》にまゐってね。内《うち》へ帰《かへ》って朝飯《あさまんま》をたべて踊《をど》りの稽古からお手習へ廻《まは》って、お八《や》ツも下がってから湯へ行って参ると、直ぐにお琴《こと》の御師匠《おつしやう》さんへ行って、それから帰って三味線や踊りのおさらひさ。…日が暮れると又お琴のおさらひさ。

（『浮世風呂』三編の上）

娘の発言から、町娘の一日のスケジュールが伺える。朝起き抜けで習字教室に行って、授業のために机を並べておく。それから三味線の朝稽古に行き、帰ってからようやく朝食をとる。それから踊りのお稽古に行き、さらにお習字の稽古をし、おやつを食べてから銭湯に行く。それからお琴のお稽古に行き、帰ってから三味線と踊りのおさらいをする。日暮れにはお琴のおさらいをすると言っている。家で三味線やお琴のおさらいをしているのだから、家にそれらの楽器があったと考えられる。一般の町娘の家でも、購入できるほど楽器が手に入りやすくなったのだ。

さらに、楽器が大衆化していることは、素人向けの譜本がおびただしく刊行されていることからも証拠立てられる。[11]『糸竹初心集』（寛文四年（一六六四年））をはじめ、『琴曲指譜』（明和九年（一七七二年））、『三絃独稽古《しゃみせんひとりけいこ》』（天保一三年（一八四二年））などと。多数の譜本が刊行され、それが商売として成り立つほど売れたのである。これらは、楽器の独習のための譜本であることが多い。どこかに習いに行かなくても、楽器を手に入れ、一人で学習している人も大勢いたことが分かる。

楽器を手に入れやすい時代というのは、多くの人間が楽器に親しむ機会があるということである。ということは、楽器の音が人々の関心をひくということでもある。楽器の音を写す擬音語が出現しやすい第一の要因である。

13　楽器の音を写せる「唱歌」

第二の要因は、楽器の音をすぐに擬音語で表現できるツールを手に入れていること。具体的には「唱歌」である。楽器の演奏を覚えるためには、旋律や奏法をまずは記憶しなくてはならない。太鼓や三味線や笛といった楽器は、多く擬音語由来の楽譜を、口で唱えて演奏を覚える。いわゆる「唱歌」である。三味線など、「口三味線」という特別な言葉があるほど、「唱歌」が盛んであった。三味線がなくても、銭湯の湯舟につかりながら、

居《ゐ》たり立《たつ》たりする中に、寝《ね》ててんつるの口三絃《くちざみせん》は、湯舟の隅に屈《かがみ》居《ゐ》る芸《げい》なし猿《ざる》の戯《たはむ》れ口《ぐち》。

（『浮世風呂』前編巻の上）

湯舟に寝転がりながら「てんつるてんつる」と、口で三味線を弾いているのだ。擬音語由来の楽譜であるから、口三味線を唱えると、三味線を弾いているのと同じ気分になれる。現に、楽器が故障したりした時に、急遽、「唱歌」に変更して急場しのぎをすることもできるのは、まさに、「唱歌」にそういう効果があるからである。

こんなふうに、擬音語由来の楽譜を記憶してあるということは、楽器の音を聞いた時にすぐにその音を擬音語で写すことができるということである。楽器の音を写す擬音語が出現しやすい下地ができていたのである。

14　楽器の音に囲まれた生活

第三の要因は、楽器の音が日常生活に溢れていて、それを写したくなる環境であったこと。まず、江戸時代の人々は娯楽として歌舞伎に親しみ、そこで演奏される下座音楽を始終耳にしていた。こんな句がある。

とっぱひやろから見てゐるばからしさ　（『誹風柳多留』一三篇）

「とっぱひやろ」というのは歌舞伎の序幕の前に祝儀として舞う三番叟のこと。その囃子の笛の音「とっぱひやろ」から三番叟を意味するようになったもの。三番叟は、毎朝早朝に舞う。三番叟から見ているということは、朝一番から一日中歌舞伎を見ているということ。ひがな一日歌舞伎につきあう人がいるほど、歌舞伎が生活に入り込んでいたのである。

また歌舞伎の三番叟の囃子の音楽をおならで真似して見せる見世物まであった。場所は、江戸の両国橋のたもとにある見世物小屋。

三番叟屁、「トッパヒョロヒョロヒッヒッヒッ」と拍子よく、　（「放屁論」『風来山人集』大系）

おならで三番叟の囃子の笛の音をやって見せている。歌舞伎の三番叟の音楽そのものを知らなければ、成り立たない見世物である。みんなが知っているからこそ、笑いが取れるわけだ。

また、すでに述べたように、子供の親しむ草双紙には、歌舞伎の趣向と音楽を取り入れたものがあった。「一番目始まり始まり。どろどろどんどん」「まず今日はこれきり。どんどんどんどん」と、歌舞伎の幕明けや幕切れの趣向を取り込んでいた。子供たちにも歌舞伎の音楽は理解可能なほどに身近な存在であったのだ。歌舞伎は、江戸時代においては、老若男女を問わず、広く楽しまれた娯楽であった。そこで演奏される楽器の音も、彼らの周知のものであった。

また、江戸時代の人は、楽器演奏の見世物にも日常的に親しんでいた。たとえば、神社の境内では、一人で何人前かの楽器を鳴らす芸が大流行り。黄表紙『時代《じだい》世話《せわ》二挺鼓《にてうつづみ》』には、その音が記されている。

ちんつん　チャンチャントントンビイラリヒヤウ

（『黄表紙・川柳・狂歌』全集）

三味線を弾き、鉦や太鼓を打ち鳴らし、笛などを吹いて、八人がかりでやる楽器演奏を一人でやって見せる芸。こんな芸を楽しんで見ていたのである。

また、男たちの通う遊郭には太鼓の音や遊女たちの弾く三味線の音が響き渡っている。一方、街には托鉢に使う楽器の音や物売り・迷子探しに使う楽器音があふれかえっている。演奏に使われたのではない楽器の音が。たとえば、托鉢の音。

もくぎょをたたくぼうさま　「なむあみだぶなむあみだぶ。なむあみだぶ。」ポクポクポクポク。

（『浮世風呂』前編巻の上）

木魚を叩きながら「なむあみだぶ」と唱えた坊様は、さらに祈祷の言葉を述べ、店の番頭からお布施をもらう。木魚の音「ポクポクポクポク」。この場面の直後には、出家した比丘尼が二人連れでやってきて、「チリリン、チリリン」と鈴の音をさせる。お布施をもらうと、「アイ、おありがたう。にゃんまみじゃぶ、にゃんまみじゃぶ」とおざなりの唱えごとをして去っていく。こんなふうに江戸の往来は托鉢に使われた楽器の音もしばしば聞こえる。

また、大道の物売りも楽器を使って客寄せをしている。

先へ「せりかう（＝芹をお買いなさい）」と節にうたへば、あとから「たんぽぽたんぽぽ」と打って候

（「たんぽぽの囃子」『醒酔笑』巻八）

これは、春の野菜売りの笑話。「芹」の後に鼓を「たんぽぽたんぽぽ」と打って「たんぽぽ」もお買いなさいというのだ。

さらに、街には迷子探しの楽器の音も響いている。江戸の街には迷子が多かった。

○「迷ひ子の焔广様《えんまさま》」と、へちまな地口々々に、鉦ちゃんちゃんちゃんと打鳴らし、蔵前さして尋ね行く。

（「根無草」後編一巻、『風来山人集』）

○「ぶた七ヤア～。ぶた七ヤアアイ。どどどんちゃんちゃん。」

（『浮世風呂』前編巻の上）

迷子探しは、鉦を「ちゃんちゃん」と打ち鳴らしたり、それに太鼓を加えて「どどどんちゃんちゃん」と楽器を打ち鳴らしたりしながら行なっている。大道は、生の楽器の音があふれかえっていた。

こんなふうに、江戸時代の人々は、日常的に楽器の音に囲まれていた。楽器の音を記したくなる環境にあったのだ。これが第三の要因である。

まとめれば、江戸時代の作品に楽器を写す擬音語が多数出現するのは、①楽器が大衆化したこと、②楽器の音を表現しやすい擬音語由来の楽譜があり、「唱歌」としてそれを記憶していたこと、③楽器の音が巷に溢れ、それを写したくなる環境にあったこと、である。こういう状況にある江戸時代だからこそ、他の時代に見られないほど楽器の音を写す擬音語が頻出した、そう考えられる。

15　近現代の楽器の音

明治時代以降になると、楽器の音を写す擬音語はあまり出現しなくなる。拙稿「楽器の音を写す擬音語―古代・中世―」の冒頭部分に示したデータを思い出していただきたい。

江戸時代の歌謡集『松の葉』では、総曲数に対する楽器の出現する曲数は、六・四%。それに対し、明治以降の『日本童謡集』（岩波文庫）のそれは、〇・六%。『日本の唱歌（上）明治篇』『日本の唱歌（中）大正・昭和篇』『日本の唱歌（下）学生歌・軍歌・宗教歌』（いずれも講談社文庫）での出現率は、一・〇%。『歌謡曲のすべて　歌詞集』（全音楽譜出版社）での出現率は、〇・五%であった。江戸時代の『松の葉』の出現率に遠く及ばなかった。

さらに、擬音語・擬態語をよく使う作家の一人である夏目漱石の全作品を調査しても、[12]楽器音を写す擬音語は、「ころりん（琴の音）」「ぽこぽん（太鼓の音）」「どんちゃんどんちゃん（囃子の音）」の三種類であった。演奏ではない音としては、迷子探しに使われた太鼓と鉦の音「どんどこどんのちゃんちきりん」が見られる。漱石は作品集全体で擬音語・擬態語を六七四種類も使っているから、楽器音の占める比率は一%にも満たない。

また、児童の読み物も、『絵本の語彙』（国立国語研究所、一九九四年）で調査してみた。[13]この研究報告書は、翻訳絵本から日本の昔話絵本に至るまでの一三八冊に見られる語彙を収集したものである。そこに見られる楽器の音は、わずか五種類。「てぃりりり（バイオリンの音）」「てれれってとろろっとぶるるっぷたったたあ（ラッパの音）」「ぴいい（笛の音）」「ひゃあないぴいない（指笛の音）」「ふいっ（指笛の音）」である。一三八冊の絵本に見られる擬音語・擬態語の総数は、五七三種類。だから、楽器音の占める比率は、やはり一%にも達しない。

こうして、明治以降では、楽器音の出現する度合いが、江戸時代に比べてめっきり減少したことが分かる。

なぜ、明治時代以降の近現代は、楽器の音を写す擬音語が減少してしまったのか。一番大きな理由は、西洋音楽の流入にともなって、擬音語由来の楽譜を「唱歌」する系譜が途絶え始めたことである。西洋から入って来たピアノやフルートなどの洋楽器の奏法は、五線譜や数字譜で学ぶ。五線譜のドレミファソラシドや弦を表す数字による楽譜は、アルファベットと同じく、無機的な一種の記号や符号である。それらから成り立つ楽譜は、いくら唱えても、擬音語にはつながらない。楽器の音を写す擬音語が出現しにくい状況になったのである。

では、伝統的な三味線・琴・笛・太鼓などの邦楽器の楽譜はどうなったか。これらの邦楽器でさえ、西洋楽器と同じように、五線譜や数字譜で奏法を覚える様式に変わりつつある。

たとえば、明治一二年（一八七九年）に設置された文部省の音楽取調掛では、五線譜を用いた記譜・訳譜・採譜を積極的に試み、明治二一年（一八八八年）には、五線譜で記した『箏曲集』を刊行している。

最近でも『数字譜と五線譜による改訂三味線曲集』（オンキョウパブリシュ）、『五線譜による文化琴入門』（文化琴音楽振興会編）などの譜本が出されている。

擬音語由来の「唱歌」の楽譜は、明治以降衰退の一途をたどっているのだ。かろうじて、打楽器の太鼓は、五線譜を使っても、その下に「ドンドコドンドコドンドコ」とか「スットンストンストントン」などと記されていて、(14)「唱歌」の系譜が残っている。また、三味線でも、まず「唱歌」である口三味線から覚えることを推奨しており、(15)「ドンツントンツンツンテンチンチンテーンレン」などと、譜本に記されていたりする。「唱歌」の系譜は、まだ消滅しているわけではない。

しかし、三味線では、ギターのタブ譜のように、どの弦のどの位置を押さえるかということで奏法を示す「文化譜」が出回っており、「唱歌」の系譜は風前の灯火になっている。だから、邦楽器の音を表す擬音語も、「唱歌」の中の典型的なものだけしか出現しない。

たとえば、琴の音。

平打の銀簪《ぎんかん》を畳の上に落したまま、貝合せの貝の裏が朱と金と藍に光る傍《かたわら》に、ころりんと掻き鳴らし、又ころりんと掻き乱す。宗近君の聴いているのは正にこのころりんである。

（『虞美人草』）

夏目漱石の『虞美人草』に出てくる。「ころりん」は、「ころりんしゃん」とともに、誰でも琴の音だと分かるほど、「唱歌」の系統をひく代表的な擬音語である。

また、現代の歌謡曲「三味線旅がらす」に見られる「チントンシャン」も、「唱歌」の楽譜に基づく三味線音の定番。こうした典型的な擬音語だけが、化石的に生き残っているだけなのだ。

では、西洋音楽の楽器の音を写す擬音語はどういう形で出てくるのか。五線譜や数字譜による楽譜は、楽器の音を写す擬音語の質の変化をもたらした。その楽器らしい擬音語がなくなったのである。たとえば、次の二つの楽器音は、何の楽器の音か分かるだろうか。

○ごうごうごうごう　　○ボーボー

「ごうごうごうごう」は、セロの音。「ボーボー」は、クラリネットの音。ともに、宮沢賢治の『セロ弾きゴーシュ』に出てくる楽器の音である。原文を引用しておくと次の通りである。

○譜をめくりながら弾いては考え考えては弾き一生けん命しまいまで行くとまたはじめからなんべんもなんべんもごうごうごうごうごうひきつづけました。

（『セロ弾きゴーシュ』角川文庫）

○クラリネットもボーボーとそれに手伝っています。

（『セロ弾きゴーシュ』角川文庫）

「唱歌」と違って、無機的な五線譜や数字譜で覚える奏法であるから、その楽器らしい擬音語が無くなり、ごく一般的な擬音語になったのである。「ごうごうごうごう」「ボーボー」という擬音語は、電車の音でも、汽笛でも、表せる擬音語である。そして、背後に「唱歌」がないから、短い。

また、現代小説から広く用例を採集した『音の表現辞典』[16]で、楽器の音を調べてみると、ギターの音「ジャン！」（椎名誠『新橋烏森口　青春篇』）、ピアノの音「ぽつんぽつん」（林芙美子『浮雲』）が見られる。いずれも、その楽器特有の擬音語ではなく、他の音や様子をも表せるごく普通のオノマトペである。

「唱歌」で奏法や旋律を学んでいた時代では、三味線なら「ちちんつんつん　ちてちりつん」とか「ちんちんてんちちてつとん」などと、それらしさを感じさせる擬音語があった。しかも、いくらでも長く続けられる。続けようと思えば、一曲の最後まで「ちんちりつんちん……」と続けられる。

近現代の楽器の音を写す擬音語は、江戸時代に比べて少なくなり、かつ一般的で短いものに変化している。西洋音楽に押されて、「唱歌」の系譜が衰退しているからである。

加えて、近現代では、江戸時代ほど一般人が楽器の演奏に参加することはないし、街中が生の楽器の音に満ち溢れているわけでもない。こうして、明治時代以降では、楽器の音を写す擬音語の出現が減ったと考えられる。

16　おわりに

以上、この稿では、江戸時代から現代までの楽器の音を写す擬音語の歴史を辿ってきた。拙稿「楽器の音を写す擬音語―古代・中世―」と合わせると、奈良時代から現代までの歴史的推移を追究したことになる。

この種の研究が皆無であったため、ほとんど自力で調査し、考察しなければならなかった。そのため、考えの足りないところや調査の行き届いていないところがあるに違いない。特に狂言歌謡をはじめとする歌謡の歌詞の意味把握には悩まされた[17]。しかし、楽器の音を写す擬音語の歴史の大きな流れはとらえることができたように思う。

実は、この考察を始める前には、楽器の音を写す擬音語が掛詞になったり、話のオチにまでなって活躍しているとは予想だにしていなかった。感情移入しやすい動物の声を写す擬音語とは違って、物音を写す擬音語なのだから、そういうことが起こりにくいと考えていたのである。

ところが、調査をすすめると、予想を裏切って、江戸時代では、楽器の音を写す擬音語が、掛詞になったり、話のオチになったりして効果をあげていた。目を見張る思いであった。

江戸時代は、楽器音を写す擬音語の出現がピークを迎えていた時代である。楽器が大衆化して庶民の手の届くものとなり、すぐに楽器音を写せる「唱歌」の楽譜を記憶しており、音を写したくなるような楽器音に日常的に接していたことによって、もたらされたと考えられる。

どの作品を見ても、その楽器らしい擬音語があふれていた。「唱歌」の楽譜をふまえた擬音語だからである。「ちちんてちちんてちんちり、つてつんちょん、ちりちりちりちり、つんてん」「ひやりひやりてれつくてれつくすってんすってん」などと。

なかでも、太鼓の音、三味線の音、笛と太鼓の音を写す擬音語は、江戸時代を代表する楽器音であった。

こうした江戸時代の楽器音の隆盛の源流は、室町時代の舞台芸能・狂言にあった。狂言で、楽器の音を写す擬音語がにわかに活躍しはじめた。それらの擬音語が、そもそも「唱歌」の楽譜をふまえていたのである。しかし、「唱歌」の楽譜と突き合わせてみると、楽譜以外に適宜助詞を入れたり、囃子言葉を入れたりして、滑稽感が出るような工夫をしていることが具体的に明らかになって来た。

明治時代以降になると、西洋音楽の影響で「唱歌」の系譜は衰退した。そのため、その楽器らしい擬音語は見られなくなっており、合わせて楽器音を写す擬音語そのものの出現も減少した。楽器音を写す擬音語は、ごく一般的な擬音語になり、「ごうごうごうごう」「ボーボー」など他の物音も写すことのできる擬音語になってしまった。日本古来の音楽が、西洋音楽に交替していく様相がこうした楽器音を写す擬音語に現れてきていた。

一方、平安時代や鎌倉時代のように、楽器の音を写す擬音語が全く見られない時代があった。楽器はたくさん出てくるのに、その音を写す擬音語が見られなかった。楽器音を写す擬音語の持つ滑稽感や賑やかさが好まれなかったのである。

特に、鎌倉時代の作品に楽器音を写す擬音語が見られず、平安時代の延長上にあることは面白い現象である。文化の変化は、政治区分とはずれていることを示しているからである。

楽器の音を写す擬音語の出現の様相とその擬音語の性質は、その時代の文化のあり方を示唆する興味深いデータである。

注

（1）資料に使った本文は、（）に示しておいた。（大系）は「日本古典文学大系」（岩波書店）、（全集）は「日本古典文学全集」（小学館）のことである。なお、用例の引用に関しては、仮名遣いを歴史的仮名遣いに統一した。ただし、読みやすさを考慮して促音・拗音になるはずの箇所は、そのように改めた。

（2）山口仲美「お化けの出る音」（『青淵』八一二号、二〇一六年一一月。本著作集6『オノマトペの歴史2　ちんちん千鳥のなく声は・犬は「びよ」と鳴いていた』にも同タイトルで収録）。

(3) 高野辰之『日本歌謡集成』巻六（東京堂出版、一九六〇年）所収。

(4) 田中優子『江戸の音』（河出書房新社、一九八八年）の、江戸時代の三味線音に関する示唆に富む発言が参考になる。

(5) 笛の「唱歌」の楽譜か否かの検討は、次の資料を使って行なっている。『一噌流《いっそうりゅう》唱歌集（上）（下）』（わんや書店）、『一噌流笛　大倉流小鼓　高安流大鼓　観世流太鼓　四拍子手附大成　第一輯上』（檜大瓜堂書店）、『森田流笛　幸流小鼓　葛野流大鼓　金春流太鼓　四拍子手附大成　第一輯』（檜大瓜堂書店）、『笛《ふえ》并《ならびに》鼓《つづみ》大《だい》小《しょう》太鼓《たいこ》打合段《うちあひだん》』（宮良殿内文庫）、『大癋《おおべし》・渡り拍子（森田流笛唱歌）』（檜書店）、『鞨鼓（森田流笛唱歌）』（檜書店）。

(6) 拙稿「楽器の音を写す擬音語—古代・中世—」（『埼玉大学紀要』五二巻二号）の「十三『とろろ』は、尺八の音ではない」を参照。本著作集5『オノマトペの歴史1　その種々相と史的推移・「おべんちゃら」などの語史』では、「楽器の音を写す擬音語(1)—古代・中世—」の「13『とろろ』を、尺八の音とみせかけたか」の項が該当する。

(7) 尺八の楽譜は、指で押さえる孔によって名付けられた楽譜なので、擬音語由来の楽譜ではない。しかし、「唱歌」で歌うと、尺八の音色のように思えてくる面を重視し、ここでは、擬音語に準じる例として掲出しておく。

(8) 版本では、「ふぽぽぽ」と「ふ」になっているが、この小鼓の音は楽譜に忠実なので、「ぷ」と半濁音を打っておいた。

(9) 以下、『誹風柳多留』の例は、『誹風柳多留全集　新装版』巻一〜巻一二（三省堂、一九九九年）による。

(10) 山口仲美「古典の擬音語・擬態語—掛詞式の用法を中心に—」（『日本語学』五巻七号、一九八六年七月。本著作集5『オノマトペの歴史1　その種々相と史的推移・「おべんちゃら」などの語史』に同タイトルで収録）。

(11) 『邦楽百科辞典』（音楽之友社、一九八四年）の「譜《ふ》」の項参照。

(12) 『作家用語索引　夏目漱石』（第一巻〜第一四巻、別巻、教育社、一九八四年〜一九八六年）を調査した。

(13) 中曽根仁・川又瑠璃子『絵本の語彙』（国立国語研究所、一九九四年）。

(14) たとえば、『和太鼓用シラブル付　和太鼓アンサンブル　導入曲集』（エー・ティー・エヌ、二〇〇四年）。

(15)『入門　DVD付き　三味線のおけいこ本』（オンキョウパブリシュ、二〇〇七年）には、「江戸時代に用いられていたといわれる口三味線は、曲を覚えたり練習用にとても便利なものです。ぜひ覚えて下さい」と記されている。

(16) 中村明『音の表現辞典』（東京堂出版、二〇一七年六月）。

(17) 江戸時代の歌謡集『松の葉』の歌詞にも悩まされた。たとえば、「忍び組」に出てくる「てててからこ、しやんぎしや、かんこはらりついやひよ、ついやついやついやつやに、ちゃうららにや」の部分である。国学院大学歌謡研究会「松の葉　三味線組歌注解」（『季刊邦楽』一九号・二一号、一九七九年六月・一二月）のような試みが盛んになされることを切に望んでいる。

男女の泣き方の推移
——オノマトペからとらえる——

1　はじめに

テレビを見ていて驚いたことがある。今から二〇年余り前のこと。山一證券の社長が、テレビカメラの前で号泣しながら、会社の経営破綻を報告した時である。「あれれ、男性も公衆の面前で泣くんだ。しかも、あんなに激しく」と、ショックを受けたのだ。心の中では悔し涙に泣き濡れていても、公の場ではぐっと感情を抑えて対応するのが日本人男性の態度だと私は思っていたからである。私ばかりではなく、多くの人がそう思っていたことは、号泣の是非について批判的な意見が多かったことからも分かる。多数の日本人が驚いたのである。

そして、今から四年前の二〇一四年のこと。兵庫県議会の議員が、不正な政務活動費を支出していたことで追及され、記者会見の席で号泣しながら釈明するという事件が起こった。その号泣の様子はあまりにもオーバーでいささか滑稽ですらあったけれど、彼の様子を見ているうちに、私は、時代が変わってきているのを感じた。公衆の面前で男性が大声をあげて泣くことが以前ほど恥ずかしい行為とは思われなくなってきているのではないか。少し前までは、男性が人前で泣くことは恥ずべきことと考えられてきたが、その価値観が変化し始めているのではないか。泣き方に対する評価は、時代的な推移があるのではないか。

民俗学者・柳田国男は、次のように記している。

「男は泣くものではない」という教訓があったのも、女ならば大人でも泣くべしと、承認していたことを意味する。

（「涕泣史談」『遠野物語』集英社文庫）

柳田の言うように、男性は人前で声を出して泣くのはあまりカッコいいものではない、女性なら許されるという認識が、少し前までは広く行き渡っていた。その認識が変化の兆しを見せている昨今ではあるが、それ以前の、男が泣くのは女々しくてカッコ悪いことだという確固たる認識は、何時からのものなのか？　柳田自身は、それについては具体的に述べていない。

そこで、この稿では、オノマトペ（＝擬音語・擬態語）に焦点を合わせて、男女の泣き方の史的推移を追究することにする。「オノマトペ」に注目するのは、具体的にどんな泣き声をあげているのか、どんな様子で泣いているのかが明らかだからである。

「おんおん」「わっ」という泣き声をあらわす「擬音語」で記されていれば、かなり大声をあげて泣いていることが分かるし、「ぽろぽろ」「はらはら」という「擬態語」で記されていれば、声をあげずに涙をこぼすだけの泣き方であることがわかる。「おんおん」「わっ」などの泣き声をあげて泣く場合は、「ぽろぽろ」「はらはら」などの涙を流すだけの泣き方よりも、周りに訴えかける度合いが大きいために、評価の対象になりやすい。この稿では、擬音語を使っているか擬態語を用いているかの違いを意識して話を進めることにする。

「泣く」姿に関係するオノマトペを歴史的にたどった論としては、佐藤亨「『泣く』の副詞的表現とその歴史(1)」、中里理子「『泣く』『涙』に関する描写の変遷(2)」などがある。佐藤の論は、「泣く」姿にかかわるオノマトペ「さくりもよよと」「さめざめと」「しほしほと」「わっと」などの語を対象に、それぞれの語史を解明したものである。

中里の論は、平安時代からの「泣く」「涙」とともに用いられるオノマトペを調査し、いかなるオノマトペがそれぞれの時代に使用されたのかを明らかにしようとしたものである。

いずれも、益するところの多い論であるが、この稿の目的とは重ならないので、新たに調査を行ない、解明していくことにする。なお、ここで焦点を当てているのは、大人の泣く姿である。赤ん坊や幼児の泣き声や様子は除く。

彼らは生理的現象に基づいて泣くことが多く、大人と違って、社会の評価に従って行動するわけではないからである。

では、まず、我々の時代に連なる明治以降の男女の泣き方を押さえておくことから、出発することにしよう。

2　近代では、女は人前で声をあげて泣いても良い

明治三九年の『野菊の墓』[3]に、まず注目してみる。この作品は、政夫と民子という二人の純粋で一途な恋愛が、親に引き裂かれて悲劇に終わる切ない小説。そのため、男女の泣く姿がよく出てくるので、資料として適している。『野菊の墓』に見られる泣き方に関するオノマトペは、「おいおいおいおい」「すくすく」「ぼろぼろ」「わっ」「めそめそ」の五種類が見られる。このうち、女性に使われているのは、「おいおいおいおい」「すくすく」「わっ」という擬音語と「ぼろぼろ」という擬態語。一方、男性に使われているのは、「めそめそ」という擬態語のみである。つまり、泣き声を写す擬音語はすべて女性に使われている。次のように。

　母はもうおいおいおいおい声をたてて泣いている。（『野菊の墓』）

民子を死に追いやったのは自分だと思い込んでいる、政夫の母は、「おいおいおいおい」と声をあげて泣いている。周りに人がいるのもかまわずに。

また、政夫の想い人の民子も、声をあげて泣いている。

　叱ったそうで、民子は溜まらなくなってワッと泣き伏した。（『野菊の墓』）

政夫との仲を割かれて傷心の民子は言いつけられた仕事をするのを忘れて、政夫の母にひどく叱られて、「ワッ」

と声をあげて泣き伏した。人が聞いているのもかまわずに、声をあげて泣いている。民子はこの後、夜中、次のように泣き続けた。

母も夜時々眼を覚ましてみると、民子はいつでも、すくすく泣いてゐる声がしていたといふので、母が非常に立腹して、（『野菊の墓』）

「すくすく」は、かなり珍しい擬音語であるが、「しくしく」とほぼ同じ意味の語。声は大きくはないが、その声が隣の部屋まで聞こえるくらいの大きさである。他者に聞かれることを気にせずに泣いている。

こんなふうに、女性たちは「おいおいおいおいおい」「ワッ」「すくすく」と、周囲に聞こえるような声を立てて泣いている。とくに、「おいおいおいおい」「ワッ」は、人前で上げる泣き声であった。女性は、人前で声をあげて泣いても許されていることが分かる。

3　男は、声をあげて泣いてはならぬ

それに対して、男性は、人前で大声をあげて泣く例は現れない。『野菊の墓』に唯一見られた「めそめそ」は、次のように用いられている。

僕がめそめそして居ったのでは、母の苦しみは増す許りと気がついた。それから一心に自分を自分で励まし、元気をよそほう（ママ）て只管《ひたすら》母を慰める工夫をした。（『野菊の墓』）

自分を思いながら死んだ民子を思い、政夫は耐えきれずに「めそめそ」してしまう。「めそめそ」は、ほとんど声を立てずに静かに涙を流す様子を表す擬態語。これが、『野菊の墓』で男性に使われた唯一の泣く姿に対するオ

ノマトペである。男が人前で声をあげてなくのは、良くないと考えていたことが伺える。そうした認識は、同じ作品に次のように記されていることからも、裏付けられる。

母の手前兄夫婦の手前、泣くまいとこらへて漸くこらへてゐた僕は、自分の蚊帳へ這入り布団に倒れると、もう溜まらなく一度にこみ上げてくる。口へは手拭を咬んで、声を絞った。どれだけ涙が出たか、隣室の母から夜が明けた様だよと声を掛けられるまで、少しも止まず涙が出た。（『野菊の墓』）

泣き声を出すまいとこらえていることが分かる。さらに、不覚にも出てしまうかもしれない泣き声が人に漏れ聞こえないように手拭いを口に咬んでいる。男は声をあげて泣いてはならないという認識があったことが分かる。

また、こうも記されている。

「そのお手紙をお富が読みましたら、誰も彼も一度に声を立って泣きました。あれの父は男ながら大声して泣くのです。」（『野菊の墓』）

「男ながら」という言葉があることから、男は人前で大声を出して泣いてはならぬという一般常識があったことが分かる。

また、『野菊の墓』より少しだけ前に出た『金色夜叉』（新潮文庫）を調べてみても、同じ結果になる。女のお宮は「よよ」と泣き声をあげているが、『金色夜叉』に登場する男性たちは、誰一人声をあげて泣いていない。どんなに悲しかろうが、涙を滴らせるだけである。名場面として有名な貫一がお宮に振られる熱海の海岸でも、貫一は「涙に汚れた顔」しかお宮に見せていない。そして、落ちてくる涙も、払い落とす。

貫一は雫する涙を払ひて（『金色夜叉』）

のように。一人でいるときにも、次の例のように声を出して泣いてはいない。涙を「はらはら」「ほろほろ」こぼすだけである。

○やがて彼は何の得るところや有りけん、繁き涙は滂沱《はらはら》と頬を伝ひて零れぬ。（『金色夜叉』）

○可哀《あはれ》にあまり、可悲きに過るを観じては、口にこそ言はざりけれど、玉なす涙は点々《ほろほろ》と零れぬ。（『金色夜叉』）

誰も見ていないのであるから、声をあげて泣いてもよさそうなものなのに、男性たちは声をあげて泣くことは無い。

さらに、同じ頃の田山花袋の『蒲団・重右衛門の最後』（新潮文庫）を調べても、男は「ほろほろ」と涙をこぼすことまでしか許されていないことが伺える。

その顔はおのずから垂れて、眼からは大きな涙がほろほろと膝の上に落ちた。（『重右衛門の最後』）

のように。しかも、その涙さえ押さえるのが、男のあるべき姿と考えていたことが分かる。こう記されているからである。

重右衛門は、殆ど情に堪えないという風で潮の如く漲って来る涙を辛うじて下唇を咬みつつ押さえていた。（『重右衛門の最後』）

潮の如く溢れ出る涙さえ、下唇を咬んでぐっと抑えるのが男だったのである。

同じ作家の『田舎教師』（新潮文庫）、あるいは、夏目漱石の『吾輩は猫である』『倫敦塔』『薤露行』『坊ちゃん』『草枕』『虞美人草』『三四郎』『それから』『門』『彼岸過迄』『行人』『こころ』『明暗』[4]、少し時代の下った有島武郎の『或る女』（現代日本文学大系）を調べてみても結果は同じである。

明治以降、男性は、人前で声をあげて泣くのはもってのほか、涙をこぼすのも体裁の悪い行為。涙も出さずにぐっとこらえるのが男なのだという認識があったことが分かる。強い男性像が求められていたのである。それに対して、女は、人前で声をあげて泣くことが認められていた。庇護されるべき弱い存在であるという認識があったわけである。

柳田国男の発言は、明治以降の近代には当てはまっていることがわかる。では、もう一つ時代を遡った江戸時代ではどうか？

4　江戸時代では、男も声をあげて泣く

泣く場面の多い近松門左衛門の浄瑠璃に注目してみる。『近松門左衛門集①〜③』（新編日本古典文学全集）を調査してみると、なんと男も人前で大声をあげて泣いているではないか。

同作品には、「わっ」「しくしく」という擬音語、「はらはら」「さめざめ」「うろうろ」「ほろり」「ほろほろ」「ほろりっ」「おろおろ」「しばしば」「はらはらほろほろ」という擬態語が見られる。用例数にすると、合計九九例。そのうち、五三例が「わっ」と声をあげて泣く場合である。そこで、この「わっ」という擬音語に注目して、誰がどんな場面で声をあげて泣いているのかを分析してみる。

すると、五三例中二二例が男の泣き声に用いられ、二四例が女の泣き声に用いられている。残りの七例は、男女が声を合わせて泣く時に用いられている。男も、女とほぼ同じくらい「わっ」と、声をあげて泣いているのである。以下、具体例をあげて説明していくことにする。

「ヤイ畜生に父様《とっさま》と、言はるる覚えは、ないわいや」と、わっと泣く泣く振上げて、打たんともがく杖の下、

（「大経師昔暦」『近松門左衛門集②』）

「わっ」と声をあげて泣いているのは、おさんの父親。おさんの両親は、娘の不始末ゆえに家にいられなくなり、夜道をとぼとぼと歩く。その姿を茂兵衛が見つけ、一緒にいたおさんが父親の所に走り寄る。すると、父親は「ヤイ、お前のような畜生に父様といわれる覚えはないわい」と言い、「わっ」と泣きながら杖を振り上げておさんを打とうする場面。おさんを打とうとするのは、心底憎いわけではなく、かわいさゆえの愛の鞭である。思慮分別のある男性が、「わっ」と声をあげて泣いている。

「惣左衛門が子になりたくば、手鍋提げても正道《せいたう》に、あさましい死をせぬやうに、命全《まつた》う、…その時は我が子ぢゃと、棺《くわん》の中から悦ぶ。早う失《う》せう」とばかりにて、わっと泣入り、泣く声の、耳に残るを形見にて、別れ行くこそ。

（「博多小女郎波枕」『近松門左衛門集①』）

「わっ」と声をあげて泣いているのは、惣七の父親の惣左衛門。惣左衛門は、惣七が密貿易に加わっていることを知り、商人としての正道を説き、息子夫婦を逃がそうとして「わっ」と泣き崩れる。子の行く末を案じる男泣きである。

何心なく勇む顔。男はわっと泣出し、「いとしや何も知らずか。…」

（「冥途の飛脚」『近松門左衛門集①』）

「わっ」と声をあげて泣き出したのは、忠兵衛。遊女の梅川は、忠兵衛が身受けをしてくれたと信じてはしゃぎ顔。それを見て、忠兵衛は「わっ」と泣きだし、「可愛そうに。何も知らないのか。…」と言って、身請けに用意した金は、実は不正な金であることを明かす。愛するがゆえにした不正行為であることを相手に認めさせ許してもらうための男の大泣きである。

こんなふうに、人前で男が声をあげて泣いている。相手や周りの人間に自己の愛情の深さを知らせたり、自分の行為や言動を認めてもらうためである。人前といっても、男性の場合は、親族やそれに準ずる人々の前である。いわゆる公衆の面前という場合は見られない。

江戸時代では、町人ばかりではなく、武士道を心得た男も、声をあげて泣いた形跡がある。上田秋成の『菊花の契り』を読んでいると、擬音語は使っていないけれど、次のような記述がある。

　又、声を放《あげ》て泣き倒る。（「菊花の契り」『上田秋成集』日本古典文学大系）

「声を放て泣き」倒れたのは、武士道を心得た左門。江戸時代の男は、悲しみに襲われた時は、明治以降の男とは違って、声をあげて泣いてもいいのである。

5　女も声をあげて泣く

では、江戸時代の女が「わっ」と声をあげて泣いているのはどんな場合なのか。すべて、人前で声をあげて泣いている。男性よりも、声をあげて泣くことがさらに自由であったと察せられる。後で具体例をあげるように、女性は、親族やそれに準ずる人々の前ばかりではなく、いわゆる第三者的な人間がいる所でも声をあげて泣く例が見られるからである。

まずは、親族やそれに準ずる人の前で「わっ」と泣き出す例から示しておこう。

　母は涙の堪へ精尽果てて、わっと泣き、「かはいや、この子供が父御の言ひつけ覚えてか、目には涙を持ちながら、おとなしいを見るにつけ、…」（「鑓の権三重帷子」『近松門左衛門集②』）

「わっ」と声をあげて泣いているのは、不貞を働いた娘・さゐの母親。親族五人が集まって娘婿がいとまごいをする酒の席で、母が泣き出す場面。「母は涙を抑えていた気持ちがぷっつり切れて、わっと泣きだし、『いじらしいなあ、この孫たちは父親の言いつけを守っているのか、目に涙を貯めながらおとなしくしているのを見るにつけ…』」という意味。孫を見るにつけ、不貞を働いた娘の罪が心に重くのしかかり、「わっ」と泣き出したのである。親族に詫びる気持ちを伝える効果の期待できる泣きである。

夕霧わっと咽返《むせかへ》り、「エエ、こなさんとも覚えぬ。この夕霧をまだ傾城と思うてか。ほんの女夫ぢゃないかいの。…」

（「夕霧阿波鳴門」『近松門左衛門集②』）

「わっ」と泣いているのは、遊女の夕霧。夫婦の契りを交わした伊左衛門が、嫉妬心から夕霧にひどいことを言うのを恨んで「わっ」と泣く場面。泣くことによって、伊左衛門の攻撃を阻止して、やさしい心根の出てくる効果を狙っている。

こんなふうに、夫、父、舅、伯父、姉、深い仲の異性などの前で、女性が「わっ」と泣いており、男性の場合と同じである。深い愛情や許しを乞うている気持ちを大声で泣くことによってアピールしているのである。

また、女性の場合は、次のように、公衆の面前といってもいいような他人の前で声をあげて泣くこともある。

「…盗人の名を取り、これが悲しうござんす」と、わっと泣出し、送られ行く、目もあてられず不便なり。

（「今宮の心中」『近松門左衛門集②』）

「わっ」と泣き出しているのは、菱屋の針子のきさ。恋人の二郎兵衛が盗人の罪を着せられるのこそ悲しいと言って、「わっ」と泣き出した場面。ここには、菱屋の主人やご隠居や手代もいる。その面前で声をあげて泣いている。大泣きによって、これらの人々に同情心を起こさせる。

脇指ぐっと抜くより早く息絶えたり。小女郎わっと声をあげ、「待ってくだされ、連れだちたい。…」

声をあげて泣いているのは、小女郎。愛する惣七が罪を償おうと自害した。そこに小女郎がやってきて、惣七の亡骸にすがって、「わっ」と大声をあげて泣いている。捕り手の役人たちのいる前で、大声をあげて泣いている。大泣きの声は、周囲の人々の同情心に訴えかける効果がある。

（「博多小女郎波枕」『近松門左衛門集①』）

こんなふうに、女性の場合は、男性よりもさらに声をあげて泣くことが自由であり、公衆の面前で大声で泣くことも許容されていたことが分かる。

6　男と女が、声をあげ「わっ」と泣きあう

さらに、夫婦や愛し合う男女が、そろって「わっ」と泣くこともある。相思相愛の男女の心中の場面での「わっ」と泣きは、江戸時代の特色である。

泣く泣く別れ行く後に、夫婦はわっと伏転《ふしまろ》び、人目も忘れ、泣きゐたる、親子の仲こそはかなけれ。

（「冥途の飛脚」『近松門左衛門集①』）

「わっ」と泣き崩れているのは、忠兵衛夫婦。父・孫右衛門の述懐を聞き、親の子を思う気持ちに感激して、立ち去る孫右衛門の後ろ姿に向かって、夫婦で「わっ」と声をあげて泣き崩れている。夫婦そろって大声で泣き声をあげることによって、父の孫右衛門の気持ちをしっかり受け止め感激したことを知らせている。「夫婦はわっと泣き出し」（「博多小女郎波枕」）という例も見られるが、同じく親の慈愛に感激した時の泣き声である。

また、心中場面では、男も女も、互いを思い合って声を出して泣いている。

くわっと光ればわっと泣き、叫ぶ声々。神鳴も思ふ仲をばよも裂けぬ。（「今宮の心中」『近松門左衛門集②』）

二郎兵衛とおきさが雷鳴轟く中で心中を決行している場面。「声々」とあるから、男も女も「わっ」と泣き叫んでいることが分かる。「ぴかっと稲光がすると、二人はわっと泣き叫ぶ。雷も相思の仲をとても裂くことはできない」という意味。

心中の場面では、「一度にわっと声をあげ、前後正体なき叫ぶ」（「心中宵庚申」）という例もある。心中する男と女がお腹にいる自分たちの子を思って「わっ」と声をあげて泣いている。「なき」には、「正体無き」と「泣き叫ぶ」を掛けている。

また、男女入り混じって、そこに居合わせる人々が一斉に「わっ」と泣く場面もある。

「伊左衛門様、わしゃ死ぬるわいのう。」「母様死んでくださるな」と縋りつけば、家内の上下、わっと一度に声をあげ、泣沈むこそ道理なれ。（「夕霧阿波鳴門」『近松門左衛門②』）

扇屋の大夫・夕霧は死の床についている。そこに恋仲だった伊左衛門が、自分たちの実の息子を連れてやってくる。夕霧が「『伊左衛門様、私は死んでしまいます』というと、息子が『お母様死なないでください』と夕霧に縋りつくと、居合わせた家中の人々がわっと声をあげて泣き沈む」という場面。子供の、母に縋りつく姿が家中の人々の感涙を刺激したのである。こんなふうに、大勢の人間が声をあげて泣く場面もある。

江戸時代は、以上に例示したように、老若男女を問わず、人前で「わっ」と泣くことが認められていた時代である。連座制の広く行き渡っていた江戸時代では、罪は一個人にとどまらず、親・兄弟をはじめとする親戚一同に及ぶ。そうした社会体制下では、声をあげて泣くことが、重要な役割を果たしていたと考えられる。たとえば、親族に許しの気持ちを起こさせたり、身の潔白を信じさせたり、自分の行為を理解してもらったり、同情してもらったり、情の深さを感じさせたりといった役割である。こうしたメリットがあったからこそ、江戸時代では男も女も声をあげて泣いたのだと考えられる。

では、江戸時代をもう一つ遡った室町時代ではどうであったのか？

7　室町時代の男や女は、声を立てて泣かない

江戸時代と打って変わって男性も女性も声をあげて泣いていない。男も女も、「さめざめ」と声を出さずに泣き、「はらはら」と涙をこぼすだけである。男は声をあげて泣かないものだという明治時代以降の認識は、武士の時代である室町時代まで遡ると、現れる。こうした認識は、武士の時代が始まった鎌倉時代に一層顕著にあらわれている。そこで、鎌倉時代で詳しく述べることにして、ここでは、男女の泣く姿の用例を簡略に挙げておくにとどめたい。

室町時代の作品『御伽草子』『謡曲』『曽我物語』（いずれも日本古典文学大系本）を調べてみると、男女の泣く姿に関するオノマトペとしては、「さめざめ」「はらはら」「ほろほろ」という擬態語が見られるだけである。「わっ」という擬音語も見られるのだが、それは子供の泣き声である。大人は、通常声をあげて泣いてはいけないという認識があったと察せられる。

ゐなか殿「…心の中を残さず語り給へ」と、頼もしげにしみじみと申しければ、こけまる殿涙をはらはらと流し、「物や思ふと、人の問ふまでといふことのさふらふ」とて、　（「のせ猿さうし」『御伽草子』）

涙を「はらはら」とこぼしているのは、男性のこけまる。彼は、美しい姫君に恋をしてしまったが、ゐなか殿に

力になってあげると言われ、思わず「はらはら」と涙をこぼした場面。「はらはら」の用例は、室町時代では、「さめざめ」ほど多くないのだが、鎌倉時代に遡ると、主に男性の泣く様子を表す擬態語として活躍している。「はらはら」と落涙する様子は、「さめざめ」と泣く様子よりも、確かに男性的である。

室町時代の男性に用いられた「さめざめ」の用例は次の通りである。

身づから手をとり、申《まうし》けるは「いかにおのれ、十歳にだにもならざるを、見すててしなん事こそ、かなしけれ。生死《しやうじ》かぎりあり、のがるべからず。なんぢを、誰あはれみ、誰はごくみそだてん」とさめざめとなきけり。

（『曽我物語』巻一）

「さめざめ」と泣いているのは、男性の伊藤武者。死に赴く床で、九歳の息子の手を取って、行く末を案じて「さめざめ」と泣いている。こんなふうに、江戸時代と違って、男たちは声をあげて泣いていない。「はらはら」「さめざめ」と声を立てずに泣くのだ。

男性のみならず、女性も声を立てずに泣いている。江戸時代以降現代まで続いてきた女性が声をあげて泣く風習は、室町時代以前には遡れない。女性は、次の例に見るように、「さめざめ」と泣いていることが多い。

「此文ただ届きて候はば、喜び入り参らせ候べし」とて、さめざめと泣き給へば、僧もあはれに思ひ給ひて、

（「さいき」『御伽草子』）

「さめざめ」と泣いているのは、女性。僧の前で、「さめざめ」と泣いて、想い人に手紙を届ける役目を頼み込んでいる。「さめざめ」と泣くことによって、深い事情のあることを感じさせ、断りにくい雰囲気を醸し出している。

こうした室町時代の傾向は、そのひとつ前の鎌倉時代に、きわめて顕著な特色となって現れている。

8　鎌倉時代では、男性は「はらはら」と落涙する

鎌倉時代の『平家物語』を調べてみる。男性が擬音語を使って声をあげて泣いている例は出現しない。声をあげずに、泣く場合だけである。「はらはら」と涙をこぼしている場合が三〇例、「さめざめ」と泣いている場合が七例である。武士の時代に突入した鎌倉時代から、男性は声をあげて泣かないのだ。

ただよはりによはりければ、判官涙をはらはらとながし、「此辺にたつとき僧やある」とて、たづねいだし、

（「嗣信最後」『平家物語下』巻一一）

「はらはら」と涙を流しているのは、九郎判官義経。「（嗣信はそう言い終わってから）どんどん弱っていくので、判官義経は涙をはらはらと流し、『この辺に尊い僧はいないか』と尋ねだし」、嗣信の回向を弔わせた、という場面。勇敢に平家の軍に向かって行った源氏の兵士・嗣信が敵の矢に倒れ、今わの際に、主君義経の出世を心から願って死んでゆく。その主君思いの気持ちに打たれ、義経は「はらはら」と涙を流したのである。主君が、従者の気持ちに打たれてこぼす涙である。主君と従者の間には、強いきずながある。逆に、従者が主君を思って、「はらはら」と涙を落とす場合も見られる。このように、主従関係の中で、男たちは「はらはら」と涙を流している。決して声をあげずに。

また、親子の絆、兄弟の絆の強さゆえに「はらはら」と涙を落とすこともある。

小太郎涙をはらはらとながいて、「此身こそ無器量の者で候へば、自害をも仕候べきに、我ゆへに御命をうしなひまいらせむ事、五逆罪にや候はんずらん。ただとうとうのびさせ給へ」と申せども、

（「妹尾最期」『平家物語』巻八）

「はらはら」と涙を流しているのは、息子の小太郎。父親を思っての涙である。「小太郎は、はらはらと涙を流して『自分こそ力量不足の者でございますので、自害致すべきですのに、自分のせいで父上の御命を失わせ申すようなことがあれば、五逆罪になるのではないでしょうか。父上はただ早く早く逃げのびてください』と父に申し上げたけれど」という場面。義仲軍に追われている父親の兼康。彼は、無能な息子小太郎宗康を置いて逃げることができずに小太郎のところに戻って来た。その時、小太郎は涙を「はらはら」と流して父親に「逃げてほしい」と訴えたのだ。親子の絆ゆえに流す涙である。子が親を深く思うが故に「はらはら」とこぼす涙は三例、逆に親が子を深く思う時に「はらはら」と流す涙は、二例。また、兄の深い愛を弟が感じて「はらはら」と流す涙も一例見られる。

主従関係、血縁関係の絆で、涙を流す場合の他に、他者の心意気に感動した時にも、武士たちは「はらはら」と涙を流している。次のように。

樋口次郎涙をはらはらとながいて、「さ候へばそのやうを申しあげうど仕候が、あまりに哀で不覚の涙のこぼれ候ぞや。…」…とて、あらはせて見給へば、白髪にこそ成にけれ。

（「実盛」『平家物語』巻七）

「はらはら」と涙を流しているのは、樋口次郎。討ちとった斎藤実盛は、老武者のはずなのに黒髪であった。だから討ち取った首が彼の首ではない可能性もある。義仲は、実盛と親しかった樋口次郎を呼んで首を改めさせた。間違いなく実盛の首。義仲が不審に思うと、「樋口次郎は涙をはらはらと流して、『そうですので、その理由を申し上げようと思いましたが、あまりに哀れで不覚の涙がこぼれますよ…』」と言って、事情説明をした。老武者の実盛は、戦死を覚悟しており、戦の場で、敵に侮られないようにするために、黒髪に染めていたのだと。その心意気に感じて、樋口次郎は「はらはら」と涙を流した。こうした武士としての心意気に感じて涙を流す場合もある。

また、相手を説得するために意図的に流す「はらはら」涙もある。たとえば、次の例。

双眼《そうがん》より涙をはらはらとながす。大衆尤《だいしゅもっとも》々とぞ同《どう》じける。

（「一行阿闍梨之沙汰」『平家物語』巻二）

「はらはら」と涙を流しているのは、祐慶阿闍梨。比叡山の座主は、西光父子の讒言によって伊豆に配流されることになった。山門の大衆は、祐慶阿闍梨を先頭に配流の途中にある座主を奪い返したが、その後の座主の処遇に悩んでいる。それを見て、祐慶阿闍梨は座主を元の通りの扱いにすべきことを述べたて、涙を「はらはら」とこぼす。すると、山門の大衆はそうだそうだと納得したという文脈。祐慶阿闍梨は、大衆を説得するのに、半ば意識的に「はらはら」涙を使っている。このように、人々を説得するために、あるいは相手を説得するために、「はらはら」と涙を流すのは、この時代の特色である。

重盛が父の清盛にその行いを諫めるときには、

おとど聞きもあへずはらはらとぞなかれける。

（「教訓状」『平家物語』巻二）

「はらはら」と泣いているのは、重盛。重盛は、父・清盛の無謀な計画を思いとどまらせようとして「はらはら」と涙を流す。かなり意図的な説得の涙である。清盛はたじろぎ、息子重盛に疑念さえ抱き、部下の貞能に問いただす。すると、

貞能《さだよし》涙をはらはらとながいて、「人も人にこそよらせ給ひ候へ。争《いかで》かさる御事候べき。申させ給ひつる事共も、みな御後悔ぞ候らん」と申しければ、入道内府に中たがふてはあしかりなんとやおもはれけむ、

（「烽火之沙汰」『平家物語』巻二）

「（清盛の疑念を聞いて）貞能は涙をはらはらと流して、『人によりけりです。重盛様に限ってどうしてそんなことがありましょう。今朝、ここで言われた事なども、みな御後悔なさっておいででしょう』と申し上げると、清盛は、

重盛と仲たがいしてはよくないと思われたのだろうか」という場面。清盛の突拍子もない疑念に、貞能は仰天し、「涙をはらはらとながいて」説明している。情けない気持ちから涙を流すのだが、同時に自分の述べることの真実性を感じさせ、説得する効果をもった意図的な涙でもある。

また、男性が「さめざめ」と泣く例も見られるが、「はらはら」ほど多くはない。「はらはら」より、永続的な感情の発露である場合に用いている。たとえば、次のように。

袖をかほにおしあててさめざめとぞ泣きゐたる。　（「敦盛最期」『平家物語』巻九）

「さめざめ」と泣いているのは、熊谷直実。武士であるがゆえに、あたら美青年敦盛に手を掛けて殺さざるを得なかった熊谷直実は、「さめざめ」と泣いている。源氏の武士であるから、平家の敦盛を手にかける以外になかったのだが、絶望的な無常観に襲われる。直実は、このあと出家している。

「さめざめ」は、子が親を思ってした行動であったことを親が知った時、主君の家来を思う気持ちを家来が知った時、栄華を誇った人が零落してしまった姿に接した時、親族の死を知り自分の運命を予感した時、死を夢で知らされる時、に使われている。どうしようもないほど、深く永続的な悲しみに襲われた時、武士たちは「さめざめ」と泣く。

では、『平家物語』以外の作品ではどうか。男たちは、本当に声をあげて泣くことはないのか？　『保元物語』『平治物語』『義経記』などの戦記物語(5)では、『平家物語』と同じく人前で男が声をあげて泣く例は見られない。「はらはら」と落涙するか、「さめざめ」と泣いているだけである。

説話の『宇治拾遺物語』『沙石集』『古今著聞集』『撰集抄』『十訓抄』『発心集』、随筆の『方丈記』『徒然草』、その他『増鏡』『とはずがたり』『建礼門院右京大夫集』『十六夜日記』『東関紀行』などを調べてみたが(6)、次の二例が男性が声をあげているものとして指摘できるだけである。

〇是をうちみるままに、此年頃の侍、さくりもよよと泣く。袖もしぼりあへぬ程也。

（「実子に非ざる子の事」『宇治拾遺物語』巻五の八）

〇もとの聖も、あはれに思ひて、よよと泣くめり。

（『撰集抄』巻一第二話）

ともに、説話集の例である。『宇治拾遺物語』の例は、「侍」とあるが、失業中の「侍」である。職にありつこうとして、先代に仕えたと言って、大げさに泣いて見せ、就職活動をしている場面。声を立てて泣いて、相手の心に付け入ろうという魂胆のある嘘泣き。マイナスの意味合いを持っている。

後者、『撰集抄』で「よよ」と声をあげて泣いているのは、一般人に近い聖。「よよと泣くめり（＝よよと声をあげて泣いたようだ）」と「めり」を使って、婉曲に表現しているところから、実際、語り手が目にした姿ではなく、声をあげて泣くくらい感動したであろうといった意味合いの表現。

いずれにしても、説話集に見られるこれら二例の声をあげて泣く男の姿は、武士階級の規範には従っていない一般人の振る舞いと考えてよかろう。しかも、マイナスの意味合いが付されている例もあることから、声をあげて泣くのは良いものではないという常識の存在を感じさせる。

総じて、鎌倉時代の武士たちは、男は声をあげて泣いてはいけないと意識していたと考えて間違いあるまい。

9　女性は、「さめざめ」と泣く

では、鎌倉時代の女性たちはどうであったか？　男性よりも泣く姿が写し出されていることが少ない。『平家物語』では、「さめざめ」と泣く姿が七例、「はらはら」と涙をこぼす姿が二例見られるだけである。「さめざめ」と泣くことの方が多く、「はらはら」と落涙することの多い男性と対照的である。「さめざめ」は、一過性の涙をこぼすのではなく、持続性のある泣き方である。男性が自分の意思で人生を決めることができるのに対し、女性は、それを受け入れざるを得ない人生を歩む。男が戦場に赴くとき、女性はそれを阻止することはできず、深い悲しみに沈み「さめざめ」と泣く。

女性で、「はらはら」と涙を流しているのは、社会的地位のある女院や乳母。武士たちに接する機会の多い女性である。一方、「さめざめ」と涙を流すのは、たとえば、次のような場合である。

「まことにわごぜのうらむるもことはりなり。…」とさめざめとかきくどきければ、祇王なみだをおさへて、（「祇王」『平家物語』巻一）

祇王姉妹は、歌い舞う遊女。母親の説得で再び清盛の前に参上したが、以前にも増すひどい仕打ちを受け、姉妹は自殺を考える。それに対して、母親が「さめざめ」と泣きながら、自殺を思いとどめようとしている場面。男性が相手を説得する時には、すでに述べたように、「はらはら」と落涙する。それに対して、女性は相手を説得する時に「さめざめ」と泣いている。

この他、女性たちは、かつての罪深い行為を相手に詫びるとき、夫が引き回しの刑に遭っているのを聞いた時、栄華を極めた過去と打って変わった不遇な現状を語りだす時に、「さめざめ」と泣いている。

戦いに明け暮れる鎌倉・室町時代にあっては、男性も女性も声をあげて泣くことは、デメリットを伴う。男性の場合は、仲間に女々しくて潔くないというレッテルを貼られるであろうし、戦場では、敵方に見つけられやすい。女性の場合も、声をあげて泣くことは男性の決意を鈍らせ、人生を邪魔することになる。また、襲撃を受けた時には見つかってしまう危険性がある。男も女も、緊迫した環境にあって、声をあげて泣くことはデメリットのある行為だったと察せられる(7)。

では、もう一つ時代を遡った戦場のない平安時代ではどうであったか？

10　平安時代は、男性が人前で声をあげて泣いた

平安時代では、鎌倉・室町の武士の時代の男性とはちがって、男性が人前で大声をあげてよく泣く！『源氏物語』（新編日本古典文学全集）を調べてみると、男性が「よよ」「さくりもよよ」と声をあげて泣いている。それに対して、女性たちは、声をあげて泣いていない。明治以降の現代と全く逆である。『源氏物語』には、「よよ」「さくりもよよ」という擬音語、「ほろほろ」「しほしほ」「つぶつぶ」という擬態語が見られるのだが、「よよ」「さくりもよよ」と声をあげて泣いているのは、光源氏、薫、匂宮という主人公格の男性たち。

をりをりの事思ひ出でたまふに、よよと泣かれたまふ。「夜更けはべりぬ」と聞こゆれど、なほ入りたまはず。（『源氏物語』須磨）

「よよ」は、現代語の「おいおい」に近い意味。「あの時のこと、その時のことなど過去のいろいろなことをお思いだしになると、光源氏はおいおいと声をあげてお泣きになる。『夜が更けてまいりました』と、女房が申し上げるけれど、やはり奥にお入りにならない」という場面。「よよ」と声をあげて泣いているのは、主人公の光源氏。この時、光源氏は、須磨に流謫の身であり、過去の都での輝かしい時を思い出して声をあげて泣いている。

光源氏のそばには、夜が更けて来たことを告げる女房たちがいる。気の置けないお付きの女房たちであるとはいえ、光源氏は女房たちの前で声をあげて泣いている。理想的な男性として描かれている光源氏が声を立てて泣いている。ということは、平安時代にあっては、男性が声をあげて泣くことは非難されるべきことではなかったことを裏付けている。

また、匂宮も、恋人浮舟からの悩める手紙をもらって、「よよ」と声をあげて泣いている。

宮はよよと泣かれたまふ。（『源氏物語』浮舟）

のように。匂宮は、『源氏物語』後編の主人公格の男性である。

また、光源氏の腹心の部下・惟光も、次例のように「よよ」と泣いている。

見たてまつる人も、いと悲しくて、おのれもよよと泣きぬ。（『源氏物語』夕顔）

「光源氏の泣いているお姿を拝見する者も、ほんとうに悲しくなって、惟光自身もおいおいと声をあげて泣いてしまった」という意味。変死した夕顔の亡骸を抱えて泣いている光源氏を見て、駆けつけて来た惟光もおいおいと声をあげて泣いてしまった場面。この場には、夕顔付きの女房右近もいる。光源氏や右近のいる前で、惟光は声をあげて泣いている。

また、「さくりもよよ」は、次のように後編の主人公格の薫の泣き声である。「さくりもよよ」の「さくり」は、「しゃくりあげる」の意味。だから、「さくりもよよ」は、「しゃくりあげておいおい」と泣くという意味。

「かく、待たれたてまつるほどまで、参り来ざりけること」とて、さくりもよよと泣きたまふ。（『源氏物語』総角）

「『こんなにお待ちかねいただくほど、長い間お伺いもいたしませんでしたとは』とおっしゃって、しゃくりあげておいおいとお泣きになる」という意味。病で床に伏している恋人・大君の枕もとで、薫は、しばらく訪れなかったことへの自責の念に駆られ、しゃくりあげ声をあげて泣いているのだ。大君のみならず、おつきの女房たちがいる前で、地位も経済力もある男性が声をあげて泣いている。

こんなふうに、「よよ」「さくりもよよ」と声をあげて泣く人物は、光源氏・薫・匂宮といった、経済力・地位・容姿に恵まれた理想的な男性が中心である。

『狭衣物語』でも、「さくりもよよ」と泣いている人物は、容貌・才芸のすべての面で優れた主人公の狭衣だけである。

御袖は、とみにも、え許し給はず、さくりもよよとは、これを言ふにやと見ゆ。院も、近うおはしませば、心にもあらず、引き滑らかして退き給ふ。（『狭衣物語』巻三）

狭衣が、思いを寄せている女二宮の居所に忍び込み、自分の思いを打ち明け、激しく声をあげて泣いている。嵯峨院も近くにいらっしゃるという場面。もう一例見られる「さくりもよよ」も、やはり狭衣が、かつての恋人の残した絵日記を見て激しく泣く場面に用いられている。

平安時代では、周りに人がいる状況で、男性が声をあげて泣くことが許容されていたことが分かる。いや、許容されているどころか、むしろ、プラス評価だったと推測される。もし、男性が声を立てて泣くことがマイナス評価であったなら、光源氏をはじめとする物語の主人公格の理想的な男性たちは、周りの人物たちに気づかれないようにこっそり泣くはずである。にもかかわらず、彼らはそうしていない。おおっぴらに声をあげて泣いている。そうすることに何らかのメリットがあったに違いない。

考えてみると、第一に、声をあげて泣くことによって、相手への思いやりや愛情を表すことができる。恋人やお付きの女房たちの前での薫のおいおい泣きは、恋人側の人たちに自分の深い愛情をアピールする効果をもつ。狭衣のおいおい泣きも同様である。匂宮の泣き声は、「手紙を見て泣いていた」ということを周りに控える女房たちにアピールし、彼女たちを通してそのことが相手の女性・浮舟に伝えられる効果が期待できる。男性が複数の妻や愛人を持つことができる平安時代の貴族社会にあっては、男が声をあげて泣き、周囲の人物たちに知らせることが、相手の女の心を惹きつける重要な武器になっていたと考えられる。同性間でも、腹心の部下惟光の泣き声のように、そこにいる人物の気持ちに寄り添い、思いやりの心を表すことができる。

また、声をあげて泣くことによって、周囲の人間に共感を起こさせ味方を増やす効果も期待できる。須磨の地での光源氏の泣き声は、お付きの女房たちに「お気の毒に、お辛いでしょう」という共感を呼び起こし、力になってあげたいという味方意識を煽る効果がある。

平安時代では、男が人前で声をあげて泣くことがこうした効果的な役割を果たしていたと考えられる。現在のように、「男が泣くのはみっともない。女々しい」という価値観ではなかったのである。

11　天皇や道長まで、声をあげて泣いた

平安時代では、男が声をあげて泣くことが社会的に認められ、メリットを持っていたことは、実在の人物を取り上げた歴史物語の『栄花物語』（新編日本古典文学全集）を調べてみると、一層はっきりする。『栄花物語』で、「さくりもよよ」と泣いている人物は、一条天皇と藤原道長という平安時代を代表するような超一流の実在人物なのである。

上はさらに御声も惜しませたまはず、児《ちご》どもなどのやうに、さくりもよよと泣かせたまふ。（『栄花物語』巻七）

「上」は、一条天皇のこと。天皇が、母・詮子の病気見舞いにやってきた場面である。「一条天皇は、一向にお声もお惜しみにならず、まるで幼児などのように、しゃくりあげておいおいとお泣きになる」という意味。天皇が、並み居る人々がいる前で、幼児のように大声を張り上げて泣いていらっしゃる。ということは、平安時代では、大声を張り上げて泣く行為は、社会的に認められているということである。現代人には想像しにくい状況である。

さらに、当代きっての権力者・藤原道長も大声を張り上げて泣いている。

殿の御前さくりもよよに泣かせたまふ。（『栄花物語』巻二七）

「殿の御前」は、藤原道長のこと。「殿の御前（＝道長）は、（宮中からの宣旨を受けて）しゃくりあげておいおいとお泣きになる」という意味。道長は、娘の彰子が出家して、天皇から「女院」の称号を授けられたことで、感涙にむせんでいる。だから、ここは悲しみ泣きではなく、喜び泣きであるが、大勢の人前で「さくりもよよ」と泣いている。

こんなふうに、『栄花物語』では、一条天皇や道長という超一流の実在の人物が人前で声をあげて泣いている場面が出現する。一条天皇に至っては、悲しみの時に「児どもなどのやうに」しゃくりあげておいおいと泣いているのだ。

また、「よよ」は、『栄花物語』では、次のように用いられている。

入道殿もいとあはれなる御事ども、いとど思《おぼ》し出でられて、あやにくなるまでよよとなき給ふ。（『栄花物語』巻二七）

「入道殿」は、出家した藤原公任のこと。当代きっての文学者・藤原公任が、訪ねて来た中宮大夫斉信と話しているうちに、感極まって声をあげて泣いている場面。「入道殿も、たいそう胸にしみる御事をたくさんお思い出しになって、体裁が悪いほどおいおいと声を出してお泣きになる」という意味。「あやにくなるまで」とあるので、いささか泣き過ぎの感はあるのだろうが、人前で男性が人目もはばからず声を出して泣いている。

平安時代の貴族社会では、以上の例からも明らかなように、男性は声をあげて「さくりもよよ」「よよ」と泣くことがむしろ推奨されているのだ。

では、女性はどうか？

12　女性が泣くのは、はしたない

『源氏物語』に再び戻って、女性たちの泣く姿に注目してみる。女性たちは誰一人として声をあげて泣いていない。「ほろほろ」「しほしほ」「つぶつぶ」と、涙を流す様子の擬態語だけが出現している。女性の「ほろほろ」泣きが、一〇例。「しほしほ」泣きが、一例。「つぶつぶ」泣きが、一例である。

これらの擬態語で、涙をこぼす様子が写されているのは、どのような女性たちなのか。すでに、拙稿「源氏物語の象徴詞―その独自の用法―」(8)で指摘したところであるが、涙をこぼしている女性たちは、いささか自制心に欠けるところのある女性たちである。見識を持った女性たちは涙さえこぼしていない。具体的に述べれば、以下の通りである。

まず、「ほろほろ」と泣いている女性は、「大宮」「御息所」「明石の尼君」「浮舟の母」などの年寄り、「六条御息所の物の怪」という常軌を逸した生霊、「朧月夜」「浮舟」「近江の君」「中君」「女房たち」といった、いささか慎重さを欠いている面を持つ女性たち、である。年寄りになると、自制心が薄れるのは世の習い。物の怪は自制心があるはずもない。

若い女性でも、「ほろほろ」涙をするのは、情に流されて光源氏と密会を続ける「朧月夜」であったり、田舎育ちで二人の男性と情を交わしてしまう「浮舟」であったり、育ちが悪く貴族らしくないふるまいをし続ける「近江の君」であったり、都会的に洗練されていない「中の君」であったり、奉公人の「女房たち」であったりする。最も理想的な女性である女主人公の紫の上、準女主人公の玉鬘、高貴な女性の藤壺、賢明な明石の上、といった規範意識のはっきりしている女性たちは、「ほろほろ」「しほしほ」「つぶつぶ」と涙を流す様子を見せていない。

では、貴族的なふるまいのできない女性として登場している「近江の君」の例を挙げておこう。

ほろほろと泣きて、「この君たちさへ、みなすげなくしたまふに、ただ御前の御心のあはれにおはしませば、さぶらふなり」とて、（『源氏物語』行幸）

「ほろほろ」泣いているのは、近江の君。権門の子息として育っている腹違いの兄弟たちに馬鹿にされてからかわれると、近江の君は、「この兄弟までが、みな私を冷たくあしらわれるのに、ただお姉さまの女御さまの御心だけが暖かくていらっしゃるのでお仕えしているのです」と言って「ほろほろ」と涙を流している。

他の「ほろほろ」涙をこぼしている女性たちで、「近江の君」ほど貴族社会の鼻つまみ者はいないけれど、少なくとも自制心に欠ける面のある女性たちであることだけは確かである。ということは、女性が「ほろほろと」涙をこぼすのは、当時にあっては、自制心の欠如を示してしまうマイナス評価の行為であることが分かる。

「しほしほ」「つぶつぶ」は、それぞれ一例ずつ見られるが、いずれも次に示すように、年寄りである。

宮はた、まいて姫君の御ことを思し出づるに、ありしにまさる御ありさま勢を見たてまつりたまふに飽かず悲しくてとどめ難く、しほしほと泣きたまふ。

（『源氏物語』行幸）

「しほしほ（＝現代語の「しくしく」に近いが、もう少し泣き濡れる感じの擬態語）」と泣いているのは、「宮」。光源氏の元妻・葵上の母親である。今や老齢で涙もろく、かつてよりも立派になった光源氏を見て、亡き娘葵上を思い出して泣き濡れているのだ。

「……」と、つぶつぶと泣きたまふ。

（『源氏物語』夕霧）

「つぶつぶ」と涙をこぼしている女性も、落葉宮の母である老齢の御息所である。娘に老人の繰り言を長々と述べた後、娘と男女関係を持ったにちがいないのに、訪れもしない夕霧に腹立ちを押さえられずに、涙を「つぶつぶ（＝ぽたぽた）」とこぼして泣いている。

『源氏物語』では、このように女性は泣き声はおろか、涙を落とすことすらよくないと認識されている。では、理想的な女性はどう振舞うべきなのか。紫の上のように、周りの人に涙しているのを気取られない工夫をするべきなのである。

紫の上は、夫の光源氏が身分の高い女三宮と結婚した時、夫の裏切り行為を許せるはずもなく、悩み苦しんでいるにもかかわらず、彼女のとった行為は次の通りである。

ふとも寝入られたまはぬを、近くさぶらふ人々のあやしとや聞かむと、うち身じろきたまはぬも、なほいと苦しげなり。

（『源氏物語』若菜上）

光源氏が、女三宮のところに通っていった後、紫の上は「すぐには寝付かれずにいらっしゃるのを、近くに控えている女房たちから眠れぬ夜をみすかされはしないかと、身動き一つなさらないでいらっしゃるのも、やはりまことにお辛そうである」という場面。悶々と眠れぬ夜を過ごしているのも、そばの女房たちにさとられまいと、寝返りさえ打たずに、ぐっすり眠ったように見せかけているのだ。周囲の人間に、悩みも見せず涙もみせず、普段通りにふるまうことこそ、女の理想的なあり方だと考えていることが分かる。

光源氏が女三宮の所から早々に戻って、紫の上の寝ているところの夜着を引き開けると、

すこし濡れたる御単衣の袖をひき隠して（『源氏物語』若菜上）

とある。紫の上は「涙で少し濡れてしまった単衣の袖を隠して」という具合に、泣いていることを夫に見せないことを信条としていることが分かる。

こんなふうに、『源氏物語』には、理想的な女性は、決して涙している姿を人に気取られないようにし、もし涙していることを知られてしまったら、何気なく隠す。「ほろほろ」「しほしほ」「つぶつぶ」と、涙をながすのは、自制心のない女性のすることである、という価値基準が存在している。こうした『源氏物語』に示された価値基準は、どの程度一般化できるのか？

13　他の作品では、女性はどうふるまっているか

そこで、『源氏物語』以外の平安文学作品を調べてみる。少々くだくだしいが、調査した作品を列挙しておこう。調査に使った本文は「注9」に記しておいた。(9)

- 物語ジャンル――『竹取物語』『宇津保物語』『落窪物語』『源氏物語』『狭衣物語』『夜の寝覚』『浜松中納言物語』『堤中納言物語』
- 歌物語ジャンル――『伊勢物語』『大和物語』『篁物語』『平中物語』

・仮名日記ジャンル—『土佐日記』『蜻蛉日記』『和泉式部日記』『紫式部日記』『更級日記』『讃岐典侍日記』
・随筆ジャンル—『枕草子』
・歴史物語ジャンル—『栄花物語』『大鏡』
・歌集ジャンル—『古今和歌集』『後撰和歌集』『拾遺和歌集』『古今和歌六帖』
・説話ジャンル—『三宝絵詞』『法華百座聞書抄』『打聞集』『古本説話集』『今昔物語集』

これらの作品で、女性は声をあげて泣いていることは無いのか？　なんと、例があるではないか。「おいおい」（『落窪物語』に一例）、「よよ」（『大和物語』に三例・『栄花物語』に一例）、「さくりもよよ」（『蜻蛉日記』に一例・『栄花物語』に三例）である。

しかし、これらの例を検討してみると、逆に、女性が声をあげて泣くのはあまり良いことではないという認識がかなり一般的であったことが裏付けられる。たとえば、『落窪物語』の「おいおい」の例。

辛うじて這ひ乗りにけれど、肱つきそこなひて、おいおいと泣き給ふ。

（『落窪物語』巻二）

「おいおい」と声を出して泣いているのは、落窪の姫君をいじめ抜いた継母。賀茂祭での車の場所取り争いで、継母の乗った車の屋形が落ちてしまい、乗っていた継母たちは大勢の見物人たちの前で大恥をかく。ようやく屋形が車の上に据えられた。「継母は、車の屋形の中にやっとのことで這い上がりなさったけれど、肱をつきそこなって傷を受け、おいおいと声をあげてお泣きになる」という場面。

継母は、自制心が乏しく幼児的性格の人間であることはかつて拙稿[10]で述べたことがある。おまけに年を取っている。こうした女性が大勢の見知らぬ人々の前でおいおい声をあげて泣いている。かっこわるいことなのだ。たしなみのある女性のすることではない大泣きをさせて、継母の自制心のない人柄を描き出しているのである。

また、『栄花物語』に見られる三例の「さくりもよよ」。悲歎の余り、声をあげて泣いている女性たちなのだが、すべて道長の政敵であった道隆関係の女性たちに限られている。『栄花物語』が、道長側の人間によって書かれていることは周知の事実であるが、政敵の道隆側の女性たちに限って声をあげて泣かせている。たとえば、次のように。

宮の御前あはれに御覧じて、さくりもよよと泣かせたまふ。（『栄花物語』巻第五）

「宮の御前」は、中宮定子のこと。道隆の娘で一条天皇に愛されつつも、道長の権力に押しつぶされ、悲運の生涯を送った美貌の中宮である。父の道隆が亡くなるや否や、道長は定子の兄弟である伊周・隆家を花山院に弓を射かけたという嫌疑で、左遷した。中宮も居場所を失って家来筋の家に身を寄せ、そこで内親王を出産。一条天皇は、その内親王に会いたがっているが、道長側の思惑を恐れてそれも叶わない。折から、定子の祖父が内親王とお会いするために夜になってからやって来た。「定子様はこの祖父君のご入来を切なくご覧あそばし、しゃくりあげておいおいとお泣きになる」という場面。中宮定子がしゃくりあげておいおい泣いているのだ。『枕草子』にみられる定子像とは全くかけ離れており、にわかに信じがたい。『栄花物語』の作者は、憎き道隆側の人間をより貶めるために「さくりもよよ」を使って定子を描写したのではあるまいか。

定子の母の貴子も、定子の尼姿を見て「さくりもよよ」と泣き、定子の兄の伊周の妻も、夫の遺言を聞き「さくりもよよ」と泣いている。道長のライバルであった道隆関係の女性たちにのみ、声を出して泣くという行為をさせている。ということは、声をあげて泣くことは、高貴な女性の振る舞いとしては称賛できるものではないという認識があったことを示している。『栄花物語』の作者は、高貴であっても政敵で没落していく女性たちなら声をあげて泣くというあまり品のない振る舞いをさせてもかまわないと考えたのではないか。作者は、道隆側の高貴な女性たちの登場する場面に居合わせたわけではなく、噂や伝聞によって得た情報に基づき、作者の価値観から実在の女性たちを描いている。だからこそ、作者の考え方が透けて見える。

こんなふうに、女性が声をあげて泣いている場面は見られるのだが、否定的な意味合いで描かれていることが多い。ということは、たしなみのある女性は、声をあげて泣くのは慎むべきだという認識が一般にもあるということである。

では、涙をこぼす女性たちは、どうか？　『源氏物語』のように、自制心のやや欠けた女性たちなのか？　列挙した作品に見られる擬態語は、「つぶつぶ」（『宇津保物語』一例・『落窪物語』一例・『蜻蛉日記』一例）、「ほろほろ」（『狭衣物語』二例・『夜の寝覚』一例・『蜻蛉日記』一例・『今昔物語集』一例）、「しほしほ」（『讃岐典侍日記』一例）、「つ」（『枕草子』一例）である。

その使われ方を検討してみると、『源氏物語』のような自制心のかけた女性のする行為だという厳しい基準は見られない。女性は、悲しい時には涙をこぼしている。『源氏物語』の涙に対する認識は、当時の最も洗練された貴族女性としての振る舞いを示しているものとみてよかろう。

では、もう一つ時代を遡った奈良時代はどうなのか？

14　奈良時代は、平安時代とほぼ同じ

残念ながら、奈良時代の『万葉集』『古事記』『日本書紀』『風土記』を調べてみても、[11]泣き声を表す擬音語は全く見られず、泣く様子を表す擬態語がたった一例見られるだけであった。

葦垣《あしかき》の　隈処《くまと》に立ちて　我妹子《わぎもこ》が　袖もしほほに　泣きし思はゆ

（『万葉集』四三五七）

「葦の垣根の陰に立って、愛しい妻が袖もぐっしょり濡らして泣いていたのが思い出される」という意味の歌。家族と離別して、任地に赴かねばならなかった防人の悲しみにあふれた歌である。「しほほ」が、涙に濡れる様子を意味する擬態語。現代語でいえば「ぐっしょり」に近い。愛する妻は、夫との別れを悲しみ、涙で袖をぐっしょりと濡らして物陰にしょんぼりと立っていたのである。声を立てて泣くのではなく、涙に泣き濡れている姿がいじらしくて、夫は忘れられないのだ。女性の涙する様子は、平安時代と同じである。

この他に、オノマトペは奈良時代の資料に出現しない。奈良時代の現存資料が限られているために、やむを得ないのであるが、平安時代の傾向と連続的なのか断絶的なのかだけはつき止めておきたい。そこで、オノマトペ以外の表現から人前で男や女が声をあげて泣くことがあるのかどうかを推測することにした。

注目したのは、「音泣《ね》く（＝声をあげて泣く）」という表現である。「音《ね》（＝泣き声）」に「泣く」を付けた一種の成句。擬音語ではないので、どんな声をあげているのかは不明であるが、「音」とあるので、声をあげて泣いていることだけは確かである。実際に出現する形は、「音」と「泣く」の間に、強調の助詞を入れて、「音のみ泣く」「音のみし泣く」「音のみしそ泣く」「音し泣く」などの表現であることが多い。これらの「音泣く」系の表現を補助的に使って、奈良時代には人前で声をあげて泣くことが容認されていたのかどうかを探ってみる。

『万葉集』には、「音泣く」系の表現が、一八例見られる。男性に使われているのが一三例、女性に使われているのが、三例。性別が不明な場合が二例。これらの例を検討してみると、男性に使われた「音泣く」系の表現には、かなり大声をあげて泣いていたと察せられる例がある。

浜辺より　浦磯《うらいそ》をみつつ　泣く子なす　音のみし泣かゆ

（『万葉集』三六二七）

「浜辺から浦や磯を見ては、子供のようにおんおんと泣けてくる」という意味。三津（大阪にあった港）の浜辺から韓国にわたる船に乗って出発したのだが、前途の海路の不安を思い、家に残してきた妻を思って、泣けてくるという場面。周りには、一緒に船出をした人たちが大勢いる。そこで、声をあげて泣いているのである。「泣く子なす」とあるから、「泣く子供のように」大の男が泣いている。平安時代の一条天皇と同じく「子供のように」大声をあげて泣いているのである。ということは、奈良時代の男性に関しては、平安時代と同じく、男性が人前で、声をあげて泣いても良い時代であったと推測できる。

では、女性はどうか。女性につかわれた「音泣く」系の表現三例は、いずれも人前ではない場面で使われている。

この頃は　君を思ふと　すべもなき　恋のみしつつ　音のみしそ泣く（『万葉集』三七六八）

「この頃は、あなたを思っては、どうにもならない恋しさにばかり沈みながら、ただ声をあげて泣いています」といった意味の歌。相手の男性が恋しくて悩み、一人で泣く声である。残りの二例も、夫や恋人を思ってむせび泣いている声である。明らかに人前で「音泣く」行為をしている例は、男性とは違って、見られない。人前で声をあげての泣き方は女性に関しては慎むべきと考えていた可能性が高い。

こうして、奈良時代の状態は、大きく見れば、平安時代の状況に連続していると考えてもよいであろう。

15　おわりに

以上、オノマトペを使って泣く行為を表している場面に注目して、その史的推移を追究してきた。最後に、参考までに、各時代の特色を典型的な形でみせてくれている作品を例にして、男女別の泣き方をまとめた「表1」を示しておこう。平安時代は、貴族たちの最も理想的なあり方のあらわれている『源氏物語』を、鎌倉時代は、武士たちの規範意識が最も典型的な形であらわれている『平家物語』を例にしておく。本稿では、この他さまざまな資料を使用してきたが、シンプルでわかりやすい「表」にするためにあえて除いてある。また、男女が一緒に泣く場合は、「表」の用例数からは除いてある。

以上述べてきたことをまとめてみると、次のような推移のあとが明らかになった。奈良時代は次の平安時代とおおよそ同じような傾向であると推測された。平安時代は、男性が人前で「よよ」「さくりもよよ」と声をあげて泣き、女性は声をあげて泣くことを慎み、涙をこぼすだけである。のみならず、理想的な女性は涙さえ見せない。男性が声をあげて泣くことは、平和な平安時代にあっては情愛の深さや自分の価値を誇示することができるというメリットがあった。一方、女性の方は、一夫一妻多妾制下にあって、夫が通ってきやすい環境を作る必要があった。そのためには、泣くことを控え、涙をこぼすことさえ我慢する方がメリットがあったのである。

表1

男女の別		
	時代 ＼ 擬音語か擬態語か	擬音語
	（奈良時代）万葉集	
	（平安時代）源氏物語	よよ（3） さくりもよよ（1）
	（鎌倉時代）平家物語	
	（室町時代）御伽草子 謡曲集 曽我物語	
	（江戸時代）近松門左衛門集	わっ（22） しくしく（1）
	（明治時代以降）金色夜叉・野菊の墓・夏目漱石の多くの作品・田舎教師・或る女	

	女性		男性
用例数	擬態語	擬音語	擬態語
1例	しほほ（1）		
21例	ほろほろ（10） しほしほ（1） つぶつぶ（1）		ほろほろ（4） しほしほ（1）
44例	さめざめ（5） はらはら（2）		はらはら（30） さめざめ（7）
44例	さめざめ（20） はらはら（1）		さめざめ（17） はらはら（6）
91例	さめざめ（10） はらはら（4） おろおろ（2） うろうろ（1） ほろり（1）	わっ（24） しくしく（2）	はらはら（12） さめざめ（2） うろうろ（2） ほろり（2） ほろほろ（2） ほろりっ（1） おろおろ（1） しばしば（1） はらはらほろほろ（1）
39例	ほろほろ（6） ぽろぽろ（5） ぽたぽた（2） ぽたり（2） はらはら（1） さめざめ（1） ぼろぼろ（1） ぽたりぽたり（1） ぽろりぽろり（1）	よよ（1） おいおい（1） おいおいおいおい（1） わっ（1） すくすく（1） しくしく（1）	ほろほろ（3） ぽたぽた（3） はらはら（2） めそめそ（1） ぽたり（1） ぽろぽろ（1） ぽたりぽたり（1） わくわく（1）

ところが、鎌倉・室町時代になると、男性は人前では決して声をあげて泣くことはしない。「はらはら」と落涙するだけか、「さめざめ」とひそやかに涙を流すだけである。女性も、声をあげて泣くことはしない。「さめざめ」と悲しむだけである。戦いの時代にあって、声をあげて泣くことは男にも女にもデメリットがあるからである。男も女も緊張感に包まれた環境で涙を流すだけにとどめたのである。

江戸時代になると、世の中は落ち着き、男も女も人前で「わっ」と声をあげて泣いていた。それは、連座制の厳しい社会体制にあっては、声をあげて泣くことが、相手や周囲の人間に許しを乞う気持ち、同情を集めたい気持ち、身の潔白、深い情愛などを伝える役割を果たしていたからである。

明治以降になると、男性は人前で声をあげて泣かなくなった。戦いに明け暮れた鎌倉・室町時代と同じように。のみならず、泣き声をあげることや涙をこぼしたりするのを押さえようと努力していた。家父長制が行き渡り、戦争が多く、強さを求められた時代だからであろう。一方、女性の方は、江戸時代からの流れを継承して、「おいおいおいおい」「すくすく」「わっ」と声をあげて泣いている。庇護される立場にあるから、泣いた方がメリットがあるのだ。時代が変わると、価値観も変わる。

現代の男女の泣き方は、歴史の流れの中に置いてみると、平安時代の男女の泣く様子と正反対の状態を呈している。平安時代は、現代と逆に、男性が声をあげて泣き、女性が泣くことを極力控えていた。

こうした両時代の対照的なあり方は、「空泣き」「空涙」の語に注目しても、顕著な特色としてあらわれる。男が声をあげて泣いた方が有利な平安時代では、男が「空泣き」をし、女が泣くことによってメリットを得られる現代では女が「そら涙」を流す。平安時代にこんな例がある。色好みで有名だった平中は、気に入らない女のところでも「空泣き」をしていた。

この平中、さしもこころにいらぬ女のもとにても、泣かれぬねを、そら泣きをし、涙にぬらさむれうに、硯《すずり》瓶《かめ》に水を入れて、緒を付けて肘にかけて、しありきつ《（ママ）》、かを袖をぬらしけり。

（「平中が事第一九」『古本説話集』巻上）

「この平中は、それほど気に入っていない女のところでも、声を出して泣くことができないのを嘘泣きで泣き声を出し、涙に濡らす材料として、硯瓶に水を入れて、それに紐をつけて肘にかけておいて、それで顔や袖を濡らして涙に濡れているように見せかけていた」というのである。女の方がそれに気づき、「空泣き」を見破るべく、一計を案じて硯瓶に水ではなく墨を入れて置いた。いつものように「空泣き」をした平中の顔は墨だらけになり、嘘泣きがばれてしまったという説話。平安時代では、男が「空泣き」をする必要があったのだ。

それに対して、明治時代になると、女が空泣きをしている。『金色夜叉』にこうある。

「宮さん、何を泣くのだ。お前は些も泣くことは無いぢゃないか。空涙！」

「どうせさうよ」

（『金色夜叉』）

貫一は、理由もなく泣いているお宮に泣く理由を聞いた。その途端に貫一はお宮の涙が「空涙」であることに思い当たったのである。事実、嘘泣きだったことが「どうせさうよ」のセリフから分かる。女は男の同情心を誘ったり、許しを乞うたりする時に「空涙」を流して見せることが分かる。平安時代は、男が「空泣き」をし、明治時代は女が「空涙」を流している。平安時代と現代は、性別によって泣く姿が対照的である。

男が人前で泣くのはみっともないという意識は、明治時代以降のものにすぎず、平安時代では、天皇や道長まで人前で声をあげて泣いていた。柳田国男が聞いたら、びっくりするような時代もあったのである。

注

（1）佐藤亨「『泣く』の副詞的表現とその歴史」（『新潟大学国文学誌』24号、一九八一年二月）

（2）中里理子「『泣く』『涙』に関する描写の変遷」（同氏著『オノマトペの語義変化研究』勉誠出版、二〇一七年　所収）

（3）伊藤左千夫『野菊の墓』（現代日本文学大系10『正岡子規　伊藤左千夫　長塚節集』筑摩書房、一九七一年）

（4）夏目漱石の作品については、『作家用語索引　夏目漱石』一巻～一四巻、別巻（教育社、一九八四年～一九八六年）を使って調査した。

（5）『保元物語』『平治物語』の調査に用いた本文は、日本古典文学大系（岩波書店）、『義経記』の調査に用いた本文は、日本古典文学全集（小学館）である。

（6）調査に用いた資料は、次の通りである。
『宇治拾遺物語』（日本古典文学大系）、『沙石集』（日本古典文学大系）、『古今著聞集』（日本古典文学大系）、『撰集抄』（『撰集抄自立語索引』ならびに岩波文庫『撰集抄』）、『十訓抄』（『十訓抄　本文と索引』）、『発心集』（『発心集　本文・自立語索引』）、『方丈記』（日本古典文学大系）、『徒然草』（日本古典文学大系）、『増鏡』（『増鏡総索引』ならびに日本古典文学大系『神皇正統記・増鏡』）、『とはずがたり』（『とはずがたり総索引』）、『建礼門院右京大夫集』（『建礼門院右京大夫集　校本及び総索引』）、『十六夜日記』（『十六夜日記　校本及び総索引』）、『東関紀行』（『東関紀行　本文及び総索引』）

（7）ただし、一般の女性たちが、「よよ」と泣く例は見られる。たとえば、『発心集』に「若き女の人目も知らず、さくりもあへず、よよと泣き立てるあり」など。

（8）拙稿「源氏物語の象徴詞―その独自の用法―」（『国語と国文学』60巻10号、一九八三年一〇月。本著作集1『言葉から迫る平安文学1　源氏物語』に「『源氏物語』の象徴詞の独自用法」として収録）

（9）調査に使用した本文は、次の通りである。
・日本古典文学大系（岩波書店）所収の本文を使用した作品―『落窪物語』『狭衣物語』『浜松中納言物語』『堤中納言物語』

・新日本古典文学大系（岩波書店）所収の本文を使用した作品―『後撰和歌集』『拾遺和歌集』『今昔物語集』
・新編日本古典文学全集（小学館）所収の本文を使用した作品―『竹取物語』『うつほ物語』『伊勢物語』『大和物語』『平中物語』『土佐日記』『蜻蛉日記』『和泉式部日記』『紫式部日記』『更級日記』『讃岐典侍日記』『枕草子』『栄花物語』『大鏡』『古今和歌集』
・その他―『篁物語』（『篁物語総索引』）、『法華百座聞書抄』（『法華百座聞書抄総索引』）、『古本説話集』（『古本説話集総索引』）、『三宝絵詞』（『三宝絵詞　自立語索引』ならびに勉誠社文庫）、『古今和歌六帖』（新編国歌大観）、『打聞集』（複製・古典保存会）

(10)　拙稿「落窪物語の会話文―人物造型の方法―」（『国文』72号、一九九〇年一月）、拙稿「北の方の実在感」（『新日本古典文学大系月報』5号、一九八九年五月）。上記の二論文は、本著作集2『言葉から迫る平安文学2　仮名作品』にそれぞれ「『落窪物語』の会話文」「北の方の実在感―『落窪物語』―」として収録。

(11)　『万葉集』『古事記』『日本書紀』『風土記』の調査に用いた本文は、すべて、新編日本古典文学全集（小学館）所収のものである。

オノマトペの文法的機能の変遷

1　本稿の目的

うらうらに　照れる　春日に　ひばり上がり　心悲しも　ひとりし思へば
（万葉集、四二九二）

有名な『万葉集』所収の大伴家持の歌。「うららかに照る春の日に、雲雀が舞い上がり楽しい歌声を聞かせる。それでも、私の心は悲しく孤独感にうちのめされている」という意味。春の日の鬱屈したもの悲しさが巧みに表現されており、人々に親しまれている万葉歌である。よく知られているので、「うらうらに」と声に出して詠じているけれど、考えてみてほしい。現代語だったら「うらうらと」となるはずのところではないのか。現代語では「さやさやと揺れる」「にっこりと笑う」「ひゅうひゅうと木枯らしが吹く」のように、オノマトペ（＝擬音語・擬態語の総称）は「と」をつけて文に参加するのが、一般的なのだから。

奈良時代では、オノマトペが「に」をつけて文に参加することがあることは、すでに、山田孝雄[1]・朝山信彌[2]などに、指摘されている。だが、どのくらいのオノマトペが「に」をとって文に参加するのか？　現代語と同じく「と」をとることはどのくらいあるのか？　こうしたことについては、まだ具体的に明らかにされていない。

そこで、この稿では、奈良時代のオノマトペの文への参加の仕方の全容とその特質を明らかにし、現代にいたる道筋を解明することにしたい。

2 「ちかっと光る」——「と」をとる——

まず、現代語のオノマトペの状況を簡潔に押さえておくことにする。ここでオノマトペとして取り上げているのは、最もオーソドックスな、副詞として機能している場合である。既にあげた例のような場合である。

その他、名詞（例「ガラガラ」というおもちゃ）や名詞の一部（例「がっちり屋」「ぎっくり腰」）として機能していたり、形容動詞（例「ぐちゃぐちゃな髪」「がらがらだ」）として働いていたり、独立語（例「カリッ、何だ、今の？」）として機能していたり、一文（例「鬼に金棒、心配ないわ。ガッハッハッ。」）となっていたりする場合がある。これらは、いずれも、元は副詞としてのオノマトペの転用であり、用例数も多くないので、ひとまず考察の対象から除き、以下、もっぱら副詞としての機能を果たすオノマトペに注目していくことにする。

まず、現代語で、オノマトペが文に参加する時の形をおさえておくことにする。三通りの場合がある。第一は、「と」をとって文の成分になる場合、第二は、「と」をとらずに文の成分になる場合、第三は、「に」をとって文の成分になる場合である。以下、順次説明していく。

第一の場合は、たとえば、「ぎゅっぎゅっと靴を鳴らして」（木下尚江『良人の自白』）のように、「と」をとって下の動詞にかかり、連用修飾語として機能する場合である。この他、実例として存在するものを例示すると、(3)「ちかっと光る」「どかっと腰を下ろす」「ちゃきちゃきと鋏を鳴らす」「ちょろちょろと流れる」「ちくりと刺される」「つるりとすべる」など。これらが、最も一般的なオノマトペの用法である。「と」をとって、下に来る動詞「鳴らす」「光る」「下ろす」「鳴らす」「流れる」「刺す」「すべる」にかかり、動作・作用の行われ方を修飾・限定する機能を果たすオノマトペである。ちなみに、簡単な調査をしてみると、このタイプのオノマトペは、副詞として機能しているオノマトペのうち、約六三％を占めている。(4)

3 「ちびちびなめる」 ——「と」をとらない——

第二の「と」をとらずに直ちに動詞にかかって、文の成分になる場合について。「煙草をすっぱすっぱやりながら」（小山内薫『息子』）のような例である。「ちかちか点滅する」「ちびちびなめた」「つるつる滑る」「どくどく流れる」など。オノマトペが裸のまま動詞「やる」「点滅する」「なめる」「滑る」「流れる」にかかっていく場合である。「ちくちくする」「ちゃらちゃらする」「ちやほやする」「つんつんする」のように、「する」という一つの動詞に続く場合もある。こういうふうに「と」なしで直接動詞にかかっていく場合は、副詞として機能しているオノマトペのうち、約三三％を占めている。(5)

この第二の場合は、「と」を付して第一の場合と同じ形にすることができるので、第一の場合の省略形とみなすことができる。従って、第一・第二の場合を、「と」をとって文に参加するグループとしてまとめることができる。するとく、現代語のオノマトペのうち、九六％が「と」をとるオノマトペのグループとなる。

ちなみに、このグループのオノマトペには、「と」がないと、文に参加できないものがある。たとえば、「どっと」。「どっと駆け込む」と言えるが、「どっ駆け込む」とは言えない。「と」なしでは文に参加できないオノマトペは、特定の語型をしている。音節をアルファベットで一般化すると、「Aっと（どっと）」「Aんと（ぽんと）」「Aーっと（すうっと）」「ABっと（どかっと）」「ABんと（つるんと）」「AっBと（すっくと）」「AっBんと（かっつんと）」

「AっAっと（ぱっぱっと）」と表わせるような語型をしているオノマトペである。これらの語型のオノマトペは、「と」なしでは、文に参加できない(6)。

4 「かんかんに凍る」—「に」をとる—

では、第三の「に」をとって、文の成分になる場合について。「着ているものはしばれてかんかんに凍り」（高橋延清『樹海に生きて』）のような場合である。「しばれる」は、寒さが厳しいことを意味する方言。

「肌がカサカサになる」「がたがたになった古い自転車」「ガチガチになった少年」「おなかがガボガボになった」「つるつるに磨き込む」など。例は、あまり多くはない。副詞として機能しているオノマトペのうち、わずか五％である(7)。現代語で「に」をとるオノマトペは、鈴木泰(8)・西尾寅弥(9)・佐々木文彦(10)・田守育啓(11)が述べているように、そういう状態になるといった結果を示すオノマトペである。「着ているものはしばれてかんかんに凍り」の例でいえば、着物が固く凍った結果生じる状態を「かんかん」で表している。「カサカサになる」の「カサカサ」も、結果として生じる状態を表している。「がたがたになる」の「がたがた」も、結果として生じる自転車の状態。第一・第二のオノマトペが後に来る動詞の行われ方、つまりプロセスの様態を表しているのとは違っている。結果として生じる状態を表しているわけである。鈴木泰は、第一・第二の場合を「過程」の修飾、「に」をとる場合を「結果」の修飾としている。田守育啓は、前者を「様態副詞」、後者を「結果副詞」と呼んでいる。この稿では、「過程」・「結果」という言葉で両者を区別することにする。

5　現代語では、オノマトペ以外の情態副詞は「に」をとる

ところで、オノマトペは、品詞的にみれば、「副詞」である。副詞は、一般的に「情態（＝状態）副詞」「程度副詞」「陳述副詞」の三つに分類されている。[12] オノマトペは、「情態副詞」に属する語群である。「情態副詞」は、それ自身で事物の属性・情態を表し、主に用言を修飾限定するものである。

「情態副詞」を、さらに、音象徴性があるかないかによって分類すると、オノマトペとそれ以外の語に分かれる。オノマトペは、「がたがたと」「ぬるっと」「どーんと」などと、外界の音や様子がいかにもそれらしく写されており、語音を聞いただけで意味が推測できる。語音が意味を象徴している。つまり、音象徴性を持つ語群である。それに対して、それ以外の情態副詞、たとえば「いまに」「うちわに」「おまけに」を思い出してみる。これらの語では、語音が意味を象徴しているわけではない。約束によって意味が定まっている語群である。

さて、現代語のオノマトペ以外の情態副詞に注目してみる。すると、次のように、多くの語の末尾に「に」が付いている。[13]

「おおやけに」「おもむろに」「かりに」「こころみに」「さいわいに」「さすがに」「たがいに」「ただちに」「すぐに」「すでに」「たくみに」「てんでに」「つぎつぎに」「ついでに」「ついに」「つとに」「とうに」「とっくに」「とみに」「ひとえに」「ひとりでに」「ひましに」「もろに」「やけに」「やにわに」「よしなに」「わりに」

などと。

それに対して、現代語のオノマトペ以外は、ほとんど「と」をとって文に

参加している。つまり、現代語では、オノマトペが文に参加する時は「と」、オノマトペ以外の情態副詞の語末は「に」と、両者は分化し、形を変えている。

以上述べてきたことをまとめてみると、現代語のオノマトペは、①大部分が「と」をとって、文に参加し、下の動詞を修飾限定し、「過程」のありようを表している。②「に」をとって文に参加する場合は、きわめて少数であり、「結果」を表す場合に限定されている。また、③オノマトペ以外の情態副詞は語末に「に」をとっており、「過程」を表すオノマトペが「と」であるのとは区別されている。

時代をずうっと遡った奈良時代では、一体どのような状態であったのか?

6　奈良時代の「と」をとる擬音語

用例採取に便利な『古事記』『日本書紀』『風土記』『万葉集』[14]から、奈良時代のオノマトペを抽出する。まず、現代に連なる「と」をとって文に参加しているオノマトペはどのくらいあるのか?

文に参加する時の助詞まで万葉仮名できちんと表記されているもののみを用例とすると、四八種類のオノマトペが抽出される。[15]さらに「に」も「と」もとるオノマトペが一種類あるので、対象オノマトペ数は四九種類になる。このうち、「と」で文に参加するオノマトペは、九種類しか存在しない。わずか一八・四%にすぎない。

現代のオノマトペで「と」をとって文に参加しうる場合は、九六%であったから、相当な開きがある。しかしながら、奈良時代の「と」をとるオノマトペは、すべて「過程」を表わしており、現代に連なっていくものであることは明らかである。全九種類を示しておこう。まず、6では、擬音語の六種類を、7では、擬態語の三種類をあげる。（　）内に示したのは、オノマトペ部分の原文表記である。

①烏《からす》とふ　大《おほ》をそ鳥の　まさでにも　来《き》まさぬ君《きみ》を　ころくと（許呂久等）そ鳴く　（万葉集、三五二一）

「カラスという大あわてものの鳥が、本当にはおいでにならない君を『自分からやって来る』と鳴くことよ」といった意味。カラスの鳴き声を表すオノマトペ「ころく」が「と」を伴って文に参加している。現代と同じである。

「ころく」は、カラスの鳴き声を写したオノマトペだが、「自分からやって来る」という意味の「自来《ころく》」を掛けたウィットあふれるカラスの声である。現代人からすると、カラスの声が「ころく」であるのは大いに違和感がある。カラスは「かあかあ」に決まっていると現代人は思う。だが、拙著『ちんちん千鳥のなく声は―日本人が聴いた鳥の声―』[16]で明らかにしたように、時代によって鳴き声を写す言葉は変化している。日本人がカラスの声を「かあかあ」と聞くようになったのは江戸時代以降のこと。奈良時代の人は、カラスの声を「ころく」もしくはそれに近い「ころ」という語で聞いていたと推測される。というのは、「カラス」という鳥の名前は、鳴き声「ころ（koro）」を母音交替させた「から（kara）」を基に[17]、鳥であることを示す接辞「す」がついてできたと考えられるからである。「す」は、「うぐひす」「ほととぎす」「かけす」などの鳥の名前の接辞に使われている。

亀井孝は、当時の一般的なカラスの鳴き声を「ころ」と考え、歌の作者が機転を利かせて「く」を付け、「ころく」として「児ろ来（＝やっこさんがやってくる）」の意味を掛けていると指摘している[18]。ともあれ、カラスの声を受ける助詞は、現在と同じ「と」である。そして、「ころくと」は、「鳴く」という動詞にかかっていく。

②香島根《かしまね》の　机《つくえ》の島の　しただみを　い拾《ひり》ひ持ち来《き》て　石もち　つつき破《やぶ》り　速川《はやかは》に　洗ひ濯《すす》ぎ　辛塩《からしほ》に　こごと（古胡登）揉み　（万葉集、三八八〇）

「香島根の机の島の巻貝を拾い採って来て石で殻を割り、速川で洗い清め、辛塩でごしごしと揉み」という歌。

「ここ」は、貝の身を辛塩でごしごしと揉む音。「と」をとって「揉む」という動詞にかかり、文に参加している。

③馬の音《おと》の　とどと（跡杼登）もすれば　松陰《まつかげ》に　出でてそ見つる　けだし君かと　（万葉集、二六五三）

「馬の足音がどんどんと響くので、松陰にそっと出てみた、もしやあなたがおいでになったのかと思って」という意味。「とど」は、馬の足音を写す擬音語。現代語の「どんどん」に近い語感のオノマトペである。「と」で受けて「為《す》」という動詞を修飾し、文に参加している。「とど」は、別の歌では、板戸を開ける音を表している。「真木の板戸を　とどと（等杼登）して　我が開かむに」（万葉集、三四六七）とある。やはり「と」をとって、動詞「為」にかかっている。

④あかねさす　昼はしみらに　ぬばたまの　夜はすがらに　この床《とこ》の　ひしと（比師跡）鳴るまで　嘆きつるかも　（万葉集、三二七〇）

激しく恋し、嫉妬心に駆られて嘆く女心を詠んだ長歌の一部。「昼もずっと、夜もずっと恋焦がれ、この寝床がぴしっと鳴るほど身悶えしつつ嘆いたことだよ」という意味。木材でできた床は「ぴしっと」音が出る。「ひし」は、そんな音を写した奈良時代の擬音語。「と」で受けて「鳴る」という動詞にかかっている。

さらに、次例の「かくしもがもと」は、武田祐吉[19]が指摘するように、カエルの鳴き声を聞きなしたオノマトペの一種とみなし得る。ただし、武田は蛙一般の声とみるべきだと述べているが、ここは蛙一般ではなく、美声のカジカガエルの鳴き声と考えた方がよかろう[20]。

⑤我《わ》が畳《たたみ》　三重《みへ》の川原《かはら》の　磯《いそ》の裏《うら》に　かくしもがもと（如是鴨跡）鳴くかはづかも　（万葉集、一七三五）

「三重の川原の岩陰で、『こうしていたい』と鳴くカエルであるよ」という意味である。冒頭の「我が畳」は「三重」にかかる枕詞。「かくしもがも（＝こうしていたい）」は、カジカガエルの鳴き声を人間の言葉に当てはめて聞いた「聞きなし」である。カジカガエルは、現在、天然記念物に指定されていて清流にしか生息しない。でも、その声を『声の図鑑　蛙の合唱』(21)添付のCDなどで確認してみると、「フィーフィーフィーフィーフィー」と鈴を振るような美声で、「かくしもがも」と聞きなせるような声である。作者は三重の川原の清流でカジカガエルの美声を聞いていると、「かくしもがも（＝こうしていたい）」と聞こえたのである。

なお、「かくしもがも」と同じく聞きなしによる擬音語なので、文中にあれば、「と」をとったと思われる例がある。「信濃なる　須我《すが》の荒野に　ほととぎす　鳴く声聞けば　時すぎにけり（万葉集、三三五二）」である。「ときすぎにけり（＝時機が過ぎてしまったなあ）」は、後藤利雄(22)によって指摘されたホトトギスの鳴き声。文中であれば、カジカガエルの声と同じく助詞「と」をとって文に参加していたと察せられる。

最後の例は、戦闘用の箭が鳴る音「そよと」である。

⑥鶴《たづ》がねの　悲しく鳴けば　はろばろに　家《いへ》を思《おも》ひ出《で》　負《お》ひ征箭《そや》の　そよと（曾与等）鳴るまで　嘆きつるかも（万葉集、四三九八）

この歌については、10で詳述するので、ここでは、「と」をとる擬音語であるという指摘だけにとどめておきたい。

こうして、「と」で受けている擬音語は、六種類。下にかかる動詞「鳴く」「揉む」「為《す》」「鳴る」があり、現代語と同じ用い方である。

7　「と」をとる擬態語

「と」をとって文に参加する擬態語もある。次の三種類である。

①常《つね》知らぬ　道の長手《ながて》を　くれくれと（久礼久礼等）　いかにか行《ゆ》かむ　糧《かりて》はなしに　（万葉集、八八八）

「行き馴れない遠い旅路を、とぼとぼとどのようにして行けばいいのか、食糧もなくて」という意味。「くれくれ」は、暗い気持ちでうなだれている様子を表す。「と」をとって「行く」という動詞にかかっている。

②ささなみ道《ぢ》を　すくすくと（須久須久登）　我がいませばや　木幡《こはた》の道に　遇《あ》はしし嬢子《をとめ》　（古事記、中巻）

「ささなみ道をずんずん私が歩いてゆくと、木幡の道で偶然出会った乙女」という意味。「すくすく」は、勢いよく進んでいく様子を表す擬態語である。「と」をとって「います」という動詞にかかっている。現在の「すくすくと育つ」などの「すくすく」に通じる意味の語である。

③丹生《にふ》の川　瀬は渡らずて　ゆくゆくと（由久遊久登）　恋痛《こひいた》し我《わ》が背《せ》　いで通《かよ》ひ来《こ》ね　（万葉集、一三〇）

長皇子が弟に送った歌である。「丹生の川の瀬など渡らないで、恋しくてならない弟よ、ずんずんと、さあ、通ってきておくれ」という意味。「ゆくゆくと」という擬態語は滞りなく進んでいく様子を表す。「と」をとって「通ひ来」という動詞にかかっていく。こんなふうに擬態語も「と」をとっている場合は、必ず動詞「行く」「います」「通ひ来」が下に来ている。

以上のように、現代と同じく「と」をとって文に参加するオノマトペは、どんなに多く見積もっても、右に記した九種類だけである。内訳は、擬音語六種類、擬態語三種類。ということは、朝山信彌[23]が指摘しているように、「と」をとるオノマトペには、擬音語が多いという傾向性があることを認めてもよいであろう。もともと引用の役割をもつ助詞「と」が、外界の音や声を写す擬音語のほうに好んで使われることは偶然ではあるまい。擬音語の方から現代語の「と」付きオノマトペに変わり始めていることは注目に値する。

8　結果を表す「に」付きオノマトペ

では、「に」をとるオノマトペは、どのくらいあるのか？　全四九種類のオノマトペのうち、なんと八二％に近い四〇種類は、「に」をとって文に参加している。このうち、「結果」を表すオノマトペは、以下の三種類である。全種類の六・一％を占めており、現在の結果を表すオノマトペの比率五％に近い。

夜を寒み　朝戸を開き　出で見れば　庭もはだらに（薄太良尓）　み雪降りたり　（万葉集、二三一八）

「夜が寒いので、朝、戸をあけて出てみると、庭にうっすらと雪が降っている」という意味。雪の降り積もった結果の状態が「はだらに（＝うっすらと）」であったと考えられる。

我が背子を　今か今かと　出で見《い》れば　沫雪《あわゆき》降れり　庭もほどろに（保杼呂尓）　（万葉集、二三二三）

「我が夫が今来るか今来るかと、出てみると、沫雪が降っている。庭もうっすらするくらいに」という意味。沫雪の降り積もった結果を「ほどろに」と表現している。先の「はだらに」とは母音交替しただけの形をしており、同源の語と考えられる。

もう一例は、

沫雪の　ほどろほどろに（保杼呂々々尓）　降り敷けば　奈良の都し　思ほゆるかも　（万葉集、一六三九）

「沫雪がうっすらうっすらと地面に降り積もると、奈良の都が思い出されるなあ」という意味。沫雪の地面に薄く降り敷いた結果を表すオノマトペと見ることができる。以上の三種類の言葉は、「結果」の状態を表すオノマトペであり、現代の「結果」を表すオノマトペの用法にそのまま受け継がれたものと見ることができる。

ここまでは、現代に継承された奈良時代のオノマトペの用法である。以下が奈良時代独自の用法となる。

9　過程を表す「に」付きオノマトペ

奈良時代の「に」付きオノマトペ四〇種類のうち、三七種類までが、「過程」のありようを示すオノマトペである。いかに多数のオノマトペが現在と違って「に」をとって「過程」を表しているかが分かる。ちなみに、以上に述べてきた種類数を表1にまとめておく。

表1から、現代に継承されていくパターンは、㈠「に」をとるオノマトペのうち、(B)「結果」を表す場合の三種類と、㈡「と」をとるオノマトペの九種類である。奈良時代独自のものは、㈠「に」をとるオノマトペのうち、(A)「過程」を表す場合の三七種類である。比率にすると、七六％近くにのぼる。奈良時代のオノマトペの特殊な様相は、ここに集約されている。まずは、具体例を示してみよう。

二柱の神、天《あめ》の浮橋《うきはし》に立たして、其《そ》の沼矛《ぬほこ》を指《さ》し下《おろ》して画《か》きしかば、塩《しほ》こをろこをろに（許々袁々呂々邇）画《か》き鳴《な》して、引《ひ》き上《あ》げし時に、其の矛の末《すゑ》より垂《しただ》り落《お》ちし塩は、累《かさな》り積《つ》りて島と成りき。（古事記、上巻）

『古事記』本文の冒頭部分である。イザナキノミコトとイザナミノミコトが、神から授かった矛で潮をかき回し、矛からしたたる潮で島を作っていく話である。矛で潮を「こをろこをろに画き鳴して」。「こをろこをろ」は、音を表す擬音語。現代語なら、「こーろこーろとかき鳴らして」のように、「と」をとるオノマトペである。

もののふの　八十伴《やそとも》の緒《を》の　島山に　赤《あか》る　橘《たちばな》　うずに刺《さ》し　紐解《ひもと》き放《さ》けて　千年寿《ちとせほ》き　寿《ほ》きとよもし　ゑらゑらに（恵良恵良尓）仕《つか》へ奉《まつ》るを　見るが貴《たふと》さ（万葉集、四二六六）

表１　奈良時代のオノマトペ

(一)「に」をとるオノマトペ	40 種類（81.6 %）	(A)「過程」を表す　37 種類（75.5 %）
		(B)「結果」を表す　3 種類（ 6.1 %）
(二)「と」をとるオノマトペ	9 種類（18.4 %）	(A)「過程」を表す　9 種類（18.4 %）
合　計	49 種類（100.0 %）	49 種類（100.0 %）

天皇の催す祝宴で詠んだ長歌の一部。「もろもろの官人たちが、庭に赤く輝く橘を髪飾りに挿し、衣の紐を解きくつろいで、千秋万歳を祝いさざめき、げらげら笑ってお仕えする様子を拝するめでたさよ」といった意味。「ゑらゑら」は、大いに楽しみ笑う声を写す擬音語である。現代でも、島根県の盆踊り歌に「えらぐ」という語があり、楽しそうにげらげら笑う意味で使っている。長崎県には「えらえら」という語があり、笑う様子を表している。[24] 現代語なら、絶対に「に」は取らない。「結果」を表すオノマトペではないからである。もう二例だけあげておこう。

其《そ》の御頸珠《みくびたま》の玉《たま》の緒《を》、もゆらに（母由羅爾）取りゆらかして、天照大御神に賜ひて

（古事記、上巻）

「（イザナキノミコトは、）首飾りの玉を手に持って、ちりりと鳴らして、天照大御神にお授けになって」という意味。「もゆら」は玉が触れあってたてる音を表す擬音語である。現代語でいえば、「ちりり」とか「ちんちん」。奈良時代では、擬音語が「に」をとって「取りゆらかす」という動詞にかかっている。

かるうすは　田廬《たぶせ》の本《もと》に　我が背子は　にふぶに（二布夫尓）笑みて　立ちませり
見ゆ

（万葉集、三八一七）

「唐臼は番小屋のそばに横たわり、あの人はにこにこと笑ってお立ちになっている」という意味。情景の見えてきそうな歌である。「にふぶに」は、現代語の「にこにこと」に該当する擬態語。奈良時代では「に」をとって「笑む」という動詞にかかっている。

このように、「過程」の修飾であるのに、「に」をとって文に参加している場合は、繰り返し述べたように、三七種類に上る。現代語なら、すべて「と」をとって文に参加している場合である。

そもそも、「過程」を表すオノマトペが、「に」をとって文に参加する場合は、「と」をとる場合とどんな違いがあるのか？

10　音象徴の効果の違い

結論を先に述べれば、「に」をとるオノマトペより、「と」をとるオノマトペの方がより直接的に音象徴を感じさせる。「と」は、そもそも引用の機能をもつ助詞であるから、「と」の上のオノマトペが直接感覚に訴えてくるのである。次の例を見ていただきたい。

鶴《たづ》がねの　悲しく鳴けば　はろばろに　家《いへ》を思《おも》ひ出《で》　負《お》ひ征箭《そや》の　そよと（曾与等）鳴るまで　嘆きつるかも

（万葉集、四三九八）

防人に命じられた男性が、故郷に残してきた家族を思って泣かんばかりに郷愁にかられている場面で詠まれた長歌の一部。「鶴の鳴く声が悲しく聞こえると、遥かかなたの家を思い出し、背負った箭が『そよ』と鳴るまで、嘆いたことだよ」という意味。征箭は、戦闘用の箭。その箭が立てる音「そよ」が「と」で受けられたために、直接話法的に「そよ」の部分が際立ち、より強く音象徴を意識する。

この歌の「そよ」を「に」で受けるオノマトペに変えてみる。

鶴《たづ》がねの　悲しく鳴けば　はろばろに　家《いへ》を思《おも》ひ出《で》　負《お》ひ征箭《そや》の　そよに鳴るまで　嘆きつるかも　（作例）

「そよに鳴るまで」となると、背負った箭が「『そよ』の音に鳴るまで」といった意味合いになり、やや間接的になり、その分音象徴が目立たなくなる。

此島正年[25]は同じような意味をもった助詞「に」と「と」をとりあげ、その違いを次のように説明している。「雨に降る」と「雨と降る」の表現を比較すると、同じような意味であるが、「雨に降る」の方が「客観的に雨になりきって降るという気持なのに対して」、「雨と降る」は「『雨というように降る』という主観的内容の表現になる」と述べている。客観的であることは、間接的であることに通じ、主観的であることは直接的であることに通じる。音象徴を強く感じさせる語は感覚に直接訴えかける主観性の強いものであり、音象徴が目立たなくなれば、客観性を獲得し普通の語に近くなる。

事実、奈良時代でも、オノマトペ以外の普通の情態副詞は、次のごとく「に」をとっている。[26] 意味は、（＝　）に入れて記しておく。（＝　）のないものは、現代と同じ意味の語である。

「あさなゆふなに（＝朝夕に）」「あさにけに（＝朝に昼に）」「あそそに（＝ほのかにの意味か）」「あはに（＝たくさんの意味か）」「あふさわに（＝簡単に）」「いささめに（＝かりそめに）」「いたづらに」「いやはてに（＝いちばんおしまいに）」「いやひけに（＝ひましに）」「いやましに（＝いよいよますます）」「おほに（＝大きく）」「かにかくに（＝あれこれと）」「かへらばに（＝逆に）」「かへらまに（＝逆に）」「けに（＝いっそう）」「ことに（＝他と違って）」「さはに（＝いっぱい）」「さらに」「しきりに」「しくしくに（＝休みなく）」「しのびに（＝秘密に）」「すぐに（＝まっすぐに）」「たしに（＝十分に）」「たまさかに」「つねに」「つぶさに」「ともに」「ひにけに（＝ひごとに）」「ひにひに」「ふすさに（＝多く）」「ほのかに」「まことに」「まさに」「まさでに（＝はっきりと）」「ましばに（＝しばしば）」「ますますに」「もろともに（＝同時に）」「みだりに」「わくらばに（＝偶然）」

奈良時代のオノマトペが、こうしたオノマトペ以外の情態副詞と同じく「に」をとっているということは、両者が未分化であったということである。裏返せば、オノマトペなのに、「と」で受けた時ほど、音象徴の機能を際立たせることができないということである。

オノマトペが、他の情態副詞と同じ「に」をとることが多い奈良時代では、まだオノマトペの特性である音象徴を十分に際立たせることができていなかった。のみならず、以下に述べるように、オノマトペが従属節に用いられ、動詞とも未分化であったことを感じさせるものが多数存在する。

11　述語性をもつオノマトペ

さ夜更《よふ》けて　妹《いも》を思《おも》ひ出《い》でしきたへの　枕もそよに（衣世二）嘆きつるかも　（万葉集、二八八五）

「夜が更けてあの娘を思い出し、枕も『そよ』の音をたてるほどに、寝返りをうち、嘆いたことよ」という意味。主節の主語は、明示されていないが、作者自身。述語は、「嘆きつるかも」。「枕もそよに」の部分が従属節。従属節の中の主語は「枕」、「そよに」が述語相当の語になる。大野晋(27)は、「枕もそよに（AもBに）」のような表現形式に用いられた「B」は、動詞の語幹であると述べている。確かに「そよに」の「そよ」は、「そよぐ」という動詞との関係が認められる。ということは、「そよに」は、十分に副詞として独立しておらず、動詞性を持っているということである。「枕もそよぐほどに」に近い意味だということである。こうなると、オノマトペの独立性はさらに下がる。

秋されば　山もとどろに（動響尓）さ雄鹿は　妻呼びとよめ　（万葉集、一〇五〇）

「秋になると、山もどうどうと響くほどに、雄鹿は妻を声高く呼び立て」という意味。主節の中の主語は「さ雄鹿」、述語は「呼びとよめ」である。「山もとどろに」が、主節の中に含みこまれた従属節。この従属節は、「山」という主語と「とどろに」という述語相当のオノマトペから成り立っている。「とどろ」は、「とどろく（＝鳴り響く）」という動詞語幹との関係が考えられ、動詞的なオノマトペである。だから、「山もとどろに」は、「山もどうどうの音に響くほどに」という意味合いになる。そして、従属節全体で、主節の「呼びとよめ」にかかる連用修飾語として機能する。

「岩もとどろに」「滝もとどろに」「波もとどろに」「里もとどろに」に見られる「とどろに」もすべて同様に述語性を持ったオノマトペである。

阿胡《あご》の海の　荒磯《ありそ》の上《うへ》に　浜菜摘む　海人娘子《あまをとめ》らが　うながせる　領巾《ひれ》も照るがに　手に巻ける　玉もゆらに（湯良羅尓）　白たへの　袖振る見えつ　（万葉集、三二四三）

「阿胡の海の荒磯のほとりで海藻を採っている海人乙女らが、首にかけている領巾も輝くばかりに、手に巻いている玉もちんちん音を立てるほどに、白布の袖を振っているのが、私に見えた」という意味。「ゆらら」は、「ちんちん」とか「りんりん」といった擬音語。「玉もゆららに」が従属節であるが、その主語は「玉」、「ゆららに」が述語相当のオノマトペ。「ゆらく（＝音を立てる）」「ゆらかす（＝音を立てさせる）」という動詞語幹と関係のあるオノマトペであり、述語性を持ったものである。「玉もゆららに」全体は、ひとくくりになって、「玉もちんちん音を立てるほどに」の意味になって連用修飾語として「袖振る」にかかっていく。

あしひきの　山道《やまぢ》も知らず　白橿《しらかし》の　枝もとををに（等乎々尓）　雪の降れれば　（万葉集、二三一五）

「山の道がどこだかわからない、白橿の枝もたらんとたわむほどに雪が降っているので」という意味。「枝もとをををに」が、従属節。従属節の中の主語は「枝」、「とををに」は「とをむ（＝たわみ曲がる）」という動詞語幹と関係をもった述語相当のオノマトペ。

こんなふうに、奈良時代のオノマトペは、「AもBに」という表現形式で用いられることが多く、従属節のなかで動詞の意味をも含みこんだ述語性を持ったものとなっている。

「緒もくるるに」「心もけやに」「み山もさやに」「心もしのに」「袖もしほほに」「ぬなとももゆらに」「小鈴もゆらに」も、「AもBに」の表現形式に用いられた「に」付きのオノマトペである。ちなみに、「Bに」の部分にくるオノマトペは、山口佳紀[28]が明らかにしているように、すべて動詞語幹と関係を持っている。こうした例は、一三種類も見られる。

12　奈良時代のオノマトペの特色

「AもBに」の「も」は記されてはいないけれど、やはり、従属節の中に用いられた述語性の強いオノマトペの存在も確認できる。

かけまくも　あやに恐《かしこ》し　藤原の　都しみみに（志弥美尓）人はしも　満ちてあれども　（万葉集、三三二四）

「申すのも無性に恐れ多いことだけれど、藤原の都がぎっしりになるほど人が満ち溢れているが」という意味。従属節「都しみみに」の中の主語は「都」、「しみみに」が述語相当のオノマトペ。動詞「しみさぶ」の語幹と密接な関係をもったオノマトペ。「都しみみに」全体で「都がぎっしりになるほど」という意味になり、「満つ」にかかる連用修飾語になっている。

こんなふうに、オノマトペが従属節の中にとりこまれ、述語的な役割を果たしていることが、奈良時代の顕著な特色である。奈良時代のオノマトペは、現代語と違って、動詞から十分に分化していないということでもある。まとめてみれば、奈良時代のオノマトペは、ふつうの情態副詞から形態的に十分に分化しておらず、さらに、動詞からも十分に独立しておらず、述語性を持っていたということが明らかになった。

では、次の平安時代になると、オノマトペはどうなるのか？

13　平安時代以降のオノマトペ

平安時代のオノマトペはすでに拙稿「奈良時代の擬音語・擬態語」[29]であきらかにしたが、一三六種類見られた。このうち「に」や「と」まで付いているオノマトペは、一三三種類。[30]さらに「に」も「と」もとるオノマトペが二種類あるので、ここでの対象オノマトペは一二五種類になる。このうち、一二五種類のオノマトペが、「と」をとって文に参加している。九二・六％にあたる。現代では「と」をとりうるオノマトペは、すでに示したように、九六％であったから、平安時代になると、一挙に現代と同じ様相を呈することが分かる。

平安時代になると、「に」付きオノマトペは、僅か一〇種類。七・四％にあたる。このうち、現代と同じく「結果」を表すオノマトペは二種類。「しとどに」「しどろもどろに」である。残りの八種類の「に」付きのオノマトペは、すべて、奈良時代から継承した古いタイプのオノマトペであり、その用法も奈良時代と同じである。「たわわに」「つだつだに」「とどろに」「とををに」「にここに」「にふぶに」「ゆたのたゆたに」「よよに」である。

鎌倉・室町時代になると、「に」付きオノマトペは、「結果」を表したり、慣用句になっていたりしている場合だけになる。

こうして、オノマトペに関しての大きな転換期は、奈良時代と平安時代の間にあることが明らかとなる。奈良時代にほの見えていた「と」付きオノマトペが、平安時代以降にわかに躍進し主流となって、その後その状態を保持し、現代語に流れ込んできている。オノマトペの歴史は、情態副詞のうち、音象徴語であることを目立たせるべく、他の情態副詞から形態的に独立させ、さらに述語性を払拭して、動詞からも独立させ、副詞としての役割に特化していった歴史ととらえることができる。

一言でいえば、独自の機能を際立たせる方向でオノマトペの歴史が刻まれていったということである。

情態副詞としてのオノマトペが多数存在する言語を幼稚な言語とみなす風潮があるが、それは訂正されるべきものであろう。日本語のように、動詞の役割をも兼ねて存在していたオノマトペを副詞として独立させ、他の情態副詞とは見分けがつくような形を与え、特別な副詞として進化させている言語もある。副詞としてのオノマトペの存在は、日本語が独自に発展を促した言語の個性とみなすべきものである。

注

（1）山田孝雄『奈良朝文法史』（寶文館、一九五四年）。

（2）朝山信彌「語尾に『に』を有する古代象徴辞の一問題」（『国語国文』一〇巻二号、一九四〇年二月）。同論文は、『朝山信彌国語学論集』（和泉書院、一九九二年）にも収録されている。

（3）山口仲美編『暮らしのことば　擬音・擬態語辞典』（講談社、二〇〇三年）に掲載されている実例を引用する。以下現代語の用例は、すべて同辞典掲載の実例である。

（4）この比率は、山口仲美編『暮らしのことば　擬音・擬態語辞典』（講談社、二〇〇三年）のなかでオノマトペの多く存在するカ（ガ）行の実例を調査した結果に基づいている。作例は数に入れていない。そこに出てくる実例で副詞として機能しているものは、二五二例。そのうち「と」付きで文に参加している例は一五八例（六二・七％）となる。

（5）注（4）と同じ調査で、該当する用例は八四例。三三％にあたる。

（6）山口佳紀「体言」（『岩波講座　日本語6』岩波書店、一九七六年）で、「と」なしでは文に参加できないオノマトペの語型が指摘されている。

（7）注（4）と同じ調査で、該当する用例は一三例。五％にあたる。

（8）鈴木泰「情態副詞の性質についての小見」（『山形大学紀要（人文科学）』九巻三号、一九八〇年一月）。

（9）西尾寅弥「音象徴語における意味・用法の転化の一類型」（渡辺実編『副用語の研究』明治書院、一九八三年　所収）。

（10）佐々木文彦「擬態語類の語尾について」（松村明教授古稀記念会編『松村明教授古稀記念　国語研究論集』明治書院、一九八六年　所収）。

（11）田守育啓『オノマトペ　擬音・擬態語をたのしむ』（岩波書店、二〇〇二年）。

（12）そのほか、この三分類には入りきれない副詞として「注釈副詞」「限定副詞」を立てる説もある。「注釈副詞」というのは、「もちろん、彼は善人だ」の「もちろん」のように、表現者の注釈や評価を示して、次に叙述内容を導くもの。「限定副詞」は、「彼に頼むくらいなら、むしろ自分でやった方がいい」の「むしろ」のように、同類である他のものとの関係を示しながら、その中から特にとりたてるもの。ここでは、これらの違いはあまり問題にならないので、従来の三分類に従っている。

（13）用例の採取には『広辞苑』の逆引き辞典を使った。

（14）調査には、新編日本古典文学全集『古事記』『日本書紀①②③』『風土記』『万葉集①②③④』を用いた。

(15)　具体例は、拙稿「奈良時代の擬音語・擬態語」(『明治大学国際日本学研究』四巻一号、二〇一二年三月)の「奈良時代の擬音語・擬態語一覧」に列挙してある。同論文は、本著作集5『オノマトペの歴史1　その種々相と史的推移・「おべんちゃら」などの語史』にも収録。

(16)　山口仲美『ちんちん千鳥のなく声は―日本人が聴いた鳥の声―』(大修館書店、一九八九年)。同書は、本著作集6『オノマトペの歴史2　ちんちん千鳥のなく声は・犬は「びよ」と鳴いていた』にも収録。

(17)　春日政治「奈良朝人の擬声語」(『奈良文化』四号、一九二四年六月)。同論文は『春日政治著作集五　万葉片々』(勉誠社、一九八四年)にも収録されている。

(18)　亀井孝「誰か鴉の声を弁ぜん」(『ぬはり』二〇巻六号、一九四六年六月)、亀井孝「続『許呂久』考」(『ぬはり』二〇巻九号、一九四六年九月)。これらの論文は、『亀井孝論文集三　日本語のすがたとこころ(一)』(吉川弘文館、一九八四年)にも収録されている。なお、筆者・山口が、「児ろ来」説をとらなくなった理由については、本著作集5『オノマトペの歴史1　その種々相と史的推移・「おべんちゃら」などの語史』に収録した「動物の声を写す擬音語の史的推移」の論の「注(3)」をご覧いただきたい。

(19)　武田祐吉『言葉の樹』(青磁社、一九四二年)。同書は、『武田祐吉著作集　第二巻』(角川書店、一九七三年)にも収録されている。

(20)　山口仲美「カエルの歌は濁音か?」(東京新聞夕刊、一九九三年二月二〇日)参照。本著作集6『オノマトペの歴史2　ちんちん千鳥のなく声は・犬は「びよ」と鳴いていた』にも、同タイトルで収録。

(21)　録音・蒲谷鶴彦、前田憲男『声の図鑑　蛙の合唱』(山と渓谷社、一九九四年)。

(22)　後藤利雄「東歌を見直す」(『形成』一九六九年一二月〜一九七四年四月)。同論は後藤利雄『東歌難歌考』(桜楓社、一九七五年)にも収録されている。

(23)　朝山信彌「語尾に『に』を有する古代象徴辞の一問題」(『国語国文』一〇巻二号、一九四〇年二月)。同論文は、『朝山信彌国語学論集』（和泉書院、一九九二年）にも収録されている。

(24)『日本方言大辞典　上巻』（小学館、一九八九年）。

(25) 此島正年『国語助詞の研究』（桜楓社、一九六六年）。

(26) 用例の採取には『時代別国語大辞典　上代編』（三省堂、一九八三年）を参考にした。

(27) 大野晋「柿本人麿訓詁断片（四）」（『国語と国文学』二六巻一〇号、一九四九年一〇月）。

(28) 山口佳紀「形容動詞の成立」（『国語と国文学』五八巻五号、一九八一年五月）。同論文は加筆され、『古代日本語文法の成立の研究』（有精堂、一九八五年）にも収録されている。

(29) 山口仲美「奈良時代の擬音語・擬態語」（『明治大学国際日本学研究』四巻一号、二〇一二年三月）。本著作集5『オノマトペの歴史1　その種々相と史的推移・「おべんちゃら」などの語史』にも同タイトルで収録。

(30)「に」や「と」までは記されていないオノマトペは、三種類。「きだきだ（＝細かく切り刻む様子）」「たがたが（＝幼児の足元の不確かな様子）」「たはたは（＝しなやかな様子）」である。これは、平安時代末期の辞書『類聚名義抄』に載っているオノマトペ。簡潔に漢字の読みを記したものなので、「に」や「と」まで付されていない。

奈良時代の擬音語・擬態語

1　はじめに

今を遡ること、一三〇〇年、奈良時代の日本人が使っていた擬音語・擬態語とは、どんなものだったのか？　次の平安時代のそれと比較することによって、奈良時代の擬音語・擬態語の語彙的な特質を追究する。これが、本稿の目的である。

手順は次のように行なう。①奈良時代の作品として残されている『古事記』『日本書紀』『風土記』『万葉集』から、当時存在していた擬音語・擬態語を抜き出して、資料とする。②平安時代の作品から擬音語・擬態語の残されやすい作品を選び、平安時代の擬音語・擬態語を抽出する。③奈良時代の擬音語・擬態語を平安時代のそれと比較することによって、奈良時代の擬音語・擬態語の性質を明らかにする。一体どんな特質が浮き彫りになるのか？

2　対象とする擬音語・擬態語

言うまでもないが、擬音語というのは、現代語で言えば「わんわん」「ごろごろ」などの外界の声や音を日本語の発音で写し取った語のこと。擬態語というのは、「きらきら」「つるり」などの外界の状態や様子をいかにもそれらしく日本語の発音で写し取った語のこと。

ここでとりあげるのは、擬音語・擬態語として最も一般的に認められている副詞として機能している場合を中心にする。たとえば、「ばたばたと走る」「きりきりと縛る」「こんもりと茂る」などの「ばたばたと」「きりきりと」

「こんもりと」など。それぞれ、「走る」「縛る」「茂る」という動詞に付くことによって、動作を修飾し限定している。こういう場合を主にここでは取り扱う。

ただし、奈良時代では、副詞として機能している場合でも、次のように「に」をとって動詞を修飾限定していることが多い。

沫雪《あわゆき》の　ほどろほどろに　降り敷けば　奈良の都し　思ほゆるかも　（万葉集、一六三九）

「沫雪が、うっすらうっすらと地面に降り積もると、奈良の都が思い出されるなあ」という意味。大伴旅人が、大宰府に赴任している時の歌。雪の薄く降り積もった様子をみて、帰京の念にさいなまれているのである。擬態語「ほどろほどろ」は、「と」ではなく、「に」をとって副詞の役目を果たしている。むろん、次の平安時代から一般化していく「と」をとる場合もあるが、多くはない。これについては、別稿(1)で詳しく触れることにし、ここでは「に」をとって文に参加する場合が、奈良時代の一つの勢力をもったパターンであったことだけをおさえておきたい。

なお、用例の少なさを補う意味から、「さばめく」「かかなく」「そそ茅原」のように、「さば」「かか」「そそ」などという擬音語・擬態語部分が明確に抽出できる場合も、擬音語・擬態語の資料として加えた。では、早速、どんな擬音語・擬態語が奈良時代には見られるのか、調査結果を示してみよう。

3　どんな擬音語・擬態語が見られるのか

『古事記』『日本書紀』『風土記』『万葉集』から、擬音語・擬態語を抽出すると、次に示すような六五種類の語が抽出される。(2) それらを五十音順で列挙してみる。

まず、一語ごとに、仮名で語例を示し、次に（　）に入れて原文の表記を記す。その次に、意味を記し、「…」の後にその語の出てくる作品名を示してある。作品名の下には、その語の現れる場所（地の文か会話文か歌謡か割注か）を示した。『万葉集』に限っては、すべて歌のみに出現するので、特に記すことはしない。なお、以下、用例の引用は、すべて漢字かな交じり文に直して示す。必要な場合のみ、（　）に入れて原文を表記する。

また、擬音語・擬態語が文に参加する時に、「に」をとっているか、「と」をとっているかが分かる時には、それを記し、傍線を付しておいた。

奈良時代の擬音語・擬態語一覧

①い（馬声）馬のいななく声…万葉集、播磨国風土記（地の文）
②うつらうつら（宇都良々々々）鮮明に見える様子…万葉集
③うらうらに（宇良宇良尓）のどかな様子…万葉集
④かか（可加）鷲の鳴く声…万葉集
⑤かくしもがもと（如是鳴跡）カエルの鳴き声…万葉集
⑥かわら（訶和羅）鎧に鍵が触れて鳴る音…古事記（地の文）
⑦くるるに（苦留留爾・謳轤然）物の回転する様子…日本書紀（地の文）、日本書紀（割注）
⑧くれくれと（久礼久礼登・久礼久礼等）暗くうなだれている様子…万葉集
⑨けやに（計夜尓）際立った様子…万葉集

⑩ここ（古々）猿の鳴く声…常陸国風土記（割注）
⑪こごと（古胡登）力をこめて物を採む音…万葉集
⑫こむ（来許武）狐の鳴き声…万葉集
⑬ころくと（許呂久等）カラスの鳴き声…万葉集
⑭こをろこをろに（許々袁々呂々邇・許袁呂許袁呂爾）液体を矛でかき回す音…古事記（地の文）、古事記（歌謡）
⑮さば（佐麼・訕哤）騒がしい音…日本書紀（地の文）、日本書紀（割注）
⑯さやに（清尓・佐夜尓）笹の葉ずれの音・目に鮮やかな様子…万葉集
⑰さやさや（佐夜佐夜・佐椰佐椰）木の枝のこすれあう音・海藻が波に揺れる音・琴の音…古事記（歌謡）、日本書紀（歌謡）
⑱さらさらに（更更・佐良左良尓）川に布をさらす音・杉の葉ずれの音…万葉集
⑲さわさわに（佐和佐和邇・佐和佐和珥）大根の葉ずれの音・立派な鱸を引き寄せ上げる音・騒がしい音・さわやかな様子…古事記（会話文）、古事記（歌謡）、日本書紀（歌謡）
⑳さゐさゐ（狭藍左謂）衣装が触れ合ってたてるざわめきの音…万葉集
㉑さゑさゑ（佐恵佐恵）衣装が触れ合ってたてるざわめきの音…万葉集
㉒しのに（之努尓・思努尓）心がうち萎れる様子・ひたすら相手を思う様子…万葉集
㉓しののに（之努々尓・小竹野尓）全身が水を浴びたように濡れている様子・涙で濡れている様子…万葉集
㉔しほほに（志保々尓）涙に濡れた様子…万葉集
㉕しみみに（思美三荷・志弥美尓・繁森・四美見似）隙間もないほど生い茂ったり、物や人が詰まっている様子…万

葉集
㉖しみらに（之弥良尔）空きもなく満たされている様子…万葉集
㉗すくすくと（須久須久登）勢いよく進んでいく様子…古事記（歌謡）
㉘すぶすぶ（須々夫々）すぼまって狭い様子…古事記（会話文）
㉙そそ（彼彼）茅の風に鳴る音…日本書紀（会話文）
㉚そよと・そよに（曾与等・衣世二）箭や枕が共鳴する音…万葉集
㉛たしだしに（多志陀志爾）霰が笹の葉を打つ音…古事記（歌謡）
㉜たゆたに（絶谷）不安と安らぎの間で揺れ動く様子…万葉集
㉝たゆらに（多由良尔）揺れ動いて安定しない様子…万葉集
㉞たよらに（多欲良尔）揺れ動いて安定しない様子…万葉集
㉟たわたわ（多和々々）枝のしなう様子…万葉集
㊱つばらに（委曲）時間をかけて観察する様子…万葉集
㊲つばらつばらに（曲々二・都波良都婆良尔）時間をかけて繰り返し観察する様子・艪のきしる音…万葉集
㊳つらつらに（都良々々尔）熟視する様子…万葉集
㊴つららに（都良々尔）小舟の連なっている様子…万葉集
㊵ときすぎにけり（登伎須疑尔家利）ホトトギスの鳴き声…万葉集
㊶とどと（跡杼登・等杼登）板戸を叩く音や馬の足音…万葉集
㊷とどろに（等騰呂尔・等杼呂尔・響動二・動響二・登杼呂尔・動々）辺り一帯に響き渡る滝音や波音のような大音…

万葉集

㊸とをとををに｜（登遠々登遠々邇｜）竹の棒のしなう様子…古事記（会話文）
㊹とををに｜（等乎々尓・十遠仁｜）枝のしなう様子…万葉集
㊺にふぶに｜（二布夫尓・尓布夫尓｜）うれしそうな笑みを浮かべる様子…万葉集
㊻はだらに｜（薄太良尓｜）薄く雪の降り積もる様子…万葉集
㊼はつはつに｜（小端・波都波都尓｜・端々）僅かな様子…万葉集
㊽はららに｜（波良々尓｜）物の散らばっている様子…万葉集
㊾ひしと｜（比師跡｜）床の鋭く鳴る音…万葉集
㊿びしびしに｜（毗之毗之尓｜）鼻水をすする音…万葉集
51ひひ（比々）鹿の鳴き声…播磨国風土記（地の文）
52ぶ（蜂音）蜂の羽音…万葉集
53ふつに｜（臨）刀剣で勢いよく斬りおろす音や様子…常陸国風土記（地の文）
54ほどろに｜（保杼呂尓｜）薄く雪の降り積もる様子…万葉集
55ほどろほどろに｜（保杼呂々々尓｜）薄く雪の降り積もる様子…万葉集
56ほらほら（富良々々）中が空洞になっている様子…古事記（会話文）
57ほろに｜（富呂尓｜）雲を蹴散らす様子…万葉集
58もそろもそろに｜（毛々曽々呂々尓｜）ゆっくりと大船を引き寄せる様子…出雲国風土記（地の文）
59もゆらに｜（母由羅爾｜・瑲瑲）玉の触れ合うさわやかな音…古事記（地の文）、古事記（割注）、日本書紀（地の文）

⑥⓪ゆくゆくと｜（由久遊久登｜）勢いよく進んでいく様子…万葉集
⑥①ゆくらゆくらに｜（行莫々・往良行羅二｜・行良行良尓｜・由久良々々尓｜・由久良々々耳｜）心などの絶えず揺れ動いている様子…万葉集
⑥②ゆたに｜（湯谷・由多尓｜）落ち着いている様子…万葉集
⑥③ゆらに｜（由良尓｜）小鈴や琴の鳴る音…万葉集
⑥④ゆららに｜（湯良羅尓｜）玉の揺れて鳴る音…万葉集
⑥⑤ゑらゑらに｜（恵良恵良尓｜）上機嫌に笑いさざめく声や様子…万葉集

4　万葉集に最も多く残存

以上の六五種類が、『古事記』『日本書紀』『風土記』『万葉集』に出現する擬音語・擬態語である。最下欄に記した擬音語・擬態語が出現する作品を眺めると、日常会話語に近い言葉で綴られている作品ほど擬音語・擬態語が頻出していることが分かる。『万葉集』に、四八種の擬音語・擬態語がみられ、全体の七割強を占めているからである。むろん、『万葉集』は歌集だから、日常会話語そのものではない。でも、『古事記』『日本書紀』『風土記』のような、漢文や漢式和文（＝変体漢文）で書かれた作品よりは、遥かに日常会話語に近い。

『古事記』『日本書紀』『風土記』の三作品合わせても、擬音語・擬態語は一八種しか出現しない。さらに、『古事記』『日本書紀』『風土記』を比べると、漢式和文の『古事記』『風土記』の方が、漢文の『日本書紀』よりも、擬音語・擬態語を含む比率が高い。漢文よりも漢式和文の方が日常会話語を含みやすい文章だからである。擬音語・

擬態語は、日常会話語で最も活躍する言語なのである。その証拠に、『古事記』『日本書紀』『風土記』に僅かに見られる「会話文」には、次のように、すかさず擬音語・擬態語が出現している。

鼠《ねずみ》、来て云《い》ひしく、「内はほらほら、外はすぶすぶ」（古事記、上巻）

オホナムヂノカミが火に囲まれて逃げ道を失っていると、鼠が出てきて教えた、「内はぽっかり、外はきちきち」と。それで内に向かうと穴がありそこに入って一命をとりとめたという話。「ほらほら」は、空洞になっている様子を表す擬態語。「すぶすぶ」は、狭い様子を表す擬態語。こんなふうに日常会話語を使った会話文がたくさん含まれている作品が残されていたら、擬音語・擬態語は、倍増していたに違いない。

さて、これらの奈良時代の擬音語・擬態語を平安時代のそれと比較すると、どのようなことが明らかになるのか。

5　平安時代の擬音語・擬態語

平安時代の擬音語・擬態語は、同時代成立の二七作品と辞書二点を調査して抽出した。(3) 調査に使った作品・辞書は以下に示すとおりである。擬音語・擬態語の出現しやすい仮名文や漢字かな交じり文で書かれた作品が中心である。平安時代に作られた辞書にも、少数ではあるが、擬音語・擬態語が掲載されているので、調査資料に含めておいた。

・調査した平安時代の作品…『竹取物語』『うつほ物語』『落窪物語』『源氏物語』『狭衣物語』『浜松中納言物語』『堤中納言物語』『伊勢物語』『大和物語』『篁物語』『平中物語』『土左日記』『蜻蛉日記』『和泉式部日記』『紫式部日記』『更級日記』『讃岐典侍日記』『枕草子』『大鏡』『古今和歌集』『後撰和歌集』『拾遺和歌集』『三宝絵

詞』『今昔物語集』『百座法談聞書抄』『打聞集』『古本説話集』

・調査した平安時代の辞書…『類聚名義抄』『色葉字類抄』

さて、これらの資料には、合計一三六種類の擬音語・擬態語が見られた。次に列挙するとおりである。ただし、ここでのメインテーマは奈良時代の擬音語・擬態語であるので、平安時代のそれは、語例だけを五十音順に掲げ、後の記述のための参考に資することにしたい。

あざあざと、いうと、いがいがと、うつらうつらと、うらうらと、えぶえぶと、おいおいと、おぼおぼと、かかと、がさと、がはがはと、かひよと、からからと、かりかりと、かりと、きしきしと、きだきだ、きと、行《ぎゃう》と、きよきよと、きらきらと、きらと、きろきろと、くくと、くたくたと、くだくだと、くつくつと、くるくると、くれくれと、けざけざと、こうこうと、こそこそと、ごそごそと、こそろと、ごほごほと、こほろと、ささと、さださだと、さと、さはさはと、ざぶざぶと、ざぶりざぶりと、さめざめと、さやさやと、さらさらと、しうしう、しかしかと、ししと、しづしづと、しとと、しとどに、しどろもどろに、しほしほと、しめじめと、すがすがと、すくすくと、そよそよと、そよと、そよりそよりと、そよろと、たがたが、たそたそと、たはたは、たわわに、たをたをと、ちうと、ちちよちちよと、ちよちよと、つだつだと(に)、つづりさせ、つと、つふつふと、つぶつぶと、つふと、つぶりと、つやつやと、つらつらと、どうと、とどろとどろと、とどろに、とををに、なよなよと、にこにこに、にふぶに、ねうねうと、のどのどと、はくと、はくりと、はたと、はたはたと、はたりはたりと、はらはらと、ひしと、ひしひしと、ひたと、ひたひたと、びちびちと、ひとくひとくと、びよと、ひよひよと、ひらひらと、ふさふさと、ふたと、ふたふたと、ふつと、ふつふつと、ふつりと、ふと、ぶぶと、ふりふりと、ほうと、ほうほうと、ほがらほがらと、ほとと、ほとほとと、ほのぼのと、ほほと、ほろほろと、ほろろと、みしみしと、むくむくと、むむと、めらめらと、やちよと、やはやはと、やれやれと、ゆくゆくと、ゆさゆさと、ゆたのたゆたに、ゆぶゆぶと、ゆらゆらと、ゆるゆると、よいぞよいぞと、よよと(に)、よろと、わなわなと。

先に掲載した奈良時代の六五種類の擬音語・擬態語は、平安時代の一三六種類の擬音語・擬態語にどの程度一致しているのだろうか。一致している語は、平安時代まで継承された語である。一致しない語は、平安時代には別の語に取って代わられたか、あるいは、奈良時代だけに使われた可能性の高い語である。

6　平安時代までは残った語

さて、奈良時代の擬音語・擬態語は、平安時代のそれとどの程度一致しているのか？　このテーマを検討しようとすると、ただちに問題にぶつかる。語形そのものは同じなのだけれど、意味が全く異なる擬音語・擬態語が出てくるからである。奈良時代の④「かか」、⑧「くれくれ」、㊳「つらつら」である。

たとえば、⑧「くれくれ」は、奈良時代では、次のように使われている。

常知《つね》らぬ　道の長手《ながて》を　くれくれと　いかにか行《ゆ》かむ　糧《かりて》はなしに　（万葉集、八八八）

「行き馴れない遠い旅路を、とぼとぼとどのようにして行けばいいのか、食糧もなくて」といった意味。「くれくれ」は、暗い気持ちでうなだれている様子を表す。ところが、平安時代の「くれくれ」は、籠《かご》に縄を結わえ付けてそれを手際よく下におろす様子に用いられている。現在なら「くるくる」がしっくりしそうな意味なのである。両時代の「くれくれ」は、意味が全く異なっており、同一語と認定するのは難しい。

その他、④「かか」は、奈良時代では鷲の鳴き声であるのに対し、平安時代の「かか」は、カラスの鳴き声であり、意味が異なっている。また、奈良時代の㊳「つらつら」は、熟視する様子を表す。現代語で言えば「じっくり」「しみじみ」に該当しそうな意味である。一方、平安時代の「つらつら」は、血が滴り落ちる様子や長々と愚痴をこぼす様子を意味する。現代語で言えば「たらたら」がしっくりするような意味である。両時代の「つらつら」は意味上、共通性がないのである。

こんなふうに奈良時代の擬音語・擬態語と同じ語形が平安時代に見られても、意味が全く異なり、共通性が見出せない場合は、継承された語とは認められまい。逆に、語形が少々異なっても、意味が共通し、語誌が辿れる場合は、継承されたとみなしてもよかろう。たとえば、奈良時代の⑦「くるる」、㉔「しほほ」、㊽「はらら」。これらの語は、平安時代になると、「くるくる」「しほしほ」「はらはら」という形に変化する。語形は少し変わるが、意味は一貫しており、語誌が辿れる。こういう場合は、継承されたとみなすことにする。

こうした基準で、平安時代に継承されたと認められる語を探し出すことにする。一体、どのくらいあるのか。次の二五種類の奈良時代の擬音語・擬態語が平安時代に継承されていると判断される。

①「い」、②「うつらうつら」、③「うらうら」、⑦「くるる」、⑫「こむ」、⑭「こをろこをろ」、⑯「さや」、⑰「さやさや」、⑱「さらさら」、⑲「さわさわ」、㉔「しほほ」、㉗「すくすく」、㉚「そよ」、㉜「たゆた」、㉟「たわたわ」、㊷「とどろ」、㊸「とをとをを」、㊹「とをを」、㊺「にふぶ」、㊽「はらら」、㊾「ひし」、52「ぶ」、53「ふつ」、60「ゆくゆく」、62「ゆた」。

奈良時代の擬音語・擬態語は、六五種類であったから、その四割近くが平安時代にも継承されているわけだ。このうち、『万葉集』にだけ見られた語は、「うつらうつら」「うらうら」「こむ」「さや」「さらさら」「しほほ」「そよ」「たゆた」「たわたわ」「とどろ」「とをを」「にふぶ」「はらら」「ひし」「ぶ」「ゆくゆくと」「ゆた」の一七種類の語。一七語のうち、平安時代の歌集『古今和歌集』『後撰和歌集』『拾遺和歌集』にだけ継承されている語は「とどろ」「たゆた」「ゆた」の三語のみである。あとの一四語は、平安時代の散文作品にも見られるものばかりである。ということは、『万葉集』に使われた擬音語・擬態語は、かなり一般的に使用されていたものであったことが明らかになる。つまり、「歌集」という資料性に余り左右されてはいなかったということである。

さて、平安時代に継承された二五種類の擬音語・擬態語は、その後どうなったのか？　一つは、平安時代までは継承されたが、その後廃れてしまい、現代には伝わらなかった場合。二つは、平安時代のみならず、現代語にまで継承された場合である。

一つ目の場合には、次の九語が該当する。

②「うつらうつら」、㉔「しほほ」、㉜「たゆた」、㊷「とどろ」、㊸「とををとをを」、㊹「とをを」、㊺「にふぶ」、⑹「ゆくゆく」、⑻「ゆた」。

②「うつらうつら」については、現代にも「うつらうつらとしてしまい、見たかったテレビ番組を見損なってしまった」などと使うではないかと不審に思うかもしれない。ところが、奈良・平安時代の「うつらうつら」は、現代の「うつらうつら」とは、全く意味が異なっている。

なでしこが　花取り持ちて　うつらうつら　見まくの欲《ほ》しき　君にもあるかも　（万葉集、四四四九）

「なでしこの花を手に取って見るように、目の前ではっきりお目にかかりたいあなたですよ」といった意味。奈良時代の「うつらうつら」は、鮮明に見える様子を表す。現代語の「はっきり」という語がぴったりするような意味である。

平安時代の初めに出来た『土左日記』にも、「うつらうつら」が出現する。「目もうつらうつら、鏡に神の心をこそは見つれ」（承平五年二月五日）のように。鏡を海に沈めると、荒れ狂っていた海がうそのように凪いだ。それを見て、『土左日記』の作者は「海神の欲張りな本心を目の当たりにしてしまった」と述べている箇所である。「うつらうつら」は、目にはっきりと見える様子を意味する。奈良時代の「うつらうつら」と同じ意味であるから、平安時代までは確実に系譜が辿れる。

けれども、平安時代も末期になると、もはや「うつらうつら」の意味がわからなくなっている。その頃成立した『袖中抄』では、「うつらうつら」を「つらつら」と同じか、などと記しているからである。平安時代で命の尽きてしまった擬態語とみるべきであろう。現在の、意識のおぼろげな様子を意味する「うつらうつら」は、後の時代に発生した別語と考えるのが自然である。

もう一例あげてみよう。⑹「ゆくゆく」という擬態語は、次のように用いられている。

丹生《にふ》の川　瀬は渡らずて　ゆくゆくと　恋痛《こひいた》し我が背《わせ》　いで通《かよ》ひ来《こ》ね　（万葉集、一三〇）

長皇子が弟に送った歌である。「丹生の川の瀬は渡らないで、ずんずんと通ってきておくれ、恋しくてならない弟よ」といった意味。平安時代の「ゆくゆく」も勢い良く進んで行く様子を表し、継承されている。だが、現在には存在しないので、後に廃れてしまったことは確かである。その他の語も同様である。

7　現代まで生き延びた語

二つ目の場合には、どんな語があるのか。平安時代のみならず、現代まで生き延びた語である。次に示すような、残りの一六種類の語である。

①「い」、③「うらうら」、⑦「くるる」、⑫「こむ」、⑭「こをろこをろ」、⑯「さや」、⑰「さやさや」、⑱「さらさら」、⑲「さわさわ」、㉗「すくすく」、㉚「そよ」、㉟「たわたわ」、㊽「はらら」、㊾「ひし」、52「ぶ」、53「ふつ」。

馬の声①「い」と、蜂の羽音52「ぶ」は、次の歌にみられる。

たらちねの　母が飼《か》ふ蚕《こ》の　繭隠《まよごも》り　いぶせくもあるか（馬声《い》蜂音《ぶ》石花《せ》蜘蟵荒鹿《くもあるか》）　妹《いも》に逢はずして

（万葉集、二九九一）

「母が飼っている蚕が繭ごもりするように、ああ心が晴れない、あの娘に逢わずにいるから」といった意味。「いぶせし」という語の「い」と「ぶ」を表すために使われた「馬声《い》」と「蜂音《ぶ》」である。当時は、馬の鳴き声を「い」と聞き、蜂の羽音を「ぶ」と聞いていたから成り立つウィットに富む表記法。「戯書」とも言われる。

①「い」は、当時の馬の鳴き声であるが、実は「ん」の音を表記する方法がないから記していないだけで、実際の発音は［iṇ］であった可能性もある。平安時代では、馬の鳴き声を「いう」と書いている。前に列挙した平安時代の擬音語・擬態語の二番目にある「いうと」が馬の声である。平安時代も末期に至るまで「ん」音の表記法が確定しておらず、「う」の文字で表わすこともある。「いう」の表記も、実際の発音は［iṇ］に近かった可能性が濃厚である。こうして、平安時代には確実に奈良時代の馬のいななきは継承されている。のみならず、現在の馬の声「ひん」に連なっていると考えてもよかろう。［iṇ］から［hiṇ］への変化はあまり大きくはなく、一つながりの系譜と見られるからである。(4)

蜂の羽音52「ぶ」も、平安時代の列挙した語の「ぶぶ」という蜂の羽音に継承されている。それればかりではなく、現在でも蜂の羽音は「ぶんぶん」であり、現代まで継承されていると見てもよい。

⑫「こむ」という奈良時代の狐の声も、平安時代の狐の声「こうこう」に連なるのみならず、現在の「こんこん」に継承されている。

さす鍋《なべ》に　湯沸《わ》かせ子ども　櫟津《いちひつ》の　檜橋《ひばし》より来《こ》む　狐《きつね》に浴《あ》むさむ　（万葉集、三八二四）

「注ぎ口のある鍋に湯を沸かせ、皆のものよ、櫟津の檜橋からコンと鳴いてやってくる狐に浴びせてやろう」と言った意味。ちょっと残酷に見える歌であるが、次のような事情を考慮すると、残酷さがぐっと薄らぐ。宴会をしていると、狐の声がした。そこで、目の前にある鍋、狐の声、河の橋などを関連させた歌を作れと言われて、作った歌だったのである。既に述べたように、奈良時代は「ん」の音の表記がまだ確定していないために「む」で記している可能性がある。実際の発音は［komu］か、あるいはそれに近い［kom］であったと考えられる。平安時代の狐の声「こうこう」も、実際の発音は現代の「こんこん」に近いものであり、現在の狐声に直接連なっていくような言葉だったのである。(5)

⑰「さやさや」は、奈良時代では次のように用いられている。

誉田《ほむた》の　日《ひ》の御子《みこ》　大雀《おほさざき》　大雀　佩《は》かせる　太刀《たち》　本吊《もとつる》ぎ　末振《すゑふ》ゆ　冬木《ふゆき》の　素幹《すから》が下木《したき》の　さやさや　（古事記、中巻）

「誉田の日の御子の腰につけている太刀は、本の方は紐で腰に吊り下がっていて、先の方は揺れている。冬木の葉が落ちた幹の下に生えている灌木のように、さやさやと音を立てて揺れている」といった意味。枝がこすれ合って出すさわやかな音である。平安時代の「さやさや」も、同じ意味で用いられており、それはさらに現在の「さやさや」に継承されている。

㉗「すくすく」は、奈良時代では次のように用いられている。

ささなみ道《ぢ》を　すくすくと　我がいませばや　木幡《こはた》の道に　遇《あ》はしし嬢子《をとめ》
（古事記、中巻）

「ささなみ道をずんずん私が歩いてゆくと、木幡の道で偶然出会った乙女」という意味。この乙女と出会って応神天皇は彼女と結婚する。「すくすく」は勢いよく進んでいく様子。平安時代の「すくすく」も、勢いよく成長する様子を表し、共通した意味を備えている。それは、現代の「すくすく」の系譜に連なる。

また、㊸「ふつ」は、次のように使用されている。

この時、痛《いた》く殺《ころ》すと言《い》へるは、今《いま》、伊多久《いたく》の郷《さと》と謂《い》ひ、臨《ふつ》に斬《き》ると言《い》へるは、今《いま》、布都奈《ふつな》の村《むら》と謂《い》ひ、
（常陸国風土記、行方の郡）

常陸国の行方郡にある地名由来を語っている箇所。「布都奈《ふつな》」は、建借間《たけかしま》の命《みこと》が賊軍を刀剣で「ふつに」斬ったことから名づけられた地名。「ふつ」は、刀剣で勢いよく切り下ろす時の音もしくは様子である。平安時代の「ふつ」に継承されている。また、現代語の「ふっつり」「ぷっつり」は、この系統の語である。

最後にもう一例。㊾「ひし」は、次の歌に見られる。

あかねさす　昼はしみらに　ぬばたまの　夜はすがらに　この床《とこ》の　ひしと鳴るまで　嘆きつるかも
（万葉集、三二七〇）

激しく恋し、嫉妬心に駆られて嘆く女心を詠んだ長歌の一部。「昼もずっと、夜もずっと恋い焦がれ、この床がぴしっとなるほどため息をついたことだよ」といった意味。「ひし」は、床の鳴る音で、平安時代の列挙した語の「ひしひし」に継承されている。さらに、現在の「ぴしっ」との関係が認められる。

残りの九種類の語も同じようにして、平安時代のみならず、現代にも受け継がれている命の長い語である。いず

れも、表されている声や音や様子は、何時の時代にも存在する普遍的な性格を持ったものである。こうした擬音語・擬態語は、既に述べたように、合計一六種類。奈良時代には六五種類の擬音語・擬態語が見られたわけだから、その残存率は、約二五％。つまり、奈良時代の擬音語・擬態語の二割五分は、一三〇〇年以上の歴史を生き抜いてきていることが明らかになる。

私は、かつて感覚語彙（＝いたい・だるい・ねむいなどの感覚を表す語彙）や感情語彙（＝うれしい・かなしい・さびしいなどの感情を現す語彙）について、奈良時代語の現代語への残存率を調査したことがある。[6] それによると、奈良時代の感覚語彙は約七六％が現代まで継承されており、残存率はきわめて高かった。変化しにくいのである。一方、感情語彙の方は、奈良時代のそれが現在にまで継承されている比率は、四九％であった。感覚語彙よりは変化しやすい語彙なのである。それらに対して、擬音語・擬態語は、二五％であるから、残存率は確かに少ない。しかし、生まれてはすぐ消えると言われる擬音語・擬態語なのに、長寿の語が存在することは記憶されるべきであろう。

8　奈良時代特有の擬音語・擬態語の特色

では、平安時代に継承されなかった擬音語・擬態語に注目してみよう。次の四〇種の語が該当する。

④「かか」、⑤「かくしもがも」、⑥「かわら」、⑧「くれくれ」、⑨「けや」、⑩「ここ」、⑪「こご」、⑬「ころく」、⑮「さば」、⑳「さゐさゐ」、㉑「さゑさゑ」、㉒「しの」、㉓「しのの」、㉕「しみみ」、㉖「しみら」、㉘「すぶすぶ」、㉙「そそ」、㉛「たしだし」、㉝「たゆら」、㉞「たよら」、㊱「つばら」、㊲「つばらつばら」、㊳「つらつら」、㊴「つらら」、㊵「ときすぎにけり」、㊶「とど」、㊻「はだら」、㊼「はつはつ」、㊿「びしび

し」、㊿「ひひ」、㊿「ほどろ」、㊿「ほどろほどろ」、㊿「ほらほら」、㊿「ほろ」、㊿「もそろもそろ」、㊿「もゆら」、㊿「ゆくらゆくら」、㊿「ゆら」、㊿「ゆらら」、㊿「ゑらゑら」。

これらの擬音語・擬態語が、どんな音や声、あるいはどんな様子や状態の形容なのかに注目すると、次の(1)(2)(3)に述べるような、奈良時代らしさが指摘できる。

(1)　野外の動物の声や音そして様子

まず第一に、野外で聞く動物の声が目立つことである。ホトトギスの声やカエルの声やサルの声など、大自然の中で耳にしたものを写し取っていることである。

たとえば、ホトトギスの声㊵「ときすぎにけり」。これは、ホトトギスの鳴き声「オッキョ、キョキョキョキョキョキョ」などと聞こえる声を「ときすぎにけり」と聞きなしたものである。次の歌にみられる。

信濃なる　須我《すが》の荒野に　ほととぎす　鳴く声聞けば　時すぎにけり　（万葉集、三三五二）

「信濃の須我の荒れ野で、ホトトギスの鳴く声をきくと、『ときすぎにけり』と言ってるなあ」といった意味の歌。「ときすぎにけり」が、ホトトギスの鳴き声をうつした言葉であることは、長い間気付かれなかった。単に「ああ、時機がすぎてしまったなあ」という作者の感動を表す言葉だと考えられてきたのである。だから、何の時が過ぎてしまったのかが問題になり、さまざまの説が出されていた。[7]

ところが、後藤利雄「東歌を見直す」[8]が、「ときすぎにけり」は、ホトトギスの鳴き声をうつした言葉であることを指摘した。確かにホトトギスの声は「とッきすぎにけり」としてみると、実際の鳴き声のリズムとぴったり合って、そう聞こえる。現代人は、ホトトギスの声を「てっぺんかけたか」「とっきょきょかきょく」と聞いている。その声は、傍線部から明らかなように、カ行音とタ行音を基調にしている。「ときすぎにけり」も、カ（ガ）

行音と夕行音を基調にしており、共通している。ホトトギスの声を写した言葉であるという説は、間違いあるまい。ここで、注目したいのは、ホトトギスの声を聞いている場所である。作者は信濃の須我の荒野でホトトギスの声を耳にしている。大自然の中に身を置いているときに聞こえたホトトギスの声である。[9]

カエルの声⑤「かくしもがも」は、次の歌にみられる。カエルのことは、歌の世界では「かはづ」という。

我《わ》が畳《たたみ》　三重《みへ》の川原《かはら》の　磯《いそ》の裏《うら》に　かくしもがもと　鳴くかはづかも

（万葉集、一七三五）

「三重の川原の岩陰で、『こうした状態でずっといたい』と鳴くカエルであるよ」という意味。「かくしもがも」は、カエルに感情移入した作者の心情表現であることは間違いない。のみならず、カエルの鳴き声をそう聞きなした言葉ととれる。われわれの知っているカエルの声は、どれもお世辞にも美声とは言いがたいが、調べてみると、「こうした状態でずっといたい」と思わせるような美声のカエルがいる。[10] それは、カジカガエル。その声は、他のカエルとは似ても似つかぬ澄んだ声である。現在、天然記念物に指定されていて清流にしか生息しないが、その声は、リーリーリーと規則的なリズムを持ち、小鳥のさえずりや秋の虫の鳴き声を思わせる。その美声を「かくしもがも」と聞きなしたところに、この歌の面白さがある。そして注意してほしいのは、この声を耳にしている場所である。作者は、三重の川原の岩陰にいる。そうした野外に出ていて耳にしたカジカガエルの声である。

猿の声⑩「ここ」は、次のように用いられている。

郡《こほり》より西北《にしきた》のかた六里に、河内《かふち》の里《さと》あり。古々《ここ》の邑《むら》と名《な》づく。俗《くにひと》の説《ことば》に、猿の声を謂《い》ひてここと為す。

（常陸国風土記、久慈の郡）

「古々の村」という地名は、猿が「ここ」と鳴くところから名づけられたという地名由来を記した箇所。猿の声には十数種類のパターンがあるが、[11]「こーこー」という声をあげるのは大自然の懐に抱かれ、エサを食べて満足している時である。野外にいるサルたちが自由にエサにありつき、「こーこー」と鳴き声をあげているのを、奈良時代の人々は耳にしているのである。彼らは、そうした大自然の中にいる猿の声を直接耳にするほど、野外に出ていたということである。

また、野外であることを表す音や様子を写した擬音語・擬態語もある。たとえば、茅《ちがや》の風に鳴る音㉙「そそ」。

誥《たけ》びて曰《のたま》はく「倭《やまと》は　そそ茅原《ちはら》　浅茅原《あさぢはら》　弟日《おとひ》　僕《やつこ》らま　是《これ》なり」とのたまふ。　（日本書紀、巻一五）

身をやつしていた顕宗天皇が、宴席で自分の身分を高らかに宣言した箇所である。「倭《やまと》は、そよそよと音を立てる茅原、その浅茅原である倭の弟王であるぞ、私は」と。「そそ」は、茅のそよそよ鳴る音。一面に茅の広がる野原を目にしたときの擬音語である。また、既に引用した(56)「ほらほら」と㉘「すぶすぶ」も、野外での地形の特色を捉えた擬態語である。

こんなふうに、野外で聞いた動物の声や音、あるいは野外の様子を写した擬音語・擬態語が見られることに、奈良時代の特色がある。

平安時代でも、鶯の声や雁の声、コオロギの声などを耳にし、「ひとくひとく」「かりかり」「かり」「つづりさせ」などと写しているが、それらの声の多くは、屋内や人家の近くで聞いている。壮大な大自然の中に自ら身をおいたときに耳にしたものではない。奈良時代にのみ見られる擬音語・擬態語は、当時の人々が野外での活動を日常的に行なっていたことを明らかにしてくれる。

(2)　ダイナミックな生活音や様子

第二に、奈良時代に存在する擬音語・擬態語には、ダイナミックな生活音や様子を写したものが見られることである。

たとえば、㊶「とど」。

馬の音《おと》の　とどともすれば　松陰《まつかげ》に　出でてそ見つる　けだし君かと　（万葉集、二六五三）

「馬の足音がどんどんと響くので、松陰にそっと出てみた、もしやあなたがおいでになったのかと思って」という意味。「とど」は、馬の足音を写す擬音語。男性が女性のところに訪れる時に乗る馬の足音があたりに響き渡る。馬の足の動きまで見えてきそうな躍動的な動作音である。「とど」は、人間が板戸をどんどんと叩く音をも表す。どちらも活力溢れる音である。

あるいは、⑪「こご」。

香島根《かしまね》の　机《つくえ》の島の　しただみを　い拾《ひり》ひ持ち来《き》て　石もち　つつき破《やぶ》り　速川《はやかは》に　洗ひ濯《すす》ぎ　辛塩《からしほ》に　こごと揉み　（万葉集、三八八〇）

「香島根の机の島の巻貝を拾い採って来て石で殻を割り、速川で洗い清め、辛塩でごしごしと揉み」という歌。「こご」は、貝の身を辛塩でごしごしと揉む音。塩揉みでいい味が出てくるのであろう。生き生きした生活音である。

あるいは、㊿「びしびし」。

糟湯酒《かすゆざけ》　うちすすろひて　咳《しは》ぶかひ　鼻びしびしに　しかとあらぬ　鬚《ひげ》かき撫でて　（万葉集、八九二）

山上憶良の有名な「貧窮問答歌」の一部。「糟湯酒をちびちびすすって、咳き込み、鼻水をずるずる啜り、ろくに生えてもいない鬚をかきなでて」といった意味。「びしびし」は、鼻水をすすり上げる音を表す擬音語である。

あるいは、(65)「ゑらゑら」。

もののふの　八十伴《やそとも》の緒《を》の　島山に　赤《あか》る　橘《たちばな》　うずに刺《さ》し　紐解《ひもと》き放《さ》けて　千年《ちとせ》寿《ほ》き　寿《ほ》きとよもし　ゑら

ゑらに　仕《つか》へ奉《まつ》るを　見るが貴《たふと》さ　（万葉集、四二六六）

天皇の催す祝宴で詠んだ長歌の一部。「もろもろの官人たちが、庭の山に赤く色づいた橘を飾りに挿し、衣の紐を解きくつろいで、永久の長寿を祝い、寿《ことほ》ぎさざめき、げらげら笑ってお仕えする様子を拝するめでたさよ」といった意味。当時の人々の笑いさざめく声が聞こえてくる。いずれも、奈良時代の人々の生活感溢れる擬音語である。

なお、㊼「ほろ」のように、人間ならぬ雷神のふるまいを表す擬態語もある。

天雲《あまくも》を　ほろに踏《ふ》みあだし　鳴る神も　今日《けふ》にまさりて　恐《かしこ》けめやも　（万葉集、四二三五）

「天にある雲をばらばらに蹴散らして鳴る雷も、今日にまさって恐れることがありましょうか」といった意味。天皇・皇后から親愛の気持ちのこもった言葉をかけられて、雷を恐れる以上に驚懼している気持ちを詠んだもの。「ほろ」は、雷神が雲をばらばらに蹴散らす様子を表したダイナミックな擬態語。

また、躍動感あふれる共同作業の様子を表す擬態語もある。

たとえば、㊽「もそろもそろ」

霜黒葛《しもつづら》闇《くる》や闇《くる》やに、河船《かはふね》のもそろもそろに、国来国来《くにこくにこ》と引き来縫《きぬ》へる国は、　（出雲国風土記、意宇の郡）

「霜にあって黒くなった葛を手繰り寄せ手繰り寄せ、河船のようにそろりそろりと、『土地よ来い、土地よ来い』と引いて来て縫い付けられた国は」という意味である。『出雲国風土記』に繰り返し四回も見られる。「もそろ」は、擬態語「そろ」に接頭辞「も」を付して出来た語と考えられる。㊾「もゆら」の「も」と同じく強調の接頭辞である。大船をそろりそろりと引き寄せるように、大地をゆっくりと引き寄せる様子を表す擬態語。スケールの大きい共同作業的な営みを形容する擬態語である。

あるいは、㊴「つらら」。

わたつみの　沖辺《おきへ》を見れば　いざりする　海人《あま》の娘子《をとめ》は　小舟《をぶね》乗り　つららに浮けり　（万葉集、三四二七）

大海原を大船に乗って出航するときに見た様子を詠んだ長歌の一部。「海原の沖の辺りをみると、漁火で魚を捕る海人乙女たちが小舟に乗り、点々と連なって浮かんでいる」という意味。「つらら」は、真っ黒な夜の海で漁をする海人乙女たちの小舟の明かりが揺らめき点々と連なっている様子を表す擬態語。

こうしたダイナミックな生活音や様子を表す擬音語・擬態語が見られることが、奈良時代の第二の特色である。

(3) 鈴や玉などの鳴る音

第三に、奈良時代には、小鈴の鳴る音や玉の触れ合う音を写す擬音語が多く見られる。たとえば、㊸「ゆら」。

秋のもみち葉　巻き持てる　小鈴《こすず》もゆらに　たわやめに　我はあれども　引き攀《よ》ぢて　（万葉集、三二二三）

「秋の紅葉を、手に巻いた小鈴をちんと鳴らして、女だてらに引きつかんで」折り取ってという文脈。「ゆら」は、女性が手に巻いている小鈴の鳴る音を表している。現在なら、「ちん」とか「りん」で表すような音を「ゆら」が表している。奈良時代には「ゆら」からできた動詞「ゆらく」があり、釣鐘型の楽器がさわやかに鳴り響くことを表していることからも、「ゆら」が音を表す言葉であることが証拠立てられる。

あるいは、㊹「ゆらら」。

阿胡《あご》の海の　荒磯《ありそ》の上《うへ》に　浜菜摘む　海人娘子《あまをとめ》らが　うながせる　領布《ひれ》も照るがに　手に巻ける　玉もゆらら

に　白たへの　袖振る見えつ　（万葉集、三二四三）

「阿胡の海の荒磯のほとりで海人乙女らが海藻を採っている。彼女たちが首にかけている領布も輝くばかりに、手に巻いている玉もちんちん音を立てるほどに、白布の袖を振っているのが、私に見えた」という意味。「ゆらら」

は、「ちんちん」とか「りんりん」のような、手に巻いている玉が揺れて鳴る音を表している。

鈴には呪術的な意味がある。今でも神社の拝殿には大きな鈴が吊り下げられ、参拝する時にはそれを鳴らしてお まいりをすることからも想像できよう。そうした元々は呪術的な意味のある鈴ではあるが、現実には蛇や熊といった動物避けになるといった実用的な役目もあったと察せられる。奈良時代の女性たちは、鈴を手首に巻き、「ゆら」「ゆらら」と音を出し、身を守る術にしていたことが明らかになる。

女性ばかりではなく、男性も首飾りをし、鈴を手にしている。たとえば、㊾「もゆら」。

其《そ》の御頸珠《みくびたま》の玉《たま》の緒《を》、もゆらに取りゆらかして、天照大御神に賜ひて

（古事記、上巻）

「（イザナキノミコトは、）首飾りの玉の緒を取り、ちりりと音をさせて、天照大御神にお授けになり」という意味。イザナキノミコトは、いうまでもなく男神。「もゆら」は、「ゆら」という擬音語に強調の意味を持った接頭辞「も」を付けて出来た語である。装身具にした首飾りを鳴らす音である。神の行なう仕草であるから、呪術的な意味があったのである。

また、男性は、レクリエーションである鷹狩りでも、わざわざ小鈴を「ゆら」と鳴らしている。

秋付《あきづ》けば　萩《はぎ》咲きにほふ　石瀬野《いはせの》に　馬《うま》だき行《ゆ》きて　をちこちに　鳥踏《ふ》み立て　白塗《しらぬり》の　小鈴《こすず》もゆらに　あはせ遣《や》り　振《ふ》り放《さ》け見つつ　憤《いきどほ》る　心の内を　思ひ延べ

（万葉集、四一五四）

越中に赴任した大伴家持が、鷹狩りで所在無さを紛らわせていることを歌った長歌の部分。「秋になると、萩の咲きにおう石瀬野に、馬を進めてあちこちの茂みから鳥を追い出し、銀色の小鈴もちんと鳴らし合わせて追いやり、振り仰ぎ見ては悶々の心の内を紛らわせ」といった意味である。小鈴を鳴らす音が「ゆら」である。当時の人々は、おしなべて、「ゆら」「ゆらら」「もゆら」と音の出る鈴や首飾りを身に付け、それを鳴らして行動している。

動物たちにおそわれることの多かった奈良時代には、鈴や玉は、生活必需品だったと思われる。

9　おわりに

奈良時代の擬音語・擬態語を残存する作品から抽出してみると、六五種類のものがあげられた。そのうちの二割五分は、なんと一三〇〇年の命を生き延び、現在でも活躍している。「うらうら」「さやさや」「さらさら」「さわさわ」「すくすく」「そよ」などと。それらは、いずれもどの時代にも必要な音や様子を表す言葉である。

一方、奈良時代だけに見られる擬音語・擬態語を検討してみると、奈良時代人の生活や風習が浮き彫りになってきた。「ときすぎにけり」「かくしもがも」「ここ」などと、野外で聞く動物の声があふれ、「そそ」「ほらほら」「すぶすぶ」などと、野外の音や地形の様子を表す擬音語・擬態語がある。奈良時代の人が野外にしばしば身を置き、自然と共に生活していることがよくわかる。

また、奈良時代の人は馬に乗って「とど」と音を立て、板戸を「とど」と叩き、巻貝を辛塩で「こご」と揉み洗いをして食べ、鼻水を「びしびし」とすすり上げ、「ゑらゑら」と笑い声をあげていた。空にいる雷神まで、人間と同じように、「ほろ」と雲を蹴散らしていた。さらに、奈良時代の人々は、共同作業で大船を「もそろもそろ」と引き、大海原で「つらら」と小舟を連ねていた。ここには、奈良時代の人々のダイナミックな生活が浮き彫りになっていた。

また、女性たちは、平素から呪術的な意味と実用的な意味を持った小鈴を手に巻き、「ゆら」「ゆらら」と音をたてる。男性は、鷹狩りで小鈴を「ゆら」と鳴らして獲物を追い立てる。男神も、呪術的な意味から首飾りの玉を揺らして「もゆら」と音をたてる。日常的に小鈴の鳴る音や玉の触れ合う音がするのが、奈良時代なのである。
こんなふうに、その時代だけに見られる擬音語・擬態語を分析すると、その時代の人々の生活ぶりが具体的に解き明かされていく。こうした問題の解明も、オノマトペ研究の一つの方向であろう。

注

（1）山口仲美「オノマトペの文法的機能の変遷」（『明治大学国際日本学研究』5巻1号、二〇一三年三月）。本著作集5『オノマトペの歴史1　その種々相と史的推移・「おべんちゃら」などの語史』にも、同タイトルで収録。

（2）調査に用いた資料は、次の通りである。
古事記＝新編日本古典文学全集『古事記』、日本書紀＝新編日本古典文学全集『日本書紀①』『日本書紀②』『日本書紀③』、風土記＝新編日本古典文学全集『風土記』、万葉集＝新編日本古典文学全集『万葉集①』『万葉集②』『万葉集③』『万葉集④』。

（3）調査に使った資料は、次の通りである。
竹取物語＝中田剛直著『竹取物語の研究校異篇・解説篇』、うつほ物語＝宇津保物語研究会編『宇津保物語本文と索引』、落窪物語＝松尾聡・江口正弘編『落窪物語総索引』および日本古典文学大系『落窪物語　堤中納言物語』、源氏物語＝池田亀鑑『源氏物語大成』、狭衣物語＝日本古典文学大系『狭衣物語』、浜松中納言物語＝池田利夫編『浜松中納言物語総索引』および日本古典文学大系『浜松中納言物語　篁物語　平中物語』、堤中納言物語＝鎌田広夫編『堤中納言物語総索引』および日本古典文学大系『落窪物語　堤中納言物語』、伊勢物語＝池田亀鑑・大津有一著『伊勢物語に就きての研究校本篇・索引篇』、大和物語＝塚原鉄雄・曾田文雄著『大和物語語彙索引』および日本古典文学大系『竹取物語　伊勢物語　大和物語』、篁物語＝愛媛大学文理学部国語国文学研究会編『篁物語総索引』、平中物語＝曾田文雄著『平中物語総索引』、土左日記＝日本大学文理学部国文学研究室『土左日記総索引』、蜻蛉日記＝佐伯梅友・伊牟田経久編『かげろふ日記総索引』、和泉式部日記＝東節夫・塚原鉄雄・

前田欣吾共編『和泉式部日記総索引』、紫式部日記＝佐伯梅友監修『紫式部日記用語索引』および岩波文庫『紫式部日記』、更級日記＝東節夫・塚原鉄雄・前田欣吾共編『更級日記総索引』、讃岐典侍日記＝今小路覚端・三谷幸子編著『校本讃岐典侍日記』、枕草子＝松村博司監修『枕草子総索引』、大鏡＝秋葉安太郎著『大鏡の研究』、古今和歌集＝西下経一・滝沢貞夫編『古今集総索引』および朝日古典全書『古今和歌集』、後撰和歌集＝大阪女子大学国文学研究室編『後撰和歌集総索引』、拾遺和歌集＝古典文庫『拾遺和歌集』、三宝絵詞＝古典文庫『三宝絵詞』、今昔物語集＝日本古典文学大系『今昔物語集』、百座法談聞書抄＝佐藤亮雄校注『百座法談聞書抄』、打聞集＝複製本『打聞集』古典保存会、古本説話集＝岩波文庫『古本説話集』および複製本『梅沢本古本説話集』貴重古典籍刊行会、類聚名義抄＝複製本『図書寮本類聚名義抄』および吉田金彦編『図書寮本類聚名義抄和訓索引』・正宗敦夫編『類聚名義抄』、色葉字類抄＝中田祝夫・峰岸明編『色葉字類抄』。

（4）　山口仲美著『犬は「びよ」と鳴いていた―日本語は擬音語・擬態語が面白い―』（光文社、二〇〇二年八月）の第二部の「イヒヒンヒンと笑うて別れぬ」参照。本著作集6『オノマトペの歴史2　ちんちん千鳥のなく声は・犬は「びよ」と鳴いていた』にも同タイトルで収録。

（5）　山口仲美著『犬は「びよ」と鳴いていた―日本語は擬音語・擬態語が面白い―』（光文社、二〇〇二年八月）の第二部の「われは狐ぢゃこんこんくゎいくゎい」参照。本著作集6『オノマトペの歴史2　ちんちん千鳥のなく声は・犬は「びよ」と鳴いていた』にも同タイトルで収録。

（6）　山口仲美「感覚・感情語彙の歴史」（『講座日本語学』四巻、明治書院、一九八二年）参照。本著作集4『日本語の歴史・古典　通史・個別史・日本語の古典』にも、同タイトルで収録。

（7）　どのような時が過ぎたのかに関する説は、次の通りである。⑴京都に帰るべき時…賀茂真淵『万葉考』・加藤千蔭『万葉集略解』・鴻巣盛広『万葉集全釈』・武田祐吉『増訂万葉集全註釈』・伊藤博『万葉集釈注』、⑵契った時…鹿持雅澄『万葉集古義』、⑶夫の帰ってくるべき時…井上通泰『万葉集新考』・新潮日本古典集成『万葉集四』、⑷行なわねばならぬ田の仕事（田植え）の時機…契沖『万葉代匠記』・折口信夫『万葉集総釈』・窪田空穂『万葉集評釈』、⑸会うべき時…土屋文明『万葉

集私注』・室伏秀平『万葉東歌』・佐々木信綱『評釈万葉集』。

(8) 後藤利雄著『東歌難歌考』（桜楓社、一九七五年一一月）所収。

(9) 山口仲美著『ちんちん千鳥のなく声は—日本人が聴いた鳥の声—』（大修館書店、一九八九年四月）の「仏壇に本尊かけたか—ホトトギス—」参照。本著作集6『オノマトペの歴史2　ちんちん千鳥のなく声は・犬は「びよ」と鳴いていた』にも同タイトルで収録。

(10) 山口仲美「カエルの歌は濁音か？」（東京新聞夕刊一九九三年二月二〇日）参照。本著作集6『オノマトペの歴史2　ちんちん千鳥のなく声は・犬は「びよ」と鳴いていた』にも同タイトルで収録。

(11) 山口仲美「猿は「ココ」と鳴いた」（東京新聞夕刊一九九三年二月六日）参照。本著作集6『オノマトペの歴史2　ちんちん千鳥のなく声は・犬は「びよ」と鳴いていた』にも、「『キャッキャッ』の声は、何を語る？」のタイトルで収録。

平安時代の象徴詞

——性格とその変遷過程——

1　はじめに

○こほ〳〵と　なる神よりも　おとろ〳〵しくふみとゝろかすからうすのをともまくらかみとおほゆる

（夕顔『源氏物語大成』一一六頁11行）

○御くしのみたれたるすちもなく　はら〳〵とかゝれる枕のほと　ありかたきまてみゆれは

（葵『源氏物語大成』三〇二頁11行）(1)

傍線部の語「こほこほと」「はらはらと」などの、語音をもって、自然音およびある種の状態を写したものと定義付けられる語群を、ここで象徴詞と呼ぶ。いわゆる「擬音語」(2)「擬態語」(3)の総称である。

本稿は、平安時代の和文資料をとり上げ、象徴詞と呼ばれるものの、本質的な性格を検討する事から始めて、そこに見られる特色を、上代の象徴詞と比較する事によって、その変遷過程を知ろうとするものである。

象徴詞の研究は、通史的にみると、平安時代が、他時代に比して手薄である。従って、ここで、平安時代を考察の主たる対象とすることにした。また、訓点資料・変体漢文資料には、象徴詞はあまり現れないから(4)、勢い、和文が、その資料とならざるを得ないのである。もっとも、和歌にも象徴詞はみられる。が、さほど多くはなく、その用法も、掛詞として用いられたりして、特殊であるので除き、ひとまず和文を中心に行なう。和文のうちでも、源氏物語、浜松中納言物語、狭衣物語、枕草子、蜻蛉日記、紫式部日記、更級日記(5)などの女流文学作品を、直接の資料としている。「女流」と限定したのは、等質で純粋な言語圏に限りたかったためである。しかし、別に、他の和文資料として、竹取物語、宇津保物語、落窪物語、堤中納言物語、伊勢物語、平中物語、土左日記、和泉式部日記、讃岐典侍日記、などを調査している。その結果、落窪物語が、擬音語に富むのを除くと、他の文献は、用例もさほど多くはなく、前記の女流文学作品にみられる象徴詞の中に含まれる事が多い。従って、ここで直接に対象としているのは、源氏物語を始めとする女流文学作品であるが、これをもって、平安時代の和文の象徴詞を追究する事にした。

日本語において、象徴詞は、副詞として機能するのが、その本来であるから、「ほろほろと」などの如き副詞型を中心にして、論をすすめる。

2　象徴詞の弁別基準

さて、象徴詞と一般語彙（すなわち記号的語彙）とは、普通、容易に区別できる様に思われている。たとえば、小林英夫氏は、擬音語と擬態語との間は、区別しがたいが、象徴詞と一般語彙との間は、「少くとも話手自身にとっては、かなり明確な境界線を設けることが出来る」(6)と述べておられる。この様に感じるのは、象徴詞には、音と意義との間に、心理的必然関係がある（＝音象徴性がある）のに対し、一般語彙にはないという顕著な差異を思い起す為であろう。また、その表現効果にしても、前者が感情に訴え、迫真性をもつのに対し、後者は、理性にたより、その様な効果をもたぬという相違に着目する為かもしれない。

しかし、これは、あくまで抽象的に考えた場合にのみ区別出来るのであり、実際に、象徴詞か一般語彙かを見分ける段になると、その判定に悩まされる。しかるに、従来、その判定の為に、次の如き基準が設けられている。

1　連濁現象を起さないこと。

2　象徴詞となる語基が、派生関係をもたぬこと。
3　アクセントが始めに来ること。

が、これらの基準も、かなり便宜的で不完全なものである事は、以下に示す通りである。

1の「連濁現象を起さないこと」と言うのは、たとえば、「ひらひらと」の如く、畳語形式の場合、後の反復部分が、濁音とならないものは、象徴詞であるが、「しみじみと」などの如く、後の反復部分が濁音となるものは、象徴詞ではないと言うことである。この基準は、比較的多数の人によって、[7]採用されている。しかし、これは、かなり大きな欠陥を持っている。一つには、反復しても濁音になり得ぬ「あ・な・ま・や・ら・わ」行については、なんら適用出来ないこと、即ち、「あざあざと」「あかあかと」「ながながと」「ゆらゆらと」などの語が、象徴詞か否かを判定する事は不可能なのである。二つには、畳語形式の象徴詞にしか適用出来ないこと、即ち、「はくと」（物の落ちる音）などの形の語に対しては、何ら言うことがないのである。さらに、三つには、現代語なら問題ないが、平安時代の和文語の如く、濁点表記のない文献では、適用にかなりの慎重さが要求されること。たとえば、「さめさめと」と表記された語は、実際の発音が、「さめざめと」であったか、表記通り「さめさめと」であったかは、正確にはわからないからである。

かような欠陥を十分承知した上で、この基準を、適用出来る範囲内において、実際の語に即してみると、次の如き問題となる語が出てくる。

適用の無難な、現代語から例をひくと、

①さめざめと泣く
②ほのぼのと夜があける。

などの例と、普通、擬態語と認められている次例と、その音象徴性において、何ほどの差があろうか。

③しくしくと泣く。

④くよくよと考えこむ。

現に、寿岳章子氏も、①に象徴詞らしさを感じると言われている。[8]

また、上代の象徴詞を考えてみると、「跡杼《トド》ト（戸をたたく音や馬の足音）」「古胡《コゴ》ト（物をすり合わせる音）」「賀久我久《カクガク》ト（みさごという鳥の鳴き声）」「多志陀志《タシダシ》ニ（あられのふる音）」などの如く、擬音語であるにもかかわらず、後の反復部分が濁音となる例が出てくる。[9]

かように、現代においても、上代においても、畳語形式をとる場合、後の反復部分が濁音となっても、なお象徴詞的なものが存している。とすれば、中古の象徴詞の清濁がはっきりしたとしても、やはり、この基準によっては、截然と区分できない可能性が高い。即ち、この基準は、象徴詞を抽出するには、不完全なものなのである。

象徴詞と一般語彙とを区分する為の基準として、「2、象徴詞となる語基が、派生関係をもたぬこと」がある。これは、たとえば、「ほろほろと」という語は、「ほろ」という語基をもつ一般語彙は存在しないので、象徴詞であるが、「ながながと」いう語は、形容詞「ながし」と同語基であり、派生関係があるので、象徴詞ではないという基準である。

この基準については、既に、前島年子氏が、[10]「ゆらゆら」に対しては「ゆらく」、「きらきら」に対しては「きら」と派生関係にあるが、擬態語と見做される事を指摘し、「派生関係のあるなしがどの程度収拾の道しるべになるのか疑問である」としておられる。事実、我々の語感のある程度適用出来る現代語の象徴詞を検討してみても、すぐに多くの例外が出てくるのを知る。たとえば、「のろのろ」に対しては「のろい」、「くどくど」に対しては「くどい」、「すべすべ」に対しては「すべる」、「ねばねば」に対しては「ねばる」、「ふっくら」に対しては「ふくれる」……と、それぞれ派生関係があるが、それにもかかわらず、象徴詞と見なされている。[11]

平安時代に例をとってみても、「きしきしと」「きらきらと」「そよそよと」「たをたをと」「つやつやと」「とどろとどろと」「なよなよと」「ふさふさと」「ゆるゆると」「わなわなと」などは、象徴詞と思われるが、それぞれ「きしむ」「きらきらし」「そよぐ」「たをやかなり」「つや・つややかなり」「とどろく・とどろかす」「なよよかなり」「ふさ・ふさやかなり」「ゆる（緩）・ゆるらかなり」「わななく」などと派生関係を持っている。

また、中世になって現れる「ＡンＢリ」型の象徴詞、アンザリ、ケンザリ、シンメリ、ノンドリ、ハンナリ、スンズリ、などは、それぞれ、あざやか、けざやか、しめやか、のどか、はなやか、すずし、などの一般語彙から派生したものであるが[12]、この種のものは、すべて、この基準から、落とされる事になる。

かように、この基準で抽出すると、多くの象徴詞と感じられる語が落ちてしまうのである。その為に、従来の論文の中には、この基準を、象徴詞抽出の基準として立てながらも、なお、派生関係がある語をも象徴詞として加えているなどの矛盾を犯している場合がある。これは、この基準そのものが、不完全である事を示しているに他ならない。なお、ここで「派生関係」という場合は、共時論的な立場に立って処理している。

第三の象徴詞弁別基準として、「アクセントが始めに来ること」がある。これは、石垣幸雄氏が[13]、象徴詞の見分け方としてあげたものである。たとえば、「ブラブラ」「ポトポト」は、最初の「ブ」や「ポ」にアクセントがあるという。

しかしながら、現代語について調査してみても[14]、この基準にあてはまるのは、ごく一部の象徴詞である。即ち、「カタン、ゴロン、ドカン」の如き「ＡＢン」型、「ピタット、バチャット、ボキット」の如き「ＡＢッﾄ」型、

「ゴトリ、ハラリ、ヒラリ」の如き「ABリ」型、「ポッカリ、ベッタリ、コックリ」の如き「AッBリ」型、「コンガリ、ドンブリ、ザンブリ」の如き「AンBリ」型、その他の象徴詞には、全くあてはまらない。また、方言によって異なる事も報告されており、(15) 一概には言い切れない。が、一方、アクセントと象徴詞との間には、ある程度の関係があるらしい事も、論じられている。(16) それにしても、かようなアクセントからの追究は、現在の話しことばにおける象徴詞にしか適用出来ず、遠く、平安時代の文献については、資料的制約から、この方法が、殆ど適用出来ない。従って、この基準については、以下、ふれる事はしない。

以上述べてきた事から、従来の象徴詞抽出基準は、いずれも不完全なものである事が明らかとなろう。では、何故、いずれの基準も不完全でしかないのであろうか。他の何か違った基準を設定すれば、完全になるであろうか。

3　象徴詞と一般語彙との連続性

いずれの基準も、不完全であるのは、実は、基準そのもののせいばかりではない。と言うのは、少なくとも基準1・2は、いずれも原理的側面からみれば、象徴詞の性格に沿っているからである。

即ち、基準1の、象徴詞である為には、「連濁現象を起さないこと」と言うのは、象徴詞の意義が、音感によって生ずるものである以上、連濁現象を起すと、同時に音感が変わるから、意義にも影響を与えることになってしまうという象徴詞の性格に基づいている。「さらさらと」は、水の流れる音であったり、布などが軽くふれる音であったりするが、連濁現象を起して、「さらざらと」なったら、もはや、その様な音をまねたものではなくなってしまうからである。

ただし、日本語においては、清濁の音韻論的対立（例カとガ）が、他の音韻間の対立（例カとサ）の幅ほど大きくないとも考えられるふしもあるから、その程度については、別に考慮する必要があろう。

また、基準2の「語基が、派生関係をもたぬこと」にしても、やはり象徴詞の原理的性格に基づいている。一般に、言語は、「音象徴性」から「記号性」への連続体としてとらえる事が出来る。純粋な象徴詞であればある程、音象徴性が高くなり、逆に、一般語彙のもつ記号的性格は低くなるわけである。ところで、語基が、派生関係を持っているという事は、その語基が、社会的に共通し、安定していること、つまり記号的性格が増していることであり、それは象徴詞の性格とは逆になるからである。

この様に、基準そのものは、象徴詞の性格に、必ずしも合っていないわけではない。しかし、そもそも、象徴詞と一般語彙とは、連続しており、(17)そして両者の間に、絶えず交流が行われている。(18)連続し、流動しているものを、区分しようとするのであるから、無理が生じ、不完全となるのである。即ち、象徴詞と一般語彙との間に、境界線を設けて、截然と区分しようとする事自体が、ある意味では、徒労である。従って、従来の基準とは別に、如何なる基準を設定しようとも、程度の差こそあれ、不完全でしかないであろう。

かような状況であるから、本稿は、従来の抽出基準によって、機械的に割り切る事はせずに、文脈、用法、意義などの面も考え合わせて抽出する事にした。

われわれは、かなりの頁数を、従来の象徴詞抽出基準の検討に費してしまった。しかし、それは、どうしても、言い及ぼす必要がある様に思われた。と言うのは、かねがね、それらの抽出基準に対して、疑問をいだいていたし、また、その様な基準を検討する事によって、象徴詞の性格の一面が、うかがえる様に思われたからである。

4　平安時代の象徴詞の性格

さて、平安女流文学作品にみられる象徴詞らしい語を、列挙してみると、次の通りである。

●あざあざと　●うらうらと　●おぼおぼと　●かかと　●がはがはと　●がやがやと　●からからと　●きしきしと　●きと　●きらきらと　●きろきろと　●くるくると　●けざけざと　●ごそごそと　●ごほごほと　●さださだと　●さと　●さはさはと　●さめざめと　●さらさらと　●ししと　●しづしづと　●しどろもどろに　●しほしほと　●しめじめと　●すがすがと　●すくすくと　●そよそよと　●そよと　●そよろと　●たをたをと　●ちうと　●つと　●つぶつぶと　●つやつやと　●とどろとどろと　●なよなよと　●ねうねうと　●のどのどと　●はくと[19]　●はらはらと　●ひしひしと　●ひよひよと　●ふさふさと　●ふたふたと　●ふと　●ほうと　●ほうほうと　●ほのぼのと　●ほろほろと　●みじみじと[20]　●むむと　●やはやはと　●ゆくゆくと　●ゆらゆらと　●ゆるゆると　●よいぞよいぞと　●よよと　●よよに　●よろと　●わなわなと

右にあげた六一種（延べ語数三六〇）の語が、平安女流文学作品にみられる象徴詞とおぼしきものである。

これらの象徴詞の派生関係の有無を調べ、擬音語、擬態語別に、整理してみると、表1の様になる。派生関係の有無は、平安女流文学作品にみられる語彙内において、帰納したものである。

表1の「擬音語・擬態語」というのは、擬音語か擬態語か判然としない場合、或いは、擬音語・擬態語の両方の用法を持っている場合を意味している。

表の合計欄から、象徴詞六一種のうち、三〇種、約半数の語が、派生関係語を持っている事が明らかとなる。従

表1

	象徴詞の用例数（異なり）（A）	派生関係をもつ象徴詞の用例数（異なり）（B）	派生関係をもつ象徴詞の百分率（B/A）
擬音語	25	6	24%
擬態語	32	24	75%
擬音擬態語	4	0	0%
合計	61	30	49%

来の派生関係の有無という基準が、如何に原理的側面からのみ立てられたものであるかを示していよう。

また、表1から、派生関係をもつのは、擬音語であるよりも、むしろ擬態語であることがわかろう。

次に、更に詳しく、派生関係にある語の品詞を調べ、整理したのが、表2である。表の（　）内が、派生関係語に対する象徴詞である。

表2

	派生関係語の品詞：動詞	形容動詞	形容詞	名詞
擬音語	きしめく・きしむ（きしきしと） ごほめく（ごほごほと） そよめく・そよぐ（そよそよと）（そよと）（そよろと） とどろかす・とどろく（とどろとどろと）			

擬態語
おぼめく（おぼおぼと） きらめく（きらきらと） くるべく くるべかす（くるくると） たをめかす（たをたをと） つやめく（つやつやと） ほのめく ほのめかす（ほのぼのと） ゆらめく（ゆらゆらと） あざやぐ（あざあざと） けざやぐ（けざけざと） さはやぐ（さはさはと） たをやぐ（たをたをと） やはらぐ（やはやはと） しづまる（しづしづと） しめる（しめじめと） しほたる（しほしほと） のどまる のどむ（のどのどと） なよぶ（なよなよと） ゆるぶ（ゆるゆると） わななく（わなわなと） ゆく（ゆくゆくと）
うららかなり（うらうらと） さわらかなり（さわさわと） なよらかなり（なよなよと） やはらかなり（やはやはと） ゆららかなり（ゆらゆらと） ゆるらかなり（ゆるゆると） あざやかなり（あざあざと） けざやかなり（けざけざと） さはやかなり（さはさはと） しづやかなり（しづしづと） しめやかなり（しめじめと） すがやかなり（すがすがと） すくよかなり（すくすくと） たをやかなり（たをたをと） つややかなり（つやつやと） なよよかなり（なよなよと） のどやかなり（のどのどと） ふさやかなり（ふさふさと） さだかなり（さださだと） しづかなり（しづしづと） のどかなり（のどのどと） ほのかなり（ほのぼのと） うららなり（うらうらと） おぼろなり おぼろけなり（おぼおぼと） ゆるるかなり（ゆるゆると）
おぼおぼし（おぼおぼと） きらきらし（きらきらと） すがすがし（すがすがと） すくすくし（すくすくと） ほのぼのし（ほのぼのと） しづけし（しづしづと） のどけし（のどのどと） おぼめかし おぼつかなし（おぼおぼと） ゆるびなし（ゆるゆると）
つや（つやつやと） ふさ（ふさふさと） ゆる（ゆるゆると） うららかげさ（うらうらと） しづけさ（しづしづと） のどけさ（のどのどと） おぼろけ（の）（おぼおぼと） しめり（しめじめと）

表2から、次の事項を指摘することが出来る。

(1) 擬音語が、派生関係をもつ場合は、動詞に限られている。

(2) 一方、擬態語は、動詞のみではなく、形容動詞、形容詞、名詞などと、広範囲に渡って派生関係がある。とりわけ、形容動詞・動詞に派生関係がある場合が多い。

(3) 派生関係語が動詞である場合は、擬音語においては、「きしめく」の如き「めく」型三例、「とどろく」の如き「く（ぐ）」型二例、「とどろかす」の如き「かす」型一例、「きしむ」の如き「む」型一例である。擬態語においては、「めく・めかす」型九例、「あざやぐ」の如き「やぐ」型四例、「しめる」の如き「る」型（四・下二段）四例、「なよぶ」の如き「ぶ」型二例、「く」型一例、「む」型一例、「らぐ」型一例、動詞「ゆく」の反復型一例である。

動詞に限ってみても、擬音語は、擬態語に比して、派生関係語が、非常に少ない。また、「やぐ」型、「る」型の動詞は、擬態語と派生関係にある場合に限られている。

擬音語・擬態語を通して、派生関係語は、「めく」「めかす」型が、圧倒的に多い事は、注意すべきである。

(4) 派生関係語が、形容動詞である場合は、擬態語しかないが、「あざやかなり」の如き「やか」型一二例（「やか」の母音交替形である「すくよかなり」の如き「よか」型も含む）、「やはらかなり」の如き「らか」型六例、「しづかなり」の如き「か」型四例、その他「うららなり」「おぼろなり」「おぼろけなり」「ゆるるかなり」などが、それぞれ一例ずつ見える。

「やか」型が、圧倒的に多い。

(5) 派生関係語が形容詞である場合、注意されるのは、「きらきらと」に対して「きらきらし」がある如く、象徴詞（擬態語のみ）が、二音節語基の反復形に「と」を接した形であるのに対し、形容詞が、同じ二音節の語基の反復形を基にして、シク活用をなしている場合が、五例存することである。その他、「けし」型二例、「めかし」型一例、「なし」と複合した形容詞二例がある。

以上の事項から、次の様にまとめる事が出来る。平安時代の和文において

(a)　派生関係語があるのは、主として擬態語である。即ち、擬音語は、派生関係語をもつことが稀であり、両者の間に差がみられる。

(b)　また、派生関係語をもつ方式にしても、擬音語と擬態語との間に相違がある。即ち、擬音語は動詞にのみ、擬態語は、動詞・形容動詞、形容詞、名詞と言った具合に、かなり広範囲に渡っている。さらに、擬音語については、派生関係語が少ないためはっきりした事は言いかねるけれども、擬態語においては、派生関係語の語構成に、かなり顕著な、ある一定の方式を見ることが出来る。つまり、擬態語と関係のある動詞は、その半数が、「めく」「めかす」型、形容動詞も、その半数が「やか」型、形容詞も半数が、「象徴詞と同じ二音節語基の反復＋し」型と言った具合にである。

これら(a)(b)の現象は、中古象徴詞の如何なる面を、語っているのであろうか。上代における象徴詞と比較しながらその意味するところを、明らかにして行こうと思う。

5　奈良時代の象徴詞と比較して

『奈良朝文法史』(21)『万葉片々』(22)『時代別国語大辞典　上代編』(23)から、上代にみられる象徴詞を、抽出し、列挙し

てみると次の通りである。

●ウツラウツラ　●ウラウラニ　●カクガクト　●カワラト　●キダキダニ　●クルルニ　●コゴト　●コロクト　●コヲロコヲロニ　●サヤサヤ　●サヤニ　●サワサワニ　●サヰサヰ　●サヱサヱ　●シノニ　●シノノニ　●シホホニ　●シミミニ　●スクスクト　●スブスブ　●ソト　●ソヨト　●ソヨニ　●タシダシニ　●タワタワ　●ツダツダニ　●ツララニ　●トドト　●トドロトドロト　●トドロニ　●トヲトヲニ　●トヲヲニ　●ニフブニ　●ハダラニ　●ハララニ　●ヒシト　●ビシビシニ　●ホドロニ　●ホドロホドロニ　●ホラホラ　●ホロニ　●モソロモソロニ　●モユラニ　●ユクユクト　●ユクラユクラニ　●ユラニ　●ユララニ　●ヱラヱラニ

さて、これら上代の象徴詞は、先にみた中古象徴詞と比較すると、どの様な特色をもっているのであろうか。まず、派生関係語に関して比較してみよう。

上代の象徴詞と、派生関係にある語を調べ、擬音語・擬態語別に整理すると、表3の様になる。派生関係語は、主として、『時代別国語大辞典　上代編』の記述および同書収録語彙内で抽出した。また、阪倉篤義著『語構成の研究』の記述も参考にした[24]。

表3

	象徴詞の用例数（異なり）（A）	派生関係をもつ象徴詞の用例数（異なり）（B）	派生関係をもつ象徴詞の百分率（B/A）
擬音語	21	10	48%
擬態語	27	14	53%
合計	48	24	50%

表3の合計欄を、表1の合計欄と照らし合わせると、上代においても中古と同様に、象徴詞の約半数が、派生関係語を持っている事がわかる。

(A) しかし、中古と違って、上代においては、擬音語も、擬態語と同様に、一般語彙と派生関係を持っているのである。

(B) また、その派生関係語の品詞・語構成に関しても、表4・表5に示す如く、中古と違って、擬音語と擬態語と

表4

	派生関係語の品詞　動詞	形状言	名詞	形容詞	副詞
擬音語	サワク（サワサワニ） サヤグ（サヤニ） サヤム（サヤサヤ） トドロク（トドト） トドロコス（トドロトドロニ） （トドロニ） ユラカス（ユラニ） ユラク（ユララニ） ユラメク（モユラニ）	サヤカ（サヤニ） （サヤサヤ）	シホサヰ（サヰサヰ）	サヤケシ（サヤニ） （サヤサヤ）	
擬態語	シナフ（シノニ） シナユ（シノノニ） シマル（シミミニ） シミサブ タワム（タワタワ） ツラヌ ツララク（ツララニ） ツル	タワヤ（タワタワ）	ハダレ（ハダラニ） キダ（キダキダニ） ツラ（ツララニ）		ユクラカニ（ユクラユクラニ）

擬態語
トヲム（トヲニ）（トヲトヲニ）
ユク（ユクユクト）
ヱラク（ヱラヱラニ）
ウラグ・ウラカス（ウラウラニ）
ハラク・ハララカス（ハララニ）

表5

派生関係語（動詞）の接尾語	擬音語	擬態語*
ク（グ）	4	4
カス（母音交替による「コス」も含む）	2	2
メク	1	0
ム	1	2
フ	0	1
ユ	0	1
ブ	0	1
ル	0	1
ヌ	0	1

*擬態語には、この他、動詞「ユク」「ツル」が派生関係語として、一例ずつ存する。

の間に、差がみられない。即ち、上代においては、擬音語・擬態語ともに、動詞にのみ、集中的に派生関係語をもち、その語構成の型の間にも、表5の如く、大差がない。

以上が、派生関係語をめぐっての、上代と中古との差であるが、その他、以下に述べる様な種々な点で、上代の象徴詞と中古の象徴詞とは差がある。

(C)

既に、指摘されている様に[25]、上代において、象徴詞（＝擬音語・擬態語）が、副詞として機能する場合は、「ユラニ」「トドト」の如く、「ニ」「ト」のいずれかをとる事が一般であった。しかし、後者「ト」式象徴詞は、朝山信弥氏によれば[26]、奈良朝末期から平安朝初期にかけて発達し完成した象徴詞の型であり、それ以前は「ニ」式象徴詞であった。ために、上代の象徴詞としては、「ニ」を伴った象徴詞の方が、はるかに多い。それは、先に、本稿が、上代の象徴詞としてあげた例からも知られよう。

ところで、上代の通常の副詞の形態をみるに、「寒ラニ」などの如く、「ニ」をとり、象徴詞と同形態である場合が多い。しかも、単に末尾形態のみならず、その語幹構成においても、通常の副詞と象徴詞とは、同様な過程を経て、成立したと言われている[27]。

従って、上代では、象徴詞と一般の副詞とが、語形態において、共通しており、その差が余りみられないことになる。

一方、中古の象徴詞においては、「に」式は、極めて稀となり、「と」式が一般的となった。先に列挙した中古象徴詞の例をみれば、明らかとなろう。「しどろもどろに」「よよに」を除くと、残りは、すべて「と」式だからである。

しかるに、中古における通常の副詞の形態は、ごく一部を除いては[28]、象徴詞と異なり、「うつたへに」の如く「に」、あるいはその他の形態をとっている。

よって、中古においては、象徴詞と一般の副詞とは、形態的に異なる場合が多く、それぞれ独自の形態を持っている。

(D)　上代では、象徴詞が、そのまま一般語彙と結び付いて複合語をなす場合がある。たとえば、「かかなく」「かかのむ」の如く、鳥の泣き声をあらわしたり、水などを勢いよく呑みこむ音をあらわす「かか」という擬音語に、「鳴く」「飲む」が複合して、一つの単語を作るのである。

一方、中古和文では、この様な語構成をもつ複合語は殆どない。かかる場合は、「かかと鳴く」（枕草子・一〇五頁14行）の如く、助詞「と」を介して象徴詞として独立させるのである。

(E)　上代においては、象徴詞は、一般語彙と同様に、接頭語を付したりする。たとえば、「ユラニ」という象徴詞があるが、これに、接頭語「モ」を付して、同意義の「モユラニ」という型にしたりする。「モソロモソロニ」（そろりそろりとの意か）[29]の「モ」も同様であろう。かように、元来なら、一音と言えども変える事の出来ないはずの象徴詞であるにもかかわらず、一般語彙と同様にとり扱われるのである。

一方、中古の象徴詞においては、接頭語を付したりはしない。

以上、上代と中古における象徴詞の性格の違いを述べてきた。

6　奈良時代から平安時代へ

一般に、かなり発達した言語は、「音象徴性」と「記号性」とを両極とする連続体としてとらえる事が出来る。象徴詞のうち、擬音語は、音象徴性の極めて高いものであり、逆に、一般語彙は、記号性の大きいものである。両者の中間に位置し、両者の性格を合わせもつものは、擬態語である[30]。この様な基本的事項をふまえると、先に列挙した現象は、以下に述べて行く様な事に収斂されて行く。

上代においては、5の(A)(B)の現象から、擬音語と擬態語との間に差が少なく、(C)(D)(E)の現象から、象徴詞と、一般語彙との間にも差が余りないと言える。つまり上代では、擬音語・擬態語・一般語彙とは、かなり類似した性格をもち、互いの差が小さいのである。とすると、それら三者は、いずれも記号性が高い状態にあるのであろうか。逆に、三者ともに音象徴性が高い状態にあるのであろうか。言語の発達段階からみると、前者のごとく考えるのは、いささか不都合である。後者であると考えるのが自然であろう。即ち、上代においては、擬音語・擬態語・一般語彙は、かなり音象徴性の高い部分で、一群をなしていたと考えられるのである。

ところが、中古になると、現象(C)(D)(E)から、象徴詞と一般語彙とは、分化し始めていることがわかる。すなわち、擬音語と擬態語とは性格が相近く、一般語彙と区別し得るのである。

一方、4の(a)(b)から擬音語と擬態語との間には、差のあることが明らかであった。一般語彙は、周知の如く、擬態語と同様に、派生関係語を多く持ち、しかもその間に一定の方式も存する。とすると、擬態語と一般語彙とは、性格が近く、擬音語だけが異質であることになる。

かように、一面からみると、擬音語と擬態語との間に差があり、また他面からみると、擬態語と一般語彙との間に差があるという事は、擬音語・擬態語・一般語彙の三者が、それぞれ連続しながらも独自の性格を持ち始めたという事である。いうなれば、上代では、音象徴性の高い部分に一かたまりになって並んでいた擬音語・擬態語・一般語彙は、中古になると、擬態語と一般語彙が、それぞれの程度に応じて、記号性の方向へ、広がり分化し始めたと考えられる。

7　おわりに

象徴詞の研究は、国語学においてより、一層、心理学や一般言語学において、盛んである。国語学では、小林英夫氏(31)や湯沢幸吉郎氏(32)が象徴詞研究の必要性を提唱されたにもかかわらず、余り盛んではない。それは、いままで、国語学が、記号的語彙を対象として、そこにみられる傾向性や法則性を追究することに、力を注いできた為であろう。しかしながら、如何なる象徴詞といえども、多かれ少なかれ、記号性を帯びているのと同様に、如何なる記号的語彙といえども、何らかの音象徴性を帯びている。副詞・形容詞・形容動詞は、音象徴性を帯びやすいのに、動詞・名詞は、さほどでないと言った程度の差は、勿論あろう。[33]
　かように、象徴詞の研究は、単に、象徴詞だけにとどまるものではなく、広く語彙一般にかかわって行く。象徴詞の研究が、言語研究において、重要と思われる所以である。

注

（1）　辞典類をはじめ、多くの関係論文が、ほぼ同内容の定義付けを行っている。
（2）　一般には、「擬声語」と呼ばれることが多いが、内容をよりよく示すと思われる「擬音語」の名称をとることにする。実際には、「声」のみではなく、「物音」をまねる場合も多く含まれているからである。
（3）　この名称に関しては、生物学上の「擬態」なる術語と混乱するから廃止すべきだとする説もあるが、かなり内容に即した名称であり、また慣用化しているので、あえて改めたりはしなかった。
（4）　訓点資料や変体漢文資料に、象徴詞が全くないわけではないらしい。というのは、観智院本類聚名義抄に、次の如き例がみられるからである。
○嫋々《タハ、、》（仏中一二一）
○〓然《ニフ、ニ》《ニコ、ニ》（僧下九二、声点略）
（5）　調査資料として用いたものは、次の通りである。源氏物語＝『源氏物語大成』、浜松中納言物語＝池田利夫編『浜松中納言物語総索引』及び日本古典文学大系本本文、狭衣物語＝日本古典文学大系本、枕草子＝松村博司監修『枕草子総索引』、蜻蛉日記＝佐伯梅友・伊牟田経久編『かげろふ日記総索引』、紫式部日記＝佐伯梅友監修『紫式部日記用語索引』及び岩波文庫本本文、更級日記＝東節夫・塚原鉄雄・前田欣吾共編『更級日記総索引』

（6）「国語象徴音の研究」（『文学』第1巻第8号、昭和8年11月）
（7）安田喜代門『国語法概説』（中興館、昭和3年3月）、宮田幸一『日本語文法の輪郭』（描写詞の項、三省堂、昭和23年12月）、寿岳章子「擬声語の変化」（『西京大学人文学報』第7号、昭和31年3月）、石垣幸雄「品詞論(3)　象徴詞」（『IZUMI』58号、昭和37年12月）など。
（8）「擬声語の変化」（『西京大学人文学報』第7号。昭和31年3月）
（9）ただし、これら「トドト」などの上代象徴詞の例は、本来、「ドドト」とあるべきものが、上代では語頭に濁音はたたないという連音上の法則に規制されて「トドト」となったとする説もある。山口佳紀「語形・語構成」（『語彙原論』講座日本語の語彙(1)、明治書院、昭和57年7月）参照。
（10）「時代を通して見た擬声語・擬態語」（『日本文学』28号、昭和42年3月）
（11）注（6）および井原正男・岩原光春「国語象徴音の表現性について」（『心理学研究』第13巻第5輯、昭和13年10月）参照。
（12）森田雅子「語音結合の型より見た擬音語・擬容語―その歴史的推移について―」（『国語と国文学』30巻1号、昭和28年1月）参照。
（13）「品詞論(3)　象徴詞」（『IZUMI』58号、昭和37年12月）
（14）象徴詞のアクセントについては、『明解国語辞典』（三省堂）によって調べた。同書に収録されていない語は、同形態の象徴詞のアクセントから類推した。
（15）渡辺実「象徴辞と自立語―音と意味(一)―」（『国語国文』21巻8号、昭和27年8月）
（16）注（15）と同じ。
（17）朝山信弥「語尾に『に』を有する古代象徴辞の一問題」（『国語国文』10巻2号、昭和15年2月）参照。
（18）注（8）と同じ。
（19）狭衣物語にみられる象徴詞である。日本古典文学大系本本文では、底本に「はくと」あるのを、現今の語感からおして、

「ぱっぱっと」と直している。かく読むことには、種々の問題があるので、底本通り「はくと」に改めた。

(20) これは、蜻蛉日記にみられる擬音語である。「ひきたる軟障などもはなち、たてたる物どももみじ〳〵ととりはらふ」(『かげろふ日記総索引』一五三頁7行）という文脈においてあらわれる。屛障具をとりはらふ音であるから、「みし〳〵と」とも考えられるが、如何であろうか。今、しばらく、『総索引』に従っておく。

(21) 山田孝雄『奈良朝文法史』（宝文館、昭和29年4月）

(22) 春日政治『万葉片々』（丁字屋書店、昭和23年4月）

(23) 『時代別国語大辞典　上代編』（三省堂、昭和42年12月）

(24) 阪倉篤義『語構成の研究』（角川書店、昭和41年3月）

(25) 注（17）に同じ。

(26) 注（17）に同じ。

(27) 注（17）に同じ。

(28) 一部の語とは「こまごまと、つれづれと」などである。しかし、これらの語さえも、「と」をとっている為に、象徴詞と間違えやすい。即ち、「と」式は、象徴詞として、かなり固定した形式となっていたのである。

(29) 『時代別国語大辞典　上代編』（三省堂、昭和42年12月）の記述による。

(30) 注（6）に同じ。

(31) 注（6）に同じ。

(32) 「擬声語の収集」（『国語史概説』八木書店、昭和6年）

(33) 渡辺実「音と意味（序説）—表情表現の破壊力と知的形式の抵抗力—」（『国語国文』23巻11号、昭和29年11月）参照。

中古象徴詞の語音構造(1)

——清濁に問題のある語例を中心に——

1　はじめに

現在おこなわれている中古象徴詞のよみかたは、驚くほど曖昧である。例をあげてみよう。

今、「こほこほと」と表記された語がある。この語のよみかたは、校訂者によってまちまちであり、次のごとく、ざっと四通りのよみかたがなされている。(1)

㋑こほこほと　㋺こぼこぼと　㋩ごほごほと　㋥ごぼごぼと

この他、

㋭こぽこぽと　㋬ごぽごぽと　㋣こをこをと　㋠ごをごをと

などのよみも考えられる。(2)このように、一語に対し、いくつものよみがなされることは、象徴詞においては許されない。なぜなら、象徴詞は、他の記号的語彙（＝「やま」「あるく」などの、音と意味との間に直接的な関係のない語群）とは違って、音と意味との間に心理的な必然関係をもっているからである。「かたかたと」とよむべきところを、「がたがたと」とか、「かだかだと」とか、「がだがだと」などと、濁点のうちかたをかえて読んでみれば、容易に気づくであろう。

にもかかわらず、現状は、象徴詞のよみかたに、きわめて無配慮のように思われる。甚だしい場合は、何の断りもなく、底本の語形を改めたりしてしまうこともある。(3)こうした実態は、象徴詞のみのもつ音象徴性という最も本質的な特質を、軽くみすぎていることを示すものではあるまいか。

本稿は、こうした点に対する反省から、象徴詞のよみかたを扱ってみようと思う。しかし、象徴詞のよみかたを一々検討して、本文校訂をしようとしているわけではない。研究のめざすところは、象徴詞一語一語のよみかたの考証という過程を通して、象徴詞の語音構造の特質を明らかにすることである。

たとえば、先の「こほこほと」と表記された語に対して、「㋩ごほごほと」とよむ校訂者がある。このよみが、仮に正しいとしよう。すると、当時の象徴詞においては、「ごほごほと」などの如く、語頭に濁音のたつ場合があるという構造上の特質になるのである。よみの検討は、いいかえれば、象徴詞の語音構造の検討ということである。本稿の主眼点もそこにある。

なお、本稿では、擬音語・擬態語の総称として、「象徴詞」の語を用いている。両者を区別する必要のある時は、「擬音語」「擬態語」の名称を用いる。

2　問題点の整理

さて、以上のように、よみが混乱するのは、中古文献の表記法の性質に原因がある。すなわち、中古が、他のいかなる時代よりも一層、濁音・半濁音・撥音・長音・促音などの表記の不完全であったことから生じている。

表記上の問題から、中古象徴詞において、語音の確定できない点を整理すると、次の四つの場合にしぼられる。

①カ・サ・タ・ハ行の文字を含んでいる場合。

(例)　ささと　かはかはと　ゆふゆふと　ふつふつと

この場合は、傍線を付したカ・サ・タ・ハ行の文字が、清音か濁音か半濁音かのいずれをあらわしているのか解らない。さらに、「かはかはと」などの語にみる語中語尾のハ行の文字は、ハ行転呼音現象の問題がからみ、ワ行音であった可能性もある。その上、「ゆふゆふと」「ふつふつと」などの「ふ」「つ」の文字に関しては、促音である可能性も生じる。こうして、カ・サ・タ・ハ行の文字を含む象徴詞は、その語音がきわめて曖昧になってしまうのである。

②撥音がはいっていた可能性の考えられる場合。

（例）こうこうと　おいおいと　つふりと

「う」の文字や「い」の文字を含む語が問題になる。当時の漢字音では、「う」や「い」表記は、撥音尾をあらわすことがあるからである。その他、「つふりと」のごとく、無表記であるが、◀部に撥音がはいっていた可能性の考えられる語もある。

③長音がはいっていた可能性の考えられる場合。

（例）ゆうゆうと　かかと

「ゆうゆうと」などの語のごとく、前音節「ゆ」の母音［u］と同じ母音が続いている語などが問題になる。また、「かかと」のごとく、無表記であるが、「かーかーと」と長音がはいっていたかと疑われる語もある。

④促音がはいっていた可能性の考えられる場合。

（例）きと　さと

これらの象徴詞は、現在では、「きっと」「さっと」などと促音が入っている。ところで、中古では、促音は無表記の場合がある。従って、右の語においても、促音無表記であり、実際には、◀部に促音が入っていたと考えることも可能である。

以上の四点が、中古象徴詞において、語音の確定できない場合である。

3　問題解決の方法

では、こうした語音の不確定な語は、どのようにしたら、語音を確定することができるであろうか。方法は、二つ考えられる。一つは、語誌的な追究方法である。つまり、ある一つの語が、どのような語音であったかを、時代の流れに沿って調査し、そこから、中古におけるその語の語音を、個別的に決めて行くといった方法である。

二つ目の方法は、象徴詞の語音構造の型の変遷過程から、追究する方法である。この方法は、先の「こほこほと」を例にとると、こういうことである。「こほこほと」は、語音構造の型から一般化すると、「ＡＢＡＢと」と書き記すことができる。語音のありかたの可能性は、先に示した㋑から㋠までの八通りが考えられる。しかし、上代・中世における「ＡＢＡＢと」型の象徴詞の状態から、中間の中古においても、Ｂ音節には半濁音はたたないといった状態が推測できる。とすると、八通りの可能性のうち、「㋭こぽこぽと」「㋬ごぽごぽと」のよみはあり得ないことになる。さらに、「㋺こぼこぼと」のように、Ａ音節を清音に、Ｂ音節を濁音によむのは、上代・中世の状態から擬態語の場合であることがわかる。問題とするこの語は、擬音語であるから、この「㋺こぼこぼと」のよみも考え難いことになる。このように、語音構造の型に焦点をあてて、その型の変遷状況を調査し、その結果、都合の悪い語音を落とし、可能な語音を抽出して行くという方法である。この方法で、蓋然性の高い語音の状態を推測しておくことは、個々の語の語音確定に、かなり有効な役割を演じる。

こうして、以下、語音構造の型の変遷過程と個々の語誌という二つの方法によって、象徴詞の語音の確定を行なってゆくことにする。

なお、上代～現代までの象徴詞の実態を明らかにするのに用いた資料は、おおよそ次の通りである。上代における象徴詞は、既に、調査して発表したものがあるので、それを主として使用する。[4] 中古では『図書寮本類聚名義抄』『観智院本類聚名義抄』『色葉字類抄』など、語音確定に役立つ資料を適宜使用する。中世では、語音の明らかな『日葡辞書』『ロドリゲス日本大文典』をはじめとするキリシタン資料を主用し、その他、狂言・抄物・お伽草子などをも適宜利用する。数値を示す必要のある場合は、『日葡辞書』のそれを示した。現代では、小林英夫氏[5]や安本美典氏[6]らの調査結果を参考にした。『岩波国語辞典』などをも適宜利用する。数値の算出にあたっては、小林氏のもの（私見によって若干修正）を参考にした場合をK、安本氏の調査結果による場合をYとしてある。

4　中古象徴詞の抽出

さて、中古象徴詞を抽出すると、[7] 表1に示した一三〇種前後の象徴詞が得られる。[8] 表は、問題の整理に役立つように、語音構造の型に従って分類して示す。型の分類は、暫定的に文字表記に従って行なう。（　）内の漢字が、用例の見られる文献名の略称、数字が、その文献にみられる用例数である。文献名の略称一覧は、表の後に記してある。

なお、『篁物語』『百座法談聞書抄』および『地蔵十輪経元慶七年点』『法華経玄賛淳祐古点』『法華経義疏長保四年点』『大唐西域記長寛元年点』『龍光院本妙法蓮華経古点』『天理大学図書館本 国立京都博物館本南海寄帰内法伝古点』『興福寺本大慈恩寺三蔵法師伝古点』などの訓点資料を調査したが、[9] 用例を得ることは出来なかった。[10]

表1に記した中古象徴詞一二五種のうち、語音に問題のない象徴詞は、次にあげる八種のみである。

よろと　うらうらと　なよなよと　めらめらと　やれやれと　ゆらゆらと　ゆるゆると　わななと

残りの一一七種の語は、すべて語音が不確定である。以下、語音の不確定な語を抽出し、具体的な検討に入ってゆくことにする。ただし、この稿では、①のカ・サ・タ・ハ行の文字を含み、清濁などの問題になる語例のみをとりあげる。②の撥音、③の長音、④の促音に関する問題を含む語例は、次の「中古象徴詞の語音構造(2)—撥音・長音・促音に関する問題をふくむ語例を中心に—」でのべたい。[11]

表1

語音構造の型	用例	種類数
Aと	きと（竹1）（狭1）（堤1）（讃1）（枕2）（説3）（今36）／さと（宇2）（落1）（源15）（浜1）（狭5）（紫1）（枕3）（今10）／つと（宇3）（落1）（源37）（浜6）（狭2）（堤2）（讃1）（枕6）／ふと（大4）（竹7）（宇15）（落26）（源14）（浜13）（狭11）（堤2）（蜻9）（紫2）（和2）（枕25）（説1）	4
AAと（に）	かかと（枕1）（今1）／くくと（色）／ささと（落1）（鏡2）／ししと（蜻2）／ふふと（今1）／ほほと（宇3）（落2）／むむと（源1）／よよと（に）（大4）（源5）（狭2）（蜻4）（後1）	8
ABと	いうと（落1）／かさと（今2）／しとと（落1）／そよと（大1）（宇1）（落1）（更1）（古1）（後1）（説1）／ちうと（枕1）（今2）／つふと（打1）（今5）（説1）（鏡5）／とうと（説1）（今1）／はくと（落2）（狭3）（今3）／はたと（打1）（今4）／ひしと（讃1）（今4）／ひたと（今2）／ひよと（鏡1）（宇1）／ふたと（今4）／ふつと（今4）／ほうと（枕1）／ほとと（今1）／よろと（枕1）	17
	あさあさと（源1）（浜1）（紫1）／いかいかと（宇2）（今1）／うらうらと（平1）（源1）	

ABABと(に)	(狭1)(土1)(蜻1)(更1)(枕7)(鏡1)(観)/えふえふと(今1)/おいおいと(落1)(讃1)/おほおほと(源1)/かはかはと(狭1)(讃1)/からからと(源1)(鏡1)(今2)/かりかりと(後2)/きしきしと(枕1)(今1)/きたきた(観)/きよきよと(鏡1)/きらきらと(源4)(狭4)(紫2)(枕1)(説3)(今3)/きろきろと(狭1)(堤1)/くつくつと(色)/くるくると(枕1)(今2)/くれくれと(今1)/けさけさと(源1)(浜1)(讃1)/こうこうと(今5)/こそこそと(枕1)(今1)/こほこほと(宇1)(落2)(源3)(蜻4)(讃1)(枕1)/さたさたと(源2)(浜1)(狭1)/さはさはと(源1)(讃1)(説2)/さふさふと(鏡1)(今1)/さめさめと(浜1)(更1)(今5)/さやさやと(今1)/さらさらと(源1)(蜻1)(枕2)(今5)/しかしかと(蜻1)/しつしつと(源2)/しほしほと(源2)(狭1)(讃1)/しめしめと(源4)(浜2)(狭1)(紫1)(讃1)/すかすかと(宇1)(源3)(狭2)(更1)/すくすくと(竹1)(宇1)(狭1)/そよそよと(落2)(源1)(狭1)(蜻1)(枕1)(説1)/たかたか(図)(観)/たそたそと(今1)/たはたは(観)/たをたをと(源3)(浜3)(狭2)/ちよちよと(宇1)/つたつた(と)(に)(三1)(今4)(観)(色)/つふつふと(宇4)(落3)(源13)(浜1)(狭3)(蜻3)(紫1)(讃1)(今3)/つやつやと(宇3)(落1)(源8)(浜2)(狭2)(蜻1)(紫1)(枕1)/つらつらと(今2)/なよなよと(源8)(浜5)(狭4)(枕1)/ねうねうと(源1)/のとのとと(狭1)(更1)(今1)/はたはたと(落1)(蜻1)(鏡3)(今1)(観)/はらはらと(落1)(源4)(狭4)(堤1)(讃2)(鏡5)(今14)/ひしひしと(源2)(今2)/ひちひちと(落1)/ひよひよと(枕1)/ひらひらと(今3)/ふさふさと(浜1)/ふたふたと(枕1)(今5)/ふつふつと(落1)(今1)/ふりふりと(今1)/ほうほうと(落1)(枕1)/ほとほとと(鏡1)(拾1)/ほのほのと(伊1)(宇1)(浜2)(紫1)(更1)(讃1)(古1)(説1)/ほろほろと(宇3)(源20)(浜4)(狭5)(堤1)(蜻2)(更1)(枕1)(鏡2)(今3)/みしみしと(蜻1)(鏡1)/むくむくと(鏡1)/めらめらと(竹2)/やはやはと(源2)/やれやれと(説1)/ゆうゆうと(今2)/ゆくゆくと(宇1)(源1)(讃1)/ゆさゆさと(説1)/ゆふゆふと(讃1)(今1)/ゆらゆらと(源4)(浜2)(狭4)/ゆるゆると(源1)(狭1)(枕2)/わなわなと(狭1)	72

ABBに	しととに（宇4）／たわわに（古1）／とををに（伊1）（後1）／にここに（今1）（観）／にふふに（観）／ほろろに（古1）	6
ABロと	こそろと（説2）／こほろと（今1）／そよろと（枕2）	3
AAロに	ととろに（古2）	1
AAロAAロに	ととろととろに（紫1）	1
ABラABラと	うつらうつらと（土1）／ほからほからと（古1）	2
ABリと	つふりと（大1）（今1）／はくりと（落1）／ふつりと（今1）	3
ABリABリと	さふりさふりと（今1）／そよりそよりと（今1）／はたりはたりと（今1）	3
AABAABと	ちちよちちよと（枕1）	1
ABCと	かひよと（古1）	1
ABCABCと	ひとくひとくと（古1）（蜻1）／よいそよいそと（蜻1）	2
AABCD	つつりさせ（古1）	1

〈文献略称一覧〉伊＝伊勢物語／大＝大和物語／平＝平中物語／竹＝竹取物語／宇＝宇津保物語／落＝落窪物語／源＝源氏物語／浜＝浜松中納言物語／狭＝狭衣物語／堤＝堤中納言物語／土＝土左日記／蜻＝蜻蛉日記／紫＝紫式部日記／更＝更級日記／讃＝讃岐典侍日記／和＝和泉式部日記／枕＝枕草子／鏡＝大鏡／古＝古今和歌集／後＝後撰和歌集／拾＝拾遺和歌集／三＝三宝絵詞／打＝打聞集／説＝古本説話集／今＝今昔物語集／図＝図書寮本類聚名義抄／観＝観智院本類聚名義抄／色＝色葉字類抄

5　清濁に問題のある語例

カ・サ・タ・ハ行の文字を含む象徴詞は、既にのべたごとく、清音か濁音か半濁音かあるいはワ行音か促音か不明な語である。表1から、該当する例を抽出すると、表2に示した一一種の語が得られる。全用例の約九〇％の語に相当する。

表2の用例欄は、各型に属する語を、

a……擬音語
b……擬音語と擬態語の中間的な語あるいは両者の用法をもつ語
c……擬態語

の三種に弁別して掲出してある。「ＡＢＡＢと」型に限っては、後に述べる便宜上、まず(イ)(ロ)(ハ)に分類し、その後、それぞれをａｂｃに分類し列挙した。

表2から「ＡＢと」「ＡＢＡＢと」型以外の型においては、属する語が擬音語か擬態語かのいずれかに偏っていることがわかる。擬音語か擬態語かという差異が、語音構造上に反映している点で、注意すべき現象である。

さて、表2から、「ＡＢＡＢと」型は、その属する語が多いため、清濁に問題のある語例も、他の型に比して抜群に多いことがわかる。そこで、この「ＡＢＡＢと」型に焦点をしぼって、具体的に、語音確定の操作を述べてみる。

表2

語音構造の型			用例（傍線を付した箇所は、カ・サ・タ・ハ行の文字で、清音か濁音か半濁音かワ行音か促音か不明な箇所）	種類数
Aと		b	①きと　②さと	4
		c	③つと　④ふと	
AAと		a	①かかと　②くくと　③ささと　④ししと　⑤ふふと　⑥ほほと	6
ABと		a	①かさと　②しとと　③そよと　④とうと　⑤ひよと　⑥ほとと	15
		b	⑦ちうと　⑧はくと　⑨はたと　⑩ふたと　⑪ふつと　⑫ほうと	
		c	⑬つふと　⑭ひしと　⑮ひたと	
ABABと	(イ)	a	①かはかはと　②きしきしと　③くつくつと　④こそこそと　⑤こほこほと　⑥さふさふと　⑦しかしかと　⑧はたはたと　⑨ひしひしと　⑩ひちひちと　⑪ふたふたと　⑫ふつふつと　⑬ほとほとと	62
		c	⑭きたきたと　⑮けさけさと　⑯さたさたと　⑰さはさはと　⑱しつしつと　⑲しほしほと　⑳すかすかと　㉑すくすくと　㉒たかたか　㉓たそたそと　㉔たはたは　㉕つたつた(と)(に)　㉖つふつふと　㉗ふさふさと	
	(ロ)	a	㉘いかいかと　㉙えふえふと　㉚みしみしと	
		c	㉛あさあさと　㉜おほおほと　㉝のとのとと　㉞むくむくと　㉟やはやはと　㊱ゆくゆくと　㊲ゆさゆさと　㊳ゆふゆふと	
		a	㊴からからと　㊵かりかりと　㊶こうこうと　㊷さやさやと　㊸さらさらと　㊹そよそよと　㊺ちよちよと　㊻ひよひよと	

(ハ)	b	㊼はらはらと　㊽ほうほうと　㊾ほろほろと	
	c	㊿きよきよと　(51)きらきらと　(52)きろきろと　(53)くるくると　(54)くれくれと　(55)さめさめと　(56)しめしめと　(57)たをたをと　(58)つやつやと　(59)つらつらと　(60)ひらひらと　(61)ふりふりと　(62)ほのほのと	
ABBに	b	①ほろろに	6
	c	②しととに　③たわわに　④とををに　⑤にここに　⑥にふふに	
ABロと	a	①こそろと　②こほろと　③そよろと	3
AAロに	a	①ととろに	1
AAロAAロに	a	①ととろととろに	1
ABラABラと	c	①うつらうつらと　②ほからほからと	2
ABリと	a	①つぶりと　②はくりと　③ふつりと	3
ABリABリと	a	①さふりさふりと　②そよりそよりと　③はたりはたりと	3
AABAABと	a	①ちちよちちよと	1
ABCと	a	①かひよと	1
ABCABCと	a	①ひとくひとくと　②よいそよいそと	2
AABCD	a	①つつりさせ	1

6　「ABABと」型の象徴詞を例にとって

「ABABと」型に属する象徴詞は、さらに、語音の不確定な箇所によって、次に示す三種類にわけられる。

(イ)A音節・B音節のいずれも、カ・サ・タ・ハ行表記で、語音が不確定な場合。

(例)　ひ《A》し《B》ひ《A》し《B》と　さ《A》ふ《B》さ《A》ふ《B》と

つまり、表2の「ABABと」型の語のうち、①~㉗の語が該当している。

(ロ)B音節のみが、カ・サ・タ・ハ行表記で、語音が不確定な場合。

(例)　いかいかと　あさあさと

表2の「ABABと」型の語のうち、㉘~㊳の語が該当している。

(ハ)A音節のみが、カ・サ・タ・ハ行表記で、語音が不確定な場合。

(例)　からからと　きろきろと

表2の「ABABと」型の語のうち、㊴~(62)の語が該当している。

以下、この(イ)(ロ)(ハ)の順で、検討を行なう。

7　A音節・B音節ともに清濁不明な場合

最初に、(イ)のA音節・B音節ともに清濁の不明な語二七種について考察する。

(1)　語音構造の変遷過程

語音構造の型の変遷過程から、あらかじめ、蓋然性の高い語音の状態を推測してみる。すると、次の六項目が明らかになる。

表3

(A音節の性質)+(B音節の性質)	上代	中世	現代(Y)
(a) 清音 + 清音	2	27(51%)	29(30%)
(b) 清音 + 濁音	2	8(15%)	7(7%)
(c) 濁音 + 清音	1	11(21%)	39(41%)
(d) 濁音 + 濁音		7(13%)	7(7%)
(e) 半濁音 + 清音			14(15%)
(f) 清音 + 半濁音			
(g) 半濁音 + 濁音			
(h) 濁音 + 半濁音			
(i) 半濁音 + 半濁音			

第一項は、表3に示した事項である。表3は、上代・中世・現代において、「ABABと」型のA音節とB音節の組み合わせが、どのようであったかを調査したものである。数字が象徴詞の種類数、( )内が百分率である。

表3から、上代と中世の中間の中古では、

●(e)〜(i)の組み合わせをとることはあり得ないであろうこと、

●可能性のあるものは、(a)〜(d)までの組み合わせであること、

などが推測できる。すなわち、中古においては、A音節とB音節の組み合わせを、(a)の「清音+清音」にするか、

(b)の「清音＋濁音」にするか、(c)の「濁音＋清音」にするか、(d)の「濁音＋濁音」にするかの四通りの場合しかないと考えられるのである。これが、中古象徴詞の語音の状態に関する第一項である。

第二項は、表4に示す事項である。表4は表3から、(b)の「清音＋濁音」の組み合わせをとる語のみをとり上げて、擬音語か擬態語かを区別したものである。ただし、中世の「タブタブト」は、一応擬態語に分類したが、擬音語ともとれる、両者の中間的な語である。

表4から、上代から現代まで、(b)の「清音＋濁音」の組み合わせは、擬音語には殆ど見られず、擬態語に多く見られるということがわかる。従って、中古においても、

●(b)の「清音＋濁音」の組み合わせをとるのは、主として擬態語である、

表4

(b)	擬音語	擬態語
上代		•キダキダ（岐陁々々） •スブスブ（須夫須夫）
中世		•クダクダニ（Cudacudani） •コダコダニ（Codacodani） •シボシボト（Xiboxiboto） •スゴスゴト（Sugosugoto） •タヂタヂト（Tagitagito） •チボチボト（Chibochiboto） •ツダツダニ（Tçudatçudani） •タブタブト（Tabutabuto）
現代		•きびきびと •さばさばと •しょぼしょぼと •すごすごと •たじたじと •ちびちびと •とぼとぼと

といったことが成り立っていると考えられる。これが、蓋然性の高い語音の状態に関する第二項である。このことは、擬音語か擬態語かによって、個々の音節の組み合わせかたにも差のあることを示している。

第三項は、表5に示す事柄である。表5は、表3から、(c)の「濁音＋清音」の組み合わせを

とる語のみをとり上げ擬音語か擬態語かを区別したものである。

表5

(c)	上代	中世	現代
擬音語	1	9	15
擬態語		2	25

表5から、(c)の「濁音＋清音」の組み合わせは、上代・中世においては、主として擬音語に用いられていたが、現代では、擬態語の方に頻繁に用いられていることがわかる。恐らく、近世以後、擬態語にも多く用いられるようになったのであろう。とすれば、中古では、

●(c)の「濁音＋清音」の組み合わせをとるのは、主として擬音語である、と推測される。これが、第三項の事項である。

なお、(a)の「清音＋清音」、(d)の「濁音＋濁音」の組み合わせは、以上のべた「(b)清音＋濁音」や「(c)濁音＋清音」の組み合わせにみるような特色を指摘することができない。

さて、次の第四項から第六項にのべる事項は、(イ)A音節・B音節ともに語音の不確定な場合の他に、(ロ)B音節のみの語音の不確定な場合においても、問題になる事項である。結果に差がないので、ここで一括して述べておきたい。従って、第四項から第六項の考察は、A音節の性質をとわず、B音節のみに注目して行なっている。

ところで、第四項は、B音節がハ行表記の場合に関してである。つまり、ハ行転呼音現象に左右されて、ワ(ア)行音によむのか、あるいは文字通りハ行音によむのかといった問題である。今、上代・中世・現代において、「ABABと」型のB音節がワ・ア・ハ・バ・パ行音になる場合がそれぞれ存在するかどうかを調べてみる。調査結果は、表6の通りである。

表6から、「ABABと」型のB音節は、上代から現代まで、ワ・ア行音の場合のあることがわかる。しかし、中世では、ハ行音の場合もあることがわかる。従って、中古においては、B音節のハ行の文字は、

表6

行	音	上代	中世	現代(K)
ワ行音	ワ	2		8
	ヰ	1		
	ヱ	1		
アワ行音	イ		3	3
	オ		1	1
ハ行音	ハ		1	
バ行音	バ			5
	ビ			2
	ブ	1	6	10
	ベ			1
	ボ		2	4
パ行音	パ			1
	ポ			1

●ハ行転呼音現象の影響によって、ワ(ア)行音によむ場合がある、と推測される。

●一方、そのままハ行音によむ場合がある、

つまり、B音節のハ行の文字は、ワ(ア)行音・ハ行音のいずれにもよむ可能性があるということである。これが、第四項の事項である。その他、表6から、中古において、B音節がパ行音をとる場合はないこと、バ行音をとる場合が多いこと、なども推測できる。

第五項は、語中語尾のバ行音に関する事項である。語中語尾のバ行音のうち、「ブ」の音は、面白い傾向をもっている。

表7をみると、水もしくは水分に関連する音や状態をうつした象徴詞においては、B音節は、濁音「ブ」であることがわかる。「ガブガブト」「ザブザブト」「ダブダブト」その他、いずれもそうした象徴詞である。従って、中古においても、

●水・水分に関連する音や状態をうつした象徴詞においては、B音節の「ふ」の文字は、濁音「ぶ」である蓋然性が高い、

といえる。これが第五項の事項である。

第六項は、B音節が「ふ」「つ」の文字である場合、促音によむことはないかということに関してである。「ふ」「つ」の文字が促音の場合は、語音構造の型で一般化すると、「AッAッと」と書き表すことができる。この「Aッと」型は、余りみられない型[12]だが、表8に示したようないくつかの例ならみられる。

表7

中世	現代(K)
・ガブガブト（Gabugabuto） ・ザブザブト（Zabuzabuto） ・ダブダブト（Dabudabuto） ・タブタブト（Tabutabuto） ・ドブドブト（Dobudobuto） ・ユブユブト（Yubuyubuto）	・ガブガブ ・ゲブゲブ ・ザブザブ ・シャブシャブ ・ジャブジャブ ・ズブズブ ・チャブチャブ ・ダブダブ ・デブデブ ・ドブドブ

表8

語音構造＼時代		上代	中世～近世	現代(Y)
AッAッと	擬音語			
	擬態語		・くゎっくゎっと（牛馬「和泉流狂言大成」） ・きっきっと（鱸庖丁「能狂言」） ・くっくっと（半銭「狂言集」） ・さっさっと（鱸庖丁「狂言三百番集」）	・とっとっと ・ほっほっと ・ぱっぱっと ・ぽっぽっと

（注）中世から近世にかけては、日葡をはじめとするキリシタン資料にはみられず、狂言まで手を広げると漸く例を得ることができる。

表8から、この型は擬態語に用いられることがわかる。従って、中古の「ABABと」型において、

●B音節の「ふ」「つ」の文字が、促音である可能性のあるのは、擬態語のときである、

といった推測ができる。

以上六項目の語音の状態に関する推測は、さらに、中古の「ＡＢＡＢと」型の語を、一々、語誌から検討することによって、一層確かに、かつ具体的になる。

(2) 語誌

語誌を辿ったものは、表9である。表は、語音確定の直接の資料になるものを掲げ、それ以外のものは出来るだけ除いた。ただし、(cf)として記してある語は、直接の資料とはならないが、なんらかの意味で参考になると思われる語である。また、類聚名義抄・色葉字類抄の声点の単点、複点、無点の別は、(単)(複)(○)のように示した。

表9から、中古において、Ａ音節とＢ音節の組み合わせを、「(a)清音＋清音」にしてよんだことの確実な語を抽出する。

たとえば、⑨の「ひしひしと」があげられる。この語は、上代・中世・現代のいずれにおいても、語音の確定できる資料を得ることができ、Ａ音節・Ｂ音節ともに清音だからである。この他、表9から、「②きしきしと」「⑪ふたふたと」「⑫ふつふつと」「⑬ほとほとと」「㉑すくすくと」「㉗ふさふさと」「④こそこそと」「⑧はたはたと」などの語も、Ａ音節・Ｂ音節ともに、ほぼ確実に清音の組み合わせによんだ語であることがわかる。

次に、「(b)清音＋濁音」の組み合わせによんだことの確実な語を抽出してみると、たとえば、⑭の「きたきた」と表記された語があげられる。この語は、中古・中世に語音の確定できる資料を得ることができ、「きだきだ」と「清音＋濁音」によんだことは確かである。この他、表9から、⑯が「さださだと」、⑱が「しづしづと」、⑳が「すがすがと」、㉒が「たがたが」、㉕が「つだつだ(と)(に)」と「清音＋濁音」によんでいたことが確実である。

これら「(b)清音＋濁音」によんでいた語は、いずれも⑭以後の語であり、擬態語であることがわかる。従って、先に蓋然性の高い語音の状態を推測した場合の、第二項の事項、つまり、「(b)清音＋濁音」の組み合わせは、主と

表9

	用例	上代	中古	中世	現代
擬音語	①かはかはと			Gafato, Gafamequ（日葡）	がわがわと
	②きしきしと		碾岐之流（単単単）（図・名義抄） 研キシル（単単単）（図・名義抄）		きしきしと
	③くつくつと				
	④こそこそと			Cosomequ（ロドリゲス） Gosogosoto, Gosomequ, Goso mecasu（日葡）	こそこそと ごそごそと
	⑤こほこほと		(cf) 裶ヒチメク コホメク（〇〇〇〇 〇〇〇〇）（観・名義抄）	(cf) Gotogototo（ロドリゲス）	ごほんごほんと (cf) ごとごとと (cf) ごろごろと
	⑥さふさふと			Zabuzabuto（日葡），Zabuto（天草本平家）	ざぶざぶと
	⑦しかしかと				(cf) しゃあしゃあと
	⑧はたはたと			Fatato（日葡・天草本伊曽保） Fatamequ（日葡・ロドリゲス） Batabata（日葡・ロドリゲス），Batamequ（ロドリゲス），Batamecasu（日葡）	はたはたと ばたばたと
	⑨ひしひしと	比師跡（万葉・三二七〇）		Fixifixito（日葡），Fiximequ（日葡・ロドリゲス）	ひしひしと

	⑩ひちひちと	(cf)毗之毗之尒（万葉・八九二）		Bichibichito（ロドリゲス）, Bichimequ, Bichitaqu（日葡）	びちびちと
	⑪ふたふたと			Futafutato（日葡）, Futamequ（日葡・天草本平家）	ふたふたと ふためく
	⑫ふつふつと			Futçufutçuto（日葡・天草本平家）	ふつふつと ぷつぷつと
	⑬ほとほとと			Fotofototo（日葡・天草本平家・伊曽保）	ほとほとと
擬態語	⑭きたきた		寸キタ〳〵（単複○○）（観・名義抄）	寸《キダ》キダ（真福寺本遊仙屈） (cf) Codacodani（日葡） (cf) Cudacudani（日葡・ロドリゲス）	(cf)ぎざぎざ (cf)ずたずた
	⑮けさけさと				
	⑯さたさたと		凝サタマル（単複単単）（図・名義抄） etc.	Sadamaru, Sadamete（日葡・ロドリゲス）, Sadamu, Sadacani（日葡）	さだかに
	⑰さはさはと	佐和佐和爾（古事記・下）		Sauasaua（ロドリゲス）	さわさわと
	⑱しつしつと		静シツカナリ（単複単○○）（観・名義抄） etc.	Xizzuxizzuto（日葡）	しずしずと

擬態語				
⑲しほしほと	志保保尓（万葉・四三五七）	涕泣シホタル（単単単○）（図・名義抄）	Xiuoxiuoto（日葡） Xiboxiboto（日葡）	しおしおと
⑳すかすかと	須賀須賀斯（古事記・上）			すがすがしい
㉑すくすくと	須久須久登（古事記・中）	健スクヨカナリ・（単単単単○○）（観・名義抄）	Sucuyacade（ロドリゲス）	すくすくと
㉒たかたか		蹠踵多賀ゝゝ（単複単複）（図・名義抄） 踵タカ〱（単複○○）（観・名義抄）		
㉓たそたそと				
㉔たはたはと	多和ゝゝ（万葉・二三一五）	刓タ禾ム（○○○）（観・名義抄） 剞（太和牟）（新撰字鏡）	Tauamu（日葡） Tauoyaca（日葡）	たわわに たわむ
㉕つたつたとに		寸ツタ〱（単複○○）（観・名義抄）	Tçudatçudani（日葡） 寸ツダツダ（真福寺本遊仙屈） Zzudazzudani（日葡）	ずたずたに
㉖つふつふと			Dzubudzubu（ロドリゲス） Zzunburito（日葡）	ずぶずぶと
㉗ふさふさと		房フサ（単単）（観・名義抄）etc.	Fusa（日葡）	ふさふさと

して擬態語にみられるという法則性が、具体的にあとづけられたことになる。

次に、「(c)濁音＋清音」の組み合わせをとったと思われる語を抽出してみると、「⑩ひちひちと」と表記された語があげられよう。この語は、表から、中世以後、「ビチビチト」「ビチメク」と「濁音＋清音」の組み合わせでみられることがわかるし、また、上代でも、この語の表す音と同じような不快な音を「ビシビシニ」と「濁音＋清音」の組み合わせでうつした例がみられることがわかる。中古でも、「びちびちと」と「濁音＋清音」の組み合わせをとったと考えられる。その他、表9から、①が「がはがはと」、⑤が「ごほごほと」と「濁音＋清音」の組み合わせでよんだと推測される。(13)なお、これら①⑤の語のB音節は、いずれもハ行の文字であるが、中世語や現代語との関係から、文字通りハ行音によむものと考えられる。また、「④こそこそと」「⑧はたはたと」と表記された語も、先の「(a)清音＋清音」の組み合わせをとる場合の他に、「ごそごそと」「ばたばたと」と「濁音＋清音」をとる場合があったと思われる。

これら「(c)濁音＋清音」の組み合わせをとったと推測される語は、いずれも擬音語である。従って、これまた、先にのべた語音の蓋然性に関する事項の第三項、すなわち、「(c)濁音＋清音」の組み合わせは、中古では、主として擬音語に用いられるという傾向性を具体的にあとづけたことになる。

次に、「(d)濁音＋濁音」の組み合わせをとったと思われる語を抽出すると、⑥の「さふさふと」と表記された語があげられる。この語は、表9から、中世以後「ザブザブト」と「濁音＋濁音」の組み合わせでみられることがわかる。先の語音の蓋然性に関する事項にてらしてみても、「ザブザブト」と読むのが自然である。というのは、この語は、水に関連する音をうつした擬音語である。そうした語においては、B音節は濁音「ぶ」であるという傾向があった。「さふさふと」のB音節も、濁音「ぶ」であると考えられる。B音節が濁音であれば、先にのべた語音の蓋然性の第一項から、A音節は、清音か濁音かのいずれかしかない。ところが、A音節が清音であるとすると、「(b)清音＋濁音」の組み合わせとなり、この組み合わせは、主として擬態語に用いられることがわかっていた。問題とする語は、擬音語であるから、この組み合わせは無理である。とすると、残りの「(d)濁音＋濁音」の組み合わせで、「ざぶざぶと」とよむより他にないことになるのである。その他、㉖の「つふつふと」と表記された語も「つぶつぶと」とよむ場合の他に[14]、中世・現代語との関係から、「づぶづぶと」と「濁音＋濁音」の組み合わせをとった場合もあったかと推測される（ただし、擬音語の場合に限られる）。これら二語の他には、「濁音＋濁音」の組み合わせをとったと考えられる語は見あたらない。

また、「(e)半濁音＋清音」「(f)清音＋半濁音」「(g)半濁音＋濁音」「(h)濁音＋半濁音」「(i)半濁音＋半濁音」の組み合わせをとったと思われる語は見られない。中古に存在するのは、以上のべてきた四種の組み合わせ、つまり「(a)清音＋清音」「(b)清音＋濁音」「(c)濁音＋清音」「(d)濁音＋濁音」だけである。

この他、清濁の組み合わせ以外にならば、もう一種別の組み合わせをとる場合がある。それは、「清音＋ワ行音」の組み合わせである。つまり、B音節のハ行の文字がワ行音である場合がある。具体例は、⑰の「さはさはと」、㉔の「たはたはと」と表記された語である。表9から、「さわさわと」「たわたわと」とよんでいたことが明らかである。

語音の確定できなかった語は、次の五例である。

③くつくつと　⑦しかしかと　⑮けさけさと　⑲しほしほと　㉓たそたそと

しかし、これらの語も、先にのべた五種の組み合わせのいずれかをとったとしか考えられない。

以上、A音節・B音節のいずれも語音の不確定な語の検討である。

8　B音節の清濁不明な場合

次に、(ロ)B音節のみが、カ・サ・タ・ハ行の文字で語音の不確定な語の検討を行なう。A音節の方は、ア・ナ・マ・ヤ・ワ行音のいずれかであり、語音は確定されている。

検討の具体的な操作は、今のべてきた、(イ)A音節・B音節ともに語音の不確定な場合と同様なので、詳しいことは省略する。ただ、語音構造の型の変遷過程を辿った表10と個々の語誌を辿った表11とを掲げ、明らかになった結果だけをのべたい。表10は、問題とする語と同条件下にある「ABABと」型のB音節の性質を、通時的に辿ったものである。

明らかになった事項は、次の五点である。

●B音節に清音の立つ場合がある（表10参照）。具体例は、「㉞むく｜むく｜と」「㊱ゆく｜ゆく｜と」「㊲ゆさ｜ゆさ｜と」「㉚みし｜みし｜と」などの語におけるB音節である（表11参照）。

●B音節に濁音の立つ場合がある。具体例は、㉘・㉛・㉜・㉝・㊳の語である。それぞれ「いが｜いが｜と[15]」「あざ｜あざ｜と」「おぼ｜おぼ｜と」「のど｜のど｜と」「ゆぶ｜ゆぶ｜と」とよんでいたと考えられる。「㉙えふ｜えふ｜と」と表記された語も、水分に関連のある音をうつした擬音語であることから考えると、B音節を濁音にして「えぶ｜えぶ｜と」とよんでいた可能性が

表10

B音節の性質	上代	中世	現代(k)
清音	1	5	25
濁音		6	16
半濁音			

表11

	用例	上代	中古	中世	現代
擬音語	㉘いかいかと		憯《イカル》（単複○）（観・名義抄）	Igamu（日葡）	いがいが（方言⒃） いがむ（方言） いがる（方言）
	㉙えふえふと				(cf) げぶげぶと
	㉚みしみしと				みしみしと
擬態語	㉛あさあさと		鮮《アサヤカナリ》（単複単単○○）（観・名義抄）etc.	Azaazato（日葡・天草本平家）	あざやか
	㉜おほおほと	於煩保之久（万葉・三八九九）		Vobotçucanai（日葡）	おぼつかない
	㉝のとのとと	能杼尓（万葉・一九七）etc.		Nodocani（日葡）	のどか
	㉞むくむくと			Mucumequ（日葡）	むくむくと
	㉟やはやはと	夜波之（万葉・四四六五）	嚶《ヤハラカナリ》（単単○○○○）（観・名義抄）etc.	Yauaragu（日葡・ロドリゲス） Yauaracani（日葡）	やわらかに
	㊱ゆくゆくと	由久遊久登（万葉・一三○）			
	㊲ゆさゆさと	由須理（万葉・一二三九）etc.	動《ユスル》（単単単）（観・名義抄）	Yusuru（日葡）	ゆさゆさと
	㊳ゆふゆふと			Yubuyubuto, Yubumequ, Yubumecasu, Yuburu（日葡）	

高い。

●B音節に半濁音はたたない（表10・表6・表11参照）。

●B音節の「ふ」の文字が促音である場合はない。促音である可能性をもつのは、擬態語「㊳ゆふゆふと」と表記された語のみであるが、「ふ」の文字は、濁音「ぶ」である。

●語音の確定できなかった語は、「㉟やはやはと」と表記された語のみである。「やはす」「やはらか」の語と関係があり、ハ行音が本来であるが、当時においては、ハ行転呼音の現象がからむので、ワ行音に発音されたか、ハ行音であったか定かでない。

9　A音節の清濁不明な場合

最後に、(ハ)A音節のみが、カ・サ・タ・ハ行の文字で語音の不確定な語の検討を行なう。ただし、「㊶こうこうと」「㊽ほうほうと」の語は、「う」の文字を含み、撥音の問題がからむので、ここでは除き、「中古象徴詞の語音構造(2)—撥音・長音・促音に関する問題をふくむ語例を中心に—」でとりあげる。

表12

語頭のA音節の性質	上代	中世	現代(k)
清音	9(100%)	28(70%)	45(43%)
濁音		12(30%)	45(43%)
半濁音			13(13%)

さて、問題となる語と同条件下の「ABABと」型の語頭のA音節の性質を辿ると、表12の通りである。語誌は、表13のようである。

表12と表13から、次の事項が明らかになる。

表13

分類	用例	上代	中古	中世	現代
擬音語	㊴からからと		鏘カラメク（複単単単）喠　轟已上同（前田本字類抄）	Caracarato, Caramequ, Caramecasu（日葡） Garagarato, Garamequ, Garamecasu（日葡）	からからと がらがらと
擬音語	㊵かりかりと				
擬音語	㊷さやさやと	佐夜佐夜（古事記・中・下） 佐夜尓（万葉・三四〇二・四四三四） etc.			さやさやと
擬音語	㊸さらさらと	佐良佐良尓（万葉・三三七三）etc.		Sarasarato, Saramequ（日葡）	さらさらと
擬音語	㊹そよそよと	曽与等（万葉・四三九八） 具世丹（万葉・二〇八九）etc.	戰ソヨメク（単単単単）（観・名義抄）	Soyosoyoto（日葡）	そよそよと
擬音語	㊺ちよちよと				
擬音語	㊻ひよひよと			(cf) Fiyoco（日葡）	ぴよぴよと
擬音語・擬態語	㊼はらはらと		壌ハラ、ク（単単〇〇）（観・名義抄）	Farafarato, Faramequ, Faramecasu（日葡） Barabarato, Baramequ, Baramecasu（日葡）	はらはらと ばらばらと ぱらぱらと

擬音語・擬態語	㊾ほろほろと			Foroforoto, Foromequ（日葡） Boroboroto, Boromecasu（日葡）	ほろほろと ぼろぼろと ぽろぽろと
擬態語	㊿きよきよと				きやきや（方言）
	51きらきらと		潔キラ〳〵シ（単単複○○）（図・名義抄） 潔キラ〳〵シ（単単○○○）（観・名義抄） 潔伎良々之（最勝王経音義） 嬍・媄・姸三字同支良々志（新撰字鏡）	Qiraqirato, Qiramequ（日葡）	きらきらと
	52きろきろと			Qiroqiroto, Qiromecasu（日葡）	きょろきょろと
	53くるくると	苦留々尓（日本書紀訓注・神代上）		Curucuruto（日葡）	くるくると
	54くれくれと				
	55さめさめと			Samezameto（日葡）	さめざめと
	56しめしめと			Ximeru（日葡）	(cf)しみじみと
	57たをたをと		窈窕タヲヤカナリ（単単単単○○）（観・名義抄）	Tauoyaca（日葡）	たおやか
	58つやつやと			Tçuya（日葡）	つやつやと
	59つらつらと	(cf)都良々尓（万葉・三六二七）		(cf) Taratarato, Tarameqn（日葡）	(cf)たらたらと

⑥⓪ひらひらと		眣ヒラメク（単単単○）（観・名義抄）etc.	Firafirato, Friamequ, Fira-mecasu（日葡）	ひらひらと
⑥①ふりふりと		振メク（今昔・二三巻二一話）		
⑥②ほのほのと		髣ホノメク（単単○○） ホノカニ（単単○○）（観・名義抄）etc.	Fonobono, Fonomequ（日葡）	ほのぼのと

●語頭のA音節に、濁音の立つ場合がある。具体例は、㊴・㊼・㊾の語の一部である。それぞれ、「がらがらと」「ばらばらと」「ぼろぼろと」とよんだ場合があったと推測される。とりわけ、㊴の語頭に濁音が立ったことは確実である。

●語頭のA音節は、清音である場合が最も多く、この種の語音の不確定な語の大半を占めている。とくに、㊷・㊸・㊹・㊿・⑤①・⑤②・⑤③・⑤⑤・⑤⑥・⑤⑦・⑤⑧・⑥⓪・⑥①・⑥②、および㊴の一部、㊼の一部、㊾の一部、などの語の語頭は、ほぼ確実に清音であったと考えられる。

●語頭のA音節に、半濁音の立つ場合はないと推測される。ただし、ここでは除いた「㊽ほうほうと」の語の語頭においては、中古から既に半濁音が立っていた可能性がある。

●後ろの重複部分のA音節が、連濁現象を起すことがある。具体例は、「⑤⑤さめざめと」「⑥②ほのぼのと」の語である[17]。この他、定かではないが、「⑤⑥しめしめと」と表記された語も、中世・現代語との関係から「しめじめと」であった可能性が高い。

●語音の確定できなかった語は、「㊵かりかりと」「㊺ちよちよと」「⑤④くれくれと」の三語である。

以上、「ＡＢＡＢと」型の清濁に問題のある語例を、逐一検討してきた。

10　中古象徴詞の語音構造の特質

こうした検討を通して、どのような象徴詞の語音構造上の特質が導き出されたであろうか。記号的語彙と比較しながらまとめて行きたい。象徴詞の語音構造は、記号的語彙のそれに比して特殊であるといわれる。しかし、その実態は明らかにされたことがなかった。そこで以下、記号的語彙に対比しながら象徴詞の構造上の特質をのべて行こうとするわけである。本稿でいう記号的語彙は、象徴詞以外の固有の日本語をさし、漢語・外来語などを含んでいない。

さて、中古の「ＡＢＡＢと」型の象徴詞の語音構造は、記号的語彙のそれと共通する面がある。それは、次の四点においてである。

⑴語中語尾には自由に濁音が立つ。たとえば、「きだきだ」「さださだと」「すがすがと」「つだつだと」「ゆぶゆぶと」などの語である。ただし、語中語尾のＢ音節が濁音で、語頭のＡ音節が清音の場合は、擬態語に限られるといった特色が、象徴詞の場合には指摘できる。

⑵語中語尾には、まだ半濁音が生じていない[18]。つまり、「すぱすぱと」「すぽすぽと」などの語は存在しない。中世末期の象徴詞においても、「ガッパト」「ワッパト」などのごとく、半濁音は、促音の後にしか現われず、限定されている。

⑶語中語尾のハ行表記が、ワ行音をあらわすことがある。「さは《ワ》さは《ワ》と」「たは《ワ》たは《ワ》と」などの語である。これらハ行転呼音現象に左右される語は、いずれも擬態語に限られているといった特色を指摘することができる。

(4)連濁現象を起す場合がある。たとえば、「さめざめと」「ほのぼのと」などの語の重複部分である。これら連濁現象を起す象徴詞も、前項と同じく擬態語であるという特色が指摘できる。

以上の四点が、中古象徴詞と記号的語彙との共通点である。共通点をもつ象徴詞は、擬音語ではなく、いずれも擬態語であることがわかる。このことは、擬態語が擬音語よりも一般の記号的語彙に近い構造をもっているという状態を、具体的に示している。いいかえれば、象徴詞のうちでも、擬態語は、記号的語彙の特質に影響されやすいということでもある。

さて、一方、象徴詞の語音構造は、記号的語彙のそれと異なる点も多い。「ＡＢＡＢと」型に属する語の検討からは、さしあたって次にのべる四点があげられる。

(1)語頭に濁音が立つ。当時の記号的語彙においては、一般に、語頭に濁音はたたないから、象徴詞特有の点といえる。さらに、語頭に濁音の立つ語は、「びちびちと」「がはがはと」「ごほごほと」「ざぶざぶと」「がらがらと」など、いずれも擬音語に限られているといった特色を指摘することができる。つまり、象徴詞特有の面をもつのは擬音語であることがわかる。

(2)中世末期に至っても、ハ行転呼音現象に左右されずに、ハ行音によむ語がある。「がはがはと」「ごほごほと」などの語である。語中語尾のハ行表記をハ行音のまま読むのは、ハ行転呼音の完了していない中古では、記号的語彙にもみられる現象であろう。しかし、一般に転呼音の完了した中世末期に至っても、ハ行音によむ象徴詞があることは、注意すべき特色である[19]。こうした特色をもつ語もまた擬音語に限られている。

(3)語中語尾の「ふ」「つ」の文字を促音によむ例はない。当時の記号的語彙においては、「ふ」「つ」の文字を促音に読んだかと思われる場合がある。たとえば、「者イフツル（龍光院蔵・大日経・天喜六年点）[20]」などの「フ」の文字である（あるいは、これらは、ウ音便をあらわすものかもしれない）。また、平安末期には「規ノツトリ（テ）（大慈恩寺三蔵法師伝承徳点）」のごとく、「ツ」で促音をあらわす例が登場する。しかし、中古象徴詞には、「ふ」「つ」の文字を促音によむかと疑われる例はない。

(4)

「ABABと」型のB音節の「ふ」の文字は、すべて濁音「ぶ」によみ、水分に関係のある音や状態をうつした語ばかりである。「ざぶざぶと」「ゆぶゆぶと」「つぶつぶと」などの語である。このように、ある一定の語音構造の型において、ある一定の「音」が、ある一定の傾向をもつ意味と結びついているということは、記号的語彙にはみられない特色と思われる。象徴詞の意味的な面にも発展して行くかなり重要な問題でもあろう。

以上四つの点は、記号的語彙とは違った中古象徴詞特有の語音構造である。このように、象徴詞の語音構造が、記号的語彙とは違った特殊性をもつのは、主として擬音語であることも明らかになってきた。同じ象徴詞といっても、擬音語と擬態語とでは、構造上に差異があるのである。それは、最初に指摘したように、「AAと」型には主として擬音語が属し、「ABBに」型には主として擬態語が属すといった具合に、語音構造の型によって偏りがみられることを考え合わせた時、一層明らかである。

こうして、象徴詞の語音構造は、記号的語彙のそれに比して、独自の面をもっていること、しかし、一方では、記号的語彙のそれにたえず影響され左右されているといった状態を、かなり明確につかむことができよう。

11　おわりに

以上、「ABABと」型に属する語音の不確定な象徴詞を対象として、一語一語の検討を通して、象徴詞の構造上の特質にせまってみた。この他、同じくカ・サ・タ・ハ行の文字を含み清濁の問題になる他の型、「Aと」「AAと」「ABと」「ABBに」「ABロと」「AAロに」「AAロAAロに」「ABラABラと」「ABリと」「ABリABリと」「AABAABと」「ABCと」「ABCABCと」「AABCD」型などの象徴詞にも、それぞれ構造上の特色がある。しかし、大綱においては、「ABABと」型の検討で明らかになった事項に一致するので、ここではすべて省略することにした。参考資料として、末尾に、これらのふれることのできなかった型の変遷過程と語誌を辿った表だけを掲げておく。「ABABと」型の象徴詞の例から、大まかな方法と方向だけでも推測いただければ幸いである。

残された課題も多い。とりわけ、興味あるのは、意味面からの追究である。つまり「音」のひびきが、どのように象徴詞の意味にかかわり合い陰影をもたらすかといった問題などである。今後の課題の一つにしたい。

注

（1）　それぞれの例は、たとえば次のものにみられる。
　㋑日本古典文学大系本『宇津保物語㊁』四三六頁1行、㋺古典文庫本『宇津保物語』巻一五・一一八四頁6行、㋩右文書院刊『枕草子総索引』二六一頁3行、㊁日本古典文学大系本『栄花物語（下）』巻一九・一一一頁14行。

（2）　さらに純粋によみの可能性として考えれば、「㋑こほごほと」などの如く、連濁現象を起した場合も考えられる。しかし、象徴詞では一般に連濁現象を起しにくいことから、一応ここでは掲げることをひかえた。

（3）　たとえば、日本古典文学大系『狭衣物語』には、
「たゞ歌を、ぱっぱっと、詠みかけよ、〳〵」とさゝめけば　（八六頁15行）

とある。「ぱっぱっと」は、補注によれば、底本はじめ諸本明瞭に「はくと」とあったものを改めたものである。

（4）「平安時代の象徴詞—性格とその変遷過程—」（『紀要　共立女子大学短期大学部文科』第14号、昭和46年1月）。本著作集5『オノマトペの歴史1　その種々相と史的推移・「おべんちゃら」などの語史』にも同タイトルで収録。

（5）「国語象徴音の研究」（『文学』1巻8号、昭和8年11月）

（6）「現代文学にみる擬態語」（『ことばの宇宙』10、昭和43年10月）

（7）調査に用いた資料は、次の通りである。

竹取物語＝中田剛直著『竹取物語の研究（校異篇・解説篇）』、伊勢物語＝池田亀鑑・大津有一著『伊勢物語に就きての研究（校本篇・索引篇）』、大和物語＝塚原鉄雄・曾田文雄著『大和物語語彙索引』および日本古典文学大系本本文、平中物語＝曾田文雄著『平中物語総索引』、宇津保物語・拾遺和歌集・三宝絵詞＝古典文庫本、落窪物語＝松尾聡・江口正弘編『落窪物語総索引』および日本古典文学大系本本文、源氏物語＝『源氏物語大成』、狭衣物語・今昔物語集＝日本古典文学大系本、浜松中納言物語＝池田利夫編『浜松中納言物語総索引』および日本古典文学大系本本文、堤中納言物語＝鎌田広夫編『堤中納言物語総索引』および日本古典文学大系本本文、土左日記＝日本大学文理学部国文学研究室『土左日記総索引』、蜻蛉日記＝佐伯梅友・伊牟田経久編『かげろふ日記総索引』、紫式部日記＝佐伯梅友監修『紫式部日記用語索引』および岩波文庫本本文、更級日記・和泉式部日記＝東節夫・塚原鉄雄・前田欣吾共編『更級日記総索引』『和泉式部日記総索引』、讃岐典侍日記＝今小路覚瑞・三谷幸子編著『校本讃岐典侍日記』、枕草子＝松村博司監修『枕草子総索引』、大鏡＝秋葉安太郎著『大鏡の研究』、古今和歌集＝西下経一・滝沢貞夫編『古今集総索引』および朝日古典全書本、後撰和歌集＝大阪女子大学国文学研究室編『後撰和歌集総索引』、打聞集＝複製本『打聞集』古典保存会、古本説話集＝岩波文庫本および複製本『梅沢本古本説話集』貴重古典籍刊行会、図書寮本類聚名義抄＝複製本『図書寮本類聚名義抄』および吉田金彦編『図書寮本類聚名義抄和訓索引』、観智院本類聚名義抄＝正宗敦夫編『類聚名義抄』、色葉字類抄＝中田祝夫・峰岸明編『色葉字類抄』

（8）次の語は、『今昔物語集』だけにみられ、しかも漢字表記の場合しかみられない。これらの語に対しては、別の取り扱いが必要と思われるので、一三〇種の中からひとまず除いた。

行ト、鑭ト、汒々ト、乱ミト、砕ミト。

（9）調査に用いた資料は、次の通りである。

篁物語＝愛媛大学文理学部国語国文学研究会編『篁物語総索引』、百座法談聞書抄＝佐藤亮雄校注『百座法談聞書抄』、地蔵十輪経元慶七年点・法華経玄賛淳祐古点・法華経義疏長保四年点・大唐西域記長寛元年点＝中田祝夫著『古点本の国語学的研究』、龍光院本妙法蓮華経古点・天理大学図書館 国立京都博物館本南海寄帰内法伝古点＝大坪併治著『訓点資料の研究』、興福寺本大慈恩寺三蔵法師伝古点＝築島裕著『興福寺本大慈恩寺三蔵法師伝古点の国語学的研究』

（10）ただし、訓点資料には、「ムクメク」「ハタメク」などの動詞型象徴詞ならみられる。拙稿「今昔物語集の象徴詞―表現論的考察―」（『王朝』第5冊、昭和47年5月。本著作集5『オノマトペの歴史1　その種々相と史的推移・「おべんちゃら」などの語史』にも「『今昔物語集』の象徴詞」として収録）参照。

（11）同論文は、「続中古象徴詞の語音構造―撥音・長音・促音に関する問題をふくむ語例を中心に―」（『共立女子大学短期大学部紀要』第16号、昭和48年1月）として掲載したものである。

（12）中世では、たとえば、「ポッポト（Poppoto・日葡）」などのごとく、「AッAと」型であらわすことが多いため、「AッAッと」型は余りみられないのである。

（13）「こほこほと」と表記された語が、「ごほごほと」と「濁音＋清音」の組み合わせをとったと推測されるのは、表9によって次の三つのことがわかるからである。

○中古の例から、「⑩ぴちぴちと」に近い音をうつした語であることがわかること、

○現代語の「ごほんごほんと」に相当する場合があること、

○中世以後の「ごとごと」「ごろごろ」などに相当すると思われる場合があること、

つまり、この語に関係のある語は、いずれも「濁音＋清音」の組み合わせでつくられた語なのである。

(14)　表9からは、この㉖「つふつふと」と表記された語が「つぶつぶと」と「清音＋濁音」の組み合わせであったことを証することは出来ない。しかし、「ざぶざぶと」の語と同様に、蓋然性の高い語音の状態から追究して行くと、「つぶつぶと」であったと推測できる。なお、この語は、小林好日「音義説と音声象徴」（『国語学の諸問題』所収）に指摘されているごとく、元来、水に関係のある語である。

(15)　この語に関しては、吉田金彦「方言語彙と新撰字鏡の和訓」（『言語と文芸』11号、昭和35年7月）、原田芳起「今昔物語の言語」（『平安時代文学語彙の研究』風間書房、昭和40年9月）でもふれられている。

(16)　方言については、東條操編『全国方言辞典』（東京堂、昭和26年12月）を参照。

(17)　「さめざめと」「ほのぼのと」の語などは、象徴詞であるかどうかが問題になるかもしれない。しかし、これらの語が、象徴詞的な性格を有していることは、寿岳章子「擬声語の変化」（『西京大学人文学報』第7号、昭和31年3月）、小嶋孝三郎「和歌における情趣的用語の考察—『ほのぼの（と）』の用例に基づいて—」（『立命館文学』176号、昭和35年1月）で指摘されている。

(18)　記号的語彙においても、中古ではまだ半濁音は生じていないと考えられる。しかし、浜田敦「ハ行音の前の促音—P音の発生—」（『国語学』16輯、昭和29年3月）によれば、平安初期から鎌倉初期において、「あはれ」「もはら」などの語に促音が挿入されて、時には、「あっぱれ」「もっぱら」のごとく、半濁音に発音する場合もあったという。もし、平安時代に稀にP音で発音されることがあったとしても、音韻として意識されていたかどうかは定かではない。記号的語彙においても、一般的には、まだ、P音の発生していない状態を想定しておくのが無難であろう。

(19)　記号的語彙においては、中世末期、語中語尾にハ行音があるのは、「アサヒ（朝日）」などの如く、まだ語源意識がある時や「ハハ（母）」などの特殊な語に限られる。亀井孝「ハワからハハへ」（『言語文化』第4号、昭和42年11月）、北原保雄「ホホとホオ」（『講座正しい日本語』第2巻発音篇、明治書院、昭和46年1月）、馬淵和夫『国語音韻論』（笠間書院、昭和46年4月）参照。

(20)　築島裕著『平安時代語新論』（東京大学出版会、昭和44年6月）参照。

〔参考資料〕

表14　「Aと」型の語音構造の変遷過程

A音節の性質	上代	中世	現代(K)
清音	1	10	16
濁音		3	15
半濁音		1	5

表15　「Aと」型の語誌

	用例	上代	中古	中世～近世（（○）につつんである文字は、清音か濁音か半濁音か不明なもの。しかし、促音が挿入されているかどうかの資料となる。）	現代（「岩波国語辞典」による）
擬音語・擬態語	①きと			Qitto（日葡、天草本平家）. Quitto（ロドリゲス） (き)っと（延慶本平家、お伽草子＝三人法師・猫草子、狂言＝素襖落・富士松） (き)と（延慶本平家）	きっと
	②さと			Zatto（日葡、ロドリゲス、天草本平家、伊曽保） (さ)っと（延慶本平家、お伽草子＝花世の姫・三人法師・天狗の内裏、狂言＝千鳥・木六駄・鴈盗人） (さ)と（延慶本平家）	ざっと さっと
語	③つと			Tçutto（日葡、ロドリゲス、天草本平家） (つ)っと（お伽草子＝梵天国・三人法師、狂言＝武悪） (つ)と（延慶本平家）	つっと つと

擬態					
④ふと				Futto（日葡、ロドリゲス） (ふ)っと（宇治拾遺物語、狂言＝口真似） Futo（日葡） (ふ)と（宇治拾遺物語）	ふっと ふと

表16　「AAと」型の語音構造の変遷過程

(一音節目のAの性質)＋(二音節目のAの性質)	上代	中世	現代
(a) 清音＋清音	古古（常陸国風土記・久慈郡） 比々（播磨国風土記・賀古郡・託賀郡） 可加奈久（万葉・三三九〇）	Chachato（日葡） Sasayaqu（日葡） Sasamequ（日葡） Sosomequ（日葡、ロドリゲス）	ほほと（短歌・北原白秋・海阪） はは（詩・高山辰三・生活と芸術・一巻二号） くくと（短歌・尾山篤二郎・草籠）
(b) 清音＋濁音	古胡登（万葉・三八八〇） 跡杼登・等杼登（万葉・二六五三・三四六七）		
(c) 濁音＋濁音		Zozoto（日葡、ロドリゲス）, Zozomequ（日葡、ロドリゲス） Babato（日葡） Zazamequ, Zazamecasu（日葡、ロドリゲス） Gigimequ, Gigimecasu（日葡） Dodomequ, Dodomecasu（日葡） Babamequ, Babamecasu,（日葡） Jijimequ（ロドリゲス）	

(d) 濁音＋清音			
(e) 半濁音＋清音			
(f) 半濁音＋濁音			
(g) 半濁音＋半濁音			
(h) 清音＋半濁音			
(i) 濁音＋半濁音			

表17　「AAと」型の語誌

	用例	上代	中古	中世	現代
擬音語	①かかと	可加奈久（万葉・三三九〇）	加々奈久（和名抄） 嚇《カ、ナク》（単単単〇）（観・名義抄）		かーかーと
	②くくと				くーくーと ぐーぐーと
	③ささと			Zazamequ（日葡、天草本平家、ロドリゲス） 心前渡《ざ、めきわたる》（落葉集） ザザメク（平家正節）	ざわざわと
	④しして				
	⑤ふふと	蜂音《ブ》（万葉・二九九一）		Bumequ（日葡、ロドリゲス）、 Bumecasu（日葡）	ぶーんぶーんと
	⑥ほほと				ほほと

表18 「ABと」型の語誌（語音構造の変遷過程は「ABABと」型と同じ）

	用例	上代	中古	中世	現代
擬音語	①かさと			Gasagasa（ロドリゲス）	がさっと
	②しとと				
	③そよと	曽与等（万葉・四三九八）	戦《ソヨメク》（単単単単）（観・名義抄）	Soyoto（日葡）	そよと
	⑤ひよと				
	⑥ほとと			Fotofototo（日葡、天草本平家、伊曽保）	
擬音語・擬態語	⑧はくと				
	⑨はたと		爆《ハタメク》（○単単○）（観・名義抄）	Fatato（日葡、天草本伊曽保） Fatamequ（日葡、ロドリゲス）	はたと
	⑩ふたと			Futamequ（日葡、天草本平家）	ふためく
	⑪ふつと			Futçuto（日葡）	ふつと ぷつと
擬態語	⑬つふと		都《ツフニ、ツフト》（単複○）（○○○）（図・名義抄）		
	⑭ひしと			Fixito（日葡、ロドリゲス）	ひしと
	⑮ひたと		浸《ヒタス》（単単○）（観・名義抄） etc.	Fitato（日葡、ロドリゲス、天草本伊曽保），Fitafitato（日葡）	ひたと

表19　「ABBに」型の語音構造の変遷過程

上代	中世	現代
○苦留々尓（日本書紀・神代上） ○之努努尓（万葉一八三一・一九七七） ○志保保尓（万葉・四三五七） ○思美弥尓（万葉・四六〇・二五二九） ○都良々尓（万葉・三六二七） ○等乎乎尓（万葉二三一五 一五九五） ○二布夫尓（万葉・三八一七・四一一六） ○波良良尓（万葉・四三六〇） ○湯良羅尓（万葉・三二四三） ○耶羅羅儞（日本書紀・顕宗）	Fororo（日葡）	ころろ（短歌・伊藤左千夫・歌集）

表20　「ABBに」型の語誌

	用例	上代	中古	中世	現代
擬音語 擬態語	①ほろろに			Fororo（日葡） Qeiqeifororo（日葡）	ほろろ
擬態語	②しとどに				しとしとと しっとりと
	③たわわに	多和々々（万葉・二三一五）	刻《タ禾ム》（○○○）（観・名義抄）	Tauamu（日葡）	たわわに
	④とををに	等乎乎尓（万葉・二三一五） 登遠遠登遠遠邇（古事記・神代）			
	⑤にここに		䩄然《ニコヽニ》（○○○単）（観・名義抄） 莧尓《トニコヽニ》（○単単○○）（同右）		にこにこと
	⑥にふふに	二布夫尓（万葉・三八一七） 尓布夫尓（万葉・四一一六）	䩄然《ニフヽニ》（単単○○）（観・名義抄）		

表21「ＡＢロと」型の語音構造の変遷過程

上代	中世	現代
○許々遠々呂々爾（古事記・神代） ○保杼呂尓（万葉・二三二二） ○保杼呂保杼呂尓（万葉・一六三九） ○毛々曽々呂々尓（出雲国風土記・意宇郡）	イゾロイゾロト（玉塵抄）	

表22「ＡＢロと」型の語誌

	用例	上代	中古	中世	現代
擬音語	①こそろと			Cosomequ（ロドリゲス）	こそりと
	②こほろと	許々遠々呂々爾（古事記・神代）			
	③そよろと	曽与等（万葉・三三九二）	戦ソヨメク（単単単単）（観・名義抄）	Soyoto（日葡）	そよりと

表23「ＡＡロに」「ＡＡロＡＡロに」型の語音構造の変遷過程（語誌も「表23」と同様）

上代	中世	現代
○等杼呂尓（万葉・三三九二） ○登杼呂尓（万葉・三六一七）	Todoroto（日葡） Todorototodoroto（日葡）	

表24 「ABラABラと」型の語音構造の変遷過程

上代	中世	現代
◦宇都良宇都良（万葉・四四四九） ◦訶和羅（古事記・応神） ◦之弥良尓（万葉・三二九七） ◦之売良尓（万葉・四一六六） ◦薄太良尓（万葉・二三一八） ◦母由良爾（古事記・神代）	◦スキラト（四河入海） ◦うつら〱（狂言・法師が母） ◦しゃなら〱（狂言・今悔）	

表25 「ABラABラと」型の語誌

	用例	上代	中古	中世	現代
擬態語	①うつらうつらと	宇都良宇都良（万葉・四四四九）	現《ウツヽナリ》（単単○単○）（観・名義抄）	Vtçutçuni（日葡）	うつつに
	②ほからほからと		朗《ホカラカナリ》（単複○○○○）（観・名義抄）	Fogaracana（日葡）	ほがらかに

表26 「ABリと」型の語誌（語音構造の変遷過程は「ABABと」型と同じ）

	用例	上代	中古	中世	現代
擬音語	①つふりと			Zzunburito（日葡） Dzubudzubuto（ロドリゲス）	ずぶりと ずんぶりと
	②はくりと				
	③ふつりと			Futçuto（日葡）	ふつりと ぷつりと

表27　「ABリABリと」型の語誌（語音構造の変遷過程は「ABABと」型と同じ）

	用例	上代	中古	中世	現代
擬音語	①さふりさふりと			Zabuzabuto（日葡），Zabuto（天草本平家）	ざぶりざぶりと
	②そよりそよりと	具世丹（万葉・二〇八九）	戦ソヨメク（単単単単）（観・名義抄）	Soyosoyoto（日葡）	そよりそよりと
	③はたりはたりと			Batabata（日葡、ロドリゲス），Batamequ（ロドリゲス），Batamecasu（日葡）	ばたりばたりと

表28　「AABAABと」「ABCと」「ABCABCと」「AABCD」型の語音構造の変遷過程（これら四つの型に属する語は、各時代を通して用例が少ないこと、またいずれも動物の鳴き声をうつしたもので共通した性格をもっていること、などの理由から、一括して表を作成した。また、各用例の末尾に何の鳴き声かを記した。）

語音構造の型	上代	中世～近世	現代
AABAABと		ほほや〱（狂言・梟・天正狂言本・梟のなき声）	けけろ（短歌・白秋・海阪・七面鳥のなき声）ちちこちちこ（短歌・高山背山・狭間・雲雀のなき声）
ABCと ABCABCと	許呂久等（万葉・三五二一・烏《カラス》のなき声）	こくゎっこ〱（狂言・鶏聟・狂言記・鶏のなき声）	
AABCD		Tçuzzurisaxe（日葡・今のこおろぎの鳴き声）	つづりさせ（短歌・塩井雨江・暗香疎影　etc.）

中古象徴詞の語音構造⑵

――撥音・長音・促音に関する問題をふくむ語例を中心に――

1　はじめに

本稿は、「中古象徴詞の語音構造(1)—清濁に問題のある語例を中心に—」の続篇である。以下、上記の論を「正篇」と呼び、本稿を「続篇」と呼ぶことにする。「続篇」の意図、方法論、対象などについては、「正篇」と同じである。「正篇」では、カ・サ・タ・ハ行の文字を含み、清濁に問題のある象徴詞の検討を通して、象徴詞の語音構造上の特質にせまってみた。この「続篇」では、中古象徴詞において、清濁以外の語音の確定できない点、つまり、撥音・長音・促音などについて、論じてゆきたい。

2　撥音に関する問題をふくむ象徴詞

撥音がはいっていたかと疑われる象徴詞を抽出してみる。

(1)無表記　(2)「う」表記　(3)「い」表記

の三通りの場合がある。以下、これら三つの場合が、はたして本当に撥音表記であるのかどうかを検討してゆく。

(1)　無表記

当時、国語音や漢字音では、無表記で撥音をあらわすことがある。「あらさなり」(アラザンナリ・土左日記・青谿書屋本)、「鉛エ」(エンエ・山田嘉造氏蔵・妙法蓮華経方便品・平安初期点)のごとくに。

象徴詞においても、無表記であるが、撥音の挿入されていた可能性の考えられるものは存在するのか?　語音構造の型からは、表1に示した㋑㋺㋩の型が候補にあがる。

表の㋑㋺㋩の三型は、それぞれ、中世において、㋑′Aン|Aと（例、ざんざと）、㋺′Aン|Bと（例、むんずと）、㋩′Aン|Bりと（例、だんぶりと）、などの撥音の入った型と並存しているからである。従って、中古から既に、無表記の撥音の入った型であった可能性が考えられる。

さらに、㋑′㋺′㋩′型の象徴詞において、撥音がどんな音の前にあらわれるのかを調査すると、表2の通りである。

表2から、中世の象徴詞では、撥音は、濁音の前にのみ現れている。現代では、濁音の他、鼻音、半母音の前にもあらわれることがわかる。とすると、問題となっている中古象徴詞では、最大限にみつもっても、撥音は、濁音・鼻音・半母音の前にしかあらわれないといえる。こうした特色に従って、㋑㋺㋩型の象徴詞のうち、撥音の入っていた可能性のある中古象徴詞を抽出したのが、表1の下欄の用例である。

表1

語音構造の型	用例（◀印は、撥音のはいっていた可能性のある場所を表わす。（　）内の語は清濁に関して確定的でない箇所のある語。）
㋑ A◀Aと	さ◀さと　ぶ◀ぶと（く◀くと）（し◀しと）む◀むと　よ◀よと（に）
㋺ A◀Bと	つ◀ぶと　そ◀よと　ひ◀よと
㋩ A◀Bりと	つ◀ぶりと

表2

	撥音の後続音（具体例）	中世	現代
濁音	ガ行（例、チョンギ|リト）	1	4
	ザ行（例、ムンズ|ト）	2	2
	バ行（例、ダンブ|リト）	6	3
鼻音	ナ行（例、グンナ|リト）		6
	マ行（例、コンモ|リト）		3
半母音	ヤ行（例、ドンヨ|リト）		1
	ワ行（例、ヤンワ|リト）		2

次に、これらの用例の語誌を辿ってみる。「正篇」の「表16」「表18」「表26」をご覧いただきたい。「㋩ABりと」型の「つぶりと」の一語だけが、中世において、撥音の入った「ヅンブリト」の形でもみられる。従って、この語のみは、中古から撥音の挿入された象徴詞であった可能性も考えられないではない。しかし、中古から撥音が入っていたとすると、「AンBり」型の語がもう少し見られてもよさそうなものである。にもかかわらず、類例がない。とすると、中古象徴詞において、無表記の撥音が存在していた可能性はきわめてうすいと考えるのが自然である。

(2)「う」表記

語中語尾の「う」の文字は、漢字音では、撥音尾をあらわすのに用いられている。「林檎利宇古宇」（和名抄）のごとくである。また、国語音においても、「読うて」の語の「う」の文字のように、撥音をあらわしていたかと推測される例がある。[1]

では、象徴詞ではどうか？　中古象徴詞において「う」の文字を含む語は、果たして撥音を表しているのか？

「う」の文字を含む象徴詞は、表3に示した八語である。

表3

語音構造の型	用例
ABと	①いうと　②ちうと　③とうと　④ほうと
ABABと	⑤こうこうと　⑥ねうねうと　⑦ほうほうと　⑧ゆうゆうと

これらの語にみられる「う」の文字があらわし得る音は、次の三種である。

㋑文字通り［ɯ］音である場合。

㋺長音である場合。

㋩撥音である場合。

まず、㋑の可能性は、極めて低い。というのは、「う」文字を含む象徴詞の語型は、表3から「ABと」「ABABと」に限定されている。これらの語型においては、次のような傾向性が指摘できるからである。

●「ABと」「ABABと」型において、「B」音節に「ɯ」音が来るような象徴詞は存在しない。

たとえば、現代語で考えてみると分かりやすい。「ABと」「ABABと」型の象徴詞で、「B」音節に母音がくる場合は「i」音に限られている。「ぐいぐい」「すいすい」「ひょいひょい」「ぽいぽい」のように。「i」以外の母音音節は、「B」音節には入らないのである。したがって、㋑の可能性はなくなる。

では、㋺の長音はどうか？　表3の八語のうち⑧の「ゆうゆうと」だけは、長音である可能性がある。しかし、3で述べるように、この語は誤写の可能性があるものである。

こうして、㋑も、㋺も、可能性が極めて低い。残ったのは、㋩の撥音を表している場合である。「B」音節が撥音であるとすると、語型は「Aンと」「AンAンと」になる。はたして、中古に「Aンと」「AンAンと」型が存在しても不自然ではないのか？　「Aンと」「AンAンと」型の象徴詞は、上代には見られないが、中世には見られる。発音の確かな日葡辞書の用例を抽出すると、表4のとおりである。

とすれば、中古に既に「Aンと」「AンAンと」型が発生していたと考えても不自然ではない。中古象徴詞における「う」表記は、撥音を表している可能性が極めて高くなる。

表4

語音構造の型	語例
Ａンと	シャント（Xanto）　チョント（Chonto）　チント（Chinto）　ヅンド（Zzundo）
ＡンＡンと	ケンケント（Qenqen, Qenqêto）　シャンシャント（Xanxanto）　ピンピント（Pinpinto）　ポンポント（Ponponto）

さらに、次のような用例の存在も、中古象徴詞に見られる「う」表記が撥音であったことを裏付ける。中古末期の『富家語談』の「チリウチリウト」の語である。

玉冠玉佩火打様ナル物トモノチリウチリウト鳴ホトニ令練給ケルヲ（『富家語談』続群書類従・巻九三四・一七二頁）

「チリウチリウト」は、玉冠や玉佩や火打などの触れ合う音である。「う」表記は、「ɯ」音か、撥音である。「ɯ」音の場合は、語音構造の型は「ＡＢウＡＢウ」となり、撥音の場合は「ＡＢンＡＢン」となる。語音構造の型の変遷を見ると、「ＡＢウＡＢウ」型は存在しないのに対し、「ＡＢンＡＢン」型は、やはり中世から多く見られる。こうして、中古象徴詞の「う」表記は、撥音であった可能性が極めて高い。

次に、「う」の文字を含む象徴詞の語誌を辿ってみる。表5の通りである。

表5から、①〜⑦のほとんどすべての語が、中世以降、撥音になっていることが分かる。なお、「③とうと」のみは、中世で「Dôdo（=ドゥド）」と記されている。助詞「と」が「ど」になっていること自体、直前の音がもともと撥音化していたことを示しているとみてもよい。「住みて」が「住んで」となるように。

では、もう少し具体的に個々の語の「う」表記のあらわす音を考えてみる。「⑤こうこうと」は狐声であり、「う」

表5

	上代～中古	中世～近世	現代
①いうと	馬声《イ》（万葉集・二九九一） 嘶イナヽク 馬イナヽク（観智院本名義抄）	Inanaqu（日葡） いゝん〳〵と（鹿の巻筆・巻三・3） ひいん〳〵と（東海道中膝栗毛・初編） ひゝひん〳〵（同右）	ひんと ひひーんと
②ちうと		Chinto（日葡） ちん（狂言・鐘の音・附子） ちん〳〵〳〵（狂言・宗論）	ちんと
③とうと		Dôdo（日葡）	どんと
④ほうと		（ぽ）んと（狂言・竹の子）	ぽんと
⑤こうこうと	許武《コム》（万葉集・三八二四）	こん〳〵と（狂言・狐塚） こんと（同右） こんくわい（「後悔」にいいかける。狂言・今悔） こむかい（名歌徳三舛玉垣）	こんこんと
⑥ねうねうと			にゃんにゃんと
⑦ほうほうと		Ponponto（日葡） （ぽ）ん（ぽ）ん（狂言・竹の子争）	ぽんぽんと
(cf)ちりうちりうと			ちりんちりんと

の箇所は、上代・中世以後のいずれにも、撥音もしくは、それに近い音でみられる。従って、中古でも単なる［u］音ではなく、少なくとも鼻音であったことは間違いない。これについては、既に亀井孝氏に示唆に富む論がある。[2]

「①いうと」は、馬のなき声であり、上代では「い」である。しかし、中古・中世に「いななく」の語があることからすると、馬声には「いな鳴く」の「ina」に近い音、つまり最後の母音を落とした「in」と聞いていた可能性が考えられる。近世以後は、撥音を明確に表記している。従って、「いうと」の「う」の文字も、やはり撥音であったと考えるのが、自然である。馬声についても、既に橋本進吉、亀井孝氏らのすぐれた論考がある。[3]

「②ちうと」「③とうと」「④ほうと」「⑦ほうほうと」の「う」表記は、中世以後、いずれも撥音もしくは、それに準じる音である。中古でも、撥音であったと察せられる。

「⑥ねうねうと」「(cf)ちりうちりうと」は、現在の「にゃんにゃんと」「ちりんちりんと」の語に該当すると考えられる。撥音であったと考える方が自然である。さらに、「⑥ねうねうと」の「う」表記に関しては、次のことからも撥音説を支持する。「⑥ねうねうと」は、源氏物語にみられ、猫の鳴き声をうつしたものである。「寝む寝むと(=寝よう寝ようと)」ということばに掛けて用いられている。「源氏物語」の頃には、推量の助動詞「む」は、撥音である。とすれば、「ねうねうと」の「う」も同じく撥音であったと考えられる。そうでなければ、「ねうねうと」という猫の声が、「寝む寝むと」の意を掛けることは難しいからである。

こうして、個々の語ごとに検討しても、中古象徴詞の「う」表記は、撥音である可能性がきわめて高いことが分かる。

では、具体的に、どの様な性質の撥音であったのだろうか。中古の撥音には［m］音、［n］音、［ŋ］音の三通りの場合が考えられる。これら三種の撥音のうち、どの音であったのか？［m］音なのか、［n］音なのか、［ŋ］音なのか。恐らく、[ŋ] 音ではあるまいか。推定の根拠は、次の三つのことである。

(1)当時、[m] 音は主として「む」表記、[n] 音は主として無表記である。ところが、中古象徴詞においては、これらのいずれの表記でもなく、「う」の文字で表記してあることは、[ŋ] 音である可能性が最も高いことを示している。

(2)漢字音では、「う」表記は、主として [ŋ] 音をあらわすのに用いられた。[4] 象徴詞でも、こうした漢字音の表記を流用する可能性がある。「う」字を含む象徴詞の多くが、

○落窪物語・今昔物語集・富家語談など、漢字音の知識をもっている男性の手になる文献にみられること、

○また、女性の手になる文献にみられても、枕草子・源氏物語などの作者で、漢字音の知識をもっていても不思議でない様な才女の手になる文献であること、

などの事実は、こうした漢字音からの流用の可能性を十分予想させるものである。

(3)上代では、狐声を「許武《こむ》」と記している。つまり、[m] 音に近い音で写している。一方、中古では、馬声を「イナナク」の「ina」に近い語でうつしていたと考えられる。つまり、[n] 音に近い音であったと推測される。これら狐声・馬声は、ともに、中古では、「う」字であらわされている。ということは、「う」字の音は、[m] にも [n] にも聞きなせる様な音であったと推定される。その様な音としては、[ŋ] 音が妥当ではあるまいか。

こうして、中古象徴詞にみられる「う」表記は、[ŋ] 音に近い撥音をうつしていると推測される。

なお、「う」の文字を含む象徴詞には、A音節が清音か濁音か半濁音か不明な語がある。次の五語である。

②ちうと　③とうと　④ほうと　⑤こうこうと　⑦ほうほうと

表5から、「②ちうと」「⑤こうこうと」のA音節は清音、「③とうと」のA音節は濁音であったと推測される。

問題になるのは、「④ほうと」「⑦ほうほうと」の「ほ」である。清音なのか、半濁音なのか、はたまた濁音なのか。「ほうと」は、車の轅を打ちおろす音（さま）をあらわし、「ほうほうと」は、かさをたたく音や松の木を投げ入れる音（さま）をあらわし、現代語でいえば、「ポンと」「ポンポンと」に該当する。従って、濁音ではなかったことは確かだが、清音か半濁音かは俄かに決定しがたいのである。亀井孝氏のように、「古代から近代まで民衆の口において素朴に［P］の音が一定の表現ではつねにつかはれてきた(5)」と考えれば、半濁音「poŋto」「poŋpoŋto」であったのではないかとも考えられる。さらにこれらの語の語頭は、中世以後半濁音であることを考えるとその可能性もある。しかし、平安時代においては、ハ行子音は、現在の声門音［h］と違って、両唇音［f］であり、現在の半濁音にさほど遠くない音であったことを考えると、そのまま「foŋto」「foŋfoŋto」と清音で読んだのではないかとも考えられる。そして、こちらの方が象徴詞に限って特別な発音を想定せずにすむので、私自身は、当時のハ行音で「foŋto」「foŋfoŋto」と発音していたとみてもよいと考えている。

(3)「い」表記

当時、漢字音では、「い」の文字が撥音尾をあらわすことがある。たとえば「範《ハイ》」（高野山大学蔵・蘇悉地羯羅経・寛弘五年点）のごとくである。象徴詞では、語中語尾に「い」の文字をもつ語は、次の二語である。

①おいおいと　②よいぞよいぞと

これらの語の「い」表記は、撥音ではなく、文字通り［i］音であったと考えられる。理由は、一つには、語音構造の型の変遷を辿ってみると、「う」表記の場合とは異なり、語中語尾に［i］音を含む象徴詞の流れがとらえられることである。具体例は、表6の通りである。二つには、「①おいおいと」は、現在でも「おいおいと」と［i］音の形でみられるし、「②よいぞよいぞと」は、「良いぞ良いぞと」に聞きなされた蟬の声であり、［i］音であったと推測されることである。

表6

上代	中世	現代
(cf) サヰサヰ（狭藍左謂）	・クイクイト（Cuicuito） ・ケイケイト（Qeiqeito） ・ズイト（Zuito）	・オイオイ　・グイグイ ・スイスイ　・ヒョイヒョイ ・ポイポイ　・ワイワイ

こうして、「い」表記は、象徴詞においては、文字通り［i］音なのである。

(4) まとめ

以上の検討から、中古象徴詞においては、「う」表記が撥音をあらわしていた可能性がきわめて高い。具体的には「いうと」「ちうと」「とうと」「ほうと」「こうこうと」「ねうねうと」「ほうほうと」に見られる「う」表記である。これらの「う」表記は、撥音「ŋ」を表わしていたと推測される。

これらの語の語頭の清濁が問題になる場合の検討も経ると、それぞれ「iŋto」「tiŋto」「doŋto」「foŋto」「koŋkoŋto」「neŋneŋto」「foŋfoŋto」のように発音していたと察せられる。

3　長音に関する問題をふくむ象徴詞

長音の入っていた可能性の考えられる語は、「ゆうゆうと」の語である。

中古に、二例見られるのだが、ともに今昔物語集の用例である。まず、次の文に見られる。

少《すこ》シモ動《はたら》カバユウユウトシテ、枝折《をれ》ナバ落《おち》テ、身モ砕《くだけ》ナムトスト思フニ、

（今昔物語集・巻二六第3話）

少年が高い木のてっぺんの細い枝に取り残され、少しでも動くと枝が「ユウユウト」して折れてしまいそうな場面である。この箇所は、国史大系本『今昔物語集』本文では、「ユラユラト」となっている。確かに、「ユラユラト」の方が自然である。「ゆらゆらと」の語なら、源氏物語・狭衣物語・浜松中納言物語などにも見られる。いずれも、緩やかに揺れ動く様子を表す擬態語であり、今昔物語集の右例と同じ意味である。

とすると、今昔物語集の「ユウユウト」は、「ユラユラト」の誤写ではないかと思えてくる。さらに、誤写説を決定づける論文がある。山田俊雄「平家物語の語彙・用字法」である。[6] 山田俊雄氏は、平家物語にある文脈にそぐわない「優々と」の語が、「ゆらゆらと」から誤写されていったものであると推理された。その過程は、「①ゆらゆら→②ゆうゆう→③優々」である。

今昔物語集の「ユウユウト」の例も、今昔物語集の出典となった和文文献に「ゆらゆらと」と平仮名で書かれていたのを「ゆうゆうと」と見誤り、「ユウユウト」と書き記したのだと考えると納得がいく。

他の一例の「ユウユウト」は、次の文中にある。

人モ住《すま》ヌ浮《うき》ノユウユウト為《す》ル一町餘許有《ばかりあり》。

（今昔物語集・巻二六第13話）

人も住んでいない低湿地で、「ユウユウト」する土地が一町余りあるという場面である。この例の見られる今昔物語集の話には、同文的共通話がある。宇治拾遺物語であるが、該当箇所は、次のようになっている。

人も住まぬうきのゆふゆふとしたる、一町ばかりなるうきあり。

（宇治拾遺物語・一六一）

とすると、今昔物語集の「ユウユウト」は、「ユフユフト」の誤写の可能性が出てくる。ここは、ブヨブヨした

土地の形容であるから、「ユブユブト」と読めば、この文脈にぴったりする。実は、今昔物語集には、ほぼ同義の形容として用いられる擬態語「ユフユフト」がある。

顔ハ青鈍《あをにぶ》ナル練絹《ねりぎぬ》ニ水ヲ裹《つつみ》タル様《やう》ニテ一身ユフユフト腫《はれ》タル者、

（今昔物語集・巻二四第7話）

「ユフユフト」は、体が水膨れしてブヨブヨしているさまの形容である。「正篇」で明らかにしたごとく、水分に関係のある語の二音節目は、「ブ」と読むべきところであるから、「ユブユブト」と読むべき擬態語である。

また、中世末期の日葡辞書にも、「ユブユブト」という擬態語が掲載されており、今昔物語集の例と同じ意味である。

こうして、今昔物語集巻二六第13話の「ユウユウト」の例は、「ユフユフト」の誤写であり、「ユブユブト」と読むべき擬態語であったと考えられる。したがって、長音を含んでいたと思われる確例は、中古象徴詞には存在しない。これが、結論である。

しかし、音声的な観点からすれば、時として長音を含んで発音されたと考えられる象徴詞は、ある。「ＡＡと」型の「かかと」「くくと」、「ＡＢＡＢと」型の「いがいがと」の語である。「かかと（＝カラスの声）」「くくと（＝いびきの音）」は、後世「かーかー」「くーくー」となっている。「ＡＡ」型の語が、中世以後「ＡーＡー」型に変化するのは一般的な傾向であり、長音化しやすい語だからである。「いがいがと（＝赤ん坊の泣く声）」も、「いがーいがー」と発音されやすい語である。というのは、中世になると、カラスの声を「こかこかと（ＡＢＡＢと）」と写す場合と、それを長音化した「こかあこかあ（ＡＢーＡＢー）」と写す場合があるからである。また、現代では、赤ん坊の泣き声を「おぎゃおぎゃ」とも写すが、「おぎゃーおぎゃー」とも写す。したがって、中古の「いがいが」の語も、音声的には「いがーいがー」と発音されることもあったと考えた方がよかろう。

以上の検討を通して、中古象徴詞においては、長音を含んでいたかと察せられた「ゆうゆうと」二例は、それぞれ「ゆらゆらと」「ゆぶゆぶと」の誤写であったと考えられ、長音を含んだ象徴詞は存在しないことが明らかになる。ただし、実際の発音の場面においては、「かーかー」「くーくー」「いがーいがー」と長音化されることがあった可能性はあろう。

4　促音に関する問題をふくむ象徴詞

最後に、促音を含んでいた可能性の考えられる語に注目する。中古象徴詞においては、無表記で促音をあらわしたと推測される場合しかない。記号的語彙においても、促音は無表記の場合が多い。「已ヲ◀ハテ」（地蔵十輪経・元慶七年加点）のごとくである。

さて、促音が含まれていた可能性のある型は、次の五型である。

㋑Aと　㋺AAと　㋩ABと　㋥ABABと　㋭ABりと

これら五型は、いずれも中世において、次に示すような促音の入った型と並存しているからである。

㋑′Aッと　㋺′AッAと　㋩′AッBと　㋥′AッBAッBと　㋭′AッBりと・ABりッと

しかし、㋑～㋭の五型が、すべて中古から、中世と同じく促音化していたとは考えられない。五型のすべてがまだ促音化していなかった可能性もある。というのは、象徴詞の語音構造の型の変遷のあとを辿ると、次のようなことが指摘できるからである。

●象徴詞の語音構造の型は、時代が下るにつれて、促音化して行く傾向がある。

具体的には、表8の通りである。(7) 表8から

(1)促音の入らぬ「Aと」「AAと」「ABと」型は、近世から現代にかけて滅びつつあるのに対し、促音の入った「Aッと」「AッAと」「AッBと」「AッBAッBと」「AッBりと」「ABりッと」型などは、すべて現代まで衰えることなく用いられていること、

(2)しかも、促音の入った型の多くが、時代の下るにつれて、その使用率を増していること、

(3)近世・現代になると、促音の入った「AッAッと」「ABッと」「ABッABッと」型があらわれること、

などの現象が指摘でき、時代が下るにつれて、促音化していく傾向をみてとることができる。

こうして、中古では、中世ほど促音化の進んでいない状態を考えねばなら

表8

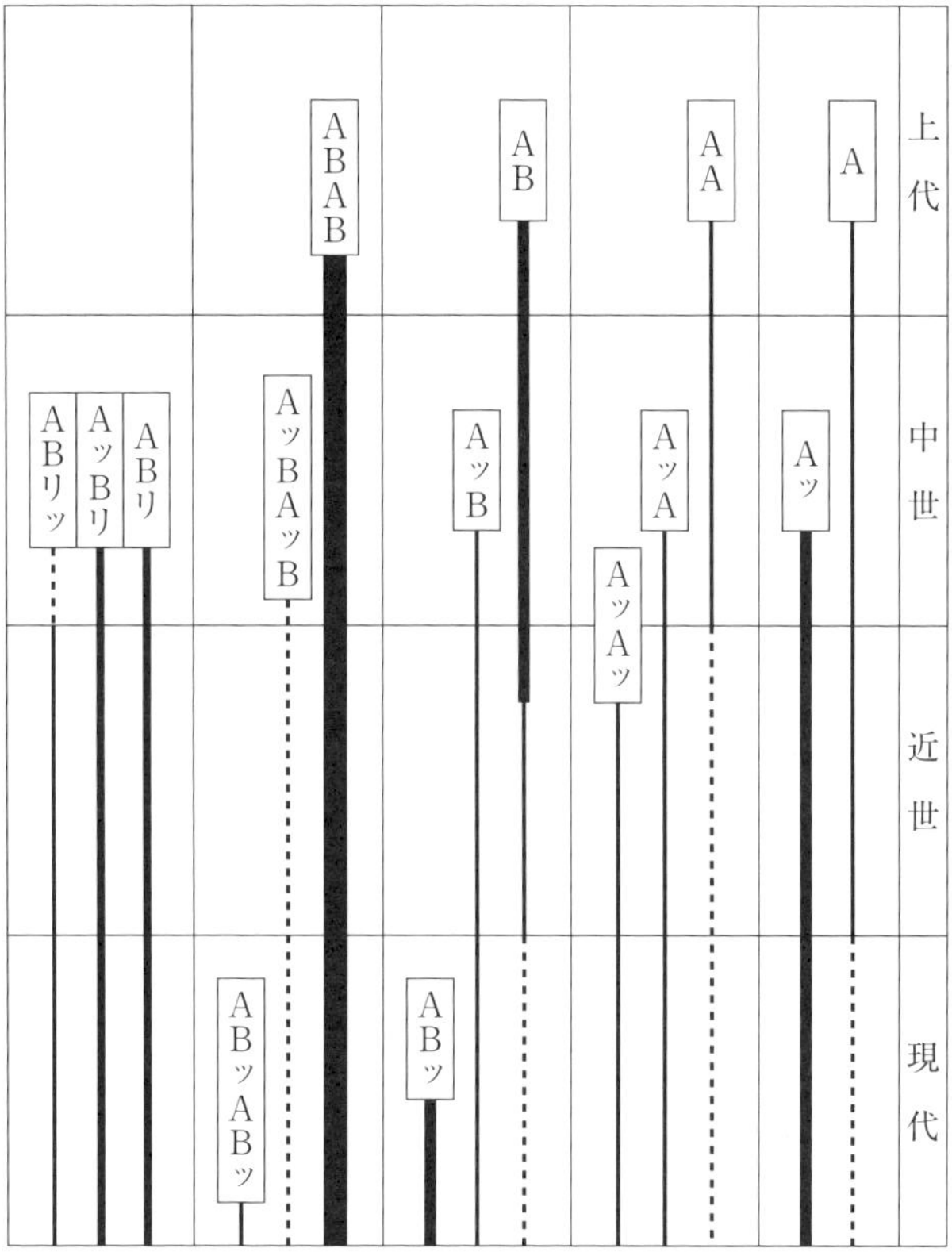

(注) 線の太さは、その型に属する象徴詞の数量に大体一致している。
破線が最も数量の少ないことを示している。

ない。すなわち、先の五型のすべてが、まだ促音化していなかった可能性もあるのだ。

では、次に、中古象徴詞の五型に属する語を逐一とりあげ、その語誌を辿ってみる。語誌はすでに「正篇」の表15・表17・表18・表9・表11・表13・表26に掲出してあるので、参照されたい。それらの表から、中世において促音化している語のみられるのは、「㋑Aと」型の「きと」「さと」「つと」「ふと」のみである。他の㋺〜㋭までの型に属する語は、中世においても促音化した形では見られない。

こうして、中古から既に促音化していた可能性の考えられるのは、「㋑Aと」型のみということになる。「㋑Aと」型は、一音節語基からなるため、不安定であり、他の二音節以上からなる㋺〜㋭の型よりも、促音化しやすいのであろう。事実、語型による促音化の度合を調査すると、容易に裏付けられる。表9は、中世末期の日葡辞書を例にとって、促音の入らない型と促音の入った型との割合を比較し、促音化の度合を知ろうとしたものである。

表9から、促音化の最も進んでいるのは、「㋑Aと」型に対する「㋑′Aッと」型であることがわかる。次いで、㋺㋺′の組、㋩㋩′の組である。一方、促音化の進んでいないのは、㋭㋭′の組、㊁㊁′の組である。つまり、語基が単純であるほど促音化が容易なのである。

表9

促音の入らぬ型（a）（下の数字は用例数）	㋑A	3	㋺AA	3	㋩AB	17	㊁ABAB	115	㋭ABり	29
促音の入った型（b）（下の数字は用例数）	㋑′Aッ	17	㋺′AッA	9	㋩′AッB	21	㊁′AッBAッB	2	㋭′AッBり	14
促音化の度合 $\left(\frac{b}{a+b}\times 100\right)$	85%		75%		55%		2%		33%	

さて、「Aと」型の中古象徴詞には、次の四語がある。

①きと　②さと　③つと　④ふと

これら四語の語誌を辿ると（「正篇」の表15参照）、四語とも中世では促音の入らないものと入ったものとが併存している。ということは、時代を遡った中古では、まだ、促音の入っていなかった状態を考える方が自然である。もちろん、実際の発音の場では、強調したりして促音が入ったものを発音していることはあろう。しかし、それは臨時的なものであり、語としては、促音の入らぬ形を認識していた可能性が高い。

以上の検討から、中古象徴詞においては、促音の入った語型は、まだ存在しなかったと考えられる。

5　おわりに

以上、中古象徴詞における撥音・長音・促音の問題を考察してきた。その結果、撥音を表していると思われる「う」表記があった。「いうと」「ちうと」「とうと」「ほうと」「こうこうと」「ねうねうと」「ほうほうと」の「う」表記である。これらの象徴詞は、「iŋto」「tiŋto」「doŋto」「foŋto」「koŋkoŋto」「neŋneŋto」「foŋfoŋto」と発音されていたと推測された。

一方、長音の入った象徴詞かと思われた「ユウユウト」二例は、「ユラユラト」「ユブユブト」の誤写と考えられた。つまり、長音の入った象徴詞は、中古ではまだ生じていないのである。

また、促音の入った象徴詞も、まだ出現していないと考えられる。

撥音・長音・促音などの特殊音節は、象徴詞においては、造語成分になる重要な役割を演じている。これらの特殊音節を挿入していくと、新しい語型の象徴詞を次々に作り出していくことができるからである。中古においては、ようやく撥音が象徴詞の造語成分として働き始め、「Aン」「AンAン」型の誕生がほの見える初々しい時期であった。

注

(1) しかし、「う」の文字に撥音的な音を想定する範囲が人によってまちまちであり、定説をみない。藤枝徳三「動詞ウ音便の一考察(上)(下)」(『国語国文』10巻9・10号、昭和15年9・10月)、浜田敦「促音と撥音(下)」(『人文研究』1巻2号、昭和24年12月)、築島裕『平安時代語新論』(東京大学出版会、昭和44年、三七〇頁〜三七三頁)など参照。

(2) 亀井孝「狐コンコンと題して話したことども(研究発表要旨)」(『国語と国文学』27巻2号、昭和25年2月)参照。

(3) 橋本進吉「駒のいななき」(『国語音韻の研究』岩波書店、昭和25年)、亀井孝「お馬ひんひん」(『国語国文研究』15号、昭和35年2月)。

(4) 中田祝夫「中古音韻史上の一問題」(『国語学』第6輯、昭和26年6月)、その他参照。

(5) 亀井孝「春鶯囀」(『国語学』39、昭和34年12月)。

(6) 山田俊雄「平家物語の語彙・用字法」(『解釈と文法(5)』明治書院、昭和34年10月)。

(7) 表は、森田雅子「語音構造の型より見た擬音語・擬容語―その歴史的推移について―」(『国語と国文学』30巻1号、昭和28年1月)を参考にし、筆者・山口の調査結果にもとづき修正したものである。

浄瑠璃詞章の象徴詞
——その変容——

1　はじめに

物語性に富む語り物には、象徴詞がよく用いられる。浄瑠璃にも、もちろん象徴詞が多用されている。たとえば、次のように。

木の芽《め》の小太郎見るよりも、花と見ながら散らすは傍若無人《ぼうじやくぶじん》なりと、きってかかるをつっと行って掻掴《かひつか》み、かしこへどうと押し伏せ、首ふつと掻き切《きつ》て、をのれが分際《ぶんざい》にて二の瀬が印《しるし》の数《かず》にいらんは緩怠《くわんたい》なれども、心ざしのやさしければ、是《これ》も数に夕顔《ゆうがほ》とて同じく枝に掛けにけり。日向《ひうが》の善次見るよりも、四天王一人武者《ひとりむしゃ》二の瀬《せ》と呼ばるる剛《がう》の者《もの》を、木の芽が腕《うで》には及ばんやと、走りかかってむずと組《く》み、跳《は》ね倒《たふ》さん打《う》ち伏《ふ》せんと押せども引けども二の瀬ちっともたぢろがず、善次が揚巻《あげまき》かいつかみ弓手《ゆんで》へからりと打《うち》倒し、首ふっつと掻き落し、立ち上《あが》る所へ、（「頼光跡目論」第二）

木の芽の小太郎や日向の善治が二の瀬という剛の者に戦いを挑んだが、無残にも敗れ去っていく場面。二の瀬が、木の芽小太郎に「つっと」近づき、掻い掴み、「どうと」押し伏せ、「ふつと」首を掻き切る。日向の善治も、二の瀬に「むずと」組んで跳ね倒そうとしたけれど、二の瀬はびくともしない。のみならず、二の瀬は善治の揚巻をつかんで「からりと」左へ打倒し、首を「ふっつと」掻き落してしまった。

勢いよく打ち倒される音、首が斬られる生々しい音がし、素早く豪快な様子が目に焼き付けられる。象徴詞は、聞き手の感覚に直接訴えかける力を持っているからである。象徴詞が浄瑠璃で如何に大きな役割を果たしているかは、右に記した詞章から象徴詞をとってしまうと、一層明らかになる。次は、象徴詞を取り去った詞章。

木の芽の小太郎見るよりも、花と見ながら散らすは傍若無人なりと、きってかかるを行って掻掴み、かしこへ押し伏せ、首掻き切て、をのれが分際にて二の瀬が印の数にいらんは緩怠なれども、心ざしのやさしければ、是も数に夕顔とて同じく枝に掛けにけり。日向の善次見るよりも、四天王一人武者二の瀬と呼ばるる剛の者を、木の芽が腕には及ばんやと、走りかかって組み、跳ね倒さん打ち伏せんと押せども引けども二の瀬ちっともたぢろがず、善次が揚巻かいつかみ弓手へ打倒し、首掻き落し、立ち上る所へ、（作例）

象徴詞を取り去った詞章は、客観的な記述となり、臨場感の薄いものになっているのが分かるであろう。

浄瑠璃詞章では、こんなふうに象徴詞の果たす役割はかなり大きい。そこで、この稿では、浄瑠璃詞章の象徴詞に注目し、浄瑠璃の発展に伴ってどのように変化していくのかを明らかにしたい。というのは、象徴詞が活躍する語り物のジャンルでは、必ず起こる変容の解明に連なると察せられるからである。

ここで取り上げる浄瑠璃は、次の三作品にする。古浄瑠璃時代の代表と思われる「頼光跡目論」（『浄瑠璃集（上）』日本古典文学大系所収）、新浄瑠璃時代の近松門左衛門の「国性爺合戦」（『近松浄瑠璃集（下）』日本古典文学大系所収）、その後の合作時代の浄瑠璃「仮名手本忠臣蔵」（『浄瑠璃集（上）』日本古典文学大系所収）である。浄瑠璃の発展に合わせ、かつ時代物に限定して作品を選定した。それぞれの作品の成立年代は、次の通り。「頼光跡目論」が寛文年間（一六六一年～一六七三年）、「国性爺合戦」がおおよそ五〇年後の正徳五年（一七一五年）、「仮名手本忠臣蔵」がさらにおおよそ三〇年後の寛延元年（一七四八年）である。約八〇年に及ぶ語り物の栄枯盛衰の歴史を象徴詞から眺めるというわけである。

なお、象徴詞というのは、擬音語・擬態語の総称として用いている。用例の引用は、読みやすさを考え、歴史的仮名遣いに統一し、送り仮名をおくり、踊り字には該当する文字をあててある。漢字の字体については、常用漢字体を用いることを原則とした。句点は、黙読では多少読みにくさがあるかもしれないが、語りに合わせて打ってある原文のままにした。

2　象徴詞の量

さて、「頼光跡目論」「国性爺合戦」「仮名手本忠臣蔵」と、時の経過に従って、象徴詞の出現の仕方に変化は見られるのか。出現状況は、それぞれの作品に見られる象徴詞数を作品の長さで割れば、見当がつく。それに従って作成したものが、表1である。

表1

作品名	象徴詞の数	作品全体の長さ	象徴詞の使用率
頼光跡目論	32	330	0.097
国性爺合戦	99	990	0.1
仮名手本忠臣蔵	164	1387	0.119

表1の「作品全体の長さ」は「行数」で示してある。これは、いずれも、調査資料として日本古典文学大系本を使用したため、一行三九字で一定しているからである。最も短い作品は「頼光跡目論」、次が「国性爺合戦」、最も長いのが「仮名手本忠臣蔵」で、時の経過に従って作品のボリュームが増している。

さて、表1の「象徴詞の使用率」を見ると、浄瑠璃の発達に従い、象徴詞の使用率は僅かずつ増しているものの、その差は非常に小さいことが分かる。すなわち、浄瑠璃においては迫真的描写力をもつ象徴詞は、古浄瑠璃の時から既に大活躍しており、数量的にはほとんど変化せずに推移している。裏返せば、象徴詞は、最初から浄瑠璃の詞章を形成するのになくてはならぬ重要な要素になっていたということである。

3　象徴詞の類型化

さて、量的には常に一定量用いられていた象徴詞であるが、時の経過に従って変化した側面はなかったのか。実は、同じ象徴詞を作品中で何回も使うという類型化が起こっていた。たとえば、「はっと」という象徴詞がある。急に思い当たったりする様子を表す。「呉三桂はっと心つき。」（国性爺合戦　第四）のように。この「はっと」という象徴詞を「国性爺合戦」では、六回も使っている。「仮名手本忠臣蔵」では、一二回も使っている。作品が長くなると、同じ語を使ってしまう比率は概して高くなると予想できるが、「仮名手本忠臣蔵」くらいの分量の作品であれば、できるだけ異なる語を使って変化を持たせようとすることも可能である。

にもかかわらず、浄瑠璃では、類型化の道を選んでいる。類型化の度合は、「のべ語数」を「異なり語数」で割れば知ることができる。「のべ語数」というのは、象徴詞の使用回数、「異なり語数」というのは、象徴詞の種類数である。だから、使用回数を種類数で割れば、同じ語が平均何回使われるかが分かるわけである。同じ語を使う割合が高いほど、表現が類型化していることになる。そうした観点から三作品の類型化の度合を計ってみると、表2のようになる。

表2の「類型度」から、「頼光跡目論」では、一つの象徴詞を一・三回しか使わないのに対し、「国性爺合戦」では、一・六五回と増え、「仮名手本忠臣蔵」では、さらに一・七四回と増えていることが分かる。つまり、時代が下るにつれて、同じ象徴詞を使う回数が増しており、類型化の度合いが高くなっているのである。

表2

作品名	象徴詞ののべ語数	象徴詞の異なり語数	類型度
頼光跡目論	32	24	1.3回
国性爺合戦	99	60	1.65回
仮名手本忠臣蔵	164	94	1.74回

4　象徴詞の固定化

さらに象徴詞が固定化していく傾向も指摘できる。一つの象徴詞がつねに同じ動詞に接続するようになって、表現の固定化を起こしているのである。

たとえば、「にっこと」という象徴詞がある。声を立てずにうれしそうな笑顔を浮かべる様子を表す。この象徴詞は、浄瑠璃三作品では、次のように「笑う」という動詞にのみ接続している。

○是も戦《いくさ》の門出《かどいで》とにっこと笑ひ立ちにけり。（「頼光跡目論」第五）

○こずゑに蟬のをめいてかかれば。にっこと笑ひ。（「国性爺合戦」第四）

○此の薬師寺へ無作法と。きめ付《つ》くればにっこと笑ひ。（「仮名手本忠臣蔵」第四）

こんなふうに、「にっこと」という擬態語は、浄瑠璃三作品のいずれにおいても、「笑ふ」という動詞に結びついて、固定的な表現になっている。

「にっことす」「にっことなす」「にっこと和す」「にっこと上機嫌」「にっことやり過ごす」「にっこと申す」などと、他の動詞に続けることも可能である。しかし、浄瑠璃三作品では、「にっこと」とくると「笑ふ」という動詞に続けて、「にっこと笑ふ」で固定的な表現になっている。こうした固定化が、「国性爺合戦」「仮名手本忠臣蔵」と時の経過につれて、顕著になっていく。

たとえば、「かっぱと」という象徴詞に注目してみる。「かっぱと」は、勢いよく物事をする様子やその音を表す。この象徴詞は、「頼光跡目論」には見えないが、「国性爺合戦」「仮名手本忠臣蔵」に見られ、時代が下るにつれて、表現が固定化していく様相を呈する。まずは、「国性爺合戦」では、次の三例が見られる。

○乳の下より肝先まで横にぬって刺し通し。あけにそみたる其の有様母は是はとばかりにて。かっぱと臥して正体なし　（「国性爺合戦」第三）

○降達鉾《ほこ》も切りをられ。ゐざり寄ってむんずと組み柳哥君《りうかくん》が持《も》ったる剣《けん》。もぎとらんもぎとらんとねぢ合ふ足をふみためず。のけさまにかっぱと臥す、すぐに乗ってのっかかり。　（「国性爺合戦」第二）

○柳哥君《りうかくん》しっかと取り力に任《まか》せはね返《かへ》せば、舟ばたをふみはづし、まうつむけにかっぱとしづみ。浮きあがらんとする所を榜《かい》も折れよと畳《たた》みかけ。打てばしづみ浮《う》かめば打ち。　（「国性爺合戦」第二）

「かっぱと」の語は、「臥す」に続く場合が二例、「しづむ」に続く場合が一例。「臥す」に接続する場合に固定化し始めていることが伺える。

次の「仮名手本忠臣蔵」になると、「かっぱと」の語は、すべて「伏す」に接続しており、完全に固定化している。

○遠慮会釈《ゑんりよゑしやく》もあら男の。髻《たぶさ》を摑《つか》んで引き寄せ引き寄せ叩き付け。づたづたに切《き》りさいなんだ迚是《とて》で何の腹が癒よと。

恨《うらみ》の数数《かずかず》くどき立てかっぱと伏して泣き居たる。（「仮名手本忠臣蔵」第六）

○サア思ひ置事《おくこと》なしと。刀の切先咽《きっさきのむど》にぐっと指し貫《つらぬ》きかっぱと伏して息絶えたり。（「仮名手本忠臣蔵」第六）

○駈け出《いづ》る大星力弥。捨てたる鑓《やり》を取る手も見せず本蔵が。馬手《めて》の肋弓手《あばらゆんで》へ通れと突き通す。うんと計《ばかり》にかっぱと伏す。（「仮名手本忠臣蔵」第九）

○お命捨《すつ》るはあんまりな。冥加《めうが》の程が恐ろしい。赦《ゆる》して下され父上とかっぱと伏して泣き叫ぶ。（「仮名手本忠臣蔵」第九）

「仮名手本忠臣蔵」では、「かっぱと伏す」という固定的な表現になりきっている。

また、「はったと」という象徴詞も「頼光跡目論」には見えないが、「国性爺合戦」「仮名手本忠臣蔵」に見られ、固定化して行く傾向をおさえることができる。

まず「国性爺合戦」では、

○飛びかかってはったと蹴倒ししめあぐれば。すきをあらせず国性爺。飛びかかって（「国性爺合戦」第五）

○アア寄るまい寄るまいとはったとにらみ。（「国性爺合戦」第三）

「はった」は、「にらむ」「蹴る」の形容として用いられている。ところが、「仮名手本忠臣蔵」になると、「にらむ」時の形容として固定化している。

○館《やかた》の内をふり返りふり返り。はったと睨んで立ち出づる（「仮名手本忠臣蔵」第四）

○舅を殺し金を盗んだ重罪人《ぢうざいにん》は。大身鑓《おほみやり》の田楽刺し。拙者が手料理《てりやうり》振る舞はんと。はったと睨めば（「仮名手本忠臣蔵」第六）

このように、表現が固定化していく傾向を示す語が数多く見られる。

浄瑠璃詞章の象徴詞は、時の経過とともに、類型化・固定化しているのだ。これは、一体、何を意味するのか？浄瑠璃が語りの表現形式を強固にして行く徴証ととらえることができるのではないか。できるだけ異なる語を使って表現に変化を持たせたり、さまざまな語に接続させたりしようとする方向ではなく、表現をパターン化して、語りの表現形式を作っていく方向に歩んでいったことを示すものと考えられる。表現を類型化・固定化すると、語り手にとって記憶しやすい。聞き手にとってもおなじみの表現になって親しみやすい。どちらにとってもメリットを持っていたための変化と考えられる。

しかし、象徴詞を含む表現が類型化・固定化の道をたどると、象徴詞自体の効果が薄れていく。最初に持っていた生き生きした象徴詞の輝きが失われてしまうのだ。浄瑠璃詞章は、それを防ぐために実は工夫をしていた。それは、何か。

5　象徴詞の長大化

一つは、象徴詞を繰り返して長大化させて、目立たせ、効力を維持すること。もう一つは、新しい象徴詞の導入である。

まずは、第一の工夫から。浄瑠璃三作品を比較すると、初期の「頼光跡目論」よりも、「国性爺合戦」「仮名手本忠臣蔵」の方が、象徴詞を長大化させて、目立たせている。

象徴詞は、一箇所に基本型を一回、多くても二回反復させて用いるのが普通である。たとえば、

宙に引き寄せ投げんとすれば、渡辺しとと纏ひて放さざれば、　　（「頼光跡目論」第五）

渡辺が相手に密着して纏わりついて、投げさせなかった場面。「しとと」は、ぴったりと密着する様子を表す擬態語。「しと」という基本型を一回だけ用いている。

時に頼光《らいくわう》御涙をはらはらと流させ給ひ　（「頼光跡目論」第四）

涙を流す様子が「はらはら」。「はら」という基本型を二回反復させたもの。ここまでが、ごく普通の象徴詞である。

ところが、「国性爺合戦」「仮名手本忠臣蔵」になると、基本型を三回以上反復させる象徴詞が目立ち始める。たとえば、

名残は今ぞ夕波の泉水《せんずい》にさらさらさら。落瀧津瀬《おちたきつせ》のもみぢ葉と浮世の秋をせきくだし。　（「国性爺合戦」第三）

のように。「さら」が三回繰り返されている。「さらさら」と二回の反復であれば、目立つことは無かったのに、もう一回「さら」を加えると、普通とは違っているために、「おやっ」と目を引く。象徴詞がきらっと目立つのである。

「仮名手本忠臣蔵」でも、

血に染まる切先を打ち守り打ち守り、拳《こぶし》を握り。無念の涙はらはらはら。　（「仮名手本忠臣蔵」第四）

由良助《ゆらのすけ》が無念の涙を流している場面。涙の落ちる様子は「はらはらはら」。「はらはら」と二回の反復であれば、普通であるから、特段目を引くことは無い。「はらはらはら」ともう一回「はら」が繰り返されると、連続性が強調され、涙の滴り落ちる様子が際立つ。

また、長大化させる時に、次のように、異なる象徴詞を混ぜることもある。まずは、「国性爺合戦」の例から。

國性爺勝時《かちどき》の駒の手綱をかいくって。輪乗りをかけてくるくるくるくるり。くるりと乗り廻しめぐる月日に偽

りのなき世なりけり神無月しぐれて過ぐる。

（「国性爺合戦」第四）

輪形に馬を乗り廻す様子が「くるくるくるりくるり」。「くる」「くるり」という二種類の基本型を合計五回連続して用いている。象徴詞が長いので味わう時間も長くなり、巧みに馬を操る様子が彷彿としてくる。

「仮名手本忠臣蔵」でも、同様である。

弥陀の浄土か塗りに塗り立てぴっかりぴかぴか。光り輝く

（「仮名手本忠臣蔵」第七）

祇園のきらびやかな様子を極楽浄土に見立て、その輝きを「ぴっかりぴかぴか」と形容している。「ぴっかり」と「ぴか」という異なる基本型を混ぜ、合計三回重ねて長大化し目立たせている。

こんなふうに、象徴詞の基本型を三回以上繰り返すことによって、目立たせている場合の種類数を三作品で調査すると、表3のようになる。

表3

	一回	二回	三回	四回	五回	六回	七回	合計
頼光跡目論	16（66.7%）	7（29.2%）	1（4.2%）					24（100.1%）
国性爺合戦	36（60.0%）	13（21.7%）	7（11.7%）	1（1.7%）	2（3.3%）		1（1.7%）	60（100.1%）
仮名手本忠臣蔵	51（54.3%）	33（35.1%）	9（9.6%）	1（1.1%）				94（100.1%）

表3で使用回数が一回、二回の繰り返しは、すでに述べたように、普通であるので、三回以上の反復に注目する。すると、「頼光跡目論」では、三回以上繰り返された象徴詞が、一例しか存在しない。百分率でいえば、四・二%。

それに対して「国性爺合戦」では、三回以上繰り返された象徴詞は合計一一例も存在する。百分率でいえば、一八・四%。「仮名手本忠臣蔵」では、三回以上繰り返された象徴詞は合計一〇例。一〇・七%に当たる。「国性爺合戦」「仮名手本忠臣蔵」では、象徴詞の基本型を繰り返して長大化し、象徴詞の存在を際立たせようとしていることが裏付けられる。とりわけ、近松門左衛門の「国性爺合戦」では、その傾向の強いことが分かる。

次に、「国性爺合戦」「仮名手本忠臣蔵」から、反復によって象徴詞を目立たせている例を二例ずつ挙げておこう。

なんと日本の女子《をなご》見てか。目も鼻も変《かは》らぬがをかしい髪の結ひ様《やう》。かはった衣装の縫ひ様《やう》わかい女子《をなご》もあれであらう。裾《すそ》もつまもほらほらほらほらと。ぱつと風が吹いたら太股《ふともも》まで見えさうな。（「国性爺合戦」第三）

「ほらほらほらほら」は、歩くときに着物の裾や褄がまくれて翻る様子を表す。反復されているので、その様子が強調され、おまけに「ぱつと風が吹いたら太股《ふともも》まで見えさうな」とあるので、その様子がことさらに目に焼き付けられる。

大手の門を押しひらき。切って出づれば寄《よ》せ手の勢《せい》。貝鐘《かいかね》ならし鯨波《ときのこゑ》。大将団扇おっ取ってひらり。ひらりひらひらひらり。ひらめかし。日本流の軍《いくさ》の下知《げぢ》。（「国性爺合戦」第四）

「ひらりひらりひらひらひらり」は、軍配の団扇を余裕たっぷりにひらめかす様子。何回も繰り返されている象徴詞によって、団扇が得意気に長々とひらめかされている様子が目に見える。

「仮名手本忠臣蔵」の例も二例だけ挙げておく。

彼鮒《かの》めが僅《わづか》三尺か四尺の井の内を。天にも地にもない様《やう》に思ふて。不断外を見る事がない。所に彼井戸《かの》がへに釣瓶《つるべ》に付いて上ります。それを川へ放しやると。何が内に計《ばかり》居る奴ぢゃによって。喜んで途を失ひ。橋杭で鼻を打て。即座にぴりぴりぴりぴりと死ます。（「仮名手本忠臣蔵」第三）

井戸の中にいた鮒が川に放たれて、いつもと違う様子に面食らって橋杭で鼻を打って死んでしまう様子を「ぴりぴりぴりぴり」と言ったもの。現代語でいえば、「ぴくぴくぴくぴく」という語に近い。「ぴり」が四回繰り返されることによって、鮒の死にかかっている様子が強調されている。

我等知行《ちぎやう》千五百石。貴様とくらべると。敵《かたき》の首を斗升《とます》で量る程取ても釣合《つりあ》はぬ釣合はぬ。所でやめた。ナ聞えたか。兎角《とかく》浮世はかうした物ぢや。つつてんつつてんつつてんつつてん。（「仮名手本忠臣蔵」第七）

「つつてんつつてんつつてん」は、三味線の音を写す擬音語。「つつてん」を三回も反復させて目立たせている。

6　新しい象徴詞の導入

さらに、新しい象徴詞を導入する事によって効果をあげようとつとめている。

新しい象徴詞であるか否かは、ここでは、『日本国語大辞典』（小学館）の用例を基準にして判断を下すことにする。『日本国語大辞典』の用例は、原則的に年代の古いものから順に掲出してある。だから、最初に掲載されている用例が、辞典作成時に見つけられた最も古い例ということになる。したがって、最初に掲載されている用例と同時代もしくはその用例より古い時代の例であれば、新しい象徴詞と見なせることになる。

では、「頼光跡目論」「国性爺合戦」「仮名手本忠臣蔵」のそれぞれにみられる象徴詞を、『日本国語大辞典』の用例に照らして、新しい語か否かの判定を実際に逐一行なっていくことにする。最初に記したように、「頼光跡目論」の成立年代は、寛文年間（一六六一年〜一六七三年）、「国性爺合戦」の成立年は正徳五年（一七一五年）、「仮名手本忠臣蔵」の成立年は寛延元年（一七四八年）である。

『日本国語大辞典』の最初の例が一六六一年以前であれば、「頼光跡目論」以前にすでにその語は存在していたことになるので、浄瑠璃の例は、新しい語とはみなせないわけである。

具体例で説明してみる。「頼光跡目論」に「むらむらばっと」という象徴詞が出てくる。

暫時《ざんじ》が間《あひだ》に百騎《き》ばかり射落《いお》とされ、さしもに勇《いさ》みし都勢《みやこぜい》、むらむらばっと引《ひ》きにける。（「頼光跡目論」第五）

「むらむらばっと」は、群れになっていたものが、一瞬のうちに四方に散らばる様子を表す象徴詞。『日本国語大辞典』の最初の例は、次の用例である。

幸若・高たち（室町末―近世初）「此陣ひけやといふままにむらむらばっとひいたりけり」

室町末期から江戸初期にかけて成立した幸若舞の「高たち」という曲目に、「むらむらばっと」が見られるというのである。「頼光跡目論」は、寛文年間の成立であるから、『日本国語大辞典』の用例の方が古いことになる。したがって「頼光跡目論」に見られる「むらむらばっと」は、新しい語の導入ではないと判断される。

あるいは、「すんすんと」という象徴詞がある。冷たくすげない様子を表す。現代語でいえば、「つんつん」「つんけん」に該当する。三作品の中では「国性爺合戦」にのみ出現する。

賢女立《けんぢよだ》てしてすんすんとすげなき御身が心を表《へう》し。梅花《ばいくわ》を味方に参らする。（「国性爺合戦」第二）

のように。『日本国語大辞典』をひくと、その意味の最初の例として、「国性爺合戦」の右の例が挙げられている。ということは、「すんすん」は、「国性爺合戦」が新しく作品に導入した象徴詞だと判定してもよいことになる。「国性爺合戦」に見られる象徴詞「ぎっと」「ふっさりと」も、同様に『日本国語大辞典』の最初の例になっている。また、「仮名手本忠臣蔵」に見られる象徴詞「ぐっぐっ」「ひいわりと」も、『日本国語大辞典』の最初の例になっている。したがって、これらの象徴詞も、それぞれの作品で新しく導入した新鮮な象徴詞と判定してもよいことになる。

また、高笑いの声を表す「かんらかんら」という象徴詞。「頼光跡目論」に出現する。

うき世の慰みこれならんと、かんらかんらと打ち笑ひ、

（「頼光跡目論」第二）

のように。ところが、『日本国語大辞典』で「かんらかんら」の最初の例を見ると、次の例が掲げられている。

浄瑠璃・佐々木先陣（一六八六年）「各一度に手をたたき、是々はだか身をゐとらぬか、海は源氏の禁物かとかんらかんらとぞ笑ひける」

一六八六年（貞享三年）成立の浄瑠璃「佐々木先陣」という演目に見られる例が初出例として掲載されている。「頼光跡目論」の成立は、一六七三年以前であるから、「頼光跡目論」の例の方が古いことになる。こうして、「かんらかんら」は、「頼光跡目論」が導入した新しい象徴詞と見なせる。

また、次のような①②③の場合も、新しく導入した象徴詞としてもよいものである。①『日本国語大辞典』に見出し語として掲載されていない特殊な象徴詞、②ふつうとは違って何回も反復させた象徴詞、③文脈に合わせて掛詞にした象徴詞。以下、それぞれの例を簡略に記しておく。まず、①の例としては、「きょろりっと」「びくと」。ともに「仮名手本忠臣蔵」に見られるが、『日本国語大辞典』の見出し語にはない。見出し語にならないということは、その語があまり一般的ではないという証拠と考えられるので、新しい象徴詞の例として処理してもよかろう。

②の例としては、

山風谷風さっさっさっと雲のかけ橋吹き切って。大将始め五百余騎。どたどたどたと落ちかさなり

（「国性爺合戦」第四）

にみる「さっさっさっと」「どたどたどたと」。辞書の見出し語は、一般的に使われる語を掲出しているから、こう

した反復回数の多い特殊例は見出し語にならない。また、次例のように、種類の異なる象徴詞の反復を組み合わせたものもある。

秋の夜討の国性爺乗ったる駒の轡虫。月松虫の。聲すみ渡り。しんしんりんりんしづしづしづと。堀ぎは近く攻めよせて。（「国性爺合戦」第四）

「しんしんりんりんしづしづしづ」は、国性爺が用心深く駒を進め、敵方の堀際の近くまで攻め寄せる様子を表す象徴詞。「りんりん」は、辺りに響き渡る鈴虫の声に由来する象徴詞。「しんしん」「しづしづしづ」は、辺りの静まり返った様子や駒を進める様子を写す象徴詞。辞典に出てくるはずもない特殊例である。これらの例も新しい象徴詞の導入と判定してもよかろう。

③の例としては、

いかな粋めも。現ぬかして。ぐどんどろつくどろつくや（「仮名手本忠臣蔵」第七）

「ぐどんどろつくどろつく」は、遊里に響く太鼓の音。「どんどろつくどろつく」なら、なるほど太鼓の音だと納得する。しかし、ここは、語頭に「ぐ」が付いて「ぐどん」となっている。そこで遊びほうける人たちを揶揄して「愚鈍」の意味を掛けた象徴詞になっている。こうした象徴詞も、辞典に出てくるはずもない。その作品の作り出した新しい象徴詞と認められる。

以上のような基準で、新しい象徴詞を導入したものと認められた例を、作品ごとに、列挙してみる。

「頼光跡目論」で新しさのある象徴詞は、次の一例である。

かんらかんらと

「国性爺合戦」で新しさのある象徴詞は、次の一三例である。

ぎっと　ふっさりと　すんすんと　かちかちかち　さっさっさっと　さらさらさら　たぢたぢたぢ　どうどう　どたどたどたと　ほらほらほらと　くるくるくるりくるりと　しんしんりんりんしづしづと

ひらりひらりひらひらひらり

「仮名手本忠臣蔵」で新しさのある象徴詞は、次の一五例である。

ぐっぐっ　ぞべらぞべら　きょろりっと　ひいわりと　びくと　こそこそこそ　てうてうてうと　ばたばたばたと　はらはらはら　ぴりぴりぴりぴり　ぶらぶらぶら　かっちかち　ぐどんどろつくどろつく　つつてんつつてんつつてん　ぴっかりぴかぴか

これらの例をそれぞれの作品の異なり語数で割って、新しい象徴詞の比率を求めたのが、表4である。

表4

作品名	作品全体の象徴詞	新象徴詞数	新象徴詞の割合
頼光跡目論	24	1	4.2%
国性爺合戦	60	13	21.6%
仮名手本忠臣蔵	94	15	16.0%

表4から、「頼光跡目論」では、新しい象徴詞は、一種類。作品全体の象徴詞の異なり語数（種類数）は二四種類だから、百分率にすると、四・二%が新しい象徴詞ということになる。

それに対して、「国性爺合戦」では、新出の象徴詞が一三種類。象徴詞の種類数は六〇種類だから、二一・六%が新しく導入した象徴詞である。また、「仮名手本忠臣蔵」では、新しい象徴詞が一五種類。象徴詞の全種類数は九四種類であるから、一六・〇%が新出の象徴詞であったことになる。

こうして時の経過に従って、類型化・固定化していく象徴詞に対して、新しい象徴詞を導入して、象徴詞を活性化させ、その効果の低下を防いでいたことが明らかになる。

7　おわりに

以上、語り物である浄瑠璃詞章に見られる象徴詞に焦点を当てて、浄瑠璃の発達に従ってその性質をどう変容させているのかを追究してみた。

その結果、「頼光跡目論」「国性爺合戦」「仮名手本忠臣蔵」の三作品は、時の経過にかかわらず、いずれも象徴詞を同じくらい多用していた。つまり、浄瑠璃詞章では、古浄瑠璃の時代から象徴詞を多用し、その効果を利用していたのである。

しかし、浄瑠璃が発展するにつれて、象徴詞は類型化・固定化の度合いを増していった。語りの表現パターンの形成に一役買っていたためである。だが、そうなると、象徴詞本来の効果が出にくくなる。

そこで、「国性爺合戦」「仮名手本忠臣蔵」では、①象徴詞の長大化を図ったり、②新しい象徴詞を導入することによって、その効果が減じないような工夫を凝らしていた。特に、浄瑠璃を隆盛に導いた近松門左衛門は、「国性爺合戦」に見るように、その工夫の度合いが卓越していた。既成の象徴詞を改良し、反復回数を増やして長大な象徴詞を作って際立たせ、新しい象徴詞を作って作品に取り込み、象徴詞の効果を最大限に引き出す工夫を凝らしていた。

こうした変容は、実は、象徴詞を多用する語り物の普遍的な側面ではないかと、私は考えている。その実証が次なる課題である。

オノマトペ研究の私的回顧

1　四三年前の国語学会で

いつのまにか自分が長老と思われてしまう年齢になったんですね。こういう特集号の巻頭エッセイを頼まれるのですから。でも、嫌がっているわけではありません。昔のことを知らない若い人たちがふえているので、自分が擬音語・擬態語研究をやり始めた時のことなどを語るのはそれなりに意味のあることだと思えるからです。いささか気恥ずかしいところもありますが、自分の擬音語・擬態語研究の道をふり返り、できるだけありのままに語ることにします。

私が、国語学会（現、日本語学会）で、擬音語・擬態語についての研究発表をしたのは一九七二年のこと。四三年前になります。私は、平安文学作品の文体研究をしているうちに、擬音語・擬態語研究の必要性を痛切に感じたのです。というのは、ご存じのように、平安文学作品の原文には濁点が記されていない。だから、校訂者によって実にまちまちの読みがされている。たとえば、「こほこほ」と表記されている擬音語に対しては、①こほこほ、②こぼこぼ、③ごほごほ、④ごぼごぼ、ざっと四通りの読みがなされているのです。擬音語・擬態語以外の普通語なら、濁音で読もうが清音で読もうが意味内容に変化があるわけではない。でも、擬音語・擬態語は発音が意味に直結している言葉ですから、濁音に読むのか清音に読むのかは重要です。「ぎらぎら」と濁音で怪しげな感じを出したいのに、「きらきら」と清音で読まれたら、困ります。「きらきら」と「ぎらぎら」は、意味内容が違っているのですから。にもかかわらず、現実には読みに関して全く無配慮。甚だしい場合は原文に「はくと」と記されている擬音語を現代語の感覚で「ぱっぱっと」と本文を改めて平気でいたりする。そのくらい擬音語・擬態語は、軽視され、研究もされていなかったのです。私は、それがとても残念で一念発起して平安時代の擬音語・擬態語の清濁を語音構造と語誌から解明しようとしたのです。その研究成果を学会発表したのが、四三年前の国語学会春季大会でした。二九歳でした。

タイトルは「中古象徴詞の語音構造」。私が真面目な顔で発表しているのに、どういうわけか、会場にどっと笑いが起きました。「水、水分に関連する擬音語・擬態語においては、第二音節は常に『ぶ』である。がぶがぶ・ざぶざぶ・だぶだぶ・どぶどぶ・ゆぶゆぶ。したがって、水・水分に関連する擬音語・擬態語の第二音節に『ふ』の文字がある場合は『ぶ』である蓋然性が高い」と述べた時でした。後で人に聞くと「擬音語・擬態語にそんな法則性があることなんて考えたこともなかったから、意表をつかれて思わず笑ったのだ」と教えてくれました。擬音語・擬態語研究がいかになされていなかったかがよく分かると思います。

この研究の後、撥音・長音・促音に関する問題を含む擬音語・擬態語の読みについても研究をしました。これらの研究は、私の最初の著書『平安文学の文体の研究』（明治書院）に収めてあります[1]。

2　優れた論文に啓発される

その研究の時から集中的に読み始めた擬音語・擬態語研究論文の中で、今なお鮮明に記憶に残っている数編の論文があります。まず、森田雅子「語音結合の型より見た擬音語・擬容語―その歴史的推移について―」（『国語と国文学』三〇巻一号、一九五三年一月）です。擬音語・擬態語を「ＡＢＡＢ」「ＡＢ」「ＡＢリ」などとパターン化して、歴史的推移を明らかにした鮮烈な論文でした。擬音語・擬態語には語型があり、現代語では小林英夫[2]が分類していましたが、その語型が歴史的に推移することを解明した画期的な論文でした。

壽岳章子「擬声語の変化」（『西京大学学術報告　人文』第七号、一九五六年三月）と渡辺実「象徴辞と自立語—音と意味（一）—」（『国語国文』二一巻八号、一九五二年九月）も、面白い論文でした。擬音語と普通語との連続的な関係を、壽岳さんは語彙的に、渡辺さんは文法的に明らかにしており、説得力がありました。

そして、私が最も感銘を受けたのは、橋本進吉「駒のいななき」（『国語音韻の研究』岩波書店、一九五〇年八月所収）や亀井孝の「春鶯囀」（『国語学』三九、一九五九年一二月）、「お馬ひんひん」（『国語国文研究』一五、一九六〇年二月）、「すずめしうしう」（『成蹊国文』三、一九七〇年三月）の論です。緻密な論の進め方に、私はまず圧倒されました。でも、同時にこんなことも感じたのです。「ああ、こういう鳥や獣の声をうつす言葉を国語学であつかってもいいのだ」と。むろん、お二方の研究は音韻的な問題を明らかにするために動物の鳴き声を写す言葉が使われているのであって、動物の鳴き声を表す言葉そのものに焦点を当てたものではありません。でも、ヒントをもらったのです。動物の声を写す擬音語そのものに焦点を合わせた研究があってもいいのではないか。ユニークな擬音語が多い鳥の声をさしあたりターゲットにして語史をたどってみよう。まだ、誰も研究をしていないから、きっと今までに知られていない新事実が出てくる。そう思って、鳥の鳴き声を表す言葉の研究に突入していったのです。

3　ちんちん千鳥のなく声は

一九八五年三月に『日本の美学』（ぺりかん社）という雑誌に論文を依頼されたので、「鳥声の系譜」というタイトルで、カラス・ウグイス・ホトトギスの鳴き声を写す言葉の歴史を追究しました。全く同じ時期に『日本語学』

（明治書院）から一年間の連載を依頼され、鳥の声を表す言葉の推移を明らかにする論を毎月書きました。「哀切な鳥声」「怪鳥ヌエの声」「ちんちん千鳥のなく声は」「ちいちいぱっぱ考」「ふくろうの声」「鳴け鳴けトンビ」などと。ほとんど研究されていない分野だったので、分からない事柄ばかりでした。私は資料集めから始め、それぞれの鳥の声を写す言葉の系譜を荒削りではあるけれど、自分で作り上げていきました。

いよいよ本にまとめるほどの分量になってきました。研究書としてまとめるか、多くの人に読んでもらえる一般書としてまとめるかで悩みましたが、研究で明らかにできたことを多くの人に早く伝えたいという思いが勝ちを占め、一般書として出すことにしました。この決定は、その後の私の本の出版形態を方向付ける結果になりました。これは、多くの人文系の研究者がいつか直面する問題の一つだと思います。

私は、それまでの原稿をもとに、もう一度一貫した視点のもとに新たに書き起こし、一九八九年に『ちんちん千鳥のなく声は―日本人が聴いた鳥の声―』（大修館書店）を出版しました。そこでは、鳥の声を写す言葉の歴史を文化史と絡めながらとらえるという一貫した視点を打ち出しました。というのは、鳥の声を写す言葉の歴史を調べていると、その鳴き声を写す言葉の背後にはその時代の人々の生活がにじみ出ていることに気づいたからです。たとえば、ヌエ（今のトラツグミ）の声。平安貴族は、その鳴き声を「火《ひ》ー」「死《し》ー」と聞いておびえ、外出を控えたり、呪文を唱えたりしているのです。またフクロウの声は、江戸時代の人々にとっては天気予報の声だったのです。「ほーいほーい糊摺り置け」と聞こえたら、明日は晴れ、「ほーいほーい糊取り置け」と聞こえたら、明日は雨、というぐあいに。鳥の鳴き声を写す言葉には、その時代の人々の風習が映し出されていたのです。

個々の鳥の鳴き声の歴史をたどっていくと、新しい事実が次々と現れてきました。たとえば、われわれ現代人のよく知るウグイスの声「ほーほけきょー」、カラスの声「かーかー」、ホトトギスの声「てっぺんかけたか」は、実はすべて江戸時代からの聞き方にすぎなかったこと。それ以前の鳴き声を写す言葉は、われわれの知らない面白い鳴き声にあふれていること。さらに、「うぐひす」「からす」「ほととぎす」「すずめ」「かり」「がん」という鳥名は、すべてその鳴き声を写す言葉に由来するものであったこと。そのことに現代人が気付かないのは、鳴き声を写す言葉が時代によって大きく変化してしまっているからであること。毎日が、楽しい発見の連続でした。特に、江戸時代の人々のウィットに富む聞き方には思わず笑ってしまうこともありました。

出版すると、びっくりするような事実が多かったらしく、予想を越えて多くの新聞や週刊誌、テレビ・ラジオといったメディアにとりあげてもらいました。特に、文化史とからめて追究したので、文化人類学の分野の人々が喜んでくれたことが記憶に残っています。なお、この本は、二〇〇八年には『ちんちん千鳥のなく声は―日本語の歴史　鳥声編』として、講談社学術文庫からも刊行され、手に入りやすい形になっています。

『ちんちん千鳥のなく声は』を出版した後、私は、われわれにもっと身近な動物の声を写す言葉の歴史を明らかにしたいと思い始めていました。

4　犬は「びよ」と鳴いていた

動物の声といいましたが、実は、若い時から気になって仕方のないことがありました。私の出発点は、先ほども言いましたように、平安文学の文体の研究でした。ですから、平安文学作品はよく読んでいました。その中で『大鏡』に出てくる犬の声が何とも納得できなかったのです。「ひよ」と書いてある。どの校訂本を見ても「ひよ」となっている。頭注には、「犬の声か」と記してあるだけなんです。「そんなバカな。ヒヨドリじゃあるまいし、犬が『ひよ』なんて聞こえる声で鳴くわけないでしょ！　でも、待てよ、ここは極楽往生した犬だから普通の犬と違って『ひよ』と聞こえる声で鳴いているのかもしれない」などと、一人であれこれ考えて未解決のまま、ずっと頭の片隅にひっかかっていました。

一九九二年、私に「動物たちの声を聞く」というシリーズ名で『月刊言語』（大修館書店）に半年ほど連載してほしいという依頼が来ました。『ちんちん千鳥のなく声は』の刊行後、動物の声を写す言葉の歴史を明らかにしたいという思いを持っていましたので、いそいそと引き受けました。

まず、最初は犬の声です。長年気になっていた「ひよ」の解明です。「昔の犬は何と鳴く」（『月刊言語』二一巻一号、一九九二年一月）と題して、犬の鳴き声を写す言葉の歴史を追いました。すると、日本人は江戸時代まで犬の声を「びよ」と聴いていたことが判明しました。「ひよ」ではなく、「びよ」だったのです。私たちのよく知る「わんわん」の声は、江戸時代からの聞き方だったのです。

なぜ、「びよ」から「わん」に変わったのか？　調べてみると、犬の生活環境の変化に呼応していました。江戸時代から、犬は家で綱を付けて飼われるようになり、家犬化していきます。生活が安定してくると、犬の声もオオカミ的なドスのきいた低く強い声から高く弱い声に変わる。それが、「わん」と写された。こういった今まで明らかにされていなかった事実に、私は再び夢中になり、猫の声、鼠の声、牛の声、馬の声、狐の声を写す言葉の歴史を連載していきました。連載が終わって、書いた原稿はそのままになっていました。

その後、私はこうした動物の声を写す言葉の歴史を含みこんだ擬音語・擬態語全体の推移が知りたくなり、研究を続けました。流行語と同じように泡沫のごとく消え失せるとみなされている擬音語・擬態語は、一体どのくらいの寿命を持っているのか？　擬音語・擬態語の語型は、どういう栄枯盛衰の歴史を持っているのか？　古典の擬音語・擬態語は、現代のそれとは違った独特の機能があるのではないか？　こうしたことを明らかにする論文を書いていきました。これらの擬音語・擬態語の大きな歴史的推移をあつかった論を第一部として、犬の声をはじめとする動物たちの声を写す言葉の歴史をあつかった論を第二部として出来上がっているのが、『犬は「びよ」と鳴いていた―日本語は擬音語・擬態語が面白い―』（光文社新書、二〇〇二年八月）です。これも、論文集の形にしないで、一般向けの新書にして刊行したのは、研究の結果明らかになったことを多くの人と共有したいという思いからです。『ちんちん千鳥のなく声は』の出版から一三年もたっていました。

5　擬音語・擬態語辞典

拙著『犬は「びよ」と鳴いていた』の中に、「辞典の中の擬音語・擬態語」の一章が入っています。そこで、私は「日本人が読んで『なるほど』と納得し」満足するような擬音語・擬態語辞典を作りたいと述べておきました。実は、この章を書いた時には、すでに二〇〇三年秋に刊行する予定の『暮らしのことば　擬音・擬態語辞典』が、形を取り始めていました。

それまでに擬音語・擬態語辞典は、十数種類刊行されているのですが、日本語を学ぶ外国人や翻訳者のためのものでした。その中には、浅野鶴子編『擬音語・擬態語辞典』[3]や阿刀田稔子・星野和子著『擬音語擬態語　使い方辞典』[4]などの、しっかりした意味分析と類義語との違いを説明している辞典もあって、いいなあと思います。でも、狙いは日本語習得のための辞典なのです。

日本人をも満足させるための辞典になるためには、深さや豊かさ、つまり、知られていなかった情報を盛り込む必要があります。たとえば、「こけこっこー」の説明は、「鶏の鳴き声」とあるだけでは満足しないのです。みんな知っていますから。普通の日本人が知らない情報を盛り込む必要があるのです。たとえば、われわれのよく知る鶏の声「こけこっこー」は、明治時代からの聞き方にすぎないのだ。江戸時代では、鶏の声を「とーてんこー」と聞いていた。しかも、どう書き表していたかというと「東天光」と書いて「とーてんこー」と読ませる。「東の天は光」とは、なんとウィットに富む表記なのか。夜明けに鳴くニワトリの声にぴったりである、とか。江戸時代には屁《おなら》で「とーてんこー」と鶏の鳴き声をまねる見世物まで出現し、大繁盛していたのだ、とか。こうしたふつうの日本人の知らなかった歴史的な情報を盛り込んでいけば、深みと豊かさのある擬音語・擬態語辞典が出来るはずです。背後に歴史のない解説は、実用には耐えますが、文化史の厚みを添えてくれません。擬音語・擬態語辞典が日本人をも満足させるためには、歴史的な観点から見た解説を加えることです。私は、豊饒な日本の文化史が息づいている擬音語・擬態語辞典を目指しました。こうした思いを込めて作り上げた辞典が『暮らしのことば　擬音・擬態語辞典』（講談社、二〇〇三年一一月）です。

私一人では、執筆に時間がかかりすぎるので、一四人の先生方に協力していただきました。執筆者陣は、月一回集まってはコンセプトを統一し、原稿の質を揃えるという作業をしました。出版社が一か月分の新聞と週刊誌からピックアップしてくれた擬音語・擬態語の用例を基礎資料として、不足している用例は、執筆者各自が独力で調査し補い、新しい事実の解明に力を注いで原稿を書いてくれました。

私は、項目の解説のほかに、自分でテーマを決めて、二〇のコラム欄を執筆しました。「オランダ鶯は何と鳴く？――落とし話と擬音語――」「音は社会を映し出す――擬音語が語るもの――」「もとは擬音語！――名前のルーツ――」「国によって異なるのは、なぜ？――世界の擬音語――」「オノマトペの創造――詩と擬音語・擬態語――」などをはじめとする二〇のコラム欄です。私のそれまでの研究成果を圧縮して最も分かりやすい形で書きました。コラムを読んだ読者が「あら、そうだったの。知らなかった」と言ってくれるように、力を込めて書きました。(5)

また、擬音語・擬態語は感覚的な言語なので、ビジュアル情報も入れた方が分かりやすい。敏腕編集者の努力で、赤塚不二夫・あさりよしとお・上田まさし・うえやまとち・東海林さだお・蛭田達也・松本零士といった錚々たるコミック作家の絵柄の引用がかない、辞典のページを一層楽しいものにしてくれました。これなら、外国人にも分かります。

こうして誕生した『暮らしのことば　擬音・擬態語辞典』は、有難いことに、二〇一五年五月に講談社学術文庫から『擬音語・擬態語辞典』として装い新たに再出発しました。さらに、一般の人の手に入りやすくなったのです。

6　語源の追究に応用

最近は、いままでと一味違う擬音語・擬態語研究をやっています。語源の追究に擬音語・擬態語を選択肢においてみるということなのです。擬音語・擬態語にルーツを持つ普通語は意外に多い。というのは、擬音語・擬態語というのは、言葉の誕生に密接にかかわる言葉だからです。(6)生まれの新しい普通語も、擬音語・擬態語から日夜誕生しています。たとえば、我々に身近な普通語の「パチンコ」。いつもカタカナで書かれているので、戦後日本に入ってきた外来語かと一瞬錯覚してしまう。けれども、調べてみると、昭和初期の子供のおもちゃ「ぱちぱち」「がちゃんこ」の言い方が融合してできた擬音語出身の言葉であることが突き止められます。(7)また、「ばった物《もん》」「ばった品《ひん》」「ばった屋」の「ばった」も、江戸時代の「安売りで」「安値で」といった意味を持つ「ばったり」という擬態語出身の言葉であることが判明します。(8) こういう比較的新しい普通語で、擬音語・擬態語に関係のありそうな言葉をとりあげて、月刊誌『清流』（清流出版）に、毎月連載しています。(9) 語源を考えるときに、擬音語・擬態語を選択肢に入れておくと、意外に大きな成果がもたらされます。この方向の研究も、考えてみれば擬音語・擬態語の歴史的推移を探るという方向の延長上です。なあんだ、自分は結局つねに擬音語・擬態語の歴史を追い続けていたんだ、と今更ながら気づかされます。

近年は、擬音語・擬態語研究が日本語学の分野のみならず、いろんな隣接分野でも盛んになされており、私の若い時の状況と隔世の感があります。英語学・ドイツ語学・中国語学・韓国語学などで、日本語の擬音語・擬態語と比較して、その差異と共通性を明らかにする対照言語学的な研究も大きな成果をあげています。また、言語心理学的な研究でも面白い実験結果が報告されたりしています。たとえば、擬音語・擬態語を使って表現すると、普通語で表現した時よりも、記憶に残りやすく、効果的だという結果が報告されている。(10)「風がぴゅーぴゅー吹く」という擬音語を使った文は、「風が強く吹く」という普通語「強く」を使った文よりも記憶に残ったというのです。また、握力を高めるときに「強く握って」と指導した場合よりも「ぎゅっと握って」と擬態語で指導した場合の方が、握力の数値が高くなったという報告もある。(11) 擬音語・擬態語が、普通の言葉とは違って、私たちの感覚にじかに訴えかける力があることを証拠立てる報告です。

日本語学をはじめ、さまざまな分野でなされている擬音語・擬態語研究(12)を、私は頼もしく思い心から喜んでいます。

注

（1）　本著作集5『オノマトペの歴史1　その種々相と史的推移・「おべんちゃら」などの語史』にも、それぞれ「中古象徴詞の語音構造(1)―清濁に問題のある語例を中心に―」「中古象徴詞の語音構造(2)―撥音・長音・促音に関する問題をふくむ語例を中心に―」として収録。

（2）小林英夫「国語象徴音の研究」『文学』一巻八号、一九三三年一一月。

（3）浅野鶴子編『擬音語・擬態語辞典』角川書店、一九七八年四月。

（4）阿刀田稔子・星野和子著『擬音語擬態語　使い方辞典』創拓社、一九九三年五月。

（5）これらのコラム欄は、本著作集5『オノマトペの歴史1　その種々相と史的推移・「おべんちゃら」などの語史』にも、「擬音語・擬態語　二〇のコラム」として収録。

（6）言語の起源に関しては諸説あるが、擬音語・擬態語説も有力である。

（7）「ちょっと意外な言葉の話―パチンコ―」『清流』二二巻八号、二〇一五年七月。注（9）参照。

（8）「ちょっと意外な言葉の話―ばった屋―」『清流』二二巻九号、二〇一五年八月。注（9）参照。

（9）連載は、二〇一四年八月から現在に至る。この間に取り上げた言葉は「ざっくばらん」「おべんちゃら」「そうすかん」「じゃじゃ馬」「てんてこ舞い」「とんとん拍子」「ぐる」「とことん」「いちゃもん」「へなちょこ」「たんぽぽ」「ぺんぺん草」「パチンコ」「ばった屋」。本著作集5『オノマトペの歴史1　その種々相と史的推移・「おべんちゃら」などの語史』には、その後の連載で取り扱った「ひいらぎ」「はたはた」「とろろ汁」「しゃぶしゃぶ」「おじや」「どんぶり」「トンカチ」「ぶらんこ」「がさつ」「くるま」の語史も収録してある。

（10）丹野眞智俊「7章　記憶にいかす」（丹野眞智俊編著『オノマトペ《擬音語・擬態語》をいかす』あいり出版）二〇〇七年四月。

（11）小谷欣也「5章　教育にいかす」（丹野眞智俊編著『オノマトペ《擬音語・擬態語》をいかす』あいり出版）二〇〇七年四月。

（12）研究の裾野の広さは、篠原和子・宇野良子編『オノマトペ研究の射程―近づく音と意味―』（ひつじ書房、二〇一三年四月）でも実感される。

III

「おべんちゃら」などの語史

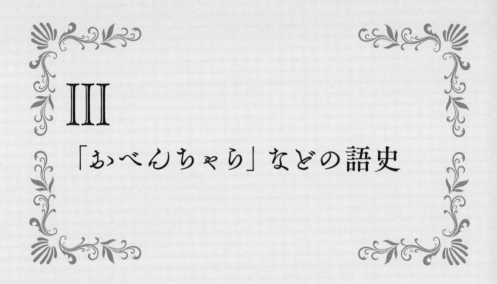

いちゃもん

1 辞書に出ていなかった!

小松はあせって、俺のとこに吹っ飛んできた。「いちゃもんつけられた」「バカヤロウー、いちゃもんつけられて、引っ込むやつがあるか」俺は出てった。喧嘩は強くないのに、好きなんだよね。

歌手の松山千春が、一九七九年に出版した『足寄《あしょろ》より』(小学館、図1参照)の一節である。足寄高校生の時、番長として名をはせた松山の面目躍如の場面。話し言葉で綴られたこの自伝には「いちゃもん」がしばしば使われている。「いいがかり」とか「なんくせ」の意味で、あまり品のいい言葉ではないけれど、日常会話でよく用いる。

にもかかわらず、五三万語を収録した日本最大の国語辞書『日本国語大辞典』(小学館)第一版には、「い

図 1　「いちゃもん」の言葉がよく出てくる作品。左頁は松山千春『足寄より』（小学館、昭和 54 年）の口絵写真

ちゃもん」の語が掲載されていなかった！　この辞書は、一〇年余りの歳月を費やして編集が行なわれ、一九七二年（昭和四七年）一二月から刊行。四年がかりで全二〇巻の完成を見た最も権威ある国語辞書である。私も大学院時代にその辞書に掲載された用例が原文どおりかという点検作業のアルバイトをしていた。その辞書に「いちゃもん」の項目がなかったのだ。読者から「いちゃもん」の項目がないことを指摘されて、第二版『日本国語大辞典』で「いちゃもん」の項目が追加されている。

その辞書の編集に力を尽くした松井栄一さんによると、他の国語辞書にも「いちゃもん」の語は収録されておらず、まさに『日本国語大辞典』第一版の刊行と時を同じくする一九七二年の『新明解国語辞典』初版に初めて「いちゃもん」が掲載されたという[1]。「いちゃもん」は、それ以前の国語辞書には掲載されていない言葉なのである。一体どういうことなのか？　それを考えるのがここでのテーマ。

2「いちゃいちゃ」との関係は？

そもそも、「いちゃもん」って、どうやってできた言葉なのか？「いちゃ」と聞くと、私たちはすぐに「いちゃつく」「いちゃいちゃ」という言葉を思いだす。でもなあ、「いちゃつく」「いちゃいちゃ」は、男と女が体を寄せ合ったりして、なれなれしく戯れている動作や様子だから、「いちゃもん」の「いちゃ」とは関係ないだろうなあ。そう考える。

でも、よく考えると、関係がある。というのは、男と女がなれなれしくふざけ合ったりしていると、いつしか言い争いになり喧嘩になったりするからである。「いちゃつく」も、男女が仲睦まじげにふざけ合うという意味の他に、「ぐずぐずする」「もめる」という意味が江戸時代にすでに派生しているのだ。

今この毒薬を吞《のま》ふか吞《のむ》まひかと、いちゃつく所に、（洒落本『新吾左出放題盲牛《しんござでほうだいもうぎゅう》』[2]一七八一年）

厄介な居候が、主人夫婦の仕打ちに嫌気がさし、毒薬を飲もうか飲むまいか「いちゃつく」場面。「いちゃつく」は、「ぐずぐずする」「ひまどる」という意味。その名詞形「いちゃつき」は、「もめごと」の意味。

何かいちゃつきが過《すぎ》て二階をとめられたを（洒落本『柳巷訛言』一七八三年）

のように、使っている。

「いちゃ」だけでも、次のように「言い争い」「もめごと」を意味する。

此事が彼女《きゃつ》に知《し》れたら、口説《いちゃ》の種（洒落本『南遊記』四、一八〇〇年）

「いちゃいちゃ」も、男女が戯れたりする様子を表す場合もあるが、ぐずぐず言い争っている様子も表す擬態語。名詞化して「談論談論《いちゃいちゃ》の最中」（洒落本『南遊記』四、一八〇〇年）のようにも使う。

さて、「いちゃもん」の「いちゃ」は、ぐずぐずと言い争うという意味の「いちゃいちゃ」「いちゃつく」からきた「いちゃ」。それに「文句《もんく》」の「もん」を付けたもの。「文句をつける」というが、「いちゃもん」も「いちゃもんをつける」というから、「文句をつける」の「もん」であることは明らか。

でも、「いちゃもんをつける」は、「文句をつける」よりも、もっとぐずぐずとうるさく言いがかりをつけている感じが出るのは、「いちゃ」という擬態語が効いているから。それにしても、「いちゃもん」は、一体何時から見られる言葉なのか？

3　戦後生まれの「いちゃもん」

「いちゃもん」という言葉の素材となった「いちゃつく」「いちゃいちゃ」は江戸時代に出現している。「もんく」も明治初年には出現している。ところが、それらを組み合わせた「いちゃもん」は、昭和も四〇年代になってようやく資料に姿を現すのである。

「あれは気イつけや、いちゃもんつけてくるよって」

（野坂昭如「影の地帯・潜入ルポ1」『宝石』昭和四一年（一九六六年）一一月号）

これは、松井栄一さんが探した「いちゃもん」の最も古い例。[3] 私も探してみたが、残念ながら、昭和四一年をさかのぼる例を見つけ出すことはできなかった。松井さんは、「いちゃもん」の用例がこの時期まで現れないことについて、二つの可能性を述べている。

「いちゃもん」という複合はずっとのちにできたということなのだろうか。それとも幕末ごろから使われてはいたが文字化される機会が少ないために広まらなかったということなのだろうか。

私は、前者の方が妥当だと考えている。つまり、「いちゃもん」という言葉そのものの誕生が新しいために、昭和四〇年頃まで資料に出現しないのだと推測している。というのは、素材となった言葉自体は古いのに、それを組み合わせて作った俗語は、誕生の新しいことが多いからである。たとえば、「鍵っ子」。「鍵」も「子」も奈良時代から見られる古い言葉である。でも、それを組み合わせた「鍵っ子」は、昭和三〇年代に生まれた俗語なのだ！ 「いちゃもん」も、「鍵っ子」と同じように、昭和三〇年代に「いちゃ」と「もんく」を組み合わせて誕生してきた新語であろうと考えている。だから、『新明解国語辞典』以前の辞書には掲載されなかった、そう考えている。

注

(1) 松井栄一『続・国語辞典にない言葉』(南雲堂、一九八五年)

(2) 『洒落本大成』第一一巻(中央公論社、一九八一年)所収。

(3) 松井栄一『続・国語辞典にない言葉』(南雲堂、一九八五年)

おじや

1 「おじや」と「ぞうすい」

「おじや」と「ぞうすい」、よく似ている食べ物である。現在では、この両者を区別しようとする傾向がある。たとえば、「おじや」は汁気が少ないのに対し、「ぞうすい」は汁気が多いものをさすとか。「おじや」は、米粒が残らないほど煮込んだものを言うのに対し、「ぞうすい」は、米粒が残っているものを言うとか[1]。でも、元をたどると、全く同じものを意味する言葉なのだ[2]。ただ、出自が違う。「おじや」は一体どこから出てきて、どのようにしてできた言葉なのか？　ここで明らかにしたいテーマである。

まず、「おじや」よりも「ぞうすい」という言葉の方が先に出現している。室町時代中期の『文明本節用《ぶんめいほんせつよう》集《しゅう》』に「増水」と漢字表記されて登場している。ごはんに水を加えてつくるから「増水」なのだ。室町時代後期になると、魚、鳥肉などのうまいものを入れて煮るようになったことが、『玉塵《ぎょくじん》』（一五六三年）の記述か[3]

ら分かるが、相変わらず「増水」と書かれている。雑多な具材をいれて煮る料理名にふさわしい「雑炊」という漢字が当てられるようになったのは、江戸時代から。以後、「ぞうすい」の表記は、「雑炊」となっている。

「雑炊」は、「増水」という言葉からできたものだから、漢語である。だから、天皇や院の御所に仕える女房たちが口にする言葉としては、やや武骨。もっと上品でなだらかな言い方は、ないのか。「雑炊」には、味噌を入れる。それにヒントを得て、女房たちは「雑炊」のことを「おみそうず」「おみそう」「おみそ」という言い換え語を使い出した。「おみそみず」から音変化してできた言い換え語であろう。室町中期の『大女臈御名《おおじょうろうおんな》之事《のこと》』[4]にも、「雑炊」のことを女房詞では「おみそう」と記されている。女房詞というのは、宮中に仕える女房たちが用いる優美な言い換え語である。一般には「なすび」というのに対し、女房たちは「おなす」と言い換える。「ひやみず」を「おひや」と言い換える。一般語の下部を省略して、語頭に「お」をつけて美化するパターンが多い。

さて、女房たちは、「雑炊」のことを「おみそ」「おみそう」などと言い換えて使ったのだが、問題が生じた。調味料の「みそ」と混同しやすいのだ[5]。他の言い換え語を創る必要が出て来た。

2　女房詞が、一般に普及

そこで出て来たのが「おじや」という言葉。元禄五年（一六九二年）の『女重宝記』[6]は「いれみそは　おじや」と記している（図2参照）。「味噌を入れた粥は、おじやという」という意味である。また、同年刊行の『女中詞』[7]も「おみそ　おじや　雑炊」と記している。女中詞というのは、女房詞と同じ。女房詞である「おみそ」

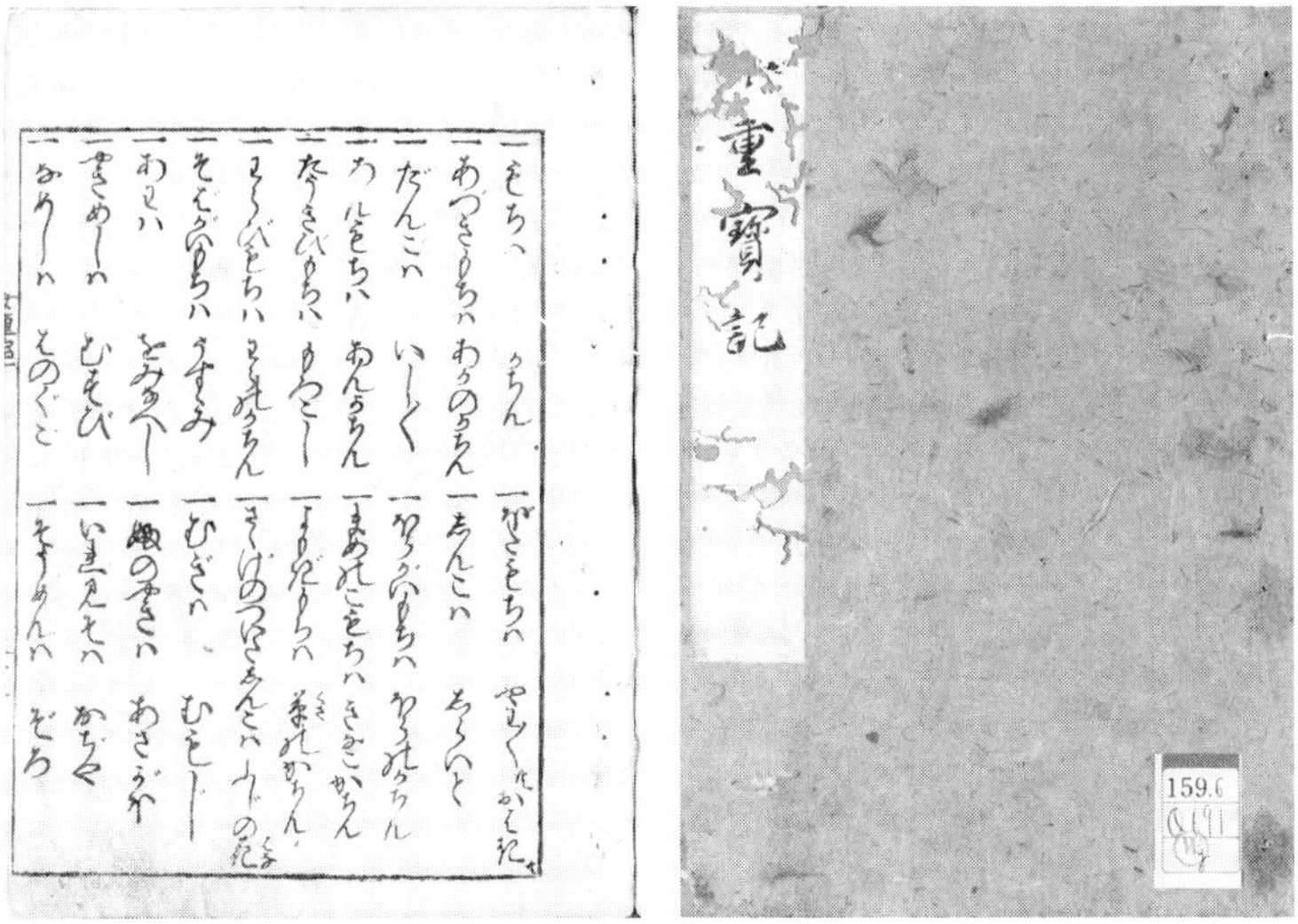

図２　左頁の終わりから２行目の下段に「一いれみそハ　おぢや」とある。味噌を入れたお粥を「おじや」と言っていたのだ。（『女重宝記』元禄５年刊。国立国会図書館蔵）

に次いで「おじや」が用いられ、それらは「雑炊」と同じものを指すことが分かる。「おじや」の語は、その後、普通の女性たちの間にも広まり、[8] さらに男性も用いるようになって一般語になった。[9] だから、私たち現代人も「おじや」と言っているわけだ。

3 「おじや」の「じや」って、何？

それにしても、「おじや」の「じや」って何か？擬音語「じやじや」の「じや」である。室町時代末期の『ロドリゲス大文典』（一六〇四年）は、「じやじや」を「たくさんの蟬のような音」と説明している。確かに、蟬などがうるさいまでに一斉に鳴いている声や様子は、「じやじや」と写したくなる。そこから、やかましく物が煮えたつ音や様子を表すようになっていったと察せられる。こんな「じやじや」の例がある。

　煮染《にしめ》が残つ居《て》たからの、其の中へ鶏卵をおとしてジヤジヤとやらかしたら、塩が辛くてへんぽうらいだ。

（滑稽本『四十八癖』一八一二年）

「へんぽうらい」というのは、「へんてこ」の意味。煮染めに卵を落として「じやじや」煮込んだら塩辛くてへんてこな味だというのである。「じやじや」は、現代語でいえば、「ぐつぐつ」に近い語感の擬音語。「じやじや時」とか「じやじや煮」という成句もある。

じやじや時に火を引て飯焼《た》く。

（浄瑠璃『新うすゆき物語』中巻・一七四一年）(10)

「じやじや時」というのは、「飯などが煮えたつ時分」といった意味。『日本国語大辞典』をはじめ、注釈などでは「飯などの煮えて吹きこぼれる時分」と説明しているが、「じやじや」は、「吹きこぼれる」音や様子ではない。吹きこぼれる前の「煮たっている」時の音や様子である。その証拠に、「じやじや煮」という言葉があるが、こう使われている。

「願はくばアノ青首を、葱《ねぎ》なしのジヤジヤ煮《に》で一ト猪口《ひとちょこ》やり度いネ」

（人情本『春色玉襷』第一二回・一八五六年）(11)

葱抜きで鴨を煮込んだ料理で一杯やりたいというのだ。「じやじや煮」の「じやじや」は、「煮えたつ汁で煮込んでいる音や様子」でなければ、煮物にはならない。吹きこぼれてはいけないのだ。というわけで、「おじや」の「じや」は、飯などの煮えたつ音「じやじや」からきた擬音語出身の言葉なのであった。

注

（1）インターネット（二〇一五年一一月一〇日現在）では、「おじやと雑炊の違いは？」という質問が多く出されており、その違いが説明されていることが多い。また、『日本料理語源集』（中村幸平著、旭屋出版、二〇〇四年）でも、「清汁で作れば雑炊、味噌味にすればおじやといいます。」と区別を説いている。
（2）『簡明食辞林　第二版』（小原哲次郎・細谷憲正監修、樹村房、一九八五年）、『日本料理由来事典』（川上行蔵・西村元三朗監修、同朋舎、一九九〇年）では、「おじや」と「雑炊」を同じものを指す言葉としている。
（3）「アツモノト云はココラニ云フ増水ノコトゾ。色々ノ魚鳥ノウマイ者ヲアツメテ一ツニ煮ルゾ。」（『玉塵』一）とある。
（4）『大女﨟御名之事』（『群書類従』二三輯所収）
（5）「みそ」という言葉は、奈良時代からすでに文献に記されている。
（6）艸田寸木子著『女重宝記』（元禄五年、吉野屋治郎兵衛　萬家清兵衛　伊丹屋太郎右衛門版行）、『女重宝記・男重宝記―元禄若者心得帳―』（長友千代治校註　現代教養文庫　社会思想社　一九九三年）
（7）伊藤幸氏・伊藤幸元　写『女中詞』（元禄五年。国立国会図書館蔵）
（8）『物類称呼』（一七七五年）は、「東国にて雑炊、またいれめしといふ。婦人の詞に、おじやといふ」と記しており、江戸時代中期には、広く一般女性が用いる言葉になっていることが分かる。
（9）『守貞漫稿』（一八三七年～一八五三年）は、元は女房詞だったと思われるが、今では江戸では男女ともに「おじや」と言うと記している。
（10）『新うすゆき物語』（『竹田出雲・並木宗輔　浄瑠璃集』角川一郎・内山美樹子校注　新日本古典文学大系九三　岩波書店　一九九一年）
（11）『春色玉襷』（江戸軟派全集『春色江戸紫・春色玉襷　人情本集』江戸軟派全集刊行会　一九二七年）

おべんちゃら

1　「べんちゃら」として登場

ネットを見ていたら、「ベンチャラ企業」などという言葉を目にして、思わず笑ってしまった。もちろん「ベンチャー企業」にかけて作られた言葉だが、どこかユーモラスな響きがある。ここで取り上げる「おべんちゃら」も、最初は「お」のない「べんちゃら」の形で登場！

いかほど弁茶《べんちゃ》らぬかすとも、かすりとられる身どもぢやないぞヨ。

（『諺《ことわざ》臍《へそ》の宿替《やどかへ》』第十一編[1]）

これが、「べんちゃら」の古い例。高慢ちきな人が貧乏人の金の無心に用心する言葉。「口先だけのうまい言葉」を並べ立てることを「弁茶らぬかす」と言っている。江戸時代も末期の一八三〇年くらいの例。だから、「べんちゃら」は、生まれてから一八〇年くらいしか経っていない比較的若い言葉なのだ。

「べんちゃら」という言葉がどこか愛嬌があるのは、「ちゃら」という擬態語出身の部分を含んでいるから。

「ちゃらちゃら」「ちゃらくら」の「ちゃら」である。江戸時代の「ちゃらちゃら」は、軽薄で多弁な様子を表し、「ちゃらくら」は、いい加減なことを言う様子を表す。「弁（話すこと）」が「ちゃら（軽薄で多弁）」なのだ。

こんな意味を持つ「べんちゃら」は、一体、どこで生まれたか？　おそらく関西。というのは、右にあげた古い例がそもそも、大阪で出版された大阪人作家の手になる笑い話。また、関西方面の方言に「べんちゃ」（福井県）、「べんちゃらはん」（三重県）などという語で「口先だけのいい言葉」や「口先だけの褒め言葉をいう人」を意味する言葉が残っているからである。

関西で生まれた「べんちゃら」は、やがて東の関東でも使われるようになる。落語で名高い円朝は、人情話『真景累ヶ淵《しんけいかさねがふち》』（一八八九年）で、こう語っている。

　書物を遣《や》らして見ると帳面ぐらいはつけ、算盤《そろばん》も遣り調法でべんちゃらの男で、百姓を武家言葉で嚇《おど》しますから用が足りる。

泥棒をして捕まった男が、泥棒に入った家の主人に使ってもらうという幸運に恵まれた。その男の描写である。小器用で店の帳簿くらいはつけられる。算盤もでき便利で「べんちゃらの男」なのである。「べんちゃらの男」は、「百姓を武家言葉で嚇して、物事を処理するので、役に立つ」と言う。うーむ、ちょっと待って。「べんちゃら」の意味が、関西での意味とどこか違う気がする。「口先だけの褒め言葉」で相手をよいしょして物事を処理するのではなく、逆に、相手を「武家言葉で嚇して」処理している！　どこか憎めないといった感じがなくなっている。「べんちゃら」の意味が、関西とは若干ズレているように思える。関西と関東では、「べんちゃら」の意味に違いがあるのではないか。ここで明らかにしたいテーマである。

2 関西では、サービス精神から出る「褒め言葉」

そうそう、「べんちゃら」に「お」がつき始めるのは、明治時代の初め頃。

胡麻《ご ま》擂盆《すりばち》 此《これ》ハ微賤《びせん》の名産にしてする度毎《たびごと》にオベンチャラオベンチャラと云《いふ》。

（『団団珍聞』二五号、一八七七年九月八日）

などと、出てくる（図3参照）。この後の時代は、「べんちゃら」も使われるけれど、次第に「おべんちゃら」が勢力を得て、現在に至る。現在では「おべんちゃら」と、常に「お」を付けて使う。(2)「お」がつくと、さらに、からかいのニュアンスが加わる。

では、まず関西での「おべんちゃら」「べんちゃら」の例を取り上げてみる。明治時代末の関西には、こんな句がある。

弁ちゃらを言い 外に芸の無い幇間《ほうかん》

（雑俳『風月集』一九〇八年）

幇間は、太鼓持ちのこと。遊郭に遊びに来た客の機嫌をとり、酒の席を盛り上げる役目の男である。客を喜ばせよう、座を盛り上げようとして、「べんちゃら」を言うのである。「べんちゃら」は、相手を喜ばせようというサービス精神から出てくる行為であり、一種の「芸」として認められていることが分かる。マイナス評価の語ではないのだ。

また、関西の作家・織田作之助は、

何かとべんちゃらして、はよ返してくれという思いをそれとなく見せるのだった。

（『夫婦善哉』）

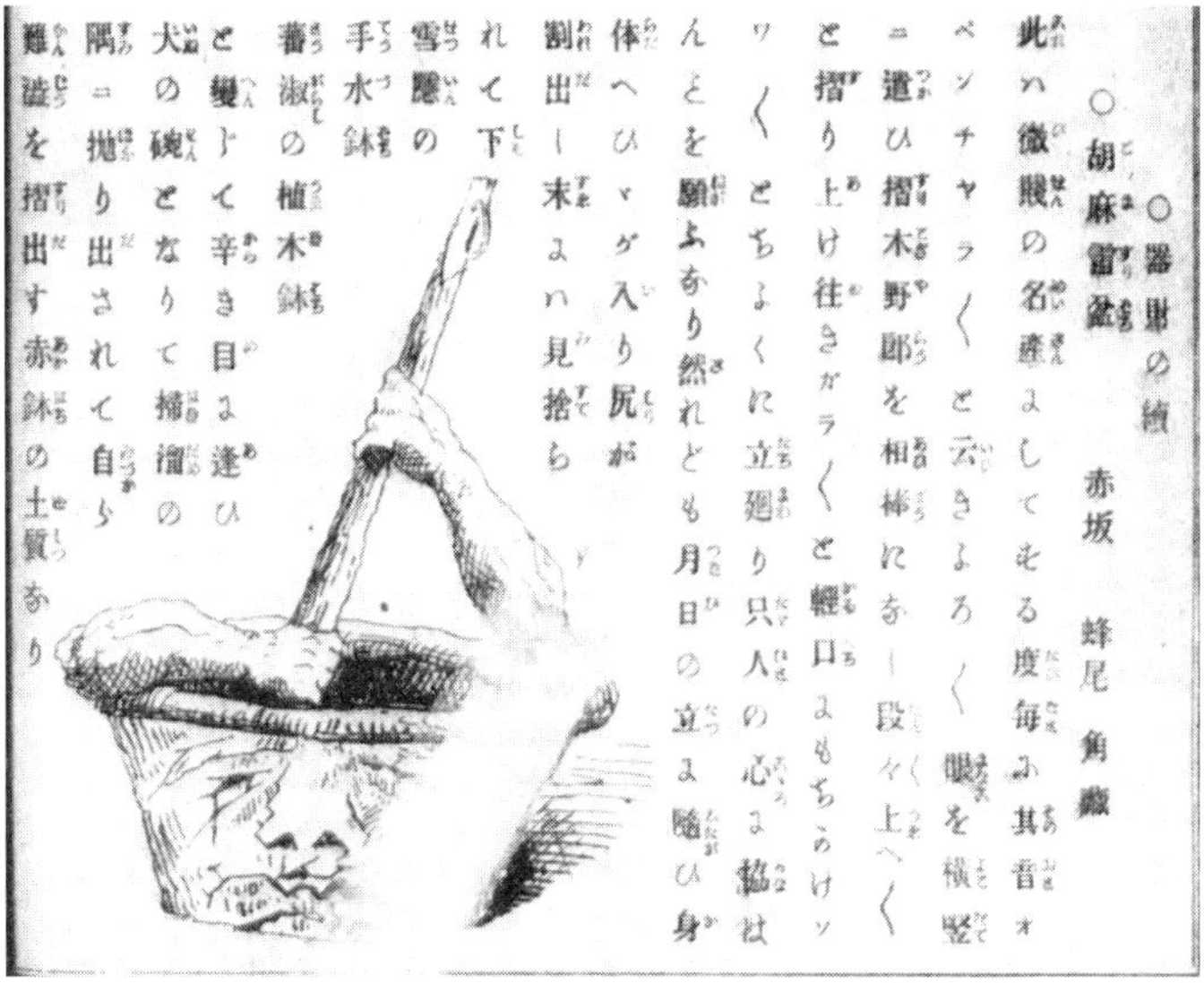
○器財の繪
○胡麻擂盆　赤坂　蜂尾角藏
此れ微賤の名産にしてそる度毎ふ其音オベンチャラ〳〵と云きよろ〳〵眼を横竪ニ違ひ擂木野郎を相棒にあ一段々〳〵上へ〳〵と擂り上げ往きガラ〳〵と軽口よもちあけツ〳〵とちよくに立廻り只人の心ニ協はんとを願ふあり然れども月日の立よ随ひ身体へひゞゲ入り尻が割出し末よれ見捨られて下雪隠の手水鉢番淑の植木鉢と變じて辛き目ニ逢ひ犬の碗となりて掃溜の隅ニ抛り出されて自ら難造を擂出す赤鉢の土質あり

図３　擂るたびに「オベンチャラオベンチャラ」と音をたてる胡麻擂盆（ごますりばち）。胡麻すり人間をヤユしたエッセイ。（団団珍聞」25号、明治10年9月8日。国立国会図書館蔵）

「べんちゃらして」は、「口先だけのうまい言葉」を言って相手を持ち上げ、怒らせないようにしながら、借金の返済を迫る場面。「べんちゃら」は、やはり、さほど悪いイメージを持っていない。また、関西では既にあげたように、「べんちゃらはん」などと言って、「お世辞のうまい人」のことを、「はん（＝さん）」づけで呼んでいる。「べんちゃら」に親しみを感じている証拠である。

3　関東では、マイナスイメージの語に

ところが、「べんちゃら」の語が関東で使われると、マイナスイメージの語に変身。次の例のように、「おべんちゃら」がはっきりと「嫌い」だと否定されていることもある。

妾《わたく》しは口先でお弁茶羅《べんちゃら》をいうような事は嫌いです。（内田魯庵『社会百面相』）

関東では、「べんちゃら」「おべんちゃら」は、イメージの悪い言葉になっている！

では、関東の人は、関西の「おべんちゃら」に匹敵する言葉として何を使ったか？「お世辞」「世辞」である。たとえば、夏目漱石は「おべんちゃら」「べんちゃら」の語を自分の作品中にただの一回も用いていない。代わりに使っているのは「お世辞」である。

「むやみにお世辞を使ったり、胡麻を摺るのとは違うが」と平岡はわざわざ断った。（『それから』）

「お世辞」が、関西の「おべんちゃら」に該当する言葉なのだ。関東では、「おべんちゃら」は、「おべっか」「お追従」「胡麻擂り」といったマイナス面を持つ語に近いのである。言葉の持つ意味合いは、地方によって変わることがあるので、要注意！

注

（1）『続帝国文庫　落語全集』（博文館）所収。

（2）現在では、国立国語研究所の「現代日本語書き言葉均衡コーパス」で調べてみても、「おべんちゃら」と「お」の付いた例だけが見られる。

がさつ

1 「がさつ」の語源は？

「サンチョは、なるほど愚かで、がさつで、太っちょではあったが」は、『ドン・キホーテ』（セルバンテス著、牛島信明訳。岩波書店）の一節。ここでは、「がさつ」という言葉をとりあげ、誕生した当初の意味が現在とは違っていたことを明らかにするのが目的である。

「がさつ」は、現在では、細かいところまで気が回らずに、言葉や動作が荒っぽく洗練されていない様子を表す。「粗野」「粗暴」に近いのだが、「がさつ」の語の方が感覚を刺激する。おそらく、オノマトペ出身の語だからであろう。「がさつ」の「がさ」は、乾いたものが擦れ合って出る音を表すオノマトペだと考えられる。

では、「つ」は、何か？　これが、どうにも分からなかった。「ひとつ」「ふたつ」の「つ」？　ではなさそうだ。「ひとつ」「ふたつ」の「つ」は、数であることを表すためにつける接辞である。「がさつ」という言葉は、数とは何も関係がないのだ。では、「津」という港の意味を持つ「つ」？　これも、「がさつ」とは意味的に関係づけられない。では、「こいつ」「あいつ」の「つ」？　いやいや、この「つ」も、「あやつ」「こやつ」の「やつ」から来た言葉だから、「つ」だけを切り離すことはできない。では、「がさつく」という動詞の名詞形「がさつき」の「き」が落ちて「がさつ」という言葉が生まれたという大槻文彦の説はどうか[1]。やっぱり、従えない。というのは、そういう変化の類例がないのだ。「いちゃつき」「いらつき」「うろつき」などと、オノマトペから来た動詞の名詞形はたくさんあるが、「き」が落ちた「いちゃつ」「いらつ」「うろつ」などという形は存在しない。類例がないことが、大槻説を首肯しがたいものにしているのだ。というわけで、まことに悔しいのだが、「がさつ」の「つ」は、いまのところ、不明である。

2　「がさつ」は、戦国時代から

ところで、「がさつ」という言葉は、すごく新しい語のような気がする。「がさつ」であることが許されやすい戦後生まれではないかと。でも、調べてみると、意外に古く、室町時代の後期には用例が見られる。一五五〇年に出来た仏教関係の講義録『日用清規抄』にこうある。

法度ヲ知ラネバ物ガガサツナゾ　（『日用清規抄』上）

「おきてを心得ていないので、言動ががさつなのだ」という意味である。この「がさつ」は、現在と同じく「言葉や動作が荒っぽく、下品な様子」の意味。

一方、室町時代の「がさつ」は、現代の「がさつ」にはない意味がある。それゆえ、室町時代にあっては、

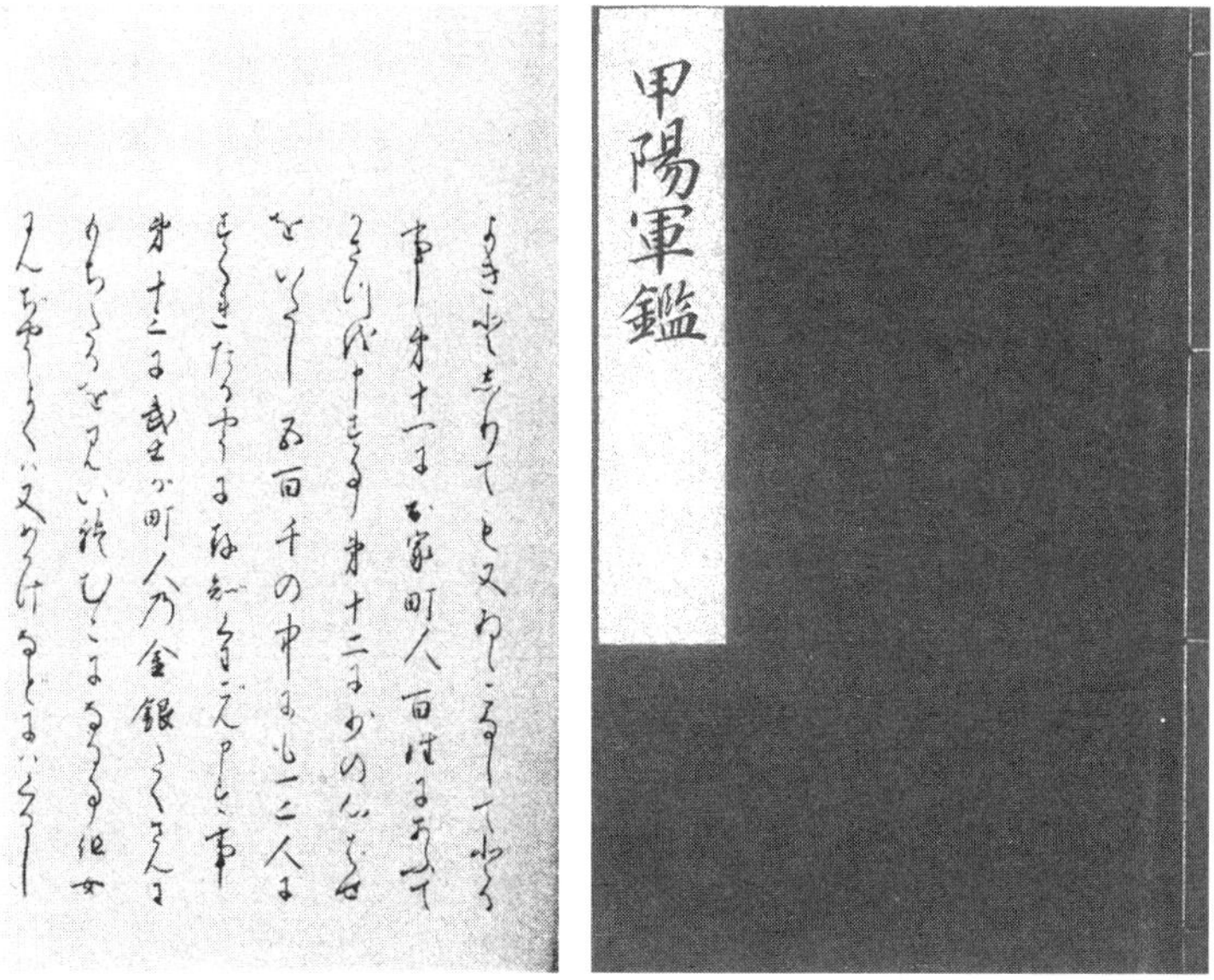

図4　左頁2行目の2字目から「第十一」項目が記されている。(『甲陽軍鑑大成　影印篇中』汲古書院より)

「がさつ」が、現在よりもはるかに重要な言葉だった。

3　戦国時代の「がさつ」「がさつ者」とは?

『甲陽軍鑑』という戦国武士の人間像や戦国期の世相を記した書物がある。[2] 戦国時代の言葉の宝庫でもある。[3] この書に「がさつ」という言葉が、一六回出現する。その意味を一つ一つ丁寧に検討していくと、現在と同じ意味の「がさつ」もあるが、現在には全く継承されなかった意味がある。「無理無体なこと」という意味!

たとえば、同書には、武士として恥ずべきことを列挙した項目が記されているが、「第十一に、出家・町人・百姓にあふて、がさつを申す事」が挙がっている(図4参照)。武士は、出家した人や町人や百姓に、「がさつ」を言うことは慎まなくてはならないというのである。「がさつ」は、「無理無体なこと」である。[4] 現代の「がさつ」には、こんな意味は全くない。

　また、「がさつ者」も、現代とは違った意味合いを持っている。現代では、「がさつ者」は、言動の荒っぽい人のこと。言動という外面的なとらえ方をした時の意味である。ところが室町時代の「がさつ者」は、内面的な意味合いを帯びている。「がさつ人《じん》」と言う時もある。どういう人間が「がさつ者」「がさつ人」かというと、①分別がない、②遠慮（＝遠い将来まで見通して深く考えること）がない、③無理なことを言う、の三条件に当てはまる人のことなのだ。「がさつ人は、分別も延慮（＝遠慮）もなく、むりにものを申し」（巻一四）とか、「がさつ者は分別も延慮もなき故」とか書かれていることから察せられる。分別に欠け、洞察力に欠け、相手に無理無体なことを言い掛ける人、これが「がさつ者」「がさつ人」だったのである。きわめて内面的な意味合いで、現代の「がさつ者」とは違っている。

　武士は公家に比べて、「がさつ者」「がさつ人」であるから、武士たちはそのことを気にしており、本物の武士たるためには「がさつ」であってはならないと強く自己規制をしていたのだ。『甲陽軍鑑』は、「がさつな人を武士と思うかもしれないが、これは大きな誤りである[5]」とか「がさつは臆病のはじまりである[6]」とか述べたてている。「がさつ」であることは、武士道から外れるのだ。「がさつ」という言葉は、武士の世界では、武士道の根幹にかかわる重要な概念だったのである。

注

（1）大槻文彦著『新編　大言海』（冨山房、一九八二年二月）の「がさつ」の項参照。

（2）資料としたのは、『甲陽軍鑑大成』影印篇上中下、本文篇上下、索引篇（汲古書院、一九九四年八月〜一九九七年一〇月）

（3）酒井憲二「第六章　中世国語資料としての甲陽軍鑑」（『甲陽軍鑑大成　研究篇』汲古書院、一九九五年一月刊所収）参照。

（4）「無理無体なこと」の意味は、『時代別国語大辞典　室町時代編』（三省堂）にも掲載されていない。

（5）原文は「がさつなる人を兵《つはもの》と見ん。是《これ》、大きなるあやまりなるべし」（『甲陽軍鑑』巻一四）

（6）原文は「がさつは臆病のはななり」（『甲陽軍鑑』巻一四）

ぐる

1　「ぐる」は、警察用語

「ぐるになって詐欺を働く」。これは、現代語の国語辞書『明鏡』に出てくる用例である。私たちは、「ぐる」と聞くと、辞書の用例を見るまでもなく、「悪いことをする仲間」を思い浮かべる。ぐるになって遂行することは、「騙す」とか「そそのかす」とか「スパイ行為をする」とか「倒産させる」とかの悪事である。犯罪的な匂いすら漂っている。それもそのはずであった。

私は、今から百年前に出版された『隠語輯覧』を見ていてびっくりした。『隠語輯覧』は、大正四年（一九一五年）に京都府警察部から刊行された警察で使う隠語集。犯罪捜査にかかわる捜査官のために警察で用いる隠語六三〇〇語を掲載した辞典である。そこに、「ぐる―共犯人。犯人仲間ノ意」と記載されているではないか！「ぐる」は、いつの間にか警察が用いる隠語に昇格（？）していたのである（図5参照）。犯罪的な匂いが

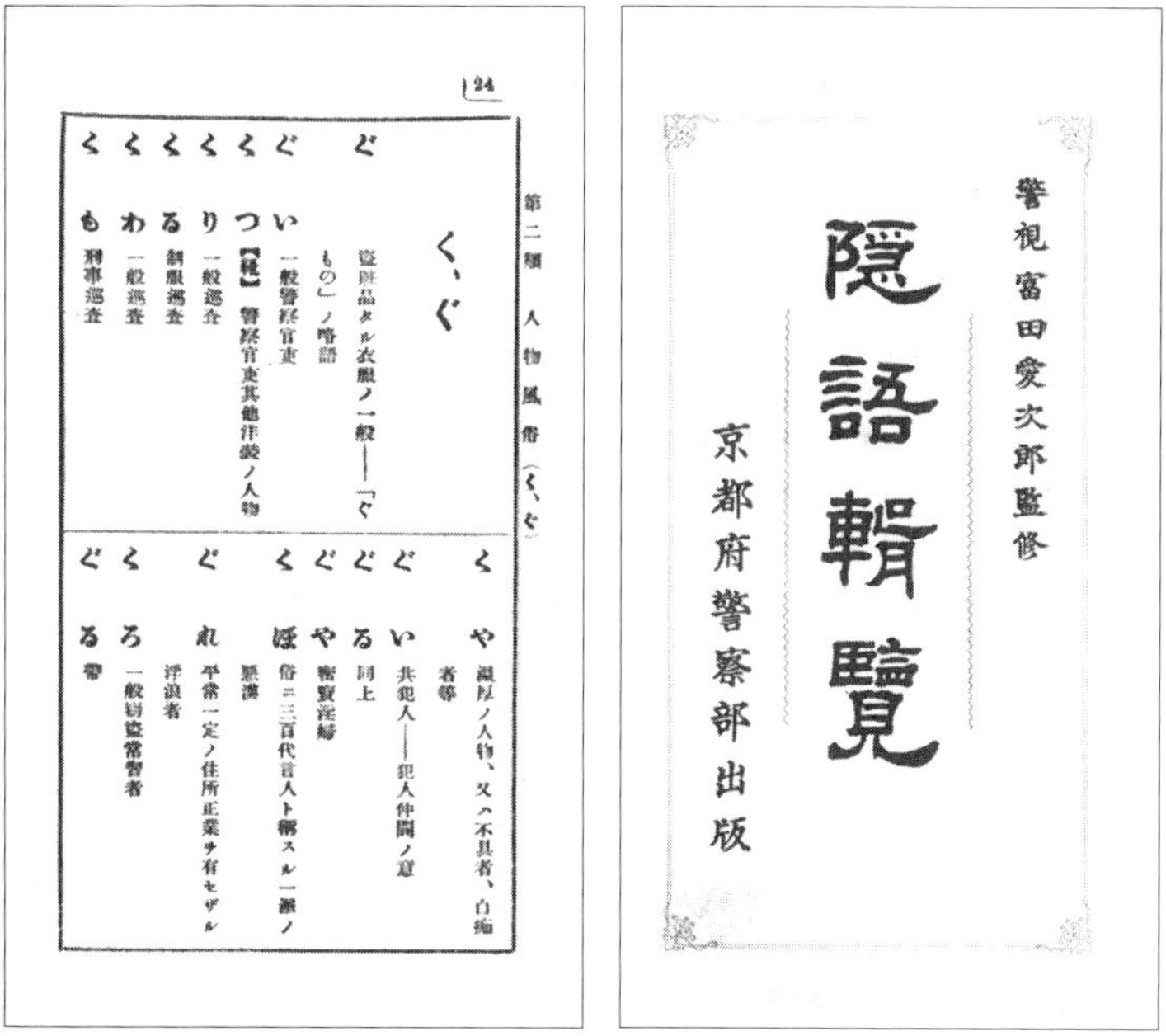
警視富田愛次郎監修
隠語輯覧
京都府警察部出版

24
第二類　人物風俗（く、ぐ）

く、ぐ

ぐ　盗品タル衣服ノ一般——「ぐもの」ノ略語
ぐい　一般警察官吏
くつ　【秘】警察官吏其他洋装ノ人物
くり　一般巡査
くる　制服巡査
くわ　一般巡査
くも　刑事巡査
くや　温厚ノ人物、又ハ不具者、白痴者等
ぐい　共犯人——犯人仲間ノ意
ぐる　同上
ぐや　売買淫婦
くぼ　俗ニ三百代言人ト称スル一派ノ悪漢
ぐれ　平常一定ノ住所正業ヲ有セザル浮浪者
くろ　一般窃盗常習者
ぐる　帯

図5　「ぐる」は、警察で出版した隠語集に出てきた。左頁下段の３項目に「ぐる」とある。「ぐい」とも言う。（『隠語輯覧』大正４年刊。国立国会図書館蔵）

漂うのは当然であった。なにしろ、警察の犯罪捜査に使う隠語なのだ(1)。それにしても、「ぐる」という言葉は何時頃どこから発生してきた言葉なのか？　それを探るのが、ここでのテーマである。

2　「ぐる」は、三百年前に誕生

まず、「ぐる」という言葉は何時頃から見られるのか？　時代をさかのぼって用例を探していくと、「ぐる」の言葉が登場してくるのは、江戸時代も中期にさしかかった頃。三百年ほど前の享保二年（一七一七年）の浄瑠璃『鑓《やり》の権三《ごんざ》重帷子《かさねかたびら》』(2)に、こんな例が出現している。

お雪様の父御《ててご》様母御《ははご》様はござらず。目《め》代《しろ》になる此の乳母《うば》はぐるなり。

お雪の乳母が、お雪の恋人の権三に訴え

る言葉である。「お雪さまのお父様お母様は、もはやこの世にいらっしゃいません。監視役にあたるこの乳母は、お雪さまと『ぐる』です」という意味。色男の権三が、お雪と一夜の契りを交わした後、お雪からの手紙の返事もろくろくせずに逃げ回っているために、乳母がお雪を連れて権三のところにやって来て、お雪との結婚を迫る場面である。「ぐる」は、お雪と心を一つにする仲間の意味。何を行なおうとする仲間かといえば、権三に結婚を迫る仲間である。その結婚は、正式な手続きを踏んでいない結婚なのだ。その行為を「ぐる」になって行なおうとしているのだから、あまり良いことをする仲間ではないことが分かる。さらに「ぐる」になって行なうことが明確に犯罪である例もある。

おやしきの手前ぐるに成て盗みさせたやつこじりぢゃと村中の取沙汰

（浄瑠璃『出世握虎《やっこ》稚物語《おさなものがたり》』第三・享保一〇年《一七二五年》）(3)

「やっこじり」は、今でいえば「ちんぴら」のこと。「ぐるになって盗み」をさせているのだから、「ぐる」は悪事を働く仲間である。こんなふうに、「ぐる」の出現当初の意味を探ってみても、良いことを行なう仲間ではないのだ。最初から警察の犯罪用語になりやすい言葉だったのだ。

3　「ぐる」は、「ぐるり」からか

でも、そういう言葉「ぐる」は、一体どこから生まれて来たのか？　英語の「グループ group」の「グル」から来たなんて、どうか言わないでください。(4)「ぐる」は、英語が日本に入ってくる前の江戸時代から存在している言葉なんですから、ありえない。「ぐっすり」が、英語の「good sleep」から来たことがありえないように。「ぐっすり」というオノマトペも、英語が入ってくる前の江戸時代からちゃんと日本語として存在している。

「ぐる」の由来については、①「とちぐるう」の「ぐる」から、②接尾語「ぐるみ」「ぐるめ」から、③帯を意味する「ぐる」から、などの語源説がある。私自身は、「ぐるり」というオノマトペから来たのではないかと考えている。

「ぐるり」というオノマトペは、室町時代から江戸時代にかけて実によく用いられている。当時の辞書『運歩色葉集』（一五四八年）や『日葡辞書』（一六〇三年）にも掲載されているほどである。さらに、『日葡辞書』の「ぐるりと」の項目には「ぐるりと車座に直る」という例文が上がっている。(5) 座が改まって、人々がぐるりと輪の形になり内側に向かって座ることである。良からぬことをひそひそと話し合うには最適の座り方ではないか。

「ぐるりと車座に直る」「ぐるりと車座になる」といった慣用的な言い方から、良からぬことを行なう仲間「ぐる」が誕生したと考えるのである。帯のことを「ぐるりと巻いたり締めたり」するところから「ぐる」という言い方が誕生したが、それと同じようにして、「ぐるり」から悪い仲間を意味する「ぐる」が生まれたと考えるわけである。念を押すが、「帯」を表す「ぐる」から、犯人仲間の「ぐる」が誕生したわけではない。同じ「ぐるり」から誕生した二つの異なる意味の言葉と考えているのだ。

「ぐるり」という擬態語から、一つは帯を表す「ぐる」が誕生し、もう一つは仲間を意味する「ぐる」が誕生した。ともに、「ぐる」という語で表したが、帯を表す「ぐる」は、着物を着なくなると、自然にすたれてしまい、現在には残っていない。ところが、悪いことをする仲間の意味の「ぐる」は、警察の隠語にまでなり、一般社会でも今もってぴんぴん生きている。犯罪はなくならないからである。

注

（1）なぜ、このような隠語辞典が警察で編纂されたのか？ 「まえがき」によると、「特に司法警察事務ノ周到ヲ期シ、合セテ日常犯罪ノ捜査ニ関シ、刑事専務者便覧ノ資料ニ供センタメ」と記されている。
（2）『近松浄瑠璃集 上』（日本古典文学大系、岩波書店）所収による。
（3）『義太夫節浄瑠璃未翻刻作品集成1』（玉川大学出版部、二〇〇六年）所収による。
（4）『語源由来辞典』の「グル」の項（http://gogen-allguide.com/ku/guru.html）参照。
（5）『邦訳 日葡辞書』（岩波書店、一九八〇年）

くるま

1 「くるま」という言葉は、古くから

現在、私たちが「くるま」と言う時は、小型乗用自動車を意味している。[1]「車を拾って、原宿のマンションへ向かう」（渡辺淳一『うたかた』講談社、一九九〇年）のように。

でも、考えてみたら、「くるま」というのは、もともと車輪を意味する言葉。「歯車」「糸車」「かざ車」などを思い起こせば、軸を中心に回転するものを「くるま」ということが分かる。小型乗用車のことを「くるま」と言うのは、もちろん車輪で動くからである。「くるま」が付いていても、大勢の人を乗せる大型四輪車になると、「バス」と呼び、荷物運搬車になると、「トラック」「トレーラー」「リヤカー」と呼んで、区別している。だから、現在では、「くるま」というと、小型乗用車を指すのが普通になっている。

さて、この「くるま」という言葉は、何時からあるのか？　語源は何か？　現代の小型乗用車をさす「くる

ま」という言葉は、時代をさかのぼると、どんな乗り物を意味していたのか？　これらのことを、ここで述べてみたいと思う。

まず、「くるま」という言葉は、何時から資料に現れるのか？　ものすごく古い。日本語が文字で書き記された当初から出現している。奈良時代の正倉院文書に、一字一音の万葉仮名で「久流末《くるま》」とある。この「くるま」は、文脈から判断して荷物運搬車である。一方、『万葉集』には「老人《おいひと》を送りし車」（三七九一の歌）と出てくる。この「くるま」は、老人を乗せているから、乗用である。というわけで、奈良時代では、荷物運搬であろうが、乗用であろうが、区別せずにどちらも「くるま」と言っていたことが分かる。

2　「くるま」の語源は？

それもそのはず。そもそも車輪が付いていれば「くるま」と言えるわけだから。それにしても、車輪のことをなぜ、「くるま」と言ったのか？　「くるま」の「くる」は、「くるくる」という擬態語の「くる」である。つまり、擬態語出身の言葉なのだ。『日本書紀』の素戔嗚尊《すさのをのみこと》の行状を記す箇所に「くるる」という擬態語が出て来る。[2]「くるくる」という擬態語の古い形である。悪さばかりする素戔嗚尊が、神々に追放されそうになった時、彼が誓約する場面で、自分の髪に巻いた美しい玉の飾りを「くるる」と解いている。

では、「ま」は何か？　次の二つの可能性が最も高いのだが、残念ながら、どちらとまでは決定できなかった。一つ目は、「輪《わ》」を意味する「ま」と考えること。「わ」と「ま」は交代しても、同じ意味を表すことがある。たとえば、曲げるという意味の「まぐ」は、「わぐ」とも言った。「まげもの（曲物）」を「わげもの」、「ま

図６　人力車は、日本人が考案した「くるま」。左はふつうの一人乗りの人力車。右は二人乗りの人力車。（齊藤俊彦『人力車』産業技術センター刊、1979 年より）

げ（髷）」を「わげ」とも言ったことからも納得できよう。だが、残念ながら、「輪」を意味する「ま」という言葉の存在が確認できないのだ。単独の「ま」の形で、「輪」を意味する例が得られないのである。そのために、決定打に欠けてしまう。

二つ目は、奈良時代に存在する「転《ま》ひ（＝回ること）」の「ま」と考えること。「転《ま》ふ（＝回る）」という動詞の連用形が名詞化した「転《ま》ひ」である。「くるるまひ（＝くるくる回ること）」を省略して「くるま」ができたと考えるのである。だが、省略の仕方が類例に乏しく[3]、これまた決定打に欠けてしまう。というわけで、結局確定できなかった。

まあ、「くるま」が「くるくる回る」という意味に関連して生まれた言葉だということが分かったところで、今回は引き下がることにしよう。

3　牛車・人力車が、「くるま」

さて、冒頭で述べたように、現代の私たちは「くるま」といえば、小型乗用車をさす。時代をさかのぼると、「くるま」という言葉で、どんな乗り物を意味していたのか？

奈良時代では、すでに述べたように、用途を区別せずに車輪でうごくものを「くるま」と呼んでいた。平安時代になると、「くるま」は、乗用の牛車《ぎっしゃ》を意味する。「さかしうのたまひつれど、くるまよりも落ちぬべう」（『源氏物語』桐壺）のように。娘を亡くした母親が牛車から落ちてしまいそうなほどに取り乱している場面。

室町時代になっても、牛の引く牛車が「くるま」である。「さやうにござらば、輿《こし》か車かお馬でむかひにまいらふか」（狂言『伊文字』）とあることからも分かる。力を出すのが、人であるときは「輿」、牛であるときは「車」、馬であるときは「馬」と区別している。というわけで、平安時代から室町時代まで「くるま」といえば、牛車を意味していたことがわかる。

では、江戸時代の「くるま」はどんな乗り物をさしたのか？　乗用で「くるま」と言われるものはない！　というのは、江戸時代の乗り物は、もっぱら人の担ぐ「駕籠」だったから。

明治時代になると、「くるま」と言えば、人力車を意味している。

「モシ旦那、安く参《めへ》りませう」
「車《くるま》なら用《いら》ねへ、神奈川《ここ》から汽車に乗るんだ」
（『団団珍聞』一八八〇年）

とある「くるま」が人力車である。人力車は、一八七〇年に日本人が考案した「くるま」である。庶民が乗用に利用できる車として歓迎され、全国に普及。今でも、観光名所などには人力車が残っており、昔懐かしい気持ちを起こさせる（図6参照）。

しかし、一九二三年の関東大震災後から、急激に自動車が台頭しはじめ、今や「くるま」と呼ばれるものは小型乗用車を意味するようになったという次第。時代によって「くるま」の内容は大きく変化してきた。とすると、将来は、どんな乗り物が「くるま」と呼ばれることになるのだろうか？

注

（1）国立国語研究所『現代日本語書き言葉均衡コーパス』（通常版）で「くるま」を引き、冒頭から三〇例までその意味を調べてみたが、すべて、「くるま」の語は、小型乗用車を意味していた。

（2）『日本書紀①』（新編日本古典文学全集、小学館、一九九四年）八九頁四行。

（3）動詞の連用形（名詞化したものも含む）の省略のパターンを身近な現代語で考えてみる。省略して創り出すのが得意である若者言葉を例にしてみる。「ぜんとり（＝全部の単位を取る）」「ちょうしんじ（＝超信じられない）」「ちょむか（＝超むかつく）」「こいなや（＝恋の悩み）」などと、動詞の部分は省略しても、二音節以上を残すのが、普通である。冒頭の一音節だけとるというのは、めったにないのである。

ざっくばらん

1 『或る女』の「ざっくばらん」

ここで取り上げるのは、「ざっくばらん」という言葉。「ざっくばらんに話し合う」などと言う時に使う言葉。「遠慮や隠し事をしないで率直な様子」を表す擬態語である。

ところで、あなたは日常の会話で「ざっくばらん」という言葉を使いますか？ 「知っているけれど自分は使わない」と答えた方は、女の方ではないですか？ もしくは男の方でも若い方。「ときどき使う」「よく使う」と答えた方は、中年以上の男の方ではなかったですか？ 私は、「ざっくばらん」という言葉は、どんな人が使うことが多いのかをひそかに観察し調査していた。すると、右に述べたような結論に達したのである。その経緯をお話ししてみたい。

有島武郎の『或る女』という小説を、若い時に夢中になって読んだ。主人公は、葉子という女性。船旅で、妻子ある倉地という男性と出会い、情熱的な恋に陥り同棲し次第に狂気じみていく女の愛の物語である。倉地と葉子の狂おしいほどの激しい情欲に圧倒されつつ、私はこの小説をむさぼり読んだ。そこに、「ざっくばらん」の語が一回出てくるのだ。たった一回である。

「もう少しざっくばらんに云って下さいよ　昨日今日のお交際《つきあい》じゃなし。倉地さんとまずくなった位は御承知じゃありませんか。」

（『或る女』三八(1)）

これは、葉子を脅して金をせびりとる正井という男のセリフ。それに対して、葉子は、同じような意味の時にも決して「ざっくばらん」を使っていない！　何と言っているか？「どうか遠慮なく仰有《おっしゃ》って下さい」とか「決して御遠慮なく」と言っています。「ざっくばらん」は使わずに「遠慮なく」を使っている。これが、「ざっくばらん」という言葉は男性のほうがよく使う言葉らしいということに気づいたきっかけだった。

2　男性が、好む言葉

「ざっくばらん」という言葉を使って会話している人物をさまざまな作品で当たってみた。すると、大抵男性なのだ。女性の登場人物が使っているのに出くわしたことがないのである。たとえば、一九〇〇年代初頭に最もよく読まれた雑誌には、こんな例が見られる。

「君も近々君江と結婚の約束もしてあるからには、君と僕は謂わば兄弟だ。だからざっくばらんに云わせて貰おう。」

（坪内士行「社会劇・都へ」二幕、『太陽』一九一七年、六号）

これは、春海という男性のセリフ。将来、兄弟関係になる一夫《かずお》に向って「ざっくばらんに」言わせてもらうというのである。この後、一夫は、「党推薦の候補として選挙に打って出るのに、反対党に乗ぜられるような隙はないか」とストレートに問いただされている。

太宰治の『黄村《おうそん》先生言行録』(2)でも、男性である黄村先生がこう言っています。

「けしからぬ。これはひどく下品になって来た。よろしい。それではこちらも、ざっくばらんにぶっつけましょう。一尺二十円、どうです。」

こんなふうに男性の会話に「ざっくばらん」は用いられている。また、「ざっくばらん」は、本のタイトルにも使われる魅力的な言葉であるが、男性が書いた本のタイトルには用いられるのに、女性が書いた本にはあまり使われない。

たとえば、本田技研の創業者・本田宗一郎著『ざっくばらん』(一九六〇年、図7参照)をはじめ、木村浩著『ソビエトざっくばらん』、品川不二郎著『親論ざっくばらん』、長岡実著『専売ざっくばらん』、田中喜一著『包丁人生ざっくばらん』、細江英公著『ざっくばらんに話そう私の写真観』などと。これらの本の執筆者はすべて男性である。(3)

3　なぜ、男性が愛用するのか？

言葉には男性が愛用する言葉と女性が愛用する言葉がある。「ざっくばらん」は男性が好む言葉。でも、どうして男性が「ざっくばらん」という言葉を好むのか？　二つの理由が考えられる。一つは、平素、心に裃を着て社会で活躍する男性は、心の中ではもっと本音で語り合えたらという願望を持っている。宮本外骨という

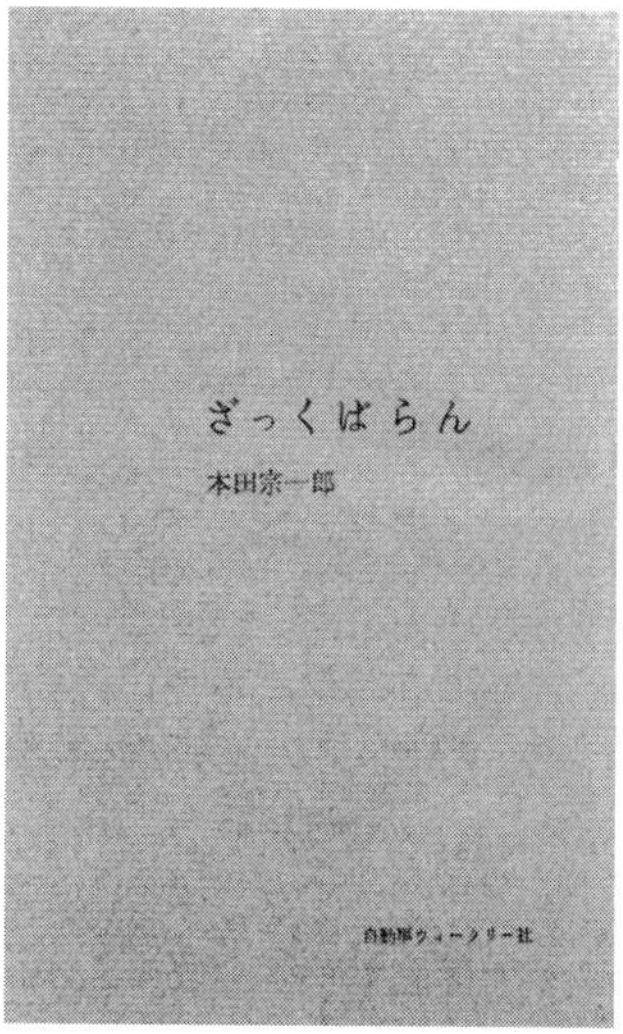

図 7　「ざっくばらん」の表題にふさわしく、何の飾りもない表紙。左頁は口絵写真の本田宗一郎氏。技術のこと、創意工夫のこと、小僧時代のこと、常に心がけていることなどを「ざっくばらん」に語っている。（本田宗一郎『ざっくばらん』自動車ウィークリー社、1960 年刊）

反骨のジャーナリストは、『ザックバラン』という雑誌まで出している。男の憧れの境地でもあるのだ。「隠し立てをしない」という潔さは、女性よりも男性がより多く求めていた境地なのだ。だから、男性が使いたくなる。

二つは、「ざっくばらん」の語源に関係がありそうなのだ。「ざっくばらん」は、「ざっく」という擬態語と「ばらん」という擬態語が組み合わさって出来た言葉。「ばらり」と合体した「ざっくばらり」という言い方もある。「ざっくばらん」も「ざっくばらり」も、江戸時代から見られるが、音韻的にみると、「ざっくばらり」の方が、若干古いかもしれない。「雑《ざっ》句《く》破《ば》乱《ら》離《り》」（洒落本『花街鑑』）などと当て字をした例まで見られる。

「ざっく」という語は、鎌倉・室町時代に生まれ、武士が鎧などの武具を手早く着る時の音や様子を表す。「ばらり」も、同じ時代に生まれ、硬く閉じていたものを一気に開けたりする様子を表す。そこから、「ざっく」と手早く勢いよく動作を行ない、「ばらり」と胸の内を明かす「ざっくばらり（ん）」が生まれてきたと考えられる。「ざっく」と「ばらり（ん）」が結びついた時代は江戸時代であろうが、武士という男社会にルーツのある言葉が男性に好まれるというのは、しごく当然のことではあるまいか。

注

（1）『有島武郎集』（現代日本文学大系35、筑摩書房、一九七〇年）

（2）『太宰治全集5』（ちくま文庫、一九八九年）

（3）国立国会図書館収蔵の書名で「ざっくばらん」の付くものを一二〇例まで検索していくと、一一八例が男性執筆者のものである。女性が執筆者であるのは、わずか二例。いかに男性が好んだ言葉であるかが分かる。

じゃじゃ馬

1　男性が、「じゃじゃ馬」！

小さい頃、私はよく母親から「じゃじゃ馬」と言われた。ちっとも親のいうことを聞かなかったから。親に「しちゃだめよ」と言われても、自分がしたいと思うと、親の注意をすっかり忘れて決行してしまうのである。だから、小川を飛びそこなって川に落ちたり、鉄棒の上をサーカスのように歩いて足を滑らせ落下して気絶しそうになったり、可憐な野草を摘もうとして崖から転げ落ちそうになったり。そんな思い出ばかりなのだ。というわけで、今回は他人ごとではなく、自分に密接な関係のある「じゃじゃ馬」に注目。

「じゃじゃ馬」といえば、すぐに思い出すのは、シェークスピアの『じゃじゃ馬馴らし』である。一体どういう方法で「じゃじゃ馬」呼ばわりされる女を優しく従順な女性に調教していったのか？　これが、ここでのメインテーマ。でも、その前に「じゃじゃ馬」という言葉は何時ごろからあり、どんな意味だったのか。「じゃじゃ馬」の「じゃじゃ」は何か。これらの問題を解決しておこう。

「じゃじゃ馬」は、もともとは、人に馴れない暴れ馬のこと。そこから、性質が激しくて他人のいうことを聞かずに暴れまわる者を意味するようになる。だから、最初は、女性ではなく、暴れ者の男性を意味していた！「じゃじゃ馬親仁《おやじ》」（歌舞伎『和布苅神事』）などとある。明らかに手に負えない男性のことである。それから、夫や目上の人のいうことを聞かないお転婆な女の人も意味するようになる。どちらの意味の「じゃじゃ馬」にしても江戸時代から見られる。つまり、「じゃじゃ馬」という言葉は江戸時代には誕生していた言葉なのである。

2 現代では、気性の荒い女性

現代では「じゃじゃ馬」というと、暴れ馬か気性の激しいきかん気な女性のことしか意味しない。男性に対しては使わなくなっている。なぜなのか？ 私は、明治時代になって翻訳され上演されたシェークスピアの『じゃじゃ馬馴らし』(1)の影響だと考えている。気が短く、口汚く相手を攻撃し、へそ曲がりで、手のつけられない女性キャタリーナが「じゃじゃ馬」。彼女は劇中二一回も「じゃじゃ馬」と言われている。そんな女性を、夫になった男性ペトルーチオが、つつましやかな妻に調教していく物語が『じゃじゃ馬馴らし』。今から見ると、時代遅れの思想を反映しているけれど、明治時代にはぴったり合って、大いに受けて人口に膾炙した。そのせいで「じゃじゃ馬」は手に負えない女性のことをもっぱら意味するようになっていった。これが、私の推測である。

3 「じゃじゃ」って、何？

では、「じゃじゃ馬」の「じゃじゃ」は何か？ 蟬などの虫がやかましく鳴く声を表す擬音語「じやじや」から来たと言われているが、どうもしっくりしない。室町時代末期に

ムシガジヤジヤトナク　（『ロドリゲス大文典』）

とあるからである。でも、虫の鳴く声は「じゃじゃ」ではなく、「じやじや」なのだ。この「じやじや」が、音変化して「じゃじゃ」になったと考えるわけだ。しかし、擬音語なのだから、その音を写す言葉でなければ意味がない。それに、虫のやかましく鳴く声を、馬のたてる騒がしい音や様子に援用するだろうか？ 虫の鳴き声に注目するより前に、人間にもっと身近な乗り物である馬の足音に注目すると思えるからである。

図 8 「じゃじゃ馬」と呼ばれたキャタリーナを優しい妻に変身させた方法は？（『じゃじゃ馬馴らし』松岡和子訳　ちくま文庫、2010 年刊の表紙絵）

私は、「じゃじゃ馬」の「じゃじゃ」は、暴れ馬の跳ね回る音や様子を表す擬

音語からきたと推測している。こんな例がある。

大将雑兵そそり立ち、馬もじゃじゃ踏む獅子踊《ししをど》り
（浄瑠璃『本朝三国志』）

「じゃじゃ」という言葉が、暴れ馬の踊り走る音を写した擬音語として存在していたことを推測させる例である。そこから、いつも人のいうことを聞かずに勝手に「じゃじゃ」とけたたましい音を立てて走り回る馬のことを「じゃじゃ馬」というようになったのではないか。

4 「じゃじゃ馬」の調教法

では、シェークスピアは、『じゃじゃ馬馴らし』で、どんな調教法を提示しているのか？ 劇を読んで分析すると、次の通り。「じゃじゃ馬」は、キャタリーナ。調教師は夫。

その一、褒め言葉で「じゃじゃ馬」の到達すべき理想像を暗示する。

その二、調教師を信頼するように仕向ける。

その三、調教師が「じゃじゃ馬」のそれまでの行動を増幅して真似して見せ、「じゃじゃ馬」に反省の念を呼び起こさせる。

その四、調教師は、「じゃじゃ馬」に苦難を与えるが、その苦難を共にする。

どうです、これらの方法はまことに理に適っている。特に大事なのは「その一」。それまで人に褒められたことのない「じゃじゃ馬」に褒め言葉を掛け、褒め言葉の中に「じゃじゃ馬」のなるべき姿を暗示するのである。たとえば、こんなふうに。

君はなんて優しいんだ。暴れん坊で、お高くとまったむっつり屋だって聞いてたけど、噂はまっ赤な嘘だったんだ。だって、本物の君は感じがよくて愉快で、めちゃめちゃ人当たりがいい、

（松岡和子訳『じゃじゃ馬馴らし』図8参照）

褒められたことのない人間に向かって、ただほめそやすと気持ちの悪いお世辞と思われ、かえって反発心を買う。だから、いままでの悪評をさりげなく盛り込んで、それを否定する形で褒めると、相手の心に素直に入っていく。その褒め言葉の中に、なるべき理想の姿を暗示的に入れ込む。「優しい」「感じがよくて愉快で人当たりがいい」と。こう言われると、そうか、私って、本当は優しいんだ。感じがよくて愉快なんだと思い込み、暗示にかかっていつしか理想の姿に近づこうと努力する。なるほど、うまい！　手に負えない人間を有益な人間に育て上げる秘訣としても通用する。是非とも実践したいものである。

注

（1）　松岡和子訳『じゃじゃ馬馴らし』（ちくま文庫、二〇一〇年）を使用。登場人物の名前も、訳者によって異なるのであるが、ここでは、同書に従う。

しゃぶしゃぶ

1　洗濯のことを、「しゃぶしゃぶ」

大蔵官僚がらみの接待事件「ノーパンしゃぶしゃぶ」のせいで、「しゃぶしゃぶ」という料理名までとばっちりを食ってしまったが、「しゃぶしゃぶ」ほど、良質なたんぱく質を摂取できる鍋物はない。さらに、料理名の考案者がこれほどはっきりしている場合も少ない。

大阪の北新地にある高級牛肉料理店・スエヒロの店主三宅忠一さんが、牛肉を使った美味しい料理を必死で考え、昭和二七年（一九五二年）「しゃぶしゃぶ」を完成。三宅さんは、すぐに「肉のしゃぶしゃぶ」として商標登録の申請をし、昭和三三年（一九五八年）にそれを取得した料理名である。もっともその前に「しゃぶしゃぶ」という名こそ付いていなかったけれど、京都の料理屋「十二段家」が、北京の「涮羊肉《しゅわんやんろう》」という鍋料理をもとに、羊肉を牛肉に変え、さらに日本人にあうゴマダレを開発し、「牛肉の水だき料理」として売り出したという前史がある。「牛肉の水だき」という普通名詞的な名前に比べると、「しゃぶしゃぶ」という名前の方がインパクトがあり、魅力的。

では、三宅さんはどのようにして「しゃぶしゃぶ」の名前を思いついたのか？「知泉Wiki」は、「女性従業員がおしぼりのタオルをたらいで洗っているのを見た時に、その仕草と音で、スープの中で肉を泳がせるように揺すって火を通す料理にしゃぶしゃぶという名を思いついた(1)」と説明している。

『大阪ことば事典』（牧村史陽編、講談社）によると、大阪では、洗濯のことを子供たちはその音から「しゃぶしゃぶ」と言っていたことが分かる。「小児語」だから、親しみやすく感覚に訴えかけてくる。ちょうど「おなか」のことを「ぽんぽん」と言うと、とたんに親近感が生まれるように。

図９　「しゃぶしゃぶ」は、今では「スキヤキ」と並んで日本の牛肉料理の代表格になった。（右 http://sampa.seesaa.net/article/166843560.html.　左http://www.pregour.com/gourmet/cat 22345294/index.html）

2　「しゃぶしゃぶ」と「さぶさぶ」「ざぶざぶ」「じゃぶじゃぶ」

「しゃぶしゃぶ」に類似した言葉がある。「さぶさぶ」である。

　其儘《そのまま》又俯《うつむ》いて盥《たらい》の中の物をさぶさぶ洗ひ出す。

と、名古屋出身の小栗風葉は小説『青春』（秋之巻）に書いている。松山市出身の高浜虚子も、「さぶさぶ」を使っている。

　尻《しり》っ端折《ばしょり》をしてさぶさぶと水の中に這入《はい》って行きなすったが、（『杏の落ちる音』一一）

のように。「さぶさぶ」は、洗濯をする時の音や水の中に入って行くときの音を写した擬音語で「しゃぶしゃぶ」とほぼ同じ意味の言葉である。

水の量が多くなり、水の抵抗が大きくなってやや大音になると、「ざぶざぶ」「じゃぶじゃぶ」になる。「ざぶざぶ」は、平安時代には出現している伝統的な擬音語である。たとえば、

　ぬるくこそはあらめと僧たち思ひて、ざぶざぶとまゐりたるに（『大鏡』道長下）

とあり、「ざぶざぶ」は、湯漬けを大量に口にかきこむ音や様子を表している。室町末期の『日葡辞書』でも「ザブザブ―水を渡る時とか、物を洗う時とかにたてる音」と説明している。昔から使われてきた擬音語なのだ。

一方、「じゃぶじゃぶ」の方は、明治時代以降に現れた新しい擬音語と察せられる。というのは、ずいぶん用例を探してみたのだが、(2) 近代になるまでその例が見られないのだ。「しゃぶしゃぶ」「さぶさぶ」も、同じく

明治時代以降にしか例が見られないので、新しい言葉である。

3　水音に欠かせない「ぶ」の音

さて、ここまでくると、あなたは気付いたのではないか。第一音節は「さ」「ざ」「しゃ」「じゃ」と変わっても、第二音節の「ぶ」は変化しなかったことに。なぜか？　これは、水・水分に関連する擬音語・擬態語の意味の根幹にかかわっている。実は、私は、今から四三年も前に国語学会でこんな傾向性を指摘して、大受けしたことがある。「水・水分に関連する擬音語・擬態語においては、第二音節は常に「ぶ」である。」と。(3)

がぶがぶ・げぶげぶ・じぶじぶ・だぶだぶ・でぶでぶ・どぶどぶ。

いかがです、すべて水・水分に関係する意味を持った擬音語・擬態語！　こうした擬音語・擬態語の第二音節は、ずっと昔から「ぶ」であるという傾向性が指摘できる。だから、第一音節は「さ」「ざ」「しゃ」「じゃ」と変わっても、第二音節は「ぶ」であり続けたのだ。

話題をスエヒロの店主三宅さんに戻そう。三宅さんは、おそらく類似の擬音語「さぶさぶ」「ざぶざぶ」「しゃぶしゃぶ」「じゃぶじゃぶ」を比較した結果、「しゃぶしゃぶ」を選びとった。「ざぶざぶ」「じゃぶじゃぶ」「さぶさぶ」では、軽やかな楽しさが出ない。それに対して「しゃぶしゃぶ」は、楽しい語感がある。小児語だけあって、親しみやすく愛嬌がある。一度聴いたら、忘れられない。こうしたメリットを思い浮かべ、「しゃぶしゃぶ」と命名した、と私は推測している。

「しゃぶしゃぶ」という料理名は、大ヒットして日本中に広まり、今や「sukiyaki」と並んで「shabushabu」

は、海外にまで知れ渡った日本の牛肉料理の代表格になっている。

注

（1）「知泉―Wiki」の「しゃぶしゃぶ」の項目参照。二〇一五年一〇月一五日閲覧。

（2）奈良時代から江戸時代までの主な文学作品を調査したのだが、「じゃぶじゃぶ」「しゃぶしゃぶ」「さぶさぶ」の三語とも見られない。江戸時代では、さらに方言資料『俚諺集覧』『片言附補遺』『物類称呼』『浪花聞書』『丹波通辞』『新撰大阪詞大全』なども調べてみたが、見られない。近代になってから登場した言葉である可能性が高い。

（3）この指摘は、拙稿「中古象徴詞の語音構造―清濁に問題のある語例を中心に―」（『国語学』九三集、一九七三年六月）の中で述べている。同論文は、本著作集5『オノマトペの歴史1　その種々相と史的推移・「おべんちゃら」などの語史』にも同タイトルで収録。

総すかん

1　語源を考える

「後輩芸人から総スカン　人徳のなさやっぱり！」という芸能ニュースの見出し語があった。[1]「総スカン」は、皆に嫌われて孤立してしまうこと。あまりエレガントな言葉ではないから、作家が物事の描写に使うことは稀である。でも、中には、こういう俗語を使って文章を綴るのが好きな作家もいる。それは、たとえば誰なのか？　ここで述べてみたい事柄である。

私は、この言葉を最初に耳にした時、自己流の誤った語源解釈をしたことをよく覚えている。「みんな」が「対象になる人物をバットなんかですかんと打って除外してしまう」ところから来たに違いない。「すかん」は、バットで球を打ち上げる音などを表す擬音語だと思ったのである。「総スカン」なんてカタカナ書きされていたりすると、いかにも「スカン」は擬音語だと思える。そんなことないかぁ。もちろん、私の誤り。

この稿を書くにあたって、私は自分が間違えていたことを思い出して、女友達にも聞いてみた。

「ねぇねぇ、『総すかん』の『すかん』って、もともとはどんな意味の言葉から来たと思う？」

「みんなが嫌がるんだから、『スカンク』の『スカン』かなあ。」

なるほど、「スカンク」は、嫌な奴を意味するときにも使う。

「期待外れのことを『すか』って言うでしょ。その『すか』に擬音語や擬態語の末尾によく付く「ん」を付けたのかと思った。」

なかなか凝った答えである。そうか、擬音語・擬態語「ぽかん」は、「ぽか」に「ん」をつけたものだからなあ。

語源の詮索をみんなでわいわいやるのは、とても楽しいひと時である。正解かどうかは別にして、自分の考えた怪しげな語源説を披露し、みんなで笑い合えるのだから。平安時代の清少納言も宮中で同僚の女性たちと語源の探索をして楽しんでいる。(2) あなたも、いかがです？ だれでも参加できるし、ちょっと知的でおしゃれな会話になる。

さて、「総すかん」の「すかん」は、何か？ 正解は、「好かん」！ 擬音語の「すかん」ではなかった。「総すかん」は、「すべての人」が「好かん（好かない、嫌だ）」と思ったところから来た言葉。だから、全員から嫌われるという意味。「総」は、「すべてのもの」「全体」を意味する。「総あたり」「総なめ」「総いれば」の「総」である。

2　関西出身の言葉

この「総すかん」、一体どこで生まれた言葉なのか？　たぶん、関西。というのは、「好かん」という言い方を、関東ではあまりしない。関東なら「好かない」と「ない」を使う。一方、関西では、「好かん」を実に気軽に使っている。「好かん人！」とか「あて、そんなこと好かんし（＝わたし、そんなこと嫌だし）」などと。(3)

さらに、「好かん」という表現のルーツをたどっていくと、江戸時代の大阪の花街に行きつく。寛政六年（一七九四年）、大阪から出版された『虚実柳巷方言《きょじつさとのなまり》』(4)に「すかん槌屋のことば」（下巻、廓中詞）と記されている。槌屋というのは、遊女たちを客に会わせる置屋の屋号。置屋ごとに個性ある言葉づかいがあった。槌屋では「好かん」を愛用し、その店のトレードマークにしていたわけである。

「もし、ちょっとお耳を、となにかささやく。ええすかん、とおさへつけていふ」（『色深狭睡夢《いろふかみそらねのゆめ》』(5)巻二）

のように使っていたのだ。「すかん」は、江戸時代の花街にルーツを持った関西出身の言葉。とすれば、それに「総」の付いた「総すかん」も、関西出身の言葉と考えるのが自然であろう。

図10　内田魯庵は、俗語好き。『銀座繁昌記』には、「総スカン殿」まで登場。（『内田魯庵―主な作品〔イラスト付〕』Kindle版の表紙写真）

3　内田魯庵は、俗語好き

では、「総」と「すかん」が合体した「総すかん」という言葉が誕生したのは、いつごろか？　一九二六年以後の昭和に入ってからだと考えられる。というのは、『日本国語大辞典』に用例のひかれている内田魯庵「銀座繁昌記」の例が、初期のものと察せられるからである。「銀座繁昌記」は、昭和四年（一九二九年）一月・二月の『中央公論』に掲載された随筆[6]。内田魯庵は、下町生まれの生粋の江戸っ子。彼がその頃「総すかん」を使っているということは、それ以前に関西で「総すかん」が生まれ、関東にも広まってきていたことになる。彼は、こう記している。

何しろ七十を越した老人が孫のような女を引張り廻すんだから忽ち湯治場中の大評判となった。其の上に同じ滞留客を下目に見る尊大振りが鼻持ちならんので宿屋中の総スカンになった。（『銀座繁昌記』一一・九）

「総スカン」になっているのは、上州の湯治場にやってきていた七十代の高官。彼は、この後、次の文に見るように、「総スカンどの」というあだ名まで付けられている。

此《こ》の総スカンどのが或る日鼻の下を伸ばして第何号だかの長唄の自慢をしたというんで、あのお撫《さす》りが長唄という面《つら》かい？　と岡焼《おかやき》半分の人相見や戸籍調査が初《はじ》まって寄って集《たか》って、総スカンどのと第何号をさんざんに扱下《こきおろ》した。（『銀座繁昌記』一一・九）

高官には、「総スカンどの」というあだ名をつけ、連れの若い女性には、「第何号」というお妾さんふうのあだ名を付けている。昭和四年の頃には、あだ名にしても通用するほど「総すかん」の語は一般に知れ渡っていたわけだ。

魯庵（図10参照）は、国民新聞に勤めたことがあることからもわかるように、ジャーナリスティックな感覚があり、こういう俗語をよく用いる。私が、この「Ⅲ」部で別に取り上げた「ざっくばらん」「おべんちゃら」「総すかん」といった俗語的な言葉を、魯庵はすべて使っている！

誰に会っても初対面《のっけ》からザックバランに砕けて少しも蟠《わだか》まりが無かった。（『銀座繁昌記』一一・一二）

とか、

「妾《わたく》しは口先でお弁茶羅《べんちゃら》をいうような事は嫌いです。」（『社会百面相』）

そして、すでに示したような「総すかん」も。

だから、私は魯庵にとても親近感を覚えている。俗語を堂々と使って、生きのいい文章を書いてくれる作家の一人、それは、内田魯庵である。

注

（1）J-CAST ニュースの見出し語。http://www.weblio.jp/content/（二〇一四年六月二一日検索）
（2）『枕草子』の「などて官得《つかさえ》はじめたる六位の笏《しゃく》に」の章段（三巻本では、一二八段）参照。
（3）『新版　大阪ことば事典』（講談社、二〇〇四年一一月）参照。
（4）『虚実柳巷方言《きょじつさとのなまり》』（『浪速叢書』一四）所収。
（5）『色深狭睡夢《いろふかみそらねのゆめ》』（『花街風俗叢書』三）所収。
（6）内田魯庵『魯庵随筆　読書放浪』（平凡社、一九九六年八月）所収。

たんぽぽ

1　「たんぽぽ」は、室町時代から

無数のたんぽぽの花が一面に咲き、黄金色の光をあたり一帯に放っている。そんな幻想的な光景が、都内の大寺院の敷地内に迷い込んだ時に眼前に展開した。私はハッと息をのみ、見惚れてしまった。たんぽぽは、私にとっては、そんな感動的な光景に現れた思い出の花。ここでは、その名がどこから付いたのかを明らかにするのが、目的である。

そもそも、「たんぽぽ」という名はいつから存在するのか？　室町時代からである。文明六年（一四七四年）頃に出来た国語辞書『文明本節用集』に「蒲公英　タンポポ」と記されている。漢語の「蒲公英」は、「たんぽぽ」のことだというのである。

室町末期に来日したポルトガルの宣教師たちが作った『日葡辞書』にも「Tanpopo」という見出し語があり、

「この名で呼ばれるある草」と解説されている。「たんぽぽ」は、室町時代に出現してきた名前なのだ。

では、室町時代以前には、何と呼ばれていたのか?「ふぢな」とか「たな」である。平安時代初期に出来た『本草和名』に「蒲公草」という漢語を載せ、「和名布知奈《ふぢな》　一名多奈《たな》」と記している。[1]「ふぢな（藤菜）」は、藤の花の下に咲いているところに注目して「藤」の「菜」とつけられたのであろう。藤とたんぽぽは、同じ時期に咲く。紫色の藤の下に咲く黄色いたんぽぽの花。それはあでやかで、眼を引き、名付けの理由になったに違いない。「たな（田菜）」は、田畑のどこにでも生える菜っ葉の意味でつけられた名前であろう。たんぽぽの葉は食用だったので、特に食べられることを意味する「菜」としているのだ。

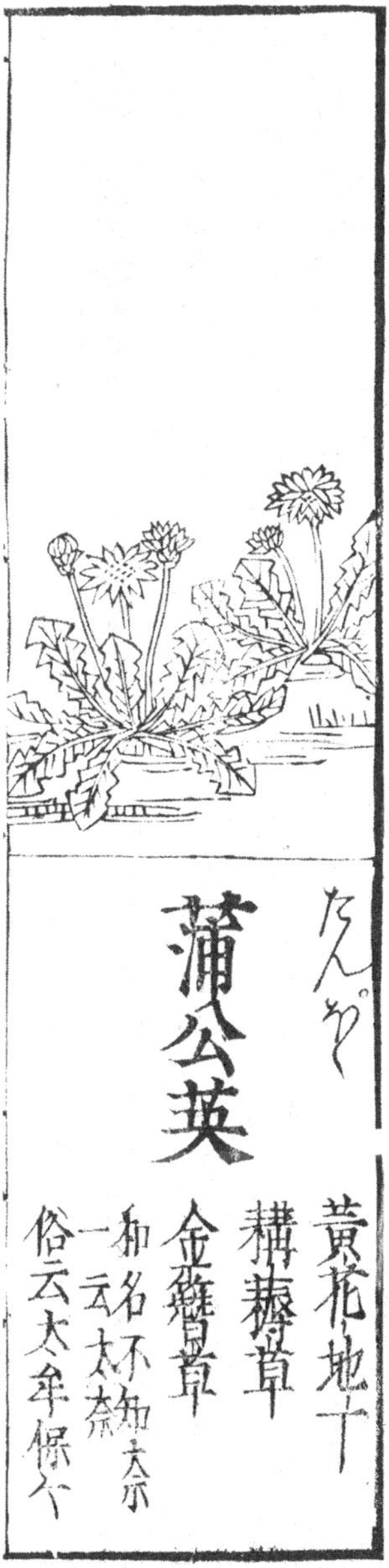

図11　江戸時代の正式和名は「不知奈《ふちな》」「太奈《たな》」。「たんぽぽ」は俗名。すくっとした茎に注目。（『和漢三才図会』巻一〇二、影印本、新典社刊より）

2 鼓の音は、「たんぽぽ」

では、室町時代に出現する「たんぽぽ」という名は、どこから来たのか？ いろんな説がある。[2] 私は、小鼓を打ち鳴らす音を写す擬音語「たんぽぽ」から来たと考えるのが最も自然だと考えている。

室町時代は、ご存じのように、能や狂言の隆盛期。そこで打ち鳴らされる小鼓の音は、当時の人には耳になじんだ音である。「いやあ」「はっ」などの掛け声とともに高らかに打ち鳴らされる音は「たん」とか「たっ」と聞こえる。続いて低く柔らかい音色で二回打ち鳴らす音は「ぽぽ」。「たんぽぽ」という擬音語は、小鼓の音を写す言葉として有名だったと考えられる。その擬音語は、やがて小鼓を意味する言葉にもなった。というのは、室町時代の市場で売られている小物の中に、「たんぽぽ」が記されているからである。

いや是にはこま道具、かがみ、べにおしろひ、くしはり、けぬきはさみ、きんちゃくたたき、いんろう、おび、おきやがりこぼし、たんぽぽ、ふりつづみ、さまざまの物が有。（狂言「磁石」[3]）

「ふりつづみ」に並んで列挙されている商品であるから、「たんぽぽ」が小鼓を意味していることは間違いない。「たんぽぽ」が小鼓の音色を表すものとして知れ渡っていたために、物の名前にまでなっていった。ちょうど、赤ん坊のおもちゃで「がらがら」と音がするおもちゃを「がらがら」と名付けるように。

江戸時代のごく初めにできた笑話集『醒睡笑』（一六二八年）でも、小鼓の音を「たんぽぽたんぽぽ」と写し、食用の草「たんぽぽ」の意味をかけて、笑いをとろうとした話も出てくる。[4]

3　たんぽぽ遊び

でも、植物の名前が楽器の音色から来ることはあるのか？「ぺんぺん草」を思いだしていただきたい。「なずな」の俗名だが、莢《さや》が三味線の撥《ばち》の形をしている。そこから三味線の音色を表す「ぺんぺん」をとって「ぺんぺん草」に。楽器の音色が、草の名前になる例はあるのだ。

だとしても、草の「たんぽぽ」は、どこの部分が小鼓を思わせたのか？　蕾の形だという人もいる。(5)　しかし、蕾はどうみても小鼓には見えない。他の花の蕾と何ら変わった様子はないのだ。なにかそのものの個性とみえる特徴でなければ、名づけの候補にはならない。

たんぽぽで目立つのは花茎である。ギザギザの葉の中からすっくと一本立ちして、先端に黄色い花をつけている。花が終わると、その後にはおなじみのまん丸の綿毛の種子をつける。私たちは、この綿毛を吹いてふわふわと空中に舞い上がらせて楽しんだりする。種子を吹き終わると、手元には、しっかりした茎だけが残る。

子供は、さらにこの茎で遊ぶ。いわゆる「たんぽぽ遊び」である。茎の両端から切れ込みを入れ、水につけ、両端を放射状に反り返らせて見事な鼓の形を作る遊びである。深津正さんは、『植物和名の語源』(6)で、故郷の三河で子供の遊びとしてたんぽぽの茎あそびがあったことを紹介している。群馬育ちの私も、子供の頃、たんぽぽの茎に切り込みを入れ、曲がるのをみていた。それが「鼓」に見立てられることは知らなかったが。

こうして、この草は子供の遊びを通して、鼓になり、その音色を写す「たんぽぽ」が名前になった。そう考えられる。さらに、エレガントな言葉でとらえなおして「つづみ草」という名前も江戸時代には出てきている。(7)

和歌や俳句といった文学の世界でよく使われている。

林には　なくてかなはじ　つづみぐさ　（俳諧『玉海集』〈一六五六年〉、一・春）

のように。「林」には「囃子」の意味が掛かっている。お囃子に鼓《つづみ》は欠かせない。

「たんぽぽ」という名がどこか楽しい響きを持つのは、小鼓の音を写す擬音語から来ているからなのだ。

注

（1）同じ時代に出来た『倭名類聚抄』にも、「蒲公草」のことを「布知奈」「太奈」と云うと記している。

（2）一つは、「田菜」に、「ほほける」とか「ほほゆる」の「ほほ」がついたとする説。「たなほほ」から「たんぽぽ」ができたと考えるのだ。二つには、「田菜」に、漢語「孛々《ほつほつ》」が付いたという説。三つは、フランス語の「たんぽ（tampon　砲口の塞《せん》）」に「穂」をつけたという説、など。

（3）池田廣司・北原保雄著『大蔵虎明本　狂言集の研究　本文篇下』（表現社、一九八三年）所収。

（4）『醒睡笑』巻八、三四「たんぽぽの囃子」（岩波文庫『醒睡笑』下）

（5）中村浩『植物名の由来』（東京書籍、一九八〇年）の「タンポポの名の由来」参照。

（6）深津正『植物和名の語源』（八坂書房、一九八九年）

（7）中村浩は『植物名の由来』（東京書籍）で、「たんぽぽ」の名は「つづみぐさ」から来ていると述べている。しかし、「たんぽぽ」の名前の方が室町時代に出現しており、「つづみぐさ」の方がそれよりも遅く出現している。だから、中村説とは逆に、「たんぽぽ」から「つづみぐさ」が出てきたと考える方が理に適っている。

1 「てんてん舞い」と「てんてこ舞い」

田に畠《はた》にてんてん舞《まひ》の胡蝶《こてふ》かな

文化一〇年（一八一三年）ころに詠まれた一茶の句。蝶々がむつれあいながら、田んぼに舞って行ったかと思うと畠に舞い戻る。忙しく休む間もなく動き回っている蝶々だなあといった意味の句。「てんてん舞い」とある！　現代なら「てんてこ舞い」というところを「てんてん舞い」と言っている。「てんてこ舞い」と同じ意味の言葉として、「てんてん舞い」という語があったのだ。

その古い例を探してみると、享保一七年（一七三二年）初演の浄瑠璃『壇浦兜軍記《だんのうらかぶとぐんき》』に、こうある。

内はお客でてんてん舞ひ、お料理よ吸物よと上を下へと返してゐるに

現代の「てんてこ舞い」と同じ意味である。

では、現代に連なる「てんてこ舞い」の語は何時から存在するのか？ 最も古いと思われる例は、明和七年（一七七〇年）初演の『桑名屋徳蔵入船物語《くわなやとくぞういりふねものがたり》』。

「余り嬉しうて、大夫と二人、長持《ながもち》の中でてんてこ舞ひをしてゐたわいなう」

とある。現代とは違って、「てんてこ舞い」が喜んで小躍りする様子にも使われていたことが分かる。現代と同じ意味の「てんてこ舞い」も、ほぼ同じ時期から見られる。安永元年（一七七二年）初演の歌舞伎『三千世界商往来《やりくりおうらい》』に、

その三百枚で継目の手形さへ取って来れば、もう伯母がてんてこ舞ひしても叶はぬ事

とある。慌てふためいて忙しく立ち回る様子を表しており、現在と同じ意味。「てんてこ舞い」は、「てんてん舞い」よりも約四〇年ほど後に誕生している。そして、一茶の時代までは、「てんてん舞い」も「てんてこ舞い」も併存している。

でも、その後、「てんてん舞い」はあまり見られなくなり、もっぱら「てんてこ舞い」が使われるようになっていく。だから、「てんてん舞い」は、生まれてから八〇年くらい生き、「てんてこ舞い」に押されて、消えて行ってしまった語なのだ。なぜ、「てんてこ舞い」が、先に生まれた「てんてん舞い」を圧倒することができたのか？ これが、ここでのテーマである。

2 「てんてん」も「てんてこ」も、締太鼓の音

「てんてん」も、「てんてこ」も、ともに締太鼓の音を写す擬音語。そうした太鼓の音に合わせて忙しく舞う

ことから、「てんてん舞い」も「てんてこ舞い」も、忙しく休む間もなく働きまわる様子を意味するようになったわけだ。

でも、「てんてこ」と「てんてん」の間に、何か差異があるから、「てんてこ舞い」の語の方が残ったのだ。何か違いはないのか？　もしかしたら、単なる擬音語ではなく、締太鼓の打法を覚えるための楽譜の言葉と関係があるのかもしれない。太鼓の叩き方は、「てんてんてんてん　てんててん」「てんてんてつ　てれつく」などと擬音語出身の楽譜の言葉を口で唱えて覚える。これを「口唱歌《くちしょうが》」と言っている。「てん」は、強く打つ音、「つ」は、弱く打つ音、「つくつく」は、弱く打ち刻む音、「てれつく」は、弱く打ち刻みながら「てれ」の部分を幾分強く打つ音、「てけてけ」は、かなりの強さで打ち刻む音というふうに、それぞれが特定の打法を意味している。口唱歌を聞いているだけで太鼓の音が聞こえてくるのは、もともと擬

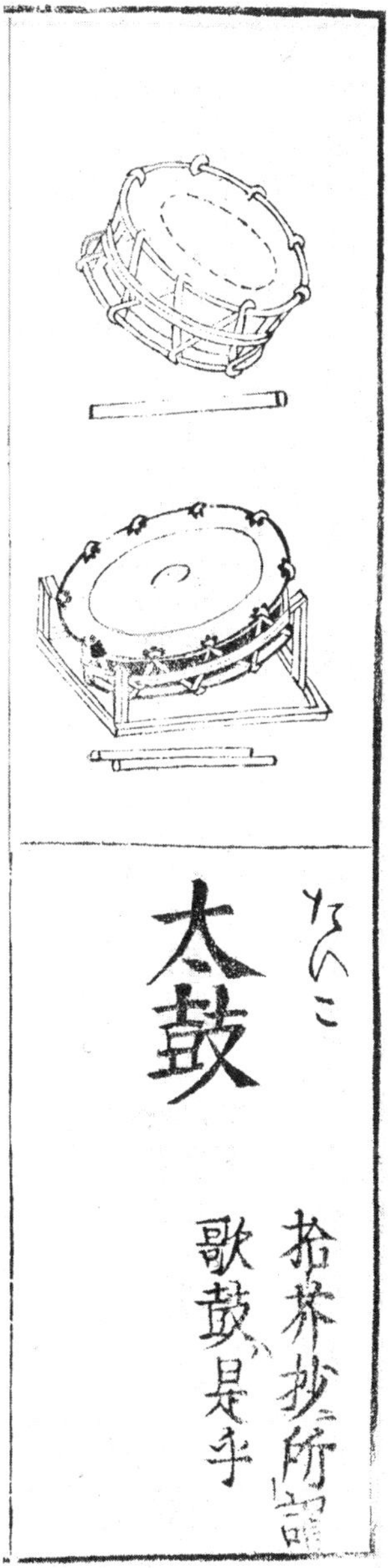

図12　「てんてん」「てんてこ」と打ち鳴らされる締太鼓。（『和漢三才図会』巻一八、影印本、新典社刊より）

音語出身の言葉で楽譜を作っているからである。

さて、「てんてん」は、口唱歌によく出てくるので、楽譜の言葉であることは明白。でも、「てんてこ」の「てこ」も楽譜の言葉なのか？　ただの擬音語にすぎない可能性もある。『口唱歌大系―日本の楽器のソルミゼーション』[1]という昔懐かしいレコードを聞いて調べてみた。すると、歌舞伎の陰囃子の締太鼓の口唱歌に一か所だけ「てんてんてこつ」と「てこ」が出てきた！　そういえば、口唱歌のよく出てくる『浮世床』[2]にも、

すててこすててこ、すててこてんてこ、てんとんとん。

と、「てこ」が出現していた。「てこ」も、やはり「てん」と同じく口で唱える楽譜の言葉だった。とすると、「てんてん」と「てんてこ」は、まったく対等である。だから、「てんてこ舞い」が生き残った理由には、口唱歌の楽譜かどうかは関係がないことが判明。では、仕切り直して、「てんてこ」が生き残って現代に至ったのは、なぜなのか？　次の三つの理由が考えられる。

3　「てんてこ舞い」は、なぜ勝ったのか？

その理由の一つは、「てんてこ」のほうが「てんてん」よりも、忙しく動き回る様子を象徴するのに適していたからである。「てんてん」は、強く打つ音二つであるから単純である。一方の「てんてこ」は、強く打つ音「てん」の後に、「てこ」と、間を置かずに違った打ち方で連打するので、複雑である。複数の用事に追い回されている状態は「てんてこ」のほうがふさわしい。

二つ目の理由は、「てんてん」には、いろんな意味があって、意味の識別に不利なことである。「てんてん」

は、「おつむてんてん」などという時の「物を軽く打つ音」を表すこともある。「手拭い」を意味する「てんてん」もある。歌舞伎世界の隠語では、「怒る」ことも意味する。それに対して「てんてこ」は、別の意味の語がなく、まぎれる心配がないので、有利である。

三つめの理由は、「てんてこ舞い」には、類似した意味の「てこ舞い」があり、「てんてこ舞い」の勢力拡張に力を貸したと考えられる。「てんてん舞い」にはそういう味方がいない。

こうして、「てんてこ舞い」は、「てんてん舞い」を消滅させ、一人生き残って現在に至ったと考えられる。言葉も、生き残るためにひそやかな闘いを繰り広げているのである。

注

（1）　横道萬里雄・蒲生郷昭『口唱歌大系―日本の楽器のソルミゼーション』（CBSソニー、一九七八年）を調査。

（2）　日本古典文学全集『洒落本 滑稽本 人情本』所収。

とことん

1　「徹底的に」の意味は、新しい

「とことんやる」「とことんこだわる」「とことん楽しむ」と、私たちは「とことん」をよく使う。「徹底的に」「最後の最後まで」という意味である。「とことんまでやる」のように、「とことん」を名詞扱いして「まで」をつけて同じ意味に使うこともある。が、これは、やや古い言い方。現在では「とことん」だけで用いることが圧倒的[1]である。

さて、この「とことん」は、どこから来た言葉なのか？　それを探るのが、ここでのテーマである。

現在の「徹底的に」「最後の最後まで」の意味の「とことん」は、昭和に入ってから見られるきわめて新しいものなのだ。昭和二年（一九二七年）に出版された里見弴の『大道《だいどう》無門《むもん》』の「何事もとことんまで落ち込んで行った」が初出例として挙げられるほどである。「とことん」だけの用例は、「とことん喧嘩する気か」（久

板栄二郎『北東の風』）のように、昭和一二年（一九三七年）のものが初出例。びっくりするほど新しい。

2　足拍子と囃子言葉の「とことん」

でも、それ以前に、「とことん」という言葉は、影も形もなかったのか？　いや、あるのだ。江戸時代の後期に「とことん」という言葉自体は出現している。しかし、意味が全く違っている！　踊りの足拍子を写す擬音語であったり、囃子言葉であったりなのである。

幕末に刊行された仮名垣魯文の『滑稽富士詣』(2)には、

　酒代三百ただもろた。とことんやれすっとことんと足拍子をして踊りだせば、

とあるから、「とことん」が足拍子を写す擬音語であったことは確かである。その足拍子は、「右左と軽く次に右を強く踏む足拍子」（『近世上方語辞典』(3)）だったらしい。確かに、「ト（軽く右足）コ（軽く左足）トン（強く右足）」になる。そこから舞や踊り自体を「とことん」で表すことも生じた。天保三年（一八三二年）の『当世花詞粋仙人』(4)に「まひまふ、とことん」とある。(5)

さらに、足拍子の「とことん」は、調子がいいので囃子言葉にもなっていく。『東海道中膝栗毛』（文化四年・一八〇七年）(6)には、こうある。

「みんなそれからトコトントコトンとはやしてくれさっしゃい」
「よかよか合点あらう」
のり合《あひ》みなみな手を打《うち》たたき「トコトントコトン」
（『東海道中膝栗毛』六編上）

こんなふうに、江戸時代に見られる「とことん」は、足拍子の音であったり、囃子言葉であったりして、現在の「徹底的に」「最後の最後まで」の意味の「とことん」ではないのである。

3　「とことんやれ節」が、仲立ちに

では、江戸時代の「とことん」と現在の「とことん」は、関係がないのか？　関係がないと考える人もいる。[7] でも、私は、関係があると考えている。江戸時代の囃子言葉「とことん」と、現在の「徹底的に」という意味を関係づけるのは、明治元年（一八六八年）に一世風靡した「とことんやれ節」だと睨んでいる。六番まであるが、紙幅の関係で、二番までを紹介しよう。図13に示した慶応四年（一八六八年）の「都風流トコトンヤレぶし」によれば、次の通りである。

（一番）一天万乗《いってんばんじやう》の一天万乗の　帝王《みかど》に手向ひする奴を
トコトンヤレ　トンヤレナ　狙《ねら》ひ外《はず》さず狙い外さず　どんどん撃ち出す薩長土《さっちやうど》　トコトンヤレ　トンヤレナ

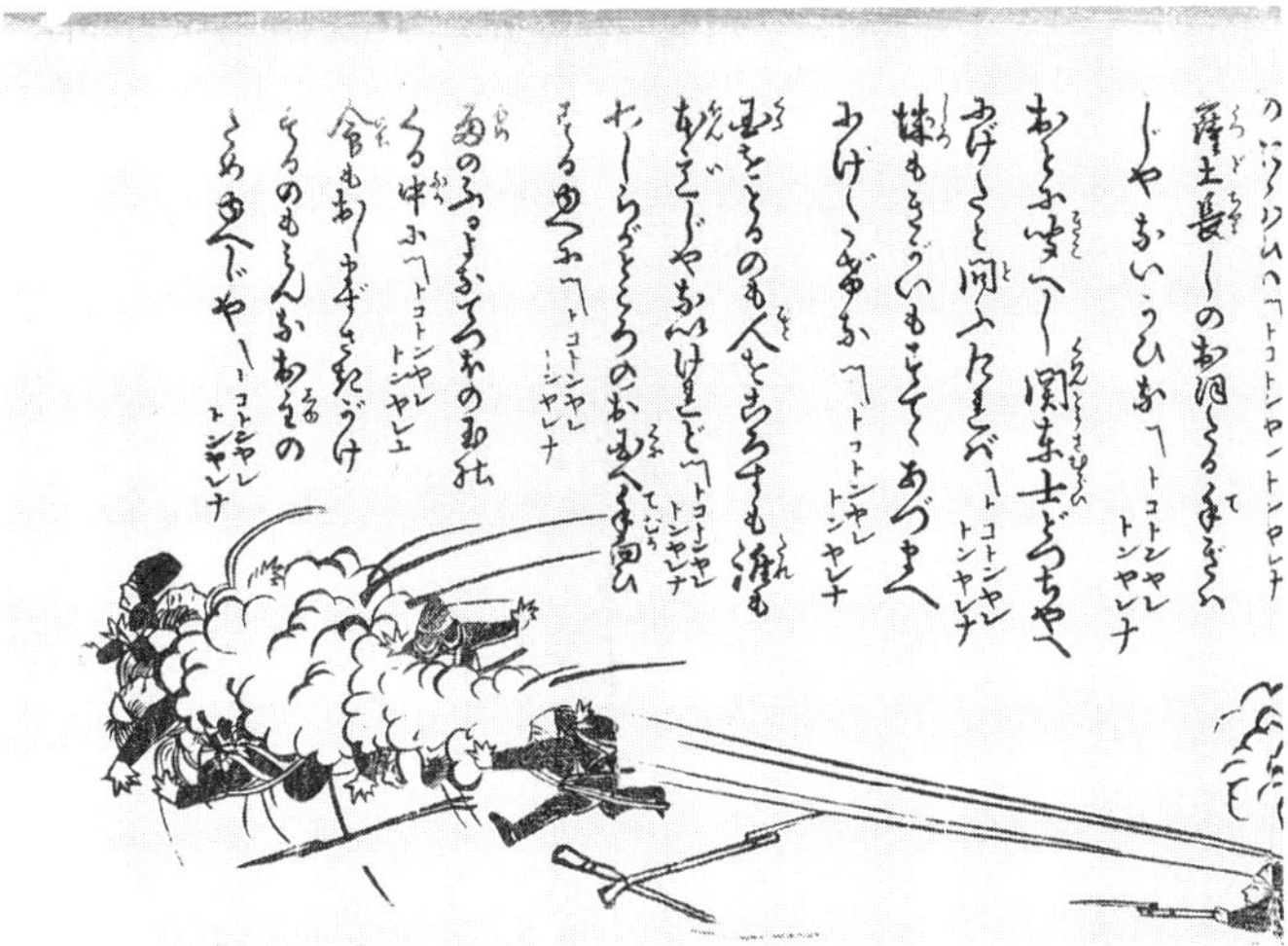

図13　「徹底的に」の意味が出て来たのは、一世風靡した「トコトンヤレ節」ではないか。（『日本近代歌謡史　資料編』桜楓社刊。一九九〇年刊より）

（二番）宮さん宮さん御馬《おんま》の前に　ヒラヒラするのはなんじゃいな　トコトンヤレ　トンヤレナ　ありゃ朝敵征《てうてきせい》伐《ばつ》せよとの　錦《にしき》の御はたじゃ知らなんか　トコトンヤレ　トンヤレナ

現在では、二番と一番が逆になり、タイトルも「宮さん宮さん」で広く知られている歌である。明治元年、新政府側と旧幕府側との間に激しい対立が起こり、鳥羽・伏見の戦いが勃発。新政府軍は、東征大総督に熾仁《たるひと》親王をかつぎ、朝敵を征伐する官軍の標として天皇から錦の御旗を賜って戦いに臨んだ。その時の奥羽鎮撫総督参謀の品川弥二郎が作詞、大村益次郎が作曲したと伝えられている。最初は、調練太鼓（兵士の進退を合図する太鼓）に合わせて歌ったと言われている。軍歌だったのだ。

「宮さん」は、熾仁親王のこと。「トコトンヤレ」と繰り返し歌われると、「ヤレ」も「トコトン」と同じく囃子言葉であるにもかかわらず、「とことんやれ！」と言っているように思えてくる。特に一番の歌詞は、「手向ひする奴をトコトンヤレ」となっているので、余計に「やれ！」という動詞の命令形に思える。すると、「とことん」も「やれ」を修飾する副詞で「徹底的に」「最後の最後まで」という意味合いを帯びる。こうして、囃子言葉「とことん」が現代の「徹底的に」という意味に変化したのではあるまいか。

そもそも、「とことん」という言葉は、「床《とこ》（川や海の底）」を「とん」と鳴らすといった意味合いを感じさせる。そういう行為は、追いつめられて最後になされる。「最後の最後」といった意味が出やすい語形をしているのである。

さらに、現代の「とことん」の意味が、囃子言葉からきたと考えると納得のいく現象が二つある。一つは、大正時代に出て来た「トコトン飴」の売り言葉。「三代目のトコトン、負けとけ捨てとけトコトン、も一つ負けとけトコトン」。(8)「トコトン」は、確かに囃子言葉であるが、「負けとけ」に続く「トコトン」には、「徹底的に」の意味が感じられる。

二つめは、現代でも、「とことん」に続くのは、「やる」という動詞が多いことである。「とことんやれ」の歌の影響と考えられる現象である。

こうして、江戸の囃子言葉「とことん」は、明治の軍歌「とことんやれ節」を経て、昭和以降の「徹底的に」の意味になったと、私は推測している。

注

（1）国立国語研究所「現代日本語書き言葉均衡コーパス」で「とことん」を調査すると、全用例四三二例。そのうち「とことんまで」と「まで」の付いた用例は三〇例。つまり、六・九％に該当する。残りの四〇二例は、「とことん」だけで「徹底的に」の意味になっている。現代では「とことん」だけで用いることが圧倒的であることが分かる。

（2）『滑稽富士詣』（古典文庫、一九六一年）

（3）前田勇『近世上方語辞典』（東京堂出版、一九六四年）

（4）前田勇『近世上方語辞典』（東京堂出版、一九六四年）の「とことん」の項の用例を引用。

（5）楳垣実『隠語辞典』（東京堂出版、一九五六年）には、「**とことん**　踊り」とあり、演劇界での隠語として挙げられている。

（6）『東海道中膝栗毛』（新編日本古典文学全集、小学館）。引用に際しては、歴史的かなづかいに改めている。また、読みやすいように適宜鍵かっこなどを付した。

（7）村石利夫『日本語源辞典』（日本文芸社、一九八一年）では、「徹底的に」の意味の「とことん」は、「底《とこ》」＋「どん」（どんづまりの「どん」と同じく強調語）由来の言葉と考えている。また、『日本国語大辞典』（小学館）でも、はやしことばの「とことん」を、「徹底的に」の意味の「とことん」とは別の見出し語を立てている。

（8）牧村史陽編『新版　大阪ことば事典』（講談社、二〇〇〇年）参照。

とろろ汁

1　「とろろ芋」は、存在しなかった

「とろろ汁」というのは、「とろろ芋」をすりおろした汁だから、そう呼ぶのだと思っていた。ところが、調べてみると、「とろろ芋」という芋はないのだ！　「とろろ汁」をつくるツクネイモやナガイモやイチョウイモなどのヤマノイモを総称して「とろろ芋」と呼んでいることに気づいた。だから、「とろろ汁」というのは、芋の名前から来た料理名ではなかったのである。ヤマノイモをすりおろしてだし汁をまぜてのばし、あおのりなどをひとふりした、料理の名前だった。

ちなみに、「とろろ」の発音に近い「ところ（野老）」という芋がある。発音が近いので、その芋をすりおろしたものが、「とろろ汁」かと考えてもみた。けれども、「ところ」は、同じくヤマノイモに属しているのだが、苦みがあり、「とろろ汁」にはならないことを知った。「ところ」は、「おにどころ」とも言われ、焼いて食べ

るのが一般的らしい。茹でて水にさらしてから煮物にしたり、飯に炊き込んだり、餡の材料にしたりもする。だから、発音は近いけれど、「とろろ汁」とは関係のない芋であった。

2　「とろろ」は、「とろとろ」から

では、ツクネイモ・イチョウイモ・ナガイモなどをすりおろして生で食べる料理を、なぜ、「とろろ汁」というのか？　これは、すぐに見当がつく。すりおろした汁は粘り気があって「とろとろ」しているところからである。「とろとろ汁」では、やや長くて語調が悪い。リズミカルな五音節の「とろろ汁」の方が覚えやすいし、美味しそう。

とはいっても、「とろとろ」を「とろろ」にしてしまうような変化の類例はあるのか？　擬音語・擬態語の歴史を辿ってみると、[1]「ＡＢＢ（とろろ）」型の方が「ＡＢＡＢ（とろとろ）」型よりも、古いタイプの言葉なのである。たとえば、平安時代以降には「くるくる」となった語は、それ以前の奈良時代では「くるる」という形をしている。同じく、平安以降は「しほしほ（泣き濡れる様子）」となる語は、奈良時代では「しほほ」であったという具合。この「くるる」「しほほ」のような古いタイプの語は、後に、「くるくる」「しほしほ」のタイプに変化してしまうことが多かったので、非常に少なくなってしまった。でも、両タイプの語は交換可能な関係ではある。だから、「とろとろ」があれば、先祖返りの「とろろ」をつくっても、不自然ではない。

現代だって、新しさを出そうとして、「きらきら」から逆に古い形の「きらら」を作り出したり、「うるうる」から「うるる」、「ほろほろ」から「ほろろ」を派生させて、使っている。だから、「とろろ汁」は「とろ

とろ汁」から来たといえるわけだ。

3　「とろろ汁」は、室町時代から

では、とろろ汁は、いつから日本人が食べ始めた料理なのか？　室町時代からである。室町時代の国語辞書『運歩色葉集』に「薯蕷露汁《（トロ）ロジル》」とある。また、ポルトガルの宣教師たちの編んだ室町末期の『日葡辞書』にも、「トロロジル」とあって、こんな説明がされている（図14参照）。「山芋と他の野菜とで作った、粥のような汁」。他の野菜というのは、例えば芹などを、すりおろした山芋に混ぜたのかもしれない。

この「とろろ汁」は、江戸時代になると、広く庶民たちに愛される食べ物になる。江戸時代初期の『醒睡笑』[2]には、「とろろ汁」をめぐる笑い話がいくつも載っている。たとえば、お呼ばれの席で児《ちご》（勉学や行儀見習いのために、寺に預けられている少年）が、とろろ汁のお代りをやたらにしている。それを地位の上の人が見つけて児を睨むと、「僕にそれほど罪はないよ。このとろろ汁を睨んでよ。」と言ったという話。何杯もお代わりをさせちゃうほどおいしいとろろ汁が悪いというのである。

また、こんな話も。「とろろ汁」を振舞われた老人があまりのうまさに「ことづて汁」としゃれめかして言ったので、主《あるじ》は大喜びしたという話。「とろろ汁」は食が進むから、「飯《いい》やる（飯をどんどん進ませる）」。それを「言ひ遣る（言って遣る）」ととる。さらに、それを「言伝《ことづて》」と言い換える。だから、「ことづて汁」に。ばかばかしいほど手の込んだ洒落を言って褒め称えるほど、「とろろ汁」は江戸の庶民に注目され、愛されていたのだ。

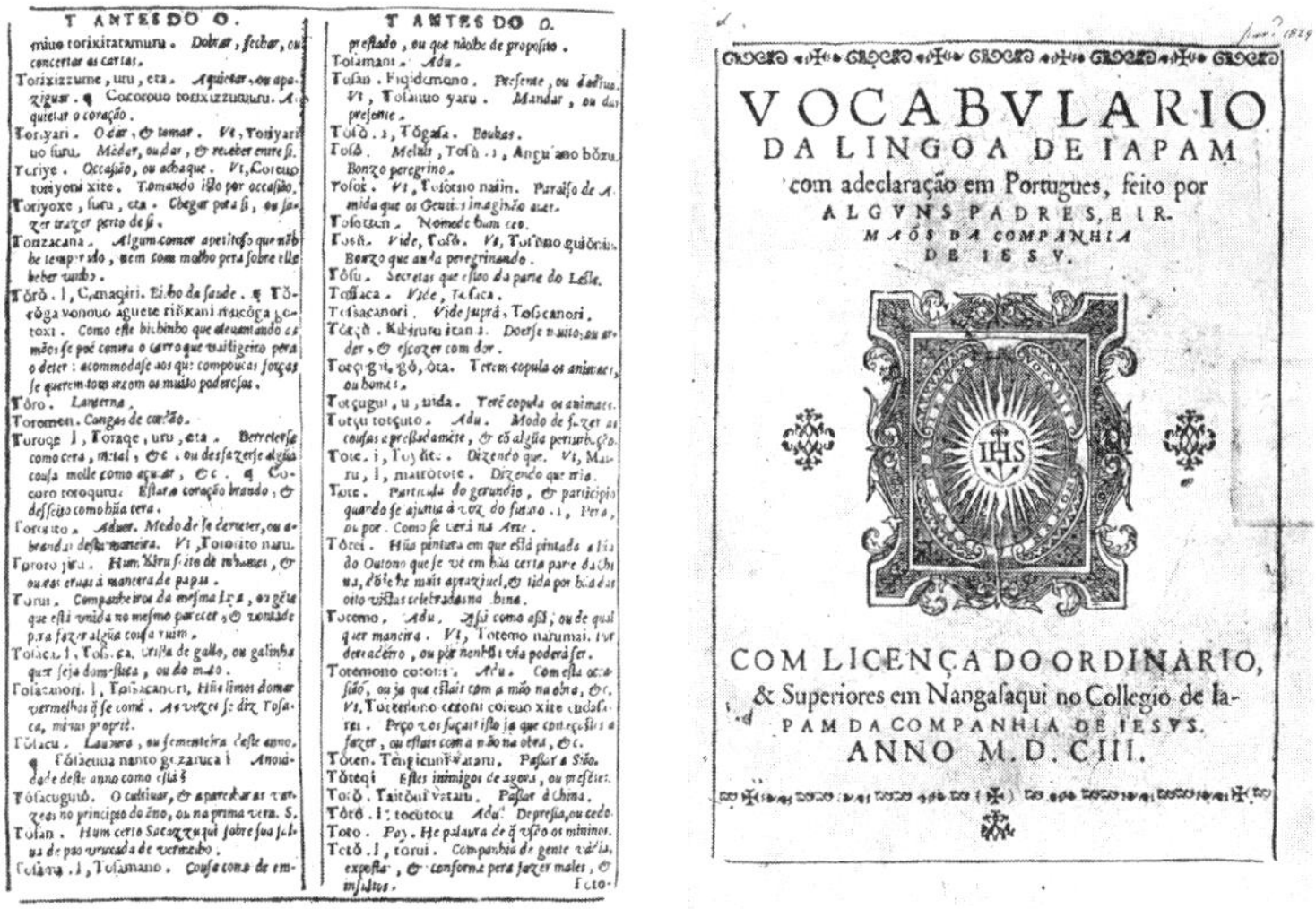
VOCABVLARIO
DA LINGOA DE IAPAM
com adeclaração em Portugues, feito por
ALGVNS PADRES, E IR-
MAÕS DA COMPANHIA
DE IESV.

COM LICENÇA DO ORDINARIO,
& Superiores em Nangasaqui no Collegio de Ia-
PAM DA COMPANHIA DE IESVS.
ANNO M.D.CIII.

図 14 右頁は『日葡辞書』の扉。左頁の左欄の上から 11 番目の項目に「Tororo jiru（トロロ ジル）の語が見える。（『日葡辞書』影印本・勉誠社刊より）

4 名物「とろろ汁」の出現

さらに、江戸時代には、「とろろ汁」が静岡県の丸子《まりこ》の名物にもなっている。俳人・芭蕉は、こんな句を詠んでいる。

梅若葉 丸子の宿の とろろ汁

また、『東海道中膝栗毛』（二編下）[3]にも、名物「とろろ汁」の話が出てくる。丸子の宿の茶屋で、北さんと弥次さんはこんな会話をしている。

「爰《ここ》はとろろ汁《じる》の名物だの」

「そふよ。もし、ご亭主、とろろ汁はありやすか」

すると、亭主がとろろ汁を作り出す。ヤマノイモの皮も剥かずに、すりこ木でする。女房は、青のりを焼く。そのうちに、亭主は気のきかない女房に腹を立て、痴話げんかになる。女房は、すりおろしたとろろ汁をひっくり返す。そのとろろ汁で、けんかの仲裁に入った老婆もろとも、すべって転んで大騒動という話。ともあれ、「とろろ汁」は、丸子の名物として有名だったのだ。

現代では、「とろろ汁」は、麦とろ定食、山かけそば、とろろそばに使われる程度で、江戸時代の人気は影を潜めてしまった。滋養強壮の効き目のある「とろろ汁」をもっと復活させたいものである。

注

（1） 山口仲美『犬は「びよ」と鳴いていた—日本語は擬音語・擬態語が面白い—』（光文社新書）の「擬音語・擬態語のかたち」の章に詳述。本著作集6『オノマトペの歴史2 ちんちん千鳥のなく声は・犬は「びよ」と鳴いていた』にも、同タイトルで収録。

（2） 『醒睡笑（上）（下）』（岩波文庫・一九八六年七月、一九八六年九月）を使用。

（3） 『東海道中膝栗毛』（新編日本古典文学全集・小学館・一九九五年六月）

トンカチ

1　一九四一年に、例があった

トンカチという言葉の歴史を調べていると、とても奇妙な気持ちになる。今、八〇歳を迎えている人の人生を彷彿とさせるからである。

トンカチという言葉が生まれたのは、恐らく一九三〇年代の後半。『日本国語大辞典』（小学館）では、初出例として一九四八年の『雪夫人絵図』（舟橋聖一）の「トンカチの音も賑やかに、二間つづきの部屋が改造された」をあげている。

でも、もう少し遡れる。私が見つけた古い例は、一九四一年刊行の「のこぎり鮫とトンカチざめ[1]」という翻訳物の童話のタイトルと「トンカチ部隊[2]」というエッセイのタイトルである。それぞれ、一九四一年の七月刊行の単行本に収録されている。第二次世界大戦のさなかである。

「のこぎり鮫とトンカチざめ」（図15参照）は、鼻が大きなのこぎりになっている鮫と頭がトンカチになっている鮫のいたずら物語である。トンカチとのこぎりという大工道具に喩えられた武器を持った鮫たち。五、六歳の子供に読んであげると、キャッキャッと喜びそうな内容の童話。翻訳物のタイトルに使われているということは、トンカチという言葉が、この頃既に一般に知れ渡っていた証拠である。

後者の「トンカチ部隊」は、トンカチを持って岩をトンカチトンカチと叩いて、地質を調べる研究者一行の話。こんなふうに、一九四一年刊行の翻訳物やエッセイのタイトルにトンカチが用いられているということは、トンカチの語が一九四一年以前に誕生しており、その頃すでに一般に知れ渡っていたということである。

では、いつ頃、生まれていたのか？　一九四一年をさほど遡らない時期、せいぜい数年前の一九三〇年代後半くらいではないかと推測される。というのは、一九四一年に童話やエッセイのタイトルに使っているということは、トンカチという言葉がまだインパクトを持っていたということで、誕生してからさほど時間がたっていないと考えられるからである。とすれば、トンカチは、現在、八〇歳くらいの人と同じ頃の誕生だと推測される。

2 トンカチのことを、何と呼んでいたか？

では、トンカチという言葉が誕生するまで、あの大工道具を何と呼んでいたか？　あの大工道具は、それまで存在していなかった？　そんなはずはない。物を作る時に最初に必要になるものだからである。そう、「金《かな》づち」。金づちという言葉は実に古く、平安時代の初めの漢和辞書『新撰字鏡』にすでに掲載されている。漢

図 15　左側が金づちのような頭をもったトンカチ鮫。右側はノコギリ鮫。二匹で、さまざまないたずらをくりひろげる。(「のこぎり鮫とトンカチざめ」『年を歴た鰐の話』桜井書店、所収)

字の「鍉」「鎚」「鐵鎚」に「加奈豆知《かなづち》」と記している。(3) 同じく平安時代の辞書『和名類聚抄』や『色葉字類抄』でも「鐵槌」を「加奈都知」「カナヅチ」と記している。(4)

「つち」というのは、物を叩く道具のこと。叩く部分が、木製であれば「木《き》づち」、金属であれば、「金《かな》づち」となる。「金づち」の語は、以後、時代を通じて使い続けられ、江戸時代にはこんな川柳もある。

金づちを　嗅《か》ぎ嗅《か》ぎ　屋根屋《や》つまみ食《ぐ》ひ

(『誹風柳多留拾遺』一〇篇)(5)

屋根に上った職人が、左手で屋根板を押さえ、右手に金づちを持って、口に含んだ釘を取り出しては打ち付ける様子を詠んだ句。職人のそうした動作を、金づちの匂いを嗅いではつまみ食いをしていると見たのである。

こんなふうに「金づち」というれっきとした言葉が昔から存在しているのに、トンカチという別の呼び名が、なぜ、出現したのか？　トンカチという言葉には、「金づち」にはない独特の意味合いがあるからである。

3　トンカチの醸す意味合い

トンカチのトンは、金づちを振り下ろして釘を木材に打ち付けるときに出る音。トントンと音をさせた後、カチッと、釘の頭を最後に叩いてとどめを刺す。そこからトンカチという呼び名が生じた。つまり、トンカチは、擬音語出身の言葉。だから、子供の読み物にも登場するような感覚的で愛嬌のある言葉になる。ユーモアさえ感じられる言葉であるから、「このトンカチ！」などと、相手を愛しつつもけなす時にも用いる。

また、あだ名にもなる。一九四三年に出版された「トンカチサンチャン」(6)という漫画がある。サンチャンは、頭部がとても固く相手を頭突きでやっつける。乱暴者で悪戯好き。だから、皆に「トンカチ」とあだ名されている。「金づち」には、こうした愛嬌やユーモアはない。だからこそ、トンカチという言葉の誕生を許したのである。

誕生後のトンカチの語の使用のされ方を調べてみると、一九四九年～一九五五年に大いに使われ、さらに一九八一年～一九九〇年にもよく使われ、活躍している。(7)けれども、二〇〇〇年を過ぎた頃から、使用のされ方が少なくなり、衰退の道をたどり始めている。どうしたことか？　トンカチの出番がめっきり減ってしまったのだ。建築現場を思いだしてみると、木造建築でも、トンカチで釘打ちをしていない。カチャカチャと音を立てるエアタッカーで釘打ち作業をしている。トントンカチという音はもはや昔懐かしい音になってしまったのだ。とすれば、擬音語から来たトンカチの語も、やがて消えてゆく運命にあるわけだ。

注

（1）「のこぎり鮫とトンカチざめ」（レオポール・ショヴォ著　山本夏彦訳『年を歴た鰐の話』一九四一年七月、桜井書店、所収）
（2）「トンカチ部隊」（蔵田延男著『野帖余白』一九四一年七月、朋文堂、所収）
（3）『新撰字鏡　増訂版』（京都大学文学部国語学国文学研究室編、臨川書店、一九六七年刊）参照。
（4）『和名類聚抄　古写本声点本本文および索引』（風間書房、一九七三年刊）、『色葉字類抄　研究並びに索引本文・索引編』（風間書房、一九六四年刊）参照。
（5）『誹風柳多留拾遺』（日本古典文学大系『川柳狂歌集』一九五八年、岩波書店、所収）
（6）「トンカチサンチャン」（大戸喜一郎文・センバ太郎絵『炭やき爺さん』一九四三年一月、大勝絵本社、所収）
（7）「国立国会図書館デジタルコレクション」に掲載されている書名・雑誌掲載文のタイトルでトンカチの語の年度別使用回数を調べてみた。トンカチの語の出現のピークは、一九四九年から一九五五年。トンカチの語の最も活躍した時期と察せられる。さらに、一九八一年から一九九〇年も、比較的トンカチの語が多くみられ、第二のピークの時期と推測される。

とんとん拍子

1　さても手拍子、とんとん拍子

淡谷のり子さんをご記憶の方は、たぶん私と同世代の方だろう。彼女は、晩年、よくテレビのバラエティ番組に出演し、歯に衣着せぬ発言で人気を博していた。「別れのブルース」「雨のブルース」など、ブルースと名のつく歌謡曲を多く歌ったので、「ブルースの女王」と言われたこともあった。その淡谷さんが、戦前「とんとん拍子」という景気づけの歌を歌っていたことを知って興味惹かれた。どんな歌だったのか？『日本流行歌史大系―昭和ＳＰ盤時代記録大全集―』[1]で聞いてみた。歌詞の一番は「播《ま》いた種ならネ　時来りゃ伸びる　嬉し勤めのサ　手が伸びる　さても手拍子　とんとん拍子　陽気陽気で　手が伸びる」。四番まであり、陽気に笑顔で暮らせば、「とんとん拍子」に事は運ぶといった内容の小唄であった[2]。淡谷さんが、張りのある若く美しい声で、手を叩く音を伴奏に「さても手拍子　とんとん拍子」と明るく歌っている。「とんとん拍子」は、今と同じく事柄が調子よくスピーディに進むことを意味していた。

ところで、「とんとん拍子」は、いつ生まれた言葉なのか？　今からおおよそ二〇〇年前くらいに誕生した、まだ若い言葉である。初期の例としては、

「イヤハヤ呆《あき》れ切幕《きりまく》トントン拍子だ、ご両所共《りやうしょとも》怪《け》しからぬお疲れだネ」

（人情本『閑情《かんじょう》末摘花《すえつむはな》』[3]初編・二回、一八三九年刊）

があげられる。「呆れ切幕」というのは「呆れ切る（あきれ返るの意味）」という言葉に「切幕（揚幕のこと）」の語を付けたシャレであるから、意味は「あきれ返る」。「トントン拍子」は、遊郭で客と花魁《おいらん》の仲が調子よくスムーズに運んだことを意味している。

「とんとん拍子」は、舞台で踊る時、とんとんと足を踏み鳴らして調子良くリズミカルに踊るところから来た言葉。「とんとん」だけでも、物事がどんどん進むさまを表すが、さらに調子や勢いといった意味の「拍子」をつけて、語調を整え「とんとん拍子」の語が誕生。「とんとん拍子」によく似た意味の言葉に「順風満帆」がある。でも、何か違う。どういう違いがあるのかを考えながら、「とんとん拍子」の意味をよくつかんでみようというのが、ここでのテーマである。

2　「とんとん拍子」と「順風満帆」

「とんとん拍子」といえば、私たちはすぐに「出世する」の語を続けたくなるが、実際はどうなのか？　国立国語研究所の「現代日本語書き言葉均衡コーパス」[4]という言語資料で「とんとん拍子」を抜き出し、調べて

みた。すると、「とんとん拍子」が形容する事柄は三通りに分類できる。一つは、出世すること。二つは、話が進むこと。三つはその他の事態の推移、である。そして、第一の「出世する」と第二の「話が進む」の二つで、「とんとん拍子」の全用例三五例のうち、二六例を占めてしまう。[5]

大村湾を臨む漁村で生まれた彼は、入門以来とんとん拍子に出世し、わずか四年三か月で入幕。

（井上眞理子『尼崎相撲ものがたり』）

とか、

話はとんとん拍子に進み、弥九郎は我が家の養子となり、若殿の小姓に、というわけだ。

（鈴木英治『闇の剣』）

のような例が「とんとん拍子」の使い方の七割五分を占めているのだ。

第三の「そのほかの事態の推移」というのは、たとえば、「とんとん拍子に運が開いていく」とか「とんとん拍子でお付き合いする」とか「とんとん拍子でベンチャーの設立」などである。

「とんとん拍子」が形容する事柄は、「出世する」「話が進む」をはじめ、「運が開いていく」「お付き合いする」「ベンチャーの設立」などと、かなり特定的で具体的であることに気づく。では、「順風満帆」はどうか？「順風満帆の人生」「総ては順風満帆かと思われたのだが」「経営は順風満帆にきた」のように、「人生」「総て」「経営」といった、包括的で抽象的な事柄の様子を述べていて、「とんとん拍子」と対照的なのだ。

3 「とんとん拍子」には、ツキの要素が

さらに、「とんとん拍子」には、「ツキ」の要素が入り込むが、「順風満帆」には、そうした要素は入らない。「とんとん拍子に運が開いていく」という用例があるのに対し、「順風満帆」の語が「運」と結びついた例は皆無。「とんとん拍子」は、運が味方してくれる時の言葉なのだ。

荻野アンナさんは『とんとん拍子』[6]というエッセイ集で豚の飾り物を「トントン拍子の縁起物」と述べている。縁起物は、幸運を招くと言われているもの。「とんとん拍子」が「運」と関わり合いのある言葉であることが分かる。星新一の短編『とんとん拍子』[7]（図16参照）は、運を味方に付ける腕時計をはめた、うだつの上がらない青年が、「とんとん拍子」に出世をし、その時計が壊れたとたんにツキのない元の青年に戻ってしまったという話。「とんとん拍子に行きすぎて、こわいぐらいだった。」（岳宏一朗『群雲、関が原へ』）という発言も、「とんとん拍子」が運に味方

図16　階段をトントン昇るように出世したのだが…。（星新一『とんとん拍子』理論社刊）

されているという意識があるからである。

淡谷さんの歌う「とんとん拍子」も、笑顔で暮らすことによってツキを呼ぼうというわけなのだ。あなたも、元気に笑って「とんとん拍子」のツキを是非とも呼びこんでいただきたい。

注

（1）『日本の流行歌史大系―昭和ＳＰ盤時代記録大全集―』（キング編、ダイセル化学工業株式会社、一九九〇年刊）

（2）一番と四番を淡谷のり子が歌い、二番と三番を次田勝が歌っている。

（3）『閑情末摘花』（『近代日本文学大系』巻21、国民図書株式会社編、国民図書、一九二八年）所収。

（4）https://chunagon.ninjal.ac.jp/login　KOTONOHA「現代日本語書き言葉均衡コーパス」（二〇一四年一〇月一三日現在）

（5）全三五例の内訳は、次の通り。

（1）「出世する」関係語を形容している場合―一二例。

（2）「話が進む」関係語を形容している場合―一四例。

（3）その他の事態の推移を形容している場合―九例。

（6）荻野アンナ『とんとん拍子』（清流出版、二〇〇二年）

（7）星新一『ちょっと長めのショートショート　とんとん拍子』（理論社、二〇〇六年）

どんぶり

1　「どんぶり」は、江戸時代から

「どんぶり」というと、私など、すぐに「カツ丼」「天丼」「親子丼」などの丼物を思いだし、とりわけ好物の「カツ丼」を思い浮かべ、甘辛醤油のうまそうな匂いまで漂ってきてしまう。でも、ここで取り上げるのは、そうした丼物の器になっている「どんぶり」である。あの厚みのある大きくて深い陶製の器は、何時から「どんぶり」と名付けられて登場したのか？　なぜ「どんぶり」という名前が付いたのか？　ここで明らかにしたいテーマである。茶碗の深さと皿の大きさを合体したような器「どんぶり」は、江戸時代から登場する。最初は「鉢」の一種と意識されており、「どんぶり鉢」と言っている。江戸初期の『万宝全書』（一六九四年）[1]に

　どんぶり鉢内に金の字有《あり》、或《あるひ》はなきも有《あり》　（巻八、高麗焼物之類）

とある。でも、すぐに「鉢」をとった「どんぶり」だけで通用し始めている。『男重宝記《なんちょうほうき》』（一六九三年）[2]の

「料理に用《もちゆ》る諸道具字尽《しょどうぐじつくし》」の項目に、「皿《さら》」「椀《わん》」「鉢《はち》」などの言葉に並んで「丼《どんぶり》」と書かれている。「鉢」の語は付いていない。のみならず、「鉢《はち》」とは別に「丼《どんぶり》」が掲げられている。ということは、「丼」が「鉢」から独立した一つの器の形態として認められたということである。

2　「どんぶり」は、慳貪ぶりの鉢？

では、この「どんぶり」という言葉はどこから来たのか？　二つ説がある。一つは、江戸時代初期に登場した「慳貪屋《けんどんや》」に関係があるという説である。[3]慳貪屋というのは、盛り切り一杯の飯、そば、うどんを出す食事処。一杯ずつしか出さないケチな店の意味であるが、それは客にとっては倹約できる安い店になる。慳貪屋で使った盛り切りの鉢を「慳貪振りの鉢」といい、略して「どんぶり」となったというのである。でも、この説は、かなり苦しい。

というのは、慳貪屋で出す飯は「慳貪飯《めし》」、そこで出す蕎麦は「慳貪蕎麦《そば》」、料理を運ぶ箱は「慳貪箱《ばこ》」、使う茶碗は「慳貪茶碗《ちゃわん》」と言っていたので、そこで使う鉢が仮にあったとしたら、「慳貪鉢《ばち》」となるのが道理だからである。鉢の時だけ、意味のはっきりしない「振りの」などの余計な語句をさしはさんで考えるのは、不自然すぎる。さらに、もし「慳貪振りの鉢」から来たのなら、「貪振《どんぶり》」という漢字表記がどこかに残っていてもよさそうなものだ。にもかかわらず、「どんぶり」の漢字表記は、つねに「丼」である。「慳貪振りの鉢」説は、漢字表記「丼」ともうまく結びつかない。

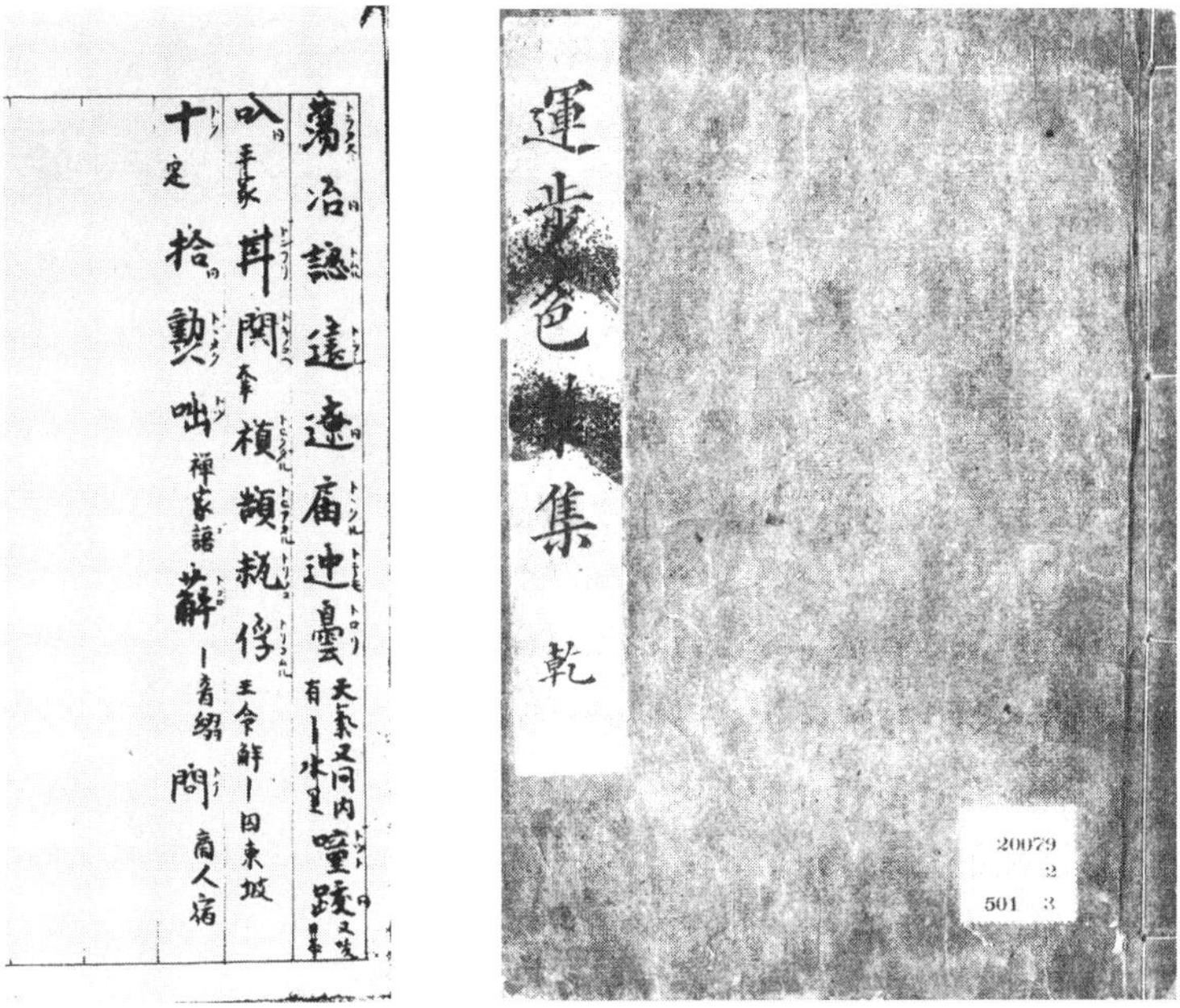

図17　右頁は『運歩色葉集』の表紙。左頁の２行目の上から４字目に「井」の中に「石」を書いた「丼(ドンブリ)」の字がある。(『運歩色葉集』静嘉堂文庫蔵)

3　「どんぶり」は、もともと擬音語

とすると、器の「どんぶり」という名前は、どこから来たのか？　私は、水の中に石を投げ入れた時の音「どんぶり」から来たとする第二の説が妥当だと考えている[4]。

室町時代の狂言に「どぶかっちり[5]」という曲目がある。目の不自由な二人連れが、小石を川に投げ込んでその音で深浅を聞き分けている。「ドンブリ、ズブズブズブズブ」と聞こえると、深瀬。「ドンブリ、カッチリ」と聞こえると、浅瀬。「どんぶり」は、水に石が投げ込まれた時の音である。

この「どんぶり」という擬音語を漢字表記すると、どうなるのか？　現代では、擬音語・擬態語を漢字表記したりしないので、「えっ、擬音語を漢字で書くの？」とびっく

りするかもしれない。でも、鎌倉時代以降、明治時代くらいまでは、擬音語・擬態語も漢字表記することが多い。「どんぶり」という擬音語を書き表す漢字は「⿴井石」「丼」である。最初の「⿴井石」の字は見えにくいが「井」の中に「石」が書いてある。室町時代末期の辞書『運歩色葉集』(6)では「⿴井石」（「井」の中に「石」を書く字）が擬音語「どんぶり」の漢字表記（図17参照）。井戸の中に石を投げ込んだら、「どんぶり」と音がするからである。ウィットに富んだ国字で、楽しくなってしまう。ちなみに、擬音語「ざんぶり」は、「井」の中に「木」を書く「⿴井木」という漢字を当てている。(7)なるほど井戸の中に木を投げ込むと「ざんぶり」と音がする。思わず笑ってしまうような漢字表記である。

さて、江戸時代初期の『書言字考節用集』(8)になると、擬音語「どんぶり」には「丼」の漢字を当てている。真ん中にあった「石」が簡略化されて「、」になったのだ。「丼」は、擬音語「どんぶり」を表す漢字表記だった！　というわけで、器の「丼」は、漢字から見ると、擬音語「丼《どんぶり》」から来たと考えるのが最も自然である。

でも、なぜ、擬音語「どんぶり」が、大きくて底の深い器の名に転用されたのか？　大きくて底が深い器なら、水でも入っていれば、何かが入った途端に「どんぶり」と音がする。あるいは、つぎつぎに「どんぶり」と投げ込める気がする。その証拠に、江戸時代では、お金や鼻紙など何でも入れて、懐に持ち歩く底の深い大きな袋のことも「どんぶり」、職人などの、腹掛けの前につけた大きくて底の深い物入れのことも「どんぶり」と言っている。何でも無造作に投げ込む袋や物入れを意味する「どんぶり」から、「どんぶり勘定」という言い方が出てくる。「どんぶり」という擬音語は、何でも投げ入れられる大きくて底の深いものに転用されやすいことが分かる。こうして器を意味する「どんぶり」が誕生していった、と私は考えている。

注

（1）『万宝全書』国立国会図書館蔵、明和七年版（元禄七年が初版）

（2）『女重宝記・男重宝記―元禄若者心得集―』（社会思想社、一九九三年）所収の『男重宝記』（元禄六年版）の翻刻による。

（3）堀井令以知編『語源大辞典』（東京堂出版、一九八八年）が提唱。『暮らしのことば　語源辞典』（講談社、一九九八年）もこの説を踏襲している。

（4）小山田与清著『松屋筆記《まつのや》』（国書刊行会、一九〇八年）

（5）『狂言集下』（日本古典文学大系、岩波書店）所収。

（6）中田祝夫・根上剛士著『中世古辞書四種　研究並びに総合索引　影印篇』（風間書房、一九七一年）所収の「運歩色葉集」。

（7）「黒本本節用集」（『古本節用集六種　研究並びに総合索引』風間書房、一九六八年所収）に「ザンブリ」が掲載されている。

（8）中田祝夫・小林祥次郎著『書言字考節用集　研究並びに索引　影印篇』（風間書房、一九七三年）

ハタハタ

1　ハタハタという名は、江戸時代から

秋田名物のハタハタ。塩焼きにすれば、酒の肴として最高。煮付けてもよし、寿司もよし、しょっつる鍋よし、唐揚げにしたり、糠漬け・塩漬け・粕漬けで保存食にしたり、卵のブリコの醤油漬けの歯ごたえもいい。確かにブリブリしていて、ブリコの名前の由来もよく分かる。一匹まるごと煎餅にしたハタハタ煎餅まである。それにしても、ハタハタという印象的な魚名は、いつ頃どこでどんな理由で付けられたのか？　これを明らかにするのが、ここでのテーマである。

まず、ハタハタという魚名は、いつ頃から文献に現れるか？　江戸時代になってからである。正保二年（一六四五年）に刊行された俳諧書『毛吹草』に見られるのが、古い例。諸国の名物を国別に収集した巻にこう記してある。

出羽　ハタハタ鮨　鰶《このしろ》ニ似タル魚ナリ。

出羽は、現在の秋田県・山形県である。貞享二年（一六八五年）の『芭蕉翁古式之俳諧』にもハタハタを詠んだ句が見られる。

軽く味《あぢは》ふ出羽のはたはた

図18　干しハタハタ。焼けば、酒のつまみとして絶品！
（写真：山口伸美）

ハタハタが出羽の名物として登場している。

江戸時代以前の国語辞書・漢和辞書を丹念に調べてみても、ハタハタの魚名は全く出現しない(1)。江戸時代頃に登場してきた魚名であり、そんなに古い魚名ではないのだ。

2　ハタハタは、水戸でも獲れた？

江戸時代になると、確かに、ハタハタの名は登場するのだが、その出現の仕方が偏っている。というのは、江戸初期の『書言字考節用集』などの一般的な語彙を集めた国語辞書や『倭漢三才図会』といった百科辞書には、ハタハタは収録されていないのだ。それに対して、『大和本草』とか『採薬使記』とか『魚鑑』といった地方に伝わる物産まで収集してある書物には、ハタハタが記載されている。つまり、ハタハタは一般によく知られた魚名ではなく、地方色豊かな魚名だったのである。

一体、どこの地方から生まれた魚名なのか？ ハタハタの漁獲地を探れば、ある程度推測できそうな気がする。ところが、調べてみると、漁獲地が複数あり、既にあげた日本海側の出羽以外にも、太平洋側でも獲れているのだ。貝原益軒の『大和本草』（一七〇九年）には、「奥州（＝福島・宮城・岩手・青森）ニ多シ」と記されている。さらに、『一話一言』（一七七九年）には、太平洋側をさらに南下した「もとは常陸の水戸に生じ」と記されている。『魚鑑』（一八三一年）にも、「古へは常陸水戸に産す」という記述がある。「えっ、ホント？ 水戸でも獲れたの？」と目を疑ったのであるが、「常陸の水戸」で獲れたとする記述の出所となったに違いない書物に行きつくことができた。それは、『秋田杉直物語《すぎなおし》』（一七五八年）[2]である。そこでは、秋田の領主佐竹右京大夫が他の大名たちにこう語っている。

「拙者領地の鰰と申す魚は、根元《こんげん》常陸国在城の節は、水戸の内に生じ候魚にて御座候。」（＝私の治めている秋田の土地の鰰という魚は、先祖が常陸の国にいた時は、水戸にいた魚でございます。）

話は、さらに続き、「先祖が国替えを仰せ付けられて秋田にやってきたら、水戸にいた魚が先祖に付き従って秋田へやって来た。だから、もう水戸にはこの魚はいない」と語っている。先祖とは秀吉に仕えた佐竹義宣のこと。秀吉他界後、秋田へ国替えを命ぜられ、秋田にやってきた。その時、ハタハタも一緒に彼に付いて秋田にやって来たので、水戸にはもういないとのこと。どこまで信じていいのやらという話であるが、当時の秋田の人はこの話を信じ、ハタハタのことを「佐竹魚」とも呼んでいる[3]。

伝承としては大変面白い話だが、どこまで事実なのかが不明なのだ。まあ、信憑性に問題はあるが、水戸も漁獲地の一つに加えておくことにしよう。

ハタハタの漁獲地としては、太平洋側のかなり南下した関東近海（常陸の水戸）、奥州（福島・宮城・岩手・青森）、日本海側の出羽（秋田・山形）が挙げられる。さて、ハタハタという名前は、それらの漁獲地のどこで生まれたのか？

3　ハタハタは、雷の音

日本海側は、冬の到来時に雷の多いことで有名である。一一月下旬から一二月上旬にかけて雷鳴の轟く時期に、この魚は産卵のために一斉に浅瀬に姿を現す。まるで、雷に誘われたかのように。その僅か一、二週間の間に大量に漁獲される魚なのだ。「かみなりうお」という別名が伝わっていることからも、この魚が雷に関係していることが分かる。この魚を漢字で書いても「鱩」「鰰」である。どちらも意味をとって作られた国字。「鰰」の旁の「神」は、「雷《かみなり》（＝神鳴り）」の「神」。雷は、神が出す音と考えていたことから生まれた言葉である。漢字表記を見ても、この魚が雷と深い関係を持っていることが確定できる。

だが、「かみなりうお」という名前なら、なるほどと納得できるが、問題はハタハタである。魚名になっているハタハタとは、どこから来ているのか？　結論を先に述べれば、ハタハタは、雷の音を写す擬音語である。室町時代には、

雷ガハタハタト鳴《なっ》タレバ、人ガ怖《お》ヅルゾ　（『周易抄』下）

と記されている。雷のことは、ハタハタガミと呼んでいる。

晴天白日晴レキッタニ、ハタハタガミ鳴《ナッテ》、イナ光リガシワタッタゾ。　（『人天眼目抄商量』七）

の例がある。雷が大気を震わせてすさまじい音をたてることは「ハタメク」[4]。雷の音は、室町時代には「ハタハタ」だったのだ。

冬場に雷鳴のとどろく日本海側で獲れる魚だから、ハタハタ！ ハタハタは、日本海側の秋田を中心とする漁獲地で生まれた魚名と考えるのが最も自然である。

現代人があの魚に名前を付けたら、ゴロゴロという名になっているところである。

注

(1) 平安時代の『和名類聚抄』『色葉字類抄』『類聚名義抄』といった国語辞書・漢和辞書をはじめ、鎌倉・室町時代の『名語記』『伊京集』『明応五年本節用集』『天正一八年本節用集』『饅頭屋本節用集』『黒本本節用集』『易林本節用集』『撮壌集』『頓要集』『温故知新書』『運歩色葉集』『下学集』『倭玉篇』『日葡辞書』などの国語辞書・漢和辞書を調べてみても、魚名ハタハタの名は、全くみられない。

(2) 『列侯深秘録』（国書刊行会、一九一四年）所収。

(3) 「佐竹魚」と呼んでいたことは、『秋田杉直物語』と同じ年に刊行された『採薬使記』に、記されている。

(4) 「はためく」の語そのものは、平安時代から見られ、大音をとどろかせるという意味である。たとえば、「龍即ち池に還りて声震《はため》きて雷動す（＝龍は直ちに池に還って大気を震わせんばかりの声をあげ、雷が鳴り響くように轟かせた）」（『大唐西域記』巻一、長寛元年（一一六三年）点）とある。平安時代には、雷のことを「はたがみ」と呼んでいる。「はたた」は、後に「はたはた」という形になる古いタイプの擬音語。「はたはた」という擬音語も、平安時代に見られるのだが、雷の音ではない。爪はじきの音だったり、豆まきの音だったり、手を打ち合わせる音だったりして、現在でいえば、「ばちばち」「ぱんぱん」などのもう少し軽い音を表す言葉であった。

パチンコ

1　終戦直後のパチンコ屋

パチンコというと、現在では余り良いイメージがない。ギャンブル性が高く、パチンコ依存症で借金地獄に追い込まれて自殺したり、乳幼児を車に放置して死に至らしめたりという残酷な事件を巻き起こしているからである。

でも、第二次世界大戦直後のパチンコはもう少しゲーム性が高く、明るくのんびりしていた。私が小学校に入学したのは、昭和二五年（一九五〇年）。翌二六年には、第一次パチンコブームが到来している。駅前には、パチンコ店が出来はじめ、店に入る大人たちも、パチンコを楽しみ、ちょっと得意そうな顔で景品の煙草箱を抱えて店から出て来た、そんな光景を記憶している。私自身も小学校の先生に連れられてパチンコ店に入り、先生にもらったパチンコ玉を一つずつ弾いて大当たりして景品のキャラメルとドロップを両手いっぱいにもらった楽しい思い出がある。その頃は、大人の同伴者がいれば、子供もパチンコ店に入れたのだ。[1] さて、今回は、「パチンコ」という言葉が、いつ頃どんなふうにして誕生し普及して行ったのか、を明らかにするのが目的である。

2 パチンコという言葉は、いつ出現したか？

パチンコは、カタカナで「パチンコ」と書かれていることが多いので、戦後アメリカから入ってきた外来語ではないかしらなどと一瞬考えたりする。もちろん、違う。後で述べるように、れっきとした大和言葉！ 一体、いつ頃出現した言葉なのか？ 『日本国語大辞典』（小学館）では、「パチンコ」という言葉の初出例として、戦後の第一次パチンコブームにあたる昭和二六年（一九五一年）の例を出している。[2] もっと古い例があるはず。私は、必死に探してみた。私が見つけた「パチンコ」という言葉のもっとも古い例は、昭和九年（一九三四年）である。その年の一二月二八日の旭川新聞の広告欄に書かれた「パチンコ」の文字を見出したのだ。金沢にある才田商会からパチンコ台を原価特売するという広告である（図19参照）。もう一つは、同じく昭和九年頃の名古屋で写されたパチンコ店の写真（『THE PACHINKO《ザ・パチンコ》』リブロポート刊、掲載[3]）である。その写真には、でかでかと「パチンコ」と書かれた看板が写っていた。つまり、昭和九年には、もう「パチンコ」という言葉が出現していたのである。

私は、何か情報が得られるかもしれないと思って、才田商会の後継店とみられる才田銘木店に電話を入れてみた。社長の才田総一郎さんが応対してくださり、パチンコ台の販売は祖父の才田精一《せいいち》氏が携わったこと、私が見た昭和九年頃の写真は、才田商会が名古屋での三か月の営業許可を得て出店したパチンコ店のものであることを教えてくれた。二つの資料は、ともに才田商会関係のものだったのだ。というわけで、「パチンコ」という言葉の出現は、戦前の昭和九年まで遡ることができた。さらに推理すると、「パチンコ」という言葉は、昭和九年以前に自然発生的に誕生し流布し始めていたと考えられる。なぜなら、昭和九年の才田商会の広告・看板の「パチンコ」の例は、何の説明もせずに「パチンコ」の言葉を示せば一般に通用することを示しているからである。

図19　紙面の４分の１を占める大きな広告。右上に「パチンコ」の語が見える。（「旭川新聞」昭和９年（1934年）12月28日のパチンコ台の販売広告。旭川市中央図書館蔵）

3　「パチパチ」と「ガチャンコ」

では、「パチンコ」という言葉は、どのようにして生まれてきたのか？第一次パチンコブームの時代に「子どもの遊びのパチンコが　大人のあそびになってきた」で始まるポスター広告がある。(4) パチンコは、もともと子供の遊びだったのだ。昭和二年（一九二七年）には、大阪の千日前の露店で子供が遊ぶためのメダル式遊技機が置かれた。メダルを入れると、玉が出てきて、その玉をうまくはじいて入賞口に入れると、景品の飴がもらえる仕組み。パチンコの前身である。昭和六年には百貨店の屋上の遊園地にも類似の機械が置かれ、東京の子供たちはそれを「ガチャン」とか「ガチャンコ」と呼んでいたと加藤秀俊さんは回顧している。(5)「ガチャン」も「ガチャンコ」も、ともにバネの音を写す擬音語から来た呼び名である。「ガチャンコ」の「コ」は、擬音語によく付く接辞。「ペッチャンコ」「ギッチラコ」の「コ」である。同じ機械を関西では「パチパチ」と呼んでいたとも言っている。「パチパチ」は、玉をはじくときの音を写す擬音語から来た呼び名。さて、両系統の呼び名を合体させると、「パチンコ」という言葉が簡単にでてくる。「パチパチ」の「パチ」と、「ガチャンコ」の「ンコ」を合わせれば、「パチンコ」である。

また、『映像が語るパチンコの歴史』(6)によると、関西では、「パチパチ」の他に、「パッチン」とも呼んでいたという。この場合には、「パッチン」に、擬音語・擬態語に付く接辞「コ」を付けて、「パッチンコ」となり、それが、「パチンコ」になったという可能性も考えられる。いずれにしても、玉をはじく音を写す擬音語を中心に作られた名称なのだ。

4 もう一つの「パチンコ」

さらに、射倖遊技の「パチンコ」の名前の普及に力を貸したのは、既に存在していた別の子供の遊びを意味する「パチンコ」という言葉の存在である。Y字型の木の枝などにゴム紐を張って、間に小石を挟んでぱちんと弾いて鳥などを狙う遊びである。私の子供の頃は、「パチンコ」という言葉が両方の意味で使われていた。

でも、ゴム紐に挟んで小石を飛ばす子供の遊びは、誤ってガラス窓を割ったり人に当たったりして大変危険なので、次第に下火になっていった。そのため、「パチンコ」という言葉は商業ベースに乗った遊技機の方をもっぱら意味するようになっていったのである。

では、最後に、射倖遊技の大人の「パチンコ」も、元は、子供のメダル式の遊技機だったわけだが、大人の遊びになったきっかけは何だったか。景品がお菓子ではなく現金が出てくる機械の登場であった！

注

（1）昭和二六年（一九五一年）に「一八歳未満のパチンコ店入場禁止」となったが、大人の「同伴者」がいればよかったのである。

（2）大岡昇平の『野火』（一九五一年）に出てくる次の例を初出例にしている。「何でもねえさ、友達と喫茶店へ行ったり映画を見たり…パチンコやったりしてね」

（3）『THE PACHINKO《ザ・パチンコ》』（リブロポート刊、一九八五年）の「玉は世につれ、世は玉につれ」の掲載写真。

（4）全文を示しておくと、「子どもの遊びのパチンコが　大人のあそびになってきた　子どもがおとなのまねをして　大人が子どものまねをする　パチンコばやりの浮世ゆえ　毎日浮かれてやりましょう　せいぜい遊んでパチンコで　カンシャクダマのうさばらし」（溝上憲文『パチンコの歴史』晩聲社、所収）。同書によれば、日劇の地下街に貼られたポスターとのこと。

（5）加藤秀俊『パチンコと日本人』講談社、昭和五九年（一九八四年）、参照。

（6）『映像が語るパチンコの歴史』（日本アミューズメント株式会社）は、制作年月が示されていない。しかし、国会図書館受入れ年月から二〇〇七年頃の制作と判断される。

ばった屋

1 「ばった」屋は、江戸時代から

ばった屋は、正規のルートを通さないで仕入れた品を格安の値段で売る店や人のこと。そこで売られた品物は、ばった物《もん》。ばった品《ひん》と呼ぶこともある。さて、ばった物・ばった品・ばった屋などの「ばった」は、どこから来た言葉で、いつごろからあるのか？ これを明らかにするのが、ここでのテーマ。

「ばった」という言葉は、今から二百年近く前の江戸時代末期にはもう現れている。

「こいつ質にやるより、いっそのくされ（＝いっそのこと）、大家《おおや》のかみさんを、だまくらかして、ばったにうってしまわふわへ。」

これは、文政八年（一八二五年）の歌舞伎脚本『東海道四谷怪談』四幕（岩波文庫所収）の例である。[1] 拾いものの櫛を「質にやる」より、いっそのこと「ばったに売って」しまおうと考えた直助のセリフである。「ばったに売る」は、「質にやる」に対比して述べられているので、「ばった」は「質」に並ぶ商売を指していると考えられる。

「彼奴《きやつ》が着て居る身の廻《まは》りもばったに売れば、一分《ぶ》や二分《ぶ》が物はある。」

（人情本『恩愛二葉草《おんあいふたばぐさ》』三幕第八章(2)、一八三四年）

殺された人間の着物を剥いで「ばったに売る」というのだ。「ばった」は、そういうものを買いとる商売であることが分かる。つまり、江戸時代には、拾得物や略奪物を含めたさまざまの中古品を買い上げ、それを格安に売りさばく商売人がいたと考えられる。それを「ばった」と呼んでいた！

図 20　「バッタもん」という居酒屋がある。入ってみたいような、怖いような。
（https://tabelog.com/imgview/original?id=r2931935666742）

2　「ばったり」から生まれた

では、この「ばった」の語源は何か？　昆虫のバッタを思い浮かべる方もいるかもしれない。確かに店をあちこち移動させるので、バッタの行動を彷彿とさせる。あるいは、バナナのたたき売りのように、張扇や棒などで板や棚を「ばったばった」叩きながら投げ売りするからではないかと考える方もいるだろう。

でも、残念ながら、どちらも違っている。というのは、調べてみると、「ばった」の語の出現する少し前に、全く同じ意味を表す「ばったり」という言葉があるのだ。文化八年（一八一〇年）の歌舞伎脚本『心謎解色《こころのなぞとけたいろ》糸《いと》』[3]に

「こりゃア弐本で弐両か三両。ばったりに売ったら、もうちっとにならうか。」（序幕）

とある。「（後ろ差し）二本を質屋にもっていったら、二両か三両くらいは貸すだろう。ばったりに売ってしまえば、もうちょっと上の金額になるだろう」という意味。「ばった」と全く同じ意味である。「ばったり」は、「ばった」という省略形が出ても、かなり後まで使われている。[4]「ばった」が、「ばったり」から来たことは明らかである。

3　「安値で」の意味を持つ「ばったり」

では、この「ばったり」は、どこから来たのか？　擬態語の「ばったり」からだと私は考えている。江戸時

代には、「ばったり」という擬態語があり、「安値で」「安売りで」といった意味にしかとれない例があるのだ。たとえば、

「どふでうぬは野玉へばったりにぶち売ってしまふ。」（『曽我《そが》梅菊《きやうだい》念力弦《おもひはりゆみ》』（5）第二番目第二幕目、一八一八年）

「どうせお前は野玉という遊女屋へばったりにぶち売ってしまう」というのだが、「ばったりに」は、「安値で」「安売りで」という意味にしかとれない。「ばったりと」という形でも出現する。

「はやい事は、アのお七をばったりと売ろふものなら、たちまち七十や百の金はできるが」（『敵討櫓太鼓《かたきうちやぐらのたいこ》』（6）第一番目三幕目、一八二一年）

という例である。「手っ取り早いのは、お七をばったりと売ろうものなら、たちまち七十両や百両はできる」というのだ。「ばったりと」は、「安値で」の意味である。江戸時代には「安値で」「安売りで」という意味の擬態語「ばったり」が存在していたのである。「安値で」という意味の「ばったり」が一般に知れ渡ると、「売る」場合のみならず「買う」場合にも使われる。

「これ（現金）、急に入るから、いくらにでも売るわな。ばったりに買って下さいな。」（『曽我《そが》梅菊《きやうだい》念力弦《おもひのはりゆみ》』第二番目第二幕目、一八一八年）

のように。「ばったりに（安値で）買って」である。

でも、なぜ、擬態語「ばったり」に「安値で」「安売りで」などの意味が生じたのか？「ばったり出会う」などに使う「ばったり」という擬態語とは関係ないのか？　関係づけられそうである。

「ばったり出会う」の「ばったり」は、思いがけず偶然に出会う様子である。予期しない場面で不意打ちを食らった状態である。そういう状態の時は、ともかく目の前のことを早急に処理しようとする。売り物を持っ

ていたら、ともかく相手に早く売ってしまおうと考え、「安値で」手放してしまう。こうして、「ばったり」が「安値で」の意味を持ったのではないか。

「安値で」の意味を持った擬態語「ばったり」は、やがて名詞となって、商売を意味する「ばったり」になり、さらに「ばった」になっていった。これが私の語源解釈である。

注

（1）例文は、鶴屋南北作・河竹繁俊校訂『東海道四谷怪談』（岩波書店、一九五六年）による。なお、『歌舞伎名作集　古典日本文学25』（筑摩書房、一九七七年）所収の『東海道四谷怪談』では、該当箇所は「バッタリ」になっている。

（2）鼻山人著『恩愛二葉草　清談若緑』人情本刊行会、一九三〇年。

（3）浦山政雄編『鶴屋南北全集　第三巻』三一書房、一九七二年。

（4）たとえば、嘉永六年（一八五三年）の『與話情浮名横櫛《よわなさけうきなのよこぐし》』に「急に金が入用故、ばったりに百両に売ってくれろと言はっしゃるから、」（七幕、岩波文庫・一九五八年）のように「ばったり」が「ばった」と同じ意味で使われている。

（5）郡司正勝編『鶴屋南北全集　第七巻』三一書房、一九七三年。

（6）廣末保編『鶴屋南北全集　第八巻』三一書房、一九七二年。

ひいらぎ

1　昔は「ひひらき」

ヒイラギを漢字で書くと、「柊」。でも、この漢字を当てるのは室町時代末期から。それまでは、「榕」や「岺」を当てている。一体、ヒイラギに、どうして「柊」の漢字を当てるようになったか？　それは、ヒイラギの語源と密接な関わり合いを持っている。ここでは、諸説を参考にしながら、私なりにヒイラギの語源を考えるのが目的である。結論を先に言えば、ヒイラギは擬態語出身の樹木名である！

ヒイラギという樹木名はとても古く、奈良時代にすでに登場している。『古事記』に「比々羅木《ひひらき》之《の》其花麻豆《そのはなまづみ》美神《のかみ》」（上巻・大国主神）とか「比々羅木《ひひらき》の八尋矛《やひろほこ》を給ひき」（中巻・景行天皇、図21の右図参照）と記されている。一字一音の万葉仮名で「比々羅木《ひひらき》」と書かれている。ヒイラギは、昔は「ひひらき」と呼ばれていたのだ。神の名前に使われたり、呪術的な意味を持った矛に使われているから、霊力のある樹木だったことが分かる。

今でも、二月三日の節分には、悪鬼除けのまじないとして、豆柄にヒイラギの葉を添えたものが売られている。イワシの頭は、さすがに付いていないが、昔は、正月に悪鬼除けとして、しめ縄に魚の頭とヒイラギを刺していた。平安時代の初めの『土佐日記』に、こう記されている。元旦のことである。

「小家《こへ》の門《かど》のしりくべ縄《なは》の鯔《なよし》の頭《かしら》、ひひらきら、いかにぞ」とぞいひあへなる。

船旅の船の中で、都のお正月を思い出し、「しめ縄についた鯔《なよし》（ボラの幼魚）とヒイラギはどうなっているかなあ」と言い合っている場面。魚の頭と「ひひらき」をしめ縄に刺して、悪鬼除けにしている。ヒイラギは、葉の縁についているトゲで悪鬼の目を刺し、魚の頭は臭気で悪鬼を払うと考えられていたのである。『土佐日記』でも「ひひらき」と仮名表記されている。

2 「ひひ」は、ぴりぴりの意味

では、この「ひひらき」という名は、どのようにして生まれたのか？　奈良時代に「ひひく」という動詞がある。

垣本《かきもと》に　植《う》ゑし　山椒《はじかみ》　久知比々久《くちひひく》　（『古事記』中巻・神武天皇）

と出てくる。「垣のところに植えた山椒を食べると口がぴりぴりする」という意味。確かに、山椒を食べると、辛くて口がぴりぴりする。「ひひく」は、「ひひ」という擬態語に、動詞化する時につける接辞「く」を付けたものである。「ひひ」は、現代語でいえば、ぴりぴり、ちくちく、ずきずき、むずむずなどといえそうな、軽い痛みの状態を表す擬態語。

図 21　右図の 3 行目 11 字目に「比々羅木之八尋矛」とある。ヤマトタケルは景行天皇から大きな柊の矛を授って、東国征伐に出かける。（「真福寺本『古事記』宝生院蔵。桜楓社刊『国宝真福寺本　古事記』より）

上図は、ひいらぎの葉。ぎざぎざの葉の先端には、透明に近い鋭い針が付いている。これで刺されたら鬼でも逃げたくなるに違いない。（写真：山口仲美）

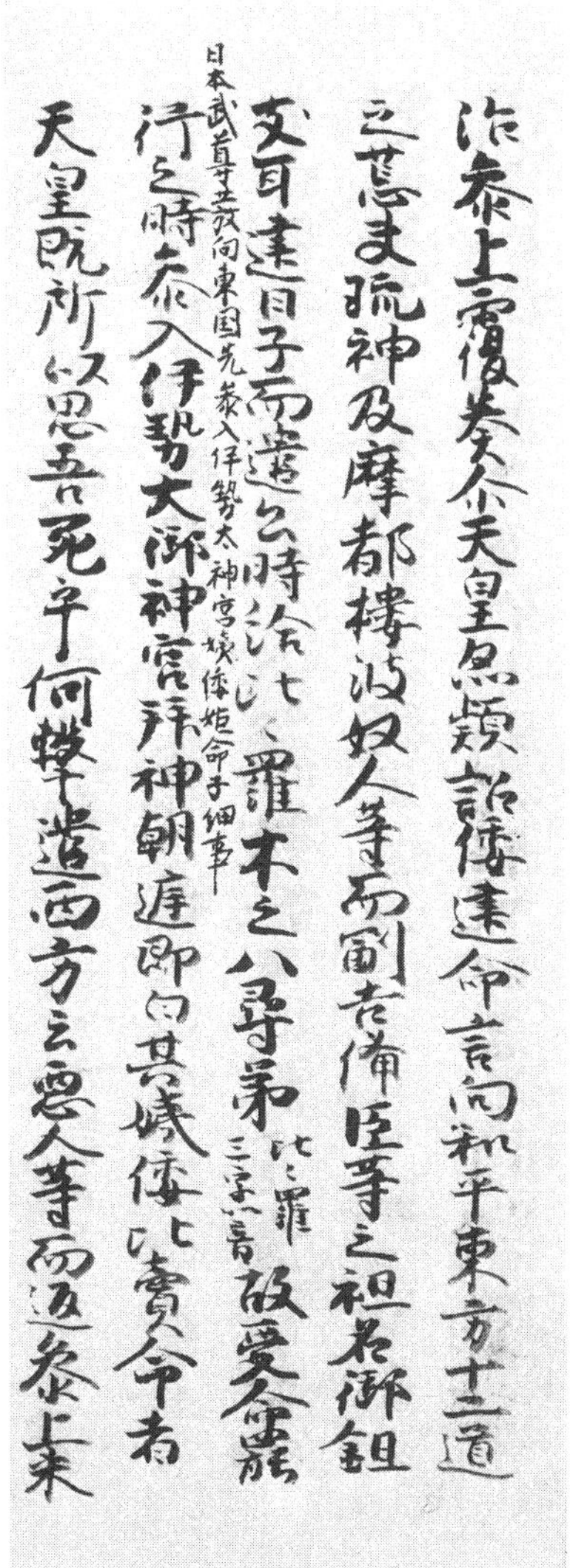
復奏尓天皇亦頻詔倭建命言向和平東方十二道
之荒夫琉神及摩都樓波奴人等而副吉備臣等之祖名御鉏
友耳建日子而遣之時給比々羅木之八尋矛 比々羅三字以音 故受命罷
行之時参入伊勢大御神宮拝神朝廷即白其姨倭比賣命者
天皇既所以思吾死乎何撃遣西方之悪人等而返参上来

ヒイラギの特質は、何といっても、葉っぱのトゲ。卵形の葉の縁には、たくさんの切れ込みがあり、それぞれの先端は鋭くとがり、その先に透明の針が付いている（図21の上図参照）。触れると、ちくちくぴりぴり刺されたような痛みを感じる。そこから「ひひらぎ」の「ひひ」が出てきた。

3　「ら」は接辞、「き」は「木」

次に、「ひひ」という擬態語に、「ら」という状態性の意味を加える接辞を付ける。[1] すると、「ひひら」になる。「ぴりぴりすること」「ぴりぴりする様子」といった意味合いの言葉である。「ら」が分かりにくいと思うが、現代語でいうと「赤ら顔」の「ら」である。「赤」という名詞に「ら」を付けた語で、赤い状態の顔を意味している。あるいは、「つぶらな瞳」という時の「つぶら」の「ら」である。「つぶ」という名詞に「ら」をつけて「丸い状態の瞳」という意味になっている。「さかし（賢い）」「きよし（清し）」という形容詞の語幹にも「ら」はつく。「さかしら（賢い様子）」「きよら（清らかなこと）」という語になって、私たちは、現在でも使っている。

この「ひひら」に、樹木を表す「木《き》」がついて「ひひらき」が誕生。「ちくちくする木」といった意味の名前だったのだ！

一方、「ひひら」に動詞化する接辞「く」を付けて「ひひらく」という動詞も誕生している。[2]「ひひく」と同じく、ぴりぴり、ちくちく痛むという意味の言葉である。つまり、「ひひく」と「ひひらく」という二つの動詞が存在していたのだ。でも、「ひひく」の方は、用例が少なく、漢字表記の例が残っていないのだが、「ひひらく」の方には、漢字表記が見られる。「疼」という漢字である。「疼」は、現代では、「うずく」と読んでいる。やまいだれに「冬」である。この漢字が、後にヒイラギに「柊」の字を当てる誘因になったと考えられる。

では、「ひひらき」という木の名前が、どうして「ひいらぎ」になったのか？　末尾に「木」のついた名前は、一語化すると、濁音「ぎ」になることが多い。うこぎ・うつぎ・くぬぎ・ひさぎ・やどりぎのように。だから、一語化して「ひひらぎ」となる。

次に、平安時代から室町時代末期までに、語中語尾のハ行音がワ（ア）行音に変わるという現象がおこった。「かひ（貝）」が「かい」になるという具合に。「ひひらぎ」も、室町末期には「ひいらぎ」になった。同時に、当てる漢字も「柊」に変わった。ぴりぴりするの「ひひらく」に当てた「疼」の漢字の影響と考えられる。なにしろ、触ると、ちくちくぴりぴりする「木」なのだから。

注

（1）「ら」という接辞を考えている説としては、山口佳紀編『暮らしのことば　語源辞典』（講談社、一九九八年五月）がある。

（2）今野真二「ひひらき考」（『国語国文』六六巻七号、一九九七年七月）では、木の名前「ひひらき」は、「ひひらく」という動詞の連用形から出て来たと考えているようである。しかし、木の名前の「ひひらき」の「き」は、上代特殊仮名遣いでは乙類の「き」。一方、「ひひらく」という動詞の連用形「ひひらき」の「き」は、甲類の「き」なので、苦しい解釈になる。木の名前「ひひらき」は、「ひひく」の「ひひ」＋「ら」＋「き」と考えた方が自然であろう。

1 「ブランコ」は、外来語？

ブランコ

ブランコには不思議な魅力がある。胸に希望を詰め込んで一気に天高く舞い上がる。舞い上がると、次の瞬間再び現実に引き戻されるかのように、地面に連れ戻される。そして、今度は現実の自分を背後から客観視するかのように、後方に高く跳ね上がる。この天と地との間の行き来が何とも爽快である。

さて、このブランコという言葉、一体、何時頃どこから生まれてきた言葉なのか？ これを明らかにするのが今回のテーマである。ブランコは、カタカナ書きすることが多いし、オシャレなイメージもある。「ひょっとすると、西洋から入ってきた遊具ではないか。その時に一緒に輸入された外来語ではないか」と思いたくなる。事実、ポルトガル語「balanço《バランソ》」から来たという説もある[1]。でも、違う。あの遊具は、室町時代末期のポルトガルとのお付き合い以前に、すでに日本に存在していた。そして、れっきとした和語名がある。だから、ポルトガル語由来の言葉と考えるのは、かなり苦しい。

2　古くは、「ゆさはり」「ゆさばり」

あの遊具は、実はもう平安時代にはあるのだ。何と呼んでいたのか？　「ゆさはり」「ゆさばり」である。

平安時代初期の辞書『和名類聚抄』[2]には、図22の①にあるように、ブランコを意味する漢語「鞦韆」を見出し語にして、「ユサハリ」という和語名を記している。同じく平安時代後期の辞書『色葉字類抄』[3]には、「鞦《シウ》韆《セン》」という漢語に「ユサハリ」「ユフサリ」という和語名を記している（図22の②参照）。「ユフサリ」の方は、「ユサフリ（揺さ振り）」の誤写かとも考えられるが、不明である。その後も、「ユフサリ」の和名はとんと現れない。「ユサハリ」の方が一般に使われていたらしい。平安末期の漢和辞書『類聚名義抄』[4]（図22の③参照）には、「ユサバリ」と濁音化した形でも出現する。平安時代には、「ユサハリ」「ユサバリ」の両方の言い方が存在したと察せられる。

一体、「ユサハリ」「ユサバリ」は、どのようにしてできた和名なのか？　私は、次のように考えている。「ユサ」は、「揺する」から来た名詞形で、ゆさゆさ揺する状態を表す。「ハリ」は、「張る」から来た接尾語。体言に付いて動詞を作る。「言ひはる」「見はる」「意地はる」のように。その状態が普通よりも顕著な様子を表す接尾語である。こうして動詞「ゆさはる」ができる。さらに、その連用形「ゆさはり」が名詞化して、「ゆさゆさ揺する状態が顕著なもの」の意味をもち、ブランコを意味する和名になったと考えている。

一方、接尾語「はる（張る）」は、容易に「ばる」に変わる。「かさばる」「格式ばる」「息ばる」「踏ん張《ば》る」

のように。同様にして、「ゆさばる」という動詞が出来、その連用形「ゆさばり」が名詞化してブランコの意味になった。こう考えると、自然なのではないか。

「ユサハリ」という清音の言い方は、室町時代ころには「ユサワリ」とワ行音で発音されている。(5)というわけで、江戸時代まで、日常の会話では、「ゆさはり」「ゆさわり」「ゆさばり」で、ブランコのことを表していた。

3 「ぶらここ」「ぶらここ」の登場

ところが、江戸時代になると、別の呼び名が現れた。「ぶらここ」である。江戸時代初期の国語辞書『書言字考節用集(6)』では、「鞦韆」の語に「ブラココ」と振り仮名をしている。そして、もはや「ゆさはり」「ゆさわり」「ゆさばり」の名前は記されていない。(7)

同じく江戸時代の『番匠童《ばんじょうわらわ》』（一六八九年）・『誹諧《はいかい》新式』（一六九八年）・『通俗志』（一七一六年）などでも、すべて「ぶらここ」の語で出現する。(8)「ぶらここ」が一般的な呼び名になったのだ。「ぶらここ」とは？「ぶらここ」の「ぶら」は、「ぶらぶら」の「ぶら」。「ぶらぶら」させて楽しむ遊具だからであろう。つまり、擬態語である。「ここ」は、擬音語・擬態語によく付く接辞「こ」の繰り返し。「どんぶらこ」「ぺちゃんこ」の「こ」を繰り返したもの。「どんぶらこっこ」の「こっこ」と同じ。繰り返して語調を整えたわけである。

少し時代が下ると、「ぶらこ」の形で出て来る。「船中ブラコのごときものをしゅつらい（＝設《しつら》え）あれば、これに乗りて」（『西洋道中膝栗毛(9)』三編下、一八七〇年）のように。「ぶらんこ」に大分近づいてきている。

③　②　①

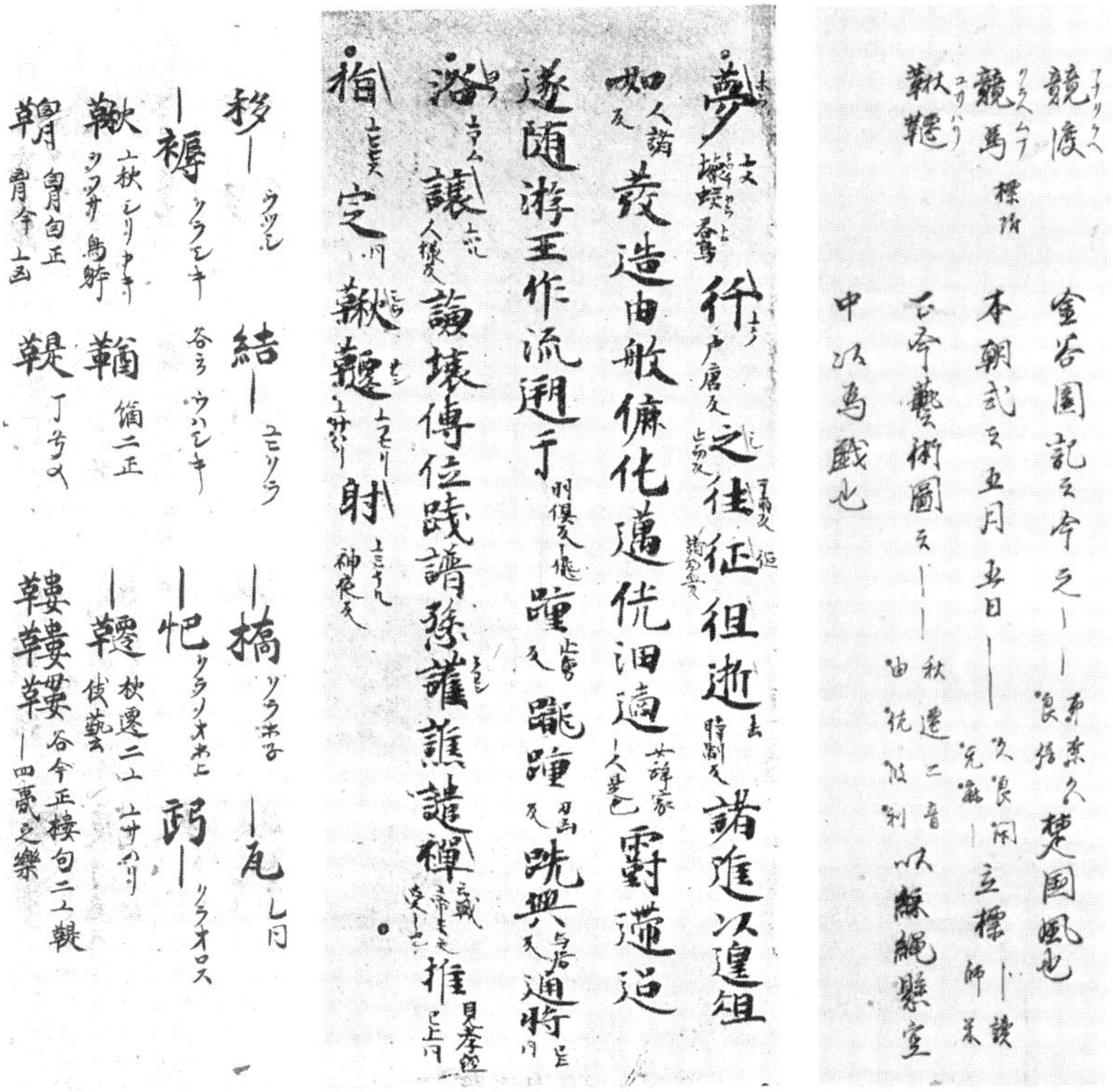

類聚名義抄（僧中巻）　色葉字類抄（下巻）　和名類聚抄（巻2）

図22　①の３行目に「鞦韆（ユサハリ）」が見られる。②の５行目の上から３字目・４字目に「鞦韆（シウセン）」が見られ、和名は「ユフサリ」「ユサハリ」と記されている。③の３行目の３つ目の見出しに「鞦韆」が見られ、和名は「ユサバリ」と濁音化している。

4 「ぶらんこ」の登場

では、「ぶらんこ」になって登場するのはいつか？ 明治維新直前の一八六七年に刊行された『和英語林集成』[10]の見出し語に「Buranko ブランコ」と出て来るのが古い例である。辞書に登録されているということは、実際の登場はそれより少なくとも数年以上前のことでなければならない。というのは、辞書の制作段階で、一般にある程度知れ渡っていなければ、辞書には登録されない。とすると、「ぶらんこ」という言葉は、江戸時代後期には出現していたと考えるべきであろう。[11]

江戸時代後期には、方言で「ぶらんど」と言っている地方がある。信濃の俳人・一茶が、こんな句を読んでいる。

ぶらんどや　桜の花を　もちながら

桜の花を持ってブランコに乗っているのだ。春らしさの出たいい句である。江戸時代後期の文政五年（一八二二年）から文政七年（一八二四年）に詠まれた句である。[12]「ぶらんど」の「ど」が、どこから来たのか不明だが、信濃では「ぶらんこ」のことを「ぶらんど」と言っていたことが分かる。『一茶全集』を見ていたら、「ぶらんど」の句が四句もあった。一茶も「ぶらんど」が好きだったのであろう。

江戸時代後期の地方に「ぶらんど」の語があるということは、同じ頃、江戸では「ぶらんこ」の語がつかわれていたことを裏付ける。「ぶらんこ」も「ぶらんど」も、「ぶらんぶらん」と前後に揺すってたのしむ遊具であるところから来た名前。[13]つまり、擬態語出身の言葉である。

「ぶらんこ」は、平安時代から室町時代までは、「ゆさはり」「ゆさわり」「ゆさばり」と呼ばれ、江戸時代になると、「ぶらここ」「ぶらこ」と名前を変え、江戸時代も後期になると、「ぶらんこ」になる。「ぶらんこ」は、江戸時代後期に現れたれっきとした和語である。

明治時代になると、おしゃれなブランコ商品が輸入され、舶来のイメージが付く。『当世少年気質』（巌谷小波[14]）をはじめ、実にさまざまな作品にブランコが登場する。[15] しかも、庭にブランコがあることが裕福な家庭の象徴でもあった。たとえば、夏目漱石の『坊ちゃん』に出てくる清が、坊ちゃんの立身出世を夢見て「御庭へぶらんこを御こしらへ遊ばせ[16]」と言っている。

注

（1）『日本国語大辞典』（小学館）の「ぶらんこ」の項や日本レクリエーション協会監修、編集代表・増田靖弘『遊びの大事典』（東京書籍株式会社、一九八九年）参照。
（2）『和名類聚抄』（『和名類聚抄　古写本声点本本文および索引』風間書房、一九七三年刊）参照。
（3）『色葉字類抄』（『色葉字類抄　研究並びに索引　本文・索引編』風間書房、一九六四年刊）参照。
（4）『類聚名義抄』（『類聚名義抄　観智院本』天理大学出版部、一九七六年）参照。
（5）例えば、『温故知新書』（一四八四年）には「鞦韆　ユサワリ」と記されている。
（6）『書言字考節用集』（『書言字考節用集　研究並びに索引　影印篇』風間書房、一九七三年）参照。
（7）江戸時代以降「ゆさはり」系の呼び名が一般的ではなくなってきたのだが、短歌の世界では、「ゆさはり」系の古語を特別に使うことがある。たとえば、近代になっても、佐々木信綱は、「春の日の 夕べさすがに 風ありて 芝生にゆらぐ鞦韆《ゆさはり》のかげ」と「ゆさはり」の言葉を使っている。

(8) 『番匠童』『誹諧新式』『通俗志』は、尾形仂・小林祥二郎『近世前期歳時記十三種　本文集成並びに総合索引』(勉誠社、一九八一年)所収本を使用。俳句の世界では、その後も伝統的に「ぶらここ」(時には「ふらここ」)を使うことが多い。

(9) 『西洋道中膝栗毛』(『明治開化期文学集(一)』明治文学全集1)参照。

(10) 美国平文編訳『和英語林集成』初版本の復刻版(学校法人明治学院、二〇一三年)を使用。

(11) 『日本国語大辞典』の「ぶらんこ」の項の「語誌」では、「『ブランコ』の語形はおもに明治時代以降と思われる」と記している。確かに多くの人が使い始めたのは、明治時代以降かもしれないが、その出現は江戸時代後期とみるのが自然であろう。

(12) 『文政句帖』(『一茶全集』第四巻、信濃毎日新聞社、一九七七年)参照。

(13) 柳田国男「ブランコの話」(『少年と国語』海鳴社、一九九二年所収)も、ブランコという言葉は「ブランとさがっているからである」と述べている。

(14) 巌谷小波『当世少年気質』(『明治文学全集95』筑摩書房)参照。

(15) たとえば、泉鏡花『紅雪録』(『和泉鏡花集』明治文学全集21)、木下尚江『飢渇』「電車賃」(『木下尚江集』明治文学全集45)、与謝野晶子「七日がたり」(『与謝野鉄幹・与謝野晶子　付明星派　文学集』明治文学全集51)、伊藤左千夫『奈々子』(『伊藤左千夫・長塚節集』明治文学全集54)、田山花袋『東京の三十年』(『明治文学回顧録集(二)』明治文学全集99)などにブランコの語がみられる。

(16) 『坊ちゃん』(一)(『夏目漱石集』明治文学全集55)を使用。

へなちょこ

1　明治三二年が、最も古い例か？

「へなちょこ」と言われてバカにされるのは、いつも男性。女性に向かって「へなちょこ」とは言わない。とすると、男性は婦女子を養うべく頼もしい存在であらねばならぬとする明治時代くらいに生まれた言葉かなあ。そんな予測をしつつ、『日本国語大辞典』を見ると、最も古いものとしては、明治三二年（一八九九年）の『東京風俗志』の例があがっている。

原物にあたってみると、下流の江戸っ子たちが、「へなちょこ」「へちゃむくれ」などの悪口雑言を使って啖呵を切っている状況が描かれていた。(1) 明治三二年頃には、それほど「へなちょこ」が一般に流布していたわけだ。ということは、「へなちょこ」という言葉自体の発生はもう少し古いはず。言葉というのは、広まって市民権を得るまでには少し時間がかかるからである。

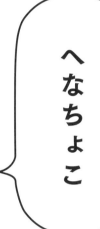

もう少し古い例はないかしらと思いつつ、大槻文彦の『大言海』の「へナチョコ」をひくと、「明治十四五年ノ頃、山田風外、野崎左文等四五人」の酒の席から生まれた言葉である由が記されている。でも、その話の出所が記されていない。だから、『大言海』の記述をどの程度信じていいのか判断できない。どうしても、その話の出典になっている資料を見つけなくては。どうしたら、出典をつきとめられるか？

私は、「野崎左文」という人名に引っかかった。野崎左文は『私の見た明治文壇』という作品を書いている。そこに、「へなちょこ」の由来になった話が記されているかもしれない。そう思って『私の見た明治文壇』[2]を読み始めると、面白い。明治初期の新聞や新聞小説、その頃の作家たちの状況が活写されている。「昔の銀座と新橋芸者」の章まで読み進むと、突然「へなちょこ」の文字が飛び込んできた！

2 明治一三年に作った言葉だった！

こう記されている。

其頃《そのころ》、新橋ではいろいろな流行語《はやりことば》があった、（略）劣等又は粗悪を意味する「ヘナチョコ」などは盛んに唱《とな》へられたものだが、此《この》ヘナチョコといふのは実は私共の作った新語で、それは明治十三四年の夏、風雅《ふうが》新誌《しんし》の山田風外翁《ふうぐわい》と私等《ら》四五人が同年神田明神に開業した今の開花楼《かいくわろう》に登って一酌《しやく》を催《もよほ》した時、銘々《めいめい》の膳に付けて出した盃は内部がお多福《たふく》、外部が鬼の面で、その鬼の角《つの》と顎《あご》とが糸底《いとぞこ》（＝器を支える底の部分で輪状に突き出た部分）代わりになって居る楽焼風《らくやきふう》の気取《きど》ったものであった、「是れは面白い盃だ。先《ま》づ一杯

図 23　「新開花」の出している盃。願わくは、鬼の角と顎とが糸底になっている本物のヘナチョコが見たいのだが。（写真：山口仲美）

を試みやう」と女中に酒を注《つ》がせると、こは如《い》何《か》にジウジウと音がしてブクブクと泡《あは》が立ち、酒が盃の中に吸込まれた、「イヤ是れは見掛《みか》けに寄らぬ劣等な品物だ、ヘナ土製《つちせい》の猪口《ちょこ》だから以来ヘナチョコと呼ぶべしだ」と呵々大笑《かかたいせう》したのが始まりで、爾来《じらい》外見ばかり立派で実質の之《これ》に伴はないものを総てヘナチョコと称して居たのが、忽《たちま》ち新橋の花柳界に伝はり終《つひ》に一般の流行言葉となったのである。

野崎によれば、「へなちょこ」は、自分たちによって明治一三、四年の夏に作り出された言葉だという。『大言海』の記述よりさらに一年早い。「へな土（粘り気のある泥土）」で作られた「猪口」だから、「へなちょこ」と呼ぶと記されている。「へな土」そのものは、特に悪いわけではない。

では、なぜ、酒が吸い込まれてしまったのか？お猪口の糸底に注目してください。普通なら、糸底部分まで付けて轆轤から切り離す。ところが、普通と違って、糸底部分を付けずに切り取ったために盃の底自体が薄くヤワになってしまった。そのヤワな底に、糸底代わりに鬼の角と顎を作って後付けし、しゃれめかした。だから、盃に酒を注ぐとヤワな底から酒が吸い込まれてしまったのではないか。

野崎たちの「へなちょこ」の言葉作りが功を奏したのは、当時、弱弱しいことを意味する「へなへな」、小者らしくあちこち動き回る様子を表す「ちょこちょこ」「ちょこまか」などの擬態語が背後にあったからである。だからこそ、「へなちょこ」が、頼りない人を表す言葉として市民権を得ることができたのだ。

3 「へなちょこ」お猪口の再現

私は、野崎左文の文章にある「へなちょこ」に出会って、ぜひとも開花楼に行ってみたくなってしまった。調べてみると、今は「新開花」と店名を改めているけれど、間違いなく「開花楼」の継承店があった。

訪ねてみると、四代目のご主人清水順一氏にお会いすることができた。ご自身が考えた「へなちょこ」のお猪口を見せてくださった(図23参照)。有田焼でサーモンピンクの地色。盃の内側にお多福、外側に鬼の面が描かれている。糸底は普通のものだ。うーん、「へなちょこ」の言葉を生み出した猪口ではない。「へなちょこ」を生み出したお猪口の地色は、楽焼風の黒ではないか。黒地の猪口の底一杯に色白のお多福が描かれ、小さく赤い唇にほのかな色気が出ている。そういう猪口ではないか。これは私の想像である。それに、一番肝心な糸底が違う。糸底に該当する部分に鬼の角と顎が張り付いていなくては!

ご主人にそのことを伝えると、二代目彦平氏の作った「へなちょこ」の由来になったお猪口をそのうち再現したいとおっしゃる。とても楽しみになった。願わくは、飾り物でいいから、お酒を注ぐとジウジウブクブクとお酒を飲んでしまうホントの「へなちょこ」であってほしいのだが。

注

（1）平出鏗二郎『東京風俗志』の「上の巻、第三章第一節人情道徳―江戸ッ児気質」（『近代世相風俗誌集1　東京風俗志上中下巻』クレス出版、二〇〇六年所収）参照。

（2）野崎左文著『増補　私の見た明治文壇2』（東洋文庫760、平凡社、二〇〇七年）

ぺんぺん草

1 ぺんぺん草とナズナ

ぺんぺん草と聞くと、ぺんぺんという音がする草に違いないと思いませんか？ 私は、子供の頃、そう思っていた。三月中旬になると、ぺんぺん草は茎の先端に小さな白花の固まりを付け、その下に多数の三角形の莢をつける。確か、五歳くらいの時のこと、私はぺんぺん草の茎を折り取り、振ってみた。ぺんぺんという音がしない。きっと、私のやり方が悪いのだ。そう思って、莢を一つずつ下の方に引っ張って茎にぶら下げて、振ったり廻したりしたのだけれど、やっぱりぺんぺんという音はしない。莢がぶつかり合う小さな音がするだけ。ぺんぺんという音をなんとか聞きたいと夢中になって、何日もさまざまの工夫を凝らしてみたけれど、全くダメ。その時のがっかりした気持ちを今でもよく覚えている。ぺんぺんと音がしないのに、なんでぺんぺん草というんだろう？ 子供心に不本意で納得できず、私はずっとぺんぺん草が気になっていた。今回は、その疑問を晴らすべく、ぺんぺん草という呼び名は、一体いつ、どこから生まれ広まったのかを明らかにしてみたい。

ぺんぺん草は、言うまでもなく、春の七草の一つであるナズナの異名。ナズナという草名は、平安時代の辞書や書物に「奈豆奈《なづな》」（『新撰字鏡』）、「奈都奈《なづな》」（『本草和名』）、「奈都那《なづな》」（『倭名類聚抄』）と掲載されているから、古くからの名称である。

『枕草子』の清少納言も「なづな」に惹かれたらしく、面白い雑草の一つとして挙げている[1]。江戸時代には、一月六日にナズナ売りが呼び声をあげて、ナズナを売りさばいている[2]。七日に七草粥を作るための材料なのだ。現在も正式名称はナズナ。では、ぺんぺん草という呼び名は、一体いつ現れたのか？

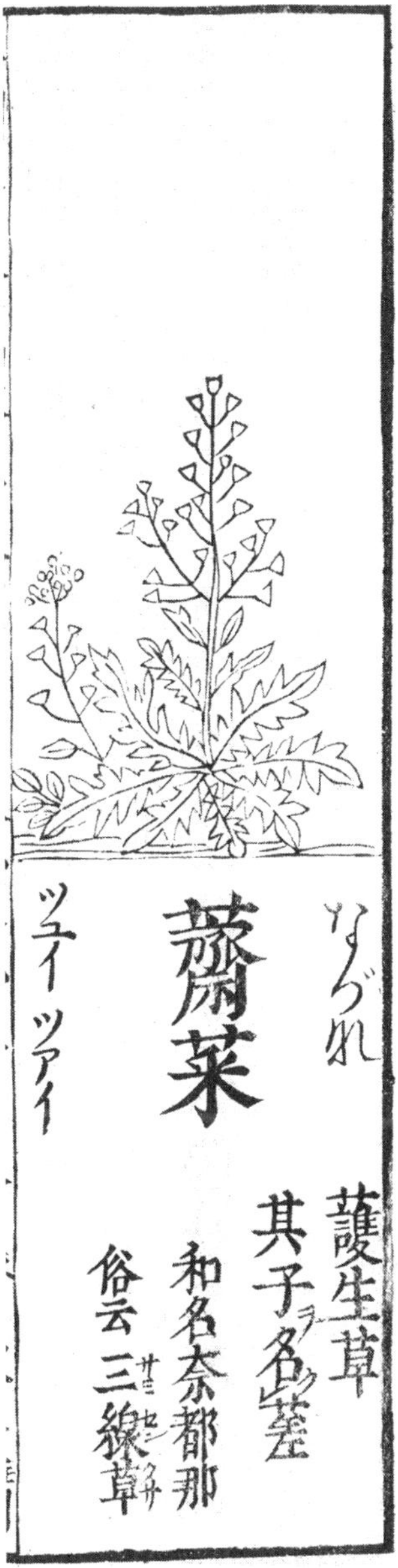

図24　「なづな」の莢の形は何に見えるか？　俗に「三線草（サミセンクサ）」とある。（『和漢三才図会』巻一〇二、影印本、新典社刊より）

2 名前の由来は？

ぺんぺん草という名前が登場するのは、江戸時代の中ごろ。安永九年（一七八〇年）の『遊婦里会談《ゆふりくわいだん》』(3)に、「ぺんぺん草の住《すめ》へにゃあ、こうろぎの芸者を置き」と出てくる。ぺんぺん草の生えている貧しい家屋に、いい声の芸者を置くという意味。「こおろぎ」は、いい声で夜中歌うので、そういう芸妓を意味する。

ぺんぺん草が生えている家や庭は、荒れて貧しいことの象徴である。そういうところに生育する草だからだ。「ぺんぺん草が生える」という成句も、江戸時代に既に出現している。「ぺんぺん草の生《は》へそうな屋体骨《やてへぼね》へ、持《じ》参金《さんきん》の二束《にそく》も持って来るお嬢《じやう》さんだから」（『天道浮世出星操《てんとううきよのでづかひ》』(4)一七九四年）のように。夏目漱石も『吾輩は猫である』の中で、苦沙弥先生の家の屋根に「ぺんぺん草」を生やしている。(5)江戸時代に登場したぺんぺん草という異名は、ナズナという言葉とは違って、当初から、みすぼらしさを象徴する言葉でもあったのだ。

それにしても、ナズナを、なぜ、ぺんぺん草とも呼ぶようになったのか？ ナズナで、他の草との区別に役立つのは、三角形の莢である。その形は、三味線の撥そっくり。そこから三味線や三味線の音色を連想する。三味線の音色をうつす擬音語は「ぺんぺん」「ぺんぺこ」「ぺんぽこ」「ぺんぺこぺん」(6)。いずれの語も江戸時代に出現し、三味線そのものを指すこともある。この中で、もっとも一般的な三味線の音色は「ぺんぺん」(7)。そこから、ぺんぺん草の名前が誕生！ ぺんぺんと音がするわけではなく、莢の形に着目して付けられた名前だったのだ。いくら、振っても「ぺんぺん」と音がしなかったわけだ。

江戸時代には、「ぺんぺん草」という名前と同時に「三線草《サミセンクサ》」という別名も登場している（図24参照）。また、京都出身の蕪村は「妹が垣根 三味線《さみせん》草の 花咲きぬ」[8]（一七八〇年）と詠んでいる。でも、その後、「三味線草」という呼び名は廃れ、「ぺんぺん草」という名前の方が生き残って、共通語になって行く。なぜ、ムードある「三味線草」という名前は、共通語として残らなかったのか？

3　江戸方言だった！

江戸時代に『物類称呼《ぶつるいしょうこ》』[9]（一七七五年）という方言辞典がある。そこにこんなことが書いてある。

なづな…花さく頃、ばちぐさと云《いふ》。江戸にてぺんぺん草。尾張にて、ぢぢのきんちゃく、ばばのきんちゃくと云《いふ》。

今の愛知県西半部ではナズナの莢を巾着に見立て「ぢぢの巾着」「ばばの巾着」と呼んだのに対し、江戸では三味線の撥に見立て、「ぺんぺん草」と呼んだことが分かる。[10]「ぺんぺん草」は、江戸の方言だった！　一方、「三味線草」の呼び名は、調べてみると、関西中心に栄えた方言である。[11]

明治時代を迎え、江戸が東京になり、東京語が共通語になったので、「ぺんぺん草」という呼び名も、江戸方言から共通語に昇格。現代の国語辞典にも「ぺんぺん草」は堂々と見出し語になり、「ナズナの別称」「ナズナの通称」と説明されている。「ぺんぺん草」は、廃れていく「三味線草」を尻目に、共通語になって、出世を果たしたのである。

注

(1)『枕草子』(新編日本古典文学全集、小学館)の「草は」の章段参照。
(2)「をのが賀は銭やたのしき薺売り」(俳諧・俳林一字幽蘭集)とか「おかざりをとなりへぬけるなづな売り」(雑排・柳多留)などの句があることから、江戸の町をナズナ売りが声をあげて忙しく売りさばいていたことが分かる。
(3)『洒落本大成　第九巻』(中央公論社、一九八〇年)収録の本文による。
(4)棚橋正博校訂『式亭三馬集』(叢書江戸文庫20、国書刊行会、一九九二年)収録の本文による。
(5)夏目漱石『吾輩は猫である』には、二例の「ぺんぺん草」がみられるが、いずれも苦沙弥先生の家の描写である。
(6)前田勇編『近世上方語辞典』(東京堂出版)、大久保忠国・木下和子編『江戸語辞典』(東京堂出版)、三好一光編『江戸語事典』(青蛙房)、『日本国語大辞典』(小学館)参照。
(7)「ぺんぺこ」「ぺんぽこ」「ぺんぺこぺん」には、やや侮りの意味合いが加わる。
(8)藤田真一・清登典子編『蕪村全句集』(おうふう、二〇〇〇年)
(9)東條操校訂『物類稱呼』(岩波書店、一九四一年)
(10)前田勇編『江戸語大辞典』(講談社)や大久保忠国・木下和子編『江戸語辞典』(東京堂出版)でも、「ぺんぺん草」「ぺんぺん草が生える」「ぺんぺん草を生やす」という語句が掲載されており、江戸では一般に知れ渡った言葉であったことが分かる。
(11)ナズナの別名として江戸時代に「三味線草」をあげている書として『倭漢三才図会』(一七一五年)と『和訓栞』(一七七七年)がある。前著の作者・寺島良安は大坂高津の医師、後著の作者・谷川士清は伊勢国津出身で京都に学んだ人で、ともに関西の人。したがって関西では「三味線草」が使われていたことが分かる。また、『日本方言大辞典』(小学館)によると、「三味線草」の使用範囲が、関西方言地域に偏っていることが分かる。

既発表論文・著書との関係

本巻のタイトル	初出のタイトル	初出掲載誌・書名、出版社名、刊行年月
Ⅰ　オノマトペの種々相		
音象徴語研究の必要性	音象徴語研究の一視点	『国語語彙史研究』七（和泉書院、一九八六年一二月）
古典の擬音語・擬態語 ―掛詞式の用法を中心に―	古典の擬音語・擬態語 ―掛詞式の用法を中心に―	『日本語学』5巻7号、一九八六年七月
擬音語から普通語へ	写声語の一性格	『松村明教授古稀記念　国語研究論集』（明治書院、一九八六年一〇月）
動物の鳴き声と平安文学	平安時代の動物の鳴き声	『日本古典文学会会報』54号、一九七七年九月
『源氏物語』の象徴詞	源氏物語の語彙 ―象徴詞を中心に―	『古代の語彙　講座日本語の語彙』三巻（明治書院、一九八二年五月）
『今昔物語集』の象徴詞	今昔物語集の象徴詞 ―表現論的性格―	『王朝』五（中央図書出版社、一九七二年五月）
狂言の擬声語	狂言の擬声語	『築島裕博士還暦記念　国語学論集』（明治書院、一九八六年三月）
オノマトペと文学	オノマトペと文学	『表現と文体』（明治書院、二〇〇五年三月）
コミック世界の擬音語・擬態語	コミック世界の擬音語・擬態語	『築島裕博士傘寿記念　国語学論集』（汲古書院、二〇〇五年一〇月）
擬音語・擬態語　二〇のコラム	山口仲美の擬音語・擬態語コラム①～⑳	『暮らしのことば　擬音・擬態語辞典』（講談社、二〇〇三年一一月）
Ⅱ　オノマトペの史的推移		
動物の声を写す擬音語の史的推移	擬音語の史的推移 ―動物の鳴き声を中心に―	『国語語彙史の研究』三六（和泉書院、二〇一七年三月）

本巻のタイトル	初出のタイトル	初出掲載誌・書名、出版社名、刊行年月
楽器の音を写す擬音語(1)—古代・中世—	楽器の音を写す擬音語—古代・中世—	『埼玉大学紀要（教養学部）』52巻2号、二〇一七年三月
楽器の音を写す擬音語(2)—近世・近現代—	楽器の音を写す擬音語(2)—近世・近現代—	『埼玉大学紀要（教養学部）』53巻1号、二〇一八年二月
男女の泣き方の推移—オノマトペからとらえる—	書き下ろし	二〇一八年五月　脱稿
オノマトペの文法的機能の変遷	オノマトペの文法的機能の変遷	『明治大学　国際日本学研究』5巻1号、二〇一三年三月
奈良時代の擬音語・擬態語	奈良時代の擬音語・擬態語	『明治大学　国際日本学研究』4巻1号、二〇一二年三月
平安時代の象徴詞—性格とその変遷過程—	平安時代の象徴詞—性格とその変遷過程—	『共立女子大学短期大学部文科　紀要』14号、一九七一年一月
中古象徴詞の語音構造(1)—清濁に問題のある語例を中心に—	中古象徴詞の語音構造—清濁に問題のある語例を中心に—	『国語学』93集、一九七三年六月
中古象徴詞の語音構造(2)—撥音・長音・促音に関する問題をふくむ語例を中心に—	続中古象徴詞の語音構造—撥音・長音・促音に関する問題をふくむ語例を中心に—	『共立女子大学短期大学部文科　紀要』16号、一九七三年一月
浄瑠璃詞章の象徴詞—その変容—	浄瑠璃詞章の変遷—象徴詞を通して—	東京大学大学院「近世演劇の研究」の単位取得レポート、一九六八年三月
オノマトペ研究の私的回顧	オノマトペ研究の私的回顧	『日本語学』34巻11号、二〇一五年九月
Ⅲ　「おべんちゃら」などの語史		
いちゃもん	ちょっと意外な言葉の話—いちゃもん—	『清流』22巻4号、二〇一五年三月
おじや	ちょっと意外な言葉の話—おじや—	『清流』23巻2号、二〇一六年一月
おべんちゃら	ちょっと意外な言葉の話—おべんちゃら—	『清流』21巻9号、二〇一四年九月

がさつ	ちょっと意外な言葉の話　―がさつ―	『清流』23巻6号、二〇一六年五月
ぐる	ちょっと意外な言葉の話　―ぐる―	『清流』22巻2号、二〇一五年一月
くるま	ちょっと意外な言葉の話　―くるま―	『清流』23巻7号、二〇一六年六月
ざっくばらん	ちょっと意外な言葉の話　―ざっくばらん―	『清流』21巻8号、二〇一四年八月
じゃじゃ馬	ちょっと意外な言葉の話　―じゃじゃ馬―	『清流』21巻11号、二〇一四年一一月
しゃぶしゃぶ	ちょっと意外な言葉の話　―しゃぶしゃぶ―	『清流』23巻1号、二〇一五年一二月
総すかん	ちょっと意外な言葉の話　―総すかん―	『清流』21巻10号、二〇一四年一〇月
たんぽぽ	ちょっと意外な言葉の話　―たんぽぽ―	『清流』22巻6号、二〇一五年五月
てんてこ舞い	ちょっと意外な言葉の話　―てんてこ舞い―	『清流』21巻12号、二〇一四年一二月
とことん	ちょっと意外な言葉の話　―とことん―	『清流』22巻3号、二〇一五年二月
とろろ汁	ちょっと意外な言葉の話　―とろろ汁―	『清流』22巻12号、二〇一五年一一月
トンカチ	ちょっと意外な言葉の話　―トンカチ―	『清流』23巻4号、二〇一六年三月
とんとん拍子	ちょっと意外な言葉の話　―とんとん拍子―	『清流』22巻1号、二〇一四年一二月
どんぶり	ちょっと意外な言葉の話　―どんぶり―	『清流』23巻3号、二〇一六年二月

本巻のタイトル	初出のタイトル	初出掲載誌・書名、出版社名、刊行年月
ハタハタ	ちょっと意外な言葉の話 —はたはた—	『清流』22巻11号、二〇一五年一〇月
パチンコ	ちょっと意外な言葉の話 —パチンコ—	『清流』22巻8号、二〇一五年七月
ばった屋	ちょっと意外な言葉の話 —ばった屋—	『清流』22巻9号、二〇一五年八月
ひいらぎ	ちょっと意外な言葉の話 —ひいらぎ—	『清流』22巻10号、二〇一五年九月
ブランコ	ちょっと意外な言葉の話 —ぶらんこ—	『清流』23巻5号、二〇一六年四月
へなちょこ	ちょっと意外な言葉の話 —へなちょこ—	『清流』22巻5号、二〇一五年四月
ぺんぺん草	ちょっと意外な言葉の話 —ぺんぺん草—	『清流』22巻7号、二〇一五年六月

著者紹介

山口仲美（やまぐち　なかみ）

一九四三年静岡県生まれ。お茶の水女子大学卒業。
東京大学大学院修士課程修了。文学博士。
現在―埼玉大学名誉教授。
職歴―聖徳学園女子短期大学専任講師を振り出しに、共立女子大学
　短期大学部専任講師・助教授、明海大学教授、実践女子大学
　教授、埼玉大学教授、明治大学教授を歴任。
専門―日本語学（日本語史・古典の文体・オノマトペの歴史）
著書―『平安文学の文体の研究』
　（明治書院、第12回金田一京助博士記念賞）
『平安朝の言葉と文体』（風間書房）
『日本語の歴史』
　（岩波書店、第55回日本エッセイスト・クラブ賞）
『ちんちん千鳥のなく声は』
　（大修館書店、後に講談社学術文庫）
『犬は「びよ」と鳴いていた』（光文社）
『若者言葉に耳をすませば』（講談社）
『日本語の古典』（岩波書店）
『暮らしのことば　擬音・擬態語辞典』（講談社）など多数。
二〇〇八年紫綬褒章、二〇一六年瑞宝中綬章受章。
専門分野関係のテレビ・ラジオ番組にも多数出演。

山口仲美著作集5

オノマトペの歴史1
その種々相と史的推移・「おべんちゃら」などの語史

二〇一九年一〇月三一日　初版第一刷発行

著　者　山　口　仲　美
発行者　風　間　敬　子

発行所　株式会社　風　間　書　房
101-0051　東京都千代田区神田神保町一―三四
電　話　〇三―三二九一―五七二九
ＦＡＸ　〇三―三二九一―五七五七
振　替　〇〇一一〇―五―一八五三

装丁　鈴木　弘
印刷　藤原印刷　製本　井上製本所

NDC 分類：808
ISBN978-4-7599-2294-3　Printed in Japan

山口仲美著作集　全八巻

第一巻　言葉から迫る平安文学１　源氏物語

第二巻　言葉から迫る平安文学２　仮名作品

第三巻　言葉から迫る平安文学３　説話・今昔物語集

第四巻　日本語の歴史・古典　通史・個別史・日本語の古典

第五巻　オノマトペの歴史１　その種々相と史的推移・「おべんちゃら」などの語史

第六巻　オノマトペの歴史２　ちんちん千鳥のなく声は・犬は「びよ」と鳴いていた

第七巻　現代語の諸相１　若者言葉・ネーミング・テレビの言葉ほか

第八巻　現代語の諸相２　言葉の探検・コミュニケーション実話

風間書房